The Psychology of
PERSONAL
CONSTRUCTS

VOLUME TWO
Clinical Diagnosis and Psychotherapy

George A. Kelly

パーソナル・コンストラクトの心理学 第2巻

●臨床診断と心理療法

G・A・ケリー　辻 平治郎 訳

北大路書房

The Psychology of PERSONAL CONSTRUCTS
VOLUME TWO
Clinical Diagnosis and Psychotherapy
By GEORGE A. KELLY, Ph.D.
THE OHIO STATE UNIVERSITY

W. W. NORTON & COMPANY INC. New York

COPYRIGHT, 1955, BY
GEORGE A. KELLY

Preface to Volume Two
第２巻への緒言

　本巻は１つの作品にするつもりであった仕事の後半部分である。第１巻ではパーソナリティの新理論が詳説された。本巻では心理療法の技法のレベルまで下降して，その含意を追究する。

　第１巻で提案された理論は「パーソナル・コンストラクトの心理学」と呼ばれている。これは代替解釈（Constructive alternativism）と呼ばれる哲学的立場――すなわち人間が自らの世界を解釈するのに成功しうる方法はたくさんあるので，人間は状況の犠牲者ではないという見解――から発展したものである。この巻ではまた，診断と治療を含む臨床場面におけるこの理論の使用について説明した。したがって，技法について語るべきことのすべてが第２巻に含まれているわけではない。もう１つ，臨床家が日常的に使用するための診断コンストラクトのレパートリーも第１巻で展開した。したがって，これもまた第２巻からは除かれた。

　本巻は本質的には臨床家のための手続きと技法のハンドブックである。この記述は完全にこの新理論の枠内に収まっているので，多くのなじみのある用語は読者には奇異に思われるような体系的定義をもっている。罪悪感と敵意の用語ははっきりした例であるが，ほかにも多くの用語がある。第１巻からくり返してきた用語解説は読者の役に立つのではなかろうか。

　第２巻は２つの章から始まっている。心理療法家の役割に関する章と，すべての心理療法のケースに多少とも適用可能ないくつかの基本的技法に関する章である。これに続く２章は主に事例史の取り方を扱っている。そのうちの１章はクライエントの経験の評価に関係し，もう１章はクライエントの活動の評価に関係する章である。次に，心理療法家にとって有益な種類の臨床診断に到達するために従うべき手順が詳細に説明されている。ここで提示された診断軸システムが精神障害をもつ事例にどのように適用されるのかについて，読者が理解しやすいように，次の２章は多くの説明材料で満たした。

　最後の５章は，厳密にいえば心理療法家にとってのマニュアルの章に相当する。これらは種々の診断次元に沿った治療的動きを生じるための特殊技法に関係している。全般に，各節は特定タイプの動きの機能についての論述から始まっている。次に，動きを生じるための技法についての記述がなされる。それから，困難や障碍について述べられ，最後に，治療者が警戒すべきいくつかの危険性について警告がなされている。

　本巻は心理療法手続きの完全な一覧を意図したものではない。それは誰にとっても

広大無辺な企てになるだろう。この企ては，パーソナル・コンストラクト心理学が，心理学的援助を必要とする人々のために，どのように作用しうるのかを示すのに十分な臨床的手続きをカバーすることだけを目指している。

G. A. K.

Contents
目 次

第2巻への緒言 ………………………………………………………………… i

第11章　心理療法家の役割

Ⓐ　**パーソナル・コンストラクト心理学の復習** …………………………… 1

1　理論と治療———1

2　理論の仮定構造———2

3　用語集———3

4　理論と心理療法———6

Ⓑ　**心理療法の知覚** ……………………………………………………………… 7

5　心理療法がクライエントにもつ意味———7

6　クライエントによる治療者についての最初の概念化———14

7　役割についての臨床家の概念化———20

8　コンストラクト改訂への基本的アプローチ———26

Ⓒ　**心理療法家の資格** …………………………………………………………… 31

9　心理療法家の技能———31

10　臨床家の価値体系———39

11　料金と価値———42

12　職業的義務———45

第12章　心理療法的アプローチ

Ⓐ　**基礎的技法** …………………………………………………………………… 51

1　再構築的関係の設定———51

2　クライエントの他者との関係———53

3　多様なアプローチ———56

4　物理的準備———57

5　面接のコントロール———60

6　心理療法家のマナー———67

7　「患者」になる方法のクライエントへの教授———70

Ⓑ 苦痛緩和技法 ·· 75
　　8　再保証———75
　　9　支　持———82
Ⓒ 転　移 ··· 86
　　10　コンストラクトとしての転移———86
　　11　依存の転移———91
　　12　逆依存転移———94
　　13　一次的および二次的な転移———96
　　14　転移のコントロール———100

第13章　経験の評価

Ⓐ 文化と経験 ··· 106
　　1　経験についての理論的見解———106
　　2　クライエントが見るときの文化———107
　　3　クライエントの文化を同定するための手続き———111
　　4　文化を定義する手続き———114
Ⓑ 個人的経験 ··· 117
　　5　人のコミュニティ的背景の分析———117
　　6　学校についての簡単な心理学的評価の骨子———120
　　7　ある人の現在のコミュニティの対人関係の分析———129
　　8　人の教育経験の分析———133
　　9　人の家庭内の関係の分析———137
　　10　人の家庭歴の分析———139
　　11　要　約———141

第14章　活動の評価

Ⓐ 自発的活動 ··· 142
　　1　自発的活動の概念化———142
　　2　自発的活動の記述———147
　　3　グループ内での子どもの観察のアウトライン———150
　　4　家族集団内での子どもの観察———153
　　5　職業選択の心理学的意味———154

B　経験の構造的解釈 ……………………………………………………… 158
　6　伝記的記録の評価———158
　7　健康と経験———161
　8　臨床家によるあるケースの経験の構造化———167
　9　経験データを構造化するための集合的な用語———169

第15章　診断の手順

A　主要な臨床問題についての体系的見解 ………………………………… 175
　1　過渡的な診断———175
　2　臨床的な問題のアウトライン———177

B　問題1：クライエントの問題の規範的な定式化 ……………………… 179
　3　顕在的逸脱行動パターン（症状）の記述———179
　4　顕在的な逸脱行動パターンと相関関係をもつものの記述———189
　5　症状をとおしてクライエントに生じる得失の記述（確証経験の記述）———
　　　—192

C　問題2：クライエントの個人的な解釈の心理学的記述 ……………… 193
　6　クライエントが問題領域だと信じているものについての解釈———193
　7　他者が問題領域だと信じているものについてのクライエントの解釈———
　　　194
　8　クライエントによる自己の人生役割についての解釈———194

D　問題3：クライエントの解釈システムの心理学的評価 ……………… 195
　9　クライエントの不安，攻撃（または自発的精緻化），および収縮の領域の
　　　位置づけ———195
　10　クライエントが異なる領域で使う解釈のタイプの標本抽出———197
　11　アプローチの様式の標本抽出———197
　12　クライエントの接近可能性とコミュニケーションのレベルの判定———
　　　198

E　問題4：適応が求められる環境の分析 ………………………………… 199
　13　クライエントがそのシステム内で自己の人生役割を機能させなければなら
　　　ない予期システムの分析———199
　14　ケースの社会経済的資産の査定———201
　15　クライエントが人生を再解釈するのを援助する際に，文脈的材料として利
　　　用される情報の準備———201

vi

Ⓕ **問題5：直接的な手続き段階の決断** ……………………… 202
  16　利用可能なデータの生理学的解釈──202
  17　他の専門的学問領域──203
  18　ケースの緊急性の評価──204

Ⓖ **問題6：管理と治療の計画** ……………………………………… 204
  19　中心的心理療法的アプローチの選択──204
  20　責任を負う臨床主任の指名──211
  21　利用されるべき付加的資源の選択──212
  22　責任のある臨床助言スタッフの指名──217
  23　クライエントの仮の地位の決定──219
  24　助言スタッフによって進歩が見なおされる日付や条件の設定──219

第16章　解釈の障害

Ⓐ **導　入** ………………………………………………………………… 221
  1　診断コンストラクトは必ずしも障害を意味しない──221
  2　障害とは何か？──222

Ⓑ **膨　張** ………………………………………………………………… 226
  3　膨張を含む障害──226
  4　弛緩した解釈にともなう膨張──229
  5　あるタイプの膨張の治療──230
  6　膨張と躁病症候群──233

Ⓒ **緊縮と弛緩** …………………………………………………………… 234
  7　コンストラクトの緊縮と弛緩を含む障害──234
  8　緊縮した解釈の治療──237
  9　緊縮した解釈を処理する他の方法──239
  10　弛緩を含む障害──239
  11　弛緩と引きこもり──241
  12　弛緩し引きこもったクライエントへの対処──245
  13　弛緩と罪悪感──250

Ⓓ **中核コンストラクト** ………………………………………………… 251
  14　中核コンストラクトを含む障害──251
  15　先取りを含む障害──254

目 次 vii

第17章 移行の障害

Ⓐ 攻撃と敵意 ･･ 257
1 攻撃を含む障害————257
2 攻撃と罪悪感————260
3 攻撃 – 罪悪コンプレックスの心理療法————260
4 敵意を含む障害————261
5 敵意の臨床的評価————265
6 敵対的なクライエントへのアプローチ————268
7 治療者のなかの敵意————272

Ⓑ 不安，収縮，罪悪感 ･･ 273
8 不安を含む障害————273
9 不安の評価————275
10 不安と治療的動き————278
11 収縮を含む障害————279
12 「退行期鬱病」における収縮————282
13 収縮は時に価値がある————284
14 罪悪感を含む問題————285

Ⓒ 依 存 ･･･ 289
15 分散していない依存を含む障害————289
16 未分化な依存に対する治療的アプローチ————290

Ⓓ 「心身症的」および「器質的」問題 ･････････････････････････････ 294
17 「心身症的」症状を含む障害————294
18 器質的欠陥を含む障害————298

Ⓔ コントロール ･･･ 300
19 コントロールを含む障害————300
20 衝動性を含む障害————302
21 衝動性のケースにおける心理療法————305
22 パーソナル・コンストラクトの形式よりもむしろ内容から生じる障害————306

第18章 訴えの精緻化

Ⓐ 精緻化の本質 ･･･ 308
1 再構築（再解釈）に対する援助手段としての心理療法————308

2　一種の実験法としての心理療法———311
　　3　前の諸節で論じられた心理療法的手続きの要約———312
　　4　制御された精緻化の本質———313
　　5　精緻化の意味するもの———320

Ⓑ　訴　え ……………………………………………………………………………… 325
　　6　訴えの精緻化———325
　　7　訴えの制御された精緻化———328
　　8　訴えを精緻化するための7つの基本的質問———329
　　9　クライエントの原因の解釈———330
　　10　訴えを社会的枠組みのなかに投入する———331
　　11　直面化———332
　　12　反射の手続き———335
　　13　テーマの反射———336
　　14　ふりかえりの反射———337

第19章　個人的なシステムの精緻化

Ⓐ　解釈システムへのアプローチ ……………………………………………… 340
　　1　解釈システムの精緻化に見られる長所———340
　　2　心理療法に連動させた心理テストの利用———341
　　3　自己記述を通じた解釈システムの精緻化———347
　　4　人生役割構造の精緻化———351
　　5　選択肢に対する前進的な直面化———354
　　6　処方された活動による制御された精緻化———355
　　7　遊びと創造の所産を通じた精緻化———358

Ⓑ　治療中に生じてくる材料の精緻化 ………………………………………… 363
　　8　内容の精緻化———363
　　9　精緻化されるべき材料の選択基準———363
　　10　要約の手続き———367
　　11　精　査———369
　　12　さし迫った変化の探知———371
　　13　細部の引用による精緻化———374
　　14　先行要因と結果要因の精緻化———375
　　15　類似していると解される材料の引用———375
　　16　一連の経験の解釈による精緻化———377

目　次　ix

17　治療的な動きの精緻化———378
18　エナクトメントを通じた精緻化———380

第20章　弛緩と緊縮

Ⓐ　弛　緩 ……………………………………………………………… 384
　1　弛緩した解釈の問題———384
　2　治療者による弛緩した解釈の知覚———386
　3　筋弛緩による弛緩の産出———388
　4　連鎖的な連想———388
　5　夢の報告———390
　6　夢の「解釈」———394
　7　里程標の夢———396
　8　前言語的な夢———397
　9　無批判的受容による弛緩の産出———400
　10　弛緩した解釈を生み出すことの困難さ———401
　11　心理療法的弛緩における危険———408

Ⓑ　緊　縮 ……………………………………………………………… 410
　12　解釈の緊縮———410
　13　緊縮の機能———412
　14　心理療法的緊縮の技法———416
　15　心理療法的緊縮において出会う困難———424
　16　心理療法的緊縮における危険性———428
　17　緊縮と弛緩の間の前後の紡ぎ合わせ———430

第21章　心理療法的な動きの産出

Ⓐ　解釈，動き，ラポート …………………………………………… 433
　1　治療的「解釈」と，パーソナル・コンストラクトの浸透性を高める手続き
　　———433
　2　心理療法における動きの判断———436
　3　不適切な新しい解釈への手がかり———440
　4　妥当な再解釈の産出に失敗する原因のチェック———441
　5　「ラポート」「転移」「抵抗」「解釈」———441
　6　心理療法におけるクライエントの新冒険への準備性の規準———446

Ⓑ **不安と罪悪感のコントロール** ……………………………………………… 451

7 サイン———451

8 泣きのタイプ———454

9 面接中の不安を低減させるための技法———457

10 罪悪感のコントロール———460

Ⓒ **心理療法的実験法** ………………………………………………………… 462

11 クライエントの実験法———462

12 心理療法的実験の機能———463

13 心理療法的実験法を促す技法———466

14 実験法への障碍物———472

15 実験法における危険———475

第22章 心理療法における特殊技法

Ⓐ **エナクトメント** ……………………………………………………………… 477

1 エナクトメントの手続き———477

2 個人療法におけるカジュアルなエナクトメント手続きの機能———480

3 カジュアルなエナクトメントの技法———482

4 エナクトメントの手続きに対する障碍物———487

5 エナクトメントにおける危険———488

Ⓑ **集団心理療法** ……………………………………………………………… 489

6 集団心理療法の機能———489

7 集団心理療法における技術的問題———491

8 集団療法の発展段階———492

9 相互的な支持の開始———493

10 治療者のエナクトメントの理解———497

11 一次的役割関係の開始———498

12 相互的な一次的活動の開始———501

13 個人的問題の探索———502

14 二次的役割の探索———503

15 二次的な企画の探索———505

16 集団心理療法における特殊問題———506

Ⓒ **訓練の問題** ………………………………………………………………… 507

17 心理療法家の資格———507

18 心理療法家にとっての心理療法の機能———509

19 将来の心理療法家に役立つ心理療法的手続き———512

20 院生心理療法家の訓練とスーパービジョンに関するノート———516

21 結　論———521

人名索引———523

事項索引———524

訳者あとがき———533

第1巻●目次

第1章　代替解釈
出発点／哲学的立場／パーソナリティの心理学理論の細部のデザイン

第2章　基礎理論
基本的前提／解釈の系／個別性の系／組織化の系／二分法の系／選択の系／範囲の系／経験の系／調節の系／断片化の系／共通性の系／社会性の系／仮定構造の要約

第3章　パーソナル・コンストラクトの本質
コンストラクトの個人的な使用／解釈の変化／経験の意味

第4章　臨床場面
心理学における臨床的方法の特徴／臨床場面における心理検査

第5章　レパートリー・テスト
レプテストの構造／レプテストのプロトコルの分析法／臨床仮説のチェック

第6章　心理的空間の数学的構造
役割コンストラクト・レパートリー・テストのグリッド法／心理学的空間の要因分析／パーソナリティ理論における一般モデルとしての概念的グリッド

第7章　自己の特徴づけの分析
アプローチ／自己特徴づけの1次解析の説明

第8章　修正役割療法
自己の再構築／修正役割療法の使用／集団修正役割療法

第9章　診断の次元
デザインの細部／潜在的解釈／解釈の内容

第10章　変遷の次元
除去と関連しているコンストラクト／解釈のサイクル／診断コンストラクトの用語集

第11章

The role of the psychotherapist

心理療法家の役割

　本巻の最初の2章は，心理療法家の基本的な仕事と，それをとり行なう一般的な方法に関係している。その課題は，われわれの哲学的な立場によって説明がなされ，われわれの理論によって構造化され，前巻で提案された診断的コンストラクトの体系的な筋道に沿って追究がなされている。

A　パーソナル・コンストラクト心理学の復習

1　理論と治療

　第1巻では，われわれはパーソナリティの新理論をその哲学的根源とともに提示した。われわれはまた，理論がその社会的尊敬を維持するためには，何かにとってよいものでなければならないという立場をとってきた。このことによって，われわれは多くの執筆活動に関わることになった。というのも，われわれはこの理論の説明——並々ならぬ企画（no mean proportion）——を義務づけられただけでなく，この理論のまったく新しい要素に基づく説明書（クックブック）の執筆にも関わることになったからである。

　この企てを妥当な範囲内にとどめ置くために，われわれは当面の間，この理論の社会的，産業的，教育的な意味合いを——そして心理学的な戦いの意味合いさえも——無視することにして，その代わりに，臨床的な意味合いをもつ方向だけに展開することにした。さて，本巻ではわれわれはその診断と心理療法的な意味合いを詳細に展開するという課題に集中することにする。われわれはこの理論が何にとってよいのかについて語ることにしよう。

　この理論の実際的な展開にとび込む前に，われわれの理論，すなわちパーソナル・コンストラクト心理学のいくつかのハイライトを簡単にレビューしておくのがよかろう。この理論は，代替解釈（constructive alternativism）という哲学的立場，すなわち人がみずからの世界を解釈するのに，多くの有効な代替的方法が存在するという見解，に基礎を置いている。この理論自体は，ある人の心的過程は，その人がイベントを予期する仕方によって心理学的に方向づけられるという基本的前提あるいは仮定から出発

している。このことは，人間の行動が反応的というよりも基本的に予期的だと見なせること，そして人が周りのイベントの成り行きを再解釈するとき，新しい行動の路線がその人に開けてくるということである。したがって思慮深い人は，環境の囚われ人でもなければ，経歴の犠牲者でもないのだ。

人の解釈（construction）のパターンは**コンストラクト**と呼ばれている。そして，各人は未来へと導くその人独自の路線のネットワークを設定しているので，心理士の関心はパーソナル・コンストラクトの研究だということになる。おのおののパーソナル・コンストラクトはその文脈の対象間の類似（likeness）と差異（difference）の同時的知覚に基づいている。類似性が関係していない差異などありえないし，その逆もまた然りである。各コンストラクトはしたがって本質的に二分法的ないしは二極的である。それゆえ，クライエントに対応するときには，心理士はしばしばクライエントの思考内で沈潜している極を探しに出かけなければならない。

人はみずからの個人的な解釈が自己を裏切るとわかったときには，**不安**（anxiety）を経験する。みずからの**中核構造**（core structure）に激変がさし迫っているとわかったときには**脅威**（threat）を経験する。他者の解釈システムを解釈する人は，その人に関係する**役割**（role）を演じるための舞台を設定する。自分がこの役割からはずれていると意識したときには，彼は**罪悪感**（guilt）を経験する。これは社会組織と大いに関係している。**攻撃**（aggression）は解釈経験の積極的な追究にすぎないが，その人の仲間に**脅威**（threatening）を与えるかもしれない。**敵意**（hostility）は，必ずしも暴力的ではないが，すでに間違いがはっきりしている個人的な解釈を支持する**確証エビデンス**（validational evidence）を，強引に奪い取ろうとする持続的な試みである。これらは第1巻で開発され，第2巻で述べられるすべてのことに潜在する，重要なコンストラクトのほんの数例である。第1巻を読んでいない読者には，これらの用語法について完璧に理解するのは困難であろう。が，このサンプルを見れば，本書で使われている言語の響き^(サウンド)になにがしか耳が慣れてくるのではなかろうか。

2 ｜ 理論の仮定構造

われわれがパーソナル・コンストラクトの心理学と呼ぶパーソナリティ理論は，1つの基礎的な仮定から出発し，他のすべての仮定はこれによって決まってくる。これは「基本的前提（fundamental postulate）」と呼ばれている。この前提は，次に11の 系^(コロラリー)によって精緻化される。これらはまた，本質的に仮定されたものであり，以下に述べる多くのものの基盤になるものである。これらの一連の仮定の意味は，これをそのまま口述するだけでは，わかりにくいと思われるが，読者にここで述べられていることが何なのかを理解してもらう機会を提供するのは，たとえ読者の本巻を読む目的が理論の説明の理解ではなかったとしても，妥当なのではなかろうか。

a．**基本的前提**（fundamental postulate）：人の心的過程は，その人がイベントを予期する方向によって，心理学的に水路づけられる。

b．**解釈の系**（construction corollary）：人はイベントを，その反復を解釈することによって，予期する。

c．**個別性の系**（individuality corollary）：イベントの解釈は人によって相互に異なる。

d．**組織化の系**（organization corollary）：各人は，イベントを予期するのに便利なように，コンストラクト間に序列的な関係をもつ解釈システムを，特徴的に進化させている。

e．**二分法の系**（dichotomy corollary）：人の解釈システムは有限数の二分法的コンストラクトで構成されている。

f．**選択の系**（choice corollary）：人は二分法的コンストラクトの中から，彼のシステムの拡張（extension）と限定（defintion）の可能性をより高めると予期される側の選択肢をみずから選択する。

g．**範囲の系**（range corollary）：コンストラクトは，限られた範囲のイベントの予期に対してのみ，利便性をもつ。

h．**経験の系**（experience corollary）：人の解釈システムは，イベントの反復を連続的に解釈していくときに，変化する。

i．**調節の系**（modulation corollary）：人の解釈システムの変動は，コンストラクトの浸透性によって制限され，その変形はそのコンストラクトの利便性の範囲内におさまる。

j．**断片化の系**（fragmentation corollary）：人は相互に両立しないと推測される多様な解釈サブシステムを，連続的に採用していくかもしれない。

k．**共通性の系**（commonality corollary）：ある人が他者の採用するのと類似した経験の解釈を採用するかぎり，彼の心的過程は他者のそれと類似していることになる。

l．**社会性の系**（sociality corollary）：ある人が他者の解釈過程を解釈するかぎり，彼はその他者を含む社会的過程において役割を演じるのかもしれない。

3 用語集

コンストラクトの形式的側面

利便性の範囲（range of convenience）　コンストラクトの利便性の範囲は，そのコンストラクトの使用者がその適用が便利だと認めるすべてのものから成っている。

利便性の焦点（focus of convenience）　コンストラクトの利便性の焦点は，そのコンストラクトの使用者が，その適用が最大の利便性をもつと認める，特定のものから

成っている。これらは，このコンストラクトがもともと形成されてきたと思われる要素なのである。

要　素（elements）　人がコンストラクトを使用することによって抽出されるモノあるいはイベントは，要素と呼ばれる。あるシステムにおいては，これらはオブジェクトとも呼ばれている。

文　脈（context）　コンストラクトの文脈は，この使用者が通常このコンストラクトによって弁別している要素から成り立っている。これは，利便性の範囲よりもいくらか限定されている。それは，このコンストラクトが実際的な使用のために，出現する状況を指しているからであり，必ずしも人が最終的にこのコンストラクトを使用しうるすべての状況を指しているわけではないからである。これは，時に利便性の焦点よりもいくらか範囲が広い。コンストラクトはしばしば，その適用が最適ではない状況でも出現しうるからである。

極（pole）　各コンストラクトは，二分法の両端に１つずつある，二極を区別する。この抽出された要素は各極で相互に類似し，他の極の要素とは類似しない。

対照性（contrast）　コンストラクトの二極間の関係は対照的である。

類似性の末端（likeness end）　コンストラクトの一方の極の要素にとくに言及する場合には，その極を指すのに「類似性の末端」という用語を用いてよい。

対照性の末端（contrast end）　コンストラクトの一方の極の要素にとくに言及する場合には，その反対の極を指すのに「対照性の末端」という用語を用いてよい。

浮上または現出（emergence）　コンストラクトの浮上の極は，直接知覚される文脈の多くを抱擁する極である。

潜　在（implicitness）　コンストラクトの潜在の極は，対照的な文脈を包含する極である。それは浮上の極と対照的である。しばしば人はそれに対する利用可能な象徴や名前をもたない。それは浮上した用語によって暗に象徴化されるだけである。

象　徴（symbol）　コンストラクトの文脈内の要素——このコンストラクトはそれ自体を表象するだけでなく，使用者によって抽出されたコンストラクトをも表象する——は，コンストラクトのシンボルと呼ばれている。

浸透性（permeability）　コンストラクトは，新しく知覚された要素をその文脈に受け入れる場合には，浸透性がある。それが，その新しさに基づいて，要素としての受け入れを拒否する場合には，浸透性がないことになる。

その要素に対するコントロールの本質によって分類されるコンストラクト

先取り的コンストラクト（preemptive construct）　その要素をそれ自体の領域内にメンバーとして独占的に先取りするコンストラクトは，先取りコンストラクトという。これは「以外の何ものでもない」というタイプの解釈である——「これがボール

であるなら，ボール以外の何ものでもない」

布置的コンストラクト（constellatory construct）この要素の他領域のメンバーシップを固定するコンストラクトは，布置的コンストラクトと呼ばれる。これはステレオタイプ的あるいは類型論的思考である。

命題的コンストラクト（propositional construct）その要素の他領域のメンバーシップに関しては，何の関わりももたないコンストラクトは，命題的コンストラクトである。これは汚染されていない解釈である。

一般的診断コンストラクト

前言語的コンストラクト（preverbal constructs）前言語的コンストラクトは，一貫した言語シンボルをもたなくても，使われ続けているコンストラクトである。それは，クライエントが言語的象徴化の指令をもつ前に考案されたものかもしれないし，そうでないかもしれない。

沈　潜（submergence）コンストラクトの沈潜した極は，イベントへの適用がしにくい側の極である。

宙づり（suspension）宙づりされた要素は，クライエントのコンストラクト・システムの改訂の結果として，コンストラクトの文脈から除外されたものである。

認知的気づきのレベル（level of cognitive awareness）認知的気づきは高レベルから低レベルにわたっている。高レベルのコンストラクトは，社会的に有効なシンボルによってすぐに表現されるものである。この選択肢（類似と差異）は，どちらもすぐにアクセスされうる。これはクライエントの主要な解釈の利便性の範囲内に十分に入っている。そして，上位コンストラクトによって宙づりにされてはいない。

拡　張（dilation）拡張は，人がみずからの知覚の場を，より包括的なレベルで再組織化するために，広げるときに生じる。これ自体はこれらの要素の包括的再構築を含まない。

収　縮（constriction）収縮は明らかな矛盾を最小にするために，知覚の場を狭めるときに生じる。

包括的コンストラクト（comprehensive constructs）包括的なコンストラクトは広く多様なイベントを包摂するコンストラクトである。

偶発的コンストラクト（incidental constructs）偶発的コンストラクトは狭く多様性のないイベントを包摂するコンストラクトである。

上位コンストラクト（superordinate constructs）上位コンストラクトは，他のコンストラクトをその文脈内の一要素として包含するものである。

下位コンストラクト（subordinate constructs）下位コンストラクトは，他のコンストラクトの文脈内の一要素として包含されるものである。

統治コンストラクト（regnant constructs）　統治コンストラクトは，古典論理学でなされるように，要素のおのおのをオール・オア・ナンのベースに基づいてカテゴリーに割りふる，一種の上位コンストラクトである。これは抽象的ではない傾向がある。

中核コンストラクト（core constructs）　中核コンストラクトは，クライエントの維持管理過程（メンテナンス）を統治するコンストラクトである。

周辺コンストラクト（peripheral constructs）　周辺コンストラクトは，中核構造の重大な修正なしに変化されうるコンストラクトである。

緊縮コンストラクト（tight constructs）　緊縮コンストラクトは，変動の少ない予測へと導くコンストラクトである。

弛緩コンストラクト（loose constructs）　弛緩コンストラクトは，多様な予測に導くが，同一性は維持しているコンストラクトである。

変遷に関係するコンストラクト

脅　威（threat）　脅威は，人の中核構造の包括的な変化がさし迫っていることへの気づきである。

恐　怖（fear）　恐怖は，人の中核構造の偶発的な変化がさし迫っていることへの気づきである。

不　安（anxiety）　不安は，人が直面しているイベントが，彼のコンストラクト・システムの利便性の範囲の外にあることの気づきである。

罪悪感（guilt）　罪悪感は，自己が自己の中核役割構造からはずれているという意識である。

攻撃性（aggressiveness）　攻撃性は，人の知覚の場を積極的に精緻化することである。

敵　意（hostility）　敵意は，あるタイプの社会的予測がすでに間違いであると認識されているのに，これを支持する確証的エビデンスを強引に獲得しようとする持続的な努力である。

C-P-C サイクル（C-P-C Cycle）　C-P-C サイクルは，連続的に，用心（circumspection），先取り（preemption），コントロールを含む解釈の連鎖であり，その人が特定状況に入るのを促進する選択へと導く。

衝動性（impulsivity）　衝動性は，C-P-C サイクルの特徴的な短縮である。

創造性サイクル（creativity cycle）　創造性サイクルは，弛緩した解釈から始まり，緊縮し確証された解釈で終わるサイクルである。

4 ｜ 理論と心理療法

理論は，これを使う人の専門的確信に根ざすものでないかぎり，あまり実際的な重

要性をもたない。このことはとくに心理療法家の場合に当てはまる。というのも，彼らは最も包括的にクライエントのものの見方を扱っているからである。したがって本巻では，われわれは，クライエントとの関係における心理療法家の役割に関して，明瞭な立場を展開することがまず何よりも大切である。この立場は，パーソナル・コンストラクト心理学とまったく同じ哲学的・理論的な基盤をもっている。われわれの技 術さえもが同じ布から切り取とられたものである。すべての心理療法家がわれわれに賛成してはくれないだろう。なぜならば，心理療法家がクライエントに対して何をなすべきかについては，いくつかの身の毛のよだつような見解が進行しているからである。

　本章では，心理療法についてのいろんな知見を把握できるように試みていくことにする。まずは，クライエントの知見から始めて，臨床家にとって適切な見解だと信じられるものを展開していく。われわれが展開するこの見解は，われわれの理論から引き出される技法の日常的使用を支えるものになるだろう。われわれはまた，クライエントの抱えているトラブルのタイプとは関係なく，面接室で共通に採用されているいくつかの一般的技法についても論じることにする。特別なそしてえり抜きの技法は後で論じる。

B 心理療法の知覚

5 心理療法がクライエントにもつ意味

　心理療法とは何かということについては，臨床家の特別なケースであれ，一般的なケースであれ，クライエントが臨床家の見解を共有することが不可欠だと考えるべきではない。当初クライエントは，心理療法に関しては自分自身の個人的な見解以外には，どんな考えももっているようではなさようである。この治療が成功する場合には，心理療法の本質についてもっと適切な見解が副産物として出現するかもしれない。実際，成功した心理療法から生じる現行の進展過程の動きと解放は，個人の人生の全過程の改訂された概念化により達成されると仮定される。クライエントが最初からこれを完全に評価できるとは，期待できない。実際，心理療法が達成すると期待されるものについての見解を，治療者があまりにも文字どおりに伝えようとしすぎた場合には，クライエントは完全に脅えて逃げ去ってしまったかもしれない。

　われわれはこの時点でわれわれの系の1つを思い出す。調節の系によれば，人間の解釈システムの変動（variation）はコンストラクトの浸透性によって制限されており，その変形（variants）はこのコンストラクトの利便性の範囲内におさまっているとされ

る。クライエントの心理療法についての概念化は，多数のコンストラクトを表象しており，これらのコンストラクトの浸透性は，クライエントが自分のなかの治療的変化をどれほど幅広く思い描けるかを決定する。もしこのクライエントが，いくつかの小さな適応と，いくらかの面接室での訓練が，心理療法を構成するものだと見ている場合には，彼にはまだ，みずからの人生スタイルの徹底的な変化を試してみる準備ができていないことになろう。もし人が動くつもりなら，彼はその内部で動きが生じうる枠組みをもつ必要がある。心理療法家はしたがって，このクライエントが最初に定式化できる心理療法の概念化が，どれほど限定されているのか，というところから出発するという見解をとらねばならない。この展開すなわち心理療法そのものは，最初にこの枠組み内で作動しなければならないのである。

しかし，クライエントが心理療法の保護の下で可能となる全面的な変化に気づき始めると，彼は，彼と彼の治療者が何を達成しようとして開始したのかという，はるかに包括的な見解を発展させることになる。彼は，治療の究極的な結果が，個人的な問題の修復状態ではなく，むしろ，人生の旅において見通しのきく地点に到達して，そこから自分の前の広い視界に広がる，人生計画の全パノラマが見られることだということを，発見しさえする。さらに多くを彼は発見する。治療がずっと続く再適応過程，つまり，来るべき年における健全な人生と同義の，開始段階だと見るようになる。したがって，心理療法の妥当な見解は，その重要な前提条件というよりもむしろ，心理療法の待ち望まれた結果だということになる。

クライエントは臨床家の心理療法の解釈を共有する必要はない。が，臨床家がクライエントとの関係で役割を演じるつもりなら，臨床家はクライエントの心理療法の解釈を包摂する努力をすることが大切である。前にも述べたように，このことは，臨床家がクライエントの心理療法の解釈を採用しなければならないという意味ではなく，クライエントの解釈を利用できねばならないという意味である。これを利用するためには，臨床家はある程度まで忠実にそれを再生できなければならない。彼はまた，彼自身のシステムがおそらくは提供してくれるはずの，はるかに大きい包括的な視野のなかで，クライエントの解釈システムを凝視できなければならない。次のタイプの前解釈（preconstruction）は，治療者が取り組まなければならないかもしれないものの実例である。

a．訴えによる心理療法の限定　ここは，訴えの分析を包括的に扱うことを提案する節ではないが，クライエントの訴えは，彼が心理療法で達成できると信じているものを何がしか露呈していると指摘してよかろう。それらはまた，クライエントが心理療法家にはとくに達成不可能だと信じているものを，露呈しているかもしれない。彼の訴えを心理療法家の用語で述べることは，時には，彼にとってきわめて重要になってくる。したがって，クライエントの心理療法の解釈は，他者の困難についての訴え

と記述の形式——この上に彼の心理療法の解釈が形成される——で，彼がその要素を持ち出すときに，はっきりし始める。この臨床家は，その要素が種々のコンストラクトにおいてどのように結合されているのかを見いださねばならなくなるだろう。このクライエントは，心理療法にかかりうるものとして，どんな要素を集めるのだろうか？彼は，とくにそれらの「治療」からの排除を示すやり方で，どんな要素に言及するのだろうか？

クライエントが言語化しようと追求している訴えでさえも，いかにたどたどしくても，彼の解釈システムの関数である。心理学的な訴えは，現代の談話のつる草の上で成長しているように見える。人々は，アドラー（Adler）について聞いた後で，「劣等コンプレックス」に苦しみ始める。彼らはユング（Jung）の議論に触れた後で，みずからの「内向性」を心配するようになる。彼らは，フロイト学派が無意識について語らずにはいられないことを聞いた後で，みずからの「抑圧」に気づくべきだとさえ主張する。この灯りのもとで見ると，人がみずからの訴えを目録にするよう求める伝統的な人格目録〔パーソナリティ・インベントリー〕は，非常に暴露的な規模の測度——人が精神病理の領域で公的な談話様式を共有する——だとわかる。

クライエントの解釈システムの改訂を通して，新しい訴えを導入することも可能である。数年前著者は，家族生活における家政学の小さなクラスで，一連の短い精神衛生論を講じるよう求められた。たまたまこのクラスは，ハドレイ（Hudley）の合理的な心理療法への準備手段としてのリラクゼーション研究の，コントロール群として使われた。出発点として，このクラスには特別に構成されたパーソナリティ・インベントリーが与えられた。ハドレイによってデザインされたこのインベントリーは，2つのフォームをもち，どちらも，半分の項目は否定形，他の半分は肯定形で述べられていた。一方のフォームで否定形になっている項目は，他方のフォームでは肯定形になっていた。また，逆も同様であった。このクラスの半分には一方のフォーム，他の半分には他方のフォームが与えられた。これに続く議論は，このクラスのメンバーの間で最も共通していると見えるパーソナリティの問題を，一般的な方法でカバーしていた。この討論の最後に，このクラスの各メンバーはこのインベントリーの別フォームのものに回答するよう求められた。ここで，第2のインベントリーで明らかにされた問題の数は，最初のインベントリーで明らかにされた問題よりも多かった。これは，同じ方法でテストされ，不活性な（議論による活性化がなされなかった）コントロール群の反対傾向とは，対照的であった。

この議論は精神衛生を逆方向に投げ返したのであろうか？　この学生たちが，2回目のインベントリーで気がついた問題については，討論の後には不安を感じにくくなったと言っていることが，この反応のチェックによってわかった。この事実がなかったとしたら，この議論は，ただ学生の不安を上昇させる傾向を強めただけだったとい

う仮説に傾かせたかもしれない。この結果は不確実な一般性についての臨床観察の本質にあり，ハドレイはこれを彼の仮説とは無関係だという理由で報告をしていないが，これは言葉による訴えが，その人の改訂解釈システムの関数として，誘導されうることを示唆している。これはまた，多くの他のことも示唆しているが，ここはそれを論じる場ではない。

　　b．目的そのものとしての心理療法　　クライエントのなかには，心理療法を，その目的 (end) を達成する手段，あるいは何かを変化させる手段というよりも，むしろ目的そのものとして見る傾向を示すものがいる。心理療法が流行するようになればなるほど，こういう視点をもってクリニックにやってくるクライエントの比率は増加する。心理療法はもう１つの「よいもの」になるのである。「他の人々は自分たちの精神科医をもっているのに，なぜ私はそうできないのか？」。自分の仕事にかなりの内在的な価値をおいている職業人ならどんな人でも，このタイプの思考の犠牲者には簡単になってしまう。適応を続けるためには，心的過程を解放することが必要であることは，容易に見落とされる可能性があるのである。

　　心理療法それ自体を，動きを生じる手段というよりもむしろ目的そのものとして見ることは，みずから専門的に心理療法に関わっている人々との心理療法の仕事において出会う，特殊なタイプの問題の１つである。心理療法はみずからを「まっとうなもの (legitimate)」にする一方法だと考えている人とは，いっしょに効果的な仕事をするのが極度に困難であるかもしれない。それはできないわけではない。が，心理療法家は自発的にやってくるクライエントに対する場合よりも，もっと厳しくしなければならないかもしれない。彼が治療を終結したとき，その結果が，単純に「心理療法はよいものだ」という直解主義的な信念をもつもう１人の「心理療法家」を生み出しただけの場合でも，あるいは，別の人が自己の持続的な再適応の可能性に気づくように援助した場合であっても，彼はこの新進の心理療法家にどんな種類の訓練を施したのかと疑問をもたざるを得なくなるだろう。

　　c．心の固定状態を達成する方法としての心理療法　　心理療法が目的そのものだという見解は，多くの専門家の間でも共通しているが，これと緊密に結びついているのは，心理療法は不変のあるいは厳格に「健康」な精神状態を生み出すものだという見解である。治療者自身の問題と彼が奉仕するクライエントの問題とをもっと鋭く区別するために，主として心理療法を追求する治療者は，この見解をとるかもしれない。彼にとって心理療法は，クライエントとの適切な関係を危機にさらすと見る心的過程に対して，一種の要塞を提供するものである。彼は，みずからの態度を厳格な教義のなかに固定することによって，自己自身とクライエントとの保護を追求する。使徒に継承される教会の教義におけるように，それは一種の「按手 (laying on of hands)」を通して完遂されると考えられるかもしれない。これはわれわれの見るところでは心理療

法ではなく，また，必ずしも不適切なクライエント・治療者関係に対する適切な保護を与えてくれるものでもない。

　固定的な精神状態を生み出そうとする心理療法の結果は，たぶん用心深い社会的マンネリズムの出現と，心理療法を受けたことのあるわれわれと同業の仲間の，あまりにも多くの一般的特徴として気づかれ始めている「燃え尽き感情」とになるだろう。会話のなかで人は，彼らがあらゆるコンプレックスを抑えようと試みるのを，そして，見慣れぬ大地にそった道を選ばねばならないときにはいつでも最も手近な「健全な教義」にすがろうとするのを，感じとることができる。

　d．有徳の行為としての心理療法　時にクライエントは心理療法を，「正しいことをする」こととして，そして，あらゆる困難からの解放を，賞賛に値する行為への報酬として，見ることがある。彼らの治療者との転移関係は，子どもっぽく，表面的には従順に見える。心理療法的な動きは，このようなケースでも，不可能ではない。しかし治療者は，治療進行中のクライエントの「洞察」には多くの幻滅経験をもちやすい。

　もちろん，自分たちをエーテルの下で治癒してくれる心理療法を受けたがるクライエントもいる。彼らにとって心理療法は一種の魔術(マジック)であり，治療者は心理療法の杖を彼らの頭上で振り回す一種の魔術師(マジシャン)である。治療が苦痛に満ち，過剰な労力を要することを発見すると，彼らはそれを悪い企てだとしてあきらめるようになる。

　e．状況を変える手段としての心理療法　心理療法がよりよく知られるようになるとともに，その比率はおそらく減少してきているが，いくらかのクライエントは，みずからが置かれている状況を治療者が変えてくれると期待するようになる。彼らは治療者がふつうはこんなふうには働いてくれないと認めても，とにかく自分の見解を変えずに，みずからの状況を操作する方法を治療者が教えてくれることを期待する。初めて修正役割療法のことを小耳にはさんだ人たちのなかには，これが，状況の再解釈をせずに，状況を操作する方法に違いないと推測するものもいる。しかしたしかに，物事，人々，そして自己自身についての新しい見方を強く強調する修正役割療法は，絶対にそんなものではない。「夫が私を愛してくれるようにするには，何をすべきか教えてください」と，あるクライエントは言うかもしれない。たとえ治療者が治療の限定された概念化の範囲内で仕事をしようと決断している場合でも，クライエントが，夫が何なのか，彼女自身が何なのかという自分自身のコンストラクトを定式化しなおせるように，治療者が注意深くデザインしている場合には，治療者の示唆はより有効になるだろう。

　f．自己の病気を確認するものとしての心理療法　あまりにもしばしば，クライエントは心理療法を，自己の病気を確認する手段として見ている。それはあたかも彼らが，「もしあなたが私を患者として認めてくれるなら，それは私が病気であることを

証明する助けになるだろう」あるいは、「ここに来ることは私には自助ができないことの証明になるだろう」と言っているかのようである。時にクライエントの治療の概念化の仕方には、報復性のあることがある。クライエントは「さてこのことは、両親が何という混乱を私に生じさせたのかを示している」と考えるかもしれない。もちろん、両親や親族に心理療法の支払いをさせたり、あるいは別途に彼らに不便をかけたりすることによって、彼らを罰することは、よく知られた神経症的デバイスである。

時にクライエントは、脅威と見なされる人々に対抗する支援の手段として、心理療法を利用することがある。クライエントは結局、治療者に、「私はあなたが私の味方についてくれることを希望する」と言おうとしているのだ。これは、両親が子どもたちとの問題の解決に「援助」を求めてやってくるときに、しばしば生じる。彼らは、この親の困難が乗り越えられないものだということの証明を、心理療法に期待しているのである。

したがって、事実上「友だちが自分の問題の心理療法に 6 か月を要したのだから、私は直面しなければならない問題は、少なくとも 12 か月間の治療を受けるに値すると確信している」というクライエントが出てくることになる。

g．人の役割の客観的な困難さの証明としての心理療法　両親、とくに養子縁組で結ばれた養親に関しては、その子を心理クリニックに連れて来ることは、しばしばその子に対して彼らが感じている不適切感を投射する薄っぺらな見せかけの企てを表象している。「私の子どもを矯正するのに専門家を必要とするのなら、私が自分の子どもをうまく育てられなかったとしても、そして、私の補償的な養子の受け入れがあまりうまくいかなかったとしても、このことは、私が必ずしも不適切な親ではないことを示しているだろう」。時に養親は、子どもの心理療法の必要性を、「子どもを当局に返す」ことを正当化するもの、あるいは、劣等な商品をよこした当局の責任を追及すべきことと見なしている。いずれにしても、治療者は、親が子どもの心理療法を求めることの基礎にある、深く根ざした個人的な不適切感を考慮に入れる必要がある。

h．問題の明瞭化としての心理療法　クライエントが、単純に自己の問題の明瞭化を求めるケースが稀ながら存在する。これは比較的成熟し洗練された視点を代表している。ただし、彼がすべての問題は外在的だと主張する場合には、心理療法の結果が成功するという予感は必要でない。

i．人の現在のコンストラクト・システム内での激烈な動きとしての心理療法　変化への驚くほどの準備性があるように見えるケースでは、治療者は、クライエントの治療に関する概念化に、ほとんど遁走（フーグ）のような質（クオリティ）を発見するかもしれない。このようなケースは稀ではあるが、それが出現するときには、この動きがあまりに速くて、クライエントが自分の見通しを見失うことのないように、注意深く扱われねばならない。ここで起こっているのは、もちろん、人が新しいコンストラクトを獲得すること

ではなく，むしろ，古いコンストラクトの文脈内での諸要素の根本的な刷新があるということである。いま黒だと見られていたものが，白だと見られるようになる。しかし，黒・白のコンストラクトは作用し続ける。なかでも，自己は再解釈されやすい。が，それは同じコンストラクト・システム内でのことである。極端な場合にはこのシフトは，これを収縮し非浸透的にさせる傾向のある，コンストラクト・システムの劣化をともなうかもしれない。多くの記憶はこの文脈の外で凍結され，結果として部分的な健忘状態を生じるかもしれない。

ｊ．すでに切迫した変化が生じうる環境としての心理療法　モートン（Morton）の研究は，クライエントがいったん勇気を奮い起して心理的な援助を求めた場合には，援助が得られそうか否かにかかわらず，あれこれの種類のいくらかの変化が引き続き生じうると予期してよいという，臨床的なエビデンスを提供してくれた。心理的なクライエントとしての自己自身の概念化そのものは，その人の自己自身についての他の概念化においても，大小にかかわらず，改訂の前進的な連鎖をもたらしやすい，ある個人的な意味あいをもっている。この治療が遅れる場合には，このクライエントは，おそらく今までとはまったく違って，独力である再適応を試みると期待されうる。たしかに，彼が治療の必要性を最初に認めたときと，治療が受けられるようになったときの間では，彼の訴えは急速に変化する傾向がある。こうして心理療法を求めることは，それ自体ある意味をもつイベントのようであり，それゆえに，治療者がその意味が何なのかをアセスメントすることは，重要なのである。こうするとき治療者は，このクライエントがいかにして自己自身を患者として概念化する準備をしているのかがわかるかもしれない。

ｋ．受動性の究極状態としての心理療法　治療的援助を求めることは，いくらかのケースでは非常に士気を低下させるので，クライエントはこれによって部分的にあるいは全面的に無能力化されてしまうと，信じるに足る理由がある。このことは単純に，心理療法は人の統合性を破壊すると見なされるということだ。したがって，人には崩壊の感覚が暗黙に入ってくることがある。自分を無力な患者の役割に配役するクライエントは，心理療法の患者が――完全な絶望と無力をもって――演じると思うように演じる以外には，自分の役割の演じ方が見えてこないかもしれない。心理療法とは何かを再解釈することは，それ自体が最初の治療目標の１つである。このことは，このようなケースではとくに明らかである。これは，療養所や病院における自発性を失った患者では，とくに重大な問題である。

ｌ．個人の病気のコンストラクトから推測される心理療法　心理療法がクライエントにとって何を意味するのかは，時に，病気についての彼の一般的な概念化の仕方によって推測できることがある。「病気」であるということは，彼にとって何を意味するのだろうか？　第１巻で引用した，クライエントが何を「病気」の反対のものだと

考えているのかについての治療者の逸話は，説明に役立つ例である。このクライエントは，病気でないことは「自由」であることだと言った。もう１人のクライエントは病気を「愛を必要としていること」を意味すると解し，さらにもう１人は「安全」だと，そして，さらにもう１人は「拒否」だと解釈するかもしれない。

　結局，クライエント・バージョンの心理療法のいくらかは，治療者にとっては特殊な問題を表しているかもしれないが，それらは必ずしも「悪い」わけではない。このことを，われわれは注意深く指摘しておかなければならない。クライエントは完全にあるがままの彼である。もし彼が人生について完全な見方をもっていたなら，臨床心理士のする仕事はなくなってしまうだろう。われわれがクライエントの個人的なバージョンの心理療法の理解の重要性を語り続けてきたのは，クライエントが，どんな包括的な変化のコンストラクトを，自己自身の変化を解釈する枠組みとしてもっているかに，注意を求める一方法だからである。どんな種類の再適応を彼は視覚化できるのだろうか？　彼はみずからのアイデアが多少とも進化するのを見られるのだろうか？　クライエントの不適切な心理療法についての概念化を嘆くよりもむしろ，われわれは，彼を援助して変化をもたらすには，彼自身の個人的な変化の解釈を理解する必要があるのである。

　前に述べたように，一連の心理療法を軌道に乗せるために，心理療法とは何かについて完全に適切な見解をもつことは，クライエントにとって必要でも可能でもない。治療者は最初は，本節で論じた説明的なクライエントの概念化はほとんどどんなものでも，受容せざるを得ないかもしれない。よりはっきりいえば，彼と彼のクライエントの出発点として，彼が受容しているのは何なのかを発見することが彼にとって重要なのである。

6 ｜ クライエントによる治療者についての最初の概念化

　「このクライエントはいま私にどんな役割を配しようとしているのだろうか？」。これは，治療者がずっと心に持ち続けていなければならない疑問である。これに相ともなう疑問は，「彼が私を概念化する際に現出する変動はどのようなものなのか？」である。これらは必ずしも常に簡単に答えられる疑問ではない。しかしなお，治療者がこれらの問いに正確に答えられる範囲内では，彼はクライエントが普段接している人々のなかに，治療者によく似た人をすぐに見いだす準備ができているかどうかを判断できるだろう。クライエントが彼の改訂された人生ドラマの種々の役割を，同程度にうまく演じられる他者を発見できるまでは，彼はおそらく治療者のサービスに頼り続けざるを得ないだろう。

　クライエントの心理療法についての概念化からは，自分が演じると期待する役割と，治療者が演じてくれると期待する役割がもたらされる。彼の患者としての行動もこの

観点から見られるべきである。彼は治療者に期待される役割の実演に，ひどく失望
をするかもしれない。彼は，治療者が解釈してほしがっている仕方ではなく，むしろ，
彼が治療者を解釈したいと思っている方法で解釈するために，治療者についての知覚
を拡大するかもしれない。たとえば，彼が治療者に小さな日常的規則を制定してもら
いたいと期待している場合には，彼は治療者が行なうほとんどどんな発言も，忠告と
いう性質をもつものと知覚するかもしれない。治療者が，ある機会にクライエントの
行動がどうあるべきかを明示したことはないと否認する場合には，それは，適切な治
療的役割の演技を拒否するものと見なされるかもしれない。こうなると，このクライ
エントはこの治療関係に喪失感と不安定感をもつかもしれない。

　a．**親としての治療者**　転移の本質は本章の後のほうの節で述べるが，ここは，ク
ライエントが治療者に重ね合わせる，親のようだという最初の解釈に言及する場とす
る。あらゆる解釈の場合と同様に，われわれは，クライエントが過去から蓄積して「試
着」してみた一連のテンプレートを通して，臨床家を見るのだと見なす。別の言い方
をすれば，クライエントはいくらかの仮説を治療者に適用して，かなりの忍耐をもっ
てこれらを試した後に，これらを確証あるいは棄却する。クライエントがこれをもっ
て最初に治療者にアプローチしてくる共通仮説の1つが，治療者はきっと親のようで
あるはずだというものである。

　健康な人々は自分の親についての概念化を継続的に改訂し続けている。したがって，
たまたまではあるが，両親が自己自身の概念化を改訂することも，ある程度は許容し
ている。したがって治療者にとっては，自分がクライエントによって親の一種だと解
釈されていると知覚することは，必ずしもストーリーの全体を語っているわけではな
い。これは，臨床文献では人気があるが，必ずしも「権威像」と知覚されることと等
価ではない。この知覚された親の役割は文化によっていくらか異なる。とくに年長の
子どもとの関係で親が演じると知覚される役割はそうである。それは家族間でも，男
女間でも，そしてもちろん人によっても，違っている。自分が親の役割に配されてい
ると見る治療者は，特定の「親」が演じるのを期待されている役割とどう似ているの
かをなお発見する必要がある。1つには，このクライエントは，青年が自分の親を見
ているように治療者を見ているのか，それとも，幼児が自分の親を見ているように治
療者を見ているのか？

　もしクライエントが，幼児がみずからの親を見ているのと同じように治療者を見て
いるなら，クライエントは治療者が環境に多くの操作を加えて，みずからの望みを助
けるために多くの時間を費やしてくれることを期待するかもしれない。もし投射され
るのがもう少し年長の子どもの態度である場合には，治療者は，仲間との困難からク
ライエントを開放することが期待されていることを見いだすかもしれない。もっと進
んだ親の見方は，治療者に，助言者や智慧の配分者のパターンを設定するだろう。

b．保護者としての治療者　クライエントが最初に治療者を概念化しうるすべての方法は，家族内の最初期の社会的知覚にそのルーツをもっていると見なされうる。しかし，家族内の人物からの転移と解釈する必要のないタイプの概念化もいくつかある。クライエントはこの治療者を，自分がトラブルに巻き込まれないようにすることを仕事としている，一種の保護者であると見ているのかもしれない。アルコール依存症のクライエントは治療者をこのように概念化しているかもしれない。そして治療者は，AA（禁酒会）のメンバーがクライエントとの関係を受容しているように，この関係を受け入れたいと願うようになるかもしれず，その場合には，これを基盤として治療の開始を企てるかもしれない。彼はふと気づくと，自分が保釈金を支払ってクライエントを出獄させ，彼のために種々の他の方法を使って仲裁しているかもしれない。このクライエントは，家族の厳しい判断から自己を守るために，家族の他のメンバーにも話をしてくれるようにと，治療者に頼むところから出発するかもしれない。

　c．罪悪感からの解放者としての治療者　クライエントが治療者を，罰の必要性を撤回できる人として見る場合には，治療者は自分が司祭のような役割を演じていることに気づくかもしれない。この種の適応を求めるクライエントは，ある種の社会的判断に同調するか，彼がそうするのに失敗したことに対して処罰を加える人をなだめるかの，どちらかを必要とするコンストラクト・システムにとらわれているのだ。この種の人には，自分の人生へのアプローチを再解釈せずに，すでにやってしまった結果の取り消し（undoing）や回避（avoiding）をする，何か魔術的な方法を求めるだけの傾向がある。このような人々は通常，心理療法家よりもむしろ聖職者に，彼らが概念化した役柄を演じてもらうことを求めるが，時折そのなかの1人が心理療法家にその役割を演じさせようとすることがある。

　d．権威像としての治療者　上記2つの見解と緊密に結びついているのは，クライエントが従順に従えば，治療者は安寧と不安からの救済でもって報いてくれる人になると見る，治療者についての見解である。これはもちろん，ある種の権威主義の受容を表している。しかしこれは基本的な性質である。それはギャングの掟，政治的な利権，そして中央政府のなかで連続的に出現する種類のものである。治療者がこの種の関係を受け入れて，実質的に「すべて私に任せなさい」とクライエントに言うのは簡単である。

　この「医者に任せなさい」と言うアプローチは，開業医の間では稀なものではない。そして，医療専門家が「心身症」という呼び名を選択したものによってもっともっと悩まされているという事実を，部分的には説明している。この用語はもちろん，体系的には意味をなさない。「心身症」は，一貫して心理的な説明体系を利用してはおらず，また，一貫して生理的な説明体系を利用しているわけでもない。むしろそれは，いくらかの事実はそれぞれそれ自体が本質的に「心理学的」か「生理学的」かであると仮

定してしまうという，粗雑な哲学的間違いをおかしている。

「すべてを私に任せなさい」と言う医者は，彼の医学的訓練に適切には包摂されそうにない患者との間に，一種の権威主義的関係をつくってしまう。このことは，医学的枠組に適さない多くの問題が生じるだろうということを物語っている。このみずからの解釈システムの不適切性に気がつくようになって，彼は別のシステム——心理的システム——を招き入れることによってこの欠点を直そうとする。そして，ハイフンを入れるという言語的な仕掛け（デバイス）によって，生理的なシステムのなかにこれを組み込もうと試みるのである。

さて，精神分析家の大部分を含めて，いくらかの心理療法家は，この種の権威主義を，とくに治療のいくつかの段階で，意図的に推奨する。彼らの多くは，クライエント側のこの態度が，治療において非常に有益な転移の本質的特徴であると考える。もしすべてのクライエントが，この種の権威主義が子どもの人生の数年にわたる親子関係を特徴づける家庭の出身者であったなら，そして，治療で観察されるすべての転移が両親像の転移であったとするなら，この立場は根拠の確かなものと受け取ってよかろう。しかしながら，こういうことは事実ではない。したがって読者は，この本質的に権威主義的な転移の見解は，われわれの取る立場ではないことに，すぐ気づかれるだろう。

　　e．**高名な人物としての治療者**　治療者の評判，オフィスの家具，裕福さのサインがより印象的であるほど，あるタイプのクライエントはこういう治療者により惹きつけられる。クライエントは新車の所有と同じように，治療者を所有しているかのように見る。クライエントは，余裕のあるかぎり，最新のそして最も高価に見えるモデルを，手に入れようとしているのかもしれない。

　　f．**財産としての治療者**　いくらかのクライエントは，治療者を自分の所有物だと，そして，子どもが新しいポニーや子猫を可愛がるのと同じように，治療者を可愛がっていると感じたがる。彼らは治療者を自分の所有物のように感じたがり，別のクライエントが彼のオフィスに出入りするのを見ると，嫉妬の鋭い痛みを感じる。このようなクライエントにとっては，いくらかの治療者が主張するように，治療者への料金の支払いは，治療が永遠に進行していくものではないことを思い出させてくれるリマインダーにはならず，むしろ豪華な物品の賃借料を払う行為になるのだ。それがクライエントに治療を継続させるために発揮する効果は，50セントスロットが人々にギャンブルをやめさせるのと同程度の効果しかもたない。

　　g．**安定装置（スタビライザ）としての治療者**　いくらかのクライエントは治療者が目まぐるしく変化する場面の脅威から自分たちを守ってくれる人だと見ている。治療者は，クライエントの直接的なトラブルのかなたを見るのに十分な見通しをもち，血迷って愚かな判断をしないように抑えてくれる人だと見なされている。ある意味ではこれは，治療者

を，動きを促進するというよりも，むしろ抑止する人と見る見方である。クライエントは事実上治療者に「この激動の世界で私をしっかりとつかまえておいてください」と言っているのである。

h．一時的休息としての治療者　心理療法を，一息つく時間を与えてくれる一時的状態だと見なすクライエントのように，治療者を，嵐から守ってくれる一時的避難所を与えてくれる人だと見るクライエントもいる。このようなクライエントは，ふつうはどちらかといえば直接的かつ率直に，自分が治療者に何を期待しているのかを，治療者に語るものである。彼はさらに，どんな種類の保証をほしいと期待しているのかを，治療者に言いさえするかもしれない。

　数か月前の午後面接の終わりに，著者は若い婦人がオフィスの外で待っているのを見つけた。彼女はアポイントも取らずにやってきて，受付に，自分はそれほど混乱しているわけではないのだが，重要な決定をする前に，誰かに話をする必要があると感じているのだと話した。著者はただちに彼女の話を聞くことにした。面接中彼女は，申し出を受けたかなり魅力的な２つの立場のうち，どちらをとるか決定しなければならないのだと語った。彼女はこのどちらを受け入れるべきかを治療者に決定してほしいのではないことをはっきりさせて，この決定をする前に，「誰かに聞いてもらいたい」と感じているだけなのだと言った。彼女は数か月前に夫を亡くしたこと，遅かれ早かれ１つの地位に就く必要があること，そして，彼女の人生役割のパターンの再定式化を計画した方法について語った。彼女はどんなことについても治療者の判断を求めず，通常の意味での訴えをせず，目の前の選択の体系的な重みづけを求めるでもなく，動揺やアンビバレンスのサインはほとんど見せなかった。彼女が不安であることに疑いはなく，また，より包括的なタイプの心理療法的関係によって利益が得られたはずなのだが，彼女が最初に治療者についての概念化したものは，単純に，彼女の周囲の困難から一時的にいっしょに休息をとってくれる人であるようであった。実際彼女は，治療者が面接のイニシアティブをとろうとしないように，かなりはっきりと，しかし如才なく伝えていた。

i．脅威としての治療者　いくらかのクライエントは，治療者を，自分たちの最悪のものを予期する人だと見ている。後の節で**脅威**という臨床的コンストラクトの定義をするつもりであるが，クライエント側のこの知覚は，正確に，治療者であれ他のどんな人であれ，その問題について脅威的に見えるようにさせるものである。この「最悪のもの」は，クライエントがすでに自己に適用しており，これから逃れようとしているコンストラクトであることが，明らかである。彼は，「自分を見通す」人の前で，あまりにももっともらしい自己解釈の網に絡めとられて，今なおかつての自分のままだと認めざるを得なくなることを恐怖しているのである。

j．理想的同伴者としての治療者　たまには，自分の人生の模範にできたり，理想

的な同伴者になってもらえたりするような，何か理想的な人物を求めるかのように，心理療法を求めるクライエントが見出される。著者は，治療者が異性であるとき，そして，必ずしも同年齢というわけでなくても，もしかしたらほとんど同年齢であるときに，この最初の知覚をより頻繁に経験してきた。これはまた，理想的な親を求めているように見えるクライエントにも生じる。この態度はまず，このクライエントの治療者の個人的生活への好奇心の表出に，治療者の健康や気分への気遣いに，あるいは治療者のマナーや面接室の外での治療者の行動についてのコメントに，表れやすい。

　k．ボケ役あるいは引き立て役としての治療者　時には，クライエントはこの転移関係を，規範的な役割関係の自然な対人的世界との徹底した置き換えとして利用する。彼は硬直した期待のセットを治療者に押しつけて，その割り当てられた役割を治療者が演じるよう要求する。そのうえで彼は，自分自身の役割を，馴染んできたやり方で演じる。この全体の交換は非常によく装備されているので，これはおのずから確証されるようになっている。これは，自然に存在する事実に照らして，自己のコンストラクトを検証するというよりも，むしろ，事実のセットをでっち上げて，みずからのコンストラクトを確証する人のケースである。これは，基本的な診断コンストラクトを定義する際にすでに見たように，基本的な敵意を構成している。しかしなお治療者は，敵対的な関係であっても，他の初期の態度と同様に，治療シリーズの出発点としては，受容せざるをえないのかもしれない。

　時にクライエントは，治療者を自己の「システム」に対する潜在的な改宗者と見ているように見えるのがわかることもある。彼は治療を，自分が望むように世界を見てくれる誰かを見いだしていく問題だと見ている。治療者は受容——われわれが定義したところによれば，これは世界をクライエントの目を通して見ようとする意志である——を示すので，クライエントは興奮して，この治療関係にしがみつくようになり，これを彼に特有のやり方で利用しようとする。この種の知覚はまた敵対的でもあるので，容易に処理できるものではない。

　l．現実の代表者としての治療者　時にクライエントは，治療目標の達成にうまく適合するやり方で，治療者に接近してくることがある。このことは，クライエントが治療者を現実の代表者として見るときに生じ，この実験がうまくいかなくても破滅的な結果をこうむらないようにしながら，自分のコンストラクトを治療者でもって検証しているのかもしれない。面接状況は，試験管の比率で社会的実験を試みうる実験室になるのだ。治療者は，この実験プログラムへの貢献として，多くの他の人物の役割を演じることが求められる。彼はみずからをはっきりさせて，クライエントが検証しようとする仮説の明快な予測効率の指標として作用することが期待されているのである。彼は検証装置なのだ。

　治療者がクライエントからこのようにアプローチされたとき，援助的になれないと

すれば，それは，非常に否定的な治療者だからである。しかし不幸なことに，この有望なタイプのクライエントとの関係さえも台無しにしてしまう無能な治療者が若干はいる。彼らがそうするときには，それは通常，彼らが協力的な実験関係よりもむしろ，権威主義的な関係を要求するからである。時には純粋に面接が実験的なフォームをとるようになるのを恐れる治療者もいる。彼らはその結果を信じない。彼らは自由に浮動する状況で現実を描写する自分の能力を信じない。おそらく彼らは，クライエントの目で見たときに表象されうる現実を恐怖さえしているのだ。

7 | 役割についての臨床家の概念化

　総じて言えば，心理臨床家の仕事はどんなものでも，クライエントのコンストラクト・システムの継続的な交代を助けることにある。このクライエントが精神的に病んでいる場合には，その病気についての臨床家の理解は，クライエントがよくなる可能性のある道筋に光を投げかける診断に関係しているはずである。心理学の領域におけるすべての道筋は，コンストラクトの形で存在すると，われわれは考えている。たとえクライエントが精神的によい健康状態にあるとしても，即座に動ける道筋が彼に開かれていて，新しい道筋の探求が継続的に進行する場合にのみ，彼はその健康状態を維持できるのである。健康なクライエントとの接触をもつようになる臨床家は，それにもかかわらず，クライエントのコンストラクト・システムに連続的な変化の可能性を切り開くことに，なおも関心をもっている。というのも，これがよい健康を保つのに常に必要だからである。

　心理療法家は，治療中に生じる変化が，その種の変化の最後のものであってはならないことを，心にとどめておくべきである。彼はクライエントの全人生を通じて展開される性格発達の連続的な過程の舞台を設定することに関心を持っている。彼は精神的健康の本質について広い視野をもっているので，治療中に明らかになるような変化のみに自分の興味を限定しない。診断臨床家のように，彼もまた，クライエントとの公式の接触が終わった後も長く開かれている道筋に関心をもっているのだ。

　あらゆる動きは，ある種のコンストラクトの変化の関数として生じる。たとえば，ある社会状況で自分が従属的だと見る人は，このコンストラクトのこちら側で集めてきた受動的でへりくだったやり方で，行動をするかもしれない。彼がこれと反対の役割——行政監察官のそれのような——を与えられたと知覚すると，その瞬間に，彼の行動はくっきりと際立った対照性を示す。彼は今度は，彼の仲間の側が受動的でへりくだった行動をするよう要求するのだ。彼の行動は鋭く対照的に見えるが，ここで生じた唯一の解釈の変更は，彼が主に自分の行動を支配してきたコンストラクトの文脈のなかで，彼の位置を交代させただけなのだ。心理学的な視点から見ると，このような行動の対照性は，パーソナリティ発達の最小のもの以上の何かを示していると考え

てはならない。

　さて，人は「管理的な上司」の役割を演じている過程で，すぐに自分が新しいイベントに直面していることに気づいて，自分のコンストラクトでは，これらのイベントの予期には役立たないことがわかるかもしれない。このことは，役割統治コンストラクトの基本的な変化を生じさせることにつながるかもしれない。これらは，彼が「昇進」させられた瞬間に明らかになった変化よりも，行動的にはそれほどはっきりしていないかもしれないが，心理学的にはもっとはるかに重要なのかもしれない。

　われわれは心理療法家の役割を非常に幅広く概念化するのを好む。臨床家は，前のパラグラフで述べたように，このような表面的な変化しか生じていないときでも，心理療法的には作動していると考えうる。彼はこのような表面的な変化を，以下のような種々の方法のなかのどれかを使って，生じる可能性がある。すなわち，(1)脅威や不安をつくりだすこと，(2)クライエントのこびへつらうような装置を一貫して反証すること，(3)自分が「リーダー」だと知覚するような状況にクライエントを突き落とすこと，あるいは，(4)激励によって。

　　ａ．脅威による表面的な動きの産出　第１巻で，われわれは**脅威**に関するわれわれの立場の概要を示し，**不安**が何を意味するのかについても，読者に１つのアイデアを提示した。われわれは，治療者が自己の役割を，脅威や不安のゆえに表面的な動きを生みだすものの１つとして概念化しうると言うときには，たぶん単純に，イベントの予期能力を喪失したと感じる人が，ある意味で混乱するようになるという事実に言及しているにすぎないことが明らかである。こういうことが生じると，彼はみずからの予期能力を回復するために，表面的ながらも対照的な動きを試みるかもしれない。治療者はいくらかのケースで，この事実を正当に利用する可能性がある。

　　ｂ．反証による表面的な動きの産出　治療者が，このクライエントの装置あるいは心理学的中核を構成するコンストラクトに，連続して反証を加えていくと，クライエントはいくつかの例で表面的な動きを生じるかもしれない。あるいは，彼はコンストラクト・システムにもっと深い変化を生じるかもしれない。この違いは，事実上，その反証がどのように提示されるかの問題である。もしそのほぼ全体が治療者の個人的行動を含む現在のイベントの問題として提示され，クライエントの期待に合わない場合には，この動きはより表面的になりやすい。クライエントが広範囲にわたる経験の反証エビデンスを見るように導かれる場合には，彼は動きを達成する手段として，基本的なコンストラクトの再定式化を試みやすくなるようである。

　　ｃ．状況による表面的な動きの産出　表面的な動きは，クライエントが自分に期待されているのとは対照的な役割を知覚する状況に突き落とされることによって，生み出されるかもしれない。彼が自分を権威の犠牲者だと見ている場合には，みずからが権威ある立場に就いたときには，彼の行動は劇的ではあっても表面的に変化するかも

しれない。彼が自分を「カッコイイ」と見ている場合でも，自分が明らかに「ダサイ」状況にいるのがわかるときには，彼の行動は対照的なタイプの変化を示すかもしれない。

d．激励による表面的な動きの産出　最後に，すでに述べたように，表面的な動きは激励によって産出されるときがある。心理士のなかには，「非指示的」でない治療的役割はすべて「指示的」で激励的だと考えるところまで行きつくものがいる。治療者がクライエントを激励してその行動を変化させようとするときには，クライエントはせいぜい自己の現在のコンストラクト・システムの枠組み内で動きを試みるだけで，治療者にはそれ以上のことは期待できない。治療者は言葉に正しい意味の陰影を与えるために，今まで以上に注意深く言葉を選ぶかもしれない。しかし，クライエントができるのはせいぜい，彼自身のコンストラクトの限定されたレパートリーのなかに見いだしうる最良適合（ベスト・フィット）を探して，それに応じて行為することくらいである。治療者はこの結果に驚くかもしれない。彼はクライエントがしっかり注意を払っていないと非難するかもしれない。彼は，クライエントが示された忠告を倒錯的に解釈してしくじったのだと信じるかもしれない。パーソナル・コンストラクト心理学では，われわれは必ずしもこのような行動を，治療者を取り消す（undo）試みだと説明しようとするのではなく，より一般的に，治療者が，クライエントのレパートリー内にうまく呼び起こせる適切なコンストラクトを，発見あるいは形成するのに失敗したのだと説明する。

　クライエントを激励によって動かそうとする治療者は，基本的には「ごらんなさい。私があなたの立場にいたとしたら，これが私のやりたいと思うことです」と言っているのである。治療者が何とか自己を解釈できるように，クライエントもどうにかして自己解釈ができるなら，彼は自己を新しい役割に配置できるかもしれない。これができない場合には，この勧告は馬の耳に念仏になりやすい。この特殊な激励は，クライエントが未来の自己を治療者と同一化して，この2人をクライエントの過去の自己と比較対照するよう求められるという点で，実際にはある種のコンストラクト形成（construct formation）になる。この文脈は，したがって，非常に限定されており，3人の人物を含むだけである。この文脈から形成されたコンストラクトは，いったん治療者がこの状況から除かれると，適切に維持されないかもしれない。人がとにかく激励の手続きを使うなら，それは，クライエントのその後の行動が新しい経験——建設的に扱われるなら，もっと持久力のあるコンストラクトのために適切な文脈を提供してくれるだろう——との直面をもたらすことを希望してのことであるはずだ。さらに，この種の治療的努力をすると，われわれは権威主義との境界にまで連れてこられることになる。また，「ごらんなさい。これが，私があなたの立場にいたとしたら，したはずのことです。しかしありがたいことに，私はあなたの立場に立つことはありえないでしょう！」と治療者が実質的に言う場合には，この権威主義はさらに，悪意をもっ

て社会的過程を破壊するようになるだろう。

　われわれは，クライエントの現在のコンストラクト・システム内での表面的な動きの産出は，治療者によって，治療者の役割の正当な部分として概念化されうると言い続けてきた。われわれは，治療者が表面的な動きを産出し，しかもなお，治療者として正当に作用しうる4つの方法について論じてきた。この場はもちろん心理療法の技法を詳細に論じる場ではない。しかし，われわれが臨床家の役割をどれほど広く概念化するのかを示すためには，ある境界的な技法（borderland technique）を論じることが推奨されてきたように思われる。

　e．**制御された精緻化**　もう少し表面的でないやり方では，治療者は，クライエントがいくつかの小さなコンストラクトをその全体としてのシステムに整合させるために，彼の「コンストラクト・システム」を「徹底操作」するのを援助することで，治療者自身の役割を演じうる。これは結果として，この精緻化されたシステムの全般的な確証あるいは反証につながるかもしれない。たとえばクライエントは，ボスの妻と性関係をもちたいという観念をくり返しもち続けるかもしれない。治療者はこのクライエントに「これがどのようになされうるのか，そして最終的にどうなるのかを考え抜いてみよう」といって，援助を行なうかもしれない。治療者がこの路線にしたがうときには，彼は「**制御された精緻化**（controlled elaboration）」の方法を使っていることになる。この目的は，このシステム——あるいはむしろこの大部分——を内的に整合させ伝達可能なものにして，それをテストしつくしてその妥当性あるいは無効性を発見することである。これは，精緻化されたシステムの検証が，ボスの妻と性交をもつというあからさまな行為を実行することだというのではない。まったく反対である。このコンストラクト・システムが適切に言語化されうるなら，こんな過激な非言語的実験法にたよらなくても，その可能性を検証できるはずである。この種のケースでは，治療者の課題は，相談室において実験室のベースで，現実に照らして言語的にテストできるように，クライエントが自己のコンストラクト・システムの輪郭を描くのを援助することである。したがってここには，ボス，ボスの妻，ボスの子ども，クライエントの妻，クライエントの子ども，クライエントの評判，あるいはより大きなコミュニティなどは含まれる必要がない

　f．**コンストラクトの改訂**　ある場合には表面的な動きやシーソー運動を生み出し，別の場合には制御された精緻化の方法を使うことに加えて，心理臨床家の役割は，最も根本的にはクライエントのコンストラクト改訂を助ける役割をもつ。最初の2つの機能は，結果的にある程度のコンストラクトの改訂をもたらす。というのも，そこそこ注意深い生物においてはどんな種類の変化も，一連の活動の設定をもたらし，これを通して解釈システムの連続的な進化が見いだされるからである。しかしなお，臨床家の役割のこの最後の機能——コンストラクト改訂という進行中のプログラムに段階

を設定すること——が，彼の仕事の中心だと考えられるべきである。

　g．受　容　心理臨床家はクライエントのコンストラクトの改訂を援助し始めるときには，クライエントの解釈システムを当面はそのまま「受容」する準備をしなければならない。われわれはここに，臨床家の役割が何であるべきかについての支配的な見解から，過激に離れていくポイントがあると信じている。われわれの読者の全員が，これがそんなに過激な分離であるとは，すぐには同意してくれないであろう。たいがいの臨床家はもちろん，クライエントを「理解」しようと試みる。彼らの多くは，幸いなことに，共感的である。そしてよく訓練された精神分析家は，ふつうは感情移入しようと試み，彼ら自身の「前意識」を治療の流れのかじ取りに使う。

　たとえば非指示派の人々は，クライエントを１人の人として「受容」することを強調する。彼らにとって受容は，クライエントがみずからを見るようにクライエントを見ること，あるいは，クライエントの姿勢の妥当性を認めることを意味する。さらにもっと基本的なのは，彼らの誰もが完全に望むとおりの何かであり，その何かになる権利をもっているという哲学的立場から，治療にアプローチすることである。われわれはまた，原則的には，クライエント自身の独自の運命を実現する権利を認めたいと思う。ただしわれわれは，われわれがこのような立場に与するとき何が関与するのかを，しっかりとは確信できない。しかしこれらの関与はいずれもわれわれの意味するもの——心理臨床家はさしあたってクライエントの解釈システムをそのまま受容する準備ができていなければならない——と同一ではない。

　われわれの受容に関する見解は，それが，クライエントのアプローチの様式<ruby>様式<rt>モード</rt></ruby>——彼の軸システム，彼の準拠点，彼の問題へのアプローチの仕方——を利用する準備性を含んでいるが，クライエントの自己についての見解の承認をさほど多くは含んでいないということである。治療者は，クライエントのコンストラクト・システムによって封じ込められることはないが，これを採用しようと試みる。これが，われわれの受容の意味するところである。そして，このシステムのこの治療者のバージョンが部分的に不正確であっても，彼のこのシステムの利用を追求する準備性は，われわれの基準を満たしているのである。

　さて，よい治療者はしばしば，他の何よりも，クライエントを受容しなければならない。彼はクライエントが予期するのと同じように，イベントを予期する試みをするべきである。彼はクライエントがみずから直面している問題について考える際に，クライエントの語彙の採用を試みるべきである。彼は，辞書が定義している意味や，治療者が言葉に慣習的に与えてきた個人的，専門的な意味よりも，クライエントが与えている意味を，その言葉に与えるべきである。彼は，クライエントが採用しているのと同じ解釈の枠組み内での予測をしようとしている場合には，種々の状況で期待を強制されると思われるものに，ある程度の注意を払うべきである。彼は，われわれが共

通性の系で定義したように，ある程度の共通性を探すべきなのである。

　h．治療者の概観　しかし，共通性だけでは社会的な進歩を支えるのに十分ではないように，受容のみでは治療的進歩を支えるのには十分でない——最も単純なケース以外はどんなケースでもそうである。治療者は，誠実にクライエントの立場に立ってみようと試みながらも，そうすることで，クライエントの問題に対する彼自身の専門的な見方を捨てるわけではない。彼はクライエントの解釈システムの大きな部分の包摂^{セグメント}をさらに追求しなければならない。

　たとえば，ボスの妻と性交をもつという考えに魅了されている男のケースでは，治療者はこのような思考を生じさせる基本的なコンストラクトを理解するように試みるべきである。彼は，この特定のクライエントがどのように彼の世界を構成しているのか，そしてこの構成が次にどのようにして強迫的な観念へと導いていくのかを見いだすように，追究していくべきである。もしかしたら彼は，このクライエントが彼の人生を通して，この状況で自分がこの夫人と同盟することができたときにのみ，権威の存在するところでも安全だと感じられることを発見するのかもしれない。このコンストラクトは，まだ彼の早い年齢段階で，そして彼自身の家族に代表されるような社会的状況において，このクライエントによって形成されたのかもしれない。もしこれが，クライエントのコンストラクト・システムの打ち立て方であるのなら，治療者はこれをより詳細に研究し，現在ではこのシステムに有効に統合されている，より最近に加えられた改訂をも，考慮に入れたいと願望するかもしれない。したがって彼は，「あー，今私がこのように感じて，このボスの権威的な地位によって私自身が脅えているのがわかるとするなら，私もまた，どうしてこのクライエントが考える思考を考え続けたくなるのかが理解できる」と独言を言いうるのかもしれない。これが，われわれの定義した受容なのである。

　さて，もちろん，この種の理解を追求する治療者は，突然電話にダッシュして，クライエントのボスの妻とのデートを求めるようなことはない。またベッドで一晩まんじりともせずにクライエントのファンタジーを非生産的にもてあそぶようなこともしない。彼はこのコンストラクトを包摂する。彼はこれをもって観念的に実験するが，しかし，彼はまた，これをより包括的な体系内にフィットするように位置づける道を発見する。彼は，権威に対処するより上手な方法があること，そして，一種の権威像——これによってより包括的で永続的な意味での安全の感覚が与えられるはずである——との関係の樹立が可能であることを間違いなく知覚するだろう。

　われわれの説明は，なぜ人が強迫的思考をもつのかということについての，ステレオタイプ的説明を意図するものではない。読者は，そのコンストラクト・システムがわれわれの記述したものに似ているケースに，偶然に出会うことはまったくないかもしれない。われわれは，クライエントのコンストラクトの最初の受容に加えて，クラ

イエント自身が提供できねばならないより包括的な枠組み内のこれらのコンストラクトを，心理療法家が凝視する準備をしていなければならないというアイデアを，簡単に説明する例を提供した。こうすることが，臨床家の役割の1つの要件を満たすことになるのである。

8 コンストラクト改訂への基本的アプローチ

　心理療法家はどのようにしてクライエントに新しいコンストラクトを形成させたり，古いコンストラクトを改訂させたりするのだろうか？　われわれはすでに，ある場合には治療者が，クライエントのすでにもっている次元に沿って，表面的なシーソー運動を生じる以上のことはしないこと，そして，このような行動変容から生じる新しい経験それ自体が，最終的にこのシステムの改訂を求めることを述べた。われわれは，臨床家がみずからの役割を演じるもう1つの方法は，制御された精緻化の方法を用いることだとも述べた。これは，クライエントのコンストラクト・システムの内的整合性の検証を通じて，とくにいくつかのアイデアが未来に投射されるときに，コンストラクトの改訂をもたらす。しかし臨床家は，ゼロから出発して，クライエントが完全に新しいコンストラクトを形成したり，コンストラクトの大改訂をしたりするのを助けねばならないときには，みずからの役割をどう演じるのだろうか？

　1つには，臨床家はクライエントのシステムを現在の形で受容するところから出発しなければならないと，われわれは述べた。われわれは受容が何を意味するのかを，フィーリングよりもむしろ操作を意味する用語だけを使って，定義しようと試みてきた。われわれは，臨床家はさらに前進できねばならず，彼がクライエントのなかに受容するコンストラクト・システムを包摂できなければならないと述べた。次に何が生じるのだろうか？

　a．治療者は新しい概念的要素を選択的に付加する　新しい経験に遭遇したときにはいつでも，人はその経験を，自己の解釈システムの枠組み内に定着（fix）させようと試みる。彼は予測的にこれを処理できるように，つまり予期しうるように，これを行なう。彼の現在のコンストラクトのレパートリーがこの公式を与えてくれない場合には，彼はおそらくもっぱらすぐ手元にあるデータにぴったり合うようにオーダーメイドする。彼の改訂が広範囲にわたる関連をもつ場合には，彼は自分が怖がるほどにそれに没頭しているのがわかるかもしれない。いくらかの人々は，新しい要素に出会うたびに，みずから広大な改訂に直面する傾向がある。彼らにとっては，1つひとつの新しい経験が深刻な混乱を生じさせるのである。

　さて治療者は，クライエントの人生に新しい経験を加える準備をしなければならない。しかし，彼はそれを選択的にしなければならない。まず彼は，クライエントの現在のシステムにあまりきれいには適合しない，新しい経験要素を選択しなければなら

ない。次に彼は，クライエントのこの新しい要素の扱い方に警戒しなければならない。クライエントが現在のコンストラクト・システムの内部で表面的な動きを試みる場合には，この治療者は，クライエントが実際にはこのコンストラクト・システムにチャレンジしたのではなく，このシステムの文脈の内部でのクライエントの自己自身の概念化にチャレンジしただけだということを知っている。他方，もしこのクライエントがこの経験を枠づけるコンストラクトの包括的な改訂を試みる場合には，賢明な臨床家は，このクライエントがすべてを包容する新しいコンストラクトを日常的な操作に加えようと試みて，深い混乱に陥る危険性のあることを知っている。臨床家はしたがって，一時に「あまりにも多くの洞察」が生じることには，警戒をするのである。

　臨床家の役割，とくに治療におけるそれは，新しい概念的要素の巧みな導入を含んでいる。これらの要素はクライエントの解釈システムにチャレンジはするが，そのシステム内で破局的変革を促進することのないように注意深く選択されている。臨床家は，クライエントが導入する新しい要素が，どのように扱われるのかを，鋭く意識していなければならない。彼はこのクライエントの過激ではあるが表面的な動きと，コンストラクト・システム内の深く重要な改訂——これは不適切な扱いを受けると，極度に破壊的になりうる——との，区別をしなければならない。

　b．**治療者はクライエントの経験のテンポを加速させる**　どんな暮らしも，人のコンストラクト・システムに継続的な改訂をもたらす傾向がある。治療においては，治療者によって，人生経験の本質が注意深くコントロールされるだけでなく，とくに治療のある段階で，ある分量の人生経験の加速が生じるかもしれない。これは相談セッション中でも，セッションとセッションの間でも，どちらにおいても達成される。その人生が幼児的反応の1ラウンドであり続けてきたクライエントは，治療を受けて，青年期の伝記を部分的に再創造する経験の連鎖へと進んでいくかもしれない。彼の人生が青年期の固執である場合には，治療者は彼を，若い成人期の課題と冒険に直面させるかもしれない。それはあたかも，この点での治療者の役割が，人生経験の正常な連鎖過程をとおして，ペースを加速させてクライエントを引っ張ることであるかのようである。

　c．**治療者は古い要素の上に最近の構造を重ね合わせる**　幼児期に生じた経験的要素の想起を扱う場合には，誰もが，より古くより幼児的なコンストラクトを使う傾向がある。これらは，幼児期のイベントが最初に構造化された方法である。この傾向は，これらをそのように解釈し続けるということである。もっと最近のイベントは——少なくともそのほとんどが——さらにいっそう成人のように扱われるかもしれない。時には，常にというわけではないが，治療者はクライエントがより遠い過去のイベントや人物を処理する際に，より最近の思考様式のいくつかで代用させようとするかもしれない。

過去が現在に流れ出してくる危険性がまったくなかったとしたら，過去の再構築は必要ではなかったかもしれない。しかし，過去の人物は現在に姿を現すことがある。そして以後長きにわたってうすれていたイベントは，驚くわれわれの眼の前に，再び鋭く明瞭に立ち現われる道をもつ。われわれは常に反復するテーマを見る傾向があるので，人生の流れはイベントに分節されるように見える。これらのイベントはよみがえって，何度も何度もくり返し生じるように見えるのだ。

もしある成人がみずからの子ども時代の目を通して過去のイベントを見ることにこだわり続ける場合には，この過去との類似性がとくに著しい新イベントは，やはり子どもっぽいやり方で処理される可能性が常にある。治療者は，クライエントが幼児期の記憶を処理するのに，彼のレパートリーから成人のコンストラクトを引き出すのを援助するよう対策を講じる場合には，この種の不適切な知覚を未然に防げるかもしれない。したがって，幼児期のイベントと驚くほど類似したイベントが生じても，幼児的な反応を招くことはなさそうである。

前のほうの章でわれわれは，われわれのアプローチが現在を，そして，クライエントが現在を構造化する仕方を強調していることを指摘した。われわれは，われわれの基本システムが，いかなる種類の生気論的な意味でも，イベントを原因として見るようには導かないことに注目した。しかしながらわれわれは慎重に，心理学的な問題に対してはみずからを非歴史的なアプローチに限定はしないと述べた。われわれはクライエントの過去に関心をもっている。それには2つの理由があり，1つはクライエントのコンストラクト・システムが過去の意味を理解できるようにデザインされているはずだからであり，第2は，いま過去を見る見方が，いま現在を見る見方の手がかりになり，そして，これから起こりそうなイベントが初めにどう見られるかの予報士になるからである。

治療者の役割はしたがって，クライエントが自己の最も成人的な思考を，いくつかの過去の選ばれたイベント，とくにこれからもくり返し現われてきそうなイベントに適用するのを援助することを含んでいる。治療者は，自己の役割のこの部分を，カタルシスを生じさせたり，隠れた力動的な力を扱ったりするものと概念化する必要はない。パーソナル・コンストラクト心理学は，いくらかの理論家が力動理論と呼ぶものとはまったく異なる。ここでは単純にこう言おう。治療者の役割には，クライエントを援助して，過去のいくらかのイベントや人物を再解釈させることが含まれている。それは，クライエントが将来のある時期に，これらにまた出会ったと考えうるからである。

d．治療者はクライエントを援助して，いくつかの時代遅れのコンストラクトを浸透性のない状態に降格させる　前節で記述した課題——クライエントに過去からのいくつかのイベントや人物を再解釈させること——の達成は，必ずしも常に可能なわけ

ではない。治療者がクライエントにいくつかのアイデアを封じ込めさせて，特定の過去のイベントや人物以外には，これらのアイデアを再び使わせないようにするのが，より実現可能なのかもしれない。われわれは，この可能性についてはすでにもっと前の章で論じた。治療者は，このコンストラクトを注意深く限定的に精緻化させることによって，そして時間結合（time-binding）と言語結合（word-binding）の技法を使用することによって，この機能の達成を追求する可能性がある。これらの技法については，われわれは後にもっというべきことがある。が，この時点では，次のことをいうだけで十分であろう。すなわち，この臨床家のアプローチは，(1)クライエントにこのコンストラクトの境界を限定させること，(2)このコンストラクトを過去のイベントや人物としっかり結びつけること——なお，これらのイベントや人物はあまりにも稀なので，これらの対応物が将来知覚される必要性はほとんどなさそうである——，そして最後に，(3)このコンストラクトを言語シンボルでしっかり包んで，これをその統制下に置き続けること，なのかもしれない。これは，コンストラクトを，直解主義的な非浸透性によって防腐処理をする一法と考えることができよう。

　e．治療者は実験をデザインし実行するのを助ける　われわれは，パーソナル・コンストラクト心理学の全体を通じて，科学的方法の原則を個人の問題に広げるように試みてきた。ここでわれわれは，これらの原則を，心理療法家の役割にも拡大していく。クライエントは，新たに得た立場を実証するために，科学者と同じくらい，実験的エビデンスを必要としている。治療者はこのことを痛いほど意識しているので，クライエントが新しいデータを見渡して，逐次接近法により検証可能な仮説に到達し，一時に多くのリスクを取ることのないように実験計画を立て，慎重と勇気をもってこの実験法を実施するように，援助を行なう。治療室はこのアイデアの検証のための実験室になるのだ。治療者は，この実験計画によってみずからに割り振られた役割を演じることによって，この研究にみずから参加しさえする。そして，どんなによい大学院の教授とも同じように，謙遜の実例——クライエントが追随してくれることを望む例——を関連のあるエビデンスの存在するところにはめ込む。

　f．治療者は確証者の役割を果たす　クライエントは，彼の新旧のコンストラクトを試してみるとき，治療者の反応を観察する機会をもつ。彼は，治療者の反応の仕方から，彼のコンストラクトの予測の有効性についての結論を引き出す。治療者は，したがって，クライエントにとっての，実社会のサンプルになる。治療者は，相談室の外部では正当に適用されうるコンストラクトを，相談室内では確証するべき立場にある。彼はまた，相談室の外部ではクライエントに利用できないコンストラクトを，確証できる立場にもある。拒絶的な治療者はまた，クライエントが外部では十分有用であることを見いだしているコンストラクトに反証を加えるかもしれない。したがって治療者は，治療者を確証者として使うクライエントが間違った方向に導かれることの

ないように，クライエントの対人世界ではおそらく稀な，受容と寛大さをもって，み
ずからの役割を果たすだけでなく，常に現実に対するある種の自然さと忠実さをもっ
て，みずからの役割を果たすことが重要なのである。ある意味では治療者は，超人ま
たはあらゆる人間の自発性を剥奪された例というよりもむしろ，自然な人間の反応の
かなり忠実な例として，役割を演じなければならないのだ。ある意味では治療者は，
人間性に見いだされる最善のものをとり上げて，これと対比することによってクライ
エントがみずからのコンストラクトを確証できるように描写するのだ。クライエント
は，治療者が人間性のなかの受容可能な価値の一般化を同定したことによって，これ
らの価値をみずからの仲間のなかに見いだそうとするかもしれない。

　ここまでにわれわれは，臨床家によるみずからの役割の概念化を論じてきたが，そ
のなかで，臨床家は自分自身のコンストラクトをクライエントに引き渡すべきだとは
述べなかった。ここには，治療者がその気になったとしても，それは治療者が絶対に
してはならないことだという感覚がある。起こりそうなことは，クライエントが臨床
家の言葉をみずからのコンストラクト・システムに翻訳することである。たとえば，
臨床家がクライエントに「自信」をもてという場合には，クライエントは自分のコン
ストラクトのレパートリー内を見渡してみて，自分なら「うぬぼれている」と呼びた
くなるような何かを，臨床家は語っているのだと確信する。クライエントが引き続き
実験してみるのは，新しいコンストラクトではなく，言語的に等価で彼のレパートリー
内にすでに存在しているコンストラクトなのである。

　反対に，治療者のバイアスが，治療の結果として出現する解釈システムに必ず影響
を及ぼすはずだという感覚もある。治療者はクライエントのコンストラクトを包摂す
る。彼は，クライエントが建設的な意味を理解するのに，どんな種類の概念的要素の
変動を治療の場に導入するべきかを決定する。彼はクライエントがいくつかのコンス
トラクトを確証するのを許可し，他のコンストラクトは反証できるように状況設定を
する。彼はなぜそれをするのかを常に言えるわけではないが，実験のために，クライ
エントによって表明された，いくつかの試行的な仮説を選択する。彼が咳払いをし，
うなずき，あるいは受容をつぶやくポイントの選択は，何が些細なのか，何が一過的
なのか，あるいは何が理解できるのかに関して，彼のバイアスを反映している。

　しかし，治療者のバイアスがどれほど必然的に治療の成り行きに影響を及ぼさざる
をえないとしても，それらは常に，その販売に対する抵抗が崩壊するや否やクライエ
ントに売り渡される既製のシステムというよりも，コンストラクトを包摂するものと
して使われるべきである。治療者のコンストラクトには，クライエント自身のシステ
ムの形成が援助してもらえる方法に関するコンストラクトが含まれている。これらは
本質的に，治療外のあるいは治療後のクライエントによって継承される，内容のコン
ストラクトというよりもむしろ，治療関係を統治する本質的に方法論的なコンストラ

クトである。治療者は自己の個人的なシステムをこのようなやり方のみで用いていることを確認すべきである。彼は自分がクライエントによって模倣されるべき輝かしい例だなどと絶対に考えてはならない。クライエントが個人的な見方の問題で，治療者に異議を唱えるのを完全にやめてしまったとわかったときには，彼は常に自分の仕事を疑うべきである。宗教，娯楽，音楽，あるいは政治などの問題へのクライエントの個人的な嗜好が，治療によって動かされた過程の結果として，いくらかの変動が生じることは，当然予期される。しかし，もしこれらの変化がすべて治療者の好みの方向に現われているのなら，この治療者には方法論的な嫌疑がかけられる。このようなケースでは，この過程によって，クライエントが未来に通じる道を進みうる，どんな連続的な人生の過程をも解放してきたのかどうかに，治療者が疑問をもつのは適切である。たぶん治療者は単なる静的なタイプの適応を生み出しただけである。たぶんこのクライエントは，治療者自身の曲がりくねった小道に沿った心理的なキャンプサイトで，見捨てられそうになっているのだ。

C 心理療法家の資格

9 | 心理療法家の技能

ここまでに述べてきたことで，われわれは心理療法家の技能^{スキル}がどうあるべきだと期待されているのかを十分に示しえたはずである。したがって，次のリストは読者には何の驚きでもないだろう。

　a. **包摂的コンストラクト・システム**　これによってわれわれが意味しているのは，主に方法論的なものであり，したがって治療者のパーソナル・コンストラクト・システムは，非常に広範囲にわたって変動する個人を扱えるようにするシステムだということである。このことは，「クライエントはすべてその人自身のパーソナルなシステムをもっているので，私（治療者）は自分自身のシステムをもってはならず，各クライエントに対しては，それぞれがまったく新しい宇宙であるかのようにアプローチしていかねばならない」という意味ではない。むしろ治療者は，「クライエントはすべてその人自身のパーソナルなシステムをもっているので，私のシステムは，これによって，クライエントが提示すると期待される広範囲の多様なシステムを，速やかに理解し包摂できるようになる，そういう**アプローチのシステム**であるべきだ」と言えなければならないという意味である。

　心理療法家は，自己のシステムが何であるのかについて，はっきりしたアイデアをもつべきであり，その特別な方法論的コンストラクトを言語化することができなけれ

ばならない。たとえば，もし彼があるクライエントに対する体系的なアプローチとして役割演技を用いるのなら，彼はこのアプローチが何をするのにデザインされたものなのかを，はっきりと言えなければならない。もし彼が治療を概念形成の手続きとして思い描いているのなら，彼は，それがいかにして種々の概念化システム——これをクライエントが不意に彼につきつけてくる可能性がある——に適用できると期待しているのかが言えなければならない。

　心理療法家はみずからの包摂的なコンストラクト・システムを利用する訓練を積まなければならない。この包括的なシステムの特別な性質は治療者によって異なりうる。重要な要件は，それがライバル・システムというよりもむしろ包摂的なシステムであるべきだということ，そして，治療者はそれをさまざまなケースで心理療法的に利用する訓練を受けるべきだということである。

　b．観察の技能　多種多様な手がかりに対する注意深さと感受性もまた，心理療法家には重要なスキルである。パーソナル・コンストラクト心理学の立場からは，このスキルは主に2つのものに依存している——すなわち，みずからのよく精緻化されたコンストラクト・システムと，多様でよく構造化された経験である。さて，このことは，その解釈システムが論理的に無傷な人が，必然的によりよい観察者になるということではない。治療者が広範囲で多様な手がかりをとり上げるのを可能にするのは，その論理的統合性よりも，解釈システムの精緻化である。この精緻化は，この解釈システムが，実験的に多種多様な特別な応用に拡張されてきたことを意味する。たとえばある治療者は，不安の見解を採用する論理的に整理されたシステムをもっているかもしれない。しかし，人々が日常生活で不安を漏らしている多くの小さな手がかりに，特別に注意を払っているわけではない。もう1人の治療者は，不安についてあまり明快な理論をもってはいないが，それにもかかわらず，最初の治療者が見逃した多くの不安の手がかりをとり上げるポイントまで，そのコンストラクトを精緻化しているようである。

　観察スキルの第2の要件は，多様でよく構造化された経験である。治療者が急性統合失調状態で示す錯乱と脳腫瘍が急成長したケースの錯乱を比較する機会をすでに何回かもっている場合には，これらの微妙な差異を臨床的に見つけ出せる見込みがより大きくなる。しかし，彼がこの経験を生かすことができるのは，それが真の経験であるかぎりである。第1巻第3章においてわれわれがとったのは，経験は人が解釈する宇宙のあの部分だという立場であった。経験の増加は彼の解釈の連続的な改訂の関数である。したがって，臨床家が種々の腫瘍ケースともつ接触は，単なる受動的な接触であったはずがないということが，重要である。この接触が彼の経験に加えられるためには，彼はその事実を解釈せねばならなかったはずであり，その連続的な接触の照明の下で，みずからの解釈を注意深く改訂しなければならなかったはずである。した

がって臨床家は，経験を積みあげて観察のスキルにするのである。

　　c．**命題的コンストラクトの使用**　第1巻第3章においてわれわれはまた，コントロールの領域に関して分類される，3つのタイプのコンストラクトについて記述した。**先取り的**コンストラクトは，もっぱらそれ自身の領域内にメンバーシップをもつ要素を先取りするものである。**布置的**コンストラクトは，その要素の他領域のメンバーシップを固定するものである。**命題的**コンストラクトは，その要素が他領域のメンバーシップをもつのを妨げない。たとえば臨床家が先取り的コンストラクトをケースに適用するときには，彼はこんなことを言うかもしれない。「このクライエントの症状は「転換」症状であるので，このケースでは器質性が除外される」というようなことを言うかもしれない。適用されるのが**布置的**コンストラクトである場合には，臨床家は「このクライエントの症状は「転換」症状であるので，これにはエディプス的問題が含まれているはずである」と言うかもしれない。この臨床家が「転換」の見解を命題的コンストラクトとして使うなら，彼は「たとえこれが転換症状であっても，エディプス的問題が必ず含まれるわけではなく，また器質性に関する解釈も必ずしも排除されない」と言うだろう。

　さて，ある人がもっぱら命題的コンストラクトを使うことになった場合には，彼の世界の構造は無数の可能な次元をもつことになるだろう。もし彼がこれらのすべてのコンストラクトを同時に使おうと試みるときには，彼は絶望的な混乱に陥るだろう。したがって，人が多くの日常的状況で布置的コンストラクトを使うのは経済的だということになる。他方，人がもっぱら布置的コンストラクトのみを使う場合には，布置にうまく適合しないコンストラクトはどんなものでも，彼が認識や実験をするのは困難になるだろう。したがって，布置的コンストラクトの使用に関与した臨床家は，よい観察者にはなれないだろう。彼は，自分の布置の1つにきれいに当てはまらないアイデアは，どんなものでも必ずや信じられなくなるだろう。彼は自分のルールブックの索引にないようなイベントや行動のもちうる意味を見落としがちになるだろう。

　演繹的仮説さえも，仮説の定式化によって進めていく科学者は，みずからの仮説を命題的コンストラクトとして考える能力をもたねばならない。実際，それが仮説の仮説たる所以なのだ。人がみずからの仮説を命題的コンストラクトとして考えるのをやめるときには，彼はその代わりに，それらを瞑想的な結論だと考える習慣に陥り，実験にかけるのをやめて，反証の危険にさらされることになる。

　科学者が仮説を命題的コンストラクトとして定式化するときには，彼は実質的にこう言うだろう。「ここに命題がある。われわれはこれが真実であるかのようにふるまってみよう。すると，われわれは，われわれが生起すると予期したことが実際に起こるのかどうかを，見ることができる。それが実際に生じれば，われわれは関連実験を行なうだろう。それが生じなかったとしても，その結果として，われわれの全世界が崩

壊してしまうわけではない。われわれはこの1つの命題のみを修正する必要があるだけである」。この1つの実験の結果だけで，必ずしも他の真実が影響を受けるわけではないのである。これは，真の科学者がみずからの実験結果に落ち着いて向き合えるタイプの思考である。これに対してステレオタイプ的思考をする人は，彼のコンストラクトのいくらかが反証されるだろうという見通しによって脅かされる。この科学者が実験を行なうときには，彼の仮説が危機に瀕するだけである。ステレオタイプ的な人が彼の研究データに直面するときには，彼の生き方の全体が危機にさらされるのである。

　これはすべて臨床家にもクライエントにも当てはまる。これはとくに心理療法家によく当てはまる。非常にしばしば，クライエントは一時に2つ以上の変数を使って実験する余裕がない。彼にこれができる唯一の方法は，おのおののコンストラクトを命題的に検証することである。すなわち，各コンストラクトが当面は人生の他の主要な問題とは独立であるかのように，検証することである。治療者がクライエントを援助して，この命題的な見方をとれるようにできない場合には，どんな治療的実験法の見込みも，恐るべき大きさになるだろう。

　d．心理療法的役割の明快な解釈　われわれはこれを「勇気」あるいは「脅威に直面した際の粘り」と表現できるかもしれない。この心理療法的役割の明快な理解は，しかしながら，治療者に勇気と粘りをはるかに越えるものを与えてくれる。

　心理療法は心理療法家にとっても，クライエントにとっても，悩ましい経験でありうる。心理療法の開始時には，治療者は，このクライエントにはうまくやっていけない理由がないと感じ，このクライエントが治療者の目を通して世界を見られるようになるには，ちょっとした洞察と支持があれば十分だと感じるかもしれない。しかし，心理療法のセッションをだらだらと続けていくと，治療者は熱狂を失い始める可能性がある。このクライエントは実際にはよくなるのを望んでいないかのように見えるかもしれない。このクライエントは，治療者を自分と同じ絶望の淵に引きずり込みたいという身を焦がすような欲望をもっているかのようである。これは治療者側のまったくの誤解ではではないかもしれない。前にも示唆したように，クライエントの視点から見ると，クライエントが「今のあり方のままでいるよりも，もっとよく知るべきだ」と思っているように見える治療者が存在しているだけで脅威になるのだ。クライエントは自分が患者であることに罪悪感をもつ。彼はしたがって，自分が示してきた行動パターンに代わる実際的な選択肢は存在しないのだということを，治療者に認めさせようと，体系的な試みをするかもしれない。時に彼はこれに成功する。すると，治療者は苦しむ。それで，治療プログラムにも問題が出てくる。そして，クライエントも悩むことになる。

　われわれの脅威と罪悪感の定義は第1巻で述べた。もしわれわれが第1巻で論じた

ランドフィールド（Landfield）の仮説によって脅威を定義するなら，脅威を与える人とは，われわれが拒絶してきたが，なお恐ろしくももっともらしい重要な行動パターンを例示する人，あるいはこの行動パターンをわれわれに期待する人だといえよう。これは，治療者がいくらかのクライエントを扱う際に感じうる「脅威の本質」を理解するための基礎と捉えてよい。どうやらクライエントは，治療者がいとも簡単に採用し，自発的に作動させうるコンストラクト・システムを例証しているように見える。どうやらクライエントは，治療者がごく最近，そしてかなりの努力をもって脱却した方法で，行動することを期待しているように見える。いずれの場合にも，治療者はクライエントによって脅され，結果的に，非受容的に行動してしまうかもしれない。治療者は適切な包摂的システムをもたないので，クライエントの目前で行なう自己の役割を確信できなくなり，こわばり始める。彼はクライエントのコンストラクトを扱うのに頑固で鈍重になるかもしれない。あるいは，クライエントの言うことを実際に理解する代わりに，理解力をなくして甘やかしてしまうかもしれない。

　心理療法家は，あるケースでは心理療法によって彼自身の罪悪感が喚起されるのがわかるかもしれない。パーソナル・コンストラクト心理学では，罪悪感は，自己の社会的役割の喪失の知覚であると理解される。脅威の臨床的コンストラクトと同様に，この罪悪感という特殊なコンストラクトは第１巻で詳細に論じた。治療者は，クライエントとの関係において，自己の社会的役割のコンストラクトが妥当でないとわかると，そこに含まれる罪悪感によって苦悩させられることになる。彼は，自分とクライエントとの関係が，あるべきと解釈されてきたものとは違うことを発見するかもしれない。彼はクライエントに，自分が予期あるいは願望していなかった利用のされ方をしているのを発見するかもしれない。すると彼は，彼が心理療法的ドラマで演じている役割の妥当性を疑い始めるかもしれない。クライエントがまったく進歩を示していないように見えたり，心理療法家が役割を適切に演じるのに失敗した結果として，混乱の増大のサインを示したりする場合には，この治療者は罪悪感をもつかもしれない。この臨床家はこの罪悪感から自分を救出するために，役割を確定する何らかの方法——心理療法的であろうがなかろうが——を求めて，クライエントとともに探しまわるかもしれない。

　心理療法家は彼の才能のなかの勇気（courage）と粘り（persistence）を数えるべきだというのは，簡単である。しかしこれらは，われわれの見るところでは，その人の心理療法の役割の明快な解釈の派生物として，より有意味な知覚がなされる。役割は順繰りに，他者のコンストラクト・システムの役割の一部を包摂する機能をもつので，この心理療法家の必要条件はわれわれのリストの最初の必要条件——包摂的コンストラクト・システム——と密接に関係している。

　e．創造性　心理療法家が扱うケースはどんなものでも，技法の工夫と，今までに

一度も使ったことのないコンストラクトの定式化を必要としている。これを行なう能力は，ある程度まで，治療者の命題的コンストラクトを使う能力の関数である。しかしなお，ここにはおそらくこれ以上のものが含まれている。それはおそらく，言葉にならない勘を試そうとする準備性を意味する。そしてそれは，みずからのコンストラクト・システムを適用する際の，直解主義からの解放を意味する。人の思考と活動は，言語とシンボルによって非常に無力化させられているので，既製の文章や公式に包含されない解釈を利用できない人は，その創造性に鋭い限界が設定されることになる。

　さて，このことは，心理療法では言語的なスキルがハンディキャップになるという意味ではない。ここでは，言葉への依存について述べているのであって，それを使うスキルについて述べているのではない。創造性は，人が論理的には演繹されない，あるいはまだ言語では定義されないやり方で，諸要素の差異類同を解釈できることを意味している。創造はしたがって，敢行する行為，すなわち，創造者がこれを通して言語的防衛——彼の行為に疑問がもたれたり，その結果が間違いだと証明されたりする場合には，この背後に隠れうるもの——を捨て去る行為を敢行することである。言語的に防衛できないことはどんなこともあえてしようとしない心理療法家は，治療関係が不毛になりやすい。

　ｆ．多様性（versatility）　心理療法は，広く多様な文脈において実行されねばならない。あるクライエントは長時間を費やして彼の農場生活について話をするかもしれない。もう１人は，プールつきでない家に住むことの個人的な屈辱感について語るかもしれない。もう１人は，ティーンエイジャーの社会的文脈における自分の解決を何とかして見つけださねばならないかもしれない。さらにもう１人は，あまりよく知らない緊密に結びついた民族的集団——彼の配偶者が所属している——において，彼の治療的再適応を作動させなければならないかもしれない。治療者は，クライエントが種々のタイプの状況に適応するのを助けるために，多様なイベントを解釈する能力をもたなければならない。彼はクライエントの種々の生活分野からの民族中心的専門的言語をすぐに学習する準備ができていなければならない。

　心理療法家自身の経験は，「狭く民族中心的なもの　対　心理的に逸脱したもの」に対して敏感に感じとれる十分な範囲をもっていなければならない。このことは，主婦の助けになるためには主婦を経験したことがなければならないという意味ではない。また，羊飼いを援助するには羊飼いの経験がなければならないという意味でもない。それが意味するのは，主婦の役割の困難さと隠れた資源を感じとるには，自分が主婦の役割をしているイメージを十分明瞭に想像できなければならないということである。それが意味しているのは，孤独な職業の男の役割に，このような人に利用可能な適応手段を探すのに十分に長い時間，自己を配役できなければならないという意味である。それが意味するのは，どんな種類の行動がクライエントの一次集団の他のメンバーに

よって社会的に確証されるのかが予測でき，どんな種類の行動が今このグループの期待に連続的に反逆して実行されているのかが知覚できるのだろうということである。それが意味するのは，彼が全時間にわたって自分を心理士であると考えるのではなく，彼の生涯を通じて，彼がクライエントをもったのと同数の役割に，代理的に自己を配役するだろうということである。

　g．言語的スキル　心理療法家には曖昧なコンストラクトを言葉によって提示するスキルが必要である。たいがいの心理療法は，けっしてすべてではないが，言語的シンボルによるコミュニケーションが含まれている。ときに，これらの言葉は，クライエントと心理療法家が吟味しているコンストラクトの，多少とも厳密な公的シンボルである。さらにしばしば，これらの言葉は，このクライエントによって形成された要素あるいは要素的コンストラクトのシンボルであり，この上に，曖昧で新しくまだ言語化されていないコンストラクトが，クライエントによって形成されているのだ。このケースでは，これらの言葉はクライエントの思考のための舞台設定をするのに使われるが，これらは彼の思考を象徴（シンボライズ）するものではない。

　治療者とクライエントの吟味している，コンストラクトのシンボルとして，言葉が使われるときには，治療者は，クライエントの言語シンボルが何を意味しているのかを見いだすスキルをもっていることが大切である。彼はクライエントのコンストラクトの個別の性質とともに，クライエントの言語使用の個別の性質に気づくことが必要である。言葉は，クライエントの問題領域を扱うときには，個別のあるいは独特な意味をもちがちである。したがってクライエントは，フェンスの針金や物干し用のロープについて語るとき，「テンション（緊張，張り）」のような用語を一般に受け入れられているように使うかもしれない。しかし，性生活について語るときには，特異な使い方をするかもしれない。彼は労働組合について話しているときには治療者にも容易にわかるように，「独立」という用語を使うかもしれない。が，この用語を子どもに適用するときには，無意識に誤解を招くような使い方をする。後者の場合にはたとえば，「報酬のない従属」のようにより有意味な記述がなされうる，一種の家族関係を記述していることがわかるかもしれない。

　クライエントの言語シンボルが何を伝えようとしているのかがわかると，クライエントの言語を聴くとともに，これを話すことをも学習するときに，心理療法家の言語スキルはさらにうまく働くようになる。注意深い心理療法家は，いくつかの語や句はあるクライエントに関しては，ある方法で使われねばならないことを常に発見する。心理療法家がクライエントの言語をより流暢に話す準備ができるようになればなるほど，彼はクライエントとの伝達の際に，より一層誤解を避けられるようになるだろう。

　心理療法家はクライエントの個人的なシンボルの使用を学習するのに加えて，とくにそれらのシンボルがいくつかの問題領域に関係しているときには，かなり大きく利

用可能な語彙をもっていなければならない。これはもちろん，彼が何か特定のクライエントを扱うのに複雑な語彙を使うという意味ではない。また，彼が「大言壮語（big words）を使うという意味でもない。それよりもむしろ，彼は，特定のクライエントの諸問題を処理するために語彙を形成するときには，選択的に利用できる鮮明な語の大きな蓄えをもっているということを意味している。クライエントとともに使用するのに出現するその特定の語彙が，きわめてシンプルだとわかるかもしれない。ここでのポイントは，それが，逆に治療者が保存してきた比較的大きな語とアイデアの蓄積から，注意深く選択されていることにある。

　心理療法家の語彙はただちに利用できる必要がある。クライエントが治療において進歩するときには，彼はきらめく洞察を示すかもしれない。注意深い臨床家はこの一瞬のきらめきを言葉で捉えようと試みるだろう——この言葉はおそらくクライエント自身の語彙からとってきた語，あるいは心理療法家自身の保管庫から適切に選び出された語であろう。多くの心理療法家はクライエントに貴重な新しい洞察を何度も何度も引っ込めさせる。それは，これらの洞察がすぐに把握・保持できるように，シンボルのハンドル名をつける準備をしていなかったからである。さて，このことは，心理療法家が常にきらめく洞察を直解主義と結びつけるべきだということではない。こんなことをすると，クライエントが何を処理すればよいのかを知ろうとするよりも，治療セッションをより多くの語と謎で混乱させてしまうことになる。われわれの論点は，心理療法家が急ぎ必要とするときには，適切な語や表現を引き出してすぐに使える語彙をもつ必要がある，ということである。

　われわれは，語が，クライエントと治療者によって吟味されるコンストラクトの多少とも正確なシンボルとして，使用されることを述べ続けてきた。すでに示したように，これは心理療法において言葉が使われる最も共通の方法ではない。もっと一般的には，語はクライエントと治療者の両方によって，要素のフィールドを打ち立てるために使われる。このフィールドのなかで無名のコンストラクトが形を取り始めることができるのだ。これはたとえば，言葉が役割演技療法においてふつうに使われている方法である。ここで描かれた状況は，そのなかの文脈と要素を提供する。これらは次に，準備ができている場合には，クライエントによってコンストラクトをつくるのに使われうる。彼はイベントについて話をし続け，会話の交換の断片を描いているのかもしれない。彼の言っていることは，一見したところでは，具体的で偶発的であるように見えるかもしれない。しかし，これらの簡明な要素をある種の意味のある順序で並べると，彼にはそれらのなかに，新しい有益なコンストラクトの曖昧な始まりである類似と差異が見え始めるかもしれない。

　クライエントが熟慮を求めて言語的に持ち出してくる要素が「情動的に充填」されていることや，これらがいくらかの臨床家の「臨床的素材」と呼びたがるものを代表

していることは，常に必要不可欠なわけではない。新しいコンストラクトを定式化するに際しては，クライエントが，以前は彼のパーソナリティ障害には含まれていなかった要素に関連して，新しい洞察の最初の定式化を開始するのが，時にはより簡単である。しばしば，「知的」「人間味のない」「非情動的」な要素によってコンストラクトをシェープアップして，それから，それが原理として確立された後で，それをクライエントの人生における面倒な特徴に当てはめるのがよりよいのである。クライエントが，自分達のモデルは「情動的にチャージ」された材料に基づいてまず確立されるべきだと主張し続ける場合には，治療者は新しいコンストラクトの定式化を妨げさえするかもしれない。

心理療法家は直解主義者というよりも詩人である瞬間がある。彼の使う——そしてクライエントが使うのを助ける——言葉は，新鮮なアイデアの無名のデザインの跡を追うことのできる布を織るのである。

h．攻撃性　パーソナル・コンストラクト心理学では，**攻撃性**と**敵意**をはっきりと区別している。人は積極的に検証可能な仮説を定式化し，それを試して何が起こるのかを見ようとする場合には，攻撃的である。彼が回収不可能な賭け金を賭けると言い張ったり，確証エビデンスを探してぐずぐずと先延ばしにしたりする場合には，彼は受動的（passive）である。攻撃はしたがって，運動的（motoric）と同じくらい知的であるのかもしれない。

心理療法家は直近の未来に回収可能な賭けをするのを恐れない人であるはずである。彼はみずからの仮説を試そうとして，クライエントにも同じことをするように励ます傾向のある人であるはずである。このことは，まず予感を注意深く定式化して仮説にする作業をとばして，その予感を衝動的に試してみるという意味ではない。彼は，彼が試そうとしているのは何なのか，どちらが最小のリスクでクライエントの幸福につながる最も妥当な情報を得られるのかという観点から賭けをすべきだという，はっきりした見解をもつべきなのである。人生に対して，そして治療に対して，このような実験的態度をもたない場合には，クライエントが知的で能動的な人生の見方を形成するのに，治療者が大きな援助ができるという期待は持てないだろう。

10 │ 臨床家の価値体系

臨床家の役割のどんな議論とも関連して，それが心理療法的であろうがなかろうが，臨床家の行動の説明にもクライエントの行動の説明にも関係する疑問が自然にわきおこってくる。何が臨床家を動かすのか？　どんな報酬を彼は刈り取るのか？　彼のモチベーションは何なのか？　なぜ彼は臨床家であり続けるのか？　臨床家の動機はいつ疑わしいものになりうるのか？　臨床家は単に「自分の問題を解決」しようとしているだけではないのか？　彼は権力を求めているのか？　彼は認められることを求め

ているのか？　彼は昇華された「のぞき見男」なのか？　彼は欲求不満の権威主義者
か？　彼は口唇期取り入れ者か，それとも肛門期解剖学者か？　彼はお金のために働
いているのか？　これらは，その心理学的思考が動機づけ，報酬，強化，快楽主義等々
に関連して問われる類いの疑問である。

　その心理学的思考が究極点や価値に関しても，以下のような問いが出される。すな
わち，よい治療とは何か？　適応とは何か？　精神的健康の基準は何か？　臨床家は
相対主義者か絶対主義者か？　臨床家は何を達成しようとしているのか？　よい臨床
家の基準は何か？　心理療法の目標は何であるべきか？

　a．科学者としての価値　人が尋ねる質問の種類と，彼が提起する問題のタイプは，
もちろん，彼の体系的な思考を反映する。この議論の領域は，われわれがここで関与
している体系的な思考によって，処理できるのかどうかを見てみよう。今までの議論
では，われわれは科学者の思考と人間の被験者の思考とは，同じ一般的な法則によっ
て統治されると考えるべきだというポイントを強調してきた。もし科学の狙いが予測
だということでうまく解釈されるのなら，なぜすべての人間の努力の狙いは予測だと
いう仮説に基づいて運用を試みないのか，そしてこの心理化の路線がわれわれをどこ
に導くのかを見ようとしないのか？　この命題に基づいて，われわれはパーソナル・
コンストラクト心理学の前提と系を定式化した。基本的前提は，人間の心的過程は，
彼がイベントを予期する仕方によって水路づけられるというものであった。われわれ
はこのクライエントを扱う命題の意味連関の追求のさなかにある。さて，ここでちょっ
と立ち止まって，注意をクライエントから臨床家に向け変えてみよう。臨床家もまた
イベントの最適の予期を追求する人々の一人だという命題について考えてみよう。

　b．満足の起源　前節でリストアップした心理療法家のスキルは，どんな臨床家で
も仕事から満足を引き出せる経路を示している。包摂的なコンストラクト・システム
は，臨床家－クライエント関係においてイベントが予測可能になる枠組みを，臨床
家に提供しなければならない。臨床家が観察のスキルを開発するとともに，正確な予
測のできる範囲と多様性は増大していく。命題コンストラクトの使用を学習すると，
彼は，アイデアを検証にかける度に圧倒的な不確実性に揺さぶられるよりも，むしろ，
みずからの問題に１回に１つずつ直面していく方法を見つけだす。

　臨床家がみずからの役割についてはっきりした解釈を獲得すると，それが心理療法
的であろうがなかろうが，彼自身の人生は意味をもち，彼自身の自己にとって安全な
立場を，数々の個人的な価値のなかに見いだす。臨床家の創造的なスキルは，将来の
予測システムを拡張する可能性を，彼に対して切り開く。多様性は彼の視野のなかに
新種のイベントをもたらす。そして言語的なスキルは，彼のコンストラクトが直接的
で頻繁な確証を受ける方法を，彼に提供する。言語化できないコンストラクトは，そ
れらがクライエントのものであれ治療者のものであれ，検証するのが比較的難しい。

臨床家の言語スキルは，もしそれが，対立するコンストラクトを抑制する手段というよりも，コンストラクトを検証する手段として注意深く用いられるなら，彼のコンストラクト・システムが形成されるテンポは加速されうるし，彼の生きている世界に対するより包括的な方向づけから生じる満足をも保証してくれる。

　みずからのスキルの形成の結果として，臨床家は，直接受け取る報酬に加えて，クライエントの達成によって代理的な満足も獲得する。パーソナル・コンストラクト心理学では，これらもまた，人生における賭けに勝利することだと見なされる。臨床家はクライエントとともに，彼の賞金を勘定に入れることができるのである。

　c．クライエントの成功を見ること　時に臨床家は，自分がその立場にあったとしたら使うと思うのとは違う解法で，クライエントがみずからの問題の解決にこぎつけるときには，フラストレーションを感じるだろう。これが含意するものは，臨床家がみずからのパーソナルなシステムを，クライエントのそれに対抗させて賭けをした――そして負けたということだ！　たしかに臨床家は，クライエントと競合する立場に身をおくべきではない。こうすることで臨床家は，クライエントが自発性，独創性，独立性をもって実行するのを見ることで得られるどんな満足をも，みずから拒否することになる。臨床家は自己の臨床的努力の結果に，自己の人生哲学の全体ではなく，自己の役割のみを賭けるべきである。臨床家の役割は，基本的に，非常に多様なクライエントにおける非常に多様な個別のシステムを包容する余裕を与える，包摂的コンストラクトのセットなのである。したがってクライエントの成功は，臨床家の臨床家としての役割の確証として見られうるということであり，必ずしも彼の全パーソナル・システムの確証としてではないのだ。

　時たま臨床家は，クライエントの特定モードの適応による見かけの成功によって，純粋に脅威を感じることがある。たとえば，自身の異性愛的適応に不安定にしがみついてきた臨床家は，クライエントの結婚を求めないという決定の，明らかな成功によって，脅威を感じるかもしれない。こうしてクライエントが成功すると，臨床家は自分自身の個人的生活にとって危険なもっともらしさを見いだすコンストラクトに，あまりにも速やかに確証を与えてしまう可能性があるのだ。今一度いうが，これは，臨床家が自己の個人的なコンストラクト・システムの全体を，クライエントの実験結果に賭けようと試みてはならない状況なのである。クライエントの冒険結果によって確証あるいは反証されることになるのは，臨床家としての臨床家の役割だけなのである。

　d．臨床家の価値としてのクライエントのコンストラクト　人々が適応を生み出すコンストラクトの個人的な性質をわれわれが強調することは，結果的に臨床家にとっての1セットの価値に匹敵する。人々が広く多様なシステムの下で，きわめて適切にみずからの問題を解決できるという事実を受け入れられる臨床家は，標準的な公式によって到達しうる解決のみを成功と見なす人々よりも頻繁に，臨床家として成功を経

験する立場にある。これは，臨床家がクライエント側の広く多様な個人的解決を価値づけて，そこから満足を引き出すべきだという立場である。われわれが推奨するのは，臨床家がパーソナル・コンストラクト心理学を試してみて，臨床家としての彼の実践に関連して，彼の価値体系をこれに統治させることである。

　これはすべて，臨床家はクライエントのコンストラクト・システムを，人が命題コンストラクトを扱うのと同じように扱うべきだという，さまざまな言い方にまとめられる。ひとりの人のシステムについて明示された確証と反証は，他の人々の——臨床家自身のシステムも含む——システムの確証や反証に**必然的**に影響するのだと，受け取ってはならない。各クライエントのシステムは相対的に，もちろん全面的にではないのだが，独立した命題として取り扱われるからである。

　もっと広い意味では，われわれはここで代替解釈の哲学について再述していることになる。より狭い意味では，われわれは臨床家の価値システムを，家父長的態度を含まない一種の自由主義として記述しているのである。臨床家はクライエントにおいて代表される種々の視点に寛容なだけでなく，広く異なる人生パターンの防衛と促進にみずからを捧げようとしているのだ。多様性と複合的な実験法が推奨されているのである。

11 │ 料金と価値

　臨床家の価値体系というトピックの枠組みのなかで，料金の問題を論議するのは，適切であろう。サービスに対する料金の支払いは，心理療法の本質的な特徴の1つだと主張する臨床家はたくさんいる。その理由はいろいろ述べられている。いくらかの臨床家は，心理療法の継続には膨大な経費が嵩むので，治療から得られるものはできるだけ早く得てしまおうというプレッシャーが，クライエントにかかるのがよいのだと主張する。また別の臨床家は，料金を請求することが，クライエントの価値体系のなかに心理療法をもちこむ1つの方法になり，その結果として，治療者はもっとまじめに受けとめられるようになるのだと記述している。さらに別のものは，自分の受けたサービスに対して料金を支払うクライエントは，臨床家に対して非社会的な行動をしても，それほど恥ずかしい思いをしなくてすむようになる——結果的に，臨床家は料金の支払いを受けるのだと述べている。またクライエントは，さらに「臨床的材料のギフト」をしなければならないという負担を，臨床家に感じることなく，治療を楽に打ち切れるともいわれている。クライエントは治療者にそれほど恩義を受けているとは感じていないのである。

　いくらかのケースでは，料金の査定がこれらの効果のいずれか，あるいはすべてをもちうると認めたとしても，われわれは，このような包括的方針がもちうるさらなる効果について考えてみなければならない。料金のコストは通常，クライエントの他の

家族メンバーによって，いっしょに負担されている。父親によって支払われた料金は，彼の子どもの教育には使えなくなる。娘の要求によって長引く治療は，彼女にとっては，両親に対する報復の非常に過激な手段を表象しているかもしれない。治療者に従わなかったことに対する罪悪感——これは料金の支払いによって免除されると思われる——は，家族の資産を枯渇させたことに対する罪悪感によってより多く置き換えられるかもしれない。これらのすべてが，かなりの比率のケースで，治療を妨害しうる効果になっている。

著者の観察するところでは，多くの臨床家はその料金を処罰的に使っている。彼らのうちのいくらかは，約 束（アポイントメント）を守らないことによって治療者を拒否するクライエントから，料金を取り立てることで，かなりの満足を得ているようである。他のものは，最小あるいは無料のクライエントよりも高額の料金を支払っているクライエントに，非常に多くの嫌がらせをしようとする。ごく最近になって著者は，財政的困難のために料金を支払わなかったクライエントがアポイントメントをキャンセルし始めたことで，治療者が個人的に動揺した例に，注意を向けるようになった。治療者はよい仕事をしていたし，クライエントも独立しようとする健康な試みをするだけであった。それでも治療者はこのクライエントによって拒否され，報いられることがなく，困惑させられたと感じた。たぶん料金の請求は，この特定の治療者の「逆転移」の問題の解決を助けたが，それがクライエントを援助したはずだと信じる理由は何もない。

臨床家が「最高位 (top scale)」のクライエントに対してまったく異なる行動をするのは，稀ではない。これは，人間関係を考える際には考慮に入れなければならない事実である。臨床家もまた，人間なのだ。しかし，これはある特定の臨床家の独自の価値システムに関係する問題であって，必ずしも心理療法に内在する性質に関係するものではないことを認識しておこう。

治療のコストがすべてのクライエントにほぼ等しい負担になるように，格差をつけた料金基準を作るのは，実際的には困難である。あるクライエントに対する1時間50ドルの料金請求は，他のクライエントへの1時間1ドルの料金請求よりも，はるかに少ない負担になりうるのだ。したがって，料金のもつ動機づけ効果は，包括的方針に基づいてコントロールするのが事実上不可能である。もしそれが基本的な心理療法の手段として利用されるのなら，各個別のケースで，そのパーソナルな心理学的構造の理解を通して，注意深く評価される必要がある。それは，個別のケースでどんな他の特定の心理療法的な方法を評価する場合でも同じである。

心理療法ではしばしば，臨床家はクライエントを援助して，物々交換や金銭的交換以外の何らかの根拠に基づいて，価値体系を構築する課題に直面する。多くのクライエントは，他者との一種の連続的な取引や交換以外には，人生にアプローチする方法をもっていないので，パーソナルな適応をするのが困難である。彼らはよい行動との

交換におもちゃを与えて，自分の子どもたちと取引をする。彼らは友だちと好意の交換をする。彼らは威信をドルと交換する。彼らは自分たちが受け取ったものを，すべて金銭的なコストによって価値づけるようになりさえする。

　心理士は，経済的な枠組みよりもむしろ心理的な枠組みのなかで活動をしているので，自己がこのような価値体系にとらわれていることを容認できない。心理士として，人間関係に関しては，彼はもっと包括的な見方に与しているのだ。もし彼がみずからの料金体系を心理療法的関係の普遍的な基礎とするなら，彼はこのより啓蒙的な立場をその出発点で放棄することになる。人は，クライエントとの関係の主要な基盤として，常に金銭的な交換を主張することはできない。そして同時に治療者として，粗野な唯物論を越える価値を代表することを希望することもできない。

　われわれは，臨床家が料金をクライエントとの関係の**普遍的基盤**とすることについて，語り続けてきた。さてわれわれは，われわれがコンストラクトのパーソナルな性質をたしかに認めるのと同様に，その人自身の価値体系が本来基本的に唯物論的であるクライエントがいくらかはいることを，認めねばならない。さらにわれわれがすでに指摘したところでは，治療は，クライエント自身の用語に基づいて開始する必要があるかもしれない。そのクライエントが治療の対価としてお金を支払わないかぎり，その特定のコンストラクト・システムは，治療を人生のなかに組み入れないだろうと思われるものがいるが，こういうクライエントに直面するときには，適当な料金を請求することが，治療のよい理由になるかもしれない。治療が効果的であるためには，いくらかのケースでこの最初の料金が並はずれて大きくなければならないかもしれない。しかし，この料金が大きくても，小さくても，あるいはまったくなくても，治療者はその地域的な（クライエントの）価値によって，彼自身の包括的な価値システムが汚染されるのを許してはならない。

　われわれはまた，臨床家が料金をクライエントとの関係の主要な基盤にしていることについても語ってきた。さて，われわれはもちろん部分的には経済システムのなかで生きている。心理士はふつう，完全にこのなかで生きていかなければならないと信じているわけではない。また，そうしようと試みることが健康なのだと信じているわけでもない。しかしなお，人生の必要性と利便性のいくらかはわれわれの経済システムに結びつけられているので，臨床家のサービスのかなりの部分が財政的に報いられることが必要である。この必要性に基づいて査定される料金は，臨床家の福利のためのものであり，クライエントのためのものではない。これについては，間違えないようにしよう！

　心理療法的面接によって利益を得るための努力はたいして行わずに，一連の面接を長引かせているクライエントについては，どうなのだろうか？　専門的サービスに対する膨大な勘定書は，彼がまさに必要とするものなのか？　必ずしもそうではない。

クライエントが回復への努力を十分にしていないとわかるときには，治療者はたよりになる多種多様な不安喚起の手段（デバイス）をもっている。この段階で治療者が採用する不安は，常にこの手近なケースに関連して，注意深く選択され測定されなければならない。この料金体系は，クライエントの心理的な傾性とともにその経済的な資産と家族関係によって，明らかに異なるが無差別的な影響をクライエントに及ぼす。したがって，このような料金体系に盲目的に依存するのは，不必要に雑で非専門的になる。

12 │ 職業的義務

　ここは，天命によって心理士が引き受ける，あらゆるタイプの職業的義務を包括的に記述しようと試みる場ではない。しかしながら，われわれがとってきた体系的な立場をふまえて論じるのに適した，いくつかのタイプの職業的義務がある。この点で，われわれの議論は限定的というよりも説明的であることを目指している。

　a．請求とクライエントの期待　クライエントが援助を求めて心理士のところにやってくるときには，彼は通常，常にというわけではないとしても，自分には援助してもらえる機会があると信じている。彼をクライエントとして受け入れる心理士は，必然的に彼の希望に同意を与えることになる。それにもかかわらず，心理士がみずからのサービスに対していかなる保証もない請求をするのは，反道徳的だと一般に認められている。しかし，クライエントの希望が保証されない場合には，どうなのであろうか？　心理士は，こういう希望は共有しないというべき職業的義務を負うのであろうか？　クライエントのバージョンの治療を，臨床家は最初から受け入れる必要がありうるという趣旨の，われわれが取ってきた立場については，どうなのであろうか？

　ここで心理士の体系的な立場が，彼に立つべきしっかりした基盤を与えてくれる。彼は，われわれの理論提示に記述した意味での科学者であるので，不可避性よりも確率を扱うディーラーである。彼は，運命によるのではなく仮説によって，眼を未来に向けることができる。彼は適切な科学的立場を，「それでは，われわれには何ができるのかを見てみましょう」あるいは「私があなたのことをもっとよく理解できるようになったとしたら，たぶんあなたのお役にたてると思います」というような，何らかの単純な言明によって表現することができる。臨床家がクライエントの希望を共有することには，何の反道徳的なところはない。反道徳的なのは，臨床家がこれらの希望を確実なものとして表明したり，あるいは彼自身のアドバンテージに対する勝ち目を間違って見積もることにある。

　心理士がクライエントに何を信じるのを許すかに関する問題のすべては，今までの議論が意味しうるものよりももっと広大でもっと込み入っている。たぶんわれわれがみずからの理論的立場の文脈内でわずかに語ってきたこと，および，心理療法家の役割に関するこの特定の章は，われわれがこのトピックを詳細に追求していったなら，

われわれの言いたいことへの十分なガイドになっているはずである。さらにいえば、われわれが主に臨床場面を思い描いて語ってきたことは、産業心理士のクライエントとの関係や、いかなる専門の心理士が仕えるクライエントへの義務に対しても、等しく当てはまるのである。

　b．**医療協力**　心理士はしばしば、いくらかのケースで他の領域の専門家の協力を得るという義務的な問題に直面せざるを得なくなる。中にはさらに、心理士は常に医師の協力が必要だという、極端な立場をとるものさえいる。反対に、医師が心理士の協力を求めることはきわめて稀である。ただし、患者の幸せという観点から見れば、心理士の医師への協力のほうが医師の心理士への協力よりも、おそらく一般にはより有益である。さらに、痛みについての大衆の解釈では、患者自身が心理的援助よりも医学的援助を自発的に求める傾向が強い。心理士は、医学的な見地からは全体的あるいは部分的にもっとよい治療を施せたはずだと思われるときに、クライエントを心理的に治療をするという過ちをおかすことがある。著者の経験では、これは個人開業の精神科医（心理士でもあると見なされている）によってしばしばなされるミスである。それはおそらく、彼らがみずからの古い医学的背景にあまりにも依存しているからである。他方、医療実践においては、心理的な見地からすれば全体的または部分的にもっとよい治療が受けられたはずのクライエントに、医学的処置を施されることなく過ぎ去らなかった日は、ほとんど1日もない。

　この問題を扱うには、科学哲学の基本原理に立ち返るのが最適である。パーソナル・コンストラクト心理学は、人生の心理的な解釈へと向かう特別に理論的な方向づけであることが思い出されるだろう。心理学は人生を体系的に解釈する多くの方法の1つである。生理学もそうであり、医学も部分的にはこれに依存している。心理学と生理学とは、両者間にある種の境界をもつ分離した事実の領域ではない。これらは単純に多くの同じものについての、2つの別の解釈法にすぎない。これらは、相互に「境界を接している」と考えられるべきではない。また生理的事実は、心理的事実とは本質的に異なると考えられるべきだという以上に、「接合されている」と考えられるべきではない。心理的および生理的事実が「並んで」存在すると語ることにも意味はない。また、心理学と生理学との関係が、「全人格的（whole person）」であるなどという自明の理を引き合いに出すことによって、明確になることもまったくない。

　さて、心理学と生理学は同じものを解釈するための異なるシステムであって、異なるシステムに割り当てられる異なるものではない。が、これらの各システムは、いくらかの事実に対するほうが別の事実に対するよりもうまく機能することを、われわれは認識しなければならない。われわれはすでに、心理的な解釈に最も有意味に従うように見える一群の事実を、心理学の**利便性の範囲**に落ちるものと呼んできた。しかしこれらを「心理学的事実」と呼ぶのは、誤解を招くおそれがあるだろう。心理学は、

単にそれらを有意味に解釈できるというだけで，それらに対して抵当権をもつわけではない。同様のことは生理学についても言えるし，医学についても同様である。

さて心理士が，クライエントのなかの心理的システムに非常にきれいに適合する一群の事実（症状）に出会うとき，だからといって，これらの事実は「心理学的事実」であって，医者の仕事とは何の関係もないと解釈してはならない。もしかしたら，それらは生理学的なシステムでもっと有意味な解釈ができさえするかもしれない。さらに，それらが生理学的なシステムのなかでより有意味に解釈されうるとしても，その偶然の一致によって，心理的な解釈が少しだけ反証されるというわけでもない。

医師にいつ専門的協力を求めるべきかという問いは，非常に実際的なものである。あるケースにおける事実に「心理的」とか「生理的」とかのタグをつけるだけでは，これに対する答えにはならない。心理的および生理的な治療法によって生じうる結果は，医学的な協力を求めるより実際的な基礎として，使われるべきである。ある心理士が高血圧症状をもつクライエントを受け持つことになったと仮定しよう。この明らかな事実の心理学的な解釈は非常にきれいに適合しているかもしれない。しかし，生理的な解釈もそうかもしれない。さて，ここでの問いは次のとおりである。これは心理士のケースなのか医師のケースなのか，それとも，どちらも単独で扱おうとしてはならないケースなのか？　問うべき本当に重要な質問は：この2つのタイプの実践家はそれぞれ，クライエントのために何ができるのか，そして，もし一方あるいは両方が何をするのにも失敗した場合には，クライエントには何が起こりそうなのか？　この質問に対する回答は，いつ各学問領域が他方の専門的協力を求めるべきかという，実際的な問いに明確な回答をするものでなければならない。

c．関係の破棄　治療中に，治療者とクライエントは，ある種の関係を形成するかもしれない。この関係は，クライエントを混乱状態に放置することがなければ，突然崩壊するものではない。このタイプのクライエントの依存はある程度はコントロールできるが，これを完全に回避することはできない。さらにクライエントは，彼自身の視点から見て，この治療過程を促進するために，「危険を冒す」ように励まされる機会がある。治療者がこのような冒険的実験の最中に，この関係を中断する場合には，彼はクライエントをひどく困難な状況に打ち捨てることになるかもしれない。一例をあげると，クライエントの探索行動は大量の知覚の歪曲をともなう傾向がある。治療者はこれを処理し，これが出現するとただちに修正するために待機はしているはずなのだが，彼にはこれを防止することができない。治療者がかなりの探索を含む治療段階のさなかでクライエントを放置する場合には，彼はクライエントを，知覚的歪曲の増強の犠牲者や，経験から何か新しい意味内容をつかみ取ろうと試みる間に生じる混乱の犠牲者にしてしまうかもしれない。治療者はこの職業的な義務を心に抱きながら，治療と休暇の両方の計画を立てねばならない。治療者はまた，彼のケースを完全に打

ち切る場合にも，これらのケースを他の治療者に引き継いでもらう場合にも，同様の配慮を心にもち続けなければならない。クライエントと治療者間の転移関係を不注意に扱うと，治療シリーズの全体が，簡単に，クライエントにとって援助になるよりもむしろ，つまるところ大きな傷になってしまうかもしれない。

　d．**クライエントに関する情報の伝達**　同じ事実でも，人が違えば，まったく違う解釈をするかもしれない。臨床家はしたがって，クライエントに関する事実を，誤解しそうな人々には漏らさないように，とくに注意しなければならない。情報の受け手が「専門家」の地位にある場合でも，専門家の同僚から伝えられた情報が，人を傷つけるような誤解を招かないという保証はない。不適切に情報をもらしてしまうという過ちは，臨床家が子どものことをその親と話しているときに，とくに簡単に生じやすい。親の子どもに対する関係は込み入ったもので，顕著な知覚の歪みのある領域をいくつか含んでいる可能性がある。治療者が子どもについて親に伝える情報はどんなものでも，単なる客観的事実としてではなく，常にクライエントに対する治療的解釈として，扱われなければならないことを，治療者は心にとどめていなければならない。親が子どもの「IQ テスト」をしてほしいと求めるときには，よく訓練された臨床家なら，それだけに基づいてクライエントを引き受けるということは絶対にしない。クライエントの照会は常に，せいぜい「心理学的検査」あるいは「心理学的評価」という程度に，広くなされるべきである。臨床家がその検査結果について親と議論する場合には，彼はそれを伝えようとする前に，自分のレポートに基づけばどんな種類の解釈がなされやすいのかを，確実に知っているという職業的義務がある。これは親を扱う場合にも，みずから援助を求めてやってきたクライエントを扱う場合にも，同じくらい重要な安全装置である。

　たしかに心理士は，臨床報告に「関心をもちそうな人に」みずから文書を書くことはない。こういうことをするのは，人々の事実の解釈の仕方には，広く多様で個人化された性質があることに無知だということである。あらゆる臨床報告は，可能なら既知の人に対して書かれるべきであり，そうでなければ，特殊な専門家集団——たとえば信頼できるクリニックのスタッフであり，この人のバイアスは道理にかなっていることがよく知られており，そしてレポートの守秘義務を尊重する人——に対して発行されるべきである。通常は教員に送られるのと同じレポートが親に送られることはない。また，医師に送られるのと同じレポートが教員に送られることもない。子どもの教育に関連する項目は，教育訓練を受けていない人には誤解される可能性がないではないので，医師へのレポートからは除外されうる。心理テスト——IQ，項目の広がり (item spread)，その他のような——の詳細は，他の心理士に対してのみ話をすべきである。ただし彼が，そのレポートを読む可能性のある人と個人的な知り合いである場合や，彼がその意味の誤解されそうにない，よく精緻化された文脈内で，その詳細

を使用しうる場合は除くことにする。

　臨床家のファイルは，もちろん，カギのかかる場所に保管されるべきであり，あらゆる記録は許可されていない人が読むことのできないように，安全に守られるべきである。心理士は一般に「特権的コミュニケーション」の合法的権利を楽しんでいるわけではないが，クライエントとの適切な職業的関係は，クライエントの心理士とのコミュニケーションが内密に扱われるべきことを要請している。たぶん，この規範は，事実上人道主義的な原則であるものを，結果的には，法律上も認めようとしているのであろう。

　ふつうクライエントは，みずからの心理学的検査の結果の報告をコントロールする権限をもっているはずである。臨床家が臨床的接触からわかることを，クライエントの妻や裁判官に話したなら，クライエントの最大の利益に役立つだろうと思えたとしても，臨床家は，クライエントによって権限を与えられないかぎり，また，クライエントがその問題に合理的な決定を下せないかぎり，そんなことをしてはならないという義務を負っている。たとえクライエントがみずからについてのある情報を開示する権限を臨床家に与えたとしても，他の人々の幸福が関与するかもしれないので，臨床家は，それはできないと思うかもしれない。この情報が社会関係に，そして，クライエントの子どもやクライエントの家族の他のメンバーの心の平和に，逆効果を及ぼす可能性があるときには，クライエントが婚外の逃避行について治療中に語ったことを，治療者が漏らすのは不適切であろう。さらに，クライエントは他者が何を誤解しうるのかについて，常によい判断をするわけではない。クライエントは自分の人生が開かれた本だと感じているかもしれないが，他者は，クライエントがその開かれた本をまったくもってびっくりするような読み方をするかもしれないのだ。

　たとえば著者は最近クラスで，ある学生を知った。彼は夢について非常にべらべらとしゃべり，ロールシャッハ図版とTATカードにどんな解釈（反応）をしたかを大声で報告したがった。さてこれは，基盤にある自己顕示性が前面に現われ出たものにすぎないということもできよう。しかし他方，彼が飛ばしたいくらかの見解が，より多くの情報をもっているクラスのメンバーには，いかに透明に見えるかを知っていたなら，この学生は疑いもなくショックを受け，不安になったであろうことが明らかであった。著者は，この学生が恥ずかしくなるほど詳細にいたるまで精緻化するのに熱心であったとしても，自分にはこの学生を黙らせる職業的義務があったと感じた。

　e．管理的上司に対する義務　臨床家はしばしば，自分自身が，クライエントの利益と組織の利益が葛藤するような管理組織の一部であることを見いだす。たとえばある学生が大学の学部長によって，大学の一部である心理クリニックに紹介されてくる。学部長は次に，この心理士に，この学生の進歩に関する報告を定期的に出させて，彼の学習コースの継続が許されるかどうかについて助言を求める。さてクライエントは，

治療者との関係において行為の最大の許容範囲が開かれているならば，通常クライエントの再適応の可能性が最も高くなる。しかしながら，治療者が管理的にクライエントの活動を締めつける立場におかれると，この締めつけが最終的にはクライエントが自分に加えてほしいと望むようなものになりうるとしても，治療者はクライエントに完全な専門的サービスを提供できなくなってしまう。

　実際のところ，管理的な場面で臨床家の作業が困難になるのは，通常，最初に思われたほどには大きくはない。まず第1にそれが要求するのは，臨床家は自分の仕事を適切な管理者に解説するのに，いくらかの時間を要するということである。するとそれは，臨床家が，クライエントの行為の自由を制限する管理的決定に，どれほど多く参与するよう求められるのかについての，同意の問題になりうる。いったんこれが決定されると，臨床家は正確にどの程度まで，彼のケースに影響を及ぼす管理的な決定に，参与することが求められるのかを，各クライエントにはっきりさせることができる。さて，この臨床家は，彼が就くように求められている立場を好まないかもしれない。彼は，臨床心理士になるよりも人事心理士になることが期待されているのだということを見いだすかもしれない。しかし心理士は，彼がその役割を演じるのを望みも意図もしていなくても，とにかく自分に何が期待されているのかを，常に知っておくべきである。

　心理療法家の役割は，クライエントが心理療法に何を期待するのかに対する，そして，心理療法とは何なのかについての，クライエントの多彩な誤解を最初に受容してしまうことに対する，鋭い警戒を含んでいる。それはクライエントのパーソナル・コンストラクトの包摂と，同時にこれらの受容をも含んでいる。それは，臨床家の人生をそれ自体生きるに価するものにする，一群の職業的価値を含んでいる。最後にそれは，単なる法的地位を超越する，いくつかの倫理的な責任を含んでいる。われわれが本書の以下の節で記述する手続き的なデバイスを提案するのは，その役割が基本的にこのように構造化された人のためなのである。

第12章

The psychotherapeutic approach
心理療法的アプローチ

これは，心理療法の範囲と方法論を広く概観する2つの導入章の第2の部分である。

A 基礎的技法

1 再構築的関係の設定

心理療法家の役割に関するわれわれの概念化は，心理療法家が自分とクライエントとの間に形成を許す個人的関係の種類について，いくつかの重要な意味連関をもっている。治療者は多様な役割を演じる。ある機会には父親の役割を，また別の機会には先生の役割を，そしてさらに別の機会には，子どもの役割を演じるかもしれない。彼はしばしばクライエントに対して社会的現実を描いて見せる肖像画家である。このクライエントは次には，相談室内の実験室で試験管サイズの心理実験を試してみる。それは，治療者が自己の役割のどれか1つに厳密に「分類された」ものになるということではない。彼は非常に多様な注意深く選ばれた方法で，クライエントに反応する準備をしなければならない。クライエントは，彼の再解釈の冒険がいかなる劇的役割を要求するにしても，その役割に治療者を配役する機会が与えられねばならないのだ。

心理療法家が，クライエントにとって親密な知人で鋭い輪郭をもつパーソナリティになるようにふるまう場合には，彼は自分の役割の再解釈では不利な立場に置かれることになる。そこで彼は，クライエントが描写される必要がありうる多くの役割のなかの，1つだけを演じるようになる。クライエントは治療者に**二次的転移**よりもむしろ**一次的転移**（これらの用語は後の節ではっきりと定義する）を形成する可能性が著しく増大する。一次的転移は，治療者に対する無差別的な依存を生じさせ，治療シリーズの終結をいっそう困難にし，面接室で試せる実験法の範囲を収縮させることになる。

治療者の個人的なあいまいさを支持する立場をとる場合には，われわれは精神分析の古典的な立場といくらか連携をしていることになる。われわれはまた，クライエント中心療法の治療者とも部分的には一致している。われわれは，クライエントとの感情表出の交換へと導く対人関係療法（personal-relation ship therapy）の見解をとる人々とは，

あまり一致しなくなっている。われわれはしかしながら，われわれの立場が，クライエントとの関係における「暖かさ」の否認であるとは見ていない。治療者は，クライエントを信じなくても，このクライエントに対して「暖かく」応答的であることができる。治療者は，状況が要求する場合には，ロールシャッハ・テスト——クライエントがいろんな方法で解釈できる——におけるインクのしみのようになれる能力を，保持すべきである。彼は，1回の面接の間に自己をとくに愛すべき人物だと定義しなくても，愛すべき人物として知覚されうる。別の面接では，彼は自分を永続的に無情な人物に配役しなくても，完全に現実主義的だと知覚されるものになりうる。したがって彼は，このクライエントの心理療法を構成する連続的な社会実験において，一連の役割を演じる能力を保存しているのである。

この見解によって治療者は，治療状況以外では，クライエントとの社会的接触を回避する方向に導かれることになる。このことは，治療者が自分自身のこと，自分の好き嫌い，自分の興味，自分の家族，自分のレクレーション，そして自分の経験については，比較的僅かしか語らないということを意味する。クライエントのなかには，治療者にこういった問題について尋ねることによって，親しい関係を築こうとするものがいる。しかし治療者は，このように設定されえたはずのこの種の関係を，回避するように十分忠告されている。治療者は通常はクライエントとの身体接触，過剰な握手，肩叩き_{バックパッティング}，ダンス等々を避けるべきである。これは大人を扱う場合と同様に，子どもを扱う場合にも重要である。治療場面以外での会話は，最小限に維持されるべきである。クライエントと治療者が同僚であるとき，お互いの家庭を訪問したり，クライエントが治療者の他の家族メンバーと接触したりするような，フォーマルな関係は，すべて，治療者が適度の多様性をもつ役割の演技をするのを妨害するかもしれない。

治療者はまた，クライエントの家族の他のメンバーとの接触も，できるかぎり回避すべきである。たしかに，同一家族の2人のメンバーの治療を同時に試みることは，各クライエントによる治療者の解釈のされ方に限界を生じ，そのために，とくにある重要な点で，治療の成り行きを，妨害するかもしれない。たとえば1人の治療者が夫と妻の両方を見ている場合には，どちらも，みずからが治療者に言うことにより強い警戒心をもつようになるのは，不可避であろう。夫は妻が自分を獣だと見なしているのを知っているので，治療者が妻の解釈を聴いて，夫は実際に妻に対して残忍に見えるという結論に飛びつくことのないように，妻に対する攻撃的な感情の表現をためらってしまう。妻の方は，夫が先週の言い争いについて，おそらく治療者に話しているはずだと思っているので，治療者が夫を罰し，彼女自身が演じた役割の確証を得ようとして，このエピソードの説明をゆがめるだろう。

治療者が親子の両方を見る場合にも，同じような問題が生じる。子どもは治療者を親の協力者だと見る。親の側は，治療者と子どもとの間に湧きおこってくる関係を恐

第12章 心理療法的アプローチ 53

れて，家庭で対策をとり，子どもが治療者を恐れるように仕向けるかもしれない。このような状況では親は，「ブランク先生は，お前が今日私に言ったことを知ったときには，お前を本当に嫌いになるだろうよ」というようなことを言って，子どもが治療者を怖がるように仕向ける。そして，こういうことはけっして異例ではないのだ。また親は，「ブランク先生と私は，おまえがそんなふうに話さないのを確かめに行くよ」と言うかもしれない。もちろん，こんなことは親が治療を受けていない場合でも，起こりうる。

2 | クライエントの他者との関係

　われわれが述べてきたことは，クライエントが彼の人生において多くの親密なあるいは個別的な関係をもってはならないなどという意味に解されるべきではない。またこのような関係は，心理療法では重要な役割を演じないという意味でもない。実際，ふつう治療者はクライエントを援助して，他者との健全で親密な関係を定式化させようとする。この治療の課題はしばしば，治療者以外の人々によって促進される。動きの自由を許すという条件の下で，クライエントが治療状況の外で関係を形成するときには，同時に多くのフロントで，治療的な進歩の生じる機会が大きく増大するのだ。

　クライエントの進歩がもっぱら相談室での洞察と社会関係に基づいているように見えるときには，治療者はその進歩を常に疑わしいと考えるべきである。クライエントは相談室外でのみずからの対人的な資源を開発しなければならない。それゆえ治療者は，みずからの機能がクライエントの多様な友だちによって引き受けられているのがわかったとしても，必ずしも混乱する必要はない。治療者・クライエント関係が相談室内に限定されうるとしても，治療はたしかに厳密に相談室内に限定されているわけではない。また治療者は，クライエントの人生においてリハビリテーション的役割を演じることが許される唯一の人ではないのである。

　a．クライエントを通じて他者を援助する　治療者はしばしば，クライエントの個人的・社会的な環境内の，いくらかの他の人々の再適応にも目配りをしながら，治療状況を設定しなければならない。彼は，クライエントの代理人を通じて，この達成を望むかもしれない。このような状況におけるクライエントの治療は，したがって，とくに難儀な対人関係の処理の仕方の学習を，部分的には含むことになる。実際，この治療目標には，クライエント自身よりも彼の他の家族メンバーの動きをもっと生じさせる試みが含まれるかもしれない。これは，親よりもはるかに大きな援助を必要としている子どもを援助するために，親の治療を行なうときに生じる状況の一種である。

　著者はまた，親のほうがより大きな混乱をしていたが，親に直接働きかけるよりも，子どもを援助して親への再方向づけの努力を効果的にさせることによって，より多くのことを達成しうるという，逆の状況も経験したことがある。この観点から見ると，

心理療法は2人以上の人を含むグループに対処する一方法ともみなしうる。患者として指名された人は必ずしもその筋書きのなかで最も混乱した人でもなければ，必ずしもその問題を「生じた」責任者でもない。この人はむしろ，現在この状況に対するカギをもっている人だと見られる。おもしろいのは，治療がもっぱら，個人的に混乱している人々や，その行動が他者との間に混乱を引き起こすような人々のためだけに，とっておかれた過程ではないという事実である。心理療法は，その最も広い意味で，個人であれグループであれ，どんな道であれ開かれた道を通って，人を再適応させるアプローチなのである。

b. 説明のためのケース　数年前著者のところに10代の少女が，彼女の家族の近隣者の主導により，そして彼女の担任教師の賛同を得て，連れてこられた。この少女は高校3年生で，クラスの卒業生総代になることになっていた。彼女は春学期中に学校を中退する決心をしていた。というのも，彼女の言うところによれば，彼女は卒業生総代演説をするという可能性に直面することができず，また，彼女がそれを拒んだとしたら家族によって加えられるはずの批判にも直面できなかったからである。高校時代を通じて彼女の先生は，彼女にクラスで話すのを求めないことによって，彼女の不安には譲歩しておくのが賢明だということを見いだしていた。

彼女は北欧系の大家族の長子であった。その近隣者と彼女の説明によると，この家族は家父長的な形式のコントロールを維持しているだけでなく，父親は権威をほしいままにし，一家のなかではひどく恐れられていた。家族の他のメンバー間の会話は常にひそひそ声でなされ，父親に聞こえる範囲内では会話は完全に停止された。子どもたちは父親が帰宅する前に警告された。彼はめったに自己表出をせず，ほとんどの時間沈黙の壁の向こう側に引きこもって過ごしているように見えたが，母親は彼の批判を恐怖しながら生きているということであった。このケースの進行過程を通じて，著者は，父親側にはどんな身体的な虐待も言葉による過剰な虐待のエビデンスをも把握することができなかった。

クリニックに到着すると，この少女は顕著な運動障害を示した。彼女は手足に舞踏病様の動きを示した。顔は異常な動きをし，話したり聞いたりするときに捻じ曲がった。また，不規則な首と肩のチックも示した。しかし，彼女の思考ははっきりしていた。そして，彼女の言語反応は独創性と適切性の両方を示していた。最初の数分の面接の後に，彼女はそれほど深刻ではない時期の自分の問題について，いくらか自発的に，詳しく述べることができた。

彼女の父親についての言語的記述は陳腐であり，父親へのはっきりした共感の証拠は見られなかった。他の家族メンバーについての解釈 (construction) も，いくぶん浸透性がなく，彼女の概念化一般と比較すると，味気のないものであった。彼女自身の人生役割コンストラクトの定式化は，ほぼ完全に阻止されていた。

さて，このようなケースでは，いくつかのポイントのどの一つでも，障害の焦点として考えることができる。母親のものの見方が，この不健全な状況の形成に最大の責任をもっていたと考えてよかろう。子どもに父親を恐れるように教えて，父親を家族の愛情の輪から完全に孤立させたのは彼女であるといいえたかもしれない。他方，父親こそが最も変化の必要な人だということもできただろう。彼は自分の家族のメンバーと健全な対人関係を築くのに失敗し，暴君の役割を受け入れているように見えた。

規律を重視する人であれば，この問題の焦点は，この少女のはにかみを許し甘やかしてきた教師にあるといったかもしれない。文化人類学者の見地からすると，問題の要点は家族の生活空間に表象される文化の差異にあったといってよかろう。あるいはまた人は，この少女自身をこの混乱の中心と見なして，彼女が使っているメカニズムは敵意と受動的破壊性だと指摘したかもしれない。

われわれは，この少女自身を，治療がこの状況と接触するべきポイントとして考えることを選んだ。彼女は使いものになった。彼女は再適応の準備ができた。彼女は治療者とうまくコミュニケーションすることができた。彼女は家庭の外では気持ちのよい社会的接触をもった。このことは彼女の改訂解釈システムの確証に使うことができた。われわれは，さらなる自己批判や自己洞察によるのではなく，父親から新しいタイプの反応を得ることによって，そして，他の家族メンバー，とくに母親に父親を再解釈させることによって，治療目標を形成することを選択した。父親についての仮説的解釈の非公式の役割演技と言語化が，治療中に広範囲にわたって使われた。治療的な発達によって，この少女は自己を新しい視点で見られるようになった。しかしこれは，この相談の主要な目標として指定されたことが一度もなかった。父親を含む多様な社会的実験が家庭内で実行されるようにデザインされたのである。

このケースの進歩は，治療目標に関しては，非常に満足のいくように見えた。家族のいるところでの父親の行動は有意に変化したという事実が，外的な裏づけをもって証拠づけられた。この少女は父親を再発見したと感じた。彼女は学校を続けることに決めた。彼女は卒業して家から離れたところで職を得た。彼女の精神運動的症状も目立たないところまで減少した。

このケースは，クライエント自身への援助と同時に，クライエント以外の個人の再適応をも視野に入れて，心理療法場面を設定した一例として引用した。治療者は数人を扱ってはいたのだが，対面の対人関係は 1 人に絞った。クライエントと治療者は相談室内で試験走行を行ったが，クライエントにとっての確証経験は，相談と相談の合間に，そして他の人々との関係においてなされた。治療者はこのクライエントに，完熟した父娘関係を形成させようとは試みなかった。それよりもむしろ，この関係は，現実の父親と娘との間で同時発生的に形成された。クライエントは治療者にいくらか依存しているように見えたときもあり，とくに彼女が父親からの批判に傷つきやすい

ままにさせたように見える方策を彼女が講じたときに依存的に見えたが，大方は彼女の人生における，重要人物としての治療者からは比較的独立したままでいるように見えた。こうして治療者は，人として，この図式からクライエントを脱出させることができ，対人関係の常に興味をそそられる複合体に，正常な人生の探索を自由に続けさせることができたのである。

3 多様なアプローチ

再構築（解釈）状況は，1ケースにつき，治療者の役割を演じる数人の個人で設定されるときがある。これは，**多重療法**（multiple therapy）の形式をとりうる。ここで各治療者は類似のタイプのサービスを遂行してはいるのだが，視点やスキルが負わせる違いはもっている。これはまた，全面推進療法（total-push therapy）の形をとるかもしれない。この療法はクライエントに対する一種の部門分けされたアプローチであり，各治療者はクライエントに関して指定されたやり方で機能することを約束する。ある施設ではたとえば作業療法士，レクレーション療法士，教育療法士，精神科医，看護師，付添い人，牧師，理学療法士，その他が，いくつかの治療目標を達成するために24時間キャンペーンをはるかもしれない。この種の治療は外来患者でも採用されうるかもしれない。ただし外来では，クライエントを動かし続けるのはより困難ではある。

多重療法は，ちょっと見には葛藤するように見える諸々の視点を融和させるクライエントの能力に，より大きな要求をつきつけるようである。それは，クライエントが自己を多様な方法で治療者に関係づけるのを許すという利点をもっている。それにもかかわらず，クライエントの環境内で多才で柔軟な人物として自己を維持している一人の治療者は，クライエントの混乱を加えることなく，同じ結果を達成できねばならないのである。

トータル・プッシュ療法は，会議室の言語表現をめぐって行動を組織化できないクライエントに，多くの明るい見通しを示してくれる。各治療者が処方されたプログラムを実行するので，混乱の危険性は少ない。このプログラムは，その実施中は高価であるが，長引く治療のコストとくらべると，治療者の時間の大きな節約をもたらすように見える。このようなプログラムが試みられるときには，各治療者‐貢献者（therapist-contributor）は，他の治療者との計画と進歩の両方の会議に参加しなければならない。この治療目標は文書ではっきりと述べられるべきである。進歩や後退の目印は，各治療者がいくつかの期待される発達に目を光らせていられるように，そして，これらが見え始めたときに他のものにも警戒するように，前もってリストアップしておくべきである。集団状況で複数のクライエントを扱う治療者はおのおのが，トータル・プッシュ法の特定段階で自分が達成しようと試みているのは何なのかについて，しばし

ば参照して記憶を新たにできるように，各クライエントの要約用紙をもつべきである。

4 | 物理的準備

ほとんどの心理療法は面接室で行なわれる。この部屋は注意をそらさせないもので なければならない。とはいえ戦争中には，ごった返した大部屋のただなかでも，親密 な面接を実行して，ある程度の成功をおさめたことが見いだされている。重要なのは， クライエントが自分は対人状況を限定しており，自分は他者の好奇心の標的にはされ ておらず，自分は面接状況の外部の社会的期待の圧力下にはおかれていないと，感じ ていることである。したがって，ちょこちょこと動き回る大勢の人々のただなかで面 接されるクライエントのほうが，8フィートのセミパーティションで区切られてはい ても，その背後では物見高い秘書連中が働く振りをしているところで面接されている 人よりも，プライベートであると感じるかもしれない。注意の転導は，単なる騒音の 大きさや，視界内の人数の問題ではなく，クライエントが意識している潜在的な相互 作用の場の問題なのである。

　a．録　音　面接を電子機器で録音することは，ありふれたことになってきている。 家庭や学校にテープレコーダーが到来したことによって，かつてはこのような記録に 示された抵抗が消失してきている。マイクは目立たなくされるべきだが，必ずしも隠 されるべきではない。このような記録機器が面接室内にある場合には，これもまた目 立たないようにされるべきだが，隠されるべきではない。面接記録をとるというアイ デアをクライエントが完全に受け入れていても，マイクがクライエントと治療者の間 にはっきりわかるように立てられている場合には，クライエントはそれに気を取られ やすい。

　治療者は，次のように言うことによって，記録というアイデアを導入しうる。「私 はわれわれの会話のいくらかを記録することによって，後で各面接を振り返って，注 意深く検討ができるようにしたいと思います。そうしないと，私は毎回座して，詳細 なノートを記憶から書きおこさねばならなくなります。あなたが気になさらない場合 には，私はわざわざすべてを記録するという面倒なことはしません——ただ振り返っ て自分の理解を確かめる必要があると感じる部分のみを記録します。マイクはそこに あり，レコーダーはここにあります。ほかには見るべきものはほとんどありません。 さて，あなたが最初に私に会いに来ようと決断されたときには，あなたがどのように 感じておられたのか，教えてもらえませんか？」等々。

　治療者は記録の強調点をはっきりさせるよりも，面接の要点に直接進んでいくこと によって，この記録を，適切な展望のもとに置こうとする傾向がある。治療が進行し た後で，治療者はクライエントがこの記録についてどう感じたのかという問いを発す ることもできる。これは，面接状況を，クライエントに解釈してもらうという課題の

一部として考えられるべきかもしれない。

ｂ．部屋の準備　治療者の机は，この部屋の残りの部分もそうであるが，本質的でない小物から比較的解放されていなければならない。紙と手紙は，治療者の私生活を彷彿とさせるので，人目につかないようにすべきである。同じ理由で，治療者の家族や仕事仲間の写真は飾られるべきではない。電話の着信音は鳴らないようにしておくべきである。あらゆる治療面接はオフィスよりも特別な部屋でなされるべきである。これにはいくつかの理由があり，オフィスでは，他の活動の用具がはっきりと目につきやすいからである。

この部屋は，街の騒音をできるだけさえぎるように，音響的な処理がなされるべきである。多くの心理療法的面接では，音声の強度は低いレベルに落とされる。とくに重要な材料が論じられるときにはそうである。治療者はふつう，このことに気づかない。というのも，彼の声はクライエントのものと共に落ちていく傾向があるからである。いくらかのタイプのレコーダーでは，10分後にはゲインを上げる必要がある。そして30分後にはもう一度上げる。これらの条件下では，街の騒音はとらえられやすくなり，レコーダーでは思いがけないほど注意をかき乱すものになるようである。カーペットを使ったり，厚手のカーテンを自由に使用したりすれば，この状況の改善に役立つ。木製のベニス風ブラインドも騒音のコントロールに役立つ。マイクが使われない場合でも，部屋の音響的処置は治療効果に有意な寄与をするだろう。マイクが使われる場合には，２人の話し手の声がうまく拾えるように，その角度調節がなされるべきである。心理療法面接の録音は非常に難しい。このタイプの録音に特別な経験をもたない場合には，経験のある音響技師でも，通常はこの困難さに驚くものである。

著者は，ほとんどどんなタイプの面接でも，クライエントと治療者の間に机またはテーブルがあるのを絶対に好む。面接は言葉の交換であるから，クライエントと治療者の注意はお互いの顔に向けられるべきである。部屋の音響が許すかぎりは，クライエントと治療者の間には，ある程度の距離——６～８フィート（180～240cm）——がとられるべきである。クライエントと治療者の椅子は，どちらも快適でなければならない——クライエントの椅子は注意のそれるのを避けられるように，治療者のそれはクライエントが共感できる，リラックスした姿勢を示せるように。快適なイスとは，クライエントが心地よくいろんな姿勢をとりうるもので，１つの姿勢をとるときにだけ快適なものではない。クライエントは前かがみになること，身体をずらして頭を背もたれに休められること，あるいは横を向いて治療者から顔をそらせられることなどができねばならない。クライエントが容易に操作できるスツールも，とりうる姿勢を増やしてくれる。クライエントの椅子は治療者と直角に向き合うように配置されるべきである。これによってクライエントは治療者と向き合うこともできれば治療者から顔をそらすこともできる。ドアは閉じておくべきであり，面接中に不意に開くことは

ないことを確かめるべきである。涙が頬を流れ落ちているクライエントは，突然ドア
が開かれたり，ドアのガラス越しに見られたりして，他者の目にさらされることには
うまく対応できないからである。

　ｃ．特殊な装置　われわれは主に面接を含む再構築・再解釈（reconstructive）状況に
ついて論じてきた。いくらかの治療は，特殊な装置を備えた部屋で行われる。子ども
の治療にはしばしば遊具の使用が含められる。たとえば，箱庭，大型積み木，絵の具，
粘土，人形，大人用の事物のミニアチュア等々。成人の集団心理療法では，通常，会
議用テーブルが使われる。子どもの集団療法では，子どもの集団活動への参加ととも
に，集団からの引きこもりも，どちらも提供されていることが必要である。

　両親を援助して彼らの保育園児年齢の子どもを理解ができるようにする場合には，
音声も拾えるワン・ウエイ・スクリーンの装置を使うべきであり，これがあれば親は
子どもの行動観察でき，何が起こっているのかを聞くこともできる。これはまた，親
が子どものグループ内での行動を分析するするためのある種のチェックリスト・スケ
ジュールと，臨床家が親を援助してこのスケジュールを使えるようにする装置の準備
を必要とする。

　もちろん，作業療法やレクレーション療法，およびこれに類したものは，特殊な装
置を必要とする。特殊療法室を整備するさいに従うべき一般原則は，この部屋が最大
の多様性をもつべきであり，そしてそのセッション中に治療者が必要とするときには，
非常に多様な補給品と機器が，目に見えないところに保管されていて，ただちに利用
できるようになっていなければならない。たしかに，特殊療法室で実行される活動は，
一連の公式訓練と見なされるべきではない。それは，クライエントのパーソナル・コ
ンストラクトの非言語的定式化と伝達の手段だと考えるほうがよかろう。この機器と
材料は，クライエントが何かを表現するのを助けるものである。セッションの最中に，
彼が何か表現すべきもの，フィンガー・ペインティングで最もよく表現されるものを
もったとしたなら，注意深い治療者なら，ふつう「火曜日がフィンガー・ペインティ
ングの日だからね」とクライエントを次の日まで待たせるよりも，ただちにその表現
手段を利用できるようにしてあげる。

　治療者はとくに注意深く約束^{アポイントメントメント}を守らなければならない。精神分析的な教養を
もつクライエントは，遅刻やキャンセルを治療者のクライエントに対する「抵抗」あ
るいは「拒絶」のエビデンスと解釈するだろう。他のクライエントは，その合理的な
根拠がなくても，実際に拒絶を感じるかもしれない。アポイントメントがキャンセル
されるときには，ただちに代わりの日時を指定して，クライエントがこの治療シリー
ズへのオリエンテーションを維持できるように，そしてこれと日常的な決定との関係
を維持できるようにすることが，ふつうは不可欠である。クライエントが，治療者か
ら自由な身になったと感じるときには，次のアポイントメントがいつになりそうかも

わからぬままに軽はずみな決定をしてしまうのは，稀なことではないのである。

5 │ 面接のコントロール

治療者が用いる特殊技法は，治療がなされる特定のケースを考慮して選ばれるべきである。パーソナル・コンストラクト心理学は，異なる人々がみずからの世界を解釈するのにもっている方法の個別性と多様性を強調するので，人々を助ける方法もまた非常に広く多様であることを意味する。したがって，心理療法の技法一般に関しては，われわれは，治療者がクライエントとともに，最大の柔軟性とのペース変化をもたらす関係を維持できる方法に，主要な関心をもっている。心理療法の技法のもっと差別的な用法についてわれわれのいうべきことは，後の諸章で論じることにする。

a．面接の計画　治療計画の手続きについてはもっと後の章で論じる。ここでは，治療者がみずからの役割を効果的に演じるつもりなら，各面接には計画立案の方法が必要だと指摘するだけで十分である。治療者が自閉的な材料を探索している場合には，それほど詳細な面接計画を立てる必要はない。ただし，クライエントが現在の治療段階で耐えられる概念化の弛緩量 対 クライエントがすぐ試せる構造化量，今までの面接からこの時点での解釈に織り込まれうる材料の種類，そして現在探索されている試行的に定式化されたコンストラクトについて考えることを除くなら。治療者が役割演技の技法を用いている場合には，たとえば，利用されるべき状況を計画し，古いのでも新しいのでも，いかにすればコンストラクトをテストしつくすのに効果的な場面を提供できるのかを考えるのに，彼は非常に多くの時間を費やす必要があるかもしれない。

人はどれくらい頑固に，自己の面接計画に執着すべきなのであろうか？　治療者は起こるべきこととともに，おそらく起こってはならないことをある程度は考えたいと思うだろう。この治療プログラムが進行し始めると，治療者は徐々に，まだクライエントには探索準備のできていない，特殊な危険領域に気づき始めるだろう。彼の面接計画では，このような領域ははっきりと境界外だというシルシがつけられる。したがって治療者は，2種類の道標を心にもって面接室に入っていかねばならない。すなわち，彼の考えているのは，起こるのが望ましいことと，彼が絶対に避けようとすることであろう。しばしば生じることだが，このクライエントが予期せぬ方向に離れていく場合には，治療者は，後者に不法侵入することなく，前者に関する計画を自由に変更することができる。あまりにも柔軟な計画のもつ現実の危険性は，それがクライエントの限界を考慮に入れるのに失敗することかもしれない。

治療者は，所与のケースでどれくらい柔軟性があるべきかを，いかにして知るのだろうか？　初期の面接においては，そしてとくに診断では，これは難しい問題である。一般に治療者は，入手しうる最善のフォーマルなテスト結果に；クライエントの行動

の微妙な手がかりに；そして，いくつかのトピックの議論によって導かれやすい領域に関する，彼自身のよく消化された経験に依存せざるをえない。しかし，この治療シリーズの後のほうでは，治療者は2種類の基準を適用できる。つまり，危険領域についての苦心の見取り図と，このクライエントが言いそうなことを予測する治療者の検査済みの能力である。

　危険領域についての見取り図は，治療者とクライエントが痛い目にあった過去の面接での治療者の経験と，より直接的な性質をもたない推論からつくられていたことになるだろう。他方，クライエントの行動を予測する能力は，もっと一般的な基準であり，正しく使われれば，どんな実際状況においても卓越したものになる。

　われわれは，クライエントの行動を予測する能力について語るときには，**差別的予測**（differential prediction）について語っていることになる。たとえば治療者が，このクライエントは明日，妻の家事について議論を続ける代わりに，みずからの幼児期の家庭生活をしらべるだろうと予測するかもしれない。これは差別的予測になるだろう。治療者が，次の面接は今までのもののすべてに類似しているだろうと推測できるだけなら，それは差別的予測ではないだろう。この治療者がクライエントの行動が面接によってどう違ってくるのかを予測する公平な仕事をするときには，彼はその瞬間瞬間のクライエントの扱いにもっと柔軟になりうる余裕があるはずである。

　b．特別な面接計画を求める機会　治療的に意味のあることはすべて治療室内で生じると仮定するのは，人がしばしば犯してきたミスであり，深刻な間違いである。クライエントは面接室以外でも自己の問題について語るものであり，それは，そうしないように戒められたときでも同じである。しかしクライエントは，他者をはっきりと信頼していない場合でも，前言語的なコミュニケーションのレベルで実験を行なう傾向がある。そしてこのような実験法の結果は，治療者がそんなものは妥当ではないとクライエントを非難しうるとしても，治療的意味あいをもっている。

　クライエントが休暇旅行にちょうど出かけようとしているところや，旅行からちょうど帰ってきたところである場合，あるいはまた彼の両親，子ども，前妻が彼を訪問しようとしている場合には，治療者は，何か治療的に重要なことが面接室の外で起こりそうだと，気づくものである。彼は不可避の実験法のための舞台設定を望んでいるのかもしれない。あるいは実際の結果を見なおすことを望んでいるのかもしれない。たとえばクライエントが何か新しく困難な状況に出会おうとしている場合には，治療者はおそらくその直前の面接では，夢やファンタジーの想起のような弛緩技法を回避するだろう。たとえばこのクライエントが馴染みのある役割期待に飲み込まれるのを恐れている古い状況で，何か新しく不安定な洞察を試してみようとするときには，まったく同じ予防措置が採用されるかもしれない。

　一般的なルールは，一連のアポイントメントの中断の直前や，重要な面接室外での

実験法の前の面接では，弛緩も探査もどちらも回避することである（この弛緩と探査の機能，技法，障碍，危険は，後の章で詳細に論じられる）。このことは，たとえば日常的事実，イベント，はっきりしたアイデアなどの，より具体的な材料をめぐって，面接を計画すべきことを意味する。

　同様のルールは中断後の面接にも適用される。このルールを適用する理由はしかしながらいくらか異なる。治療者が前回クライエントに出会った後で，多くのことが起こったかもしれない。治療者が前回の面接から思い出すことは，クライエントの現在の精神状態とはとくに関係がないかもしれない。たとえば，クライエントは今や，治療者が今までに見たことのないほど，敵対的で不安なのかもしれない。彼は彼の思い描く課題とその解法を，定式化しなおしたのかもしれない。彼は休暇中に治療者が承認しないと思われるやり方で実験をしたので罪悪感をもったのかもしれない。実際，彼はいくらかの実験的打ち明けをしてしまった可能性が非常に大きい。治療者が，何事も起こらなかったかのように，この枠組み内で日常的な調査や弛緩に戻るなら，順にセットされるべき多くの新しい材料が存在するそのときに，彼はクライエントのシステムを開いて混乱させてしまうかもしれない。治療者が休暇後の面接を椅子に深く座って，「うーん，前回の相談の後で，非常に多くのことが起こったようですね」と言って面接を始めたとしたら，そのほうがはるかによい。

　c．**面接の間隔**　面接の間隔は，部分的には，クライエントにどの程度の混乱を押しつけうるのかという治療者の決断に影響する。面接が１週間間隔でなされる場合には，小実験しかできないクライエントは，ハンディキャップを負わされることになろう。このようなクライエントは，自分の仮説の定式化を援助してくれる人との頻繁なコンタクトを必要とする。他方治療者は，クライエントが独力で解釈を進められるように，そしてクライエントが日常経験のいくつかをみずから解釈できるように，この面接間隔を引きのばしたがるかもしれない。

　d．**面接の長さ**　治療者は，そして著者も例外ではないが，クライエントが遠方から来る場合や，通常必要とされる頻度では来られない場合には，45分ないし１時間の面接をしばしば引きのばそうとする誘惑に駆られる。それでも，クライエントの再適応は発作的にやってくる傾向がある。クライエントが定式化する新しいコンストラクトは，十分にできあがった状態でわきあがってきて，すぐに使えるものではない。コンストラクトがそういうものだと考える治療者は，しばらくのあいだ一連の相談中に飛び交っていたはずの閾下のサインに，単純に気づいていなかっただけなのだ。面接のコース中に，治療者がクライエントにとって意味のある１，２の新しいアイデアを一瞬の焦点に持ち込むことができれば，この治療者は幸運である。語られることの多くは背景情報なのだ。面接は長く引き伸ばされると，クライエントを混乱させる傾向がある。そしてより短時間の面接では，鋭く焦点づけられるはずの項目のアイデン

第 12 章　心理療法的アプローチ　63

ティティを，多種多様な言葉のなかで，喪失させる傾向があるのだ。

　たいがいの目的には 45 分の面接が妥当である。治療者が 1 時間の間隔でアポイントメントメントをとるなら，彼は若干のノートをとって次回の面接のために考えをまとめる時間的余裕がとれる。集団療法セッションと，注意の持続可能な子どもの遊戯療法セッションでは，2 時間にも及ぶスケジュールを立てることができる。いくらかの治療者の期待に反して，1 人のクライエントとの役割演技セッションは，非常な努力が必要なので，長引かせるべきではない。役割演技エピソードは通常非常に短くするべきであり，治療者はクライエントがエナクトメントのわずかな瞬間に直面化される材料の分量を過小評価してはならない。

　e．**面接ノートをとること**　1 人の治療者が同時に多くのクライエントを扱わなければならなくなるほど，治療者はより注意深くノートを最新状態にしておく必要がある。1 人のクライエントが記述したものは，別のクライエントによって報告された類似例と簡単に混同される傾向がある。この記録は，前回の面接記録が次の面接の開始前に，非常に素早くスキャンできるように，十分に短くなされるべきである。治療者の肘のところの口述機器（ボイス・レコーダー）は，大いに助けになる。この面接が電子的に記録される場合には，そのクライエントが立ち去った後で，治療者は同じディスク上の最後のパラグラフとして，口述による要約を付け加えることができる。この面接の要約は，タイプ打ちされ，全音複写がディスク上に残されて，そしてケース・ホルダーにファイルされる。この面接の要約は，主に治療者自身のために書かれるものなので，高度に抽象的なレベルで書かれうる――すなわち，他者がその人の精神力動についてみずからの推論を行なうのを許したいと思う場合に使われそうな具体的な用語でというよりも，むしろ，治療者自身のシステムの用語で書かれうる。

　この要約には，予期される治療コースに関してクライエントが今どこにいると治療者が信じているのか，後で探索されるべき材料，および，次の相談までの期間にクライエントが何をなすべきかについての予測を示すべきである。この後者のポイントは，パーソナル・コンストラクト心理学の内部では現実的な意味をもっている。治療者がクライエントに采配をふるえる場合には，彼はかなり適切なケース解釈を形成していると保証されうる。彼が的をはずす場合には，あるいは彼には最も一般的なタイプの予測しかできない場合には，彼は自分が何を扱っているのかがよりよく理解できるまでは，注意して前進すべきである。パーソナル・コンストラクト心理学の言語では，治療者は，クライエントが何をするかによって予測が支持あるいは棄却されるように，十分正確に予測をすることによって，このクライエントに関する治療者自身の包括的システムを検証するべきなのである。

　f．**面接の開始**　治療者は，その日にどんな一般的なタイプの面接をやりたいのかを決めているので，まずは問題にそれ自体のコースをとらせて，その後に面接のタイ

プを変えようと試みるよりも，むしろ，このことを心にとどめながら，面接を開始するべきである。たとえばクライエントが，多くの「昨日は起きて，歯を磨いて」タイプの材料で面接を取り散らかしてきた場合には，治療者は最初に「あなたと私が今までに話し合ってきたような日常的な出来事はすべて脇において，言葉にはしにくいようなタイプの事柄に注意を向けかえていただけませんか。たとえば，しばらくの間椅子に座ってリラックスしてもらえないでしょうか。そして，『リラックス』すれば，どう感じるかを私に教えていただきたいのです」と言うことによって，面接の舞台をうまく設定できるかもしれない。また別の例では，治療者は一連の面接に対するクライエントの反応を熱心にチェックしたがるかもしれない。彼はこう言うかもしれない。「前回の面接で私たちは危機についての一般的な話題と，それがどういう影響を及ぼすかについて話をしました。憶えておられますか？ ……さて，あの面接の後で，あなたはどのように感じられたか教えてもらえませんか？ ——それについてどう思われましたか？」。

　もちろん，面接には多くの異なるタイプがあり，多くの異なる開始の仕方がある。ここでわれわれがいうべきことは，単純に，治療者は計画的な面接から開始すべきだということで，この面接はいつでも彼の望みどおりに転換できるなどと期待すべきではないということである。

　g．面接の終了　治療においては，最後の面接をやめたところから，面接が始まるわけではない。クライエントは面接の間に生活を進めていく。これは治療者が簡単に見逃してしまう事実である。治療者が面接の終わりにクライエントに残した精神状態が，次回の面接の開始へと導いていく行動連鎖の出発点になるのである。クライエントが面接の終わりに混乱している場合には，その後の時間にこの混乱を解決しようと，必死の努力をするかもしれない。クライエントが最新の再解釈について突然熱狂的になる場合には，彼はそれを後で見なおして，自分は軽率な判断をしてしまったと判断するかもしれない。この混乱がみずからの無価値さへの新しい心配を含んでいる場合には，彼は自殺によってそれを解決するかもしれない。彼が治療者に語りたかったことのすべて，あるいは治療者に言うべきであったことのすべてを言わなかったという感情から逃げる場合には，彼は次回の面接で言いたいことを計画するのに，次の数時間のうちのいくらかの時間を要するかもしれない。したがって，面接終了時のクライエントの精神状態は，けっして静的ではなく，心的イベントの新しいシークエンスへと向かっていく瞬間なのである。

　面接室は，クライエントにより大きな自発的表現の機会が与えられる場なので，それ自体の規則と期待のセットをもつ特殊な社会的実験室になる。このことは，治療者がクライエントとともに面接室内にいる時間を通して治療的関係を注意深く維持し，この部屋の敷居の外ではクライエントの個人的問題を論じるのを拒否する場合には，

役に立つことがある。

いくらかのクライエントは，治療時間の前の方は冗談を言うのに費やして，時間が尽きると，出入口付近でぐずぐずして，この面接を引きのばそうとすることがある。われわれは時にこれを「敷居療法（threshold therapy）」と呼ぶことがある。クライエントをドアから身体的に押し出す以外にも，面接を終了させる工夫はいくつかある。多くの治療者は，クライエントと治療者の両方が見るのに適する位置に時計を置いて，これを使う。治療者は次のアポイントメントの時間をノートしたり，カレンダーや予約ノートに書きいれたりすることで，面接を終了するための定例の実践をすることもできる。それから彼は立ちあがって，クライエントが出て行けるようにドアを開く。その時点以後にクライエントが提示する臨床的材料は，無視する振りをすることもできる。あるいは，すぐに次回の面接に言及することによって，最小限の言質をも与えない言葉でそれを知らせることもできる。クライエントがみずからのアポイントメントを記録しない場合には，次の面接時間について言及し，それから秘書を招き入れて開室時間を確かめ，次回のアポイントメントを予約帳に書きこませる。ここから後の終了の手続きは比較的簡単になる。1つの工夫は秘書に終了のブザーを鳴らしてもらうことである。クライエントが立ち去ろうとしない場合には，秘書がみずから入室してきて，すぐに次のクライエントが待っていることや，治療者のスケジュールの次のアイテムを思い起こさせることなどの，通告をしてくれるよう，教育をしておくことも可能である。治療者が面接室への入退室行動を処理するのに前向きであるなら，彼はたいがいのクライエントをスムーズに扱うことができるだろう。彼が面接室の外で治療しようと試みる場合には，彼はだらだらした怠け者，スロースターター，危機にわめきたてる人，電話番のような人などを，自分のシェア以上にため込むことが予想される。

h．面接のテンポのコントロール　治療者は面接のテンポを意のままに変えられることが必要である。ある場合には，じれったそうな様子を見せずに，クライエントに言葉や考えを探させることができなければならない。また別の機会には，クライエントを詰問しているとは見えないようにしながら，質問の集中砲火を浴びせて，これに反応させ続けることができねばならない。ゆっくりしたテンポが使われるときには，それは通常，クライエントが簡単には解釈できない諸要素に対応する構造を求められるように，あるいは直接的または正確なシンボルをもたないコンストラクトに対応する言葉を求められるようにデザインされている。速いテンポが使われるときには，それはふつう，その全体的な構造や意味を強調することなしに，多くの新しい要素をその図式に取り入れる一方法として意図されている。それはまた，不安をコントロールする手段としても使われる。後者のケースでは，クライエントは言語シンボルを操作するのに，そして万華鏡的質問に応答するのに，非常に忙しい状態を維持させられる

ために，クライエントが「すすり泣く」状況をつくり上げる機会はほとんどもてなくさせられてしまうのである。

面接は泥沼にはまり込むものである。こうなっても，ただちに修正の措置をとらねばならないわけではない。しかし，修正の措置がとられるときには，それはしばしばペースの変化という形をとる。ぺちゃくちゃと喋り続けてきたクライエントに対しては，静かにリラックスして，想像により明日の面接を思い返してみるとき，彼が最も言っておきたかった1つのことを考え続けるように，指示することもできる。後でクライエントは，文章よりもむしろ1つの孤立語によって，みずからの思想を述べるように，求められることもありうる。もう1つの方法は，面接で今まで述べてきたことの全体の現実的な意味を要約するよう頼むことである。いくらかのケースでは，クライエント自身の作業中の自己の振り返りを見るために，ある面接の，あるいはその同じ面接の前の部分の，録音された音声を再生することが，おそらく有用であろう。ただしわれわれは，まだこの手続きの限界と長所の全体がどうなっているのかを言えるほどには，この手続きを十分に探索していない。

クライエントが言葉を求めて奮闘したり，まだ表現し始めることさえできない思考にのめり込んだりして，あまりにもゆっくりとしか進行してこなかった面接は，テンポが遅くて多くの時間を費やしてしまったと治療者が判断すれば，その後はスピードアップすることができる。彼はクライエントが取り扱えるレベルでの，速い会話の交換を開始できる。たいがいのクライエントは，この数時間に起こったような最近の出来事を，かなり速いペースで取り扱うことができる。このような最近の出来事について語られることは，必ずしも表層的ではない。それはクライエントの立場を，現在の感情とものの見方の要約よりも正確に表現している可能性がある。

強調点が特定の諸項目に置かれるときには，治療者は当然のことながら，このクライエントがその材料をどのようにつなぎ合わせるのかを推測するのに，もう少しがんばらなければならない。この材料がこのクライエントによってやや明瞭なパターンに分類されていると見える場合には，治療者は，適用されているこの一般化を，思い切って表現することができる――もちろん，クライエントの承認には従うが。また，この面接でわざとスピードアップされた流れの終わりには，治療者は「さて，あなたが今まで私にいい続けてこられたことは，実際のところ，あなたにとってどんな意味があるのでしょうか？」ということもできる。クライエントは，面接初期にはまり込んだ泥沼のような，より大きな文脈に対処できないときでも，限定的な要素――たとえば彼が列挙し続けてきた事実――の配列の意味を構造化できることもある。

テンポの変更は，もちろん，クライエントに直接的な知覚の場の範囲を広げたり狭めたりさせる唯一の方法ではない。しかしながらこれは，心理療法の継起を巧みにコントロールするのに，しばしば必要とされる。心理療法家はしたがって，この用途の

第 12 章　心理療法的アプローチ　67

多様性を開発していかねばならない。

　i．**罪悪感と依存性のコントロール**　われわれは**罪悪感**と**依存性**の概念を前巻で定義した。クライエントが，いくつかのシステムで「カタルシス」と呼ばれるもの，あるいは，情動的負荷の高い材料の吐き出し，に携わるときには，その聴き手はそうすることで，クライエントによって特殊な転移的視点に立たされることになる。この事実を，われわれは強調したいと思う。罪悪感は，われわれが指摘したように，個人の社会的役割の喪失への気づきである。クライエントは自己の悪事や幼稚さのいずれかを告白することによって，自己の罪悪感を和らげようとする。彼は自己の役割地位の回復を援助してくれる誰かがいるという希望をもって，聴き手の慈悲にすがりつくのだ。ここでほとんど不可避なのは，その後ずっとこの聴き手を，大人としてあるいは客観的なやり方では，二度と扱えなくなるだろうということである。

　聴き手の側は，その人の幸せのためにずっと責任をとる準備ができているのでないかぎり，罪に打ちひしがれた依存性は絶対に励まさないというのが，大まかな目安のはずである。さらにいえば心理療法家は，クライエント側のこのタイプの漏出には，それが露出的であったとしても，あまり熱心に耳を貸すべきではない。しばしば，治療者がクライエントに言うことのできる最も援助的なことは，「たぶんこれはもっと後の段階で私に言っていただくべきことでしょう——あなたがわれわれの間の治療関係をもっとよく理解できるようになったときに」である。治療者は早まってケースの「口を開かせる」ことで，精神病的エピソードを引き起こすことさえありうるのである。

6 ｜ 心理療法家のマナー

　明快なアイデアを伝達するには，われわれは誰しも言葉に依存するが，これらの言葉に意味と価値の特定の屈折変化を与える他の手がかりにも依存している。時に人は，自分が身振りやマナーによって伝えているものに，気づいていないことがある。彼と相互作用する人々は，彼の態度について何か驚くべき解釈をするかもしれない。心理療法家は自分のマナーがクライエントによってどう解釈されるのかを学ばねばならず，他者との関係において彼が概して受容可能で効力をもつマナーを洗練しなければならない。時にこれは，自分の筋肉を操作するよりも，はるかに大きなものを含んでいる。時にクライエントのマナーは，自分ではそれを指さすことがまったくできなくても，クライエントが感じとるもっと深い敵意を漏らしていることがある。

　これに関しては，治療者の同僚がしばしば援助してくれるものである。適切に構造化された状況では，クライエントの治療者に対する最初の反応がどうだったかを同僚たちに尋ねて，その回答から，彼の行動のどんな特徴がクライエントの反応を説明できるのかを発見することができる。もう1つのアプローチは，議論をしているときの自分の表情と姿勢を同僚たちに観察してもらい，そのうえで，自分の思考や態度がど

うだったかの推測を試みるようたのむことである。その推測が正しいか否かにかかわらず，彼らが見ていると思うものは，人が実際に「伝達」したものである。たしかにこの手続きで得られるのは，ただの表面的な反応にすぎないが，真面目に考慮する価値がある。治療者のより深い個人的な態度の非意図的表出に対する反応は，もちろん，治療者自身が継続的な心理療法を受けねばならないことを示唆しているかもしれない。

　マナーは文化的な変動と密接に関係している。それはまた，おそらく文化的な状況の変化とも密接に関連している。しかし，後者の変動は治療者にとってそれほど問題にはならない。というのも，彼が営業をするのは 1 ケースにつきせいぜい 10 年以内だからである。彼のクライエントも大方はそうである。とはいえ，まさに過ぎ去った世代に属するクライエントをつかまえてしまったと感じるときがある。治療者がみずから．のマナーをクライエントの出身グループの文化的期待に合わせようと試みるのは，適切なことである。

　a．**姿勢と身振り**　ほとんどどんなタイプの面接でも面接中には，治療者は身体的にリラックスしていて，精神的にはものわかりが速いと見られるべきである。彼は今にも活動にとび込もうとしているかのように身をかがめるのではなく，長時間そこにいることを期待しているかのように，自分の椅子に座っていなければならない。クライエントが自分のアイデアを言葉に定式化するのを治療者が望んでいるときには，彼は自分が最初に口を開いて言葉をさしはさもうとしているかのように見られてはならない。彼はクライエントの各文章の終わりに一息入れるようなことをしてはならず，また，面接の困難な部分のそれぞれの終わりにため息をついてもいけない。彼の呼吸は規則正しく，彼の演じている種類の治療的役割に適していなければならない。

　治療者の身振りのパターンはもっぱら受容的なタイプのものでなければならない。リズミカルで自体愛的な身振りは最小限に抑えられるべきである。一掃するような身振り，憐れみや軽蔑を示す身振り，そして自己主張を示す身振りは，使われるとしても，稀にしか使うべきでない。小さなジェスチャーや非言語的な発声は，理解，判断の保留，クライエントの意味するものに関する不確実性を示し，クライエントがいま言ったばかりのことを精緻化するよう暗黙に求めるのに，使われるかもしれない。たしかに，手をあげて降参したり，頭痛の頭をつかんで「神よ，今あなたは何をなさったのですか？」と呻いたりするのと等価な，どんな身振りのパターンも，治療の成功には不利な作用をもたらしやすい。

　b．**音声とスピーチ**　治療者の声はクライエントに対して攻撃的であってはならない。このことは，いくらかの演説家が人の心に響かせようとして美しい旋律の音声パターンを試みているように，治療者も美しい旋律の音声パターンを出すべきだという意味ではない。より重要なのは，治療者がレスポンシヴな音声を形成することである。すなわち治療者は，状況やクライエントのスピーチに適するように自己のスピーチの

リズムを変え，その瞬間の気分に合うように調 節（モデュレーション）し，安定性と共感の両方を示し，あれこれのタイプの移行へと導く場合以外は音声の量をクライエントのそれとほぼ同程度にして，言葉づかい（レトリック）よりも理解のほうに常により関心があることを示すのである。治療者の言語選択は，状況が許すかぎり，攻撃的になることなく，色彩豊かでなければならない。

　多くの治療言語は，とくに本治療者に関するかぎり，不完全な文章になっている。文章定式化の際の時宜を得た躊躇は，クライエントが，自己の個人的な解釈を，治療者の文章構造が主導してくれるパターンに適合させるのによい機会になる。治療者は，クライエントの言語を自分がたしかに正しく使えると確信できるまで十分に学習したなら，できるだけ早く，それを治療セッション内でのコミュニケーションの目的のために使うべきである。この語彙を学習するまでは，治療者はクライエントが定式化を求めているすべての重要な文章のなかの非常に多くのキーワードを，クライエントに提供してくれるよう依頼してもよい。

　c．治療者における無感動や過剰コントロールのサイン　治療者は常に「衝撃耐性（shock-proof）」を備えているように見えることが大切であるが，治療者のなかには，こういう無感動なマナーでは，この治療者の反応は，クライエントを現実につなぎ止めるチェック手段としては，役に立たないと見なす治療者もいる。基本的にこの無感動や「過剰コントロール」は，おそらく，治療者の個人的不適応がクライエントに伝わるのではないかという治療者自身の恐怖に由来していると思われる。

　われわれの視点では，治療室は実験が行なわれる実験室である。治療者が不動のマスクをつけるということは，クライエントには目隠し状態で実験を行わせ，このテストの社会的な結果を観察する機会を与えないことに等しい。われわれの立場では無反応を示すよりもむしろ，治療者は広範囲の注意深く選択された反応を示せるように準備しておくべきである。たしかに治療者は，その反応パターンが無躾でやりたい放題であってはならない。彼はしっかり修養を積んだ人でなければならない。しかしもしこのことが，彼がみずからの反応パターンを完全に抑制したという意味なら，彼のクライエントへの影響力は減少傾向を示すであろう。この治療者の不可解さは，クライエントが個人的な不安定を感じる時点で治療を中断する 例（インシデンス）と大きく関係している。

　d．笑 い　治療者は治療中に微笑み，笑いさえしても構わない。一般的なルールは，その笑いが露骨でなく，またクライエントの笑いよりも大声で長くはならないことである。人は誰も，クライエントの笑いを誘うコンストラクトの他方の端には何があるのか，そして，クライエントがその反対の端でどれほど素早く自己を再解釈するかについては，絶対にそれほど確信はしていない。ユーモアは素早い動きと逆解釈とに緊密に関係している。クライエントのユーモアの効用は，動きが非常に唐突なコンストラクトの大通り（アベニュー）への警戒態勢に，人を常につかせることにあるはずである。治療

者は自分の笑いを，ウイットを鈍らせるものにしてはならない。

　　e．治療者の年齢　多くの場合クライエントは，治療者が自分より年上だと見ると，この治療状況に対して最初はよりよい反応をする。したがって，治療者は一般に，クライエントが尊敬できる成熟のレベルに対して観察したり聴いたりする行動を，評価しなければならない。しかし若い臨床家が，よい心理療法家として仕事をし，自己とクライエントとの年齢差に過剰な心配をしていない場合には，長期的に見ると，年上のクライエントを非常にうまく扱いうることに，驚かされる。

7 ｜「患者」になる方法のクライエントへの教授

　クライエントに与える準備的な教示は，企てられる治療関係のタイプによって変ってくる。しかし，関係のタイプが何であっても，いかにして「患者」になるか——すなわち，治療状況にどう反応するか——をクライエントに教えるという課題は，形式的な責任の列挙をはるかに越えるものを含んでいる。より長い治療シリーズでは，治療状況から最大のものを得るために，治療にどう反応すべきかをクライエントに教えねばならないが，それには何か月もかかるかもしれない。治療のこの段階では，治療者は短気になってはいけない。そして，これを教えることこそが自分の仕事の本質的特徴なのだと考えるべきである。

　しかしながら，治療者は通常，いつもというわけではないが，治療関係を明確にする試みをする前に，まず訴えを聴かねばならない。あまり多くのことが語られる前にどこかの時点で，治療者は，関係の形成には何が予期されうるのかをクライエントにに指し示す方法を講じなければならない。クライエントが子どもである場合には，これは「非言語的に」——すなわち，子どもに「状況の限界を吟味させる」ことによって——なされるかもしれない。われわれが「非言語的に」という場合には，われわれはスピーチを使わないといっているのではない。その状況がその全体のシンボルでは抽象化も定義もできないといっているだけである。言葉は意味論的にというよりもむしろ記号論的に使われるという意味であり，いいかえれば，治療の機会と限界のシンボルというよりも，治療者のこれからの反応のシグナルとして使われることを意味している。

　成人の１人としては，より大きな意味論への関心と，より小さい記号論への関心をもって，言葉を用いることができる。ただし治療においては，言葉は，クライエントの理解の準備の限度を超えた意味を，音声だけで魔術的に呼び出してくれるのが当然だと絶対に受け取ってはならない。クライエントが新しいコンストラクトを出現させる文脈要素のシンボルとして言葉を使うのと，「シンボル」そのものが，後になってのみ表象するようになりうるコンストラクトを生みだすと期待するのとは，まったく別物なのである。

第12章　心理療法的アプローチ　71

　著者は，おおかたは**個人的な受容，耐性**，そして**親密さ**のコンストラクトが緊密な布置をつくっていたために，対人関係が困難になっていたあるクライエントを思い出す。彼女は概して好かれてはいたが，彼女の友だちは，彼女の行動が，「あまりにも個人的」「彼女自身の要求が彼女の他者知覚に投入されている」あるいは「依存しすぎ」などと，多様に解釈している。著者は長期にわたる心理療法を通じて，彼女の発達を，なかでも「個人的な統合性と個別性への尊敬」と記述されうる機能的コンストラクトを発達させるよう援助を試みてきた。このような思考次元は，彼女が自己を解釈する方法と，他者を解釈しうる方法の両方と関連をもっていた。このコンストラクトが形をとり始めたのは，長期にわたる治療といくらかの試行的な個人的経験の後である。この才気あふれる職業婦人で異才の美文家であるクライエントは，最初はそれをおずおずと言うことによって表現できただけであった。「人々はあるがままの存在であることがわかり始めています。彼らはそれをどうすることもできない。彼らはそうでなければならないものでなければならないのです。私はあなたの『尊敬』が意味するところを，今までまったくわかっていませんでした。私はそれが何を意味するのかがわかっているかのように話をしてきました。しかし，誰かをずっと『尊敬』することは，彼らを恐れることに少し似ていました」と。彼女のコンストラクトの形成はもちろん，もっとはるかに込み入っていて，この単純な説明が意味するよりも，はるかに多くの中間的な段階を含んでいた。ここで指摘すべきポイントは，単純に，高い言語能力をもつ人でも，「尊敬」のようなふつうに使われる言葉が，人生の個人的次元として適切に形成されなかったコンストラクトを，喚起することができなかった，ということである。

　言語シンボルは，存在しないパーソナル・コンストラクトを呼び起こしはしない。このことをはっきり心にとどめながらも，それでも治療者は，治療状況を意味論的に構造化しようと，なんらかの試みをするかもしれない。たとえば彼は次のように言うかもしれない。

　「おそらく，われわれがこれらの問題について話をしていけば，われわれのどちらにも，それらの問題が，長い間あなたを悩ませてきた何かと関係していることが，次第にはっきりしてくるでしょう。そういうわけで，あなたのトラブルをどう処理するかを見いだすまでに，どれほど長くこの相談を続けねばならないのかを言うことは，少し困難です。何を期待すべきかについて，少し話をさせてください。

　「まず，これからの相談はあなたが今までに経験してこられたどんなものともまったく違うことがわかると思います。時にはあなたは，あなた自身と他の人々についてどう感じておられるのかを，非常に正直に私に話してくださるでしょう。あなたが考えておられることにふさわしい言葉を見いだすのが困難なこともあるでしょう。あな

たはここでは，外面から見た物言いについては考えたくないと，何度も言われるでしょう。こんなことには動揺しないでください。この部屋は一種の特別な場所として扱ってください。あなたがここで言われることがあなたに不利になることはありません。私たちがここにいるのは，あなたを援助するためであって，あなたを批判するためではありません。

「さて，あなたがこのような一連の相談をやりぬく大概の人々と似ているなら，あなたは自分の心があちこちに動いているのが，非常にしばしばわかるでしょう。時にあなたは，自分の立ち位置をしっかりとは知りたくないこともあるでしょう。われわれはそれを予期しています。重要なのは，あなたがこの一連の相談期間中には，後で引っ込みのつかないような最終決定は，どんなものでも下さないことです。たとえば結婚を決めてはなりません。家を売ってはなりません。あるいはこの面接中に借金をしてはなりません。これらの事柄については，しばらくの間，心を開いたままにしておきましょう。

「もう1つ，あなたが相談中に議論したことについては，他の誰にも話してはなりません。こんなことをすると，あなたはいろんなことを言わせられて，ほぼ確実に後悔するような意思決定までさせられることになるでしょう。今のところ，少なくとも，あなたがここで論じる事柄については，あなたが自由に考えを変えられることを，私は望んでいます。あなたが考えたことはご自分のものの考え方なのだと，あなたがすでに述べていたとしたら，あなたはそうすることに，ひどく困惑させられることになるかもしれません」

上の例で見たような，治療状況の孤立性を強調するのは望ましくないケースが，いくらかある。子どもや若い青年のなかには，クライエントがもっと自由に両親と話しあって，いくつかの面接材料を論じられる程度にまでいたることを，治療者が望む場合もありうる。彼は一連の面接のなかで，このタイプの議論にあまりに早く導入したり，あるいは両親が子どもの日頃見慣れぬフランクさにどう反応すればよいかわからない段階で，導入したりするべきではない。

治療初期のある段階でクライエントが自己の再方向づけにイニシアティブをとるべきことについては，いくらか述べておくことが必要かもしれない。治療者は次のように言うかもしれない：

「あなたはもちろん，あなたの全人生において，新しい経験に直面しようとしていることに，気づいておられます。これは人生をおもしろくするものです。今までのところ誰もが前もって，これらの経験がどうなっていくのか，そして，あなたがこれらに対面で出会うとき，正確に何をすべきなのかを，あなたに語ることができません。

第12章 心理療法的アプローチ 73

最後の分析においてのみ，あなたは自分の決定をすることができます。あなたがここで処理しようとしている問題についても，まったく同じことが当てはまります。私はこれらの問題を，あなたに代わって解くために，ここにいるのではありません。私があなたに代わってそれらを解くことができる場合でも，私がそれをするのは，あなたにとってよくないでしょう。あなただけが正しい答えを発見できるのです。そして，いったんあなたがその回答を見いだされた場合には，あなただけがそれを実践に持ち込めるのです。私はできるかぎりの援助はしようと思っています。しかしあなたは，あなた自身の回復の問題を引き受けなければならないでしょう」

　クライエントに概念化を弛緩させて，自閉的な思考を表現させる課題は，しばしば長びきもするし面倒でもある。なぜこれが多くのケースで必要なのかは，後の章で論じるトピックになる。しかしながらこれは，しばしばクライエントがいかにして患者になるのかを，クライエントに教える課題の一部であるので，ここでこの技法を論じることが関係してくるのである。

　クライエントに対しては，これらの表現困難だと見られるアイデアについて話すように，急きたてることができる。また，何が重要で何が重要でないのかの判断は試みるべきでなく，むしろ，はっきりした理由はまったくなくても心に浮かんでくるアイデアを，言葉に置き換えてみようと言うこともできる。クライエントは抗議して，「こんなことは馬鹿げている」とか「私は自分がなぜこんなことについて考えなければならないのかわからない」と言うかもしれない。治療者が概念化の弛緩を求めている場合には，彼は「わかっています。でも，これらは私の話し続けてきた種類の考えなのです。それらを言葉に置き換えてみて下さい」と言って応答するかもしれない。治療者はまた「あなたがこれらの考えを解放したときには，その行き着く先はどこになるのか見ていきましょう」と言うかもしれない。彼はまた「意味を理解しようとするのでなく，ただあなたの心をさ迷わせることだけをしてみましょう」と言うかもしれない。

　治療者はまた，クライエントの非常に堅固に組織化されているように見える連想の，どんな連鎖にも割り込むことによって，クライエントの弛緩された考えを吐き出させることを教えるかもしれない。彼はまた，われわれが以前の節で示したように，こう言うかもしれない。「しかし，この全体はあなたにとって一体どんな意味をもつでしょうか？　あなたはこれをどう感じますか？　それは他のどんな経験に漠然と似ているようですか？」と。また彼はこう言うかもしれない。「あなたが今述べている出来事は，今までに一度も起こったことがないと仮定してみましょう。すると，あなたの人生はどう違ってくるでしょうか？」。再び彼は復唱をさえぎって，こう言うかもしれない。「さて，ちょうどこの辺でストップしましょう。これが起こっていたとき，あなたは

どんな類の人でしたか？」。彼はこう言うことによって，作話に招こうとしているのかもしれない。「あなたは物事が実際にどうであったのかを私に話してくれました。さて今度は，これがもしかして誰か他の人に起こったのだとしたら，どうだったと思いますか，教えてください」。クライエントは同じ偶発的材料に基づいて，物語をつくることさえ求められているのかもしれない。

　時にクライエントは，非常に抽象的なレベルで「知性化」をするものである。しかし治療者は，クライエントに，必ずしもより抽象的でないだけでなく，あまり構造化されていないアイデアを，語ってもらいたがる。彼は「前回の相談以来，その相談で浮かび上がってきていたかもしれないこと，あるいは今日の相談で出現するかもしれないことについて，あなたはいくらか考えてこられたでしょう，というかもしれない。またおそらくあなたは，何か浮かび上がってこないことを喜んだり，喋らなくてよいことを願ったりしたことについても，考えたことでしょう。これらについてお話しましょう」。

　身体的な弛緩は概念的思考の弛緩への重要な補助手段である。いくらかのクライエントについては，一連の面接のかなりの部分を，筋肉ごと四肢ごとの弛緩法を教えるのに使うのが，有益である。彼らは次に，類似の方法で心をリラックスするように——どんな１つのことについても集中して考えないように——といわれうる。クライエントがみずから１つのことしか考えていないことに気づく場合には，彼はその連想の鎖を断ち切って，何か他のことについて考えるようにと，教えられるかもしれない。この段階では治療者は，クライエントにみずからの思考の表現を求めるよりも，むしろ折々に「あなたの心は今さ迷っていませんか？　それは，あなたの思考がどんな特別な意味もなさないかのように見えるということですか？」というような質問をすることによって，単純に弛緩をチェックするのが有益だということかもしれない。時には，治療者とのコミュニケーションの必要性そのものが，クライエントを過剰構造化（overstructuration）に立ち戻らせ，したがって彼のコミュニケーションも，もっと表面的で，言語化がそれほど困難ではないコンストラクトに限定されてしまうことがある。いくらかのクライエントにとっては，弛緩した思考の表現をさせられるよりも，弛緩した考え方をいかに学ぶかのほうが，さらに重要なのかもしれない。

　クライエントは不安喚起刺激を扱えるようになる前に，あまりにも早くこれへの直面化が許されると，クライエントは治療関係を恐れるようになるかもしれない。このことはきちんと指摘されるべきである。このようなケースでは，治療者は，クライエントがあまりにも多くの有意味な治療材料を扱わねばならなくなる前に，クライエントを助けて彼の側の治療技法を開発するのに，もっと時間をかけていたらよかったと思うかもしれない。パーソナル・コンストラクト理論の立場からは，治療者は，クライエントが臨床材料を意識にもってくるよりも，どれくらいその材料を扱う準備がで

きているのかに，もっと大きな関心をもつべきである。

　本章の全体をとおして，われわれは，治療の目的が，ある精神状態を生み出すことではなく，人が未来に通じるコースの追求を可能にする精神の可動性を生み出すことだという事実を強調しようと試みてきた。さて，ここでわれわれが言っているのは，治療の連鎖を通じたコースの追求には準備も必要だということである。それはまた，クライエントに精神の可動性を教えることを必要としている。実際，パーソナル・コンストラクト心理学は，その基本的前提の本質そのものによって，人生の基本原理として最適の予期を大きく強調している。われわれは，治療は予期的機能を果たすべきだと述べた。今やわれわれはこういおう。クライエントは，いかにして「患者」になるのかを教えられることによって，自分の歩幅に合った治療が受けられるように援助されるべきなのだと。

B　苦痛緩和技法

8　再保証

　再保証（reassurance）は，臨床状況で加えられた単純化された上位解釈である。これは，クライエントの行動とアイデアが，とりあえず一貫し，受容され，組織化されていると見えるように，クライエントに伝達されるものである。これはけっして一時的な急場しのぎ以上のものではない。治療者はこれを，遠大な結果をもたらす試みとしては，絶対に使ってはならない。しかしなおこれは，鎮痛剤が医療実践のなかでその存在場所をもつように，治療のなかにその存在場所をもっている。

　本章の前のほうの節で，われわれは**受容**の本質について議論した。これは，治療技法というよりも，臨床家の役割の概念化の関数として，われわれは記述した。受容的な治療者はクライエントの立場に立とうと熱心に試みるが，同時にクライエントの問題への専門的な見方も維持しようと追求する。このことは，クライエントを受容するに際して，治療者はクライエントを彼自身——クライエント——の用語で理解しようと努力し，クライエントの解釈の大部分を自分自身——治療者——の専門的コンストラクトの下に包摂する，という意味である。

　さて受容は，再保証と支持（support）の技法を区別して使用するためのバックグラウンドを提供してくれそうである。それは，再保証が急場しのぎの便法として価値をもつのはいつなのかを判断する機会を，治療者に与えてくれるかもしれない。治療者のこの専門的な見通しがあれば，クライエントの概念化作用は一時的に安定させられ，ある種の上位あるいは要約の陳述の定式化を可能にするのかもしれない。クライエン

トに伝えられる上位の解釈は，必ずしもクライエントの見方についての治療者自身の包摂的解釈を表現するものではない。実際，そんなことはめったにない。クライエントが後者のタイプの陳述を扱うことができたとしたら，彼は治療を続ける必要がなかったかもしれない。彼は自分の問題について，すでに治療者が考えるように考えようとしていた。治療者が再保証として使うものは，一連の諺の紐と荷づくり用のワイアーである。それは，もっとがっちりした構造が打ちたてられるまでは，物事を結束させ続けるのである。

　時としてクライエントは，自分の解釈システムがひどく揺るがされているとわかることがある。あまりにも多くのものがいっときに崩壊する場合には，治療者は再保証の採用を決断するかもしれない。このことは，彼がイニシアティブをとって，手近なそのイベントの体系的解釈を重ね合わせることを意味する。こうすればクライエントは一時的に安定し，彼自身のコンストラクトは無傷なまま作動し続ける傾向がある。もちろん，この重ねあわされた体系的解釈によって，クライエントのひどく揺さぶられたコンストラクトに快適な場が提供されない場合には，この効果は再保証以外の何かだということになる。たとえば，クライエントが両親について，突然，破壊的な幻滅をさせられた場合には，治療者はほとんど再保証できず，「うーん，おそらくあなたのご両親は他の人とまったく同じ人間なのですね」とつぶやくことになる。「あなたは長い年月にわたってご両親を見てこられました。ですから，あなたが今までご両親について信じてこられたことのすべてが完全に間違いだとは決めつけないようにしましょう」と言ったなら，もう少し再保証的になるだろう。後者は，われわれが解釈の重ね合わせによって意味するものであり，この重ねあわされた下でクライエントのパーソナル・コンストラクトは一時的に無傷で作動し続けるかもしれないのだ。

　再保証は一時的に不安を減少させる方法である。不安は第2章の用語解説で定義した。ここでの目的のためには，この用語は通俗的な意味で使うだけで十分である。不安は，治療との関連で見るかぎり，必ずしも悪いわけではない。これは痛みのようなものである。これは破壊的でもありうるし，情報を提供するものでもありうる。治療者は不安をどのように利用し，どのようにコントロールすればよいのかを知らなければならない。再保証は不安を一時的に低減させる方法の1つなのである。

　a．再保証の使用に際しての危険性　再保証は裏目に出ることがありうる。治療者が，物事は悪いほうに向かっているわけではないと言ってクライエントに再保証を与えた後に，物事が悪い方向に向かってしまった場合には，クライエントは治療者の現実を映しだす能力への信頼を失ってしまう。その結果，クライエントはみずからのコンストラクトを治療者の反応とくらべてテストすることを嫌がるようになる。その結果，相談室は妥当な実験を考え遂行する場＝実験室としては使われなくなる。

　再保証は，クライエントの症状と不適応的メカニズムを確証するものとして作用す

る傾向があることを，常に認識していなければならない。それは，クライエントのコンストラクトが一時的に作用し続けられる枠組みを提供するのと同様に，これらのコンストラクト——そのなかのいくつかは，クライエントの問題の基礎を構成している——の使用を持続させる傾向がある。治療の課題が常に間違ったコンストラクトの使用をできるかぎり早期に中断させることであるなら，再保証は絶対に使われるべきではないという人が出てくるかもしれない。しかしながら，治療の課題はクライエントに長期的目標を達成する準備をさせることであり，単に誤った解釈を外科手術することではない。したがって，症状をもち続けるようにクライエントを励ますのも，一時的には推奨されうる。再保証はこれを行なう一方法なのである。

　過剰な再保証は，クライエントと治療者の間にある種の関係——つまり，クライエントを治療者に過剰に依存させるとともに，治療者を広く多様な人々の代表としては利用できなくさせる関係——を形成する傾向がある。この治療者は一人物として固定され，治療的には望ましくない条件——われわれは**一次的転移**（primary transference）と呼ぶことにする——が形成される傾向がある。なお，転移については本章の後の節で論じることにする。

　b．再保証の方法　再保証を与える方法はいろいろある。そのうちのいくつかは，われわれが論じてきた好ましくない反応を，他のものよりも生じにくい。1つの単純な技法は結果の予測である。もちろん，治療者が広範囲の予測をする場合には，薬を無差別に投与するという立場に身を置くことになる。もし彼がみずからの再保証を測定して，その効果を一定期間内に限定したいと望むなら，現在の相談と次回あるいは週末を跨いだ相談の間にクライエントがどう感じるかを予測するのがよかろう。治療者は，「あなたは何かやや根本的な問題を処理する瀬戸際まで来ています。あなたは今から次回の相談までの間にあなたの気分が普段よりいくらか大きく揺れ動くことに気づかれるかもしれません。これは期待されることです。あなたは不快になるときがあるかもしれませんが，私はそれがあなたの処理能力を越えているとは思いません」と言ってよい。このタイプの再保証は，もっと全般的な再保証にくらべると，クライエントのコンストラクトの最終的な再考には予見を与えにくいのである。

　結果の予言（prediction）が再保証効果をもつのとまったく同様に，結果のポストディクション（postdiction）もいくらかの再保証効果をもつ傾向がある。たとえば治療者は，「私の推測では，最近の数日，あなたは普段よりも少し荒れていたようですが，この推測は間違っていませんか？」と言うかもしれない。この治療者がプレディクションもポストディクションもどちらもできるという事実は，治療者が少なくとも全体的な準拠枠——この枠組みのなかでは，クライエントの荒れ狂う精神生活は何らかの意味をなすはずである——をもっていることを，クライエントに示していることになる。このことは，彼の行動とアイデアがある程度の一貫性，受容可能性，そして組織性を

もっていること，そして，彼の全世界がバラバラになるという感覚なしに，これらを基礎づけているこのコンストラクトを，彼が使い続けるのを許していることを示唆している。

治療者は，クライエントによって提供された，まったく新しく不安でいっぱいの臨床材料を，あたかもまったく予期せぬものではなかったとでもいうように受容することによって，全般的な再保証の雰囲気を提供することができる。クライエントが打ちあけるものを，その状況下では合理的に予期されうる何かとして，治療者が扱う場合には，クライエントは再保証される傾向があり，その物語の完了まで進めていく傾向がある。治療者は，「はい，私は事物が結果的にどう転んでいくのかその進み方について，いくらかは知っています。あなたの場合にはそれらがどういう結末になったのか，教えてくれますか？」と言うかもしれない。たしかに治療者は，クライエントが言わねばならないことに驚きショックを受けているように見えることで，たいがいのクライエントを動転させることができる。

また，面接状況を構造化することによって，再保証効果が出てくることがありうることも言っておかねばなるまい。同様に，声，身振り，姿勢などによって表現される治療者のマナーも，再保証につながりうる。

人気はあるが危険性のある再保証のモードは，価値ラベルを使用することである。治療者は「それはいい」「あなたはまったく正しかった」あるいは「彼は間違っていたと私は言いたい」と言うかもしれない。他の形式の再保証と同様に，これは，間違い，矛盾し，治療者と軌を一にしていなかったとは見られることなく，価値コンストラクトに関して，自分の立場を言いなおすことのできないスポットに，クライエントをおくことになる。クライエントは，新しい洞察に必要なかぎりの速さで，治療室内の対人関係を再調節する自由をもたなければならない。治療者はしたがって，あらゆる価値ラベルの使用に非常に慎重でなければならない。これらのラベルは硬直した状態をつくる傾向があるからである。このことは，治療者がふつうクライエントの価値ラベルの使用を拒否するということではない。反対に，彼はふつうクライエントの価値を受容する。しかし彼は，これが受容レベルのことであって，必ずしも一致（concurrence）レベルのことではないことを，明確にしようと試みているのである。

c．「抵抗」をつくる　再保証を使うことによって「抵抗（resistance）」をつくることができる。クライエントはしばしばみずからの訴えに両価的であり，所与のコンストラクト連続体のどちらの端に自己の配置を望んでいるのか，また，どのコンストラクト次元の喚起を望んでいるのかが確かでない。治療者は，クライエントを慰めようとするなかで，自分が表現したばかりの視点をもって生きていかざるをえない境遇に，クライエントを押し込めてきたのだとわかるかもしれない。これは脅威になりうる。

たとえばあるクライエントは，自分の全人生を誤解されてきたと，痛烈に訴えるか

第12章　心理療法的アプローチ　79

もしれない。これに対して治療者は，「いかなる人も，他の誰かを完全に知ることは望みえないが，それは，彼が親密に付き合ってきた人々に愛情をもって尊敬されてこなかったという意味ではない」と伝えることによって，このクライエントに再保証を与えようと努めているのかもしれない。しかしこのクライエントは，この訴えをする際に，理解されないというコンストラクトの対 照 極（コントラスト・ポール）を表現できるところまで，がんばってきていたと仮定してみよう。彼は「私は自分に近しい人びとをまったく理解してこなかった。だから，今がこれを始めるべき好機だ」と話す準備をしていたと仮定してみよう。これはこのクライエントのパーソナル・コンストラクト・システムにおける潜在的な反対極の例である。もしこれがたまたまクライエントのコンストラクトの沈潜極である場合には，彼は，自分が理解されないことについての長広舌に入るときには，暗にそれを喚起していることになるのだ。さて，治療者はクライエントに再保証を与えようとするなかで，一群の古い概念化作用のなかにクライエントを投げ返すだけでなく，そうするなかで，クライエントが今や自分に近しい人々を理解することが不必要だと思えるようにすることに，実際に成功する。

　人は常に，治療過程の実験的性質を心にとどめておくべきである。クライエントが演説をぶちあげるときには，彼は行動という形で実験をしているのだと考えてよかろう。さて，この実験は彼が今までにいやになるほどくり返してきたものかもしれない。しかしそれは，彼が常習的に得てきたものとまったく同じ結果を予期することにはならない。治療者はクライエントに再保証をしながら，あるいは彼に同意さえしながら，実験で何か新しい結果が得られるというクライエントの願いを阻止したり，あるいはこの状況には何か代替の解釈法があるはずだとするクライエントの希望を打ち砕いたりするかもしれない。

　ここでわれわれが強調したい点は，クライエントが再保証によって，罠にかけられたと感じることである。クライエントは，他に選択肢がないので，自分にはこの問題は解決できない，と感じるかもしれない——問題解決に失敗したときには，彼は慰めがえられるだけである。治療者の同情（sympathy）は，治療者自身にも笑って耐える以外は選択肢が見えないことを，クライエントに示しているのかもしれない。数学を学ぶ学生が先生に援助を求めてやってきたのに，すでに自分が試みて成功しなかった方法を是認され，失敗を慰められるだけでは，非常に混乱させられることになるが，これは，心理的な問題解決を求める人が，指導者（メンター）から同様の扱いを受けると，非常に動揺するのとまったく同じである。

　再保証はおそらく直接的な治療的動きを減速するように作用する。この意味で，これは一種の抵抗を生み出す傾向があると言ってよかろう。これは望ましいときもある。再保証はまた，脅威を構成するものでもありうる。それは，彼の問題にけっしてどんな回答も見いだしえないという可能性，そして，彼が今まで言ってきたことしてきた

ことが，結局，人生で意味をなす唯一のものだという可能性によって，クライエント
を脅かすかもしれないのである。

　d．**症状の復活による再保証**　治療者には，クライエントの症状や防衛の一時的な
復活を助けることによって，クライエントに再保証を与える機会がある。何年も前に
著者の指導のもとで仕事をしていた大学院生の治療者は，いわゆる「心身症」の問題
を扱っていた。クライエントは長期にわたって整形外科的な障害をもつ女子高校生で
あった。この障害の始まりは正確にはわからない。この問題はあるときには構造的で
あるように見えた。それで高名の整形外科医が一度この少女の股関節を手術していた。
高校3年生のとき彼女は心理的な検査と治療を求めて紹介されてきた。彼女は，教師
には抜群の生徒だと評価された。しかし，両親とくに父親の態度は，彼女の人格的，
職業的適応にとって危険だと判断された。父親は彼女を脅迫して，彼女が高校を卒業
しないように，そして看護学校に入るという彼女の計画を実行しないように，邪魔し
続けていたことがわかった。

　院生治療者の心理療法をある期間受けた後で，この少女は顕著な進歩を遂げたと判
定された。また，彼女が足を引きずるのは，あるときには，彼女にとって非常に大き
な心理学的意味をもっていたこと，そして，多くの重要な「二次利得」の起源になっ
ていたことが明らかになった。当時の著者には，この治療によっておそらく症状への
幼児的要求が軽減され，この症状の持続はすべて，現在ではオルポート（Allport）の「機
能的自律性（functional autonomy）」と呼ばれるものに基づいて説明されうると思われた（ち
なみに，著者は今ではこれがこのケースをうまく説明しているとは見ていない）。

　この症状には対抗暗示（counter suggest）することが決定された。この治療者は少女
とともに，この症状が彼女の人生においてもっていた意味を振り返ってみて，彼女の
新しい見方では，この症状はその有用性を失い，消失を許されてよかったのかもしれ
ないと暗示した。治療者はこの少女に，翌日にはローヒールの靴をはくべきで，そう
すればたぶん足の引きずりは完全になくなるだろうと持ちかけてみた。翌日になると，
この少女が思い出せるかぎりでは初めて，自由に歩くことができ，脚を引きずること
もなかった。この変化ははっきりと観察可能であった。足取りの非対称という観察可
能な痕跡はなくなっていた。彼女は極度に喜び，非常に感謝した。心理療法のセッショ
ンは，しかしながら，その後も規則的に続けられた。というのも，われわれの心理療
法的冒険の残響を近しく追跡することが重要だと感じられたからである。

　数日後，クライエントとのセッションの直後に，この院生臨床家は著者に緊急のア
ポイントメントを求めてきた。この少女が窓の外に見える電話線に関する幻想につい
て話をしたからである。彼女はこれが海を越えてコミュニケーションする線であり，
オリエントのいくらかの人々が彼女との接触の維持を可能にするものだと想像した。
この少女の幻想の記述の仕方は，現実把握に関していくらかの疑念を残し，これが真

の妄想^{デリュージョン}に近づいてきていることを示唆していた。

　すぐに「彼女の症状は彼女に返される」ことが決定された！　翌日には，治療者は彼女により多くの偏執症^{パラノイド}の材料との関係を聴いた。治療者は「彼女があまりにも急いで足の障害を取り除くべきではなかった」といい，「こういうもの」を一度に全部除去するのは難しいのだとほのめかした。すぐにこの少女は再び足を引きずり始めて，パラノイド的材料はおさまり，再発することはなかった。数週間のうちにこの整形外科的症状は徐々に消失した。このケースは2年間追跡された。最終報告では，この少女は看護の訓練をうまくこなし，適応も適切であるようだとされた。

　このケースは症状の保持あるいは復元がどれほどの再保証効果をもちうるのかを示している。それは現在のコンストラクトが無傷のまま残って作用するのを許している。このケースはまた，パラノイドとヒステリー的反応との間の重要な補償的関係をも示している。この点については，後の章で展開したい。

　e．再保証を使うべきとき　治療者は再保証をいつ使うべきであろうか？　第1に，彼はそれとともに進む治療的な動きが遅くなるのを受容する意志があるときにのみ，使うべきである。それは，治療的な動きが速すぎて，頼れる基本構造がないのに，クライエントを放置する脅威があるときに使われうる。

　第2に，再保証は断片化の一時的予防として使われうる。再保証されたクライエントは，たとえ自己のコンストラクトがとくに適切ではなく，それでとくに幸せでなかったとしても，それをそのまま保持する傾向がある。

　第3に，再保証は概念化の弛緩を促進するのに使われうる。これは，われわれが今述べたばかりの効果とは反対に見えるかもしれない。われわれが言おうとしているのは，再保証されたクライエントは自己の人生を支配するより弛緩したコンストラクトを，より自由に表現するということである。彼はたぶん，そうするために，自分の基本的なコンストラクトを断片化しようとする傾向はあまり示さないだろう。再保証されたクライエントは，「これは馬鹿げている」とか「あえてそんなふうに考えようとは思わない」などと不満を言おうとしない傾向がある。

　第4に再保証は，セッション間の，あるいは中断期間の不安を，コントロールするために使われうる。

　第5に再保証は，面接の流れのなかで重要な連想の連鎖が破壊されないようにする，一時的な急場しのぎとして使われうる。

　最後に，これは一時的な外傷的状況で使われうる。

　これは常に最小限の，そして計算された量だけの使用にとどめるべきである。治療者は，これが「安物の薬」であり，「習慣の形成」につながりやすいということを覚えておこう。

9 | 支 持

　支持は，クライエントが広く実験をして**成功**するのを許す，治療者側の広範囲の反応パターンである。ほとんどの治療でも，治療者はクライエントに対して応答的であることを含んでいなければならない。しかしながら治療は，クライエントが治療者との冒険で**成功**の結果を得られた場合にのみ，支持的だということになる。したがってサポートは，クライエントの提案に対する受け入れのよさだけでなく，ある程度の予期の確証をも意味している。これは，治療者がクライエントを受容することを通じて可能になる技法なのである。サポートは，再保証がクライエントを罠にかけるのと同じ方法で，クライエントを彼自身のシステムの罠にかけるのではない。クライエントは，彼が実験の機会をもつ前に，正しいと言われるべきでない。むしろ治療者は，クライエントが多少とも彼に反応を期待していると見える方法で反応する。これは必ずしも治療者がクライエントに言葉で同意することを意味するものではない。

　たとえば治療者が「あなたは絶対に正しい」（再保証）と言う代わりに，「私はあなたの意味するところがわかりかけてきたように思います。その意味を見失うことなしに，私自身の言葉に置き換えられるかどうかを見てみましょう」と言って反応することができるかもしれない。あるいは治療者は，「あなたは今日私に対してすごく批判的でしたね。しかし，あなたが私に対して批判的であってはならないという理由はありません」とも言いうる。あるいは治療者は単純に，「私はあなたのものの見方がわかるような気がします」とも言いうる。これらすべての言葉は，クライエントが正しい資格で受容されるだけでなく，彼のコミュニケーションへの探索的試みがポジティブな結果を得つつあることをも示唆している。ここには，クライエントのものの見方はものの見方にすぎず，また治療者はクライエントに同意しているという，最小限の含みがある。さらに治療者は，確実性によって反応しているのでもなければ，また結果を確実に予測しているのでもない。

　サポートの技法を使うに際しては，治療者はクライエントの依存的行動パターンを受容する。これでさえ，再保証の場合ほどではなさそうだが，クライエントには脅威になりうる。サポートはまた，治療セッション中に治療者がクライエント自身の依存パターンの出現を認めたとき，クライエントがみずからの依存パターンに気づくのを助ける方法でもある。クライエントが治療者のサポートをどのように使っているのかがわかると，彼の個人的・社会的環境のなかで，彼が他者に期待してきたものがもっともっと見えてくるかもしれない。

　サポートは，クライエントが最初に自分の依存性を解釈するとき，罪悪感を喚起するかもしれない。問題は，クライエントが依存性をもつことではなく——われわれは誰もが何かに依存している——，むしろ不適応な人は，子どもや病人が物事に依存し

ているのと同じ方法で，物事に依存しうることにある。クライエントは，自分の依存性を解釈し始めると，自分の依存の仕方によって自分は追放されたと見て，したがって罪人のように，自己を見るかもしれない。罪悪感の追放に対する関係は，前巻で展開した重要なポイントである。

サポートされたクライエントは，対人的な依存感覚と，治療者への過剰な要求が追放へと導きうる見込みとの狭間で，進退きわまる感じがするかもしれない。

サポートは，治療者がサポートしたいと願うクライエントの要求を満足させるために，常に拡大する反応パターンのレパートリーを治療者が開発することを要求する。経験のない臨床家にとっては，主に彼のレパートリーが限定されているという理由で，あらゆるクライエントにサポートを与えるのは困難である。彼は十分な肯定的回答を知らない。彼はクライエントが彼に期待する反応のすべてを示すことができないのである。

a．サポートの技法　最も単純なサポート技法の1つは，治療者がアポイントメントをきっちり守ることである。サポートを必要とするクライエントは，治療者の遅刻やアポイントメントの取り消しに非常に敏感である。彼は自分がこんな治療者に依存している事実に，そして自分が治療者の遅刻に動揺している事実に，不快を感じる。彼は自分が動揺していることで，自分自身を叱りつける。彼は治療者が時間どおりに来ることを期待する権利が自分にはないのだと気づく。それから，自分は治療者の注目を得ることに対して何の権利も持っていないし，治療者はおそらく長く待たせることで，彼に必要な教訓を与えているのだと感じる。それゆえに，罪の意識を感じるのである。

もう1つのサポート技法は，治療者が適切なときに臨床材料を思い出すことである。サポートを必要としているクライエントは，みずからが数週間前に話し，明らかに思い出す価値があると考えている何かを，治療者が憶えてくれているのがわかると，サポートされていると感じやすい。クライエントにとっては，これはみずからに肯定的反応をする一方法なのである。

治療者が，クライエント自身の解釈システムのなかでイベントを正しく解釈できることを示すときには，それは支持的だということになる。「正しく」ということで，われわれはクライエントがそれらを同じように解釈していたはずだということを意味している。このことは以下のことを意味する。すなわち治療者は，クライエントの伝達しようとする試みに柔軟に反応することによって，クライエントを受容していること。そしてそれだけではなく，治療者は，クライエントに予期あるいは期待されるように反応して返すことによって，クライエントをサポートしていることである。サポートは，クライエントのコンストラクトのもっともらしさに，ある程度のエビデンスを提供することになる。これらのコンストラクトは何らかの予測力をもっているように

見える。その後の実験では，これらのコンストラクトが妥当でない，あるいは修正が必要だということが証明されるかもしれない。しかし，サポートを提供することによって，治療者はクライエントが十分な自信をもって自己のコンストラクトを検証にかけられるようにするのである。

　クライエントに自己のコンストラクトを決定的に検証させるためには，そのコンストラクトを支持することが常に必要なわけではない。時には，クライエントがやっているのと同じ方法で，治療者が解釈できるだけでも十分である。そうしようとする意志が受容になるのだ。治療者がクライエント自身のシステム内で解釈をする行為は，治療を構成する全実験過程における，治療者の主要機能の１つである。学習理論によって治療にアプローチする臨床家は，クライエントの解釈システムを治療者が使うのは，その「消去（extinguish）」よりもむしろ「強化（reinforcement）」になるのではないかと，心配するかもしれない。それよりも，われわれはこう言おう。治療者は，クライエント自身の実験仮説を引き出しうるシステムを再述することによって，クライエントが治療で試そうとしている仮説の立ち上げを援助する。したがって，彼が毎日現実に照らしてテストしているのは何なのかが，よりわかりやすく，また，ネガティブな結果を得た場合に破棄されてきたのが何なのかも，正確に判断しやすくなる。この点で治療者は，直感をシステムとして定式化し，このシステムから，実験法の運命に対抗して賭けをなしうる仮説を演繹する，大学院生への支援アドバイザーに似ている。

　治療者は，クライエントの解釈システムの変化に対して，そこに生じるズレを強調するのではなく，直ちに調節をすることによって，クライエントをサポートしうる。クライエントを動揺させうる不安定感の１つは，自分が一貫しない見解を表明し始めているという感覚である。彼は自分の心のなかに醸成されてきた新しい観点を表出する前に，数回の相談を通してうろつきまわるかもしれない。ここは，再保証的で支持的な治療者が，臆病者をねぐらに帰らせうるところである。治療者が，今では廃れかかったクライエントの観点に，すでに賛同し確証してしまっていた場合には，クライエントは新しい観点を表現するのが，馬鹿げていて落ち着いていられないと感じるかもしれない。この時点で，さらなるサポートが求められるかもしれない。治療者がクライエントに確証的エビデンスを与えるために，すぐに自己の反応を新しい観点に順応させる場合には，彼はこの時点でも支持的でありうる。彼のエビデンスが実際に支持的である場合には，それは，クライエントの思考の矛盾をすぐには強調しない枠組みのなかで，与えられねばならない。

　治療者は，クライエントの新しい論拠の言語化を援助する場合には，あるいはクライエントのコンストラクトを支配する，新しい上位の論拠の言語化を援助する場合には，支持的でありうる。治療者は，論拠を述べすぎないように，またクライエントがすぐに行ける場所をはるかに越えて進んでしまうことのないように，常に注意深くな

ければならない。これは，熱心すぎる治療者が犯す失敗である。治療者によって示唆される新しい言語化は，常に，最小限度に保たれるべきである。クライエントが各文章を精緻化し文書化するときには，1回に1文以上が述べられるべきではない。治療者が危険を冒して次の文章に進むのは，その後である。治療者がクライエントの曖昧な思考を新しい言葉で表現しようと試みるときには，彼は常に不安定ではあっても，しばしば有益な基盤の上にいる。

治療者は，クライエントの願望にいいなりに応じているときには，支持的である。しかしこの種のサポートは，しばしばクライエントの進歩を遅らせうるものだということを，明らかにしておくべきである。

クライエントにサービスを提供する治療者は支持的である。治療者が手配をしてクライエントをグループに参加させ，特別な試験を受けさせ，家庭教師を見つけ，交通切符をキャンセルし刑務所から出させて，妻を病院に見舞いにこさせ，子どもを新しい学校に入れてもらえるようにする場合には，あるいは，多様なサービスのどれかを1つでも遂行する場合には，彼はサポートする立場に身をおいていることになる。これらのうちのいくつかはふつうの親切を越えてはいないかもしれないが，治療者は常にこれらが治療関係にどんな意味をもっているのかを意識していなければならない。

再保証がそうであるように，サポートも不安のケースで使われるときがありうる。著者は，それがいくらかの不安のケース——とくに身体障害もはっきりしているケース——で適用されうると信じている。それはもちろん，治療的処置のある段階でのみ適用される。つまり，開始段階と推移の直後である。言語化の不安はもたないが，身体的症状をもつクライエントは，言語化された不安が顕在化し始めて，治療段階に達するまでは，必ずしもサポートの候補者にはならない。

b．サポートの使用　サポートは，クライエントの依存追求への理解を助けるために，準備的に使われうる。クライエントが治療関係のなかで依存的な人物の役割を演じるときには，彼は，みずからの依存性がどのように構造化されているのかに関するデータを，自分自身と治療者に提供している。クライエントは，治療者のサポートを受けることで，サポートをどう利用するのかを見渡すのにちょうどよい位置にいることになる。時に治療者は嫌になるほどクライエントをサポートするかもしれない。クライエントはうんざりさせられる。彼はあまりにもしばしば勝利するので，このゲームに退屈してくる。そして，もっと独立した人生のパターンを探索し始める。この時点で治療者は，クライエントが今までの状況を構造化し，未来の状況を構造化する，新しいコンストラクトの形成を援助することができるのだ。

治療者は状況を安定させるのにサポートを使いうる。たとえば家庭内では，クライエントはみずからの問題を解決するのに必死の努力をしているようであり，これによって，彼には手に負えない新しい社会的困難を引き起こす可能性がある。治療者は，

クライエントがみずからこの状況を管理できるようになるまで，クライエントの世帯を共に維持できるように，支持的な対策を講じるかもしれない。治療者はまた，クライエントをサポートする手段として入院を利用するかもしれない。病院は彼の日常的な必要条件を満足させ，彼に必要な確証経験を与えてくれる可能性があるのだ。

治療者は，クライエントが効果的な予測システムを見いだそうと努力する際に，外面から見て根本的に新しいアプローチを試みる必要がないように，治療セッション中に，サポートを与えるかもしれない。クライエントはしたがって，新しい問題を自分の責任で撃破することから救われるかもしれない。もちろん，クライエントは後で実験をしなければならない。しかし治療者は，クライエントの全社会が過激な冒険をするための実験室になる前に，クライエントが自分の仮説を定式化し，実験デザインをより現実的にするのを援助することができるのだ。

サポートは，クライエントが役割コンストラクトのレパートリーを改訂するのを援助するための準備的基礎として使われうる。クライエントのコンストラクトのいくらかが支持されているのがわかると，クライエントは自分の周辺の人々を，もっと落ち着いて扱えるかもしれない。このことは，彼が「自分自身の要求に妨げられること」なしに，自分の仲間をよりよく再解釈できるかもしれないことを意味する。それだけではない。彼はまた，それらを解釈するまったく新しい次元を定式化する，よりよい準備を進めているかもしれないのだ。

サポートの使用は，これがなければ，あらゆるモードの現実を扱えない，あるいはもっと特定するなら，予期せぬイベントを難なく切り抜けることのできないケースまたは治療段階に，限定されるべきである。このようなクライエントにとっては，サポートは実験法から生じるネガティブな結果を最小にすることになる。再保証の場合と同様に，サポートは，大きくは治療者がクライエントを受容できる範囲内で利用できる技法である。また，再保証の場合と同様に，サポートは局所化され，ひかえめに測定され，嗜癖の形成を許さないものでなければならない。

C 転 移

10 コンストラクトとしての転移

転移という概念は，正統派精神分析理論の重要な特徴となっている。転移は，パーソナル・コンストラクト心理学のなかでもまったく同様に考えられているわけではないが，十分に類似性があるので，われわれの対応する概念にも同じ用語を使用する試みが推奨される。転移の使用に関してわれわれが言わなければならないことの多くは，

われわれが実際に転移技法についてすでに述べてきたことの多くと同様に，精神分析の立場から治療にアプローチする人々によって述べられている。このことは，精神分析とパーソナル・コンストラクト理論が実践的な意味で等価だということではない。著者は，体系的に基本的な，そしてしばしばまったく実践的なものとして，この両面の違いを認めている。

　あらゆる解釈が演繹的であるかぎり，未来についての予測を賭ける際には，人は自分のレパートリーから1コンストラクトを拾い上げて，これを賭けの性質を決めるのに使わなければならないことを見いだす。これが本質的に転移の過程である。このコンストラクトはうまくフィットせず，彼は賭けに負けるかもしれない。しかしここでのポイントは，解釈者が蓄積したコンストラクトから利用可能なコンストラクトを引き出して，これを行為の基礎として使ったということである。

　予測が不完全であると仮定しよう。そうすると，次には何が起こるだろうか？　彼は同じコンストラクトを使ってもう一度賭けをするかもしれない。彼は，コンストラクトは正しいかもしれないのだが，長期的な基礎を根拠にしてこれを適用しなかったのではないかと疑う。おそらく彼は非常に短いサイクルで成功を予期していたのだ。また，彼はその状況をちょっとだけ見て，彼の利用可能なレパートリーから別のコンストラクトを引き出して，それに基づいて賭けをしようと試みるかもしれない。これらは本質的に演繹的な手続きである。

　解釈は帰納的な局面も持っている。われわれのギャンブル的解釈者は，最初の失敗の後で躊躇して，彼が今使ったばかりのコンストラクトによって，彼が収集したコンストラクトの要素を徹底して調べるかもしれない。これらの要素もまたコンストラクトである。さし当たってわれわれは，これらをより低次の――あるいはお望みならより具体的な――コンストラクトであるということにしよう。元来はこの状況に全体としてのラベルづけを試みたように，彼はこれらの要素に演繹的にラベルづけする。しかし今や，彼はこれらの要素を再編成しようとするかもしれない。彼はここに新しいコンストラクトの発端をつかむかもしれない。疑うべくもなく，新しいコンストラクトを帰納的に定式化するに際しては，より浸透的なコンストラクトのより広範囲の原理を採用しようと試みてきた。したがって，彼の新しいコンストラクトでさえ，帰納的および演繹的な局面の両方をもつことになる。初めにこの解釈者は，この状況にとくによく適合するように見えるコンストラクトを転移――あるいは適用――した。彼はみずからの賭けを演繹した。そして失敗した。さて，彼はこの状況に合うコンストラクトを特別あつらえで作ろうと試みた。しかしそうする際に，彼はより浸透的な上位コンストラクトを適用――あるいは転移したのである。

　転移の見解は，広い意味では，パーソナル・コンストラクト心理学の本質的特徴であることが，今や明らかであろう。

a. 転移と治療者　さて，クライエントは治療者に直面するとき，何をするだろうか？　彼は自己のレパートリーから1つのコンストラクトをとり上げて，これをとおして目をぎょろつかせながら治療者を見る。彼は何を見るのだろうか？　この問いに詳しく答えることは，**転移**を解釈することになる。この答えは簡単ではないかもしれない。しかし治療者はしばしばそれを探し求めなければならない。それを発見するときには，彼は脅威を感じるかもしれない。クライエントの目をとおして初めて自己を見ることに極度の恐怖さえ感じるかもしれない。というのも，想像はされるが半透明のコンストラクトの背後からクライエントが見ていると治療者にわかることは，最近追い払った自己知覚と恐ろしい類似性をもつかもしれないからである。

　転移という用語は心理療法で使うのに留保されているが，コンストラクト一般というよりもむしろ，役割コンストラクトにその基礎をおいている。これは，協力的な社会活動において，その役割を遂行する人々についての人物知覚に関係している。それは，人が他者のコンストラクトを包摂しようと試みる方法を指している。心理療法においては，それはクライエントが治療者のコンストラクト・システムの諸部分を包摂しようとする努力，したがって，治療者との役割関係においてクライエントの演じる努力を表わしている。クライエントが役割コンストラクトを治療者に転移することによって治療者を解釈しようとする努力をしないかぎり，治療者は，現実のどんな局面も有意味に解釈するという希望をもって，例証することがほとんどできなくなる。

　治療者は協力的なクライエントによる解釈に連続的にしたがわされているが，彼はまたクライエントの解釈から自己を連続的に解放もしている。彼はクライエントにとってふつうはあまり役に立たないこれらの解釈から，自己を解放するのだ。こうする過程で，彼はこの解釈パターンを変化させることを追求する。彼はまた，いくつかの有用な解釈から自己を解放して，他の有用な解釈のための材料としていつでも利用できるように準備しておかねばならない。治療者が一連の注意深く選ばれた役割を演じて，この描かれた人物像に対する適切な役割関係を，クライエントに形成させるように追求するということは正しい。

　しばしばクライエントは治療者を固定的に見ることに固執する。彼は，他の人々を特定の方法で見続けるのとまったく同じように，これを行なうのかもしれない。治療者はこの知覚が求める役割をクライエントが「行動化」するのを見るが，クライエントにその知覚を検証できるように定式化させようと試みるときには，みずから困惑してしまうのがわかる。

　この文章を要約すると，治療者は常に転移を探し，これらを検証可能な仮説として定式化を試み，実験計画を立てて，ポジティブな結果とともにネガティブな結果――これを根拠にして転移は捨てられたり置きかえられたりする――にクライエントを直面させるのだと，われわれは言ってよかろう。転移と，転移が採用するコンストラク

トとは，したがって，両方とも治療過程における手段にも障害にもなるのである。

　時に治療者は，クライエントが非友好的に行為していると感じることがある。これは「陰性転移」と呼ばれうるが，この用語は心理学的にはとくに意味があるわけではない。それはいくつかのうちの１つを意味するのかもしれない。治療者がクライエントに脅威を感じているという意味かもしれない。これは第１巻で論じたランドフィールド仮説のいずれか――期待仮説か例証仮説か――によって説明されうる。またそれは，人生の必需品が力ずくで絞り出されねばならないものとして，クライエントが治療者を知覚することに続いて生じるデバイスを，クライエントが採用していることを意味するのかもしれない。最後にクライエントの行動は，今では彼が治療状況を「ネガティブ」なコンストラクトを安全に明るみにもち出せるものと見ていることを示しているのかもしれない。治療者は，クライエントに，このようなコンストラクトを喚起させうる実験室状況をつくりだすのに成功してきた。ついにクライエントは，準備テストとして，元気はつらつと，自己の怠慢コンストラクトを実験室に持ち込む。ここに治療者が探し求めてきたかもしれないものがある。これがそれだ――生きている。クライエントは，何らかの洗練された上位解釈によって，そのコンストラクトについて話をするだけではない。彼は実際にはそのコンストラクトによって知覚し，その含意を行動化する。本当に彼は，その言語ハンドルがルーズでありうるので，他のどんな方法でもそれを実験室内に引きずり込むことができないのかもしれない。象徴化は言語行為によってのみ表出可能で，名称用語では不可能なのかもしれない。

　クライエントの非友好的行動の起源が何であれ，治療者は，クライエントの生活適応に関係をもつコンストラクトのすべてを処理するつもりなら，しばしば相談室内でその非友好的行動に直面しなければならない。彼はどんな「情動的」行動によるよりも，この非友好的行動によって，さらに混乱させられることにはならないはずである。レイミー (Raimy) が彼の学生臨床家に好んで指摘しているように，情動が心理士にとってもつ意味は，血液が外科医にとってもつ意味と同然である。非友好的な行動は，いくらかのクライエントにとっては，個人的な関係の持続と両立しないので，非友好性を含む表現は治療連鎖のなかで非常に遅くやってくることを，治療者は見いだすかもしれない。これらの解釈は最後に探索されるので，これらの解釈の後には顕著な進歩が続くかもしれない。このことは，心理療法家がしばしば主張するように，「陰性転移は常に進歩に先立つ」ということではない。いくらかのクライエントではたしかにそうだが，すべてのクライエントでそうだというわけでは断じてない。

　b．**転移と布置的コンストラクト**　転移を扱い難くしている特徴の１つは，それらが濃密に布置されたコンストラクトの上に基礎づけられる傾向があることである（布置されたコンストラクトとは，それらの要素の領域メンバーシップを定義する傾向のあるものである）。これを言い換えると，クライエントの転移のゆえに，治療者は，高度に精緻化された，

そして広範囲の偏見のあるステレオタイプの形式に，みずからが配役されているのが，すぐにわかる。たとえば，いったん「父親像」と見られると，治療者は，そのコンストラクト内の一要素として，非常に多くの他のコンストラクトとの関係でみずからの領域メンバーシップが固定されるようになったことがわかる。彼が「父親」であるという事実は，彼が予想もしていない多くの他のものに仕立て上げられることになる。クライエントが父親に対してやりたかったことを，治療者に対してやってみるよう，クライエントを誘えば誘うほど，治療者はよりいっそうこの布置された様式で自己が解釈されるように，ふるまう。より多くの信頼を受け入れるほど，彼はこのステレオタイプに従った扱いをより多く受けるようになるのである。

　ここには，「ただのよい友だち」カウンセラーが重要な警告を受けうるポイントがある。信頼を受け入れるということは，信頼するものから，濃密に布置された転移のセットを，招き入れることである。これらの信頼を受けると，未来のよい友だちは，自分が柔軟性のない役割――これに対して，この信頼者は原初的な役割を行動化する――に配役されたことを知る。この信頼者は，自分自身の知覚モードについては新しいことを何も学ばないかもしれない。「よい友だち」は我慢できなくなり，逃避を求める。そして信頼者は残酷な世界のなかでもう１つの拒否を心にとどめる。前に示唆したように，人は続いて生じるステレオタイプ化と，解決を見いだすことに含まれる複雑な責任の両方を受け入れる準備をしているのでないかぎり，よいルールといえども誰からも信頼を受け入れることにはならないのだ。

　人が転移を生じる際に採用する解釈の種類は，状況の明らかな必要性に依存している。人はふつう非常に精緻な解釈を，路面電車の運転手や郵便配達人を扱うレパートリーから引き出す必要はない。われわれのこのような人々とのビジネス関係は，ふつうは非常に単純である。しかし人が路面電車の運転手や郵便配達人を個人的な友だちとしてもつ場合には，彼は自分の帽子からもっと精緻なただし書きを引き出さねばならなくなるだろう。

　c．ビーリ・ランディ効果　人が他者を豊かで有意味なやり方で解釈するという課題に直面したとき，何が生じるだろうか？　ビーリ（Bieri）とランディ（Lundy）はこの主題に関する最初の実験的エビデンスをわれわれに提供してくれた。ビーリは大学生のグループにペアで相互面接をしてもらった。ここでは，短期の相互作用の後，各人は，面接を始めたばかりのときに比べると，相手を自分により似ていると解釈するという仮説を立てた。彼は２つのトピックのおのおのについて各10分かけて，わずかに20分の相互作用の後に，この効果を示すことができた。この事実の収束はビーリ効果と呼ぶことができよう。パーソナル・コンストラクト心理学の範囲内で解釈すると，人は，見知らぬ人に最初に出会ったときには，かなり単純な慣習的形式で，その人を解釈する。それから，進行する会話を維持するために，より豊かな手がかりの

資源が採用されねばならないときには，その人は次に，最も利用しやすい精緻化されたシステム——すなわち自己自身についての解釈——にたよらざるをえなくなるのだ。

ランディは，ビーリの研究をその後の段階をとおして追跡した後に，ビーリ効果は一連の相互作用のなかでもかなり早期に最大になり，それから，これとは反対の傾向が続くという仮説を立てた。彼は，集団心理療法の状況では，このビーリ効果は1週間（2セッション）後に最大に達し，それから他者の知覚は自己の知覚から分岐していき，その2週間後には最大に達すると予測した。彼の予測は確証された。この現象はビーリ‐ランディ効果と呼んでよかろう。さらにランディのコントロール群，すなわち病院の作業療法部門でタイプ打ちの練習をしている集団もビーリ効果を示した。が，これはもっとゆっくりしたペースであった。この収束は3週間後に最大になった。これについては，ランディは仮説を立てていなかった。しかしこの結果は，タイプ打ちでさえ，集団内でのある程度の相互作用を含むという事実を考慮するなら，パーソナル・コンストラクト心理学の原理にうまく合致している。

ビーリ‐ランディ効果の理解は，転移が喚起されうる道筋に光を投げかける。この効果のランディ相で何が収束するのかに関しては，われわれはいまだエビデンスをもっていない。それは，その人が家族のいくらかの親密な人物——父親や母親——から得られる解釈なのかもしれない。われわれは，どんな種類の相互伝達がこの効果を促進するのか，あるいは，言語的な相互伝達がこの効果を生むのに不可欠なのかは，まだ知らない。これや，転移の見解とパーソナル・コンストラクト心理学の理論的立場から生じる多くの他のおもしろい問題は，これからの実験待ちである。

11 ⎮ 依存の転移

a．依存の体系的解釈　われわれは折々に，コンストラクトが常に言語化されるわけではないことに注目してきた。人はいくつかの要素を集めて，その類似性の根拠が何でありそうなのかはいえなくても，それらの要素に予測的に反応する可能性がある。この解釈過程は，言語的であれ非言語的であれ，「意識的」であれ「無意識的」であれ，あらゆる形式の行動を支配すると言いうる。このコンストラクトについての見解が，この広い解釈を与えられるときには，われわれはこれをいわゆる「生理的」過程——栄養と身体保護に関係する——にさえ適用することができる。もっと正確にいえば，われわれは心理学的コンストラクトを，生理学的解釈に寄与する事実のいくらかに適用できるのだといえよう。

さて，栄養過程と一般的な生存の両方を人生に関係づける，いくつかのコンストラクトが存在する。幼い子にとっては，食物を食べるという事実は，母親をもつという事実と連合している。この2つはあるコンストラクトによって集合させられる。この子はこのコンストラクトに対応する言葉をもっていないかもしれない。が，このコン

ストラクトを利用はしている。同様に，この子はみずからの生存に関係づけて他者を解釈する。この子が自身の生存に関係づけて，いくらかの人々を解釈するコンストラクトは，**依存コンストラクト**（dependency constructs）と呼ぶことにしよう。

依存コンストラクトは，人と特定種類のイベントの両方を同じ見出しのもとにまとめられる。これらは，われわれが役割を定義したときの，役割コンストラクトではない。しかしこれらは，多少は対人関係を支配している。これらはおそらく，役割解釈の本質的特徴である包摂ができるようになるずっと前に，この子どもによって使われるようになるのだ。通常これらは，役割演技を可能にする，他者の関係への識見や洞察を発達させるときに，大きく修正される。

人々の依存コンストラクトおよび治療者に向ける依存転移の種類はさまざまである。治療者は，すべてのクライエントが同じように自分に依存し，同じ要求を自分に向けてくることがわかるなどと期待してはならない。彼は，あるクライエントが他のクライエントの要求するものとはまったく別の「必需品」のセットを，彼に求めていることがわかるかもしれない。

子どもの依存コンストラクトは相対的に非浸透的である。すなわち彼は自分が，食物を与えてくれるたった1人の母親，避難所を与えてくれるたったひとりの父親，あるいは彼が依存できるただ1つの家族をもっていると見ている。成長するとともに，彼は食物やシェルターを与えてくれるものはほかにもあることを見いだす。彼の依存コンストラクトはもっと浸透的になる傾向がある。彼は自分が他の人々に依存することも許す。そして，彼は依存性の配分をもっともっと区別するようになる。彼はあることがらについてはある人に，他のことがらについては他の人に依存する。

さらに，子どもが大きくなると，彼の依存性コンストラクトは先取り的ではなくなる傾向がある。母親コンストラクトは，彼が母親と解釈する人の整理棚ではない。彼は徐々に母親を他の次元に位置づけるようになり，みずからの解釈システム内での自由度を母親に与える。これは，自己がある人に完全に依存すると見るのをやめて，その代わりに，彼の依存性が他者を通じて拡張される，次元的な路線を見る方向への一段階である。それから，彼はいろんな人に，適度に多様な方法で，依存を始められるようになるのだ。

われわれが述べてきたことは，子どもは比較的非浸透的で先取り的な依存コンストラクトのセットから出発するということである。彼がこのようなコンストラクトのもとで作動するときには，彼はこれらの文脈に入る人々に要求をすることになる。彼が大きくなると，同じ要求が仲間には過剰だと考えられるようになる。彼は依存コンストラクトを修正する。彼はこれらをより浸透的にする。これは両親以外の人々への依存を許すということである。彼は依存コンストラクトをより先取り的でなくする。これは，彼が自己を別のやり方で人々に関係づけることを許すことになる。彼は役割コ

ンストラクトを発達させ始める。このことは，彼に依存してもらいたがっている人々に，そして彼らが与えたがっているものを求めて，依存することを許しているのである。

　b．クライエントの依存の実際的な査定　心理療法家が転移の標的（ターゲット）になるときには，彼はそれらの転移のうちのいくつかには依存コンストラクトが含まれることを，見いだすかもしれない。彼はまた，それらがまだ言語化されておらず，なお未熟な状態にあることを発見するかもしれない。このことは，クライエントが彼を先取り的に，非浸透的に，そして非分節的に解釈することを意味する。それは，クライエントの人生がそれに依存しているかのように，治療者に反応することを意味する。この反応は，うんざりさせるかもしれずまた攻撃的かもしれない，従属するかもしれずまた抵抗するかもしれない，魅惑的かもしれずまた要求がましいかもしれない。しかし，それは常に切迫している。実際，クライエントの治療者への解釈に見られる切迫性は，依存コンストラクトが転移において喚起されてきたことの，最も確実なただ1つの臨床的サインである。

　時に，心理療法家は依存転移を招き寄せて，次に，自分たちが得たものを腹立たしく思うことがある。治療者が「自分は医者だ」とか，「自分はクライエントにとって何がベストなのかを知っている」という立場をとる場合には，彼は自分が権威主義的父親として解釈されるように，自分を広く開かれた状態にしておく。彼は一群の非浸透的，先取り的，非言語的で緊急のコンストラクトを通じて精査を受ける。彼はしばらくの間，この自分の地位が気に入るかもしれない。しかし彼は，自分がどんな進歩もしておらず，クライエントも間違っている，とすぐに感じるようである。このタイプの暫定的な依存転移は，もしクライエントがこれを通してこれを観察し，これを言語化して，その妥当性を検証するのが援助されうるなら，有益な目的に役立つことができる。クライエントはしたがって，自分の依存性を処理するのに，よりよい何かをひねり出せるかもしれない。しかし，もし治療者がクライエントとともに成長するのを拒否し，「医者」として解釈されることを主張し続けるなら，クライエントは治療者を，みずからの幼児性に対する父親として，あるいは，シャツを着ぬぬいぐるみとして，治療者の代替解釈に直面させられることになる。幸い，多くのクライエントは後者の選択肢が真実であると推測し，よくなっていく。

　依存は本来不健康な状態ではない。社会は複雑な相互依存システムに基礎づけられている。問題は，心理学が関係するからには，人の依存性がどのように概念化されているかである。誰が誰から何を獲得するのか？　人の必要性は常にいくらかの他の人々から直接に，あるいは政府から，引き出されねばならないのか，あるいは，人は協力的な活動を通じて，非人間的世界から必要なものを引き出しうるのか？　奴隷制は協力的な社会の唯一の有効な形式なのか，それとも，人々は社会的過程において相

互理解を通じて協力的役割を演じうるのか？　われわれは，依存性が成人の役割関係
——相互理解に基づき，現行の社会過程を生み出す——を通じて扱われうると信じて
いる。これは，生存のために人々を父権的支配に従わせるタイプの幼児的依存性に，
とって代わる洗練された選択肢である。

12 ｜ 逆依存転移

　ゴーグルをとおしてものを見ているのは，クライエントだけではない。治療者も個
人的に備えている透明のゴーグルを通してクライエントを見る。治療者が十分に訓練
されている場合には，彼は，厳密に専門的な方法でクライエントを扱える，包摂的な
コンストラクトの適切なレパートリーをもっていることになる。彼がこのようなレ
パートリーをもたない場合には，あるいは彼がこれを使う選択をしない場合には，彼
はクライエントを解釈するための他の資源へと立ち戻されてしまう。その結果は，ク
ライエントの他のすべての社会的接触——つまり今までに役に立たなかった接触——
から出て来たものと同然かもしれない。

　専門的コンストラクトのセット内で，クライエントを適切に解釈できない治療者は，
自分自身の依存性をクライエントに転移するというリスクを負うことになる。次にこ
のクライエントは，治療者によって先取り的に見られる——すなわち，多次元性や他
者との連続性をもたない未分化な全人格として見られることになる。また，このクラ
イエントは非浸透的に見られる——すなわち，唯一無二の彼のタイプ，あるいはカテ
ゴリー的に限定されたグループに属するものとして，見られるようになる。このクラ
イエントは，治療者には言語化の不可能なコンストラクト——すなわち，仮説に定式
化して検証することのできないコンストラクト——によって見られることになる。最
後にクライエントは，治療者自身の依存性が危機に瀕しているという事実から生じる
緊急性（urgency）をもって知覚される。いうまでもなくこの状況は，クライエントが
自己の解釈システムを改善できるという結果よりも，治療者がこのクライエントと結
婚または養子縁組することを望むという結果になりやすい。

　われわれはすでに，治療者が，専門的コンストラクトを適切に包摂するセットを利
用できないことからくる，別タイプの行き詰まりについて述べた。これは，治療者が
クライエントを自己に似ていると見るときに生じる行き詰まりである。進行中の社会
的過程——治療はこういう過程である——で役割を演じるためには，人は，われわれ
の社会性の系の言語で表現するなら，この過程のなかで結びつきのある人々の包摂的
解釈をもたなければならないことになる。共通性では十分でないのだ。共通性は，共
通性の系によって定義されているように，人々が相互の心的過程を複写するための基
礎以上のものではない。治療者がクライエントの解釈の複写のみができるということ
は，二人組精神病に参加することになる。

しかし，治療者のクライエントのコンストラクトに対する関係において，治療者が共通性から超然としていられないことからくる彼の失敗は，われわれが逆依存転移（counter dependency transference）という言葉で意味しているものではない。どちらも包摂的な専門的コンストラクト・システムの失敗を表わしてはいるのだが。逆依存転移は，行き詰まり以上のものに導く可能性があるので，おそらくもっと深刻である。これは治療者が自己を解放できないかもしれない複雑事態に導きうる。共通性を越えられないということは，あらゆる治療者を折々に悩ませる。合理的に警戒することによって，彼らはこの困難を見つけ出し，それを克服する手段をとることができる。それはたぶん，このクライエントのケースを再研究すること，あるいはそこに他の治療者を配属することによってなされる。この逆依存転移は，言語化が容易ではないので，そして，彼がクライエントに対して包摂的アプローチをとっていると感じうるので，治療者にはアクセスしがたい傾向があるのである。

逆依存転移の唯一の効果的な予防法は，治療者がみずからの依存性について十分に分析を受けることだと主張する人々がいる。このような分析により，治療者がみずからの依存性の扱いにもっと熟達するなら，それはおそらく，クライエントの個人的なシステムに対するより大きな尊敬をもって，彼らを扱うことに貢献するだろう。しかしながらあまりにもしばしば，予防的な自己洞察として合理化されているものは，硬直したコンストラクト・システム——すなわち持続的にしかし忍耐強く「子どもにわからせること」に取り組む父親の（特徴である）あらゆる不寛容さをもって，すべてのクライエントに押しつけられるシステム——でもって洗脳する以上のものではない。

治療者は次の2つのことをするのが大切である。第1は，専門的なコンストラクトの浸透的で先取り的ではないセット——このなかでケースは注意深く解釈される——を維持すること。第2は，クライエント自身の包摂的システム内のパーソナル・コンストラクトを最大限利用することである。最初の予防法は，組織化された有意味な診断コンストラクトのセットの形成を含む，徹底した専門的訓練を必要とする。第2の予防法は，われわれがパーソナル・コンストラクト心理学で発達させようと試みてきたものに類似した観点を必要とする。それは，治療者がクライエントの見解を洗脳のターゲットとしてではなく，尊敬をもって見ることを必要とする。治療者は，クライエントがどんな独自性を喚起できるにしても，その独自性をもってクライエント自身のシステムの形成を援助することが必要である。治療者は自分がドグマの唱導者になることを許してはならない。彼は学生の冒険的な思考を尊重し，これらの学生がみずからのアイデアを定式化し，それを検証するのを援助する教師でなければならない。これらは，パーソナル・コンストラクト心理学のもとでそれらを企てようとするとき，逆依存転移に対する予防法になる。

どうすれば治療者は自己のなかに逆依存転移を見いだせるのだろうか？　1つの方

法は，治療者が自分の思考がクライエントに向いているとわかるときに注目すること
である。彼は気分が乗らないときでも，自分がクライエントについて考えていること
に気がつくだろうか？　彼は，専門的コンストラクトによってその材料の構造化を
まったく試みていなくても，面接のいくつかの断片を何度も何度も思い出しているの
がわかるだろうか？　彼は，ちょっとした挨拶や，前回の面接で治療者が言ったこと
からの引用という形で，クライエントが持ってきた「贈り物」に，自分が反応してい
るのがわかるだろうか？　彼は，クライエントが他の人々に対して行なう提案を妨害
したいと望んでいるのがみずからわかるのだろうか？　彼は他の人々がクライエント
に対してするアドバイスを不快に思わないだろうか？　彼はクライエントが面接室の
外で試みる実験法を鋭く限定したいと望んでいるのだろうか？　彼はクライエントの
「抵抗」によって悩まされているだろうか？　これらはすべて，治療者がクライエン
トに不当に依存的になるのを許してきた指標なのである。

13 ｜ 一次的および二次的な転移

　クライエントが治療者に対して置き換えをするタイプの転移に戻ろう。ふつう治療
者が最もうまく利用できるタイプの知覚は，クライエントが彼自身の過去の人物から
（抽出した）種々のコンストラクトの連鎖を当てはめる場合のものである。これをわれ
われは**二次的転移**と呼ぶ。というのも，この治療者自身がクライエントの知覚に付随
するものにすぎず，クライエントによってなされた治療者についての解釈も，以前の
経験から直接拾い上げられたにすぎないからである。この治療者あるいはその行動の
一部は，各コンストラクトの文脈内のもう１つの要素として集められる。たとえば治
療者は，父親，オールド・ジョン・B.，野蛮な警察本部長，ジェンクス大佐などのよ
うに，「権威主義的」と見られる。それから彼は，母親，ペネロープおばさん，女々
しいサム等々のように「受動的」とも見られる。次に彼はビッグ・シスターのソーニャ，
ティトルバウム教授，パーシィ・ダルタのように「知的」だとも見なされる。「試着」
される各コンストラクトは，他の人物に対しても浸透的である。その確証あるいは反
証は，クライエントが治療者だけでなく相談室外の他の人々にアプローチする仕方に
も意味をもつだろう。治療者はこの転移を，他の人々についてのクライエントの解釈
を定位しなおす基礎として使うことができる。治療者は多様な役割を演じることがで
きるので，クライエントが異なる種類の人々との役割関係に対する多様な能力を発達
させられるのである。

　さて，クライエントが治療者を先取り的に解釈するときには，何が起こるだろうか？
（先取り的コンストラクトは，第１巻で定義したところでは，それ自体の領域におけるメンバーシップ
のための要素を先取りするものである――たとえば「この人が専制君主であるのなら，彼は専制君主
以外の何ものでもない――市民でもない，犠牲者でもない，逃亡者でもない――専制君主にすぎない」）

治療者はその役割において「タイプ分けされる」ようになる。彼はもはや多様な支持的役割に自己を配することができない。この演劇は，常に彼のアイデンティティに適合するように，書かれ演じられなければならない。治療的な動きは，治療室内で生じるように見えるかもしれない。しかし，本当に新しいアプローチは治療室の外では試されるようには見えない。クライエントは，みずからが学習するものを，治療者の他の行動には一般化するが，他の人々に対しては行わない。この相談は親密なものにはなるが，外部の社会的関係では意味をなさない。治療者との関係では，クライエントの行動は，安定してくる傾向がある。クライエントの治療者についての解釈は，おそらくより大きな自発性と独自性をもって精緻化されるが，日常的な立場の逆転や，治療者の役割のまったく新しい解釈をもった実験法は存在しない。この精緻化は，より大きな自発性と独自性をもって，治療者についてより多くの詳細を学び，それを適所にあてはめるという方向で生じる。治療者の言うことは，相談室外の要素をも含む文脈の一部としてではなく，ユニークな人物としての治療者のコンストラクトの文脈的素材として，受けとめられる。もっと単純な言葉を使うなら，クライエントは治療者が述べたことを，治療者が他に述べたことといっしょにして，他者が述べたこととはいっしょにしない。新しいコンストラクトが形成されると，その文書化は治療室内ですでに述べられた材料に関係している傾向がある。それはあたかも，クライエントが「見てください，私は**あなたの**意味するところをどれほど理解し始めているかがわかるでしょう」と言っているかのようであり，「**私の**意味するところについて，私が今発見したばかりのことを言わせてください」と言っているのではない。クライエントは治療者を「タイプ分け」するが，この類型論的アプローチは，みずからの社会的役割を他の人々に適応させるのには役に立たない。それは，社会哲学における類型論的アプローチが，お互いの個性の相互尊重をもって，人々を相互適応へと導いてきたのが役に立たないのと同然である。

　われわれが記述してきた個人的同一化（personal identification）は**一次的転移**（primary transference）と呼んでよかろう。これは，われわれが**二次的転移**（secondary transference）と呼んできた，もっと生産的なタイプの転移とは対照的な立場に立つ。治療者は重要人物（primary figure）の領域にふさわしくなり，クライエントは依存的な方法で治療者に「愛着」するようになる。これはこの関係を解消する機会をほとんど提供してくれない。この個人的同一化とともに，クライエントには依存的転移を示す傾向のあることが見いだされる。クライエントは，潜在的な恋人と暮らす世界におけるもう1人の人物としてではなく，彼の依存コンストラクトの全人口領域を単独で構成する一人物として，治療者との「恋に落ちる」のかもしれない。このコンストラクトは，疑いもなく，過去から生じるものであるが，比較的不変の方法で適用され，治療者の行動，彼の推測される興味，彼の背景，そして彼の日常生活との関係で，組織的に精緻化さ

れる。治療者は，彼自身がこの面接の潜在的トピックになっており，クライエントは
もはや自己自身や個人的社会的環境における他の人物には，主要な関心をもっていな
いことを見いだす。注意深い治療者は，クライエントが二人称代名詞を使う頻度が増
加し始めていること，あるいは治療者の名前（ファーストネーム）を個人的に使い始め
ていることに気づくだろう。

　さて，治療者には責めるべきものが自分しかいないかもしれない。彼はクライエン
トを信頼してきたかもしれない。彼は，面接室に付加的な材料を持ち込もうとして，
みずからの個人的経験を引用してきたかもしれない。彼は自分がクライエントの社会
集団のメンバーになることを許してきたかもしれない。彼はクライエントとの，ある
いはクライエントの家族のあるメンバーとの，ビジネス関係に入ってきたかもしれな
い。彼は単純に面接室外でクライエントを非常に多くの会話に携わらせてきただけか
もしれない。彼は，クライエントもまた個人的意見をもっている問題について，自分
の個人的な意見を表明してきたかもしれない。彼の伝記やレクレーション行動は，ク
ライエントの詳細に知るところとなった可能性があるので，クライエントの観点から
見ると，定着したパーソナリティとして出現し始めたのだ。彼は，自己自身について
の情報を提供してほしいというクライエントの誘いに応じて，不必要に詳細に応答し
てきただけなのかもしれない。

　これはすべて，クライエントが治療者について非浸透的な解釈を形成し始めている
ことを意味するのかもしれない。治療者は，クライエントが多様な役割に配役できる
柔軟で支持的なキャラクターになるよりも，むしろクライエントの人生における「唯
一無二の」人になろうとしているのである。この治療者の見られ方は，常にこの治療
者に特有なままであり，クライエントが治療者とともに形成している関係のタイプは，
ほかの誰にもけっして試されることのない道であるように見える。この治療者は自身
がこの出現しつつある非浸透的な解釈のシンボルなのである。

　a．クライエントによる治療者の操作　一次的転移の形成を探し出すことは，しば
しばクライエントが治療者の逆依存転移を喚起させようと追求することによって可能
である。クライエントは治療者を自己に依存させようと追求するのだろうか？　クラ
イエントはみずからが治療者の個人的願望だと考えているように見えるものに，反応
するのだろうか？

　このタイプの解釈を受け入れて，その利用を追求する治療者はいくらかいる。著者
は，このタイプの関係をある程度まで発展させるのを許す智慧には，非常に懐疑的で
ある。それは，クライエントが治療者と協力して遂行できる実験の多様性を限定する
傾向がある。それは，クライエントが外出して他者に対面したとき，治療室内で学ん
だ教訓の利用を妨げる傾向がある。クライエントが学ぶものは，この治療者に特定的
であり，他の治療者には適用できない傾向がある。それはその治療室に関係している

が，その治療室の外とは関係していないと見られる。それは，彼が適切に解釈できない依存転移にクライエントを巻き込む。というのも，この転移においては，言語化可能な要素はすべて治療者自身に結びつけられており，この依存は異なる人物から抽象したものとは見られないからである。進行中のことにクライエントが判断を下すのを，治療者が援助しようと試みる瞬間に，この一次的転移の解釈の要素のすべてが含まれることになる。判断される要素の非常に多くが判断する人に内在している場合には，クライエントがみずから判断を下すのは，十分に難しい。厳粛な判断をするクライエントのそばに座っていると見られなければならない治療者が，判断される人物の唯一の代表的なタイプであるときには，判断を下すのがさらに難しくなる。これらすべてのハンディキャップに加えて，治療者が一次的転移のこの迎合的な性質によって逆依存転移に巻き込まれて，この治療の全過程が崩壊する危険性があるのである。

　b．一次的転移の一般化　前章でわれわれは個性記述的なアプローチと法則定立的なそれとの関係を論じた。われわれは，心理学的現象主義者に同意することができ，個人領域内の一般化に重要な位置を与えられることを示した。一方われわれは，いくらかのデータは個人領域から高められて，法則定立的に——すなわち多くの個人を構成要素とする領域で——解釈されねばならないことをも，確信している。パーソナル・コンストラクト心理学の本質的特徴の1つは，それがこの原理を，多くの他の原理と同様に，科学者の要求に適用できるのと同じくらい，クライエントの要求にも適用可能だと見るところにある。クライエントは最終的には，法則定立的な解釈ができなければならない。彼の新しい解釈が治療者の個性記述的一般化とともに停止するかぎり，彼の再適応は治療室のドアの敷居のところで停止することになるのだ。

　一次的転移や個人的同一化のコンストラクトは，他者の集合をこのコンストラクトの文脈に入れるには，非浸透的な傾向が強すぎる。したがってこれらのコンストラクトは，クライエントの他の人々との関係に関しては概念発達を制限してしまう。しかし，個人的同一化のコンストラクトの場合には，治療者に関する付加的情報については，浸透的である傾向がある。治療者の領域はしたがって，自発的な精緻化をするのと，わくわくするような興味を追求するのに，豊かな 場 になる。クライエントは治療者によって「単純に感動」させられる。彼は，治療者が魅惑的であり無限におもしろいことを発見する。彼は，治療者が毎日の活動を通じて，彼のそばを歩いているとさえ考えるかもしれない。そして彼は，1人のときに「治療者に話しかけ」さえする可能性がある。

　個人的同一化のコンストラクトは，クライエントが治療者を解釈するのに使うどんな社会的同一化のコンストラクトにも，影響力をもつ傾向がある。この影響は，治療者を，この文脈における対照あるいは「非類似」の人物として，解釈することになる。クライエントはとにかく，どんな人でも治療者に似ていると見るのが困難なのである。

治療者の行動はユニークであり，他の人々の行動のようには見えないのである。

　c．**現象学的志向性をもつ治療者**　治療者は，個人的同一化に関して，クライエントが陥ったのと同じ苦境に，みずから陥ることがありうる。公的あるいは包摂的な専門的コンストラクトは自己のシステムには受け入れないが，「どのクライエントもあらゆる点でユニークである」と主張する，現象学的志向性をもつ治療者は，非生産的な一連の「愛らしい個人的関係」に，クライエントを巻き込みうる。クライエントを何か有意味に解釈しようと努力するなかで，治療者が逆依存転移をする場合には，治療者は付加的な危険を招いてしまう。このタイプの志向性をもつ治療者は，あまりにもしばしば「我と汝」のコンストラクトに完全に依存する。彼はたかだか「我と汝」の適応にすぎない適応を，クライエントに与えることによって，治療を終わるかもしれないのだ。

14 転移のコントロール

　治療者が依存コンストラクトの転移を受け入れ，次にコンストラクトの弛緩や測定の追放にこだわり続ける場合には，彼はクライエントを無力な立場におく可能性がある。治療者は，言語化されない安定化構造のシンボルとして利用されるので，彼の存在し続けることが，個人的な組織化の継続に不可欠となる。治療者は，われわれがすでに支持を定義した意味で，支持的である。それよりも彼は，彼が言ったりしたりする何か特別なことによるだけでなく，単純に彼がそこに存在するだけで，支持的である。彼は，組織化する目的の唯一のシンボルであり，これに対する適切な言語シンボルは今のところ存在しないのだ。

　同じことを別の言い方をするなら，クライエントがみずからの概念構造を弛緩させたり，その構造の多少の置き換えを始めたりするときにまず気がつくのは，彼がさしあたって，いくらか不安定で傷つきやすい状態になることである。彼は揺れ動く。彼は自己のコンストラクトを，不確実に試行的に，行為に解消させる。彼は自己自身に確信がもてない。彼は熱狂をあいまい表現と混ぜ合わせる。彼は自己の古いコンストラクトに「最後の1トライ」をさせる。彼の全システムの組織化はいくぶん不安定なのである。

　さて，ほとんどの場合クライエントは，治療者にあまり急いで「自分の改造」をさせないようにする，十分なセンスをもっている。彼は，パーソナリティの上部構造が，改造にともなう弱体化に十分耐えられるように補強されるまでは，「洞察」を受け入れない。しかし治療者は，クライエントが自己の依存性を治療者に転移するのを許すと想定してみよう。治療者は，クライエントが彼を親のように扱うのを許す。彼はクライエントを支持する。彼は，すべてが安全に「医者の掌中に残され」うるとほのめかす。クライエントは自己の個人的な安全性の投資をする。これらの投資は前言語的

な起源をもつことを思い起こそう。大体においてこれらは，クライエントが言語的ハンドルをとりつけるのに十分な年齢に達する前に，形成されたコンストラクトである。これらはそれ以来ずっと使われてきた。そして，これらのコンストラクトには「書きものにし」たり，通常の言語シンボルを与えたりする機会がなかった。もう1人の物理的存在が，彼らがかつてもったことのある，あるいはかつて必要としてきた——すなわち治療者がやってくるまでの——唯一のシンボルであったのかもしれない。さて，この今までに一度も言語化されたことのない依存システムは，治療者の上に転移させられる。治療者の忠告と反応は，この依存システムの特徴を作動させるようになる。それ以上に，治療者は今やこの依存システムの**シンボル**になる。彼の存在そのものが，クライエントの依存への投資が保護されていることを意味するのだ。

　みずからの依存性を治療者に投資してきたクライエントは，一時的には支柱を施されることになる。神は天におわす，そして治療者は回転椅子にいる！　さて，クライエントは再び彼の概念化作用を弛緩するように——彼が夢を見るのとまったく同じように考え語るよう——求められる。彼はいくらかの長く大切にしてきた信念を，現実の白日のもとでテストするよう要求される。しかし今は，彼は安全だと感じる。彼の依存性は十分に保護されているからである。彼はこの扱いにくい修復の課題を開始する。あー！　いま治療者は休暇に出かける時期ではない！　これは，もしクライエントが自己のコンストラクトをダウンさせられたとしたら，彼が大いに当惑させられるはずの瞬間だからである。

　この種の推理が，これによって構造化される臨床観察とともにほのめかしているのは，治療者がクライエントとともに樹立したこの種の転移関係については，その種類によってはクライエントをより協力的にするものがあるとしても，非常に注意しなければならないということである。治療者は，状況の危急性のなかでもかなり安全だと見える形式の転移のみを受容するべきである。治療シークエンスにおいては，いくらかの不可避の損傷が内在する可能性を考慮に入れなければならない。彼は，かなり長い時間をかけて置き換えができる以上に，クライエントに弛緩や取りこわしを求めるべきではない。彼は再解釈の過程における崩壊に対抗する究極的な保護要因として，クライエント自身の外的資源の最大化を，常に追求すべきである。彼はクライエントが彼に委ねてきた投資の量と質にできるかぎりの警戒を維持すべきである。彼は言語的な入手可能性に注目すべきである。というのも，治療者が破産のサインを見せるとき，これが，クライエントにどれほど完全にみずからの投資を引き上げさせられるかのキーになるからである。彼はクライエントの転移における個人的同一化傾向にも注目すべきである。要するに治療者は全転移状況の跡を，できるだけ近しく追い続けるべきであり，そして，彼のクライエントとの関係の連続性における，どんな可能な断絶に関しても，その本質を常に考えるべきなのである。たしかに，転移状況の本質は，

治療者が次の面接をもつかどうかを決定する際の，未払いの請求書よりも優先性をもつ。これは基本的な倫理原則が足りないということでは断じてない。

　a．**転移サイクル**　クライエントが治療者に転移する解釈の使用は，循環的に進むようである。著者は，この観察された現象が，パーソナル・コンストラクト心理学の理論的立場から，はっきり演繹されうるものだとは確信していない。しかしこれは，このシステムの暗示する視点をもってクライエントにアプローチするときには，すぐに観察される現象である。このクライエントは治療者を信頼する。こうするなかで，彼は治療者が吟味できるように，いくつかのコンストラクトを並べて見せる。彼は必ずしも常に，少なくとも意図もせずに，すべてのものを並べて見せるわけではない。ある転移サイクルの間に，クライエントはいくつかの役割コンストラクトを精緻化し，吟味し，テストしているようである。彼は治療者を利用する——しばらくの間，彼は非常に依存的になりさえするかもしれない。しかし，あるコンストラクト領域のおのおのの重要な再解釈（再構築）を完了すると，治療者に対してなされる転移は再び表層的なものになるようである。依存は，この治療者に関するかぎり減少するようである。クライエントは，彼が個人的・社会的環境において他の人を遇するとき以上に，この治療者を好遇する。われわれは，これが**転移サイクル**の終結を示す標識だといいたい。これはまた，治療関係の中断が最も起こりやすいポイントを示している。

　治療者が各転移サイクルの完了を観察すると，彼は別サイクルの開始を望むのかどうか，そして望む場合には，自分がどんな種類の転移を招こうとしているのかを考えなければならない。治療者の中には，含まれる「臨床材料」の「深さ (depth)」に基づいて，これらの転移サイクルについて考えるものがいる。この「深さ」という用語が治療者にとってかなり的確な個人的意味をもつ場合には，この種の専門的概念化は，治療者がこの状況をコントロール下に維持し続けるのに，十分であるのかもしれない。われわれは，クライエントがこの治療状況で何が生じると期待するのか，その予期を表現するのに使われる用語の特殊性によって，この「深さ」を測定することを好む。もしクライエントが治療者に期待するものの一般化に際してまったく不分明な場合には，そして彼が治療者に期待していなければならないものの遠隔信号としてしか言葉を使えない場合には，転移サイクルは比較的長くねじまがっていると期待されるかもしれない。しかしながら，転移サイクルの長さを予測するに際しては，他の２つの要因が考慮されねばならない：それは，このサイクルの間に治療者が用いると期待される治療的アプローチの本質と，クライエントの年齢である。

　もしも治療者が，古いおんぼろの構造を「分析しつくす」よりもむしろ，修正役割療法におけるように，すべての新しいプレハブ的建築に置き換える方法を使う傾向がある場合には，このサイクルは大いに短縮されうる。この方法は，プレハブ的構造が古い構造といわば並べて建てられ，それが機能的になるまでは古い構造と置き換えら

れない場合にのみ，使われうる。この隣り合った建築は，人工的なアイデンティティをもってエナクトメントあるいは「演出」するデバイスによって，修正役割療法において完遂される。これは，新しい構造が最終的に古いのと取り換えられるという意味ではない。このことには，出発点から大きな注意がはらわれなければならない。

　子どもの場合には，言語シンボルでは完全に表出されないコンストラクトを含むとしても，転移サイクルはより短くなりやすい。より年をとった成人の場合には，あるレベルの言語的象徴化のコンストラクトを含む転移サイクルは，おそろしく長びく。20歳と30歳のクライエントの違いでさえ，非常に顕著である。

　ｂ．転移サイクルの終結　駆け出しの臨床家は，初めての好ましく健全な転移サイクルの終了の経験によって，混乱させられやすい。クライエントが電話をかけてきて，次の相談を欠席して，その次の相談には予定どおりに来たいのだが，治療者はそれで大丈夫かとたずねてくる。クライエントは，自分にはなさねばならぬ仕事が非常にたくさんあるので，その仕事が達成できる時間をもっともてるように，予定をいくらか再調整してもらえれば有難いという。治療者は，クライエントの述べた仕事が比較的新しく，望ましく，すでにいくらかの進歩をしてきた仕事だということに注目する。またクライエントは，「自分は今まで非常に忙しかったので，最後の相談についてはあまり考えていなかった」と認めるかもしれない。治療者は，クライエントがなぜ彼のやり方で行動してきたのかに関する治療者自身の好奇心が完全には満たされていないという感覚をもちながらも，これらの活動が実際にうまく構造化されてきていることにも気づいている。クライエントは相談においては要約的な陳述を用いる傾向がある。彼は，「数週間前に私があなたのところに相談に来たときには，私はその状況にあおりたてられていました。しかし今では，うん，とくに状況が変化したわけではないのですが，たしかに今の私には違って見えるのです」というふうにいう。このクライエントの緊急性の表現は，かつて述べられた形式では解決できなかった問題から，今表現されている形式では解決できる問題へと，移動させられているように見える。

　これらの臨床的サインのすべて，あるいはいずれもが，他のエビデンスとも相俟って，転移サイクルが終わりに近づいていることを示していると理解される。この面接は，しかしながら，すぐ中止されるべきではない。というのもこの面接は，クライエント自身が必要だと感じていたよりも少し長引いたと感じる機会をもつべきだったからである。よい目安としては，**新しいサイクルを計画すべきか，それとも，転移の中断の最初のはっきりしたサインの後の２回目の面接でこのシリーズを終結するか，の**どちらかにするのがよい。中断がなされる場合には，最後の３回の面接では，調査，弛緩，ネガティブな確証（反証）は，もちろんなされるべきでない。また通常最後の面接は，２倍から３倍の間隔をあけて——たとえば１週間に２度ではなく，１週間から10日の間隔で行なうべきである。最後の面接は常に短くするべきで，15分以上に

はならないのが望ましい。最後の相談を1時間も続けなければならないように見える場合には，少なくとももう1回の終結のアポイントをとるべきである。クライエントは，望む場合には，さらなるアポイントメントを要求する自由がある。このことは常に理解されるべきである。転移サイクルが適切に終わった場合には，治療者がこうしてドアを開放しておくなら，さらなるアポイントメントの必要性はなさそうである。

　治療者は，クライエントがあるタイプの転移サイクル——その解消にはふつう非常に長い時間がかかる——にみずからコミットするのを認めてきた場合でも，転移サイクルの終結を早める方法を見いださなければならないときがある。もしこれが治療者のプランである場合には，彼はまず第1に，治療面接中の概念弛緩技法（concept-loosening techniques）を捨てねばならない。これらの技法については後の節で詳細に論じる。治療者はまた，通常，クライエントの幼児期の記憶についてぐずぐずと考えるよりも，むしろ，現在の材料にシフトしなければならない。彼は抽象度の低いもの，地域のイベント，社交的な技法，1週間先の計画，等々に取り組むべきである。クライエントは，それに関して，みずからを広く特徴づける解釈よりもむしろ，他の人と物を含む解釈へと移動すべきである。彼は，みずからをより高度に構造化された文章で表現すべきであり，それらの問題に言及するときにはいつでも，彼らが言及したのと同じ言葉で問題を定式化すべきであり，クライエントの探索を治療室の内よりも外で生じさせるようにすべきである。彼はみずから現実を表象するものになろうとそれほど頑張るべきではなく，クライエントの目を現実の外部表象に向けさせるべきである。ネガティブな確証は，達成困難かもしれないが，できるかぎり避けられるべきである。一般にサポートは最小限にまで減らされるべきである。しかしおそらく逆説的であるが，再保証は，これによって依存転移が招かれないかぎり，限定された範囲内で与えることができる。一般に役割演技は，転移サイクルを終結させるのに役立つようである。ただし，選ばれた役割のタイプ，その状況で提起された問題は，その効果がどうなるかに大いに関係しているようではある。修正役割療法は，転移サイクルを期限に間に合うように結末にもってくるのに卓越した，そして安全な方法のようである。

　ｃ．一次転移のコントロール　治療者は，みずからが個人的同一化タイプの転移にとらわれているのがわかるときには，これをただちに解消するように，明確で積極的な手を打つべきである。これには2つの技法がある。第1は，治療者が硬直し固執的で反復的な行動パターンをとることである。これは，クライエントが治療者の領域内に構築した解釈システムを自発的に精緻化するために与えられる機会を，鋭く削減する効果がある。クライエントは，治療者を訪れる度に，新しいストーリーのなかにお気に入りのキャラクターを見るスリルをもつ代わりに，自分が前回経験したのと同じ映画を見，同じサウンドトラックを聴いているのがわかる。治療者の定式化と解釈はステレオタイプ的になる。彼はクライエントのもってくる臨床材料の「おみやげ」と

は関係なく，くり返し同じことを言う。この状況ではクライエントはあまり多くを伝えようとはしなくなるが，治療者はクライエントが言おうとしていることを理解する新しい能力を示さない。

第2の方法は，これほどドラマチックではない。これには，自由な役割と対抗役割 (counter role) が含まれる。この技法は後の章でもっと詳しく記述することにする。治療者はクライエントに正反対を演じるように，すなわち治療者ではなく，治療者がエナクトする他の人々を演じるように強制する。治療者はある意味でその部屋を立ち去り，クライエントを，みずからのふつうの世界から取り上げられた他のキャラクターに，直面させるのだ。彼には人間としての治療者について解釈するものを精緻化する機会はない。治療者はそこにいないのだ。その代わりに，今度は母親がそこにいる。次に部屋に入ってくるのは父親だ。先生だ。ボスだ。彼は常に，治療者にではなく，本当に適応を達成する必要のある人々に，当てはまるコンストラクトに依存するよう強制される。この役割が反転されるときには，クライエントは，向かいに座っている間彼が描写している人——治療者ではなく，彼自身の1バージョン——に関して，彼にかき集められる最も妥当な論拠のなかで，自発的に管理するように強制される。この手続きは，個人的同一化タイプの転移が生きつづけるためには，供給しなければならない要素を，切り離す傾向があるのだ。

d．結　論　われわれはパーソナル・コンストラクト心理学の体系的立場内での，心理療法家の役割とその基本的なアプローチをスケッチしようと試みた。心理療法の技法に関してはいくらか細部まで入り込んでしまったが，本章は家族心理療法家の手引き^{クックブック}を意図してきたわけではない。われわれが技法を詳細に記述したときには，心理療法家の基本的機能を何と考えるべきかを主に説明するためであった。結局，心理療法の技法については多くの学ぶべきことがある。そして最終的には，多くの忘却すべきこと——おそらくわれわれが高度の自信をもって主張してきたいくつかのアイテムが含まれる——がある。そのうえ，われわれの理論的立場の意味連関をさらに追究していくと，非常に多くの可能で有用な技法を明るみに出すことを約束していると思われる。われわれは第1巻で，われわれの基本的前提の陳述に先立つ哲学的立場において述べたように，よい理論の重要な基準の1つは，多産性である。パーソナル・コンストラクト心理学は，治療の場のなかで，最初の果実が示唆するのと同じくらい多産でありつづけると希望しよう。

第13章

The appraisal of experiences
経験の評価

　心理士および多くの他の人々の間では，個人的な経験はふつう個々人の運命の避けようのない決定因と見なされる。しかしわれわれは，第1巻で説明したように，経験の役割をまったく違うものと見ている。本章では，構造化されるべき事例史の材料を引き出すのに使用するため，クライエントに深く根ざした個人的な見方という観点から，詳細なスケジュールと輪郭を提示しよう。

　A　文化と経験

1　経験についての理論的見解

　臨床家は一般に，クライエントの経験を評価する問題について，2つの対照的な立場のあれかこれかのいずれかをとってきた。クライエントを，生涯にわたって生じてきたイベントの産物と見る人は，「事例史(ケース・ヒストリー)」をとるのに多くの時間を費やす傾向がある。彼らはさらに，あれやこれは実際に起きたのか，それとも，クライエントが起きたと思っているだけなのか，を明らかにしようとして，多くの時間を費やすかもしれない。彼らの書きあげたものは長々しく逸話的である。

　もう一つの見解では，唯一問題となるのは，クライエントが今何を考えているのかである。過去は，態度，問題，未来に対する近視眼的なものの見方によってのみ，彼のなかで生きている。この立場に立つ臨床家は，種々の機会にクライエントがどうふるまうかについてよりよいアイデアを得るだけのために，クライエントのケース・ヒストリーを見る。状況がいかにして彼をつくり上げたのかを見るためではない。彼らのなかには，経験記録にまったく悩まないものもいる。

　われわれの見解は，これらのどちらとも違う。われわれは現在が最も重要だとする後者のグループとは部分的に一致しており，クライエントを過去のハプニングによって形成されたひとかたまりの問題と見ることには反対である。しかしそれにもかかわらず，われわれはケース・ヒストリーには興味をもつ。とくにクライエントがみずからそれを語ってくれる場合には興味をもつ。われわれの理論的観点からは，彼の見解

は重要である。そして，彼が何を記憶しているのか，また，それをどのように記憶しているのかが，その見解を暴露する傾向をもつ。彼がみずからの事実に裏切られた場合でも，その裏切られた知覚を探索すれば，彼の見解は暴露されることになる。

さらに重要なポイントがある。パーソナル・コンストラクト心理学の立場から見ると，クライエントの人生におけるイベントの年代記については，彼が話してくれてもくれなくても，人はいくらかの関心をもつものである。これらのイベントは，これに照らして賭けの勝ち負けを決し，また，みずからのパーソナル・コンストラクトの検証もする，確証エビデンスになる。これらは人生の流れを図示するのに使われるべきチェックポイントである。これらが実際に何だったのかを理解することは，このシステムが何を処理するためにデザインされたものか，このクライエントのコンストラクトの利便性の範囲についての何らかの見解を，なんとかして獲得することである。さらにいえば，これらのイベントの多くは，治療的介入のもとでつくられた新しいコンストラクト・システムにおいて，なんらかの安定化の解釈が与えられるべきであろう。

人の社会的環境のある共通の特徴は，しばしばその人の**文化**として記述される。臨床家は文化の変動に気づくことが大切である。しかし，われわれの理論的見解からは，われわれは他のイベントを観察するのと同じように，文化の「影響」をも観察する。クライエントは単にその文化の産物であるだけではない。その文化は疑うまでもなく，何が「真実」なのかについて多くのエビデンスと，そして，彼のパーソナル・コンストラクト・システムが体系的秩序を維持してこなければならなかった多くのデータを，彼に提供してきたのである。

このすべてが第1巻でより詳細に論じられた。ここで視点について言及する唯一の理由は，これが本章と次章の読まれ方と多くの関係をもっているからである。われわれは詳細なケース・ヒストリーのアウトラインについて話をし，クライエントの経験記録をもって問題を説明することにする。われわれがこういう情報に主たる関心をもつのは，それがこの**クライエント**にとって**確証材料になっている**からだということを，簡単に忘れてしまいそうである。

2 クライエントが見るときの文化

かつて著者は，スコットランドの友人に，著者のアメリカ風アクセントについてからかわれたことがある。しかし，彼が自分に特有のアクセントを指摘されたときには，それを信じなかった。文化は，われわれ自身やわれわれの実際によく知っている人々の生活における要因として見るよりも，部分的になじみのない背景をもつ人々の生活における要因として見るほうが，はるかにわかりやすい。人をよく知るようになれば，たとえその人が外国社会の育ちであっても，その人の行動を文化によって解釈するのは，人為的で機械論的に見えるようになる傾向がある。これは友だちの間で生じ，治

療者がクライエントを理解し始めるとき，とくに印象的である。

　第1巻で述べた役割コンストラクト・レパートリー・テスト（Rep Test）は，クライエントの文化をクライエントの目を通して見るとき，それが他者にはどのように見えるのかについての，臨床家の見解を与えてくれるかもしれない。われわれの理論的見解では，これを構成する習俗の目録^{インベントリー}よりも，この個人的な文化観の方向に，より関心がひきつけられるようになるだろう。もちろん，この文化がクライエントの目を通して無批判に見られる場合には，それは何か独特でふつうでない何かのようには見えない。しかし，彼の目を通して批判的に見る場合には，われわれは興味深い文化的特徴を見ることができる。

　次に示すのはレプテストによって引き出されたプロトコルのサンプルである。おそらくこれは，われわれの意味するところの説明に役立つだろう。この被験者の出身地の文化は，おそらく，読者に最もなじみのあるものとは似ていないので，この文化的特徴は人目につきやすいかもしれない。もちろんこれらは，このクライエントには，それほど目立つものではない。

　このテストは，この特定の21歳の農学部の男子学生に，自己同定法により実施された。これは逐次的な順序，すなわち，個人のレパートリーの限界を吟味する傾向のある手続きで与えられた。

　このプロトコルの多数の興味深い特徴——収縮，漸近的な努力，使われたコンストラクトの状況的な性質——には目をつむって，この被験者のなかで作動している文化的コントロールについて，それが何を意味するのかということだけを見てみよう。この文化が彼に同調を強いてきたことは，彼の文化的断片の内および間で提供される類似と対照に関して確証材料が投入されるほどには大きくないことが，おそらく理解できるだろう。

表9　役割コンストラクト・レパートリー・テストのプロトコル，自己同定法ハロルド・スタイラー

分類	人物	コンストラクト
1	自己（S） おもしろい人（24） 成功した人（23）	Sと23は農民，24は街の住人。
2	自己（S） 成功した人（23） 知的な人（22）	3人はすべて農場で生活。22は彼が果物農場を経営し，教師である点で異なっている。Sと23は酪農に関心をもっている。
3	自己（S） 知的な人（22） 気の毒な人（21）	Sと21は同年齢。22は年上。Sと22は大学教育を受けている。一方，21は高校への登校を拒否。
4	自己（S） 気の毒な人（21） 拒否的な人（20）	Sと20は大学教育を受けているが，21は高校に行くのを嫌がった。

5	自己（S） 拒否的な人（20） 嫌いな仲間（19）	Sと19は農場経営に興味をもっている。20は教えることと大学院に関心をもっている。
6	自己（S） 嫌いな仲間（19） 好きな仲間（18）	Sと19は農業をしたがっている。18はしたがらない。
7	自己（S） 好きな仲間（18） 嫌いな女子高校生（17）	Sと18は大学生。17はそうではない。Sと18はみずからのコミュニティが，17のコミュニティよりも，高い階層にあると感じている。
8	自己（S） 嫌いな女子高校生（17） 嫌いな男子高校生（16）	Sと16は軍隊の身体検査を受けた。
9	自己（S） 嫌いな男子高校生（16） 好きな女子高校生（15）	Sと15は大学に在籍。
10	自己（S） 好きな女子高校生（15） 好きな男子高校生（14）	Sと15は独身。14は既婚。
11	自己（S） 好きな男子高校生（14） 気難しい隣人（13）	Sと14は大学に在籍。13は教師。
12	自己（S） 気難しい隣人（13） 好きな隣人（12）	Sと12は農民。13は教師。
13	自己（S） 好きな隣人（12） 気難しい同僚（11）	Sと12は農民。11は都市の人。
14	自己（S） 気難しい同僚（11） 好きな同僚（10）	Sと10はまだ学校に在籍。11は大学を卒業している。
15	自己（S） 好きな同僚（10） 姉または妹（9）	Sと10は独身。9は既婚。
16	自己（S） 姉または妹（9） 兄または弟（8）	Sと8は独身。9は既婚。
17	自己（S） 兄または弟（8） 父親（7）	Sと8は問題に取り組み，それをまっすぐ追い求める。一方，7はそれについて無際限に議論する。
18	自己（S） 父親（7） 母親（6）	Sと6はわれわれのために金になる仕事をしたがる。価値あるものを得るためにお金をほしがる。7はどれほど多くのお金があっても，いつも不安定である。
19	自己（S） 母親（6） 好きなボス（5）	5と6は仕事を把握でき，よいボスになっている。彼らは自信をもっており，誰か他人のお金を農場経営に使うことができる。私にはそんなことができるとは感じられない。
20	自己（S） 好きなボス（5） 嫌いなボス（4）	Sと5は大学教育を受けている。4は受けていない。

21	自己（S） 嫌いなボス（4） ガールフレンド（3）	Sと4はレストラン事業について何時間も話している。（質疑）3と4は頭の回転が速く機敏である。私は少しのろい方である。
22	自己（S） ガールフレンド（3） 嫌いな先生（2）	Sと2は大学教育を受けている。3は受けていない。
23	自己（S） 嫌いな先生（2） 好きな先生（1）	1と2は先生である。（質疑）それだけです。
24	自己（S） 好きな先生（1） おもしろい人（24）	1と24は，ある種の仕事から別種の仕事へと跳び移っていく傾向がある。

　被験者は，第19, 23, 24分類（ソート）においてのみ，自己を他の2人の人物のうちの1人と同一化するのに失敗している。自己を他の人々に類似していると解釈する傾向は，必ずしも強い文化的同一化を示す必要がない。しかしそれはたしかに，そのためのステージを設定する。この第24ソートはとくにおもしろい。なぜならば，それは「好きな先生」と「おもしろい人」が見いだしているように見える一種の逃避への，少しものほしげな様子を暗示しているからである。またこの解釈を支えているのは，被験者がコンストラクトの浮上（現出）極の外側にみずからを位置づけている他の2つのソートである。第19ソートでは彼は不適切感を表現し，第21ソートでは他の2人の人物を素早く機敏であり，自己はのろいと記述している。これらは彼がみずからのために何か新しい場を見いだそうとするつかの間の努力なのではないだろうか？

　24のソートのうち16は，農業をする，教える，あるいは人の学歴，を含むコンストラクトに基づいている。社会的に構造化された同一化——職業と教育——の重視は，彼の人生が主に自分が所属していると見るグループによって明白であるコンストラクト・システムの内にしっかりと維持されていることを示唆している。彼のレパートリーにおける教育の使用と，第7ソートにおける威信のコンストラクトは，人が自己のシステム内での不器用な文化的コントロールと連携するクラスレベルの意識を暗示している。

　イベントの確証システムとしてのこの文化の見解には，ついて行くのが難しいかもしれない。そして，文化的なコントロールのアイデアと，われわれが人は経歴の犠牲者ではないと述べてきたこととを調和させるのは，さらに困難かもしれない。われわれの見る文化的コントロールは，クライエント自身のコンストラクト・システム内に存在するものであり，それは，意のままに使えるエビデンスの種類を限定するという意味においてのみ，彼に強制的に押しつけられるものである。彼がこのエビデンスをどう扱うかは彼自身の問題であり，クライエントはこれをとてつもなく多様な方法で管理しているのである。

文化的なコントロールは解釈の問題なので，われわれの例の被験者のケースがそうであるように，われわれは常に，これがその人の環境内で知覚される類似と対照に関連して作動していることを見いだしている。彼はたしかに，そのなかのどの要素も知覚していないコントラストでは，自己の人生を構造化することができない。彼はまた，それらに異なる意味を与えるのに必要なコントラストなしの，シミラリティによって自分の人生を構造化することもできない。

文化そのものの方法とともに，文化的コントロールの作用を理解できない臨床家は，しばしばクライエントの不安を間違って判断する。クライエントは臨床家の見落とす決着のつかないイベントをはっきりと見ている。これは，臨床家が文化的同質性には気づくのだが，その異質性には気がつかないために，時どき生起するのだ。彼は，クライエントが文化と近隣の期待のスムーズな流れにそって泳いで行くと想定する。しかしこれはめったに真実ではない。もしそうであったとしたら，ここには科学的心理学は存在しなかっただろう。

3 | クライエントの文化を同定するための手続き

臨床家は，クライエントのはっきりした文化的集団を同定することによって，このケースで作用している確証システムの速やかな評価ができるようになる。最も一般に使われている文化的集団のグループ分けの1つは，社会経済的なクラス——上流，中流，下流クラス等々——である。これは実際に特定の社会的価値システムに基づいており，これによって統合される思考は，過去2世紀の間にかなりの政治的意味を獲得している。実際，パーソナル・コンストラクト心理学の立場からは，この分類システムは限定的な価値しか持たない。このシステムは，人々が生活のなかで採用している道具——家，乗り物，富，制度的なメンバーシップ，個人的サービス等々——には光を投げかける。しかしこれは，異なるクラスの人々が生活を評価する次元を切り取る方法に対しては，比較的わずかな光しか投じない。このシステムは人々がみずから楽しんでいると信じる特権には光を投げかけるが，この人が何を特権だと考えているか否かの，もっと重要な心理学的事実は，それが何らかの現実のドアをこの人のために開いてくれるか否かとは関係なく示してくれない。最後にそれは，人が一定の社会的コンストラクト尺度上に自己をピンポイントで示すところには光を投げかける。しかしまたそれは，この尺度そのものが重要な変数であり，「上流」「下流」といった用語では，とくにうまくは分類されないという事実には，適切な考慮を払っていない。

たいがいの臨床心理士は，クライエントの運動の自由や，彼の社会復帰をもたらすのに利用されうる資源についての何らかのアイデアを彼らに与えるために，社会経済的クラスの見解を採用しようと試みる。たしかに人の経済的地位は，彼にはどんな治療を購入できる余裕があるのか，近隣の人々から逃れるためにどれほど遠くまで旅行

できるのか，そして，みずからを再方向づけするために，どれほどの時間賃労働から
離れていられるのか，を決定する。しかしまた，われわれが前に指摘しようと試みた
ように，移動の自由は，まず何よりも，人の人生の寸法取りの問題である。どれほど
多くの鉄道料金を支払っても，彼にとっては存在さえしない心理的な軌道上を移動す
ることはできないのである。

　クライエントの社会経済的クラスを同定する最も単純なアプローチは，以下のとお
りである。

　ａ．都市のコミュニティでは，人の住居のある街区が，その人の社会経済的クラス
への所属の第一近似を得るための基礎になる。これらの街区はたいがいの都市で，心
理学研究，投票，市場調査を目的とする区別がなされてきた。そしてこのチャートは，
クライエントの社会経済的分類についてもっと多くのことを知りたがっている臨床心
理士によっても採用されうる。

　ｂ．高度に産業化され商業化されたコミュニティでは，クライエントとその家族メ
ンバーの職業が，彼の社会経済的クラスの識別に関するいくつかの手がかりを提供し
てくれる。これらの領域では，彼が採用されている組織のなかでのランクもまた，彼
の社会経済的クラスの識別因になる。

　ｃ．より都会的でない，より産業化されていない，そしてより商業化されていない
コミュニティでは，社会経済的地位は，不動産所有と規則正しい労働時間からの自由
によって，より正確に識別されるだろう。

　ｄ．賃金にかぎらず収入は，それが知りうる場合には，社会経済的なクラスへの所
属の最も正確な指標の１つになる。これは親戚，とくに同じコミュニティに住んでい
る親戚の収入が考慮されるときには，もっと正確な指標になる。

　ｅ．家庭訪問が実行できるときには，社会学者によって開発された評価アウトライ
ンの１つを使うことができる。家の評価額と，そこに住む人々の人数に関連してその
家具調度の種類は，社会経済的クラスへの所属を査定するための根拠として使いうる。

　ｆ．社会経済的クラスへの所属の，より目立たない識別法は，その家庭内で読まれ
ている定期刊行物の目録があれば可能である。

　ｇ．社会経済的なクラスへの所属を識別する最も人気のある現代的な方法の１つは，
その人が乗っている自動車による。このラベルはしばしば誤解を招きやすいが，これ
はあまりにも共通に受け入れられるようになってきたので，この妥当性は増大してき
ている。それは，人々がみずから同一視したがるクラスの選択を示すのに，この方法
を使うのが有効であることを見いだしていることでもわかる。

　しかしながら，社会経済的クラスへの所属の同定にそれほど多くの時間を費やさな

いようにするために，臨床心理士はふつう，クライエントが同一化している民族集団に注意を向けるほうがよいと助言されている。これは，クライエントの人生を統治しているタイプのコンストラクトについて，何らかのほのめかしをより多く与えてくれる傾向がある。以下は，民族集団のいくつかの単純なラベルを表わしている。

　　a．民族および国家の血統　　クライエントまたは家族が移民してきてまだ新しいこと，出身国，あるとすればその民族によって代表される文化集団，そしてその家族が生きてきた民族的・国家的なコミュニティのタイプは，すべてが，人のパーソナル・コンストラクトに影響を及ぼす民族支配の重要な指標である。これらの事実に基づく判断は，個々のクライエントの文化的辺境性のエビデンスによって和らげられねばならない。

　　b．移住経路ルート　　この国では，移住経路が文化的識別の重要な指標になっている。この文化的識別への素人アプローチは——ここから新しい知人がやってくるのだが——，彼がどこからやってきたのか，そしてその家族がどこからやってきたのかに関する何らかの質問を，ほとんど常に含んでいる。親戚が住んでいる場所と，休暇旅行でとる経路もまた，クライエントの文化的愛着の何らかの指標になる。

　　c．退職計画　　退職したときに行きたい場所が，その人がみずからどんな文化的同一化をしたがっているのかに関する，そして，そのなかにいると最も快適に感じられる民族集団に関する，非常に有意味な手がかりになることがある。

　　d．訴　え　　臨床家の援助を求めるクライエントはしばしば，みずからの訴えのなかで文化的同一化を表明する。たとえば集中できないと訴える医学部進学課程の学生は，専門家の社会的地位を獲得させようとする親の圧力下におかれていることを，すぐに臨床家に疑われてしまう。自分が宗教的な信仰心を失ってきていると訴える若いクライエントは，一方では集団の文化的期待にあわせることと，他方では最近の経験との葛藤を表現しているようである。

　　e．教会への所属　　宗教は人の人生への広範囲のコントロールを強調する傾向があるので，教会のメンバーになることは，その文化によって強制されるコントロールの種類の何らかの目安を与えるのかもしれない。このコントロールの有効性と，クライエントが宗教的集団期待をみずからのパーソナル・コンストラクトの確証因として使ってきた度合を，決定するのは容易ではない。

　　臨床家は，クライエントがみずから継承している文化的コントロールを拒否しているようだという事実によって，間違った方向に導かれていると判断してはならない。ある人は「子どものとき私はこれが悪いと信じていたが，今はこれがよいと知覚している」と言うかもしれない。しかし，彼は必ずしも，彼の行為の行く末をプロットす

るのに使う座標を変化させたわけではない。人がその文脈内の要素のいくらかを移動させたというだけで，あるいはそのコンストラクトを彼の善悪のシステム内で全体として再分類したという理由で，このコンストラクトが蒸発してしまったり，そのコントロールの可能性を失ってしまったりしたと考えるべきではない。みずからの初期の宗教的なしつけを拒否した人でも，かつてそうであったのと同じくらい，なおも思考の限定された半地下道にいるのかもしれない。新次元を切り取ったり，新しいコントラストを創ったりすることに失敗する反乱は，それが個人の反乱であろうが，国家のそれであろうが，新しい自由を与えてはくれず，人がラベルのみを新しくした古い生き方に従い，新しい名前の新しい主人に従属するままに放置する。この点を理解することは，社会的価値の哲学体系のなかで，パーソナル・コンストラクト理論のなぜを理解することになるのである。

4 | 文化を定義する手続き

しばしば臨床家は，パーソナル・コンストラクトの文化的実験的決定因については，ちょっとした直接的な査定をするのが，何よりも有益であることを見いだしている。これはふつう具体的なレベルでなされねばならない。というのも，人が自分の文化を一つの文化として記述するのは実質的に不可能だからである。それはコンストラクトを対照要素のない文脈で表現しようと試みるようなものである。人は類似性だけでも，差異性だけでもコンストラクトを形成できないのだ。あるタイプの文化的コントロールの下でずっと生きてきた人は，このコントロールを特定のコンストラクトとして表現するのが最も困難なことを見いだすだろう。これらの言葉は彼を裏切るだけでなく，概念化の基礎である類似性と対照性が，彼の思考には単純に出現しないのである。

クライエントの文化的経験的背景の定義を得るのに使える，具体的な探求の路線は15ある。

　a．**クライエントによる他者の記述**　レプテストは，クライエントがいかにして集団の期待を環境内の人物像に反映させるかの，なんらかの指標を提供してくれる。彼はまた，他の人々をもっと非公式に記述するときには，自分と自分の仲間が自分自身の文化集団のメンバーにどのような行動を期待しているのかをも示すようになる。

　b．**クライエントによるよそ者の記述**　文化的なコントロールと期待に関するある見解は，クライエントがよそ者だと識別する人々の記述から引き出すことによって得られる。ある意味ではこれは，クライエントに自己の文化について，それが何でないのかを言わせることによって記述させる1つの方法である。よそ者の記述はもちろん，彼らのキャラクターの有益で正確な描写と受け取られてはならない。これらが有用なのは，これらがクライエントの自己自身の文化についての知覚を解明するのに役立つ

かぎりにおいてである。

c．**クライエントによるろくでなしの記述**　どんな文化のなかにも，人々の行動が受容されえなくなるときには，その人々は集団から排除される根拠がある。カーストを失ったり，文化を「ジャンプ」したりする方法は，民族集団内で作用する文化的コントロールの現実的な本質への，おもしろくも有用な手がかりになる。いくらかのクライエントはこのような追放された人々については話をすることさえ困難だとわかるが，このような人々について啓発的な記述を得ることは，多くの場合可能である。

d．**クライエントによる「特異な」人々の記述**　いくらかの形式のレプテストでは，「いっしょに仕事をしてきたが，理解し難かった人」というタイトルの人物が使われている。この人物の取扱いは，この被験者のコンストラクト・システムの限界を吟味する傾向をもつ。この人の文化的に決定されたコンストラクト・システムの限界についての類似の吟味は，面接状況でより非公式に達成される。この「特異な」人が，クライエントとその近隣者によって類似していると見られる場合には，臨床家は，このクライエントによって出されたコンストラクトがその民族集団に特徴的であると，推論するかもしれない。

e．**クライエントによる「悪い仲間」の記述**　悪い仲間とは何かについての見解は，民族に特徴的な起源をもっている。悪い仲間の記述は，多くの否定的な文章を含む傾向があるので，これと対照的な肯定的文章は民族的な期待を記述する傾向がある。もちろん，臨床家はその「悪い仲間」が何をし，何をしないのか，その具体例を求めなければならない。

f．**クライエントによるキャリアないしは人生役割の成功の定義**　重ねて言うが，説明は，これが名指された人々と実際の達成の記述によって表現されるなら，有効である。ある文化の歴史的英雄像は，おそらくその文化的な期待に沿うようにゆがめられてはいるが，民族的コントロールの解明には大いに役立つだろう。

g．**クライエントが武勇のエビデンスとして引用するもの**　たとえばけんかは，ある民族集団では武勇の特徴的なエビデンスとして挙げられるが，他の民族では追放された人の行動エビデンスと捉えられる可能性がある。

h．**フラストレーションと怒りの反応**　人々が失望したり怒ったりするとき，どんな特徴的反応をするかについてクライエントが記述したものは，民族的な期待の解明に役立つかもしれない。失望した人は飲んだくれるのか，詩を書くのか，妻を叩くのか，仕事に没入するのか，それとも外人部隊に参加するのか？

i．**もめごとの修復法**　ここでは家族の役割と，民族的に受け入れ可能と考えられる譲歩のタイプが，集団によって許容される再適応の自由を解明するのにいくらか役に立つ。メンツを保つのは非常に民族的なことなのである。

j．**求愛行動**　クライエントの求愛行動と夫婦間の行動パターンの記述は，個人的

な葛藤の基礎にありうる重要な民族的コンストラクトのいくらかを，臨床家が理解するのを助けてくれるかもしれない。

k. ユーモア　ジョークは文化の静的な特徴よりも，時代の趨勢を反映する傾向がある。それにもかかわらずジョークは，文化的コントロールの体系のどんな要素が再考されているのかを示すかもしれない。もしわれわれがこのジョークを，パーソナル・コンストラクト心理学の下で，予期はされなかったがきれいなイベントの再解釈になっていると考えるなら，今のところ人気のあるジョークは，社会的コントロールのどの要素が再評価のために開かれているのかを，かなりはっきりと示している可能性がある。

l. 民間伝承　民族的コントロールがどんなふうであるのかを理解するための標準的なアプローチの1つは，民間伝承を研究することである。物語，とくに異なる人々によって同じように語りがくり返されることで安定し明確にされた物語は，文化集団の信念，あこがれ，そしてコントロールを体系化する傾向がある。クライエントが子ども時代に親から語り聞かされた物語や，彼がコミュニティでくり返し語り聞かされてきたことを憶えている物語は，文化的コントロールの解明を助けてくれる有用な手がかりになるだろう。アメリカの文化では，「西部」映画や「西部劇」が，われわれの信念，あこがれ，コントロールをよく表わしている。

m. 集団の話し合いのトピック　クライエントは，自己の所属するグループのなかで現われてきた談話のトピックを記述することによって，彼の民族的同一化によって思い出されるコンストラクトを暴露するかもしれない。レプテストの個人的役割法では，あるグループの人々が何をするつもりで，何について話そうとしているのかを，被験者に尋ねるときに，このアプローチを用いる。

n. 他のグループ活動　臨床家は今までに述べていない種々の他の種類のグループ活動にも注意を払うべきである。これらはクライエントの文化のさらなる解明に役立つかもしれない。

o. クライエントによって表出された個人的葛藤　クライエント——とくに新しい文化的期待に直面している青年——によって記述された葛藤問題の多くは，彼が育てられてきた文化システムの本質を，はっきりと露呈している。

パーソナル・コンストラクト心理学の立場からは，クライエントの文化の研究は，確証因の研究——パーソナル・コンストラクトのレパートリーはこれによって検証し終わっていなければならず，または新しいコンストラクトは潜在的にこれを利用して検証することができる確証——であることを，心にとどめておくことが大切である。この目録の目的はこれであり，これだけなのだ！

人は必ずしも彼の経歴の犠牲者ではないと，われわれが今まで主張してきたように，人は必ずしも文化の犠牲者ではないと主張したい。この見解をとることによって，わ

第13章 経験の評価 117

れわれは臨床家として，いくぶん新しい方法で，クライエントの文化にアプローチすることになる。われわれは単なるラベリングをもってストップするだけでなく，各クライエントの文化の記述研究をもって，ストップすることもしない。それよりもむしろわれわれは，事実に基づかずに利用されてきたこれらの文化的確証因と併せて，クライエントのコンストラクト・システムに何が出現したのかを見いだし続けていく。

B 個人的経験

5 人のコミュニティ的背景の分析

今までのパラグラフでは，パーソナル・コンストラクトに関連する文化的要因の査定法を提言してきた。われわれはこのような査定のための基礎を形成するようにデザインされた探査路線を提案した。しかしながら，文化的な影響の査定は，しばしばそれほど直接にはなし得ない。臨床家は，クライエントのコミュニティ経験の分析を通じて，このトピックにアプローチしていかねばならない。彼はまず通俗的な抽象化のレベルでのコミュニティの記述を用いなければならない。次に彼は，クライエントのコミュニティとの関係に矛盾のないことが情報提供者にもわかる，はっきりした情報を求めなければならない。もっと心理学的および社会学的なレベルの記述は後に，その事実が入ってきた後で，試みられるべきである。

クライエントのコミュニティに関する情報を引き出すのに，臨床家が追随することのできる探査の路線は6つある。同じ探査の路線は，そのコミュニティ内のクライエントの特定の近隣者に関して補足的質問をするのにも使われる。クライエントが転々と住所を変えてきた場合には，彼が生活した種々のコミュニティの類似性と対照性を明らかにすることが大切である。というのも，これらが重要な社会的コンストラクトを形成せねばなければならなかった要素だからである。

ａ．**母集団の記述** コミュニティ，とくにその商圏の母集団のサイズが，通常カバーされるべき最初のポイントである。次にその母集団の人種・民族構成がきて，引きつづき情報提供者が提供できるそのコミュニティと近在の分類の記述が続く。

ｂ．**コミュニティ経済の記述** コミュニティ生活の産業的，商業的基盤が記述されねばならない。この母集団が主に賃金の稼ぎ手である場合には，雇用機関が記述されるべきである。たとえばこの雇用機関がそのコミュニティの大方の賃金の稼ぎ手を雇用している場合には，その機関の特別な性格を注意深く記述すべきである。こういう例では，会社の方針が，特異でおそらくなじみのない文化的影響のパターンを代表するだろう。失業の条件と雇用の長さも考慮されるべきである。コミュニティ内での退

職・引退の問題にも注意がはらわれるべきである。というのは，これが家庭内での情動的安定性のパターンと，年老いた両親や親族との同一世帯による混み合いに影響するからである。その会社の経済の季節的で不安定な特徴にも注目されるべきである。

　　c．コミュニティ内の移動　コミュニティにおける文化的なコントロールの有効性を理解しようとするならば，そこで起こっている移動にも気をつけなければならない。移行期にあるコミュニティや遊牧性の社会集団は，社会的コンストラクトの形成というとくに困難な，とくにその子どもたちにとって困難な問題を提起する。付加的な人口の突然の流入のような移動は，通常，子どもも大人もイライラさせる葛藤と論争をともなう。このイライラはその住民の相互対応の際に，より単純で原始的な社会的コンストラクトへと投げ返すことになる。

　　d．宗教的組織と習律　宗教的な宗派（セクト）とその類は，しばしば，一群の人々のコンストラクト・システムにおいて作用する，特徴的な文化的コントロールを代表している。前に示したように，宗教集団によって代表されるこの文化的なコントロールの及ぶのは，その正式メンバーに限定されるわけではない。このコンストラクト・システム内での対照的な行動を見せようとする反逆者は，そのコンストラクト・システムが彼のために同定する承認された類似性を固守する因習的な人と同じくらい，そのコンストラクト・システムに影響を受ける可能性があるのだ。店頭での伝道（ミッション）とその隣のバーとは，必ずしも鋭く対照的なコンストラクト・システムを代表しているわけではない。もっとありそうなのは，これらが，共通に受け入れられるコンストラクト・システム内での類似性と対照性の若干の要素の単なる再識別を表わしているにすぎないということである。したがって，文化的コントロールを理解しようとする臨床家が，地域の教会の宗教的習律（モーレス）を研究するときには，「教会」人のコンストラクト・システムについて彼が見いだすのと同じくらい，「非教会」人のコンストラクト・システムについても見いだす可能性が，しばしばあるのだ。人は組織に参加するときでも，反逆するときでも，みずからのコンストラクト・システムを大きく変化する必要は必ずしもないのである。

　　いくらかの宗教集団はそのメンバーの行動に広範囲のタブーを課することがある。ほんのいくつかをあげてみると，ある種の食物摂取の節制，安息日の活動の制限，日常の服装の規制，レクレーションの制限，自己犠牲，教会への寄付と出席，言葉遣い，産児制限（バス・コントロール）のタブー，医薬の使用の拒否などがある。これらのタブーは，それらが広範囲にわたって観察されるコミュニティ住民のパーソナル・コンストラクト・システムを理解するのに重要である。これが重要なのは，タブーが特定の行動様式に課しがちな制限だけでなく，役割関係の設立に割り込んできうる困難さもあるからである。さらに，あらゆる宗教的タブーを厳密に「霊的」だと考えるのは，深刻な間違いである。これらのうちの多くは，人が空想するものと同じくらい完全に「物質的」である。

これらのうちのいくつかは，組織によるコントロールと公的な権威を強調している。これらはすべて，このコミュニティの住民が継承する罪悪感と不安感情のパターンの解明に役立っている。

e．学校と教育のパターン　公立学校の支援にどれだけの比率で公収入を使おうとするのかは，コミュニティによってかなり異なる。学校がコミュニティと州の税収から受け取る支援の相対的な量は，もちろん州によっても異なる。州とコミュニティは，子どもの人口比率が大きく異なる。教育の伝統と集団期待はコミュニティによって非常に違う。広大な大学の施設を擁する小さな市の大学進学率は，住民の移動の比較的小さな遠隔のコミュニティから大学にやってくるものの進学率の数倍にもなりやすい。

　教師に支払われる給料は，学校施設への投資額よりも，コミュニティの教育信念のより確実な指標になる。教師の教育レベルと終身在職権もまた，コミュニティの教育の伝統を評価する際の重要な変数になる。コミュニティの学校で教育することで人生のキャリアを積んでくることのできた教師の数をチェックするのは，通常は，非常に簡単である。コミュニティ内の私立と教区学校の利用もチェックされるべきである。コミュニティにおける私立学校の広範囲の利用は，社会的クラス間の高い障壁と，そして，社会経済的クラスへの所属についての多くの個人的不安と，結びついているようである。

　学校の影響を評価するための手続きのより詳細な議論は，後の節でなされる。

f．レクレーションの資源　臨床心理士はクライエントの出身コミュニティのレクレーションの資源を素早く調べておく必要がある。公園，遊び場，水泳プール，動物園，公的な庭園等々のような公的資源はすぐにチェックできる。組織とレクレーション・プログラムは，物理的な施設のなかに常に潜在しているわけではないが，もっと注意深くチェックする必要がある。若者組織の活動も研究されるべきである：ボーイスカウト，YWCA，学校の課外レクレーション・プログラム，教会の青年グループ，セツルメントハウス・プログラム，サマー・キャンプ，夏と冬の遊び場プログラム，スポーツ訓練，クラブ等々。成人のレクレーション・パターンも常に研究されるべきである：女性組織，ロッジと労働組合プログラム，教会活動，成人教育活動，ボーリングと野球のリーグ，ダンス場，スケートリンク，居酒屋，スポーツクラブ等々。1つのアプローチは，コミュニティ内でのある時期のあるクライエントにふさわしいレクレーション活動のリストをつくることである。このようなアプローチは，しばしば啓発的である。これによって，このコミュニティでは多くの活動が進行中であるが，ある退職者にとって便利な時間と距離の範囲内には，適したもののないことがわかるかもしれない。また，両親が夕刻に働く青年女子には，適したプログラムが存在しない等々がわかるかもしれない。

6 学校についての簡単な心理学的評価の骨子

　臨床心理士は，1，2時間もあれば学校状況を評価することができる。この評価は，その状況を経験するどんな子どもたちに対処する場合にも，かなりの助けになる。もちろん，徹底した学校の調査をするには，おそらく臨床家がもっているよりももっと多くの時間と訓練を必要とするだろう。授業時間中に学校を訪れる場合には，心理士は校長や2，3の先生とのアポイントメントを事前に手配しておかねばならない。1，2のクラスと遊び場を15分間隔で訪問することができる。校長と教員には各15分の面接ができる。こうして獲得する情報は，おそらく個別のケースにおける彼の仕事との関連で使われるので，この学校がどの程度「よい」か「悪い」かを決定しようとする試みは，彼にとっては必ずしも必要でない。しかし心理士は，学校に出席すればどうなりそうか，学校はパーソナル・コンストラクトのどんな文化的確証を提供してくれそうか，そして，その子の治療ではどんな再適応資源が動かされうるのかについて，何らかの見解を獲得しなければならない。

　a．遊び場と建物　学校の出口に達するまでに，心理士はたとえば学童パトロールの利用，警察官の存在，その地域でなされている交通信号の保護のタイプなどの，どんな交通安全対策がなされてきたのかを観察する機会がもてたであろう。スクールバスが使われている場合には，その修理状況，運転手の雇用のタイプについて，それなりのアイデアが得られるだろう。これらはすべて，子どもの安全に対するコミュニティの関心と，おそらく人としての子どもに対する全般的な関心を反映している。

　遊び場での活動は学校が「始まる」前に観察されうる。心理士は少しばかり経験をもっているので，遊び場の間の顕著な違いに気づくようになるだろう。設備，男女の隔離，1つのグループが他のグループの活動を妨害せずには，ゲームができなくなるほどの混雑，練習の際の監督とマナー，あざけりのエビデンス，組織的または建設的な遊びの出現，孤立した子どもまたは孤立したペアの数，水飲み場やトイレまわりの行動——はすべてほんの数分で観察されうる。会話の一部にも注意が向けられ分類がなされうる。容易に気づくのは，「それでいい」「OKだ」「ぼくがなおそう」「ビル，こっちにおいで」等々のような支持的な言葉と，これらに対抗する，軽蔑的な言葉のバランスである。

　b．教　室　掲示板は観察するのがよい。単に「本に記されているだけのもの」に比較して，その機能する活動について，なんらかのアイデアが得られるからである。小学校のクラスでは展示作品がアイデアを与えてくれる。それは，個々の子どもが教室で仕上げた作品の質や多様性だけでなく，より重要なのは，個々の子どもの自発性と独自性が受容されている程度についての，そして，その作品がこのタイプの認知を受けている子どもの比率についてのいくらかのアイデアを与えてくれることである。

ちょっとした経験があれば，「子どもが主導し発展させたプロジェクト」対「大人の趣味」に「鼻」が利くようになる。個々の作品に付けられた教師の所感やコメントにも注目すべきである。これらは教師が子どもたちとの間に形成した関係の本質について，何らかのアイデアを与えてくれる。使われている材料の多様性——アート紙，絵具，広告ビラ，カラーピン，布，木，電線，工具など——は，子どもが創造的な仕事をするのに自由に使える資源について，何がしかのアイデアを提供してくれる。言語形式とアート形式の表現のどちらがより重視されているかも注目されうる。心理士はプロジェクトが進行中であると見られるか否かも観察すべきである。クラスの展示は，子どもたちが個人あるいは集団で達成したものを観察し評価できるように計画された展示というよりも，時には「ショーウインドーの装飾」以上のものではないことがある。

過剰に大きなクラスは，ほとんどすべての教師の職業生活を破滅する元になる。心理士がこの問題を認識しないかぎり，彼の教師との専門家同士の関係は緊張することになる。実際，心理士と教師の間のより多くの誤解は，この2つの学問におけるすべての総合的体系的な違いよりも，この一点をめぐって形成される傾向がある。教師が生徒との仕事を個別化する能力について考えてみると，子どもを理解することに加えて，考えるべき3つの緊密に絡み合った要因がある。それらは，クラスのサイズ，教えている学年のカリキュラムの熟知，そしてすぐに使える教育の資源と材料である。

著者はかつてスコットランドのグラスゴー教育大学において，教育資源を利用する素晴らしいデモンストレーションに大きな感銘を受けた。教師は大体4つの異なる評価レベルにあるおよそ60人の小学生を，**各生徒に個別のシラバスをもって**，巧みに扱い成功していた。彼女はもちろん，自分の教育資源には完全に精通しており，その非常に多くを簡単に操作していた。実際，著者の記憶が正しければ，そこには棚でおおわれた2つの壁があり，その棚にはあらゆる種類の教材，アウトライン，説明，イラスト，装置，練習問題，原資料等々がおさめられていた。

教室を訪問する心理士は，その教室の生徒数と利用可能な教材の多様性に注目することによって，教育の個別化における2つの重要な関連要因を素早く評価することができる。おおかたのところは，実際に使われている教材は使い古されており，子どもの手の届くところに保管され，埃をかぶっていることもない。かなり大きなクラスでは，最近使われたばかりのように見える多くの図書や原典が机やワークテーブル上に置かれていて，こういった材料がかなりよく使用されていることを示している。

教室の備品配置は，うまく実行できる活動の種類や多様性について，ちょっとしたアイデアを与えてくれる。多目的室には可動の家具，テーブル，作業ベンチ，ラック，本箱等々があるだろう。映写機，図表，模型，展示，略図等々を含む視覚教材は，設置するのが難しくない。照明はよくないかもしれない。ふつうはそうである。簡単な

テストは，部屋の一番暗いコーナーで腕時計の秒針を読んでみることである。読書の距離も悪いかもしれない。子どもたちは大人に比べると近視傾向がある。観察者はこの事実を考慮しながら，生徒が教室の後ろから読めると期待される黒板と図表を，読もうと試みるかもしれない。黒板を読むのを妨げる反射もチェックすることができる。教室に入るとき，観察者は通常右前の座席から単純に黒板の反射をチェックすることができる。灯りが低く固定されて取りつけられている部屋では，その反射と眩しさの両方が視覚をひどく妨害する。

　c．**教室の行動**　訪問者の存在に対する子どもたちの反応は，クラスによって大きく異なる。実際，そのクラスの観察者に対する反応から，そのクラスが訪問を受けた頻度について，かなり正確な見解をもつことができる。子どもも教師もどちらも自意識のサインを見せるときには，それは，建設的な親の関心と学校プログラムへの参加が欠如していることを示している。子どもたちの自発的な友好性は，形式的な「行儀のよさ」とくらべると，この集団のクラス中心的なモラールについて，ちょっとしたアイデアを与えてくれる。

　教師の提案と子どもの相互提案に対する子どもたちの応答性には，注目がなされうる。彼らが教師に対しては応答的であるが，相互的には応答的でない場合には，協力が一般的な行動パターンにはなっていないのではないかと疑われる。子どもたちが相互には応答的であっても，教師にはしぶしぶ従っているだけの場合には，このクラスの社会的な組織化が教師を，そして自分たちには似ていないあらゆる大人と人々を排除していることが疑われる。生徒同士の談話は，このグループの社会的風土の解明に役立つ。言語的な交換に，防衛性やいじめのエビデンスが見てとれる場合には，この発見は，この教室内の子どもがみずからの個人としての統合性を防衛するためには追求しなければならない社会的期待に，解明の光を投げかけるものだと解釈しうる。

　音声の調節もまた，ある程度まで集団のメンバーに開かれている，運動の自由の測度である。高い音声，あるいは時の経過やある話題の議論とともに高まっていく音高は，運動の自由が攻撃的な努力の関数として見られることを示している。ピッチの調節は，興味のあるトピックへの何らかの反応を示しているはずである。完全に斉一なあるいは平板なパターンの調節は，抑制感とおそらくは屈服感を示している。文章ごとに，話題ごとに変化するパターン，そして社会状況の関数と見られ，時間の経過とともにあるいは他者の存在によって着実に上昇する調節パターンを区別するのはそれほど難しくはない。

　クラス内の緊張と弛緩は注目に価する。子どもたちはみずからの緊張を種々の異なる方法で表わす。運動の欠如は必ずしも弛緩の指標ではない。とくに厳しくしつけられた社会的状況ではそうである。また人は，内容に関して音声の調節，あるいは適切なピッチの上下の調節を探し求めたのと同様に，弛緩のエビデンスとして運動行動一

般の適切性を探し求めることができる。子どもの運動行動に活気がない——すなわち，各メンバーは他のメンバーの動きとは独立に動く——傾向のある場合には，その子が能動的であっても，人は緊張の妨害状態を疑うものである。彼の運動行動が一貫して協調を示す場合には，その座席内での姿勢を変えても，彼はリラックスしていると信じる理由がある。しばしば緊張は，「爆発的な動き」によって暴露される。これらはぎくしゃくしていて，時にほとんど舞踏病様の動きをする。これは，いくらかの子どもたちが緊張し過剰に刺激されるときに観察される動きになる。たとえばほとんど不随意的に見える脚の突然の動き，あるいは，姿勢の再調節や手元の課題の遂行とは無関係に見える腕の側方運動は爆発的と考えられるかもしれない。

いわゆる衒奇症（マンネリズム）も注目されてよい。鼻くそほじり，筋のけいれん運動，髪の毛よじり，ひっかき，しかめっつら，顔なで，爪かみ，指吸い，ロッキング，机のコツコツ叩き，唇なめ，まばたき，にがい顔，机の割れ目にそった鉛筆の押し込み，鉛筆嚙み，消しゴムの過剰な使用，鉛筆や他のものを指の間で転がすこと，紙破り，マニキュアのはぎ取り，うめき声，課題遂行中の一瞬の息止め——これらはすべて子どもの前向きの努力の部分的な不成功を示唆するサインである。厳格なしつけのコントロールのもとでは，これらのマンネリズムは消失するかもしれない。ただし，子どもの臨床経験によれば，しつけをする人が存在しないときには，これらは顕著に再現することを示しているようである。

教室での協力的な努力が有効であるというエビデンスは，注目されるのがよい。自発的協力のちょっとした指標をもっていっしょに，作業している子どもたちは観察がなされうる。またこの協力が個人的なリーダーシップの強い締めつけのもとでなされているのかどうか，相互理解に基づく協力的役割のエナクトメントを含んでいるように見えるかどうか，また，それが暗黙に理解された，あるいは明瞭に述べられた目的と方法に基づくのかどうか，にも注目されるべきである。目的の協力的な定式化は，短い訪問では見つけがたいが，気づかれるときもある。子どもの目的よりもむしろ，成人の目的の追求のほうが，グループの共同の努力においてしばしば見いだされうる。

人は，このグループの協力的なパターンのなかに，自発性 (initiative) と独立性 (independence) を探求すべきである。子どもがみずから選択する課題に取り組む際の即時性，教師の様式化された方法によるよりもむしろ，子どもみずからの方法で問題を解決していく自発性，そのアイデアや言語表現にただちに従おうとする適切な行為への傾向などは，爆発性を伴いうるとしても，すべてが自発性のサインである。鉛筆削り，他の生徒への話し掛け，トイレに行くためにあるいは飲み物を得るために教室を離れること，仕事の開始や単純な行為の遂行へのためらい，あるいは遠回しの話し言葉のような，単純なことをするのに徹底して「許可」を求めることは，自発性が集団行動の規則性に従属させられてきた程度を示す指標となっている。自発性はまた，

子どもたちの側についての独立した研究のサインによっても示されうる。原資料，補助教材，特殊装置等々を指示されなくても使う子どもたちは，彼らがクラスの学習課題を達成するのに何らかの主導権（initiative）をとってきたこと，そしておそらく，これに関してかなり多くの雑用を抱えている教師を救ってきたことを示している。

　d．**教師の面接**　教師との面接は，彼女（教師）がみずからのコンストラクト・システムの本質を示せるように，デザインされるべきである。それはとくに，彼女の社会的な存在に自己を適応させねばならない子どもたちに，巧妙に押しつけられる期待と関係しているからである。この教師には，彼女が直面している問題と，彼女が教室で受け持っている何人かの子どもについて，尋ねることになろう。彼女の座標設定の仕方によって，生徒たちが自己の経験のなかに何を組み込んでいこうとしなければならないのかが理解できるようになるのだ。どんな種類の連続体にそって，彼女はそれらをプロットするのだろうか？　彼女は子どもたちを，野心的か怠け者か，優しいか残酷か，静かか騒々しいか，協力的か頑固か，といった軸で見ているのだろうか？　もしそうであるなら，これらは自由に動ける軸であり，これらの軸にそって彼女のコンストラクト・システムは，生徒たちが教師の期待に適応しようとして，みずからあちこちに動くのを許容することになる。教師がこのタイプのコンストラクトに関連して全体として，子どもたちをプロットしてきたことの重要性にくらべると，教師が子どもたちをもっぱら野心的だとか，もっぱら怠け者だとか見ることは，それほど重要ではない。

　再びいうが，われわれはパーソナル・コンストラクト心理学においてこのテーマを強調する！　圧力下におかれた子どもは，この教師が彼に望む方向には動かないとしても，みずからにとって明らかな解釈軸に沿って，動こうと試みるだろう。心理士は教師の使うコンストラクトに注意深く耳を傾けて，これらのコンストラクトが子どもたちの適応への努力にどんな方向性を与えるのかを考えるべきである。

　教師との注意深い面接から，人は，彼女が対処不可能だと考えている種類の問題を見つけ出せるかもしれない。一般にこれらは，比較的具体的なレベルでの子どもの行動の記述として表現される。ただし，これらの具体的行動をより包括的なコンストラクトに関係づける，明らかな能力はない。ある具体的行動をより大きなスキームやパターンに適合するとは見られない教師，あるいは，彼女自身にとって行動の許容範囲を与えてくれないコンストラクトにしかこれを適合させられない教師は，現実の心理学的難題をもつことになる。心理士は，この教師にはどんな種類の行動とどんな子どもが具体的レベルでしか記述されないのかを知るためには，注意深く聴取すべきである。時にこのタイプの記述は「客観的」と呼ばれることもあるが，解釈に従わない客観的記述は，適切に扱うことができない。これは，この教師には明白な真実である。ただしこれは，あらゆる人間関係において基本的なポイントである。子どもたちの行

動の建設的な解釈は、とくにその行動が子どもたち自身のコンストラクトから発すると見られるときには、教師と生徒の間の生産的な役割関係の非常に最も健全な基礎になる。

時に心理士は、いくらかの子どもたちがどのように感じ、彼らのものの見方がどうなのかを、直接教師に尋ねることによって、彼女が役割関係の基礎をみずから確立しているのかどうかを見いだすことができる。ある子どもがある状況で何を言おうとしていたのか、そして、その子が自己の反応を自己のものの見方の他の側面にどう関係づけるのかを、教師が予期できる場合には、彼女は、へつらうような言葉でこの子を記述しなくても、この子の再適応に役立つように解釈することによって、みずからをこの生徒に関係づける基礎をもつようになるのかもしれない。

罰の使用はふつう、役割関係の崩壊のエビデンスと解されるかもしれない。教師が罰を与える理由と、罰のモードが何なのかを、心理士が発見できる場合には、教師のコンストラクト・システムが彼女と子どもたちとの関係に構造的なアプローチを提供できなくなるポイントについて、何らかの見解を得られるかもしれない。罰を使ったことで教師を譴責するのは、とくに援助的ではない。それはそれ自体が罰の罰になるのだ。理解できない状況に対処するのに、すべての教師が罰あるいは罰と等価なものを避けると予期するのは、おそらく期待しすぎである。実際、絶対に罰は使わないと主張する教師は、おそらく罰と等価な込みいったシステムを開発しているはずである。それは、社会的拒否、個人的な軽蔑、皮肉、悲痛な罪悪感を喚起するメカニズムなど、文字どおり「罰」と定義される方法と同じくらい残酷で自尊心を破壊する可能性がある。

e. 記録に対する教師の姿勢　教師のコンストラクト・システムへの一つのとくに重要なアプローチは、心理テストの結果についての彼女の理解を通じてなされる。教師によっては、心理テストの結果を、自分たちが生徒との専門的関係において使っているコンストラクト・システムとは無関係だとして、完全に拒否あるいは無視するものがいる。また他の教師は、心理テストを、みずからの責任のレベルがどうなのかを示すものだと見る。すなわち、子どもが愚かな場合には、自分たちはその子とともに何かを成就する責任を負うものではないと考える。子どもが知的である場合には、知的な人がすると想定される行為をこの子にさせるのに失敗すれば、自分たちに罪があるということになる。

教師の間ではごく普通であるが、あらゆる種類の不必要な悲惨を引き起こす見解は、テストの目的が単に子どもの欠点を公的に指摘することにすぎないというものである。これらの教師はどんな低得点に対しても、それがあたかも毛穴の黒ずみや吹き出物であるかのように、大喜びで襲いかかり、この欠点が修復されるまでは、この子に対する意見を変えるのを拒否する。テストの高得点は無視されるが、しかもなおこれらは、

鋭い眼をもつ教師なら同じ目的を達成するのに動かしうる資源そのものであることを指し示しているかもしれない。

それから，テスト結果をまったく直解主義的に捉える教師たちもいる。ここでこれらの教師は，客観性の長所が直解主義を通してのみ達成されうるという態度を，いくらかの心理士と共有している。このような心理士は，文化的なハンディキャップ，検査者の臨床訓練が不適切である可能性への彼女（教師）の気づき，施行されたテストのタイプについての彼女の評価，テスト状況についての彼女の評価，テスト間の間隔についての彼女の気づき等によって説明されうる，テストの変動の種類を，教師が意識している程度を知らなければならない。これらはすべて，教師が生徒を扱う際の多彩さを示しているのである。

学校における生徒の個人記録はその用途が大きく異なる。これらが生徒の人生にどんな関係をもつのかを見てチェックする方法は，この記録が，彼女の担任するクラスのいくらかの子どもに関して何を示しているのかを，この担任教師に尋ねてみることである。この記録システムがどれほどよいものであっても，これが記録する重要な事実がこの教師に知られていないかぎり，これは子どもたちの日常生活とはあまり関係がないものになる。いくらかの教師と管理者は，子どもたちが新しい教師に出会うときには，どの子も白紙状態から出発できるという理由で，個人記録は教師に利用できないようにすべきだという見解をとっている。教師が子どもたちを主に「善」と「悪」によって評価する傾向がある場合には，この見解にはメリットがある。しかし，材料を再構築できる——いいかえれば判断を働かせられる——教師は，子どもについてより多く知るようになるほど，子どもをよりよく理解するようになるだろう。

教師が所与の子どもとの仕事の方向性をチェックする最も重要なものの一つは，彼女はこの子がいつ卒業すると考えるのか，そして学校にとどまると思われるこの何か月かの間に，学校はこの子のために何を最もよく達成できると考えるのかを彼女にたずねることである。時に教師は，いかに速く時が過ぎ去るのかを見いだしてショックを受けることがある。そして時に教師は，今この子のために教師が達成を追求しているものと，今から5年間でこの子がするだろうと教師が信じるものとの間にどんな函数的な関係があるのかについては，ほとんど何も言うことができない。教師が子どもの人生役割を未来に投射する能力は，彼女自身のその子との役割関係の重要な測度となる。

心理士は両親に与えられた報告のサンプルを見せてほしいと頼むことができる。このような報告から，心理士は，教師が両親とともに確立しようと試みているコミュニケーションの有効性を判断することができる。心理士はまた，どんな種類の材料が学校での子どもの進歩の評価に関係すると教師が考えているのかを判断することもできる。時に教師の親への報告は，不満の性質を帯びていることがある。時に教師は，両

親が子どもの問題を処理するのに試みうる特殊なアプローチを指摘することがある。あまりにもしばしば，彼らは両親をなだめて，彼らを教師にとってあまり問題にならないようにしようと志向する。1学年の一連の報告における1つの共通の技法は，最初の報告を非常に批判的にし，次に進歩を報告し，学年の最後に成功の称賛をもってくるものである。これは教師側の地位を維持しようとする努力なのかもしれない。

　いくらかの教師は年度の早い時期に家庭訪問をする。このような家庭訪問の報告は，これらの教師が特定の世帯のメンバーとしての子どもを扱う際に直面する問題の解釈に多少のヒントをあたえてくれる。

　教師はしばしば特定の問題に対する自分の処理方法を進んで記述しようとするものである。いくつかのテーマに欠陥をもつ子どもにとって有益だとわかる種類の治療手続きについての短い記述と，視力低下や難聴への適応のために彼女の使う方法は，彼女の多才さと柔軟さの解明に役立つ。口火を切るのによい質問は，「あなたの教室に耳の聞こえにくい子どもがいるかどうか，あなたは知っていますか？」である。一般に，自分のクラスのいくらかの子どもたちの個別の要求を鋭く対比できる教師は，このグループの問題を難なく処理することができる。

　f．校長の見方　校長との面接では，カリキュラムと学校行事のスケジュールがよい出発点になる。コースの提供については，この地域の学校コミュニティでとくに役立つ機能とともに，職業的およびレクレーション的な意味をもつコースも含めて，その地域的な機能に関する議論をすることができる。常に重要なのは，どれくらいの比率の子どもたちが各タイプの課外活動によって影響されるのかを見てチェックすることである。運動，演劇，クラブ，音楽活動に参加している生徒の比率は，しばしば当惑させられるほど少ない。それは，いくらかの子どもたちが関与する活動の数が非常に大きいとしても，そうである。活動の公式スケジュールは，実際の活動スケジュールと対比してチェックされるべきである。使われない状態に落ち込んだ公式のスケジュールは，モラール衰退のサインになる。

　生徒と教師で構成される女子クラブ，男子クラブ，そして社交クラブに対する管理者の気づきは，活用されうる。小さな学校におけるこのような限定されたグループ分けは，全体としてのプログラムの有効性を減少させる。社会的なグループ分けが他には扱いようのない大きな学校では，公的な下位グループの存在が，適切な社会関係の樹立の必要条件になるかもしれない。学校における全下位グループの配置の本質は，心理学的評価にとって重要なトピックである。

　成績と特典との関係は，価値のあるトピックである。時に子どもたちは，「教養的」な勉強で一定の成績をとる場合にのみ，産業アート・コースの取得や，運動への参加が許される。このようなシステムは産業アートやスポーツの最も価値のある目的を打ち壊し，全システムが耐えている「教養的」な勉強への表層的で法律遵守的な態度を

形成するかもしれない。子どもの教養的勉強への間違った順応は，彼が産業アートの訓練を受けられるようにする最も緊急の理由なのかもしれず，「チーム」から彼を引き離すことの困難さは，チームへの同一化を求めて泣き叫ぶまさにその理由なのかもしれない。

　この学校で企画された特別プログラムは簡単に調査研究がなされうる。コミュニティの学校に行けない身体障害の子どもについては，学校は何をしてくれるのだろうか？　何か月も学校に行かせてもらえないリウマチ熱にかかった子どもは，何がしてもらえるのだろうか？　知的障害児は何がしてもらえるのだろうか？　低年齢の子どもは，どんな条件下で個別教育のための特別支援学級に配属されるのだろうか？　その教育の本質は何なのだろうか？　どんな教師がここで教えるという仕事を与えられるのか，そして，こうして措置された子どもにとって，その通常の結果はどうなのだろうか？

　この学校の生徒たちに対する校長の姿勢について，多くのことを物語る1つのチェック法は，前年に卒業あるいは脱落してこの学校を去っていった子どもたちに何が起こったのかについての校長の知識である。子どもたちが習慣的に学校を去っていったときの年齢と，義務的出席の最高年齢との比較は，管理者の立場からも，学校の期待システムのもとでやってくる子どもと作業する心理士の立場からも，どちらにとっても知っておくべき重要なポイントである。この学校の生徒の大多数が従うと期待されうる職業パターンは，校長が知っていなければならない。

　指導記録もしらべることができる。校長には，どんな種類の管理的決断にこの記録が活用されているのかをたずねることができる。指導記録へのアクセスについての，学校のポリシーが見いだされるはずである。

　職員会議の利用もチェックされるべきである。心理士がいずれかの会議に参加できれば，非常に役に立つ。管理問題がもっぱら議論されているのか，それとも専門的な問題が扱われているのか？　先生方は，何か理解力のある方法で，ケースに「スタッフを張りつける」ことができるのか？　職員会議ではどんな種類の専門的決定がなされ，ふつうはどんな追跡が行われているのか？

　子どもたちの親によって，あるいは生徒たち自身によって，学校管理へのどんな参加が実際に実行されているのだろうか？　ポリシーの問題はどの程度まで親や生徒が参加しているのか？　生徒の自治会（student-government organization）は警察機能としてのみ利用されているのか？

　最後に，教師を理解する場合と同様に，管理者自身のコンストラクト・システムが最も重要な研究のトピックである。それは，ここでのトピックの議論を通じて明らかであろう。使われている形容詞，強調されているトピック，あるいは引き続き推敲されているトピックは，心理士にとって重要であり，注目されるべきである。管理者の

第13章　経験の評価　129

コンストラクトは，個々の生徒のコンストラクトにとっては確証因として作用する，文化的な期待を表わしている。これらは，文化的に受容されたネットワークのうちで，彼にとっての運動のチャンネルを切り開くのである。

7 │ ある人の現在のコミュニティの対人関係の分析

　われわれはすでに，多様な観察者により多少とも客観的な記述がなされうるように，人のコミュニティの背景分析について論じた。が，人のコミュニティ経験の研究は，その人自身の目を通して，近隣レベルでその背景を見ようとしないかぎり，完全にはならないだろう。彼が共に生きる人々とは誰か？　どの人と彼は同一視するのか？何が彼の対人活動なのか？　彼はいかにしてこれらの対人関係に，生き生きしたものにする構造と色づけを与えるのか？　パーソナル・コンストラクト心理学の視点は，心理学的な予測をするもっと科学的な方法を提供するために，この個人的なレベルの解釈を探すよう励ましてくれる。

　a．言語集団　異なる言語集団を抱えるコミュニティにおいては，人が最も自発的に話し，最も快適に感じる言語が，その人の集団同一化への手がかりになる。時に人は，この内集団関係に不快を感じるからではなく，このラベルが他集団との関係において不快を感じさせるので，自己と自己の言語集団との同一化を取り消そうとすることがある。このようなケースでは，心理士は，クライエントの脱同一化（disidentification）の抗議を間違って額面どおりに受け取ってしまう可能性がある。このクライエントが，この心理士を，みずからの私的な集団同一化によって，みずからの関係を危機にさらすタイプの外集団の一員だと，よりはっきりと知覚すればするほど，このコミュニティでの彼の対人関係へのアクセスはより困難になる。

　人の（集団への）忠誠に対する問いをうまく追求するには，心理士がクライエントの同一化を受容していると見られていること，そして，クライエントが心理士をライバル集団と緊密には同一化していないことが必要である。クライエントが自己の集団の名前を言うのを拒否する危険性はそれほど大きくはなく，むしろクライエントは，その心理士の集団にも受容されると信じている自己集団への態度を，表明しようと努力するだろう。白人の面接者が，有色人種のクライエントで，自己集団を軽蔑するように「ニグロ」と呼ぶようなクライエントをもつことは稀ではない。それは，より深い分析によって，クライエントが有色人種に共通で有効な社会的デバイス——白人に対処する際の軽蔑的な従順さのデバイス——を使うときにわかる。ユダヤ人のクライエントは彼の仲間を広く「カイク」（訳者注：ユダヤ人の蔑称）と呼ぶかもしれない。しかしこの用語は，いくらかの事例では，その集団に対する彼の本当の態度の指標というよりも，面接者の社会的知覚の指標として，より意味をもつのかもしれない。言語集団は同じ危険性を提示している。

時に人は，自分がある言語的または文化的な集団に属することを，内部からの脅威の存在によって，否定しようとすることがある。前の節で指摘したように，パーソナル・コンストラクト心理学は**脅威**の見解をつくるために特別な貢献をしてきた。脅威は内的である。脅威は，われわれの定義によると，まったくあまりにももっともらしいものの見方である。この見方が採用される場合には，これは遠大な破壊的意味あいをもつだろう。通常脅威は「動き」あるいは人の心理的コンストラクト・システムの形成に関係している。したがって脅威は，われわれに，以下のような可能性を突きつける。すなわち，われわれは実際には何の進歩もしていない，われわれはまだ子どもだ，われわれは本当は過去のしがらみから解放されていなかったのだ，われわれは本当は自分の望ましくない特徴を取り除いていなかったのだ，われわれの努力は無に帰したのだ，というような可能性である。脅威がこのように見られるときには，みずからの文化集団との同一化がどれほどの脅威と解釈されうるのかを見るのは，それほど困難ではない。このことは，イベントの主流が速やかに流れ過ぎていくように見えるのに，人が自分の文化集団を静的または停滞的だと見ている場合にとくに当てはまる。しかしこれについては，後でもっと論じることにしよう。

　ある人の現在の対人関係を露呈するように計画された面接を行なう際には，人はクライエントの集団成員性の感覚の指標としての「われわれ」や「彼ら」にとくに注意する必要がある。クライエントが自分の観察した活動や集団一般について話をするときには，これら2つの代名詞とこれらと等価なものがクライエントの集団同一化についての主要な情報源になるのである。

　b ． 組 　織　クライエントの所属する組織の名前は，公式のものも非公式のものも，重要な情報項目である。これらの組織のタイプはクライエントみずからが従属している文化的なコントロールの種類を示している。これらの多様性は所属感を求める範囲を示している。これらの組織の数は文化的同一化と公正さへの努力の強さを表わしている。エンブレム，ステッカー，襟章，名誉ある男子社交クラブ^{フラターニティ}のカギ等々を見せびらかすのは，クライエントが自己の公的集団への同一化の必要性を解明するのに役立つ。

　クライエントが参加している組織の構造と機能について，彼の解釈を確認することは重要である。心理士は何かの驚きを求めて参加してきているのかもしれない。クライエントが単なる婉曲表現——これによって多くの組織はその目的を公表している——のみを言語化するところから出発する場合には，彼がその会員カードをどれほど価値づけているのかを見いだすのに，ちょっとした熟練の面接が必要かもしれない。

　コミュニケーションが自発的になるところまで面接が進んだ後には，心理士はクライエントに，そのコミュニティ内のいくつかの集団で，みずからの受容可能性と不可能性をどう知覚しているのかをたずねることができる。クライエントがみずからの知

覚を説明するのに持ち出す論拠は，彼が種々の他の生活状況にフィットさせる一般的な知覚パターンとして考えられるかもしれない。これらは次には，あらゆる社会的イベントを消化して栄養経験にかえる方法をかなり解明するかもしれない。これと同じ関連で，心理士自身がどんな集団を受容でき，またできないと考えているのかを見ることも大切である。これは次には，他者から発すると彼が見ている受容と拒否に対比して照合させることができる。ここに見られるズレは，クライエントのコミュニティの不安定性の顕在的感覚の測度になると捉えることができる。

　心理士は，みずからが巻き込まれることになるコミュニティの論争を分析することによって，クライエントの経験の場を，みずからの理解に加えることができる。彼はどんな圧力組織に所属し，どの程度まで自己をこれらの組織の目的と同一化しているのだろうか？　ある人は，たとえば主に個人的同一化が与えられるという理由で，退役軍人組織に所属しているのかもしれない。彼は実際には，圧力を加える硬直した政治経済路線への意志的な賛同者ではないのかもしれない。このような人は，初めは意識していなくても，遅かれ早かれ，コミュニティの論争にみずから加わっていることに気づくだろう。クライエントが参加してきたキャンペーン——慈善，政治，公共改善等々——については質問がなされうる。キャンペーン活動は，生き方，すなわち達成への公式——あらゆる他形式の達成への常習的運動家の目をくらませる傾向のある——になりうる。離婚訴訟を含む訴訟と家庭争議は，対人関係パターンの重要な特徴をあらわにするかもしれない。「法的な問題（trouble with the law）」は警官の関与に関するための質問をする手軽な表現である。

　クライエントが格闘している社会的義務を見れば，彼がみずからの社会を構造化する方法を解明することができる。クライエントがこれらの義務によって圧倒されている場合には，彼はふつう，疲れの訴えへと退却したり，約束を守らなかったことへのおびただしい言い訳をしたりする。いくらかの集団のメンバーのなかには，社会的義務に応えるストレスが，山，湖，ビーチ，あるいは何か他の心理的理想郷^{シャングリラ}への旅行の「必要性」の主な理由になる。社会的義務には，社交的あるいはビジネスの付き合いを楽しむだけでなく，「重要な」会議に出席しなければならないとか，風采が重視される場で風采を整えねばならないというような義務感が含まれる。いくらかの人々の人生は社会的な義務感の轍によって完全に捉えられている。ある人の社会的義務の解釈の理解は，毎日の行動パターンだけでなく，不安定と潜在的な罪悪感の解明にも役立つ。この罪悪との関係は，パーソナル・コンストラクト心理学が罪悪の本質とその集団所属性との関係について言わねばならないことを解明することによって，もっとはっきりと理解されよう。

　c．クライエントの世界の住人　人の集団への同一化についてはすでに研究してきたので，利益を付けて，その人の社会的な世界の住人のほうに目を向けてよかろう。

レプテストはこのアプローチをいくらか利用しているのだが，人の経験の徹底的な研究を行う時間的余裕がある場合には，その個人がいっしょに生活せざるを得ない人々の目録（インベントリー）をつくるのが有益である。彼らはどんな種類の人々なのか？　彼らは誰なのか？　彼は彼らをどう記述するのか？　子どものクライエントの場合でも，成人の近隣者が誰であり，彼らのこの子に対する態度がどのようであるかを見いだすことは大切である。いくらかの子どもたちは，受容的な成人は自分の両親だけだというコミュニティのなかで成長する。そして，いくらかはもちろん，大人の社会からもっと隔離されてさえいる。

　一般にコミュニティの人物は2種類が調査されうる。たまたまそこにいる人々と，多少とも仲間として選択された人々である。前者には近隣者，クラスメイト，仕事仲間が含まれる。後者には遊び友だち，取り巻き連中，自発的に「友だち」と記載される人々が含まれる。ある人物が「近隣者」の地位から「友だち」のそれへと移動する条件は，クライエントの社会的適応パターンのなかの重要な変数である。心理士は，「友だち」と記述される1，2人のケースをとり上げて，いかにして彼らはそう見られるようになったのかをクライエントに言ってほしいと求めることで，こういう条件を見いだすことができる。

　対人関係パターンにおける人物の同定には，時間が制限されている場合には，ソシオメトリー的にアプローチできる。モレノ（Moreno），ジェニングズ（Jennings）らによって開発されたソシオメトリーの技法は，主に集団力学の研究に捧げられたものであるが，各個人によってなされる多様な指名を特定することによって，個別のケース研究にも適用することができる。魅力的な形式の技法がカリフォルニア大学のグループによって開発され「ゲス・フー（Guess Who）」（……なのは誰か？）の技法*として知られている。第二次大戦中にジェンキンス（Jenkins）によって率いられた海軍航空隊の心理学グループは「指名（nomination）」の技法を開発した。これもまたソシオメトリー的形式をとっているが，指名の「理由」と，指名の得られる時間と場所を強調している。子どもの場合には，「ゲス・フー」技法は「ゲス・フー」質問と「どうすればわかるのか（how do you know）」質問の両方を含んでおり，強化されている。前者は，検査者によって提示されたコンストラクト・システムのなかで，人物を選択するよう子どもに要求する。後者は次に，子どもが本当に彼の選択を決定するパーソナル・コンストラクトを露呈できるようにする。この結合は，ある程度まで，レプテストで使われているアプローチである。すなわち第1に，指定された役割タイトル・コンストラクトによる構造化──たとえば「成功した人」「知的な人」など──と，次には，パーソナル・コンストラクトを定式化して表現するように招請することである。

　最後に，人の現在の対人関係の分析は，その関係を行為によって記述するように依頼することで，アプローチされうる。彼のグループは何をするのか？　各人は他者の

存在するところで何をするのか？　各人は他の人々にどう**対処**するのか？　各人は彼がそういう人であることの結果として，特徴的に何をするのか？　ここには，このグループのメンバーの感情と思考に対するこのクライエントの理解を，したがって彼のグループ内の役割を解明する，4種類の直接的なエビデンスを得る機会がある。

　クライエントのレクレーション的な行動パターンも，分析が可能である。これには，能動的なグループ参加が含まれているかもしれず，また，フットボールの試合の観衆がそうであるように，集合行動を少しこえたようなものも含まれている。彼のレクレーションには役割関係が含まれているのか？　彼がこの関係にレクレーションとしての個人的価値を与えるのに十分な自発性をもって，演じる役割の本質は何なのか？　これらの役割タイプのレクレーション活動は，どんな種類の洞察を現すのか？　彼がチーム・スポーツへの参加を楽しむ場合には，彼のチーム・プレイは，彼の感受性と他のプレイヤーの個人的価値の理解を，どの程度まで示しているのだろうか？　彼の参加記述は，彼が競り合い，打ち破り，勝利して，称賛され，顕示する際の喜びの共有のみを示しているのか？

　　＊もとのゲス・フー・テストは，ハートショーン（H. Hartshone）とメイ（M. A. May）（1929）の栄誉に
　　帰される。この版権は，コロンビア大学教育学部の教育学研究所（Institute of Educational Research）に付
　　与されている。これはハートショーンとメイの「肖像描写法（portraits devices）」を拡張したものであり，
　　これはまたテオプラストス（Theophrastus）の「性格（Characters）」からきたものである。したがって，
　　このソシオメトリーの技法は，多くの他の現代の技法と同様に，ギリシャ古典主義にまでさかのぼることが
　　できる。

8 ｜ 人の教育経験の分析

　学校についての心理学的評価についてはすでに論じた。そこで次に，個別のケースと関係づけながら，そして人の全教育経験の評価への目をもって，学校についての評価について，考えてみよう。臨床面接のプログラムでは，これらのトピックの両方を同じ面接のなかで処理するのが望ましいかもしれない。しかしここでは，明瞭さという目的のために，これらのトピックは分けて扱うことにする。臨床実践においては，ふつうは，人の教育経験の分析に関する情報を提供してくれる情報提供者は3人いる。クライエント自身，教師，親である。

　a．教師の訴え　教師との面接は，ふつうはクライエントの問題を教師がどう考えているのかについての意見を求めて開始される。これは本質的には訴えの分析——後章で長々と扱われるトピック——を含むが，ここでは，クライエントがそのなかでみずからの役割を形成しなければならない，社会的な期待システムの特徴として考えてよかろう。現実には，生徒の問題についての教師の言葉が考えられる方向は3つある。⑴クライエントの問題の心理学的定式化への第1近似として，⑵教師自身がクライエントとして援助を求める，教師の問題の訴えあるいは発言として，⑶クライエントが

何とか適応しなければならない，教師の態度や期待として。現実の教師の訴えは，教師自身の現実と完全に独立だと考えては絶対にならない。クライエントの問題についての教師の発言は，重要で現実的ではあるが，常にその教師と一体化して見なければならないことを，心にとどめておくべきである。それはクライエントの状況についての，教師の個人的解釈なのである。

たとえばある教師はある子どもの問題を「怠惰」だと記述するかもしれない。臨床家は，だからといって，絶対に「この子の問題は怠惰だ」などと自分に言い聞かせてはならない。それよりも，「この子の問題は，教師には『怠惰』と解されている」というべきである。この臨床家は，したがって，自分の仕事は，この教師がたまたまこの生徒と連合させた「怠惰」と呼ぶものに対処するのを，援助することだと発見するかもしれない。あるいは臨床家は，自分の最善の貢献は，教師がこの問題を，みずからのレパートリー内の他のコンストラクト——たとえばフラストレーション——に属するものと再解釈するのを援助することだと判断するかもしれない。また臨床家は，教師の側に概念形成課題を試みさせて，新しいコンストラクトを形成するように，援助するかもしれない。たとえば「怠惰」に代えて「抑うつ」というコンストラクトに完全に置き換えるのだ。

最後にこの臨床家は，「この子は，自分のことを怠けものとしてしか解釈してくれない先生と，仲良くやって行かなければならない」と言うかもしれない。これは，本章において，生徒の問題についての教師の発言に，われわれがとくに心配している感覚である。これは，教師の訴えが人の経験を分析する際に，考慮されるべき事実になるという感覚である。

ここで教師の「診断」という発言を解釈する際に，われわれが明確にしようとしてきたポイントは，この教師がこの子，その学校記録，その態度，その風貌，その家族，その職業的可能性，あるいはその歴史，に関して発言するかもしれない，他のことにも当てはまる基本的なものである。さらにもっと一般化すれば，それは，他の誰かがクライエントについて言う可能性のあることにも，同じ力をもって適用される。後の章で見るように，それは人が自分自身について言うことにさえ当てはまる。実際，われわれがたった今述べたことは，臨床実践の原理である——たしかに完全に新しいものではないが，パーソナル・コンストラクト心理学の理論的立場から，まったく明らかに直接引き出せるものである。

b．基本的な問い　教師（あるいはついでにいえば他の誰か）の訴えを引き出し，その最初の精緻化を得るのに使える質問には7タイプがある。

1．あなたはどんな問題について，このクリニックでの助言を望んでおられるのですか？

第13章 経験の評価 135

2．それらの問題に最初に気づかれたのはいつですか？

3．どんな条件のもとで，これらの問題は現われたのですか？

4．どんな修正法を試みられてこられましたか？

5．治療や時間の経過に伴って，どんな変化が生じましたか？

6．この問題が最も気づかれやすいのは，どんな条件のときですか？

7．この問題が最も気づかれにくいのは，どんな条件のときですか？

この質問路線の最初の目的は，静的状態よりもむしろ動的状態にある問題像を，できるかぎり反映する問題についての陳述を得ることである。いいかえれば臨床家は，この教師が与えられる最も浸透的な問題の解釈を求めているのである。固定的あるいは具体主義的な発言は，クライエントによって表明されたものでも，同居している人々に言われたことでも，臨床的な作業の共通のしかし主要な障害物である。上記の質問群はしたがって，時間軸に乗せて問題を述べようとする最初の試みなのである（偉大〴〵〳〳な治療者として時間に言及するのは，ただの婉曲表現ではない）。次の試みは，もはや存在しない，あるいは変わってしまったかもしれない状況に関して，問題の精緻化を得ることである；次に，これを治療可能性との関係で見ること；最後に，この問題を，ある程度は他の変数の変化にしたがうものとして見ることである。問題そのものよりもむしろ，問題を明確化する用語が，しばしばその問題を解決しうるのかどうかを決するのである。最適の修正を可能にする形で，訴えの言葉を引き出すことこそが，臨床家の仕事なのである。

c．特定の子どもに対する学校の姿勢　学校を出た後の生涯において，この子がどんな種類の役割を演じると，あなたは期待するか？　この子がどこに住むと，あなたは予期するか？　どんな一般的なタイプの職業にこの子がつくと期待するのが，最も合理的か？　これらの問いとこれらに類した他の問いは，子どもの経験に対する学校の関係を理解するためのお膳立てを助けてくれる。今一度いうが，このアプローチは時間展望のなかにあるのだ。

この子があなたの望む種類の人生を生きられるように準備するのに，学校に残されている時間は，あと何年になるとあなたは見積もっているか？　あなたの見るところでは，この間に学校が何を達成すると期待するのが，合理的なのだろうか？　これらのうちのどの目的が今の時期にとくに追求されるべきか？　これらの目的に関連して，この子は何のコースあるいは科目に登録されるべきか？　この子の反応はどうか？　これらの問いは，時間次元や子どもに開けてくる人生役割に関連して，そのプログラムの目的についての，学校の気づきを確かめようとする試みを表わしている。

どんな種類の趣味の生活をあなたはこの子に期待するのか？　この子にどんな種類のものに興味をもたせたいと思うのか――やりがいと努力する価値があると考えるの

か？ この子はどんな種類の隣人になると思うか？ どんな種類のレクレーション的興味を，この子は追求しそうだと考えるのか？ どんなレクレーションの訓練をこの子は今受けているのか？ 子どもの成人後の関心を予期するのに，教師はどれくらい現実的であるのかを見いだすのは難しくはない。教師の子どもをとりまく理解が，この子の自己に関する期待の順応範囲内にある場合には，教師は子どもが学校を真に教育的だと経験する助けになるかもしれない。そうでなければ，子どもは学校を，成熟するために克服すべき多くの障碍のもう1つとして経験する可能性がある。

あなたは，子どもの人生役割に対する訓練のどんな特徴がすでに大方は達成されたと見ているのか？ それはどのようになされたのか？ 強調されるのは，なおも動きと変化である。子どもを変化するものと見る教師は，子どもに骨の折れる要求を押しつけうるとしても，ライフ・サイクルの変化という概念化の存在しない固定的役割に，子どもを配置する教師とくらべると，生徒の将来の適応能力にはそれほど大きな損傷を与えないようである。前者の教師は，子どもを開放的なコンストラクトの力強い期待で取り巻くが，後者は彼に非浸透的なコンストラクトで処置を施す。われわれの調節の系の言葉では，人の違いは，みずからの経験を統治するコンストラクトの浸透性の関数なのである。

この特定の子どもの両親はこの子の教育にどんな役割を果たすと，あなたは見ているのか？ 親の関心の本質は何か？ それは点数と教育的威信に関係しているのか，それとも，この主題への本物の興味なのか？ 親は補足的な教育を試みているか？それはどのような結果を出しているか？ あなたは子どもの教育において，その親とうまく協力してやっていけることを見いだしているか？ 子どもが学校と家から生じてくる期待の流れのぶつかりに巻き込まれるようになるのは，ふつうの経験である。教師は，子どもが学校も家も一貫した有意味な方法で経験できるように，自分のプログラムを調節するが，これは容易ではない。これは小学生あるいは中学生にさえ限定されない問題である。実際，教育は本質的に，「家庭」やその他の自意識的に進歩的ではない「機関」との葛藤状態にあるものとしてしばしば経験されると一般にいうことができよう。

学校が人の経験において演じる役割を査定する際には，教育史に入り込む，もっと因習的なアイテムを見落としてはならない。いつ彼は学校に入ったのか？ どこで？誰が彼の先生だったのか？ 連続する数年間に，彼はどんな成績をとったか，そして，成績のパターンにはどんな変化がみられたか？ 彼は合格したか？ 転校したか？新しい学校状況にどれほどの適応をしたか？ 彼はどこで最大の熱狂を形成したのか？ どんな科目をとっているか？ なぜ？ 彼の専攻は何か？ どんな条件下で彼はそれを変えたのか？ どんな困難を彼は経験しているのか？ どんな治療が試みられてきたのか？

クライエント自身の職業的な目標は何か？　それは，親の願いとクライエント自身のまだ達成されていない残余の野心をどのように積みあげているのか？　彼のケースでは，それは学校の職業的な目標とどれくらい関係しているのだろうか？　学校はどんな補足的な職業経験を，遠足，ラウンド・テーブルの議論，職業に関係する図書館の材料等々の方法で提供しているのだろうか？

クライエント自身の趣味的な関心は何か？　それらのうちのどれが，学校によって注目されてきたのか？　どんな関心が利用されてきたのか——その動機づけ的価値を求める関心か，それとも，種々の「学科目」の関連を見るためにそれらが提供する枠組みを求める関心か？　どんな趣味的活動に彼は参加しているのか？　このような趣味的な訓練を受ける機会は，この子の要求に基づくよりも，むしろ，運動競技の訓練では通常そうであるように，この子の競争相手を敗退させる能力に依存しているのであろうか？

また，これらと同じ問いを，親にもクライエント自身にも，たずねてみることが大切である。これらの視点は異なるかもしれない。が，あわせて考えると，これらはこの学校がクライエントの教育経験の場の概観をスケッチすること，そして学校がクライエントのために新しい眺望を切り開くか，あるいは，彼らの若者らしい熱狂とあこがれをはねつけるかに成功してきた，その方法のイメージの輪郭をスケッチするのことになる。

9 │ 人の家庭内の関係の分析

人の経験に定義を与える最も重要な社会的期待は，おそらく家庭内で生じる。どんな大人でも家のなかであれこれの本当の役割を演じることは，ほとんど必須事項である。そうでなければ，家族のメンバーは散り散りになりやすい。あるいは，散り散りにはならなくても，この家族はよくても，効果的で発展的な社会集団にはなりえないだろう。

この世帯の構成メンバーと補助的なメンバーとの記述が，通常の出発点になる。その年齢，金銭上の相互依存，職業への従事，仕事と眠りのパターン，「自分の部屋」の割り当てとベッド共有者，そしてこれらの人々の特徴的な活動が記述されるべきである。彼らのクライエントに対する，そして相互に対する態度と不満は，少なくとも簡単にはしらべられるべきである。クライエントが年端のいかぬ子どもである場合には，家族成員の相互に対する感情表出の公然性が，理解されるべきである。どんな方法で，どれくらい頻繁に，感情はその世帯のメンバー間で表出されるのか？　どんな方法で，どれくらい頻繁に，緊張と葛藤は表出されるのか？　葛藤がある場合には，その葛藤のどんな説明が年端のいかぬ子どもたちに示されるのか，そして，子どもたちはその説明を受け入れるのか？　その世帯のメンバーは論争中に同一世帯の他のメ

ンバーとの同盟を求めるか？　母親は子どもを批判する際には，慣習的に父親との同盟を求めるか？　父親は子どもを批判する役割を，自分自身よりも母親におしつけようとするか？　両親は自分たち相互の論争の際に子どもを味方につけようとするか？両親は相互の愛情を求めて，子どもと競い合うか？　しつけの決定は不変か，それとも両親の議論と改訂に従うか？　改訂の根拠は何か？　それはふつう感情のみに基づくのか，そうであるなら，元の決定も感情の問題であり，すべての不快な決定は形式の異なる個人的拒絶なのだという意味合いをもっているのか？　これらは，家族集団の社会的相互作用が精緻化され分析されうるタイプの質問である。

　この世帯では財産に対する態度はどうか？　あらゆる持ち物は共有されねばならないのか？　それとも子どもは「自分だけの」おもちゃ，部屋，ペット，あるいは1日の時間を安全に確保することが許されているのか？　子どもや妻は家族の収入の分け前をどのように受け取っているのか？

　この家族の職歴はどうだったのか？　彼らはどこに住んでいたのか？　稼ぎ手はどれほど確実に雇用されてきたか？　稼ぎ手はどんな転職を試みてきたか？

　家族の別離の歴史はどうだったか？　それはいつ起こったのか？　なぜ？　子どもたちはどんな適応をせまられたのか？　そこでは，死か，離婚か，再婚があったのか？他の配偶者がやってきたとき，その世帯はどんなふうだったか？　子どもたちにはどんな説明がされたのか？　現在の家族のメンバーは以前の家族のメンバーに対して長びく愛着を残しているか？

　家族と近隣の間にはどんな緊張があらわれているか？　どんな形の家族外不適応が明らかか？　どんな破局が家族に降りかかってきたか？　これらの破局を説明するのに，今はどんな説明あるいは解釈が用いられているか？

　この家族の宗教参加の本質はどうか？　両親は，結婚前には，どんな宗教的同一化をしていたのか？　宗教の違いを融和するために，どんな方法がとられたのか？　これらの方法は今もなお受け入れ可能か？　どんな宗教的教化が子どもに対して試みられたか？　宗教参加はどれくらい公然となされているか？　宗教的同一化あるいは参加によって，どんな個人的機能が果たされるように見えるか？　それは大方が家族の同一化の習慣と維持によって保持されているのか？　それは快適な感覚を与えてくれるか？　地位的な要因がはっきりと存在するか？　それには哲学的なルーツがあるのか？

　家ではどんなタブーが実行され，これをサポートするのにどんな理由づけがなされているのか？　食事，ゲーム，カード，ダンス，パーティ，安息日の活動，ファミリー・カーの利用，喫煙，飲酒，いくらかの仲間，デート相手等々について。

　家族の組織化とコントロールの本質は何か？　それは家父長的，母権的，無政府的，あるいは民主的か？　誰が子どもの行動をコントロールするのか？　誰が職業計画を

考案するのか？　誰が財政を管理するのか？　家族の必需品の購入は誰が管理するのか？

　家族の団結の基盤は何であるように見えるか——仕事の分担，レクレーションの興味の類似性，職業的関心の類似性，愛情，財政の安全性？　この家族は誰と相互訪問しているか？　親戚はどれくらい近くに住んでいて，彼らとの関係のパターンはどうか？　家庭では何語が話されているか？　どんな種類のものが一つの言語で処理され他のものを処理するのに用いられる言語と違っているのか？　家族のメンバーのレクレーション・パターンはどうか？　家のなかではどんな文学が読めるか？　ラジオやテレビではどんな番組が視聴されているか？　家ではどんな楽器が弾かれているか？　この家族の財政状態はいかがか？　それはゆとりがあるか，安全のために十分か，不規則か，一時的に低下するか，重い負債を負っているか，公的支援を必要としているか？　それは食物，シェルター，衣服，医薬，気晴らし，教育にとって不十分か？　財政破綻に対するこの家族の反応はどうだったか？　この破綻は近隣や親族に知られないように維持してきたか？　両親は社会的な関係から身を引こうとする傾向があったか？　破綻は深刻な不安，過剰な気晴らし，過剰な浪費，過剰な飲酒をともなっているか？　怒りっぽさ，依存性や寄生的態度をともなっているか？　あるいは皮肉，幻滅，そして急進的な社会政治的構想またはイデオロギーの主張をともなっているか？

10 ｜ 人の家族歴の分析

　たいがいの，とくに医学的背景をもつ臨床家は，クライエントの苦境についての重要な情報源として，家族歴のなかに大量の蓄えをする。しかしなお，パーソナル・コンストラクト心理学は，その本来の性質によって，この情報をクライエントの目を通して吟味されるべき何かとして見るように，そしてその内在的価値を非常に限定されたものと考えるように，臨床家を導いていく。

　本章はクライエントの経験の目録を扱う章であったが，われわれは，クライエントがこれらの経験の犠牲者ではなく，最悪でも，それらを解釈する能力の限界によって犠牲になるのだというテーマを伝えるために，終始努力してきた。われわれは，「人間は環境の囚人でもなければ，経歴の奴隷でもない」と述べてきた。人がみずからの状況から構成するものは，それらがどれほど運命的であったとしても，なおその最終分析では，彼自身の制作した構造体でありうる。

　しかし，人がみずからの伝記の犠牲者ではないとするなら，自分が先祖の伝記の犠牲者だと主張するのは，よりいっそう不適切になるだろう。それでもなお，1つの限定的な見方では，時間的空間的に家族から引き離されていても，みずからを家族の歩みから完全に脱同一化する（切り離す）のは困難である。人は通常役割を演じる。曾祖

父のエゼキエルが馬泥棒として絞首刑にされたという事実は，必ずしもその子孫を手癖の悪いものにするわけではない。しかし，その事実とその人の両方が解釈を求める可能性がある。この例は，その人自身の複雑な社会に対する共通で世俗的な関係のエビデンスとして，その友だちにさえ関係してくるかもしれない。

　しかし，このことはすべて，曾祖父のエゼキエルが自分の後の世代に自分の性格を彫り込んだということなのであろうか？　われわれはそうは考えない。曾祖父エゼキエルの記録は単に何かを証明するためだけに使われると信じたい。それは本質的に確証因として役立つということである。実際，エゼキエル４世が先祖の珍しい馬への，衝動的な魅了の何がしかを受け継いできたということは，まったくありそうにない。

　もうひとつ，もっと強烈な例について考えてみよう。ある女性クライエントの母親が更年期うつ病にかかって自殺したとしよう。この自殺**傾向**はクライエントに生来的なものではないかもしれない。しかしこの自殺のイベントは，彼女の心をよぎりうるどんな抑うつテーマに対しても，明瞭で強力な確証因として，彼女の記憶にぼんやりと浮かび上がってくる。本当の危険は，この自殺が何かを証明するのに役立ちうることである。このケースを扱う治療者は，この種の証明にたよりかねないどんなパーソナル・コンストラクトに対しても，特別に警戒する必要がある。

　臨床心理士が時に詳細な家族歴に関与するのには，特別な実践的制度的理由がある。彼が医者と協力して仕事をする場合には，彼らにとって意味をなすようなエビデンスを蓄積したいと望むかもしれない。この歴史が，医学的治療を必要とする問題を指しているように見える場合には，心理士はそれを引用することによって，医者の積極的な協力を求めるかもしれない。かくして，医者の枠組みのなかで仕事をする医者と，心理士の枠組みのなかで機能する心理士の協力によって，クライエントがよくなる見込みはいっそう高まる。このことはもちろん，医者のアプローチがこのケースのどんな同時的な心理学的解釈をも排除するほどの概念的先取りではないと仮定することになる。

　家族歴についてのわれわれの視点がこうして明らかになったので，次に，歴史的情報の輪郭を描く方法に向かうことにしよう。著者は一種の図表を，時には会計士の大きな分析パッド上に展開するのを好む。左側に，祖父母，父母とそのきょうだい，そしてクライエントとそのきょうだいのファーストネームが，出生順にリストアップされる。このトップの各列のヘッドには，年齢，死亡時の年齢，死因などのような項目がリストアップされる。病歴のはっきりした項目が「病気」の列に，シンボルあるいは略語を用いて，記入される。他の列は，各人の婚姻歴，子どもの数，そして，その家族集団における各人の見かけの経済的，社会的，個人的な地位などの記録に使われうる。ハンディキャップ，入院・入所，学校教育，および職業記録にも言及されうる。親戚の結婚相手の種類（性質）も記載されうる。

第13章　経験の評価　141

　家族歴に関する面接を通じて，心理士は，クライエントについて考える際に家族歴がもちうる確証効果にとくに鋭い知覚力をもたなければならない。

11 ｜ 要　約

　われわれは，通常臨床家によって追究される種類の情報を取り扱ってきた。しかしわれわれは，われわれの体系的立場の見通しのなかで，すべての歴史的，および状況的な事実を保持しようと努めてきた。われわれは容赦のない**原因**よりもむしろ，利用可能な**確証因**を探してきた。われわれはパーソナル・コンストラクトとしての事実を扱ってきた。そして次にわれわれは，この人がこれらのコンストラクトを人生のイベントの困惑させるような紛糾を通り抜けて，みずから切り開く移動の通路であると思い描いてきたのである。

142

第14章

The appraisal of activities
活動の評価

　われわれは，今度はもっと外見的な行為に重点を置きながら，クライエントの経験の目録（インベントリー）を推進することにしよう。

A　自発的活動

1　自発的活動の概念化

　パーソナル・コンストラクト心理学は，自発的行動，動機づけ，そして興味の領域で，広範囲におよぶ意味連関をもっている。心的エネルギーの概念の理論設計に関する議論では，「エネルギー」「刺激」あるいは「動機づけ」の見解は，もとは，人が基本的に静的宇宙仮説に与するようになった途端に，呼び出さざるをえなくなったのだとわれわれは指摘した。後にわれわれは，パーソナル・コンストラクト理論の基本的前提が，その仮説構造に運動と活動の見解を取り込んだことによって，いかにしてその必要性を回避したかを示そうと試みた。われわれが出発点とする存在は，すでに元気はつらつとしている——われわれには人を動機づけるものは何も発明する必要がない！　われわれが人間の「興味」について記述するときには，われわれは，その活動の背後にある圧力の量よりもむしろ，その活動のとる方向に注意を求めているのだ。

　われわれの前提によれば，自発性対統制，遊び対仕事のような問題については，われわれは興味深い立場に置かれることになる。何よりも第1に，われわれは，活動が人以外の世界の本質からというよりもむしろ，人の本質から主に生じるという点で，あらゆる行為が自発的だと仮定する立場にある。第2にわれわれは，あらゆる活動が，法則的であり究極的には予測可能だという点で，コントロールされうると仮定する。この2つの見解はどう融和させられるのであろうか？　基本的には，われわれはすでにそれを行った。われわれの決定論と自由意志の議論において，われわれは，これら2つの抽象化が主に，そのなかでそれらが知覚される枠組みの関数であることを指摘した。自由とは，人があるコンストラクトをその上位の面で見るときに，その人に見えてくるものである。決定論は，人が別方向に向かって，そのコンストラクトがいか

により遠大な考察に従属するかを見るときに，その人に見えてくるものになる。数学的には，それは方程式における独立変数と従属変数の概念に近い。独立と従属は，諸変数が配置されている方程式の函数であって，その変数そのものの具体的特徴ではない。ある方程式で独立変数になっているものは，他の方程式では従属変数になっているかもしれない。そして，逆もまたそうである。同様に，人間行動のある方程式では自由であるものが，他の方程式では決定されているかもしれない。そして，1つの行動方程式で決定されているものは他の方程式では自由だと解釈されるかもしれない。

　同種の推理が，人間行動の自発性と統制に——また余暇と仕事にも適用される。ある意味では，われわれがその願望のレベルを位置づけるのに十分な高みに達している場合には，人は常に「自分の望むこと」をすることになる。またある意味では，われわれが人の行動をその従属的な側面において見る場合には，この人は常に「自分がしなければならないこと」をしているのだ。この仕事と遊びの区別は，含まれているコントロールの**量**を決定しようと試みるよりもむしろ，作動するコントロールの**レベル**を指摘する問題になる。興味の研究は，単に特定クラスの活動の研究ではなく，人の心的過程の全範囲と種類の研究になる。人は範囲と種類を扱っているので，興味の研究はより広範囲で，より一般化された，浸透性のあるコンストラクト——この下で人の心的過程は組織されている——の理解を含むことになる。

　この推理の路線によってわれわれは，自発的活動の分析が個人の浸透的なパーソナル・コンストラクトを適切に追究することだという見解に到達する。こうして，人の興味のパターンは，その人のコンストラクト・システムが本人には効果的に作用しているように見える領域を明らかにし，したがって，社会の経済的・社会的な働きにおいて，有効な役割を果たすと他者に判断されうる領域を示唆さえする。ストロング職業興味検査(Strong Vocational Interest Blank)の利用は，このアプローチの一例である。パーソナル・コンストラクト心理学では，動機づけの問題は，人の浸透性のあるコンストラクトと提携する課題という問題に自然に解消されていくか，それとも，社会がやり終わっている必要のある種類の作業に対して，広く明白な意味連関をもつ，浸透性のあるコンストラクトを形成するという，もっと実質的な問題に解消されるか，いずれかである。

　a．コンストラクトの浸透性　自発的活動の分析においては，見かけの自由と多才さは，その機能するコンストラクトが浸透可能なシステム内で組織化されているサインであり，したがって，これらの活動によってカバーされる事実のフィールドは，被観察者によって広く精緻化されつつあることのサインであることを，心理士は心にとどめておくべきである。遊んでいる子どもを，パーソナル・コンストラクト理論の立場から観察する心理士は，その子に利用可能な最も浸透的なコンストラクトの統治下で，みずからの経験のフィールドを精緻化する人を見ることになる。たとえば，ある

子どもがみずからを脅かすもので遊ぶことができるという事実は，この子がなおその特定の経験のフィールドを精緻化する過程にあって，この恐怖に対する何か新しい解決法を生じうることを示している。この子が恐怖をもちながら遊ぶことができなくなるときには，このことは，この経験領域におけるこの子のコンストラクトが非浸透的で，硬直し，固執的になってきていることを，そしてこの恐怖が恐怖症の域に近づきつつあることを意味している。

　心的過程は，パーソナル・コンストラクト理論では，連続的に進化すると解されるので，人の活動は，統治コンストラクトが進化と精緻化を許すのに十分に浸透的な領域では，より精緻化され広範囲になる傾向がある。自発的活動の分析は，このような進化の最適条件がどこに存在するのかを示すのと同じように，最適条件が存在しない領域では，相対的にわずかな活動しか見いだされないだろうと予期しうる。人々は，そのコンストラクト・システムが硬直してしまって，それ以上の精緻化が許されるとは見えない領域では，実際に活動を回避する傾向がある。したがってこの理論体系では，これが非活動の解釈のされ方になる。ある種の意志的受動性としての「怠惰性」の見解は，したがって，パーソナル・コンストラクト理論の用語法に翻訳すると，非浸透的思考の結果だと解されることになる。「怠惰」については，それはとにかくけっして心理学的に生産的な見解ではなかったのである。

　自発的行為に関するわれわれの立場では，子どもたちが，そして大人たちも，なぜ危険や不快を求めるように見えるのかについて，その合理的説明が定式化できるようになる。しかし自己保存理論も快楽主義理論も，今まではどちらも，この問題を満足のいくように扱うことができなかった。精神分析理論，すなわち両頭同型バージョン（double ended）の快楽主義理論は，エロスと死の衝動という本能を仮定し，あらゆる種類の行動を何の定義もせずに，これを一括して扱っている。パーソナル・コンストラクト心理学が提供する，危険追求と不快追求行動の説明は，それは，この統治コンストラクトがこういう精緻化を許容するのに十分に浸透的な領域での，人の心理的システムの精緻化だということである。いくらかルーズになるが，より単純化すれば，自発的活動は，それが危険と不快を含むとしても，人の最も豊かな経験領域の存する場を示しているのだ。

　b．**コンストラクトの有用性**　われわれは自発的活動を，浸透性のあるコンストラクトの庇護のもとで，個人の経験のフィールドを精緻化することだと説明してきた。が，もう１つのレベルの記述からこれにアプローチするのが有益かもしれない。有用性（utility）の観点からこれを説明してみよう。われわれの選択の系によれば，人はみずからのシステムの拡張と限定の可能性がより大きいと予期する選択肢を選択する。したがって人は，自分ができるという単純な理由だけで，自己の周りの世界のどこか他の部分よりも，むしろその一部分を選択して，それを特別に処理するかもしれない。

いいかえれば人は，治療に従いやすく見えるという理由で，どんなイベントを精緻化するかを選択する傾向がある。したがって，スポーツ放送を聞いて余暇の時間を過ごす人は，ひどく当惑することなしに予期することのできる，緊密な相互関係をもつ一連のハプニングとしてこれを視聴するが，それはこの人の予測システムのどんな拡張や限定も招かないほど単調に反復的ではない。このスポーツの領域では彼のコンストラクト・システムは，罪悪感と他の保護的デバイスの結果として，彼がこれをいじくりまわせないほど硬直してもいない。また，それはゲームの新しい各転換点で当惑し混乱を感じるほどに無力ではない。人は予測可能で豊饒な限界内にそれを維持するために，知覚のフィールドをコントロールするのである。

　自発的活動の功利的価値を見る方法はもう1つある。これは，人を精緻化のバランスの崩れた状態に投げだしてその領域内で仕事をした後に，この人が平衡を回復するのを助ける。球技の放送を楽しむ人は，事務員として1週間ずっと働き続けてきたのかもしれない。事務員として，彼は数字と事項をチェックしなければならず，何事も運任せにはしない。もちろん，われわれの視点からは，彼が事務員として働くのは，ある意味では，球技を視聴するのと同じくらい自発的である。彼は，興味深いパターンの展開と数字の世界のなかに開かれてくる複雑な驚きを，見るのかもしれない。また彼は，みずからの人生が彼の家庭内での賃金の稼ぎ手としての役割によって，みずからの人生が精緻化されるのを見るかもしれない。

　しかし，彼の日常的な「仕事」のフィールドにおける精緻化は，人としての自己自身に関する進化的な意味をもっているかもしれない。彼は結果的に，「このことはすべて，自分が『つまらぬ仕事をするやつ』『つまらぬことにこだわるやつ』『おいぼれ』だということを意味するのだろうか？　また，自分が毎週の労働時間を費やしてきた，書記的なアイテムの世界以外に世界はないことを意味するのだろうか？」と自問するかもしれない。この男にとっては，1週間のあいだ細かな書記の役割に配されてきた後で，球技を視聴することは，彼の上位コンストラクト，とくに彼の年齢や男ざかりの地位に関するコンストラクトの再確証を可能にするのかもしれない。

　古代ギリシャ人はそれを，人間の自然の全体性が回復される**カタルシス**の例として見てきた。パーソナル・コンストラクト心理学はしたがって，このギリシャ人の見解といくらかは平行する再創造的活動の概念化を用いている。反対にこれは，精神分析の「カタルシス」の見解とは近しい平行関係をもってはいない。精神分析の「カタルシス」の見解は，今までに実際に形成されてきたところでは，もっと原始的な「悪魔祓い」の見解とより多くのものを共有しているのだ。

　この直前のパラグラフで示された説明にはちょっとした変形——自発的活動の解明にいくらかは役立つ変形——がある。人々はしばしば，コンストラクト・システムの進化の過程で，経験のフィールドの一部が手に負えなくなると感じることがある。レ

クレーション活動で生じるコンストラクト・システムの精緻化は，その人の有効なコンストラクト・システムの統治下で経験の領域を取り戻す1つの方法なのかもしれない。これは，現在の精神分析の「カタルシス」の使用に少し近づいている。

　人への主要な関心が必然的に心理療法的である臨床心理士は，人の自発的に見えるこれらの活動の段階——すなわちその組織的なコントロールがすぐにはわからない段階——を注意深く考慮する。彼はあの組織的なコントロールの理解を追求して，たとえこれらが非伝統的，反社会的であっても，もっぱら自由な活動ではないものとして，行動を理解するようになる。このようにしてのみ，彼は自分のクライエントがなぜそんなふうに行動するのか，そして治療から生じるどんな行動の変化が，治療者の命令で直解主義的，義務的に遂行されるよりもむしろ，最も広く自発的になりやすいのかが，十分に理解できるようになるのだ。

　同じような理由で，臨床心理士はクライエントの自閉的思考——幻想，夢，非現実的知覚——にも関心をもつ。これが，彼のシステム内の浸透性のあるコンストラクトが幅をきかせるフィールドなのである。ここには「物事をみずから行なう」論拠がある。ここには「情動的洞察」の枠組みがある。

　生徒が「怠ける」と教師が訴え，その子が怠けているときには何をしているのかを観察するようにと，心理士が教師を励ますとき；ソーシャルワーカーがクライエントには「やる気がない」と訴え，心理士が，クライエントがみずからの貧しい地位を維持する持続性と創造力を，ワーカーが観察し記述するよう提言するとき；精神科医が自分の患者のことを治療に対してあまりにも「受動的だ」と訴え，患者がその受動性を利用する多様な方法をはっきりさせるように，心理士が精神科医に要請するとき；同僚の心理士がその被験者のことを「動機づけが低い」と述べ，相談を受けた心理士がその被験者の自己表現をもっと注意深く観察するように要請するとき——これらはすべてパーソナル・コンストラクト心理学の自発的活動の分析への応用例である。われわれの視点は，クライエントが言おうとしていることを理解するために，われわれが思慮深くそして心を開いてクライエントに耳を傾けることを重視するところにある。同様にわれわれの視点は，クライエントが何をしようとしているのかを見るために，その自発的活動を観察することに重点を置いている。ルソー（Rousseau）はこれを「教育」と呼んだかもしれない。ライク（Reik）はこれを「第3の耳をもって聴く」と呼んでいるかもしれない。グレッグ（Gregg）はこれを，「自然に反対尋問をするというよりも，自然の喃語を聴く」ことを意味するのだと言ったかもしれない。いくらかの人は「患者の無意識の中を泳ぐ」と呼ぶだろう。そしてフェニケル（Fenichel）は「巨大な渦巻き（Charybdis）に向かって舵を切る」と呼んだだろう。しかし，スピーチの形が何であれ，クライエントの自発的活動の思慮深い分析は，臨床家の基本的な技能の1つである。

第14章　活動の評価　147

　要約すると，われわれがこの前の数パラグラフで伝えようとしてきたことは，自発的活動の分析は基本的に浸透的なコンストラクトの理解へと導くはずだというアイデアであるといおう。われわれは，変化は個人のシステムのより浸透的な側面にかかっている（調節の系）と仮定したので，クライエントの心理療法的変化の能力に常に主要な関心をもっていなければならない臨床心理士は，クライエントのシステム内に浸透的なコンストラクトを見いだすために，自発的行為を観察する。実際，臨床心理士を区別する一つの特徴は，自発的活動と浸透的なコンストラクトへの関心だといってよかろう。

2 ｜ 自発的活動の記述

　自発的活動は，多くの他のタイプの活動と同様に，周期にはまり込む傾向がある。すなわち，概日，毎週，毎月，四季，人生の周期である。したがって，反復的な自発的活動を研究する際には，その人の経験を体系的に刻む時間サンプルをとることが重要である。数年前にレーマン（Lehman）とウィッティ（Witty）は，全１週間の間に子どもたちが何をしたのかをたずねるインベントリーをつくることによって，子どもの興味の研究を行った。彼らのアプローチは，１日あるいは１週間の間に起こった変 動を測る時間サンプリングの一例である。これはまた，人の心的生活がどのように構造化されているのかを示すための，経験の研究の一例である。

　この自発的活動の研究が言葉による質問を通じてなされる場合には，１日の間に携わったすべての活動の話題目録をつくることが可能である。とくに彼が考えたと記憶するもののかなり完全な集積が必要であり，次に，より広い話題を使って，そしてより広く多様な新しい話題を求めて，その輪郭を週に拡大していく。たとえばクライエントはその日に書いた手紙のことをいうかもしれない。心理士は，この手紙が期限を大幅に過ぎているとクライエントが考えていることを知って，その週に書かれた他の手紙についても，そしてさらにクライエントがペンディング中だと感じている期限切れの課題についても尋ねることができる。同様に，週のサイクルで現われる話題がもっと一般的な形式で投げかけられ，四季のサイクルで調べられることもありうる。

　われわれの理論的立場から推測されうるように，心理士は自己の質問を通じて，この人自身の経験の解釈の仕方に，特別な注意を払うべきである。この人は自分の時間を無駄に使ったと感じているのか？　彼は何かを達成あるいは明示したと感じているのか？　この課題は未達成か？　彼がしたことをする機会は，受けるに値する種類の報酬であったのか？　それは何かを補償したのか？　彼はそのことを恥じているのか？　彼はまたやる機会を楽しみに待っているのか？　この自発的行為はこの状況にふさわしかったのか？　クライエントの心のなかでは，何が彼の今いる状況に適切な行動を構成しているのか？　彼が大酒飲みであるなら，彼の視点から見て，何が大酒

を飲むのに適した機会を構成しているのか？　彼は挫折を感じたか？　彼は驚いたか？　彼は社会的な退屈を感じていたか？　彼は孤立を感じていたか？　彼は自分が友好的でないと知覚される危険性のあることを感じていたか？　彼は記念の祝典を挙行したか？

　パーソナル・コンストラクトに対しては，その人の言語的説明に頼らなくても，自発的活動の分析を通じてアプローチすることができる。一連の活動とそれらの実行される状況とは，ある程度の明瞭さをもって，それらの基礎にあるはずの個人的解釈を指し示している。したがって，ふだん排便中にクロスワードパズルをしている人は，たぶんその人自身が言葉にできない自己の経験の解釈について，何かを漏らしているだろう。ある人があることを**いつ**行なうのかを見いだすことは，彼が**何をし，なぜ**それらをすると言うのかを見いだすのと同じくらい，有意味であるかもしれない。

　自発的活動の分析には，その人の時間サンプルの中の談話の話題^{トピック}と展開の記述が含まれるべきである。これらの談話の記憶された部分は，重要な残留物である。この分析にはまた，あちこちへの身体運動，そわそわとした歩きまわり，不眠，食事時間，家族からの孤立等々も含まれる。

　人の自発的活動は他の人々の存在に対して調節されるが，この調節法は重要である。人がいるときといないときに示す行動の違い，あるいは，ある人が存在するときと他の人が存在するときの違いも抽出されるべきである。その人の行動は，社会的参加者に特徴的な行動か，傍観者に特徴的な行動か，それとも孤立した人に特徴的な行動なのか？

　人の創造的努力の本質は何か，そして，彼はどんな作品を彼らに示さねばならないのか？　創造的な努力のサンプル——詩，描画，写真，いたずら書き，手紙，図形，指絵^{フィンガー・ペインティング}，手芸等々——は，時にはケース記録に挟み込まれる。ここではこれらの作品は，他の材料との関係で，クライエントの人生を統治しているいくらかのパーソナル・コンストラクトを示していると解されうる。サンプルが入手できない場合には，その説明が記録のなかに入れられる。その人の趣味や蒐集品^{コレクション}にも注意が向けられるべきである。本人はこれらを「コレクション」や「趣味」とは考えていない場合でも，誰もがいくらかはその人に特徴的なやり方で，アイテムを集めている。時には，「捨てるのが困難なのはどんなものですか？」と尋ねることによって，この話題にアプローチすることができる。人は自己表現に使うアート形式についても尋ねることができる。アート形式の選択は重要でありうるが，人が実際に表現のためにアート形式を使うその使い方は，さらにもっと重要である。

　臨床家は，クライエントが余暇活動の実行に必要としている道具を承知しておくことが重要である。レクレーション的リハビリテーションに必要な道具を突然取り去られた人は，深刻な収縮効果を被るかもしれない。著者はあるクライエントを思い出す。

彼女の夫が大恐慌前に高価な型式の自動車販売によって得た年収は，約2万ドルだと報告された。1930年代にこの家族は貧困層にまで下落し，クライエントの心的な適応にさまざまな影響を及ぼしたようであった。が，それはとくに彼女が競馬に行けなくなったことに原因があるようであった。ある人の，もはや利用できないかもしれない，あるいは後に利用できなくなるかもしれないレクレーション装置への依存は，彼のコンストラクト・システムにおける一種の非浸透性を示している。この非浸透性は，その瞬間の特殊な訴えとは無関係に考慮されるべきである。

　子どもが遊びに使える用具資源を検討するに際しては，心理士は，人的なものでも機械的なものでも問題への種々の解法をもつ実験用具の柔軟性を，考慮に入れなければならない。ある年齢では，もっと複雑なおもちゃよりも積木が，実験をしてみるのにより有用である。いじくりまわせるおもちゃは，常に同じ具体主義的な方法で解釈されねばならないおもちゃよりも，人の解釈システムのよりいっそうの拡張を許容する。いくらかのおもちゃは具体主義的にも建設的にもどちらでも扱いうる。たとえば人形は，男児では柔軟性のない「もの」として扱われるかもしれないが，想像力に富み実験的精神をもつ女児の手のなかでは，非常に多様な社会的コンストラクトおよび役割コンストラクトを定式化するのに，しなやかな要素になりうる。たまたまであるが，女の子の遊びについて考えてみると，彼女らは男の子よりも，ある種の対人関係をより早く理解するようになる。

　レクレーション活動の成功にとって，他の人々の存在への，あるいはいくらかの人々への依存が注目されるべきである。時に，人が1人でいるときには，自発的行動が顕著に収縮するように見えることがある。時には，他の人と一緒にいると，行動が顕著に自発的でなくなるように見えることがある。時には，ギャラリーの観衆が自分の演技を称賛してくれないと，自分は自発性をなくしてしまったと感じるクライエントを見いだすことがある。したがって，人の社会的存在への一般的な依存が何なのかだけでなく，人が依存しているのは**誰**なのかも，知っておくことが重要である。

　クライエントの自発的読書習慣のインベントリーを作成するのは，単純なことである。心理士は，しかしながら，これらを単に「よい」文学か「悪い」文学かに関してのみ判断することには，注意すべきである。テーマ，抽象化のレベル，そして包摂される事実のフィールドは，このタイプの自発的行為を分析するのには，より重要な考察になる。

　自発的活動と人の職業の本質との関係は，一考されるべきである。この2つを結びつけて調和させるコンストラクトがない場合には，この職業は立ちはだかって脅威となるか，あるいは，よくても発達の停滞領域になるかである。人がみずからの職業路線で自己を発達させるのに成功する場合には，彼はその領域でいくらかの自発性——あるいは，パーソナル・コンストラクト理論の言語では何らかの浸透性——を示さな

けなければならない。

　これと同じ関係で，抽象化のレベルと浸透性の外見とは，いかなる自発的行動の分析においても，注目されるべきである。実際，自発的行動の分析の主要な目的は，クライエントの浸透性のあるコンストラクトを理解するようになることである。このコンストラクトの下で，彼の心的生活のさらなる精緻化が予期され利用されうるのである。

3 ｜ グループ内での子どもの観察のアウトライン

　子どもの自発的行動の心理学的観察に成功するには，その子が自分を活発なグループのメンバーだと解釈しているときには，かなりの技術と練習が必要である。人は行動をカテゴライズする自分自身のシステムを十分に熟知し，種々のカテゴリーに属する多種の活動を速やかに認識する必要がある。人は速記録を使うにしても，彼が観察しているものの進行中の説明をレコーダーに吹き込むにしても，進行しているすべてのものに遅れずについていくには困難があるようである。

　a．段　階　最初の段階は，観察されるべき活動の観点から見て，どんな時間サンプルの間隔が採用されるべきかを決定することである。比較的静かなクラスの子どもが観察される場合には，この期間は5分の長さでよいのかもしれない。子どもが混雑した監督不行き届きの遊び場で観察される場合には，素早く動いていく行動パターンを捉えるために，その時間を30秒間隔に分割せざるを得ないかもしれない。

　次のステップは，この活動が観察されるセッティング——場所，時間，社会的場面——を記述することである。観察期間中にサブサンプルが抽出されるグループは，それを集めて整理するための表向きの目的とともに，明確にされるべきである。

　各時間間隔において，子どもの行動のセッティングは，以下の3つの方法で記述されなければならない。(1)その活動の主題——談話の主題を含む，(2)そのグループ構成，(3)その動きである。活動の主題は単純に，グループ活動としてのその名称であり，その観察されている個々の子どもの視点から見た活動の目的の記述は必ずしも含まれない。この談話の主題は，しばしば活動の主題とは異なっているので，これをもリストに加えるのが望ましい。ただしもちろん，たとえば女性の裁縫サークルの場合がそうであるように，談話の主題のほうがその活動の現実的目的をより忠実に代表しうるという議論もなされうる。

　グループの構成は，焦点サブグループ，参加者サブグループ，傍観者サブグループ，そして見捨てられサブグループを構成する人々に関連して，記述されるべきである。焦点サブグループは，そのグループがしていることを最もよく代表しているように見える人々から構成されている。彼らは軌道に乗っている人々である。参加者サブグループは，いくぶんより大きなサークルの人々であり，これらの人々の活動は，生起する

一般的なグループの動きの一部になっている。この参加者サブグループは焦点サブグループをも含んでいる。傍観者サブグループは，話題になる活動を開始したり実行したりする役割をもたないが，進行中のことがらにははっきりと注意を払っている人々からなる分離したグループである。見捨てられサブグループは，ごく最近まで傍観者のグループのメンバーであった人々から構成されているが，効果的に引きこもってきた，あるいは傍観者の地位にある人々にさえ拒絶されてきた人々から成っている。

　グループの動きは，活動の主題の変化によって記述される。何が捨てられたのか？何が加えられたのか？　この変化は前進的か——すなわち以前の活動から推測できるか——それとも万華鏡的か？

　次の課題は，このグループ構成に関する個々の子どもの地位の活動記録を続けること，そして，彼がその地位を維持する方法を記述することである。彼は焦点あるいは参加者サブグループのメンバーシップを求めて努力するか？　そうすることで，彼は自分をどう表象するのか——支配的なリーダーとしてか——憐れな人間としてか——話題の動きの開始者としてか——アシスタントとしてか？　彼は自分自身をどんな種類の人物として描くのか？　彼の行動はどんな種類の成人像，あるいはアプローチ・パターンを暗示しているか？　彼は自分自身，自分の仲間，そして自分のグループのどんなコンストラクトを「試着」しようとしているのか？

　b．子どもの予期　われわれがここで言おうとしているのは，われわれの理論的観点——心的過程は予期する方向に動いていく——からすると，われわれは何を言うと期待されうるのかということである。われわれの視点を表現はしているが，パーソナル・コンストラクト心理学にけっして独自なわけではない用語によれば，「すべての行動は本質的に予期的だと解釈されうる」ということになる。

　観察者が次に子どもの予期的努力の結果に気づかねばならないと思われることは，子どもが自分自身を自分のグループに関係づけるのに使っているように見えるパーソナル・コンストラクトについての観察者のメモから得られるはずである。本章の主要な関心事である経験の分析は，子どもの試行的なコンストラクトが確証される，種々の基準エビデンスを示すとわれわれが考えることは，義務的である。この子の予期はよい結果を生むだろうか？　この子の仲間は，**この子が予期する**ように反応するだろうか？

　次に，観察者が子どもの予期的な努力の結果に気づかねばならないと思われるものは，子どもが自分自身を自分のグループに関係づけるのに使っていると見られるパーソナル・コンストラクトへの観察者の記録から得られるはずである。本章の主要な関心事であるこの経験の分析が，子どもの試行的なコンストラクトを比較し確証する種々の基準エビデンスを示していると考えることは必須である。この子の予期は，よい結果を生むだろうか？　この子の仲間は，この子が予期するように反応するだろう

か？

　心理的な疑問は，この形式で述べられることが，子どもの努力が抵抗に会うかどうかや，子どもがそのグループに拒絶されるかどうかに関連して述べられることよりも，はるかに重要である。後者のタイプの疑問は，この子が求めているのは，他の個人のメンバーシップに類したこのグループのメンバーシップなのだという，その以前の仮定に，われわれが与することになる。この観点から見ると，彼の努力がこの目的を達成しない場合には，われわれは，彼が「失敗」経験をもったこと，そしてここから彼が何かを「学習」したはずだということを，仮定せざるをえない。しかし，子どもの行動的探索を広く観察してきた人なら誰でも，子どもたちがしばしばこういう経験からは「学習」をしないという事実によって，時に彼らが学習をするという事実によるのと同じくらい，強く印象づけられるようである。小さな悪ガキのピートは「幸福」な子どもではないかもしれない。しかし，みずからの役割を慣れた方法で演じるときには，どれほどきれいに彼の予期がうまく働くのかに，ある程度の歓喜をもって気づかずにはいられない。彼が使っている社会的コンストラクトの種類を考慮するなら，このグループが彼に与えるエビデンスは，彼の期待を確証し，彼のコンストラクトの正当性を立証することになる。泣き虫のパンジーは，「幸福」ではないかもしれない。しかし，彼女の芝居がかった行為への（グループの）反応は，通常，彼女の期待するところに到達しており，遅かれ早かれ，彼女の幼児的なコンストラクトがなおも**彼女の期待する方法**で作動しつづけ，議論の余地のないエビデンスを彼女に提供しているのである。ピートとパンジーの両者の自発的な活動は，グループのなかであるいは外で，浸透的で統治的なコンストラクトを精緻化していると十分に考えられる。彼らは，これらのコンストラクトが不幸ではあっても，ある程度は秩序のある彼らの世界を秩序づけるのに，非常に有用であることを見いだしているのだ。

　ある種の観察は，子どもが苦労して処理しているコンストラクトの浸透性を解明するのに役立つ。もしわれわれが自発性の出現を，浸透的なコンストラクトの統治のエビデンスだと考えるなら，われわれはまず，もっと親しみのある「自発性」の標題のもとで観察してよかろう。ある種の社会的状況で脚をこわばらせた子どもは，従うべき柔軟で一般的なアプローチをもっていないので，その状況を「型どおりに」構造化する傾向があるのは，偶然ではない。音声調節——音程の自発的な上昇と下降——の観察，および，二次的な抑揚——言語によっては規定されない音節の強調と間の空け方——の観察は，知覚力の優れた臨床家によって，鋭く観察されている。この種の自発性の妨害はどんなものも，ふつうは臨床家によって，「ストレス」や「硬直性」，あるいは「潜在的敵意」の指標として解釈される。われわれの立場からは，その行動の一般的解釈をする際には，非浸透性の仲介コンストラクトを使いたい。この用語はもっとふつうの解釈的臨床概念と対極にあるのではない。運動行動——足取り，姿勢，

ジェスチャー，表現；言語行動——本質，語彙，分量，調節，抑揚；活動水準——転導された，過剰に刺激された，休止，爆発的，まっしぐらな，指関節で叩くかのようなためらい；役割行動——他者のコンストラクトの反射，他者のアイデアの精緻化，実行，質問，説明，1人の子どもからもう1人への通訳：これらはすべてが，子どもの作動させているコンストラクトが，どれほど柔軟で実利的であるのかを理解したいと望むときには，観察するべき重要なタイプの行動である。

4 | 家族集団内での子どもの観察

　われわれが，子どものグループ内での子どもの観察について述べてきたことは，より有意味だとはいえないとしても，家族集団のなかでの子どもの観察にも等しく当てはまる。非常に必要なのだが滅多に使われない臨床設備は，臨床心理士の観察の下で，家族に1～2時間いっしょに使ってもらうようにたのめる居間のような実験室である。この部屋の備品は，いろんな種類の家族活動が実行できるように，変化できなければならない。さらに望ましいのは，もちろん家庭（ホーム）であろう。この家族集団になじみがあり，妥当な複写になるように調整がなされうるので，観察される状況下で，この集団をより多様な活動に参加させる機会を与えることになる。

　心理臨床実践において驚くほどうまく作動するデバイスは，家庭訪問である。これは，両親との間で前もって手配しておき，週日の夕刻に父親が仕事から帰ってくる直前から子どもが床につくまでの時間を含んでいる。この時間標本は十分に代表的であり，子どもの家庭内の経験の本質と，その経験が確証する傾向をもつ対人関係の概念化の種類を理解するのに非常に有用である。たしかに両親も子どもも，「来客」がないときに，彼らが普段行動しているのと正確に同じように振る舞うとは期待できない。しかしもう一度言うが，自発性の手がかりに気づいている心理士は，浸透的なコンストラクトの統治下で自然に遂行されるものと，強直した脚で「マナー」を守って遂行されるものの，多くを検出することができる。

　幼児の検査においてさえ，とくに養子縁組前に保護施設で検査される幼児では，このような時間サンプルをとることと，おそらく以前にこのクリニックで行った別のテストと比較するために，この子のチェック・テストをこれに先行させることとは，価値のあることである。幼児用ベッドのなかで与えられた視聴覚刺激の本質や，施設親の期待のなかでこの子が演じた役割等々は，この子が自分自身の予期的行動を発達させるのにどんな機会をもっていなければならなかったのか，そして，これらの機会とそのテスト成績との関係について，何らかのアイデアを提供してくれる。

　家庭訪問中に親が何をして何をしなかったのかとは無関係に，眼力のある心理士なら，**この子が親に何をしてもらえると期待していると見えるかによって**，親が子どもに対してするつもりのことのいくらかは見いだすことができる。子どもが親に対して

うるさく主張し続ける場合には，それは，親が過去にこのような強要に同意するのを回避しようと試みてきたことを，意味していると解釈されうる。この子が親の個別の要請のどれに対しても反論もせずに賛同する場合には，この子は親がこのような要求をしてくるときには，絶望的に頑固なことを見抜いているのを示している可能性がある。

　教室を観察する場合もそうだが，臨床家は自分の訪問がその家庭の異なるメンバーの慣習的な活動に破壊的な影響を及ぼしうると判断をすることができる。これは近所の人々が立ち寄ることに慣れている家族のように見えるか？　臨床家の観察によると，家族のルーチンはふつう非常に固く維持されているので，彼の存在，あるいはどんな部外者の存在も，大きな崩壊につながるという信念に導かれるかもしれない。臨床家は，このようなケースでは，この家族組織における再調整が，この家族を維持するコンストラクト・システムへの大きな脅威を構成すると推測しうる。臨床家はまた，家族の柔軟性についての，あるいは，それが対人関係に関する子どものパーソナル・コンストラクトの気まぐれな確証因である可能性についてのあるアイデアを獲得するかもしれない。

　こうして家庭を観察すれば，慣習的な日々の活動——読書，趣味，社会活動，価値ある達成，宗教的献身等々——の本質が何であるべきかについての，何らかの指標が得られるかもしれない。生活の道具が証拠として存在するようである。

　これらの観察を，その家族の異なるメンバーが相互関係において演じる役割に関して明らかになっているものとあわせて考えてみよう。そうすると観察者の心理士はみずからを援助的になしうるこの状況で，多くのことを発見できる。さらに，彼はこの経験が驚くほど楽しいことを見いだしやすい。

5 ｜ 職業選択の心理学的意味

　職業は既存のシステムとしても，検証ツールのシステムとしても，見ることができる。どちらの見方をしても，それはその人の人生へのアプローチに遠大な意味合いをもっており，仕事日に割り当てられた義務と給与支払小切手の額面をはるかに超える意味合いを含んでいる。職業はあるフィールドの経験だと言ってよかろう。したがって，もしわれわれが経験を，1セットの解釈されたイベントや，彼の視界内に落ちた事実の範囲だと定義するなら，われわれはこの職業選択がいかに経験への選択効果に影響を及ぼすかがわかるだろう。それは，ある範囲の事実を彼の視界内に持ってきて使用するコンストラクトと，彼がみずからの予期の妥当性をチェックする傾向をもつ種類のエビデンスの両方に影響を及ぼす。したがってわれわれが，経験の分析を通じてパーソナル・コンストラクトへのアクセスを得ることに関する章で，職業選択の問題を論じるのは，適切であるように思われる。

a．浸透的コンストラクトの領域　自己の職業に対する反応は人によって顕著に異なるが，一般には，人の職業的フィールドは，その人のコンストラクトがかなりの浸透性をもつフィールドだといいうる。毎日のイベントは，部外者には非常に具体的で反復的に見えるかもしれないが，職業コンストラクト・システムは浸透性の高いコンストラクトの庇護のもとで進化するので，きれいに整理されうるだけでなく，再評価にしたがいうる。人の職業は，ふつう人がかなり多くの連続的進化の生起を許容するのに十分に浸透性のある多くのコンストラクトをもつ領域である。ある人の職業選択を理解することは，したがって，その人が準備しうる種類の変化について何かを知ることになる——これは，心理療法的志向性をもつ心理士には，常に重要な問題である。人の職業についての思考が自発的に精緻化される浸透的なコンストラクトは，クライエントが自己の経験の何か他の部分を再解釈するのを治療者が援助しようとするとき，しばしば治療者によって直接喚起されうる。

　あまりにもしばしば，治療者はクライエントの職業的コンストラクトを利用するのに失敗する。あるケースでは，治療者がそれについて学習する時間をとりたがらないことが原因である。また別のケースでは，治療者のものの見方が非常に教条主義的であるために，クライエント自身の解釈システムが，フロイトのシステムが必要な「洞察」を抱擁するのと同様にまったく適切でありうることに思いいたらないからである。

　職業はそれ自体が精緻化に役立つ経験の一領域であるだけでなく，ふつうは曖昧さへの耐性に過大な負担をかけない経験の一領域である。人はしばしば，ある人の自発的な職業選択に，あるいは，もちろん学校での勉学コースの自発的な選択に，挑戦的なものと安全なものとの間の幸福な妥協の追求を見ることができる。この選択は，何か興奮するほど新しいものであるかもしれないが，混乱を生じるほど奇妙なものではない。ある人は数学の専攻を選ぶかもしれない。これを選択すると，一般に「正しい」答えの領域を探索することができ，しかも，人々との脆弱な関係を撹乱させたり，自己の良心に予期せぬ問題を突きつけたりはしないからである。また別の人は，家屋の建築を選択するかもしれない。それは，この職業が彼のデザインについてのアイデアの精緻化を可能にしてくれ，人生をおもしろくするのに十分で，しかも常に，自己不一致の不穏な疑惑に対抗して自己を守ってくれるからである。家屋は，これが完成したときには，非常に明白な全体なのである。第3の人はセールスマンになることを選択するかもしれない。このようにして人々に擦り寄る多様な方法を探索することができ，しかも，「セールス」についての成功と失敗の確証エビデンスを，常に手元にもつことができるからである。職業経験の分析を通してパーソナル・コンストラクトへのアクセスを得るに際しては，人は常に，その職業がそのクライエントに対して表象する冒険と安全の間の妥協を考慮しなければならない。

　もちろん，職業は浸透的な統治コンストラクトが存在する経験領域であり，そして

それが，曖昧さへの耐性に過大な負荷をかけないものと見なされうると，われわれが言うときには，われわれは実際には同じことを言っているのである。われわれの調節の系によれば，人の不一致への耐性は，その人のシステムのいくつかの上位の側面の浸透性と限定性によって制限されるという立場にコミットすることによって，この二つを同等と見なしている。

時に人は，職業選択の際に，生計を立てたり家族を宥和したりするのに必要な活動領域を封じ込めようとする試みを見ることがある。封じ込めは，仕事が人の現実の自発的な関心領域を妨害するのを切り落す。このようなケースでは，毎日の仕事はホイッスルが鳴った途端に終了され，忘れられるべきものである。これは維持するのが困難な姿勢である。遅かれ早かれ，人はこの仕事にちょっとした個人的なひねりを加えたいという衝動を抑制できないことがわかるようである。それは，バーナード・ショーの『アップル・カート』(The Apple Cart, 1929) の王様のように，大臣が自分のために準備してくれたスピーチを読んだとき，ウィンクしたいという誘惑に抵抗できなくなったのに似ている。

b．**確証の領域**　職業は，人が毎日の予期をくり返し行ない確証をする，エビデンスのシステムと見なされうる。人は人生を最もうまく予期できる方法で，人生を解釈する傾向がある。そして，この予期が今までどれほど正確だったのかを見るのに彼が使っているチェックポイントは，彼の職業によって，そして彼の職場の同僚によって，かなりうまく明確化されている。仕事で何が起こりそうかを予測したり，同僚が何を言いそうなのかを予期したりするのに新しいコンストラクトが役に立たない場合には，人にそのコンストラクトの意味を理解させるのは困難である。人の職業がその人に約束する確証システムを認識することは，どんな新しいアイデアがクライエントによって開発されるべきかについて，治療者が判断する重要なステップになる。志願兵が，上官にも敵にも兄弟のように対処することがうまくできないときに，人間の普遍的兄弟愛のアイデアから多くの実際的効用を得ると期待するのは，現実的でない。高度に組織化されたシステム内の被雇用者が，唯一受け入れられると見ている信念が雇用者のものだけであるときに，誰もが自己の信念を自由に表明するのが人生に対する健全なアプローチだというアイデアを確証するエビデンスが見いだされると期待するのは，現実的でない。彼がとにかくこのアイデアを手に入れる場合には，この特権を自分に同意する人々だけに限定しようと試みるかもしれず，また，自分自身の「自由」な表現と矛盾する「自由」な表現をする人はすべて破壊しようとさえするかもしれない。

人の自己自身と自己の役割の概念化は，職業的アイデンティティを選択し維持するのに重要な要因である。父親像がこの若者にとって成人の意味するところを代表する場合には，彼には，父親の職業を通して導かれるものを除くと，成人への道筋をはっきりとは思い描けないかもしれない。このことは，彼が父親を偶像化しているとか，

彼と父親との関係が幸福なものだとかいうことを意味するものではない。これは，今までに述べてきたこと，すなわち，コンストラクトは自由に動ける水路であり，したがって，この若者の人生における重要なコンストラクトを代表している父親像は，未来に対する最もはっきりした道標になっているということである。他の人物もまた，大人への道を示すかもしれない。そして，彼に親しいある人がその職業に明瞭性ともっともらしさを示してくれるので，多くの人が特定の職業へと導くこの道筋を歩きだすのは，驚くべきことではないのである。

職業は，人生の役割に明瞭性と意味を与えてくれる，主要な手段の1つになる。したがってこれは，カオスと混乱に対抗して，安定化させる支援者としての役割を果たしている。多くの職業は，けっしてすべてではないが，人の経歴に対する明快な意味をもっており，したがって，人がみずからの中年期と衰退期を平静に視覚化し予期するのを助けてくれる。職業はまた，毎日の状況においてみずからの役割を明瞭化するのを援助してくれる。というのも，それは，他の人々の動機と彼が職業集団の内と外の両方の人々に対して負っている社会的義務についての，いくらかの標準的な解釈をもっているからである。

人の職業は，その職業に含まれている義務に対しては完全に外在的な社会的関係に関する意味あいをもっているかもしれない。多くの若者は，欲求不満をもつ母親に望まれて医者という職業をもつようになった。この母親は医者を最も清潔な手，最も白い襟，最もピカピカ輝く車，そして街で最大の自信をもつ人として視覚化している。

しばしば職業選択は，状況内で最も明快に知覚される要素に，そして同時に，最も明快に知覚され例示される全体的な職業パターンに基づいている。多くの若者はある特定の事実と，彼がある程度理解しなければならない問題とに直面して，その出発点では生涯の職業とは視覚化していなかったビジネスにおいてみずからキャリアをつくってきた。したがって，職業活動の比較的小さな細部が，時に若い成人を，最初はみずから思い描いていなかった全体的なパターンに巻き込むことがありうる。

職業適応の研究者は，みずからのフィールドへの最も有望なアプローチは，人々がなぜ自己の職業を捨てるのかを研究することだということを発見してきた。人の最初の職業選択は，その本質についてのいくつかの誤解に基づいているようである。しかし，その職業の放棄は，それが何を必要としているのか，そして彼のコンストラクト・システムでは，それへの対処がどれくらいうまくやれるのかについての，より完全な知識に基づいてなされる。パーソナル・コンストラクト心理士は，したがって職業経験の研究では，これと同じことを，そして，パーソナル・コンストラクト・システムに関してはその解釈を，強調する傾向がある。職業満足度の研究，退職者面接の使用，訓練の失敗の分析，仕事の再訓練プログラムの確立，仕事に関して生じる個人的な困難と関連した産業カウンセリング・プログラムの開発——これらのすべてが職業経験

の分析を通じてパーソナル・コンストラクトを理解する方法を提供してくれているのだ。

B 経験の構造的解釈

6 | 伝記的記録の評価

　伝記的な記録は5つの異なる見方ができる。第1に何よりもこれは，人が人生のある時期に，ある種の意味理解をせねばならなかった事実的な材料だと見なされうる。第2にそれは，過去にいくらかのやり方で行動したことを説明するためには，その人の解釈システムが何でなければならなかったのかについて，何かを漏らしている。それゆえ，現在の生き方が突然妥当でなくなったり予測不能になったりする場合には，これが頼りになりうる種類の思考と行動を示唆してくれることになる。第3にそれは，その人をとりまく社会的期待の性質を示しており，したがって，彼がみずからのコンストラクト・システムをチェックせねばならなかった確証因の性質を示していることになる。第4に伝記的記録は，個人によって選択的に記憶され，個人的に解釈されるので，そのほとんどすべてが心理士にとって関心のあるもの——現在作動しているコンストラクト・システム——に解明の光を投げかける。最後にこの記録は，人生役割の概念のどんな治療的再定式化とも関連させながら，クライエントによって合理的に説明されねばならない何かだと見なされうる。

　われわれは伝記的記録が個人の心理的理解にとって重要な5つの見方を指摘したばかりであるが，これを吟味するのに臨床家によって最も広く提案されている1つの正当化の理由を，われわれは，これに含めてこなかった。このことは注目されるべきである。つまりわれわれは，過去のナマのイベントそのものが，個人を今あるとおりの人にさせてきたと言うことを，意図的に避けてきたのだ。イベントは，個人の進歩の時間をはかるのに関わる里程標なのかもしれないが，なおもそれは，非個人的なイベントを個人的な経験に織り込む解釈なのである。

　a．誕　生　ふつう強調されている点は：誕生日，母親の年齢，妊娠期間，労働時間，分娩のタイプ，産前産後の母親の健康，その子に対する初期の損傷のエビデンス，呼吸開始の困難さ，ひきつけ，感染症，発熱，初期の摂食（吸乳）困難，そして初期の損傷や困難をなおすのに取られる方法。

　b．成　熟　発達の速さについての以下の指標が注目される：座位がとれるようになった年（月）齢，最初の乳歯の出現，母乳の中止，哺乳瓶の使用の中止，始歩，文の使用，排便コントロール，排尿コントロール，カップの把持，スプーンの使用，着

脱衣，靴ひもを結んで履こうとする試み，規則的な昼寝の中止，親と一緒に寝ることの中止，同年齢の子どもとの遊び，遊びの組織化と競争ゲーム，そして，思春期の到来の年齢。他にもっと意味のある指標があるかもしれないが，それらについては信頼できる叙述を得にくい。

　ｃ．世　話　病気は，それを発症したときの年齢，その重篤度，持続時間，最高体温とその持続時間，そして使われた医学的なケアとともに，注目されるべきである。次のものは記録されるとよい：医師，看護士，歯科医にくり返し通った頻度；家庭での服薬の頻度と量；安静と起床の時間およびその規則性；腸の動き，排尿，手洗い，入浴，食事の頻度と規則性；食べた食物の多様性，一家の大人と子どもの人数との関連で，１週間の一家の牛乳の消費量。子どもの食事に含まれるフルーツ，生野菜，肉，スイーツ，および食用油の存在と比率についても，たずねてよい。食事の出し方はどうか？　食事は規則的に出されているか？　熱いものが出されているか？　家族集団のなかで出されているか？　批判と厳格なしつけを伴っているか？

　伝記的記録の進行中の部分を評価するに際しては，心理士は，本節の初めにリストアップした５つの解釈的アプローチを心にとどめておかなければならない。「誕生」という見出しの下で挙げられた情報は，生理的意味合いをもつかもしれない。そして次には，これが，５つのタイプの伝記的解釈の１つないしそれ以上に従うようになるかもしれない。それはまた，子どもの到来が家族の他のメンバーにとってどんな意味をもたねばならなかったのかを，したがって子どもが幼いときに取りまかれざるをえなかった期待の性質をも示しているかもしれない。伝記的な記録がたとえば母親から得られるときには，パーソナル・コンストラクトによって考えている心理士なら，明白に，このイベントが母親にとってどんな意味をもつのかを抽出して理解しようと，かなりの努力をするだろう。そしてこの心理士ならおそらく，このイベントが報告される客観的正確さよりも，その意味理解に，もっと多くの重要性を置くことになるだろう。ある意味では，母親が記憶し報告するイベントは，彼女の子どもについての知覚を防衛するために，彼女が組み立てている論拠であると考えられるかもしれない。したがって，これらのイベントについての彼女の解釈がどうなっているのかを見ることが，大切になるのである。起こったイベントについての母親の説明が不正確だという理由だけで，その説明を無視するのは，深刻な臨床的誤謬である。

　同じような理由で，人がみずからの誕生について行なう説明は，この人のパーソナル・コンストラクトを説明するのに重要な検討事項になるかもしれない。この人がどのようにしてこの世に現われたのかについて，しばしば語られてきた物語は，後に，この人が思考をめぐらせる枢要なポイントになる。この人の出生の条件は，慣習的に，その人自身の人生役割を構成（解釈）するための，そして他者の人生役割を解釈する

ための，シンボルでもあれば，基本的な要素の1つでもある。たとえばある子どもが，自分が両親「自身」の子どもか養子かで，生じる意味の違いに注目しよう。この出生の地位は歴史的に，遺伝的「正当性」や，あるキリスト教の宗派ではイエスが生まれた状況の正統性と清潔さに付加された宗教的意味さえもが与えられている。

　この成熟の記録は，一般に，この子がどのようにして自分自身の資源に頼るようになったのかを示している。それは，人生の異なる段階でどんな種類の独立が妥当であると彼にわかったのかを示している。すなわち，成熟の里程標により早く到達するほど，彼の人生へのアプローチがより適切だということではない。依存の適切な分化と漸進的な配分によって，人はより適切な世界の解釈法を発達させることができる。たとえば，人生の比較的遅くまで一種の「依存」関係を維持する学生は，何に依存すればよいのかをより多く学習する。したがって彼は，昔の「独立独行」の遊び友だちがこれなしにはやっていけない物質的なトークンから，より「独立的」になりうるのだ。

　養育記録は，この子の家庭内の地位についてのアイデアを得るためだけでなく，コントロールや規則的な毎日の確証ツール——これに対比して人はみずからの予期をチェックせねばならなかった——を示すためにも使われうる。前章でわれわれは，コンストラクトの「劣化」と，これにともなうコンストラクトの利用の際の意識水準の低下を記述しようと試みた。この養育記録は，今までどんなコンストラクトが作動してきて，おそらく今も作動し続けているのかについての，アイデアを与えてくれる——たとえこれらが今や低レベルの認知的気づきにまで落ち込んだとしても。

　　d．行動の問題　伝記的記録は，どんな行動「問題」が両親およびその人自身の注意を奪ってきたのかを示しているはずである。心理士もまた以下のことに注意をして，心にとどめておかねばならない。親であれ今や成熟した子どもであれ，この行動「問題」を，この問題の知覚者の解釈システムを解明するものとして見ることは，その問題を不適応のエビデンスと見るのと同じくらい，非常に重要だということである。この応答者がこの「問題」を精緻化するときには，鋭い知覚力をもつ心理士は，現在作動している解釈システムについても，過去に作動していたシステムについてと同じくらい，学習する可能性がある。

　行動問題の伝記的記録について問い合わせをするときには，心理士は，人の教育経験の分析を扱った前章ですでに簡単に論じた路線に沿って，質問を展開していくだろう。このトピックは後の章でより完全に議論することとしよう。その「問題」が現われた年齢，状況——少なくともその応答者によって関連する状況と解されるもの——，この問題が最も気づかれにくい条件，この問題が最も気づかれやすい条件，試みられたその矯正法，そしてこの矯正法と結びついた変化，あるいは時間の経過が探求されるべきである。

　　e．対人関係　クライエントの仲間たちの歴史と，これらの仲間がクライエントに

よってどう知覚されているか，そして彼らがクライエントの他の家族メンバーによってどう知覚されたかは，伝記的記録の重要な部分である。この子に負わされた対人関係へのコントロールは調べられるべきである。入りくんだ親密さの程度（たとえば性的関係），共有される活動の種類，共同の活動で同意にいたる方法，仲間関係の終わらせ方が，詳細に述べられるべきである。クライエントがこれらの仲間について言及する際に今採用された記述用語は，レプテストのプロトコルを解釈する際に吟味されるのと同じように吟味されるべきである。本節に含められるべきは，どんな性情報が与えられたかの記録，その情報の与えられ方，その状況，そしてこのタイプの対人関係との関連で負わされるコントロールの記録である。

　f．教育と職業　伝記的記録のこれらの側面についてはすでに論じた。

7 ｜ 健康と経験

　臨床心理士はクライエントの健康に関心をもっている。彼は広範囲の専門的・人道的な関心によるだけでなく，健康がクライエントの心理学的評価と特殊な関係をもつがゆえに，気にしているのである。クライエントの健康についての心理士の関心の本質は何であろうか？　これは，臨床心理士といくらかの医療グループとの間にかなりの緊張が生じている問題である。

　a．心理学対医学　この論争の多くは，1セットのイベントをもっぱら1つの概念システムの内部のみで解釈しようとするとき必然的に生じざるをえない混乱から生じている。この問題に含まれる哲学的原理は，第1章のいろんな節で論じた。1セットのイベントを1つの科学システムのなかで**全体的**に解釈するのと，それらのイベントをもっぱら1つの科学システムの中だけで解釈するのとでは違いがある。前者の場合には，そのセットのおのおのの，そしてすべてのイベントをその統合システム内に包容することを目指している。このことは，このイベントが他のシステムでは解釈されえないということではない。（これに対して）イベントをもっぱら1つの概念システムのなかだけで解釈する場合には，これらのイベントはこのシステムの特質であると仮定することになる。このような立場は現代の科学哲学の基本的な教義を侵犯することになる。医者が，ある人の胸に痛みがあると聞いて，このケースは自分に「属する」と仮定する場合には，科学的原理を侵犯することになる。臨床心理士が，この苦痛は医学的に解釈できるので，これをも心理学的に解釈する責任はないという考えに同意する場合には，同様に混乱していることになる。どちらの見解も，われわれが代替解釈として記述してきた立場の正反対になる。

　また，臨床心理士と医師との専門職間の関係を妨害する，もっと微妙な混乱もある。これは，心理的に解釈される事実よりも生理的に解釈される事実のほうがより「現実的_{リアル}」であるという見解から生じる。前者は時に想像上のものだといわれること

さえある。生理的に解釈される事実はより「リアル」なので，生理学的用語で定式化される問題はより緊急であり，「最初」に注意が必要だと考えられるのである。

さて，生理学的アプローチは心理学的アプローチよりも，現在のところ具体主義的な傾向が強いのは事実である。それは部分的には，生理学的システムのより大きな現在の安定性による。前に述べたように，システムは，挑戦されることなくくり返し使われると，非浸透性へと衰退する傾向がある。これは医学の領域内で生じている。しかしそれは，専門間の論争に付随したものであり，クライエントを扱う際の生理的な問題の優先性を支持する議論でもなければ，概念的な硬直性とその明らかな哲学的衰退を根拠とする医学的アプローチの放棄を支持する議論でもない。

b．専門的機能の正当な分離　ここは専門間の関係を広範囲に取り扱うフィールドではないが，医師が他の根拠に基づいて，いくつかのタイプの訴えを優先的に扱う正当な権利をもっていることを述べておくべきである。なかには生理的，化学的，そして力学的なアプローチが一貫して有効なことが証明されている訴えが存在する——少なくとも，これらのアプローチを適用した結果として，これらの訴えは変化する。心理学的アプローチが同等の効果を主張できない場合には，これらの特定の問題に対しては，より大きな治療的変化を約束するように見えるシステムをまず適用することによって，アプローチしていくのが最も経済的であるように見える。

しかし医師は時に，所与のクライエントを優先的に扱う正当な主張をもつことがあるが，心理士も，そこから重要な心理的推測をなしうるどんな小さな情報に対しても，より正当でなくはない主張をもっている。簡単な言葉でいうなら，それはたとえば，心理士がその結果を心理学的に解釈するつもりなら，クライエントの反射でも自由に検査するべきだということを意味する。このことは，こうすることで心理士が，「神経学的」検査をする，あるいは神経学的検査の一部さえするということではない。彼はなお，心理学的システムのなかで仕事をしているのである。心理士がこのようにして行動を検査し観察するときには，彼はこの検査の性質について，自己自身，神経学者，クライエントの誰をも欺かないように注意しなければならない。

c．健康と確証　真実の発見は，人がそれをどこに探すべきか，そして，彼がどんな種類の実験を遂行できるのかによって，大きな影響を受ける。重度の肢体不自由をもつ人は，フットボールのフィールドで真実を探すことができないし，病気でベッドに拘束されている子どもは，あなたが遊び友だちの顎に固いげんこつを食らわせるとき，何が起こっているのか正確にはわからないだろう。病気や不健康な人は，しかしながら，病気の結果として自由に使える確証エビデンスの特殊なフィールドをもっている。これをもつことで，他者にとっては常に不明瞭なままであるはずのコンストラクトを実証しうるかもしれない。

ある人の健康を心理学的な観点から記述することは，彼が自分の日常生活パターン

を対比して確証せねばならない事実と，彼が自分の世界の探索に使わなければならない道具を記述することになる。聴覚障害の子どもは声の抑揚によって伝えられる意味の陰影を聴き逃すので，対人関係に鈍感であるように見えるかもしれない。聴覚障害をもつようになった成人はやはりそれらを聴き逃すが，そういうものが存在することはすでに学習しているので，それを感受しようとして，みずからの解釈システムの投影に過剰に頼らなければならないことになる。

　栄養不良の子どもは，そうでなければ，長期目標の達成に関して学んでいたはずのことを学んでいない。彼の持続的な努力を発揮しようとする試みは，短いサイクルの休息と興奮によって，連続的に妨害される。彼は実際に無感動に見え，ある場合には辛抱強く見えさえする。しかしそれは，心的過程の反復的性質によるのだ。比喩的に言えば，彼は自分の身体のことを十分に長く忘れて，他の関心領域に出むいて積極的な探索をすることができないのだ。飢えている成人が，自由企業，民主主義，社会主義，あるいは共産主義体制のような状況で，しっかりした長期の地位に就いているのは見いだされそうにない。同様に，多くのタイプの身体の病気が心理的要因と相関をもつのは，「心身症」の症状としてよりも，むしろ，**病気への適応**としてよりよく説明されうる。パーソナル・コンストラクト心理学の用語では，人は自分の病気にみずからギアをあわせなければならない。そして，これをするのに彼が見いだした最適の方法は，一般にこの病気の心理的症状と呼ばれている。これは健康問題を見る際の重要な視点である。われわれはこれが，「心身医学」として知られている折衷主義よりも，ずっとよく構造化されたアプローチだと見ている。

　d．健康と依存　健康と心理的経験との間には特殊な関係の仕方がある。幼児期には人と両親との関係は，その人が身体的要求を満たすために両親に依存することによって，部分的に決定される。親はより強いので，子どもに障碍物を乗り超えさせることができる。親はほかでは手に入れられない食物を子どもに提供する。親は子どもを身体的な危険から守る。これらの機能に加えて，親によって遂行される愛情や教育のような，もっと複雑な機能ももちろんある。ここでちょっと，子どもの身体的な要求を満たす親の援助のみを考えてみると，この子が親との関係を**依存的**だと見るようになることは，われわれにも見てとれる。親は，この子が自分のコンストラクト・システムを検証するための直近の確証者になる。コートニー（Courtney）が示唆しているように，親はみずからが幼い子どもの問題に対する一種の回答なのである。子どもは親を予測するためにみずからのシステムを設定する。子どもは，親のものの見方を包摂または理解しようと試みることによって，親との関係におけるみずからの役割を樹立するのかもしれない。

　子どもは，大きくなると，両親との関係に関するかぎり，もっと独立した活動パターンを徐々にみずから樹立し確証できるようになる。これには必ずしも両親との役割関

係の減少がともなうわけではない。実際子どもは，両親からより独立するとともに，両親との関係においては，はるかに包括的で援助的な役割を演じるようになりうる。その依存性が別のところに配分されるので，相対的に両親から独立するようになるのである。

人は，病気や障害をもつようになると，古い依存パターンの多くが再活性化されねばならなくなる。親，妻，看護士，あるいは医者は，この人が日常生活を秩序づけなければならないコンストラクトの多くを共有するので確証者になるのだ。精神分析の用語では「自我が弱まる」のである。

さて，これは必ずしも破壊的なことではない。この古い依存パターンの再活性化と，これらの単純なタイプの予期システムが適切であることを確証する一群の人々を配置することとは，クライエントを心理的に安定させるときがある。病気の医学的治療が，クライエントにとって生理学的に達成されるよりも，心理学的に達成されたケースが存在するのである。入院患者としてクライエントが自己の役割を定式化する困難さと，そこから生じる罪悪感の混乱とは，彼の人生パターンが明瞭化され，手元のものを処理するのがより効果的になったがゆえに，消失するのかもしれない。精神分析的な用語では「現実の要請が単純化された」のである。

しかしながら，いくらかのクライエントについては，病気によって投じられた彼らの依存パターンは不適切である。身体的に解釈された病気を治療しようとする試みから生じる心理的な混乱は，病気そのものよりもっと破壊的になりうる。われわれはみな，クライエントに推定された無力感の結果として彼らに確立されることが求められていたこの種の依存関係によって意欲をなくしてしまった，より年長者のケースで，このことが起こることを見てきた。

われわれは，不健康によって幼児期の依存パターンに逆戻りさせられた人について語ってきた。また，ごく幼いときからの不健康が，ふつうならこれの置き換わる時点をはるかに超えて，いくらかの依存パターンの使用を要求し続ける子どもの問題もある。また両親が，自分の子どもが不健康であるかのようにふるまって，子どもが両親への依存的関係に自己を配する場合にしか，子どもの世界の建設的な探索への認証を継続的に与えてくれない，そういう両親をもつ子どももいる。したがって，不健康，そしてとくにその子と両親の不健康についての知覚が，人の人生を心理的に解釈するための，重要なデータになるのである。

e 病的健康状態への適応　　病的健康状態に起因する適応は，時には心理療法でも使われることがある。病的健康状態の模擬的実験法（シミュレーション）は——入院，依存パターンの再活性化，「症状」の一時的知覚さえも——すべてが適切に使われるなら，クライエントがより適切に世界を解釈する助けになりうるデバイスになる。このトピックについては後の章でさらに論じる。

各々の「生理的」障害はいくらか特徴的な予期的適応パターンを必要とする。各病気は特徴的に，その人の直接的経験の範囲から，いくらかの確証因を引き抜いて，何か他のものに置き換える。各障害はそれ自体に特徴的な依存パターンを招き寄せる。各症状は典型的な心理学的解釈を求める。たとえ人がみずからの病的健康状態について心理学的解釈の共通性のパターンに従いうるとしても，このパターンは彼がみずからつくりあげたものであり，特徴的な個人的アプローチを含んでいなければならない。病的健康状態への心理的適応は，病気とクライエントの両方に特徴的であるといっても，矛盾にはならない。

われわれはすでに，より古い依存パターンへの退行は，人が肉体的に無力になるときに行なう適応の一部だと言及した。この退行には，古い依存の回復以上のものが含まれている。病気は，少なくとも病気の初期段階の間は，他のより古いシステムの再活性化をともなう傾向がある。これは，人が，病気によって変ってしまった世界の再解釈を求めて，比較的広範囲の一般性をもつ大改訂をもって実験しなければならないので，もたらされるのである。彼の新しい状況にフィットするのに十分な一般性をもち，しかも，彼のレパートリー内にあるのですぐに「試着」に利用できる唯一の代替的なアプローチは，あるときには作動もして「妥当」であったが，その後，とりあえず捨て去られてきた，これらのもっと包括的なコンストラクトである。

この早期の概念化様式への退行は，しばしば突然の大病にともなって生じ，結晶化させる必要はない。人は，直接的な経験の範囲内にかなり多数の道具とかなり多様な確証エビデンスをもっているので，適切でもあり成熟もしている人生の新しいパターンを再解釈できるのである。

人の器質的条件の心理学的解釈を研究する際には，器官と感覚がコンストラクトの文脈における要素として使われ，その使われ方から，多くのことを学習することができる。切断手術を受けてなくなった手は，喪失した機会，剥奪経験，性的インポテンス，およびその他の彼の注意を引くようになる要素と，積極的に結びつくようになるかもしれない。胃がんの犠牲者は高度に弁別的なコンストラクトを，食物とこれらに連合した感覚に適用するかもしれない。グッドイナフ（Goodenough）やマッコーヴァ（Machover）の人物画テスト（前者は Draw-a-Man Test，後者は Draw-a-Person Test と呼んでいる）では，このような患者は上腹部の描写の精緻化に努力を集中しようとしたり，あるいは胃を描くのが「非常に難しい」のでこれをまったく回避しようとしたりするかもしれない。あるいは単純に描き終えた絵を見て，（胃や食道のあたりを指しながら）「このへんが正しくない」と批評するかもしれない。

ある器官と感覚がどのように解釈されるかについての注意深い心理学的研究は，クライエントの人生に対するより一般的なアプローチの理解に到達するための重要な方法である。心理士は，クライエントが性器をどのように解釈しているのかを発見する

ことによって，夫婦間の適応に関する援助的な理解に到達しうるかもしれない。心理士は，女性が白髪になるのをどう理解しているのかがわかれば，彼女が家の色彩設計に強く没入することが理解できるかもしれない。彼は唇がどう解釈されているのかを見ることによって，倒錯的コンストラクトを発見できるかもしれない。彼はクライエントが母斑（生まれつきのあざ）を何と解釈してきたかを知ることによって，クライエントの罪悪感がわかるようになるかもしれない。心理士は，クライエントが梅毒にかかったという事実の解釈を援助するのに，医者が生理的な症状を治すのに使った時間にくらべると，はるかに多くの時間を費やすかもしれない。

　要素がシンボルとして，あるいはコンストラクトの必須条件として使われるのとまったく同じように，器官，感覚，症状はコンストラクトのシンボルとして使われるかもしれない。クライエントが胸の痛みについて語るときには，彼の言語では，心理士が最初に思ったよりもはるかにもっと包括的なコンストラクトを表現しているのかもしれない。一般にいわゆる「転換ヒステリー」において病める器官は，これが「身体的順守（somatic compliance）の原理に従って選ばれうる——すなわち，とにかくいくらかは生理的混乱であり，転換症状にもっともらしい位置にあった——としても，象徴的に利用されていることが，長く認められてきた。症状の象徴的な利用については，ごく最近になって著者の目を引いた，ポッチ（Poch）による次の説明以上によいものは，どこにも存在しない。

　ある患者が，以前の多数の治療面接中に行なった，仕事に関して持ち続けていたトラブルについて訴えた。「この同じ古いトラブル」——すなわち頻繁な頭痛と目のトラブル——が，この新しい仕事でも突然出現したのだ。昨日は非常に具合が悪かったので，彼はとにかくまったく仕事に行くこともできなかった。

　これらの訴えはこの時までに非常にありふれたものになっていた。治療者はこれらの訴えを多くの方法で使って，議論を多様な領域にもっていこうとした。しかしながら治療者は，今回患者が「私は病気です……私は病気です……私は病気です……」とくり返し言っていることに突如気がついた。これは患者にとってまだ探索されてはいないが，何か重要な意味をもっているに違いないと気づいたが，この患者にとって病気の意味するところを引き出そうとする通常の非指示的な試みはすでにやりつくしていた。そこで，今回治療者は「病気の反対は何ですか？」とたずねてみた。患者はただちに「自由です」と答えた。これは，「元気」「健康」あるいは何かこれに似た言葉を期待していた治療者には，驚きであった。

　この新しい情報は，患者との議論に対してまったく新しいチャンネルを切り開いた。この方法によって，患者は病気を安全作戦として**利用している**という認識に近づけるようになったのである。

8 | 臨床家によるあるケースの経験の構造化

　われわれはクライエントが自己の経験を構造化する方法を非常に強調してきた。これは，われわれの理論的な立場を考慮すれば，理解可能なはずである。しかしこのことは，臨床家自身が個人的にクライエントの経験を構造化することが，重要ではないという意味なのだろうか？　けっしてそうではない！　なぜなら，臨床家がクライエントの経験をクライエントによって特徴的な方法で構造化されたものと見るのは，それ自体，臨床家が経験を構造化する一方法だからである。問題はもちろん，クライエントの構造化を臨床家が構造化するのを援助することである。臨床家はクライエントの活動だけでなく，クライエントの経験をも解釈しなければならないのである。

　さてこのことは基本的に，臨床家がクライエントとの本当の役割関係をみずから確立しなければならないということである。そして，パーソナル・コンストラクト心理学では，役割関係は特別な方法で定義されていることが思い出されなければならない。臨床家は，クライエントの行為について考えることができ，また時にはクライエントのように考えられるというだけでは十分ではない。彼はクライエントの思考を包摂できなければならないのだ。これは，彼が「さてこれが，このクライエントがこのことを理解したいだろうと，私が予期したいはずの方法である。私はこれを彼の知覚のサンプリングから推測するだけではなく――というのも，私の知るかぎりでは，彼はこの特定のものを以前に扱ったことがなかったからである――，彼がこの状況に直面したなら頼りにせざるを得なかったはずのコンストラクトのレパートリーについての，私の知識からも推測しているのだ」と，独語できねばならないという意味である。われわれの前章の言語では，臨床家のクライエントに対する関係は，ただ共通性の系に基づくだけでなく，社会性の系にも基礎をおいている。有能な臨床家はクライエントのように行為し，クライエントのように話し，クライエントのように考える，双子の兄弟ではない。臨床家はクライエントの行動を予期でき，ただクライエントの行動を模倣するだけでなく，したがって，クライエントが演じたように演じるだけではなく，クライエントが演じたがるように演じることができるクライエントの教師なのだ。次に臨床家はまた，クライエントが演じたいと思うのとは対照的な方向に方向転換をして，演じることができる。最後に臨床家は，これらのコンストラクトをいくつかのより浸透的なコンストラクトの下に包摂することによって，この2つのコースの行為を融和し，分化することができる。

　さてこのことは，クライエントとの包括的な役割関係を確立する臨床家のみが心理療法の目的に役立ちうるということではない。前に示したように，クライエントは，「治療者」――クライエントの訴えに多少とも関係するさまざまな問題について個人的見解を表明することをとおして，みずからを例として提供する――とコンタクトをとる

ことによって，自己を正すかもしれない。このクライエントは，「治療者」を理解する過程で，行動計画をつくりだす。治療者は，みずからを気づきのわるい例としてクライエントに示すことによって，クライエントを援助する。クライエントはこの経験から利益を得るが，治療者が意図した方向でではない。

　臨床家のケース解釈は逐次接近法（successive approximation）によって進められる。彼は，クライエントがみずからのシステム内にこれらの事実を秩序づける，パーソナル・コンストラクトを発見し始める前に，クライエントについて多くの事実を発見する。したがって臨床家は，クライエントの個人的なシステムの観点から解釈ができるようになり，続いて，包括的な心理学的観点によってこのシステムを包摂できるようになる時までは，ケース記録に現われた事実を結合するコンストラクトの，既製の中間的なセットをもつことが必要不可欠になるのだ。これを明らかにするためにわれわれは，臨床家が中間的な事実を結合したものと，彼がこの記録をクライエントのパーソナル・コンストラクトを構成する包摂的システムに最終的に組織化したものとの，区別をしてきた。われわれは前者を**構造化**（structurization）と呼び，後者は**構成**（または**解釈**；construction）と呼ぶ。

　臨床家のケース解釈とは，過去，現在，未来を展望するなかでクライエントを見ることを許すあの定式化である。彼の構造化は，過去と現在のみに光を当てるものであり，予測や予期にはほとんど役に立たない。心理的な問題に対する構造主義的（structuristic）アプローチは，歴史的には，ヴント（Wundt）とティチェナー（Titchener）のアプローチに代表される。構成主義的（constructive）アプローチは，それが対照的であるかぎり，歴史的には，19世紀末のフランスの精神病理学派とフロイト学派から派生したものによっておそらく最もよく代表される。どちらのアプローチも，われわれがパーソナル・コンストラクト心理学に取り込んでいるので，ここまでの議論に付いてきてくれた読者をほとんど逃さなかったと思われる英国の連合主義運動とも関係をもつことになる。

　精神医学的な訓練を受けた読者の準拠枠は，「記述的」対「力動的」の用語法である。われわれは，「力動的」という用語が通常意味する暗黙の仮定を回避したいと望んでいることを明確にした。しかし，「記述精神病理学」の用語によるよりもむしろ「精神力動」の用語によるケースの定式化のほうが，ケースの構造化よりもむしろ，ケースの構成（解釈）を行なう１つの方法の例示になる。

　さてここは，いかにして臨床家のケース構成を完了までもっていくのかの，最終的な言明を行なうフィールドではない。これは後にまわす。たしかにここは，所与のケースの解釈がどうでなければならないかに関する決定的な言明をするフィールドではない。われわれの理論的な議論の全体の骨子は，特定のクライエントとの関係においてのみ達成されうる効果にある。この点でわれわれができるのは，臨床家がクライエン

トの経験を構造化する方法を提供することだけである。このことは，臨床家によるクライエントの**個人的システム**（解釈）が，その全体像を生に向かって湧き出させる瞬間の少し後まで，それらの事実が一時的に結合されうる方法を示すことを意味する。長期の心理療法を積極的に行ったことのある臨床家なら知っているように，その時がくれば，そのケース記録のなかの事実が生き生きと細部にわたって浮かび上がり始め，クライエントの人生のパターンが遠い未来まで広がっているのが見えるようになるのである。

9 経験データを構造化するための集合的な用語

次の用語を，クライエントの経験記録における事実的な材料を扱う中間段階で，使おうという提案がなされた。これらの大部分は，治療過程で利用できる類のコンストラクトを代表するものではない。これらは未来に対する高度の予測的実用性をもってもいない。これらは，われわれがこの表現のために保留してきた意味での，**予後**（prognosis）でも**診断**（diagnosis）でさえもない。これらは，著者のものだという純粋に偶発的な事実を除けば，たしかに**パーソナル・コンストラクト**ではない。これらは単に，経験記録を構成するデータを試しに寄せ集めた形式的な**集合的用語**（collecting terms）にすぎない。これらのうちのいくつかは，他の用語のそれとは異なる，一般性と有用性のレベルを代表している。それらのうちのいくつかは，それを使用すれば，臨床家にとって一時的な心理学的機能を果たしはするのだが，ほとんど心理学的ではない。

確証因（validators）は，ケースのこの中間的な構造化のために選ばれた，その種の一般性を記述する体系的なコンストラクトである。これを簡単に言うなら，次の用語は，人が予期しなければならなかったイベントの種類を指している。これらの用語は，直接にはその人のパーソナル・コンストラクト・システムを記述するものではないが，そのシステムが何を処理しなければならなかったのかを示しており，その処理がいかに達成されねばならなかったのかについて間接的なエビデンスを提供している。

次の用語は，治療の診断計画の問題を最初からとり上げる準備をしているスタッフ会議で，ケースの提示をする際の節の見出しとして使われうる。これらはまた，詳細なケース記録を各機関が協力して報告する際にも用いられうる。

ａ．**人物マトリックス**　この見出しの下に，その個人が親しく知っている人々の**性質**（kind）について，経験記録からの情報が配置されうる。クライエントに知られている人々がその対人関係を何とか丸く収めてきた個別的特徴的な方法と，その生涯が，心理士によって，**人物コンストラクト**（figure constructs）のなかに集められ，それから次に，**人物マトリックス**（figure matrix）という見出しの下に集められた。

ｂ．**協力関係**　この見出しの下には，構成的な社会過程においてクライエントが識

別可能な役割を演じたことを示す経験記録から集められた情報がくる。これによって心理士は，このクライエントがこの社会過程に含まれる他の人々との役割タイプの関係を発達させてきたという仮説を立てることが許される。彼が実際にこのような関係をもっているか否かは，クライエントのパーソナル・コンストラクトのより深奥の研究によって証明される問題である。役割関係の有効性の指標はこの標題の下に集めることができる。

c．**クライエントの特徴づけ**　この見出しの下には，クライエントが共に暮らしていかねばならない人々によって記述される方法に関する多様な情報片が集められる。彼らのクライエントに関する特徴づけが「正しい」かどうかは，クライエントが自己自身についてのみずからの解釈を，彼が彼らの目に映っていると見る自己イメージと，持続的に照合して確証しなければならないという事実ほどには，重要ではない。

d．**外的に押しつけられた集団との同一化**　この見出しの下には，このクライエントが，人々のさまざまな集合体（collection）におけるメンバーシップとの関連で，他者にどう見られているかに関する情報が集められている。このことは，クライエントが他者によって同定されるのとまったく同じように，自己を同定して見るということではない。これはとにかくクライエントがいくらかのグループのメンバーとして連続的に知覚されているという事実をクライエント自身が説明しなければならないということである。またこれは，**確証**の問題でもある。クライエントみずからの視点から見た最も簡単な解決法は，しばしば自分が実際にあるグループのメンバーであることを認めて，そのグループが使っているコンストラクト・システムを使い始めることである。これによってクライエントは，かなり安定した方法で，先生，ボス，警官，俗物等の行動とともに，両親の行動をも予期できるようになる。クライエントは，彼らの誤解に対して，悪意のある服従をして，大きな喜びさえもちうるのである。

e．**クライエントが取り込まれる，あるいは疎外される領域**　種々の適切なサブタイトルの下には，他者によるクライエントの取り込み（incorporation）や疎外（alienation）のエビデンスを集めることが可能である。**取り込み**は，われわれが，人を自分自身に似ていると見たがる意欲を意味する。また**疎外**は，われわれが，人を自分自身に似ていると見る気にならないことを意味する。この**取り込み - 疎外**の概念は，適用するには少し油断のならないところがある。取り込みは，われわれが選んだ方法で定義するときには，批判がないことを意味するわけではない。また，他の人々がクライエントのやり方を採用して，クライエントを模倣するという意味でもない。それは，クライエントとの同一化や共感とまったく同じものではなく，むしろそれは，より投影的な現象である。それは必ずしも受容や，人との役割関係を演じる準備性を含まない。

メイは，自分自身に関係づけてジョンを理解しようとする場合には，彼を取り込む。彼女は自分自身を叱るように，あるいはみずからが他者によって叱られるはずだと感

じるように，彼を叱るかもしれない。しかしなお，彼女が種々の重要な点で彼が自分
に似ていると見る場合には，彼を**取り込む**のだ。彼女はジョンとの関係で役割演技を
することに失敗するかもしれない。というのも，彼女が彼のコンストラクト・システ
ムを包摂する試みに失敗するからである。彼女は彼に脅威さえ感じるかもしれない。
しかし，彼女が彼を自分に似ていると見る場合には，この構造化のコンストラクトの
意味において，彼女は彼を**取り込む**のだ。彼は彼女と同種の一人なのである。彼女は，
ジョンには時に理解しがたいところがあっても，彼は実際に自分に似ているというア
イデアに，熱心に取り組んでいる。彼女は自己自身についてのみずからの解釈路線に
沿って，ジョンについての解釈を精緻化するのである。

　たぶんもう１人のメイベルは，ジョンが自分自身に似ている可能性を追求しないと
いう点で，ジョンを疎外する。彼女はジョンが「好き」かもしれない。彼を有効に利
用するかもしれない。一時的に彼を喜ばせるかもしれない。しかしなお，彼女は彼を
自分と同種の１人にはしない。そしてこれが，われわれが疎外と呼び習わしてきたも
のである。

　クライエントの取り込みと疎外の領域に関する経験記録から情報を収集する際には，
われわれは以下を考慮に入れるべきである。(1)彼を何か自分たちに似ていると見る準
備ができている**グループの人々**，(2)クライエントをいくらかは彼ら自身に似ていると
見る準備のできている**領域や方法**。このようにわれわれは，クライエントの仲間たち
がみずからを見る見方によって，彼のコンストラクト・システムの潜在的な確証因を
見ることができる。

　たとえば一群の心理学専攻の大学院生がレミュエルを心理士になりうる人物と見な
して，彼が心理士であるかのように，社会的関係の実験を開始する場合には，彼らは
彼を取り込んでいることになる。彼らは何であれ自分たちの職業グループに特徴的だ
と信じるものに拘束される領域内に，彼を取り込んでいるのだ。したがってわれわれ
は，レミュエルが，１つの次元ではこれらの大学院生によって，そしてもう１つの次
元では彼ら大学院生がみずからを概念化したものによって束縛される，特定の取り込
み領域をもつのだといってよかろう。このことは以下を意味する。すなわち，これら
の大学院生は自分たちが行動すると考えるやり方で彼が行動する場合にのみ，自分を
待つ多数の潜在的に「正しい」回答をもつことになるのである。

　f. 葛藤と解決の外的パターン　臨床心理士は究極的には，彼のクライエントがみ
ずから解釈する問題に関心をもつが，彼は，クライエントの社会的環境に明示されて
いる「葛藤のパターン」と「葛藤の解決」を見いだすことによって，中間的な情報を
収集するかもしれない。おそらくクライエントは，これらの外的パターンを，何らか
の主観的に妥当な方法で，経験しているはずである。これらの外的パターンを経験す
るとき，クライエントはみずからを解放するようにそれらを解釈できるかもしれない。

その場合には，彼は自分自身の行動パターンの原型としてこれらの使用に気づくことなしに，これらを経験するのかもしれない。これはやさしいことではない。もっと起こりそうなのは，彼が何か外的に押しつけられた葛藤パターンに巻き込まれて，地域の慣習の指示する路線にそって，解決を求めるだろうということである。たとえばクライエントが，白人と有色人との間の葛藤に関するいくつかの問題を明示している社会に自分がいることに気づくと，同じ二分法では処理せず，2つのグループの一方または他方によって習慣的に使用されてきたのと同じ解決法を採用しないようにしようとして，追いつめられることになるだろう。

　g．テーマのレパートリー　被験者によって語られた物語の下層にあるテーマを発見しようと試みる TAT の臨床分析の場合と同じように，人は被験者をとりまく社会的な世界のなかにもテーマを探すかもしれない。家族の物語とは何か？　コミュニティの民間伝承とは何か？　どんな叙事詩的物語が語られているのか？　クライエントが自己について見るとき，その自己に対して最もはっきりと代表している生涯のパターンは何か？　ともかくみずからの物語のプロットがもっともらしく見えるようにしなければならないのは，これらの問いに備えてのことである。この演劇が彼の文化集団によって書かれる場合には，このプロットに適合するために，彼はどのようにみずからの役割を解釈することができるのだろうか？

　h．象徴システム　この標題の下には，クライエントの言語的背景から出発して，さまざまな他の象徴表現——宗教的，国家主義的，建築的，制度的，諺的，警句的^{エビグラム}等々——も含む，情報項目が集められる。これは，人が直解主義の使用に還元させられるとき，自分の世界を解釈しやすそうな方法への手がかりを提供してくれる。これはまた，どんな言語的資源が治療中の使用に利用できるのかをも示している。

　i．訴えが生じてくる考え方の風土　病訴でさえ，いくらかは伝統的に様式化されたものであるようだ。気を失うのが女らしかった時代には，女らしくありたいと望む女性が気を失った。ユングの著作がアメリカの教育分野で知られるようになると，多くの教師はより一貫して内向的にふるまい始めた。アドラーの仕事が入ってくると，人々は劣等コンプレックスについて訴え始めた。ある地方の田舎では，子どもの勉強ができないと，「虫」をもっているといわれる。ある地方都市やある社会階層では，子どもたちが「不安定 (insecure)」だといわれるが，この用語もこの原型的な症状も他の場所では非常に発見されにくい。いくらかの教養人のグループでは，人々はみずからの「抑制」について不満を言う。「頭痛」「胃のなかのガス」「ゆううつ」あるいは「張りつめた神経」をもつ家族は，何か曖昧なものが悪く進むと，そのメンバーが既製の症状をもつように準備する。このことは，人がこれらのうちの1つの症状を訴えるとき，実際には何も悪いところはないということではない。われわれが強調しているのは，あるタイプの訴えが蔓延しやすい考え方の風土である。

j．多様性　ここに集められたのは，経験記録からのエビデンスであり，これはクライエントが携わってきた，あるいはそれについてかなり考えてきた，活動の**範囲**を示している。これによって臨床家は，クライエントが実験してみる自由と，彼がみずからの問題への回答を見いだすために進んで行った距離を，試行的に評価できるだろう。それはまた，治療の文脈——すなわち，クライエントと治療者の両方が，相互のコミュニケーションを促進する，説明力のある材料探しに利用する領域——に関する，ある有用な情報を提供してくれる。

k．伝記的転換点　これはもう１つの種類の多様性を指している。いくらかのクライエントの経験記録のなかには，活動中の変化のはっきりしたエビデンスがある。これらは，必然的というわけではないが，上位の解釈システムの変化を示しているかもしれない。経験記録にこのような屈曲点があるということは，クライエントにはさらに目覚ましい変化を生じる能力や準備性があることを示している。これらは，治療的な動きの能力だけでなく，心理的な「ブレイク」の能力をも示している。これらの変化が生じた様式は，さらなる変化が生じると期待されうる様式を示している。時間軸に関連して注意深く研究された伝記的記録は，年代記に従って区分されないただの事実の寄せ集めから構成されている場合よりも，はるかに多くのことを示すだろう。クライエントを時間展望のなかで見る治療者は，クライエントをいっそう受容しやすくなり，さらにもっともらしいことを発見しやすくなるだろう。

l．物理的資源　ここに集められるのは，クライエントが自己の問題を解決する助けになるように作用させうる物理的資源であり，同時に，クライエントが依存するようになった物理的資源である。これらは，子どものためのおもちゃから，大人のための富にいたるまでの全範囲にわたっている。これには個人的な財産だけでなく，コミュニティの資源——遊び場と校舎から実験室とビジネスの機会へ——が含まれる。

m．社会的資源　ここに集められるのは，クライエントのリハビリ全般を援助できる人々と，現在彼が自分の問題を解決するのに利用している人々である。

n．個人的資源　この集合のなかには，職業的技能，知的能力，知識領域，健康，評判——信用状態を含む——，身体的魅力，若さ，再適応パターンの発達のなかで明らかになりうるその他の個人的属性のようなアイテムがある。

o．依　存　これは前の３つの資源の用語と重なりあっているが，主に，次のような資源に関係している。すなわちクライエントはこれらの資源にあまりにも依存してきたので，クライエントがこれらを喪失したとしたら，彼の全人生パターンはひどく妨害されることになったはずである。母親は，あまり信頼できる母親には見えなくても，子どもの主要な資源の１つではありうる。子どもは，代理をもたず，母親に依存しているので，彼女に執拗にしがみつくかもしれない。このことは，この子はこのまずい仕事ぶりの母親を捨ててしまう「べきだ」と考える観察者には驚きである。この

点に非常に関係していると著者がいつも印象づけられてきた古い物語がある。それは，「彼のサルが死んだ」ので，音楽家としての地位を失った男に関するものである。

p．支持的地位　ここには，クライエントがいかに，そしてどんなふうに，他の人々の人生と安寧に必要だと見られているのかを示す項目が集められている。誰がクライエントに依存しているのか？　彼はどんなふうに支持的だと見られているのか？　この標題の下に集められた事実は，クライエントが日常生活のイベントを予期するのに，自己の性能をチェックし始めるとき，彼には無視するのが困難な明白な確証因になるようである。

　本章の結論は，これから記述されるパーソナル・コンストラクトの視点の，最も重要な適用の多くに，有利な判断を下している。われわれは現在の立場をとってきたので，このような経験の分析には中程度以上の重要さを付け加えられるとは，期待されえなかった。本章の材料を結合するのに使ってきた臨床的なコンストラクトは，人生の心理学的解釈において顕著な重要性をもつと考えられる類のパーソナル・コンストラクトではない。本章でわれわれが達成できたことはすべて，クライエントが予期せねばならなかったイベントのマトリックスに，臨床家が気づけるようになる，ある種のアウトラインを提供することに尽きる。これは，確証因についての議論であり，確証されているコンストラクトについての議論ではない。

第15章

Steps in diagnosis
診断の手順

　本章は，診断に到達するのにしたがうべき所定の手順をあつかった厳格に方法論的な章である。この診断は，次には，治療への道筋を指し示してくれることになる。

A　主要な臨床問題についての体系的見解

1 ｜ 暫定的な診断

　パーソナル・コンストラクト心理学の立場では，診断はクライエント管理（マネジメント）の計画段階だと，適切に考えられる。われわれが「代替解釈」と呼ぶことを選択した，基本的な哲学的立場では，同じ事実を解釈しうる方法は多数あると仮定し，それゆえに，どんなイベントが自然状態では存在するのかが，それらが正確に解釈されうる1つの，そして唯一の方法を決定すると主張するのは，実際的ではないと仮定している。というよりもわれわれは，イベントの現実は，これらに加えられる多くの有益な代替解釈を可能にする，という見解をとってきた。どの解釈を採用すべきかの決定に際しては，われわれはそのイベントについて何をしたいのかによって，そして同時にそのイベントの現実によって導かれる必要があるのだ。

　パーソナル・コンストラクト心理学は，臨床心理士がクライエントを援助したいと望んでいるという仮定から出発する。それゆえこれは，クライエントの生活の現実を包容するだけでなく，クライエントと心理士がクライエントの問題解決に向かって前進しうる道を指示することを目指してデザインされるアプローチを提供する。これが，われわれの代替解釈の哲学的立場に，そしてわれわれの基本的前提と11の系で述べてきた一連の心理学的な仮定にしたがうアプローチである。このようなアプローチの重要な特徴は，臨床診断がクライエントの再解釈のための計画段階として解されるべきだというところにある。

　それゆえわれわれは，診断へのアプローチの仕方をはっきりと心にとどめておけるように，**暫定的診断**（transitive diagnosis）という用語を使っている。この用語はわれわれがクライエントの人生の推移（transition）に関心をもっていること，そして，われ

われがクライエントの現在と未来との橋渡しを求めているのだということを示している。さらにいえば，われわれはクライエントがこの使われるべき橋を選んで建設するのを援助し，そしてこの橋を安全に渡れるように援助するという，積極的な役割をとることを期待している。クライエントはふつう疾病分類の整理棚に閉じ込められて，おとなしく座っているわけではない。彼は自分の道を進んでいく。心理士が彼を助けたいと思うときには，イスから立ち上がって，彼とともに動き始めなければならないのだ。

前の諸章で，われわれはいくつかの診断コンストラクトを提案した。これらのコンストラクトは，心理士がこの特種な責任を果たすのに役立つようにデザインされている。前に示したように，これらのコンストラクトは，クライエントが変化できるもっと重要な方法を明確にし，単に心理士がクライエントを他の人々と区別しうる方法を明確にするだけではない。クライエントのパーソナル・コンストラクトがクライエントによって見られている動きの潜在的な通路であるのとまったく同様に，診断次元は治療者によって見られている動きの通路である。過渡的診断は，したがって，軸と過渡的状態の次元システムに基づいている。

パーソナル・コンストラクト心理学によって提案された改善の多くは，心理士が先取り的解釈を人の行動に押しつける傾向に向けられている。診断はあまりにもしばしば，生きてもがいているクライエントの全体を１つの診断分類カテゴリーに押し込もうとする試みである。精神科医の間では，このアプローチはしばしばクレペリン主義とラベルづけされている。心理士の間では，これはしばしばアリストテレス主義と呼ばれている。これらの用語はこれら自体が先取り的ラベルであり，心理学的思考への２人の偉大な貢献者に対して不正を働く傾向がある。

著者の意見では，精神分析的思考の多くの偉大な貢献の１つは，当時の疾病分類システムに代えて「精神力動」システムを発達させたことである。精神分析は，クライエントのなかで何かが進行していること，すなわち，クライエントは単に不格好な物質の固まりではないことを，臨床家に見えるようにした。たしかに，この貢献をするに際して，精神分析家，とくにフロイトとその弟子たちは，彼らのモデルをつくるのに，はるばる前古典的な思考にまで逆もどりした。精神分析的思考は，悪魔的な所有と悪魔払いの原始的見解からほんのわずかしか離れていない擬人化（anthropomorphism），生気論（vitalism），そしてエネルギー論（energism）に貫徹されている。しかし，それはこのような起源をもっているので，人間の精神分析的な解釈は，比較的無力なものであっても，温かく生気のある生物として，提示している。少なくともそれは，人間を古代ギリシャの石造りの彫刻のようには描いていない。

精神分析と同様に，パーソナル・コンストラクト心理学もまた，疾病分類学的な診断に対して，そして生命がどんどん前進していくという事実から注意をそらさせるよう

な，あらゆる形式の思考に対して，正式に抗議を表明する。臨床家が固定的な疾病分類学的分類棚の制約から自己を解放したいと望むなら，彼は実用的な可能性への目をもって，臨床状況の吟味を始めなければならない。暫定的移行的な診断をする際には，臨床家は「このケースは何のカテゴリーに分類されるべきか？」という疑問に没入するのではなく，ただちに「このクライエントは何になるべきか？」という疑問に向かうべきである。彼は最初に決定的な問題の定式化を試みて，すぐさまその診断的な吟味をそれらの解決に向ける。最終的に，もちろん彼はこのケースを，前章で記述されたやり方で，一時的に先取り的な解釈をする。結局，彼はこのケースについて何かをしなければならない。彼は，この状況が何を求めていようが，このケースをこの病棟かあの病棟かどちらに送るべきか，外来治療を企てるべきか否か，彼の大学のスケジュールを承認するべきか否かを，決定しなければならない。したがって，暫定的な診断はそれ自体目的ではなく，むしろクライエントの管理計画の開発であるべきである。この計画には，いくらかの臨床家が「治療（therapy）」や「処置（treatment）」と考える以上のものが含まれている。これにはクライエントの幸せのためになされるすべてのことが含まれるのである。

　最近，心理学の臨床的応用にも大きな進歩が見られるが，心的障害をもつ人のためのさまざまの実際的方法は，なおも，悲惨なほどかぎられている。神経精神医学の病院ではとくに限定されており，ここではほとんど常に，スタッフと，今ではそれほど頻繁ではなくなったものの想像力とが不足している。今後数年のうちには，疑いもなく，臨床家はより大きな手品カバンから治療法を選んでいるのが見られるだろう。（しかし）臨床家のレパートリーの予期される拡張をもってしてさえも，あるケースで実行可能な代替コースの行為数は，なおも有限であろう。非常に実際的な意味で，所与のケースにおける代替行為数の制限が，この危機に瀕する診断問題を実際に決定し続けることになるのだろう。

2 ｜ 臨床的な問題のアウトライン

　次に述べるのは，われわれがパーソナル・コンストラクト心理学の立場からクライエントについて考えて，暫定的な診断として特徴づけてきたものを構成しようと試みるときに生じる，実際的な問題の仮のリストである。このリストの初めの問題は本質的に記述的なレベルにあり，したがって，心理的な観察者に共通の知覚パターンのなかに枠づけられる。これらの問題について一貫した報告をするために，特定の心理学的視点に厳密に固執する必要はない。このリストの中ほどにある問題は，より大きな科学的洗練を必要とする。最後の問題は，これらの問題を解決する心理士の側の治療的訓練を必要とする。

Ⅰ．クライエントの問題の規範的な定式化
  1．顕在的な逸脱行動パターン（症状）の記述
  2．顕在的な逸脱行動パターンと相関するものの記述
  3．症状を通じてクライエントに発生する利得と損失の記述（確証経験の記述）
Ⅱ．クライエントの個人的解釈の心理学的記述
  1．クライエントがその問題領域だと信じているものについての，クライエント
   の解釈
  2．他者がその問題領域だと信じているものについての，クライエントの解釈
  3．クライエントの人生の役割についてのクライエントの解釈
Ⅲ．クライエントの解釈システムについての心理学的評価
  1．不安，攻撃（あるいは自発的精緻化），および収縮の，領域の配置
  2．異なる領域でクライエントが使う解釈のタイプの標本を抽出
  3．クライエントが習慣的に不安をどう解決しているのかを判断するために，ク
   ライエントの新しい問題へのアプローチの様式の標本を抽出
  4．クライエントのアクセス可能性とコミュニケーションのレベルを判断
Ⅳ．適応が追求される環境の分析
  1．そのなかでクライエントがみずからの人生役割機能をつくりあげねばならな
   い，期待システム（expectancy system）の分析
  2．このケースにおける社会経済的な資産の評価
  3．クライエントが人生を再解釈するのを援助するのに，文脈的材料として活用
   される情報の準備
Ⅴ．直接的な手続き段階を決定
  1．利用できるデータの生理学的解釈
  2．利用できるデータの他の専門的解釈
  3．このケースの緊急性の評価
Ⅵ．管理と治療の計画
  1．中心的な治療的アプローチの選択
  2．主な責任をもつ臨床家の指名
  3．利用されるべき付加的な資源の選択
  4．責任のある臨床家の助言スタッフの指名
  5．クライエントの臨時的な地位の決定
  6．進歩の報告が助言スタッフによって見なおされる日付や条件の設定

この6つの問題は，口語表現では6つの疑問として述べられうる：
1．このクライエントでは，正確には何が特異であり，いつ彼はそれを示すように

なり，どこでそれに捉えられたのか？

2．このクライエントはこのすべてについて何を考え，何を試みようと考えているのか？

3．このクライエントのパーソナル・コンストラクトについての心理学的な見解はどうなのか？

4．このクライエント自身に加えて，このケースで共に働くものは何があるのか？

5．このクライエントは次にどこに行くのか？

6．このクライエントはどのようによくなっていくのか？

B 問題１：クライエントの問題の規範的な定式化

3 顕在的逸脱行動パターン（症状）の記述

　臨床家はまず社会の目を通してこのクライエントを見なければならない。彼は規準となる物差しを適用するのだ。このクライエントは，標準的な基準では，逸脱しているように見える。臨床家はこのクライエントの問題の精緻化を開始する。第１段階はこの顕在的な逸脱行動パターンを記述することである。では，何がこの逸脱行動を構成しているのだろうか？

　ａ．臨床家の行動規範　「逸脱行動」の概念を使用するということは，臨床家がみずからの判断のベースラインとして使える一群の行動規範をもっていなければならないことを示している。このような規範は，現存する著作物には，どんな統計的，科学的な意味でも存在しない。いくらかの限定された領域を除くと，これらは，経験を積んだ臨床家の心のなかにある，標準化されていない全体的印象として，存在するだけである。規範的なデータを人間行動のベースラインにそって収集し分類することによって，これらの印象を置きかえていく心理学的な仕事は，まだなされていないのだ。この仕事が成し遂げられて，このような基準が設定されるまでは，各個別の臨床家は最善を尽くして，これらのベースラインを推定せざるをえないだろう。彼が広く多様な人々との親密な経験をもっている場合には，彼はベースラインを十分満足のいくように算出できるだろう。現在のところ，彼がここで書きえたはずのどんな「基準」の定義も，読者にとっては，このような経験にとって代わることができないのだ。

　ｂ．一次集団のあり方からの逸脱　人間行動において何が逸脱しているのかの認識は，今では，完全に個々の臨床家の広くバランスのとれた経験の問題であるが，この臨床家が判断する際に適用できるチェックポイントはいくつかある。このクライエントの行動は，正常な一次集団（家族，近隣，その他の，彼自身が機能的なメンバーになっている

対面的なサークル）の行動様式から有意な逸脱を表わしているか？　クライエントにとっては，正常性の道は彼の友だちによって踏みつけられてきた道であり，彼の臨床家が特定の日常的ルートをたたき出す道ではない。孤立した地域や少数の民族集団出身の人々を扱う際には，臨床家は容易に，民族的に一貫した行動を精神病理的症状に取り違えてしまう可能性がある。たとえばニューヨーク市の背景をもつ臨床家が，仲間になったあるカンザス人のなかに「内にこもった統合失調症的」傾向を見いだしたと信じたが，一方カンザスの背景をもつ臨床家は，ニューヨーカーの限られたサンプルにおいて多くの「性格欠陥者」を観察して強い感銘を受けた。

　　c．自身の規範との不一致　　クライエントの行動は彼自身の規範との不一致を示していないか？　いくらかのクライエントの行動の逸脱的性格は，いくらか前の時期にそれらがどんなふうであったのかと照合しないかぎり，明らかではない。この人が6か月前，あるいは6年前にはどのようであったのかは，臨床家が臨床的な接触の診断段階でみずからの思考の背景にもっていなければならないタイプの質問である。

　　d．共通の解釈　　クライエントの行動は，（社会で）共通に使われている解釈システムの下では，一貫性がないのか，それとも予測不可能なのか？　これは無関係の物差し（基準）のように見えるかもしれない。それは，行動を予測したり，それが自然と一貫して見えたりするシステムに不具合がある場合には，その責任はそのシステムに問うべきであり，その行動をした人に問うべきではないと思われるかもしれない。それにもかかわらず，われわれの多様な心理システムは，この共通の行動様式を説明する傾向がある。そして，ある人の行動がどの共通システムによっても説明できないと見えるときには，この行動はおそらくそれ自体が本当に逸脱している可能性が大きいのであろう。

　　われわれの心理学的システムによってある人が泣くだろうと予期されるときにその人が笑えば，この事実にのみ逸脱行動の何がしかのエビデンスがあることになる。われわれはこの笑いを「情動的不適切性の症状」と呼び，「統合失調の過程」が進行中であるということができよう。

　　この種の行動の分類は，われわれを奇妙なバイパスへと導いていく。もしこの不適切性や予測不可能性が，統合失調症の定義に役立つ本質的な行動特徴だという場合には，われわれは結果的に，統合失調症とはわれわれに理解できない何かなのだと言っていることになる。もしクライエントがなぜ笑ったのが本当にわかれば，彼の笑いは予期されぬものではなかったはずである。もしわれわれに彼の視点がわかったなら，その行動は情動的に不適切であるとは見えなかったはずである。したがってわれわれが，ある人の行動が情動的に不適切だという場合には，われわれは単純に彼がわからないといっている可能性が高い。われわれが自分自身の混乱を具象化して，これをクライエントの症状と呼ぶ場合には，われわれはたしかにもはや彼を理解できるとはし

ていないのだ。

これは，われわれがパーソナル・コンストラクト心理学を拡張しようとするときに避けたいと思う混乱思考の類である。われわれが述べてきたことは単純にこれであり，それ以上ではない。クライエントの行動の逸脱に関するよい基準は，それが，共通に使われている解釈システムの下で予測可能か否かに注目することである。それが予測可能でない場合には，この行動はふつうでない可能性が高い。しかし，行動が「ふつうでない」ということは，それをはっきりさせたり予測可能にしたりすることにはならない；これがわれわれの入ってきた場所なのだ。

e．適応パターンの頻繁な放棄　逸脱行動に対するもう1つの手がかりは，一般に，今までに試みてきた適応パターンを頻繁に放棄してきたという歴史である。クライエントは多くの異なる仕事を試みてこなかったか，種々のキャリアに乗り出してこなかったか，何回も離婚してこなかったか，多くの企画を放棄してこなかったか。ある意味では，これは，みずからの基準からの逸脱という基準とまったく同じである。しかしなお，このケースでは，彼のノームは標準偏差（SD）が大きい。

f．逸脱しているものと透けて見えるものの区別　臨床家は，本当に逸脱しているものと，ただ透けて見えるだけのものとを注意深く区別しなければならない。時に経験の不十分な臨床家は，行動の背後に眠っている「より低次の衝動」がたまたまとくに見つけやすいという理由によって，その行動が異常だと考える傾向がある。たとえば攻撃性や同性愛傾向を突き止めるのがとくに上手な臨床家は，これらの要因がはっきりと見てとれる全行動を，逸脱していると分類する傾向があるのかもしれない。

臨床家は，みずからの作動するシステムとそれを使う技能に依存しながら，日常的な人間行動の多くに「原始的」衝動を見るかもしれない。また，望むなら，「文明的な衝動」を見いだすかもしれない。彼はどちらのタイプの衝動も，社会的に受容できる行動の上置きを通して，見る可能性がある。しかしそれにもかかわらず，このことは必ずしもクライエントが高度に逸脱したコースの行動を追求していることを意味しているわけではない。彼はまったく正常に行動しているのかもしれない。彼は「隠そう」としないという事実においてのみ逸脱しているのかもしれない。

パーソナル・コンストラクト心理学の立場からは，「激怒と性的欲動」のような「下位の衝動」は，必ずしも「野心と愛他心」のような「上位の衝動」よりも基本的なわけではない。どちらのペアのコンストラクトも包摂的コンストラクトとしてデザインされており，この臨床家にはそういうものとして使われうる。臨床家はみずからが完遂したいと望むものにしたがって，コンストラクトを選択する。クライエントが最終的に自分は子どものようにふるまうと見るのを，臨床家が望む場合には，臨床家自身も，子どもの行動を解釈するのにとくに適した診断コンストラクトを使用しようと決定するかもしれない。そこで，彼はクライエントに対して「ごらんなさい。子どもは

これとこれとこれをします。あなたもそうするでしょう。あなたは自分が子どものように ふるまうのを，人に気づかれたくありません。今はそうではありませんか？」と 言うことができる。クライエントが自分の問題を，大人の行動を記述するのにとくに 適しているコンストラクトによって処理するのを，臨床家が最終的に望む場合には， 彼はクライエントについてみずから考える際に，そういうコンストラクトを使えばよ いのだ。それは単にクライエントの「動機」を発見するという問題ではない。それは また，臨床家がいかにすれば**代替解釈**のなかから最も効果的な選択ができるのかとい う問題でもあるのだ。

　臨床家がクライエントのなかに何を見るかは，クライエントと臨床家との両方の関 数である。これは，逸脱行動の観察が完全に恣意的な問題だという意味ではない。そ れは，所与のクライエントの行動が逸脱していると見る見方は多数あり，正常だと見 られる見方も多数あることを意味している。われわれのクライエントの見方の選択は， われわれがクライエントにどんな対応をしたいのかによって，最もよく決定される。 クライエントの礼儀正しさを通して垣間見える「原始的衝動」が容易に認められると いう理由だけで，彼が逸脱行動を見せつけているということにはならない。それは， 行動を原始的に解釈するわれわれ自身の準備性のほうの問題なのかもしれない。

　g．訴えの内容よりもむしろ訴え方の逸脱　逸脱しているのは，訴えそのものの内 容にあるというよりも，クライエントの登録シート上に見られる訴えに，より多く存 在するという可能性に，臨床家は常に注意しなければならない。訴えはそれ自体が行 動の一形式である。それは逸脱行動であるかもしれない。2つの可能性について考え てみよう。まず，クライエントの親族や雇用者によって申し立てられた訴えについて 考えてみよう。例外なく，臨床家はこれを，クライエントに対してなされている要求 の大きさとして，そして同時に外見行動の記述として，見るべきである。

　あるとき，12歳の養子の子どもが怠け者だという訴えをもって，われわれのクリ ニックに連れてこられた。この訴えの精緻化のなかで，彼の養父母は，彼が200エー カーの牧草地のすべてのサボテンを掘り起こす作業に遅れがちだという理由で，怠け 者だと考えていることが明らかになった。さらに聞いていくと，この2か月の放課後 の課題は，彼をX市から連れ戻すのにかかった費用を「払い戻」させるために課せら れていたことがわかった。このX市は，彼が実の家族の崩壊によって離れ離れになっ た妹に会うために，養父母の家を脱け出して，つかまえられた街であった。

　第2に，クライエント自身が言語化した訴えについて考えてみよう。臨床家は，ク ライエントがいうことは，彼がすることと同様に，彼の行動の一部だということを， 常に心にとどめて置かねばならない。たとえばあるクライエントは，自分が一晩中眠 れずに横になっていたと訴えるかもしれない。調べてみると，彼は赤ん坊のように眠っ ていることがわかった。このことは逸脱行動がないことを意味するわけではない。彼

の不眠の**報告**そのものが逸脱行動なのである。

　臨床家は，訴えや事例史の情報を記録するときには，非常に注意深くその情報源とそれが得られた状況を示さなければならない。著者は，臨床家がクライエントの母親のことを，誰がその観察をしたのかを示さずに，「支配的」で「溺愛的」だと記述するのを，痛い思いで何回も聴いてきた。通常この記述は，クライエントの夫からあるいはきょうだいから提供されたものであり，さらにはクライエント本人の訴えが無批判に受け入れられたものであることが明らかになった。夫婦間の初期の適応に問題がある場合には，夫は，異常に「支配的」で「溺愛的」に見える義母と自分が張り合っていると見る傾向があるものだが，この臨床家はこの事実を見落としたのである。同様に，クライエントとの何らかの競合を感じやすいきょうだいは，母親のことを「溺愛的」だと簡単に解してしまう傾向が見いだされる。この種の物事を，話し相手のパーソナル・コンストラクトの観点から理解するよりも，むしろ額面どおりに受け取る臨床家は，判断を誤りやすいのだ。

　h．顕在的な逸脱行動を記述するためのデータ　次の情報源は通常，顕在的な逸脱行動パターンを記述するための基本データを提供してくれる。

1. 名目的な訴え
2. クライエントによる自己自身の行動の記述
3. 最初の「ステータスの吟味 (status examination)」
4. 医療，軍隊，学校，雇用の人事記録
5. 待合室と病棟での行動観察
6. クライエントの家族
7. 他の仲間

　逸脱行動についての素人の記述は，臨床家のどんな新規ケースとの最初の接触をも特徴づける傾向がある。告訴人がクライエントの行動の逸話から引き出された起訴状の朗読するのを聴くことは，すぐに我慢できなくなってしまう。しかしなお，注意深く質問をして適切な探索と精緻化が行われると，この訴えは逸脱的行動パターンの心理的記述の中核を提供してくれる。この告訴人は，クライエント自身，親族，職場の仲間，あるいはクライエントと直接接触をもってきた他の人の，いずれかでありうる。

　ふつうに利用できる順序で第2のものは，クライエントによる自己自身の行動の記述である。これは訴えの形式では述べられないかもしれない。これには適切なラポート条件の下での探索的質問のセッションが必要かもしれない。調査中のクライエントの言葉と行動は，2種類の信号価をもちうる：(1)クライエントが昨日はどこにいて何をしたのか等々のような事実的意味と，(2)彼が今までいたという場所の性質，彼が昨

日は何をしたと考えている様子かというような主観的意味である。どちらの種類の信号価も重要である。第1は，それが生起した行動を記述している可能性があるからであり，第2は，それがクライエントの現在の知覚の場の内容を示しているからである。

逸脱行動に関する第3の情報源は，最初の「ステータスの吟味（status examination）」である。臨床家によって異なるこの吟味には，クライエントの不満の陳述，彼の時間的空間的定位，知的機能の簡易チェック，スピーチとマンネリズムの観察，活動量の観察，そして社会的応答性の推定を含む，通常はクライエントの行動の短縮評価が含まれる。あまりにもしばしば最初のステータス吟味は，ラポートのまだ貧困な条件下で，速やかに実施される。その結果臨床家は，正常な条件下ではクライエントの行動がどうなのかについて，ゆがんだ見解をもつことになるかもしれない。逸脱行動に関する他の情報源をも注意深くしらべれば，臨床家がステータス吟味を過大解釈するのは防止されるだろう。

利用しやすさの順序では，次に来るのは人事記録になるようである。現在使われている疾病分類システムでは，これらの記録はクライエントの行動の逸脱した性質について，何らかの指標を提供する。しかしながら，このケースに割り振られた疾病分類カテゴリーから，行動を「読み返す」のは困難である。いいかえれば，行動の記述をとり上げてそれを疾病分類学的に分類するほうが，疾病分類学の用語をとり上げて，ここからクライエントの行動を視覚化するよりも，はるかに容易である。

人事記録は，そこに記載されている病名よりもはるかに有用でありうる。クライエントの職務歴，入院，再服役，そして評価は，復員センターでの障害の査定記録よりも有用でありうる行動記録を提供している。

第5に，病棟行動（入院患者の場合）は，体系的に観察され記録されれば，重要な情報源を提供するかもしれない。ここには，顕在的行動の時間サンプリングに関心をもつ心理士に開かれた研究のフィールドがある。そのコンストラクト・システムに適合するようにデザインされた道具を適切に開発すれば，そして最小限の訓練を受ければ，係員は有用なデータを大量に集めることができるのだ。

多くは患者が受け入れられる病棟に依存している。社会的な刺激が最小にされ，唯一の社会的価値が何もせずトラブルを起こさないことになっている病棟では，患者の有意味な行動は，最小限まで減少する。このような条件下では，病棟行動の観察は最小の可能性しか持たない。他方，消極的黙諾よりも積極的行動にプレミアムがつけられる場合には，患者の顕在的行動は彼の心的生活に関する豊かな情報源になる。ゲームと仕事は，個人的なものでも組織的なものでも，セルフ・ケアと自己高揚，有利な条件，社会的義務，そして目的的行為はすべてが，患者の病棟行動の意味を豊かにするのに役立つ。外来患者のクリニックの場合には，予約のための受付デスクの前での待ち時間を，臨床検査の一部として，観察，記録，評価をするに価する，有意味な活

動期間へと変換できなければならない。

　もちろん，クライエントの家族と世帯は，彼の行動と症状進行に関する６番目の情報源を構成する。クライエントの家族メンバーは，通常，逸脱行動が徐々に進展してきたと見ることには失敗するが，それが全体的に最近発生したものとして，あるいは最近の状況の結果として，報告する傾向がある。たとえば家族は，クライエントが失恋に反応しているのだと主張するのはふつうである。彼らは，このロマンスではクライエントが最初から正常に反応していなかったことに気づいていなかった可能性があるのだ。彼自身の逸脱した求愛行動は，実際に，彼の失望の部分的な原因になっているかもしれない。家族の観察には特徴的な脱線が見られるものの，適切なタイプの質問が使われる場合には，彼らは逸脱行動に関して他ではすぐには手に入らない有益な情報を提供できるのである。

　人は，クライエントの他の家族メンバーや他の仲間たちとの面接が，厳密には逸脱行動の査定の問題ではない問題に脚光を投げかけるかもしれないということを，心にとどめておくべきである。あらゆる臨床面接でそうであるように，臨床家は情報提供者がクライエントの行動を報告する際の個人的な関与に敏感でなければならない。臨床家が獲得するのは，このクライエントがこの特定の仲間にどのような影響を及ぼすのかに関する報告である。彼はまた，クライエントの社会的再適応を計画する際に，どんな資源と期待を考慮に入れるべきかについて，なんらのアイデアを獲得するものである。

　ｉ．顕在的行動とは何か？　行動は，この用語の最下層まで剥ぎとられた場合には，ただの運動行為にすぎないと考えられるかもしれない。あるときには，心理学における行動学派の思想では，観察される行動はすべて，物理的および化学的な用語で解釈されうるものに限定されるべきだと言われたことがある。たとえば彼らは，スピーチは筋肉の収縮現象として観察されるべきであり，スピーチの内容の報告はどんなものでも，科学的観察とは考えられないと述べた。このアプローチは，観察者を共通の同意基盤の上に位置づけられるという長所をもっていた。なぜならば，採用された単純な物理的，化学的な解釈システムは，異なる観察者によって採用され広く共有されたからである。

　もうひとつの極論を唱える人々は，彼らの観察のすべてを，広くは共有されていない精緻な理論構造に，直ちに関係づける人々である。たとえばクライエントは爪かみをしてきたという代わりに，臨床家はクライエントには「口唇期マゾヒズム的行動」が観察されたと報告するかもしれない。また，糞便愛好的用語で臨床家に問い合わせをするクライエントは，「肛門期的攻撃性」を示したと報告されるかもしれない。

　通常臨床家は，みずから観察した顕在的逸脱行動を，共通に理解される用語で報告すべきである。臨床家は，自分の報告書の読者がこれらの観察をできるかぎりその人

自身の専門用語で再定式化するのを許すべきなのである。臨床家が，顕在性の逸脱行動パターンを記述するのに，両価性，不安，非協力性，強迫性等々の用語を使う場合には，彼はすでにこの報告を，この専門的視点を共有しない他の臨床家がこの観察を別のシステムで再解釈できなくなるほどにまで，歪曲してしまったことになる。

さて，何らかの個人的バイアスが避けられないことは，認識されねばならない。実際，妥当性の基礎をもたない臨床家は，何を探索すべきかがわからなくなる。それ以上に，彼は自分が何を見たのかを知りさえしない！　臨床家がなすべきことは，まず，この顕在性の逸脱行動を共通のバイアスによって記述することである。これをやり終わった後に，彼はより高次のより特殊なレベルの解釈にあえて踏み込むことができるのである。

たとえばこの臨床家には，クライエントが「不安」を示しているように見えるかもしれない。このようなケースでは，まずこれを支持する行動——たとえば面接中に泣く，あるトピックを論じているときに声や唇が震える，呼吸パターンやスピーチの内容等々が変化する——が詳述されるべきである。これらは，われわれの多くが同意すると期待されうる観察である。これらの観察を引用したら，臨床家は次に，不安のパターンがあるトピックや機会と連合している可能性に言及したいと望むかもしれない。この時点において，彼は，特定の体系的視点から成長してくる解釈に身を投じることになる。

好ましい一般法則は，この調べている臨床家が，当該クライエントの逸脱行動を，共通理解の可能な用語で正確な説明を記録した後でのみ，そのデータを彼自身の特定の体系的バイアスに押しつけてみることである。彼の観察記録はその後に，他のタイプの専門的解釈——たとえば精神分析や場理論——をこれらのデータに加えて見ようとする読者に，有用であることを証明するべきなのである。

ｊ．訴えの抽出と記述　臨床家に新たに紹介されてくるクライエントの訴えは，危機に瀕した臨床的問題についての科学的な陳述を提供してくれるものではめったにない。しかしながらこれは，通常払われているよりももっと大きな注意を払う価値のある，極度に重要なデータである。これが定式化される内容と様式の分析は，この訴えのアイデアの基本的な枠組みに，重要な脚光を投げかける。この訴える人がこのクライエントである場合には，この分析をしていけば，彼の基本的な「理解の様式」——このなかで，彼の問題についての彼の思考のどんな再解釈も生起しなければならない——が明らかになるはずである。この訴える人が，このクライエントが最終的に適応しなければならない他者にある場合には，この訴えの材料を分析していけば，クライエントの直面しているものが，臨床家に見えてくるだろう。

(1)　訴えは，素人が臨床問題を定式化したものである。それは通常下手な定式化である。クライエントが援助を求めてやってきたという事実は，幸せな解決への道

が開かれていないという事実を証明している。この逐語的な訴えは，したがって，不適応の座（locus of maladjustment）と，なぜこの訴えをする人に解決が見えてこないのかの理由の，両方を示しているかもしれない。

クライエントに自分の訴えを注意深く精緻化させることによって，この臨床家はこの概念化過程——このなかで個人的な不適応が形成され維持される——を，理解するようになるかもしれない。クライエントの社会の代表的なメンバーに，彼の訴えを精緻化してもらうことによって，この臨床家はこの概念化過程——このなかで社会的な不適応が形成され維持される——を理解するようになるかもしれない。

帯磁ワイアーやテープ，成型プラスチックなどによる現代の録音装置は，不適応と再適応過程の心理学的本質への広く新しい研究分野を切り開いた。これらは今では，より詳細な面接データの分析を可能にし，利益を生んでいる。注意深く取り出して忠実に録音した訴えの逐語的プロトコルは，「概念的マトリックス法（conceptual matrix method）」や「A/V 単語カウント（A/V word count）」のような，現代の分析手続きにかけられうる。他方，臨床家の「ケース記録」は，このような分析にはあまりうまくは適さない。

訴えを聞きつくすことは，また，ラポートを形成するのに，したがって，協力的な治療関係を予期するのに最善の方法の1つである。クライエントが話を停止するまで聞くというだけでは，十分ではない。彼が表現したい感情を表現しつくすよりもずっと前に，言葉を出しつくしてしまうかもしれない。それにもかかわらず，クライエント自身（あるいは情報提供者）が重要だと信じる線に沿った非脅威的な質問は，特殊なものでも構造化されていないものでもどちらも，ラポートを形成することと，重要なものはすべて考慮に入れているという確信を助けてくれるかもしれない。このクライエントに質問をすることは，したがって，客観的情報を引き出すという単純な問題をはるかに超えるものである。

(2) 経験のある臨床家ならすぐに学習する訴えの言語（language of complaint）がある。それは，部分的には経験的コミュニケーション・システムから，そして部分的には臨床家の言語学的才能に重い負担をかける可能性のある高度に主観的なコミュニケーション・システムから構成されている。彼は，テキストや通訳なしに，新しい言語を学習するかのように，傾聴しなければならない。いったんこのクライエントの訴えの言語を学習してしまうと，彼はこの訴えを翻訳して，それを記録のなかにとどめなければならない。この臨床家は訴えを報告しながら，第1に逐語的なプロトコルを報告し，第2に「このクライエントとのコミュニケーションを確立した後には，私は彼が言おうとしていることは……であることを学習したと信じている」というかもしれない。

訴えはしばしば，役割エナクトメントの失敗表現と見なされうるので，これは，部分的には，期待された社会的および個人的なパターン——これに関しては，このクライエントは自分の役割計画の立案に失敗していた——を記述していることになる。情緒不安定なクライエントは**何かに関連して**常に逸脱している。彼は社会のパターンか，みずからの考えるパターンか，いずれかとうまく適合していないのだ。臨床家はクライエントの訴えを非常に注意深く聴かなければならないので，クライエントは，自分自身の目でも，他者の目でも，どちらの目を通してでも，不適合だと見なされるようになっている，社会と自己（セルフ）のパターンを推測することができる。この訴えは，試みられた役割の崩壊を認識する言明と見られるので，臨床家は，この訴えを研究するだけで，どうしても再適応に先行せねばならない役割概念の再構成（解釈）の準備的評価を行ないうるのである。

　k．逸脱行動における時間的パターン　行動の予測は，多くが外挿法の問題になる。しかし，行動が循環的，あるいはよく知られた蓄積的パターンに従うかぎり，予測は，すでに明らかになっている時間的順序を注意深く分析することからもなしうる。

　情動的危機の経歴には典型的な手がかりがある。「精神身体的」な障害は，通常，一連の情動的危機のエビデンスであり，将来の情動障害を予測する。新しい人間関係を計画したり樹立したりするのを嫌がるのは，ある場合には，このクライエントが今まで頻繁に「気持ちを傷つけ」られて，これ以上愛情を投資するリスクをとりたくないことを示しているのかもしれない。仕事に興味をなくして「もたもたしている」男は，経験のある臨床家に，自分が自発性を失って，自己みずからの攻撃性を導くことができなくなったポイントを探させる。敵意や罪悪感の問題は含まれているかもしれないし，含まれていないかもしれない。

　臨床家は逸脱行動に周期性を探すべきである。逸脱行動は反復されるか？　どんな間隔で？　どんな変動をもって？　この逸脱行動に周期性を発見できない臨床家は，このケースをみずからが抽出したことの妥当性を疑い始めるべきである。ほとんど常に，現在の逸脱行動は，クライエントの人生で何度もくり返し生じてきた行動に似ている，**何らかの部分**があるのだ。たぶんそれ以前の行動は，それが出現したときには，逸脱しているとは考えられていなかった。もしかしたら今でも，臨床家が逸脱していると慣習的に認識している種類の行動ではないのかもしれない。クライエントの人生に反復期を見つけ出す課題は，臨床家にとって，概念形成の現実的な課題なのである。

　臨床家は概日周期を意識すべきである。クライエントが昨日自殺しようと思ったことを知るだけでは不十分である。臨床家は，クライエントが自殺しようと思ったのは1日のどの時間だったのかを知るべきである。

　臨床家は逸脱行動の段階記述を引き出すべきである。行動と気分の一つの対応段階のポイントから次のポイントにいたるまでのこの連鎖は，何なのであろうか？　時に

逸脱行動はこの段階においてその直前に何が生じたのかによって説明できる。そして次には，この段階を構成するイベントの順序を交代させることによって，その逸脱行動を粉砕することができる。もっともしばしば，さまざまな行動が考慮されるべきであり，治療もこの段階を全体として処理するものが企てられるべきである。

　臨床家が紙に線を引いて，これにそってクライエントの人生の時代区分を記していくのは，ほとんど常によい計画である。次にこの線に沿って，目立ったイベントと逸脱行動の歴史が図式的に見てとれるように，書きとめることができる。この線はクライエントの将来にまで広がっており，ふつうなら後で彼に期待されうるものに関係するいくつかの記入がなされるはずである。この方法によって，臨床家はクライエントをよりよい時間展望のなかで見ることができるかもしれない。稀ならず，彼は以前には見逃していたケースの特徴を，このデバイスを使うことによって発見することがある。

4 ｜ 顕在的な逸脱行動パターンと相関関係をもつものの記述

　臨床家は，概念形成課題を抱えているので，暫定的な診断の定式化を試みるときには，自分やクライエントがその訴えによって構造化している特殊な要素に，みずからの注意を限定してしまわないことが大切である。臨床家は，顕在的な逸脱要素とに加えて，解釈すべき他の要素を念入りに探さねばならない。これに失敗すると，クライエントが問題の建設的な定式化に到達できないのと同様に，彼には，もはや進歩は不可能かもしれないのだ。

　a．文化的文脈　臨床家は文化的コンテクスト――このなかで逸脱行動が生じ，またこれに関連してその行動は特定の逸脱した彩色がつけられる――をはっきりと意識し続けなければならない。このことは「文化が精神病理を決定する」ということではない。これは無意味な一般化である！　しかし，文化的コンテクストに気づくことによって，臨床家はいろんな事実をつなぎ合わせて，ケースの有意味な解釈に到達できる可能性がある。この解釈は，このクライエントが今までに形成してきたものを越えるのかもしれない。

　b．個人的・社会的コンテクスト　臨床家は，クライエントが自分の世界に住まわせている特定の人物を意識すべきである。ここでもまた彼は，逸脱行動の物語からの事実とつなぎ合わせうる新要素を，発見するかもしれない。この組み合わせから，クライエントの問題の有意味な再概念化が出てくるかもしれない。

　c．脅威の付随物　われわれは，クライエントの条件について何かをする方向を指向する類の診断を指して「暫定的診断（transitive diagnosis）」という用語を使ってきたが，パーソナル・コンストラクト心理学は，通常の意味では「力動」理論ではない。「ストレス」という用語もまた「力動的」用語のように聞こえる。しかしながら，「力動」

を購入しなくても，ストレスは潜在的脅威に気づく問題だと，単純に言うことができる。もしある父親がイベントの成り行きによって自分が父親らしくない親だと再解釈せざるを得ない立場にあるとわかった場合には，彼はストレス下にあって，そのイベントを脅威と知覚する可能性がある。

　臨床家はクライエントの人生において，過去と現在の両方でストレスに付随するものを探さなければならない。どんな再解釈が彼に押しつけられたのか，あるいは押しつけられようとしているのか？　どのような期待に対抗して，彼は自己を維持しなければならなかったのか？　時にこの逸脱行動は，クライエントがさらされてきたストレスへの直接的順応と見られることがある。

　d．**職業パターン**　クライエントの職歴は，職業的な目標，職業的目標の放棄，そして完全な職業的適応と失敗の経歴とともに，相関関係をもつ材料の一部として記述される必要がある。クライエントが職業記録に貼りつけている主観的価値は，彼の逸脱行動に付加的な脚光を投じるかもしれない。

　数年前に著者はおよそ16歳の男子高校生の検査を頼まれた。彼の先生，校長，教育長が，彼には手がつけられそうにないと報告した。彼は教室のなかでは，どんな時間でも，他のどんな生徒に対しても，自分がおもしろいと思ったトピックはどんなことでも，大声でしゃべるのが常であった。彼は慣例的な制約は完全に無視しているようであった。彼は好きなように教室を出入りし，ダウンタウンに行って貯水槽を破壊し，会話をさえぎり，一般にあらゆる規制を無視するのが常であった。担任教師は彼が粗暴ではあるが，とくに敵対的なわけではないことを見いだしていた。あるトピックに興味をもったときには，彼はそれについてもっと長く先生と話しあいたいと，先生に頼み込みかねなかった。つまるところ彼は，学校がしようと試みるもののほとんどに非常に低い価値づけしかせず，真面目に学校のプログラムを受けとめる本物の意欲のなさを生じているように見えた。

　この少年の父親は彼が10歳のころに亡くなっており，母親は民間伝承にあるように，洗濯を引き受けて生計をやりくりしていた。この学校は彼を知的にそして共感的に扱っていた。ここでは個人的な関係を確立して，彼が見たままに問題を表現できるようにする協力的な試みがなされていた。彼の逸脱行動に敵意との顕著な混合がなかったのは，たぶんこの見識のあるアプローチがとられたからである。しかし彼は，みずからの問題に関しては不分明なままであった。

　著者の診断の努力は，単純に本章で提案したような型どおりの手続きに従ったがゆえに，初期の結果を生み出した。職業計画について尋ねられると，この少年は何もないと言った。さらに，子どものときに彼があこがれた職業は何だったかと尋ねると，彼は航空機のパイロットになりたかったのだと答えた。さらに質問すると，彼はその職業目標については多くのストックをもっていたこと，そしてとにかくそれは，父親

の死とそれに続く家庭生活の変化へのみずからの個人的適応の一部として固まってしまったのだということを明らかにした。彼がなぜこの野心をあきらめたのかと尋ねられたとき，山場が来た。彼の「前線」は完全に吹き飛ばされて，約2年前のある日の午後にすべてのものが突然煙のなかに消え去ったのだと語った。彼を診た医者は，検査を進める過程で，彼の視力ではパイロットの資格を得る要件を満たしていないと言い，いまだにそんなことを考えているのは馬鹿だと述べた。さて，当然のことながらこのちょっとばかりの情報と，この秘密を彼が共有したこととは，どんな奇跡的治癒をもたらすとも期待できなかった。またそれは，この少年がいかにしてこの特定の窮地に自己を塗り込めたのかについて，完全に包括的な図式さえも提供してくれなかった。それは単純に，何をなしえたのかに関して，何らかの意味連関をもつ力動的タイプの診断を臨床家が定式化するのを援助したのであり，その少年が単純にどんな種類の「ケース」であったのかに関する意味の理解を援助しただけではなかったのである。

e．**家庭内のパターン**　職業パターンの場合と同様に，家庭内の行動パターンも，逸脱行動が視界に入ってくるように，定期的に探索されるべきである。これを行っていると，逸脱行動はどんどん逸脱的ではなく，どんどんもっともらしく見えるようになりやすい。これは臨床家がたどらなければならないコースであり，しかもその果てには彼を待ち伏せる罠がある。このクライエントはまったくもっともらしく見え始める可能性があるので，臨床家には，「彼をこのようにさせた社会」の，あるいは，「みずからの神経症を彼に投射した母親」の問題を除けば，解決すべき問題がまったく見えなくなる。

人は，個々のクライエントとともに臨床家としてのキャリアを追求した後で，彼ら自身の活動領域の外に存在するものについて広範囲の批判を思いつく数多くの著者を見るためには，ただ見まわすだけでよい。個人のクライエントと仕事をする以外は何もしたことのない臨床家は，悪いものは，現実には社会学者の領域内にあるのだと判断する。あるいは彼は，このトラブルは「母親」あるいは「母親中心主義（momism）」だと結論するかもしれない。臨床家が母親たちと一緒に仕事をする場合には，彼は，**彼女ら**の母親のなかに存する逸脱行動を見るだけになる。そして，次つぎにそのように見ていく。これは，集団的に見られる逸脱行動が，クライエントの伝記的文脈のなかでは正常だと見るようになる結果として，人が落ち込みやすい罠である。

臨床家が修正を計画しなければならないのは，怪しくも不合理な行動ではなく，彼にはもっともらしく完全に合理的だと見られるようになった行動である。これができない臨床家は多数いる。彼らが考えるところでは，もっともらしく合理的であるものは，それゆえに「真実」あるいは「現実的」なのである。彼らには「真実」で「現実的」なものに代わる選択肢を見ることができない。代替の真実や代替の現実のような

ものがあることには完全には気づいていないので，彼らにはクライエントが個人的な問題に対する心理学的な解決を見いだすのを援助する準備ができていないのだ。

それにもかかわらず，探索の終わりには，彼を待ち構えている罠があることに完全に気がついているので，精神診断学者は，クライエントの逸脱行動がもっともっと逸脱していないように見える文脈内でも，この行動パターンを求める探査を続けなければならない。職業的なパターンを見終わったら，彼はいつものように家庭内のパターンを見ていく。クライエントが形成し，使い，崩壊させてきた家族生活と個人的愛着の歴史は何であったのか？　パーソナル・コンストラクト心理学の言語のなかでは，彼の依存行動の文脈的内容を変化させてきたのは何か？　さらには，クライエントの家庭的で個人的・愛情的な狙いの歴史は何であったのか？　彼の生活史の様々の段階において，彼は自分が何を望んでいると考えてきたのか？　また臨床家は，われわれが「家庭的」と呼ぶ広大な領域のなかでの，適応と失敗の歴史を知るべきである。そのサイクルは何であったのか，その段階にはどんな継起が含まれているのか，彼の循環的なパターンのどの段階に今このクライエントはいるのだろうか？

5 ｜ 症状をとおしてクライエントに生じる得失の記述（確証経験の記述）

パーソナル・コンストラクト心理学は，確証と反証の経験の観点から，そしてこのような経験を獲得する自由の観点から，クライエントの得失を見るように臨床家に求める。確証は，人がイベントを正しく予期したと知覚するときに，経験される。ある人にとって報酬となるイベントは，したがって，必ずしも別の人にも報酬になるわけではない。第2の人はそのイベントを完全な驚きとして経験したかもしれない。

このことは，人が驚きを好まないことを意味するのだろうか？　まったく違う。多くの新しい予測が現実になるのを見る場面を切り開く驚きは，たとえそこには一瞬の混乱が含まれようとも，歓迎されやすい。（しかし）無限のカオスを開く驚きは常に回避される。

パーソナル・コンストラクト心理学の立場から見れば，イベントが本来的に報酬的だとか，本来的に処罰的だとかの分類を試みるのは実際的ではない。また，ある人のいくつかの試みの結果が本質的に報酬的だと記述することにも，心理学的な意味はない。イベントに付与される報酬は，主に，そのイベントがある人によってどのように解釈され予測されるのかの関数である。これが臨床心理学の場面以上にはっきりしているフィールドは，ほかにはない。すなわち心理臨床のフィールドでは，しばしばみずからの報酬を異常な方法で集めるクライエントや，われわれの多くがあらゆる犠牲を払ってでも回避したがるものに，本物の満足を見いだしていると見えるクライエントが見いだされるからである。

診断のための段階設定では，人はクライエントの経験について何らかの分析をする

必要がある。われわれはこのトピックに1つの章の全体を捧げてきたので，ここでは
これを詳細に論じる余裕がない。この経験がクライエントにとって確証的な意味あい
をもたなければならないことは，われわれの体系的な立場から自然に得られる帰結で
ある。われわれはクライエントに何が生じたのかに興味をもっている。それは単に，
それが生じて，これからも生じるかもしれないという理由によるだけでない。それが
生じるときには，クライエントの期待が確証されたか，くつがえされたかでなければ
ならないからでもある。

　最初に，人ができるすべてのことは，その逸脱行動と最も緊密に連合しているクラ
イエントの経験をリストアップすること，そして，これらの経験が規則的に提供する
と期待されうる損益を解釈することを始めることである。人は補償の要求と，クライ
エントがしてきた形式的な無能力の主張を探し求めることができる。人は彼の症状と，
彼には他の方法では入手不可能な愛との，等価性を期待するかもしれない。人は，別
の方法ではまったく手に負えなくなったはずのイベントの成り行きへのコントロール
を，彼の敵意のなかに見るかもしれない。彼の不安は彼を家に引きこもらせるかもし
れない。彼の罪悪感の表出は，彼がなおみずからの役割責任を意識していることを証
明しているかもしれない。

　しかしなお，これらの利益は他面での損失を犠牲にして得られるのかもしれない。
彼はみずからの敵意とともに，いくらかの罪悪感を受け入れねばならなかったかもし
れない。彼の新しい確証経験を探索する自由は，しばしば不安を代価として支払われ
る。彼は，他の領域についてはみずから収縮することによってのみ，人生の一領域を
自発的な精緻化に開きえたのかもしれない。暫定的な診断においては，臨床家はクラ
イエントの症状に関する損得についての，準備的，規範的な 概 観 を追求する。彼は
これらの損得を，クライエントのパーソナル・コンストラクトの観点から，親より親
密な評価でもって，もっと後の段階でこれを追跡することにする。

C 問題２：クライエントの個人的な解釈の心理学的記述

6 ｜ クライエントが問題領域だと信じているものについての解釈

　クライエントの視点を理解するのは大切である。このための最善の出発点は，彼が
臨床家のもとに来ることになった直接の問題である。クライエントが自分の問題領域
を議論することで動転したとしても，クライエントがその問題から逃避さえしなけれ
ば，臨床家はふつうクライエントとのよりよい関係を樹立するだろう。問題領域の議
論は非常に短く，もしかしたらほんの1，2文にすぎないかもしれない。しかし，ク

ライエントと臨床家との関係が有益なものになるためには，状況が許すかぎり，おのおのが相手に率直であることが大切である。子どもを扱う場合でも，臨床家はそれぞれの子どもに，自分には特別な理由があって臨床家のところに連れてこられたのだという事実をわからせる機会を与えることが大切である。著者に関するかぎり，この手続きは非常に基本的であるので，これは臨床実践における倫理的要請を構成している。

クライエントは自分の問題が何だと思っているのかを話すように誘導されるべきである。内心ではクライエントに同意をしていないのに，それでいいことにする臨床家は，深刻な過ちを犯すことになる。パーソナル・コンストラクト心理学の立場からは，クライエントの言明は，定義上，その問題の本物の定式化なのである。しかしながら，それは唯一の本物の定式化ではない。というのも，定式化にはいくつかのレベルがあり，クライエントの定式化したレベルは最も実りの多いものではないかもしれないからである。

われわれはすでにかなり長々と，クライエントの問題，臨床家の問題，そして心理療法過程の問題のクライエントの最初の定式化を受容する問題を論じてきた。この議論は，心理療法家の役割の章の最初の部分でなされている。

7 | 他者が問題領域だと信じているものについてのクライエントの解釈

クライエントは自分の問題だと信じるものの定式化が許されているだけでなく，他者に問題だと思われているものについても彼自身のバージョンを与える機会が常に与えられていなければならない。これもまた，道徳的判断であり，診断における有益な1ステップである。

いかなる臨床家も自分の聴いたことによってゆがめられる傾向がある。ある親は子どもが朝食を食べようとしないと臨床家に訴える。臨床家はこの問題に摂食問題というラベル付けをして，この子の中核的コンストラクトをしらべようと計画する。この子が朝食の問題をどう考えているのかが臨床家にわかったと思われたときには，臨床家は母親が前日の夕食で食べ残した冷たいフライド・エッグを子どもに食べさせたがっていることを，発見するかもしれない。臨床家はまた，この状況の心理学的理解に関係する何か他のおもしろいことをも見いだすかもしれない。

8 | クライエントによる自己の人生役割についての解釈

これは，自己特徴づけの分析が入ってくる場所である。これは，前章で論じた自己特徴づけがそうであったように，書かれた自己特徴づけに基づいていようが，即興の口頭での自己特徴づけに基づいていようが，臨床家の反応は本質的に同じである。臨床家はしばらくの間は，われわれが「信頼アプローチ（credulous approach）」と呼ぶ態度をとるべきである。彼は上置き（overlay），抑揚（inflection），およびトピック分析（topical analysis）の技法を使うべきである。彼は先行要因と帰結要因，一般化と特殊化，概念的なうっかりミス，撤回，限定，および付属物を捜すべきである。

　しかしここには，自己特徴づけ以上のものが並んでいる。クライエントはみずからの伝記をどう解釈するのか，クライエントは過去の突出したイベントにどんな意味を付与するのか，実際，彼は何が過去の突出したイベントだと解釈しているのかを，この臨床家はみずから汲み取らなければならない。また，今までにわれわれが非常にしばしば注意をしてきたように，臨床家は，クライエントが過去のイベントによって決められた人生の路線にそって厳しく追いたてられてきたと仮定してはならない。いつものように臨床家は，クライエントがみずからの経験に下す一貫した解釈によってのみ拘束されるのだということを心にとどめていなければならない。クライエントが人生のイベントにくくりつける意味の糸は何なのか？　未来のイベントはこの糸に何を付け加えるのか？　彼の人生の役割の概念化とは何か？

　役割は，人が他者の解釈の照明のなかで演じられる活動の道筋なので，臨床家は，クライエントが他の人々をどのように解釈しているのかについて何かを学習しないかぎり，クライエントの人生役割の概念化を理解することができない。これは，役割コンストラクト・レパートリー・テスト（レプテスト）のようなタイプの道具が入ってくる場所である。また，クライエントの主題統覚検査（TAT）のプロトコルを上手に分析すると，彼の人生役割の解釈に脚光を浴びせられることになる。もとはマレーが提案した，厳密なテーマ・タイプの分析は，クライエントが人生のイベントをどのようにつなぎ合わせられるのかについて，何らかの指標を臨床家に与えてくれることになる。ほとんどの臨床家が採用するようになった人物タイプの分析は，おそらくそれがより簡単だという理由によって，クライエントの世界にはどんなタイプの人々が住んでいるのかについて，何らかのアイデアを臨床家に与えてくれる。クライエントがそれぞれ別の場面でみずからの人生役割を演じるのは，このような人々との関係においてである。クライエントが場面ごとにみずからの人生役割を形成するのは，このようなテーマの統覚（ばらばらなテーマを統一的に意味のあるものとして知覚する過程）との関係においてである。

D　問題３：クライエントの解釈システムの心理学的評価

9 ｜ クライエントの不安，攻撃（または自発的精緻化），および収縮の領域の位置づけ

　前に指摘したように，クライエントを理解するレベルは２つある。第１はクライエントの目を通して世界を見ること，第２は心理士の見晴らしのきく地点からクライエ

ントの解釈システムを見ることである。第1のレベルの理解では，臨床家はクライエントを共感的に理解し，クライエントとコミュニケーションすることが可能になる。第2レベルの理解では，臨床家はクライエントとの本物の役割関係に参加して，クライエントがひとりでは達成できない進歩をクライエントといっしょにできるようにする。

　これは心理士が優れた人でなければならないという意味ではない。他者のコンストラクト・システムを包摂することは，もっと精緻なコンストラクト・システムや，厳格な意味でもっとよいシステムを要求することではない。必要なのはただ，その文 脈がいくつかの要素から成り立つコンストラクトをもつこと，そして次には，これらの要素が他の人々のコンストラクトになっていることだけである。実際著者は，そのコンストラクト・システムが二流にしか見えないいくらかの心理療法家が，これよりもはるかに複雑で知的に有意味だと見られるコンストラクトをもつクライエントと，援助的な関係をつくりだしているのを観察したことがある。その限界にもかかわらず，これらの心理療法家はクライエントの解釈システムの部分を包摂することができ，治療効果が現われるのに必要な全体的見通しをもつことができたのである。

　クライエントの不安，攻撃，収縮の領域を位置づけることは，クライエントの解釈システムを記述するだけの問題ではなく，このシステムを心理学的に評価する問題でもある。ここには，心理士がみずからの専門的コンストラクトを使う場がある。今までの諸章は，臨床家の専門的診断コンストラクトのレパートリーの開始を表わしている。

　とくにこの時点で心理学的解釈の3タイプについて述べることには，今日的な意味がある。第1にわれわれの古い友である「不安」がある。この用語はパーソナル・コンストラクト心理学のシステム内で再定義されてきたが，これらの領域の追求はわれわれのシステムにとってけっして新しいものではない。しかし，よい診断がクライエントの不安領域への探求を含むということを，現代の臨床家はほとんど疑わないだろう。

　攻撃性の領域のさがし求めは，よりしばしば見渡される。これらは，クライエントがみずからの問題をどこで解決できるのかの手がかりになるだけでなく，治療の結果として収縮した領域を開放するとき，クライエントがどのように仕事をすると期待してよいのかを，臨床家に示してもくれる。クライエントが取りかかるときには，臨床家はクライエントがどのように努力して最終的に最もややこしい問題の解決にいたるのかを，確実に知りうる方法をもっていない。治療に成功したクライエントはいずれも，異なる解決法をとっている。臨床家は，クライエントが現在取り組んでいる問題の領域——いいかえれば攻撃あるいは自発的精緻化の領域——を見るとき，最善の1つの下見を得ることができる。臨床家はまた，クライエントがすでに解決した問題と

解法をしらべるかもしれない。ここでは，クライエントが現在の問題領域で物事を整理し始めるときにおそらく利用すると思われるデバイスの作業モデルを，臨床家は検討することができる。

クライエントの収縮の領域の所在は，手紙を読んでいる人の目の動きを観察するようなものである。彼がいっときに1語しか読めないような1節は，彼が視界を見失いやすい場である。比喩的に言えばクライエントが1語ずつ指を当てていかねばならないような談話の領域に，臨床家が出くわしたとしたら，臨床家はクライエントが収縮の領域に位置していることを確信できる。われわれは，人が解釈するに際して明らかな矛盾を最小にするために知覚の場を狭めるときに，収縮は起こるのだと述べた。それは，脳損傷の成人の保続，いくらかのボケ老人の迂遠さ，いくらかの強迫神経症者の律法主義的思考に見られる。これらのタイプのクライエントは，それぞれがいくらか異なる収縮の仕方を採用しているのだ。

クライエントを管理するための診断あるいは治療計画の段階で適用されうる，クライエントの個人的解釈システムの専門的解釈には，他のタイプも存在する。人は宙づり（判断停止），包括的コンストラクト，中核的解釈，罪悪感等々を探すことができる。診断は，もちろん，全物語を語るものではない。クライエントの解釈システムの完全な心理学的評価は，もしそれをなしえたなら，長期にわたる包括的な心理療法の最後にやってこざるを得ないだろう。

10 ┃ クライエントが異なる領域で使う解釈のタイプの標本抽出

クライエントは人を扱うときには弛緩した解釈を，そして金銭を扱うときには緊縮した解釈を用いるかもしれない。彼は家族との関係では罪悪感を，雇用者との関係では敵意を，そして外国人との関係では先取りを示すかもしれない。われわれが不安，攻撃，収縮のケースで示したように，これらの特定のタイプの解釈が用いられる領域のすべてを探しだそうとするのは実際的ではない。クライエントの生活の若干の領域を抽出して，彼の概念化が各領域でどれほど有益なのかをより詳細に見るのが，実際的である。

11 ┃ アプローチの様式（モード）の標本抽出

臨床家は，クライエントがいかにして慣習的に不安を解消しているのかを判断するために，クライエントの新しい問題へのアプローチの標本をとってみる。これはほとんど，クライエントが攻撃的な自発的精緻化に携わりうる領域をさらに調べようという問題である。われわれの視点からは，連続的な生活への適応過程は，不安を操作可能な分量で連続的に処理することを含んでいる。

過去半世紀の間に工夫されてきたたいがいの心理テストは，この問題の解明にいく

らかは役立つだろう。知能テストは，被験者に比較的新奇な問題を設定して解決させる。この採点は，通常，被験者が「正しい」答えを得るかどうかによってなされる。これは知的な有能さを測定する。そして，これが熟練した臨床家によって実施される場合には，クライエントがいかにしてその回答に至ったのかの解明にいくらかは役に立つだろう。このことは，いったんクライエントが知能テストの質問のレベルで，みずからの個人的な問題を言語化できたとしたら，次には，何が有能性と新奇なアプローチとして有望だと期待されうるのかの解明にも寄与することになろう。

　しかし，治療の多くは知能テストの言語レベルでは実施されるのではなさそうである。臨床家はそれほど明瞭には定式化されない疑問にたよることに，もっと意味のあることがわかるかもしれない。彼はクライエントの１セットのロールシャッハ図版の解釈，幾何学図形の描画，あるいは多数の雑多なものの分類を観察するかもしれない。これらのどのテスト状況においても，クライエントは，テスト項目の曖昧さによってみずからつくり出された不安の断片を解消していると見なされるかもしれない。心理士は，クライエントがそれぞれの不安の断片をどのように解決するのかに興味をもつ。というのも，これこそが，クライエントが援助を求めてクリニックに持ち込んできた長引く不安を解決しなければならない方法になりうるからである。

12 ｜ クライエントの接近可能性^{アクセシビリティ}とコミュニケーションのレベルの判定

　診断の重要な特徴は，クライエントが治療者とともに作業する能力の判定である。たとえばかなりの臨床家は，このクライエントが男性治療者か女性治療者か，どちらと作業すべきかの判定を，かなり重視する。これは，いくらかのケースで，とくに極端なタイプの依存関係が行動化せざるをえないケースにおいて，重要であるかもしれない。もっと基本的なのはしかしながら，クライエントと臨床家が同じ言語をしゃべり，いかなる種類の記号論的デバイスによってでも相互のコミュニケーションをすると期待されうるのかどうかの問題である。クライエントは信用するだろうか？　彼は言葉を使えるだろうか？　抽象化のどのレベルで，彼はコミュニケーションを投げかけるのだろうか？　彼は治療室内で彼の主要な解釈をしゃべると同時に，行動化もするのだろうか？　彼は治療者の反応に逆らって，みずからの予測を確証しようとするだろうか？その回答がこれらの質問のどれに対してもノーである場合には，治療者は荒れたガタガタ道を進むことになりやすい。

　精神分析は，精神分析的なタイプの心理療法が成功するのに必要な前提条件として，「自我強度とアクセシビリティ」の重要性を強調する。通常，精神分析家は「自我強度」を主に「現実との接触」と関連させて考えている。パーソナル・コンストラクト心理学では，「自我」という見解を採用しようとは試みないが，われわれがここで述べていることは，精神分析家が「自我強度」と「現実との接触」の操作的定義にアプロー

チする何かにみずから縛りつけられるのを許す場合には，精神分析家が言わざるをえなかったはずのものにほぼ平行していることになる。

しかしながら，われわれの立場と古典的精神分析学のそれとの間には，この時点でいくつかの重要な実際的違いがある。いくらかの精神分析家は「情動的」な材料を言語化する能力を強調する。彼らは「行動化」というぼんやりした見解をとるのだ。それにもかかわらず，彼らはしばしば「情動的洞察」を求める。われわれもまた，言葉は心理療法においてきわめて有用であると考えるが，われわれの立場では，分析家が「情動的」だと考えるものは，しばしば，言葉に拘束されないものとしてのみ，よりよく理解されることになる。

不安な人はみずからの不安を完全には言語化できない。それができれば，その人はもはや不安ではないはずである。もちろん彼は，みずからの不安を，部分的には言葉によって，時には言葉の奔流によって，示すことができる。しかし，これらの用語は不安のわき立つ釜のなかでルーズに保持されている要素である。これらの要素に構造と連続性を与える言語シンボルは，まだ見いだされていない。実際，構造と連続性は，これら自体が，最初に発見されるべきものなのだ。

パーソナル・コンストラクト心理士は，不安領域の言語化が非常に不適切で，「行動化」する以外には表現手段をもたないクライエントを，喜んで引き受ける。われわれは人間関係における役割の行動化を強調し，「役割演技」を心理療法における正規の手続きとして利用する。成功した治療の流れの終結時においてさえ，クライエントは自分に何が起こったのかを言えないかもしれない。彼はそれについて話せるかもしれない。が，それが何であったのかに関しては，いまだに分節されていない。われわれはしかし，かつて不安が存在したところに構造をもたらし，この新しい構造が，必ずしも本質的には言語的とはいえない，いくらかの携帯可能なシンボルによって，安定させられることを望んでいる。

E 問題４：適応が求められる環境の分析

13 クライエントがそのシステム内で自己の人生役割を機能させなければならない予期システムの分析

心理的に健康な人は，どんな種類の状況に対しても，ただちに幸せに適応できると仮定するのは，間違いである。適応は何かとの関係においてのみ達成されうる。それは，人が適応しなければならないものに差異を生じさせる。診断は，適応が求められる環境について，臨床家が何がしかの理解をもつまでは，完了しない。この立場は，

診断がクライエントの分析のみを含むという共通の見解からは逸脱していることを表わしている。われわれの視点では，診断はクライエントをマネージする計画段階である。したがって，クライエントと環境の両方が理解されねばならないのだ。

社会的場面における個人的経験に関する章で，われわれは，人が自分について仲間に何かを期待させることが，自分に及ぼす影響について指摘した。通常これは，人が自分に期待されることを行なう場合には，よりうまく人づきあいができることを意味する。適応は，しかしながら，こんなに単純なことではまったくない。多くの非常に同調的な人は，同調の所産であるトラブルをもつことで命を絶ってしまう。ある人の同調が過剰な収縮によって達成される場合には，彼の仲間が彼に期待する攻撃性や主導性は表出できなくなる時が来る。しかもなお，われわれが前の章で指摘したように，人は本質的に非同調的な適応をすることができる。しかし，自己の冒険から確証経験を得ようとしている場合には，彼が同調しないのは何に対してなのかを知らなければならない。近隣の人々が彼に期待しているのは何なのかが非常にはっきりとわかる場合には，彼は彼らの息切れやうめき声も非常によく予期できるだろう。彼は，この逆タイプの適応に対しては，広くよく構造化された，そして自発的精緻化に開かれているフィールドをもつかもしれない。しかし，この人が同調しようが反逆しようが，その役割演技の対象となる仲間が彼に何を期待するのかが概念化されさえすれば，彼はみずからの人生役割を確証することができる。この概念化がなければ，彼の人生役割は速やかにカオスのような状態になるだろう。

診断者は，クライエントが自己の人生役割を機能させなければならない期待システムに，注意を払わなければならない。それは，クライエントが不当な収縮をせずに，同調できるものか？　それは，クライエントがうまく反逆できるものか？　彼はこのどちらをやるにしても十分にうまく理解できるのか？　彼が反逆する場合には，彼の探索準備が最もよくできている自発的精緻化のフィールド——たとえば物質的ぜいたく品，親の保護，性等々——が，彼には閉ざされているのがわかるのだろうか？

このつながりで，クライエントの入院を考える臨床家は，このケースの緊急性だけでなく，入院がクライエントのモラールに及ぼしうる影響をも考慮に入れなければならない。入院はクライエントの攻撃傾向のすべてを方向転換させることによって，彼を破壊してしまうかもしれない。彼が再び自尊心を取り戻すことは不可能になるかもしれない。それはまた，コミュニティ側が彼の回復に対してもつ期待のセットに，彼を強制的に直面させることになるかもしれない。これはいま彼に困難を生じているものよりももっと扱いにくいかもしれない。たぶん入院そのものには，彼は容易に適応するであろう。そこで臨床家は，入院によるクライエントの依存性のさらなる精緻化が，クライエントのそれらの適切な改訂を不可能にする可能性があるのか否かの疑問に，直面しなければならなくなる。この臨床家は，外来の心理療法のコースについて

も，これと同じ問いを発する必要があるのかもしれない。時には，家族とコミュニティの期待によって，一連の長期にわたる心理療法的面接の試みは勧められなくなることがある。クライエントがみずからの人生役割を機能させねばならない期待システムについてのすべての問いは，臨床家がこれまで慣習的にあまり考えてこなかったものである。われわれの視点からは，これは診断そのものにおける重要問題の1つである。

14 ケースの社会経済的資産の査定

ここで社会経済的資源について述べよう。これはクライエントが利用しうるものであって，臨床家が食い物にするものではない。クライエントが，自分の傍で困難な時期を過ごしてくれる家族をもっているかどうかを知ることは，大切である。また彼が，自分には心理療法が必要なのだと告白した場合に，妻は彼を見捨てるだろうか？子どものコミュニティは，クライエントがリハビリを受ける価値があると受け入れてくれるだろうか？　多くの，たぶんほとんどのコミュニティで，不適応な子どもはリハビリを受ける価値があるとは考えられない。これに関連して思い起こされるのは，中西部の州のことでふつうの農場における1人頭の家畜の消費量の増大は，これらの農場における1患者当たりの消費量よりも大きかった。

臨床家は，治療が長期化した場合にクライエントが金銭的負担に耐えられるかどうかを知るべきである。クライエントは，まっとうな社会的役割の喪失による罪悪感を経験することなしに，入院を受け入れたり，休暇に出かけたりすることができるのだろうか？　いくらかのケースでは，臨床家の推薦する経済的非現実主義は，クライエントの症状の非現実主義さえも超えている。

クライエントは，リハビリを受けねばならないと判断してくれるしっかりした家族をもち，財源をもち，影響力のある友だちをもち，効果的な社会的技能を獲得しており，高い名声のある職業的訓練と技能をもち，五体満足で，若く魅力的なものは，これらの長所をもたないものよりも，心理療法のリスクがより小さくなる。このことは疑いようがない。臨床家は，この事実を認識するとき，必ずしも人道主義的な目的を見失っているわけではない。さらに臨床家は，これらの資産をクライエントの利益になるように使うのをためらうべきではない。別のクライエントがこれらの資産をもっていないという事実や，臨床家自身もこれらをもっていないという事実は，彼らを心理療法の境界の外に置くということにはならない。

15 クライエントが人生を再解釈するのを援助する際に，文脈的材料として利用される情報の準備

心理療法は大方が概念形成の問題——後章で発展させられるべきポイント——になるので，暫定的診断では，臨床家は，心理療法中に有意味な方法で分類できるクライ

エントの人生に関係する項目の配置を，かなり可動的にすることが必要になる。たとえば心理療法家にとっては，クライエントが18世紀の政治思想史に親しんでいることを最初に知っていると，この事実がクライエントの心理的な問題に直接には関係していなくても，役に立つ。この情報は2つの方法で使える。クライエントが親しんでいる事実は，他の経験といっしょに配置されて，新しく有用なコンストラクトを形成する可能性がある。概念形成テストとの類比を使うなら，この臨床家は，クライエントが新しい配置に分類するのに適した，既製の心理学的対象の目録を獲得する可能性があるのだ。第2に注意深い治療者は，クライエントの歴史的概念のいくつかを呼び出す機会を見いだして，クライエントが20世紀において自己を導く類似の社会的概念を構築するのを援助する可能性がある。本質的にこのことは，臨床家がこのクライエントのレパートリー内に，すでに利用可能な前もって形成されたコンストラクト──日常の生活経験にもっと浸透的になることのみを必要とするコンストラクト──を見いだしうるということを意味する。

F 問題5：直接的な手続き段階の決断

16 利用可能なデータの生理学的解釈

　診断という課題の一部には，診断手順を進める順序の決定がある。あらゆる臨床の作業がそうであるように，人は逐次接近法によって診断に到達する。あるクライエントがオフィスに入ってきて，その夜が明けるまでに殺人と自殺をすると脅迫し，この両方を完遂する特殊な計画を暴露する場合には，賢明な臨床家はその場で部分的・試行的な診断を行なって，防止手段をとる。たぶん彼はこのクライエントが保護観察下にあることを見てとる。たぶん彼はただちに他の専門職の人々とのコンサルテーションを求める。たしかに彼は，火曜日から1週間後に，クライエントがなおも生きているイベントのなかで戻ってくるように招待したりはしない。

　心理学的な訓練を受けた臨床家は，あるクライエントのケースの事実に心理学的な解釈を与える準備をすべきである。生理学的な訓練を受けた臨床家もまた，同じ事実のいくらかに生理学的な解釈を与えて，こうすることでさらに，心理士がふつうは見逃したり無視したりするいくらかの他の事実を結集する。各専門家が，もう一方の専門家によってどんな事実に有意味な解釈が最も与えられやすいかについて，何らかのアイデアをもっている場合には，それは役に立つ。これは常に可能なわけではない。他方によるそのデータの有意味な解釈の可能性については，心理臨床家はふつうこの2人のうちより注意深い方である。

第15章　診断の手順　203

　このことは，診断においては，クライエントが「心理的なケース」なのか，「医学的なケース」なのかを判断できねばならないという意味なのであろうか？　まったくそうではない。クライエント自身は心理的でもなければ医学的でもない。彼は彼自身のどちらにも与しない自己である。これは今まで何回も指摘してきたポイントである。ここではわれわれは実際の診断に関係しているのだ。われわれはこのクライエントについては何がなされるべきかを判断する課題をもっている。クライエントが脳損傷をもっているという事実があっても，彼はもっぱらあるいは必然的に大部分が医学的なケースになるというわけではない。また，彼の例が彼の子どもに対して持ちうる影響を，彼が心配しているという事実があるからといって，彼はもっぱらあるいは必然的にその大部分が心理的なケースになるということにもならない。問題は常に，彼はどのように援助されうるのかであり，誰が彼の悪いところを最もよく見られるのかではないのだ。

　心理臨床家はしばしば，医療臨床家がクライエントの記録された事実を解釈して，たぶん付加的な事実を探し出し，しばしばこのクライエントをじかに検査することが有益であることを発見する。これは，クライエントの生理学的解釈が網羅的であることを保証するものではない。多くの医師は痛みと疼き以外の手がかりを捉えることには，非常に不慣れである。心理臨床家がしなければならないのは，入手可能なデータが生理的に解釈されるのを見られるように，たとえみずからがそれをしなければならないとしても，彼がどんなステップを取れるかである。このケースの生理的な解釈からは，いくつかの直接的な手続き段階が順に示されるかもしれない。

　心理臨床家はしばしば，いかに速やかにクライエントを医者に見てもらわねばならないかを，決定すべき立場に自分がいることを見いだす。さらにもっと頻繁には，クライエントは何科の専門医にまず診てもらうべきか決定しなければならない。このことは，彼が専門医を選ぶのに最適のシステマティックな位置にいるということを意味しない。実際的な状況の緊急性によって，彼にはその場で専門科への紹介を要求される可能性があることを意味している。通常心理士は，夜中の街を非常に混乱した状態でさまよっている男を見つけたときには，この男を産科医や神経外科医よりもむしろ精神科医に紹介しようとするだろう。しかしなお，この男の問題は，産科医や神経外科医のいずれかのほうがより助けになることがわかるような問題でありうるのである。

17 ｜ 他の専門的学問領域

　われわれはこのケースの生理学的解釈について話をしてきた。これらの事実に対してみずからの特殊な解明の光を投げかけられる専門的な学問領域が他にもある。教育者は，臨床心理士と医師が解釈するのとまったく同じ事実の多くを解釈しうる。加えて，彼は他の2つが見逃しているいくつかの重要な手がかりを掘り起こすことができ

る。彼はすぐになされねばならないのは何かについて，いくつかのユニークで重要な結論を引き出すかもしれない。同様にソーシャルワーカーも。同様に聖職者も。同様に弁護士もそうするかもしれない。

18 ｜ ケースの緊急性の評価

　治療施設は必ずしもすぐに利用できるものではない。どんな臨床家にとっても不快な課題の１つは，治療はどこまで延期できるのか，あるいは他の緊急ケースの観点から見て，それは完全になしですませられるのかどうか，の決定である。時には，われわれがすでにほのめかしてきたように，クライエントと他の人々を守るために，直接的なステップがとられなければならないことがある。これもまた，暫定的診断では不可欠のステップである。

G 問題６：管理と治療の計画

19 ｜ 中心的心理療法的アプローチの選択

　これはもちろん，中心問題であり，他の５つの問題はこれへの準備的なものにすぎない。暫定的な診断は，管理と治療の計画が定式化されるまでは，完全ではない。治療はいくつかの前線で進めることができる。個人面接タイプの心理療法もありうる。クライエントの家族に対するオリエンテーション・セッションもあるかもしれない。このクライエントは他のクライエントと，あるいは地域の他の人々とグループ化されることもありうる。同時に職業指導もあるかもしれない。レクレーション指導もありうる。これらのうちのいくつかは，中心的な心理療法のアプローチと緊密に統合されるかもしれない。が，その多くは，せいぜい緩やかに統合されるにすぎないだろう。

　後の数章には心理療法のデザインの実例となる説明が含まれている。各デザインは，このケースに関する利用可能な情報を考慮することによって，そして便利に動かせる治療資源を考慮することによって，修正される傾向がある。心理療法家の役割に関するわれわれの議論では，われわれは心理療法が非常に多様な手続きと技能を含むと考えていることを示した。これらはケースごとに非常に広く変動しうるので，あるクライエントでもっぱら使用されている手続きが，他のクライエントでもまったく同じように使われることはないはずである。修正役割療法における特定の修正役割スケッチは，その例である。後の章で記述される，コンストラクトを弛緩するデバイスのいくつかは，また別の例になろう。デバイスの再使用の問題については，すべての心理療法家が著者に賛成するわけではなかろう。精神分析家はあらゆるクライエントで弛緩

のデバイスを使う傾向がある。クライエント中心療法家は，いかなる診断的評価の違いに関係なく，治療に受け入れるすべてのクライエントに，非指示的アプローチを使うようである。

　パーソナル・コンストラクト心理学は，広く多様な心理療法的アプローチを受け入れるに際して，折衷的であるという感覚がある。しかしながら，多様な手続きが受容される理論的な根拠が，折衷主義を表わしているわけではない。これが意味する折衷主義にはとくに反対はない。ついでに見ておくと，折衷主義自体が体系的に定式化されると，その折衷的な風味が失われてしまうのは，おもしろい。

　パーソナル・コンストラクト心理学が，精神分析理論やクライエント中心療法を支える自己理論よりも，非常に多様な心理療法的アプローチを包含する余地をもっている1つの理由は，それがもっぱら**臨床に誘導された**理論ではないことにある。オリジナルに考案された理論は，精神分析とクライエント中心療法の2つの偉大な貢献がそうであったように，豊かな臨床的，心理療法的観察を結合して，その賛同するアプローチによりいっそう限界を設ける傾向がある。心理学における偉大な演繹的理論——ハル（Hull）やトールマン（Tolman）の学習理論——そして場理論は，クライエントがどのようにアプローチされるべきかに限界を設けない傾向がある。しかし他方，これらはどちらも，異なるクライエントに使われる治療的アプローチを区別する方法を提供してはくれない。心理療法が非常に多様な技法を包摂すると見る，偉大な折衷主義者アドルフ・マイアー（Adolph Meyer）は，本当に包括的な臨床的に抽出された理論的定式化の真んなかにいたのかもしれない——われわれには絶対にわからないだろう。心理生物学に関する彼の立場は，今までに体系的に定式化されたことがまったくなかったので，彼の本当の遺産は永遠に失われるのかもしれない。

　a．クライエントの投資の大きさ　中心的な心理療法的アプローチを選択するに際して，最初に考慮しなければならないのは，常に，クライエントがなすべき投資の大きさである。心理療法は，クライエントが他の追求に使いうる時間を奪いとる。それは彼の仕事，彼の家族，彼のレクレーションから注意をそらせる。それは，そうでなければ家族を支えるのに使われていたはずの資金を奪ってしまう。それはしばしばクライエントあるいは彼の家族を深い負債の海に飛びこませる。それはしばしばクライエントの対人関係に一時的な緊張を負わせる。妻は彼が気まぐれで攻撃的であることを見いだしやすい。彼の子どもたちもそうかもしれない。他の家族メンバーの精神的健康状態がよくない場合には，臨床家は，クライエントに依存している人々の生活に危機を生じないように，治療的アプローチの選択に極度の注意を払わなければならない。

　これらの損失に対して，臨床家はクライエントが獲得しうる利益と，それらを獲得できる可能性の大きさの，両方を秤にかけなければならない。彼はまた，治療的努力

の結果として，クライエントが混乱してしまう危険性も秤にかけねばならない。治療者が状況の判断を誤ると，クライエントは自殺をするかもしれない。クライエントは離婚したり，家族を支えるのをやめてしまったりするかもしれない。クライエントは治療者に対して望ましくない依存性を形成するかもしれず，満足な状態で心理療法のシークエンスをやめられなくなるかもしれない。彼は想像力が低下し，仕事の創造性も低下するかもしれない。このような結果はいずれも，ふつうは人が心理療法に予期するものではないが，これらは現実的なリスクであり，あるケースで中心的な心理療法的アプローチを推薦する場合には，診断臨床家はこれらをそういうものとして認識しておかねばならない。

　心理療法のシークエンスがどれくらい長く続くのかを，前もって判断するのは困難である。修正役割療法のケースでは，たいがいの他のタイプの治療よりも，その持続期間の見積もりをもっと近づけることが可能である。集団心理療法は通常，あらかじめ決められた最終期限に間に合うように，実行されうる。一般に役割演技の技法では，前もって決められたどんな時間にでも終結できるように，しかも，この心理療法の経験から利益が得られるように，クライエントに環境との十分な接触を維持させる。治療者がコンストラクト弛緩手続きを好む場合には，彼はクライエントを長期のシリーズに関与させることになりやすい。彼がクライエントの初期の生活史に多くの時間を費やす場合には，彼はクライエントの投資をかなり増大させる傾向がある。歴史的に初期の項目は，依存的な性質をもつ前言語的コンストラクトと固く結びつけられている傾向がある。このようなコンストラクトは，アクセスがよりしにくくなり，修正がより困難になる。治療者がこの領域を不安に対して開放するなら，彼はクライエントを長い再構成（再解釈）の仕事に引きずり込むことになる。

　診断臨床家が治療の持続時間を正確に決定するのは困難であるが，それでもなお，彼はできるかぎり最善の評価をしなければならない。クライエントが長引く心理療法シリーズに合理的な投資ができない場合には，臨床家はより早期の終結を可能にする傾向のあるアプローチの１つを推奨すべきである。バランスの一方の側には，クライエントの投資の大きさと，望ましくない結果のリスクがある。もう一方の側には，クライエントの問題の性質と，心理療法が試みられなかったり，表面的なアプローチが使われたりする場合に起こりうる結果がある。

　b．アクセシビリティとコミュニケーションのレベル　中心的な心理療法的アプローチを選択する際には，臨床家は，クライエントのアクセシビリティとコミュニケーションのレベルについて彼が学習してきたことに注意を払うべきである。臨床家がクライエントに見る問題は，どの認知的気づきのレベルにあるのだろうか？　クライエントにいくつかの前言語的で中心的なコンストラクトを言葉にさせる試みには，利益があるのだろうか？　クライエントはどんな方法で自己を最もよく表現できるのだろ

うか？　この種の考察の結果として，臨床家は，最小限の言語的コミュニケーションしか含まないタイプの心理療法を推奨しようと決定するかもしれない。彼はフィンガー・ペインティングと粘土細工を推奨するかもしれない。あるいは，彼は職業の変更や計画的作業療法のシークエンスのような，状況の変化を薦めるかもしれない。

　　c．**転移のタイプ**　臨床家はまた，最も使いやすい転移関係のタイプについて考えなければならない。クライエントを広範囲の依存的転移に巻き込むことには，利益があるのだろうか？　クライエントは治療者を中核コンストラクトによって解釈するように，すすめられるべきなのだろうか？　クライエントはどんな種類の解釈を治療者に加えることを勧められるべきなのか？　治療者はみずからが，親像の役割を配されるのを，許可してよいのであろうか？　治療者が「親」になっている場合には，クライエントはどれくらい幼い「子ども」になることが許されるのであろうか？

　　診断臨床家は採用されるべき支持と再保証の量と質について，何らかの準備的な評価をしなければならない。スタッフ会議の締めくくりにしばしば言われるように，「このケースでは一般的に支持的な関係」をとるべきだと単純にいうだけでは十分でない。支持の領域にも言及される必要があるのだ。前の章で，われわれが再保証と支持のより詳細な議論で示そうとしたように，これらの慰めの技法はいずれも裏目に出て，クライエントに損傷を生じる可能性があるのだ。

　　前章で示したように，一次的ないしは個人的同一化タイプの転移は，心理療法ではふつうは回避されるべきである。しかしそれでも，治療者とのかなり個人的な同一化が避けられないケースは存在する。そしてクライエントが，**ユニーク**な人というよりもむしろある**タイプ**の人である治療者とは，うまく実験できないケースが存在する。どの程度の個人的同一化が許されるべきかを判断するに際しては，治療者はどこでそしてどのような条件下でクライエントが自分と接触をもつようになるのを許すのかを，かなりうまく決断している。

　　d．**脅威**　中心的な治療的アプローチは，クライエントが処理できる移行(transitional) 条件を参照して決定される必要がある。われわれは第１巻で，脅威，恐怖，不安，罪悪感という移行コンストラクトについて論じた。診断臨床家は，驚異が彼の推奨する中心的な治療的アプローチとどう関連するかを考える必要がある。このアプローチでは，クライエントが治療者との関係で子どものような役割をとることが要求される場合や，家族に卑屈な依存をする人の役割を演じるように要求される場合には，その脅威は彼には耐えきれないものになるかもしれない。これはただちに広範囲の解体に，そして不安，収縮，妄想，あるいは多くの望ましくない適応の１つに導くかもしれない。また，初期の自己の姿について論じたり再現したりすることを求められると，クライエントは深刻な脅威を受けるかもしれない。

　　e．**恐　怖**　恐怖もまた考慮されねばならない。クライエントは，自分が心理的援

助を求めていることが雇用者にばれたとしたら，その雇用者にどんな仕打ちをされるかと思って，怖がるかもしれない。クライエントは仕事を失うかもしれない。彼は永遠に昇進リストからはずされてしまうかもしれない。恐怖が心理療法家のところへ行く行為と連合していなくても，このクライエントの状況は，心理療法のコースのなかで彼が新しいアイデアの実験を怖がるようなものかもしれない。彼が何か新しいことを試みる場合には，あるいは自己にどんな程度の自発的精緻化でも許す場合には，彼は比喩的には自分の喉を搔っ切るようなものかもしれない。高度に組織化された状況にいるクライエント——たとえば軍隊に入れられた人，囚人，伝統的な州立精神病院の患者のような——は，彼があるタイプの心理療法的治療に反応し始めるやいなや，本物の恐怖を経験しやすい。

f．不 安 中心的な心理療法的アプローチは，クライエントの不安——診断時に彼が示す不安と，治療的アプローチによって特徴的に創造される種類の不安の両方——に関連しても選ばれねばならない。広範囲にわたって不安を示すクライエントは，どんな解釈が重要なテストにかけられるよりも前に，彼の不安領域で支持が与えられねばならないかもしれない。反証の効果は，この不安をもっと広く拡散することになるかもしれない。こうして彼は，現在を覆うイベントを処理するために，最も原始的で幼児的な解釈にたよらざるをえなくなるかもしれない。

いくらかのタイプの心理療法的アプローチは不安を特徴的に創造する。いくらかの精神分析家が「第1法則 (the first law)」と呼んで強調するある形式の心理療法は，最初からかなりの不安を生み出すように運命づけられている。このように呼ばれている法則は，「クライエントは心に浮かんだものをすべて報告し，どんなものでも絶対にその報告をさし控えてはならない」というものである。このタイプの治療方法にとらわれているクライエントは，すぐに無力感を経験する。子どものように，彼はすべてを告白せずにはいられない。彼が子どものような解釈システムのもとで作業している場合には，彼は実際にこの療法によって安定し，彼の不安はこれによって減少するかもしれない。彼のものの見方がもっと大人になっている場合には，このような告白をすると，彼には不安が生じ，この不安を管理できるようになる前に，不安の泥沼に引きずり込まれてしまう可能性がある。パーソナル・コンストラクト心理学の見地からすると，精神分析の「第1法則」は，無差別に適用されると，極度に危険な教えである。たしかにこの診断者は，このような教訓を含む心理療法のコースを推薦する前に，クライエントを注意深く評価しなければならない。

g．罪悪感 心理療法は罪悪感を生じうる。治療を受けているクライエントは，みずからの役割地位が自分からずれてきていることに気がつくかもしれない。自分がもはや自分の仕事をしていないことに気づくかもしれない。自分が社会的機能をもっていないことを発見するかもしれない。みずからの役割を維持しようと努力するなかで，

クライエントは心理療法家の方に向きなおって，彼との役割関係をもっぱら完遂しようと試みるかもしれない。クライエントは，治療者とともにそして治療者のために自分ができることという観点から，みずからの実存の全体的な正当化を追求するかもしれない。いくらかのクライエントについて，とくにいくらかの子どもについては，この罪悪感の防止法は受容することができる。他の人々については，これは，この治療者がクライエントから有用感を奪い取った治療的アプローチを使うという点で，賢明ではなかったことを意味するかもしれない。

このポイントは，高齢者を扱うときにはとくに，心にとどめておくべきである。人々は人生の最盛期を通過すると，有用さが次第に減少してくると感じやすい。彼らは役割喪失の意識をもつ。この意識は，パーソナル・コンストラクト心理学の定義によれば，罪悪感になる。治療者が，高齢者をある治療体制の下に置き，この体制が最初から終わりまで全人生の役割に疑惑をもたせるようなものである場合には，この治療者は極度に無力な人を抱え込んで終結することになりやすい。

h．弛　緩　コンストラクトの弛緩が，状況を正確に構造化する効力を減少させる傾向がある。しかし，それでもこれは，コンストラクトをより浸透的にし，したがって新しい要素に適用できるようにする可能性がある。また，弛緩は新しい不安へと導き，混乱を新しい領域に広げる可能性がある。さて，この計算された混乱は，ある種の治療的な移行のための段階設定をするために，まさに治療者が望むものかもしれない。それでも，この不安は手がつけられなくなる可能性がある。クライエントは全面的に弛緩するかもしれず，混沌が人生のあらゆる裂け目と隅々にしみ込む可能性があり，治療者は結局，満開の統合失調症患者の処置をすることに終わってしまうのかもしれない。

どれほど大きな弛緩が危険につながるかを判断するためには，臨床家はクライエントの上位構造を考慮に入れなければならない。ここでわれわれは，調節，断片化，および組織化の系に戻ることになる。自己の人生役割についてかなり浸透的な包括的解釈をもつクライエントは，機能的な統合失調症になることなしに，多くの弛緩に耐えられる。しかし，自己の人生にそれほど多くの目的や意味を付与しないクライエントは，崩壊しないようにするためには，あまり大きな構造的弛緩には従わないほうがよい。

ｉ．訴えの精緻化　中心的な治療的アプローチを選択するには，この訴えの精緻化について治療者が何をなすべきかに関する何らかの決断が必要となる。クライエントは「自分の問題」について話をするべきか？　彼は自分の過去について話をするべきか？　彼は自分の未来について話をするべきか？　彼は自分が日々していることについて話をするべきか？　あるいは彼は，ただ話をするべきなのか？　いくらかのクライエントは，自分の問題だと考えるもの以外は，何も話したがらない。他のクライエ

ントはそれをできるかぎり回避したがる。学習理論の立場から治療にアプローチする治療者は，訴えの精緻化を強調し，クライエントの人生における新しい強化の獲得法を探すことによって，それに追随する傾向がある。修正役割療法では，訴えの精緻化はほとんどなされず，その議論のほとんどは，このクライエントが自己の対人関係を現在どのように解釈しうるのかをめぐってなされている。たぶん，このクライエントは自分の訴えを精緻化するよう励まされるべきではないということなのだろう。治療者はクライエントの訴えの領域の再解釈を試みる前に，クライエントの知覚の場を拡張する必要があるのかもしれない。また治療者は，クライエントの訴えの領域のより小さな断片が同時に不安に対して開かれるように，知覚の場の収縮——たとえば入院させることによって——を望んでいるのかもしれない。

j．**確証の発見**　治療の結果として出現するはずの新しいコンストラクトの確証を，クライエントはどのようにして見いだそうとしているのかという疑問に，診断臨床家は思慮深い注意を向けなければならない。優れた健全なコンストラクトは，会議室の孵卵器のなかで孵化されうる。しかしこれは，取り出されてかきまわされないかぎり，成熟には達しないだろう。治療者は新しいコンストラクトの唯一の確証者になると期待することはできない。ただし，治療者の中にはその全能者の役割をとるつもりのものも，いくらかはいる。実際には，このクライエントは自分の新しいコンストラクトが面接室の外での現実検証を満たすかどうかを見ていかなければならないことになるだろう。彼はどんな現実を利用できるのだろうか？　他の入院患者以外に現実検証に使えるものがなければ，彼は何か風変わりで変に歪曲されたリターンしか得られないかもしれない。彼が自分を柔軟性のない役割に配役し続ける家族メンバーしかもたない場合には，彼はみずからの新しい性能に対してほとんど何の反応も得られないかもしれない。治療における重要な検討事項の1つは，その人が人生について行った新しい解釈が，実際に有効なことを発見する機会である。こういう機会がなければ，最も巧みな心理療法的面接に対してさえ，彼は反応しなさそうである。

k．**精緻化に対して開かれるべき領域**　診断臨床家は，どの領域が自発的精緻化に最初に開かれるべきかに，かなりの注意を払わねばならない。精神分析用語では，これは，自我を攻撃に対して開くこととある程度の等価性をもつ。われわれの攻撃と敵意の定義は，しかしながら，精神分析で採用されている定義と多少は異なっている。ふつう，攻撃とその結果としての自発的な精緻化は，まず面接室内で調査がなされる。ほとんどその直後に，これらは面接室の外で調査される傾向がある。そのとき，トラブルが生じるかもしれない。しかしこれは，治療者が完全には回避できず，また回避できても，常に回避すべきではない形式のトラブルである。時にクライエントはまず面接室外で攻撃性を試してみようとする。ここで，本物のトラブルになりやすい。

　このすべてを心に保持しながら，診断者は状況についての何らかの準備的評価をし

なければならない。そして，どの領域が最初に攻撃と自発的精緻化に開かれるべきか
を示さなければならない。クライエントは攻撃的な自己表出の結果として，自己を圧
倒しそうな罪悪感の高まりを生じるが，臨床家はもちろんこれを心に保ち続けなけれ
ばならない。いわゆる神経症的抑うつのケースでは，この罪悪感と自主性との膠着状
態は，何か月も持続するかもしれない。このようなケースではとくに，診断者は自主
性へのドアをまずどこで開こうとするべきかを，最も注意深く考えねばならない。

１．**沈潜した末端**　クライエントに注意深く耳を傾けてきた診断者は，われわれの
いわゆる**沈潜した末端**をもついくつかのコンストラクトに気づくだろう。彼は，沈潜
した末端がクライエントの外見的行動がとりうる潜在的な方向を表わしている事実に
気づくだろう。このことを心にとどめながら，彼は沈潜した末端をいつ暴露すべきか
について，大きな最初の決定をしたいと思うだろう。どんな統治コンストラクトが最
初に設定される必要があるのだろうか？　今はこの沈潜した末端に結びつけられた要
素を処理するのに，どんな再解釈が最も適しているのだろうか？　沈潜した末端を適
切な順序で処理するには，どんな中心的な心理療法的アプローチが最も適しているの
だろうか？

20 | 責任を負う臨床主任の指名

　クライエントが一群の臨床家間のチームワークを含む状況で診断される場合には，
責任を負う臨床主任（principally responsible clinician）の指名が次のステップになる。この
主任は通常，クライエントと最も親密な接触をもつ人である。この人がいないときに
は，治療にはほとんど常に重大な問題がもち上がってくる。この臨床主任は時にこの
クライエントの心理療法家を務める唯一の人だと考えられることがある。ただし，こ
の努力を組織化してクライエントのリハビリに直接向かっていく臨床家はすべてが，
何らかの点で心理療法的機能を果たしており，それゆえに心理療法家であることを，
はっきりと肝に銘じるべきである。この意味で，クライエントに対して，クライエン
トのために，なされるすべてのことは，心理療法的意味をもっていると考えられるか
もしれない。

　管理的な有益性の問題はさておき，臨床主任の選出は次の２つの検討事項にかかっ
ている。(1)このケースで必要とされている再解釈の理解，(2)治療の進行中に最もよく
利用される転移に応じることである。この臨床家は，指名されたときには，このケー
スと親密である必要はない。彼の技能と能力は同僚によく知られていて，彼がこの仕
事に適した人間であるか否かの判断がこれらの同僚にできればよいのだ。いくらかの
臨床家は強迫性障害のクライエントを扱うのが上手だと知られている。他の臨床家は
統合失調のクライエントを扱うのがうまい。そして他のものは不安なケースと最もよ
い仕事ができる。

しかし，クレペリン型の診断に基づいて，臨床家をケースに割りふること以上に，解釈の問題が考慮されるべきである。クライエントを子どもっぽい依存型式にとび込ませる傾向のある臨床家は，クライエントが大人らしい依存関係を維持しなければならないケースには，割りふられるべきではない。抽象的な言語化によって混乱させられる臨床家は，その浸透的なコンストラクトを再体制化しなければならないクライエントには，割りふられるべきではない。

クライエントは自分の疑問のある解釈の多くを治療者に試着させてみなければならないので，治療者はこのような転移が受けられる人であることが重要である。したがって臨床家は，クライエントに彼の個人的社会的環境からの人物の振りをして見せるという意味で，ある程度は従順な人物でなければならない。これはすべて治療者の態度の問題ではないのかもしれない。治療者は単に，クライエントが自分の見る必要があるように治療者を見るのがより簡単になるような身体的特徴をもつだけなのかもしれない。治療者の性と年齢は考慮されるかもしれない。治療が進行して，クライエントが新しい転移をする準備ができているときには，臨床責任主任の指名を変化するのが望ましいこともある。しかし外の社会的資源が適切に使われる場合には，ふつう，この種の移動は必要ではない。

21 ｜ 利用されるべき付加的資源の選択

入院患者のケースでは，その病院で提供できるかぎり，そして，患者が使えるかぎり多くの付加的資源を，動かすことが重要である。病院はどれほどスタッフが充実していようとも，心理的観点から見ると，ふつうは殺菌されていて不毛である。適切な治療にはその資源をフル活用することが求められるが，現代の神経精神科病院では多くの臨床家が，その資源をフル活用するのに必要な，包括的訓練も専門的概観もしておらず，ましてやコミュニティのより包括的な資源のフル活用など不可能である。

a．小さな問題も処理する　クライエントが直面している主要な困難に臨床家が関心をもつのは当然であるが，これによって，クライエントによる小さな問題処理も蓄積されれば全体的効果をもつという認識が妨げられてはならない。クライエントは小さな医学的配慮を必要とするかもしれない。ヘルニアは治す必要があるかもしれない。歯科医の治療も必要かもしれない。メガネは作り直す必要があるかもしれない。補聴器のような人工装具が必要かもしれない。その場合には，その使い方の訓練も確実に必要になる。多くの人工装具のプログラムが失敗するのは，この事実が見過ごされているからである。

b．作業療法　病院では治療者は，一群の付加的サービスをフル活用すべきである。これは時に「矯正療法」と呼ばれるが，より最近では「身体的・精神的リハビリテーション」という標題の下にまとめられている。人工装具の使用の際の調整と訓練は，

時にこのグループに含められる。多様な形式の理学療法もここに属する。多様な形式の作業療法もこれに含まれる。この作業療法は，特定の筋肉群の機能回復のための公式の訓練も含むかもしれない。あるいはこれは，同じ目的を達成する準レクレーション的または準作業的な性質をもつ課題を設定するかもしれない。

作業療法は診断的であるかもしれない。患者はそれがフィンガー・ペインティング，木工，組み版，あるいは床へのなぐり書きによるものであっても，表現手段になることを見いだすかもしれない。この課題が注意深く指定されたり，患者によって自由に選択されたりする場合には，そしてそれらが思慮深く観察される場合には，病院のスタッフは，面接室内でははっきりしない患者のコンストラクト・システムについて，多くを学ぶかもしれない。前に述べたように，言語はコンストラクトの唯一のシンボルではない。実際，われわれが人生を認識するより基本的な解釈はしばしば，言葉によってはまったく象徴化されない。治療者は患者の作業療法で生じる発達の経過を近しく追い続けなければならない。各面接の前に，患者の最新のフィンガー・ペインティング，最新の粘土モデル，最新の作業計画を素早くチェックするのは，よい考えである。

作業療法はまた，治療的でもある。言葉ではうまくコミュニケーションができないクライエントは，作業療法を中心的治療アプローチにすることによって，まったく適切に治療されうる。作業療法家は新しいコンストラクトの出現を観察でき，新しい要素を導入できる。これらの要素は受け入れられれば，この新しい解釈に，適切な範囲と浸透性を与え，クライエントにはそれを確証するための装置を提供する。コンストラクトは，物理的なものを扱うコンストラクトと，精神的・社会的なものを扱うコンストラクトに，鋭く分けられると仮定するのは間違っている。釘を連打し，穴を掘り，機械にグリスを注入するのが好きなクライエントは，モノとの関係とともに人々との関係を支配するコンストラクトを使っているようである。クライエントのこれらの課題にアプローチする活動と様式が変化するときには，彼の他者との関係はほぼ確実に目に見えて変化する。この重要な事実は，クライエントの対人関係に本物の治療的変化をもたらす基礎として使われうる。

それほど基本的ではない意味で，作業療法は治療的である。なぜならばこれは，作業療法家と興味を共有する他のクライエントとの一連の構成的な対人関係に，クライエントを巻き込むからである。治療は通常，クライエントが，支配と服従に基づくよりも，または最小の空間内で最小の島国根性に基づくよりもむしろ，協力的理解に基づいて，他の人々との関係を築くことを要求する。

集団心理療法の活動は，共通の企てのための協力の弱々しい開始を力づけることができる。この協力は，役割コンストラクト，すなわちクライエントが他者の行動を解釈するのを援助するコンストラクトに，自然に基づいていなければならない。

われわれは対人的相互作用におけるビーリ・ランディ効果（Bieri-Lundy effect）について述べたことがある。最初クライエントは，仲間のクライエントや作業療法士が自分に似ているかもしれないと徐々に認められるようになること以外は，彼らとの協力的な役割関係に携わるための基礎をもっていないかもしれない。後に彼は，自分に似ていない人々がなおも，自分が協力できるまともな人々でありうることを識別し発見し始める。

作業療法は教育的でありうる。クライエントは，職業的にも非職業的にもうまくやっていけそうな技能を学習するかもしれない。このことは，教育が他者理解の形成の援助を含まないということではなく，治療がこれを含むということでもない。われわれは人々が世界のなかでうまくやっていけるようにする，これらのより形式化された理解に言及しているだけである。クライエントはタイプライターの学習をするかもしれない。その結果，彼は空き時間に創造的な著述ができるようになり，一般的な幸福感につながるかもしれない。彼はまた，タイプの仕事で生計を立てるために，タイプライターの学習をするかもしえない。

われわれは作業療法を迂回路として考えさえするかもしれない。これは負の価値のように見えるかもしれないが，負の価値が適切になる例がある。最初の入院によって外傷体験がつくられた患者，あるいは不可避の災害に直面せざるをえない人は，作業療法の迂回活動がこのショックのクッションになることを見いだすかもしれない。

　c．レクリエーション　多くの病院は広くレクリエーション的なプログラムを提供している。これらには，スポーツ，音楽，エンターテインメント，祭りの準備と参加，レクリエーション的読書などが含まれている。読書は治療プログラムの重要な呼びものとして設定されうる。ときに読書の施設とプログラムは，いわゆる「読書療法」の下に組織化されることがある。いくらかの治療者はクライエントとともに，重要な治療的意味をもつ読書コースをやり遂げることができる。

音楽はしばしば，まったくライエントによって治療的に利用されうると主張されている。今までのところ，この線に沿って企てられた研究はこの主張の実証に失敗してきた。音楽を自己の問題への付加的アプローチとしてうまく利用しているように見えるクライエントはいくらかいる。バンドやオーケストラのようなグループの音楽プログラムは役に立つように見える。ダンスと演劇プログラムもまた，付加的に使われうる。

　d．膨　張　心理療法への付加的アプローチは，クライエントの形成する新しいコンストラクトがあまりにも収縮的，非浸透的にならないように，彼の知覚の場を膨張（dilation）させるものと見ることができる。病院が患者のパジャマとバスローブを脱がせ，街着を着させて病棟から地上へと踏み出させて用事をさせるプログラムを開始すると，非常に大きな違いが生じうる。患者が動きまわるのを励まされれば励まされる

ほど，心理学的な地平はより広くなりうる。病院はもちろんしばしばいわれる「保護的環境」である。が，混乱した患者が最終的に社会的に無能にさせられる，心の牢獄にもなりうるのだ。

患者が着ている衣服によっても，彼らの社会的行動には違いが生じうる。ぼろのパジャマを着ている男は自分の心理的な背丈まで自己を引き上げようとせず，新しくプレスしたズボンをはいている人はしばしばこの服装が求める役割の演技を試みる。髪がぼさぼさの女性は，通常惨めな生物であり，そのマナーは，患者であろうがなかろうが，チャーミングとは言えない。パーマでウェーブをつけた髪，衣服の宝飾品，ストッキング，そしてちょっとした注目は，彼女を健康にはしてくれないかもしれないが，行動は変化させてくれるだろう。さらにいえば，この変化は通常よりよい方向に向かっており，ふつうは面接室内での治療的進歩をするための，はるかによい背景を提供してくれる。

患者の知覚の場を膨張させる付加的な方法がある。専門的な人々が常にホールで歓迎されるのと同じように，患者が常にホールで歓迎される場合には，彼らが常に相互に話し合うように励まされる場合には，客人が家に招かれて，相互に紹介される場合には，彼らが一般に尊敬の念をもって対応される場合には，非常に多くの神経精神科病院で恐ろしい伝染をしている，あの収縮を示しにくくなるだろう。赤十字のグレイ・レディーズ（第二次大戦中のアメリカの病院などで傷病兵への友好的，個人的，非医療的サービスを提供したボランティア・グループ）のプログラムもまた，収縮を避けるために利用されうる。彼女らは何グループもの患者を街に連れ出し，映画や買い物を楽しませた。彼女らは彼らが家族との文通を維持するのを援助し，他にも1,000もの方法で，患者に「コンタクトをとり」続けさせるように援助しえた。

　e．コミュニティへの参加　入院患者の場合でも，そのコミュニティの一般的な資源が使われうる。コミュニティのレクリエーション施設も使われうる。いくつかの地方組織は患者の受け入れも可能である。時には教育資源も活用されうる。地域の産業は，患者が退院するとき，いくらかの患者に雇用を与えてくれるかもしれない。患者の家のあるコミュニティの社会機関は，彼の家族の世話を助けてくれるかもしれない。そして病院のソーシャルワーク部門との連携を通じて，患者がコミュニティとの機能的同一化を維持するのを助ける。

病院そのものもコミュニティである。多くのコミュニティ機能は，その患者グループによって維持されうる。新聞が発刊されうるし，しばしば刊行されている。コンサートが準備され，実行されうる。いくつかのグループ問題が論議され解釈されうる。相互関心グループが組織されうる。友情が形成されうる。個人的計画が立てられて，仲間の患者と議論がなされうる。教育プログラムが実行されうる。職業訓練が病院コミュニティにおいて与えられ，利用されうる。

専門的根拠に基づく助言も得られる。この助言には、どんな仕事を探すべきかを言ってもらう以上のことが含まれる。これには、包括的な職業情報の獲得、地域の訓練施設の研究、趣味の追求、そして家族生活が含まれうる。助言サービスには、社会的技能の訓練、とくに家庭、地域、仕事への再登録に必要なものも含まれうる。社会劇も、これに関連して使われうる。

付加的アプローチのよい心理療法的な計画立案はまた、通常、チャプレン、看護士、付添い人、そして、特別な技能をもつか、患者に対する重要な関係において代役をはたす患者の家族メンバーの、サービスをも含むだろう。心理療法は大体のところ、患者の心理学的問題に直接関係をもつ線に沿って、資源を動員する問題である。それは、次の火曜日の患者との約束を待つよりもはるかに遠くを含んでいる。

f. 入院していないクライエントのための資源 われわれは入院患者にとっての付加的資源の動員について述べてきた。入院していないクライエントに利用可能な資源はもっと豊富で、もっと複雑であり、もっと動員するのが困難である。たとえば地域の学校は、しばしば成人教育の提供をも含む、非常に多様なプログラムをもち、教会もまた、相対的に込み入ったプログラムをもっている。どちらも障害者の要求にこたえるように、とくにデザインされたプログラムはもっていないようである。社会福祉機関は通常、付加的な処置をより求めやすい。産業組織、商業組織、そしていくつかの友愛組織は、クライエントの付加的な要求を部分的には満たしてくれそうなプログラムをもっている。大きな産業組織に雇用されてきたクライエントは、その組織の人事・カウンセリングのサービスを利用できるかもしれない。また、看護と法的支援サービスも受けられるかもしれない。地域看護サービスや郡公衆衛生看護サービスが、クライエントやその無能力化された家族メンバーを援助するために利用できるかもしれない。小劇場を含むアートと手工芸グループもあるようだ。これは、多くの人が気づいているよりも頻繁に、みずからの人生役割あるいは性役割を演じるのが困難な人のために、たまたま付加的療法を提供している組織である。

人は、このクライエントのための付加的療法が、しばしば、彼自身が家族のために提供することのできない健全な生活状況を設定する問題だという事実を、見逃してはならない。公的な遊び場の使用について考えてみよう。このクライエントの治療者が、クライエントの子どもたちにこの遊び場を使ってよいと確認してあげる場合には、子どもたちがもっとよく世話をしてもらえるようにするだけでなく、クライエントは彼の家族の義務の一部が放免されると知って、救われるだろう。さらに、クライエントの子どもたちは自分たちの適応がより満足のいく状態にある場合には、彼を苛立たせることが少なくなるかもしれない。

同じような原則は、クライエントの家族の他のメンバーについても適用される。クライエントの家族がクライエントの扱い方をよりよく理解するように、臨床家が援助

できればできるほど，クライエントがモラールをより高水準に維持できればできるほど，そして，一般に家族の資源をより多く動員できればできるほど，臨床家はクライエントを扱うのによりよい結果を得やすくなる。このことは，すべての治療が状況的だという意味ではない。また，いくらかのクライエントが治療者にさせたがっていること——家族を操作してクライエントの要求に同調させること——を，治療者は必ずしてやらなければならないという意味でもない。それは単純に，治療が広大な前線で前進していく場合には，ふつうは，より成功するということを意味するだけである。

22 | 責任のある臨床助言スタッフの指名

治療者はふつう，所与のケースと自分の仕事について，折々に議論のできる助言スタッフをもつ場合に，よりよい仕事ができる。自分のケースについてあまりにも長く専門的な協力を求めずにやってきた治療者は，盲点と疑問のある作業習慣を形成しやすい。助言スタッフのメンバーは，ふつうは，このケースで使われている付加的な治療的アプローチのいくらかに責任を負っている臨床家であるべきである。彼らはクライエントを独立に観察できる立場にあるのだ。

学際的な助言スタッフは，いつもというわけではないが時に，便利使いされうる。学際的アプローチはあまりにもしばしば崩壊する。それは，本物の学際にはなっておらず，むしろ同一の学問的枠組内で異なる資格をもって仕事をする技術者の階層組織になっているからである。クライエントは実際には，2つ以上の理論システムの観点からは見られていないのだ。各技術者は自分に特有のセットのカテゴリー的観察を行なうが，その解釈はすべてが同じバイアスでもって構造化されている。したがって，これでは学際的アプローチにはならないのだ。

本物の学際的アプローチをもつためには，人はまず真実の本質へと向かう基本的で哲学的な姿勢をもって出発しなければならない。協力者全員の認識論的立場では，知識は現象に対して体系的に一貫してなしうる解釈の問題でなければならない。彼らは，次のことに同意しなければならない。すなわち，すべての現代の解釈システムは仮の地位をもつだけであり，協力し合う学問領域は，主に異なる解釈システムを採用しているがゆえに，異なる学問領域としての地位をもつのだというのである。この同意は，この参加スタッフ・メンバーの態度に潜在的に存在するかぎり，はっきりと言語化する必要はない。

独立の学問領域の代表者としてのスタッフ・メンバーの地位は，おのおのが観察を許されている現象の区分に基づいているわけではない。この種の区分をすると，先取り的で完全に原始的な推理の罠に落ち込むことになる。この学際的アプローチが真面目に試みられる場合には，それは，あるケースについての相互に矛盾する2つの解釈が，両方とも「正しい」かもしれず，なおかつ将来はどちらも「間違っている」と証

明されるかもしれないという事実の，完全な評価に基づいてなされねばならない。

　さて，一群の臨床家は，それぞれが異なる学問領域を代表しており，1つのケースを驚くほど多様な方法で記述するかもしれない。そうすると，そのクライエントには何が生じるだろうか？　臨床家の1人が「ボス」あるいは「上級専門職」——たとえば精神科医——の代表だとラベルづけされる場合には，その結末は，このクライエントの要求の本当に学際的な考察がなされていないことになり，すべての決定が「このボス」のお気に入りのコンストラクト群の枠組みのなかでなされることになるようである。これは行為決定にいたる権威主義的な方法である——そして権威主義は人間の社会組織において長く憂うつな歴史をもってきた。この種のアプローチの唯一の問題は，他の前提から出発する思考が，確証経験から切り離されるときに，窒息させられることである。この権威主義に対する反対は根本的なものである。それは，専門的臨床チームの組織内にかぎらず，究極的にはどんなタイプの社会組織においても反権威主義の議論をはることになる。

　しかしまた，異なる学問領域がそれぞれ他の領域の権威主義的コントロールから逃れようとしている間に，その問題の解決を待っている人には何が起こるのだろうか？

　ここであらためて，われわれのC-P-Cサイクル——用心-先取り-コントロールのサイクル——に言及することにしよう。各学問領域の代表がこのケースについてみずからの解釈を提示するときには，このチームのメンバーはこの解釈に命題的に対処するよう追求しなければならない。このことは，このケースが多次元的に見られるだけでなく，多システム的にも見られるということを意味する。各チームメンバーは他のメンバーによって提示された別個の解釈に従おうと試みる。この命題思考は，臨床家がこのケースを**用心深く**扱うことを可能にする。

　次に，何をなすべきか——どんな行為をとるべきか——という問題が来る。大部分，これは，この事実を最もうまく整理するように見え，この代替治療が何なのかを最もはっきりと示すように見え，そして，最も望ましい結果にいたるもっともらしい道を開く，そういうバージョンのケースを受け入れることを意味する。これはC-P-Cサイクルの先取り段階である。これに続く行為をとる決定は，このサイクルの最後の，あるいは**コントロール**の段階である。どの臨床家も他の臨床家の体系的な提案について行くことができない場合には，このチームワークはもちろん崩壊する。その場合には，権威主義に訴える以外には何もなくなる。実際，何かの理由でコミュニケーションが崩壊すると，権威主義に頼る以外に何も方法がなくなる。

　主要な責任を負う臨床家が，付加的な心理療法的アプローチによってこのケースと接触をもつ人を助言スタッフとしてもつべきである。このアプローチは本当に学際的であり，この人と彼が十分にうまくコミュニケーションができれば，権威主義に頼る必要はないだろう。それは，この週から多くの専門的なマンアワー（man-hours；1人当

たりの仕事量）を取り出すが，短くても規則的な，助言スタッフとのコンサルテーションが提供されるべきである。

23 | クライエントの仮の地位の決定

　これは，後に改訂されうるが，暫定的診断手続きの一部である決定をきちんと含んでいる。クライエントは保護されるべきであり，彼の選択肢に関するかぎり，何が保守的な側なのかを決定できる場合には，この決定は保守的な側に立つべきである。

24 | 助言スタッフによって進歩が見なおされる日付や条件の設定

　もっと前の章で，治療者はクライエントが何をするかを予測する能力を連続的にテストすることによって，クライエントに対する自分の理解をチェックするべきだとわれわれは指摘した。彼の特定のクライエントが何をするのかと，他の人々には一般に何が期待されるのかがはっきり区別できない治療者は，みずからのケース理解に疑問をもつのがよいかもしれない。治療者のクライエント理解のこの基準は，パーソナル・コンストラクト心理学の体系的な立場と非常によく合致している。ふたたび，われわれは一般に効果的なイベントの予期を強調しているのである。

　われわれのシステマティックな立場は，また，診断について何を言うべきかにも影響すると期待されたかもしれない。実際そうなのだ！　効果的な診断とは，異なる状況下でそのクライエントが何をするかについて何か合理的な予測をし，次に，一般にクライエントがなすべきだと考えられることを，クライエントがなす方向へと導いていく，あの状況セットを創造するという提案をする問題である。あらゆる予測がそうであるように，これらの診断は合理的な時間のサイクル内でなされるべきである。われわれはどれほど遠く離れているのかを見いだすのに，千年間も待つ必要はないはずである。待ったとしても，われわれは多くを学びはしないだろう！　診断においてはしたがって，われわれは何が起こると考えるか，それはいかにして起こさせうるのか，それが起こったか否かを見るのにいつチェックするべきかを，われわれは示さなければならない。暫定的な診断は，臨床家が「あえて危険を冒す」問題である。臨床家はあえて危険を冒してでも予測をするように励まされるべきである。ただし，このクライエントをどう処置するかを決定するには，模範的な専門的警戒を示さねばならない。

　臨床家は2つのタイプの予測をすることができる。彼は，ある危機が特定の日までに起こると期待し，このケースはその後に再検討されるべきだと，いうことができる。あるいは彼は，クライエントがあるタイプの行動を示し始めるなら，そしてそのときには，それはこのケースをふりかえってみて，たぶん診断を変えるべき時期が来たのだろうということができる。これらはどちらも，進歩の記録が助言スタッフによって再検討される日付や条件の準備的な評価を求めている。このような里程標の設置は，

暫定的診断の重要な特徴である。

第16章

Disorders of construction
解釈の障害

次に2つの説明的な章が続く。読者は，心的障害の代表的なタイプが，伝統的な疾病分類カテゴリーの整理棚によるよりも，われわれの提案した軸のセットによって，どのように構造化されるのかを見たいと思うだろう。これらの軸を最初に提案したときには，1回に1つずつ取り上げたが，われわれは障害のあるクライエントの治療の窮状と策略を記述するのに，これらの軸が今度は多次元システムとして，どのようにいっしょに使われうるのかを説明することにしよう。

A 導　入

1 診断コンストラクトは必ずしも障害を意味しない

パーソナル・コンストラクト心理学は，人生を解釈する問題をめぐってデザインされている。しかしこれは，精神病理学を基礎として打ち立てられたシステムではない。第1巻で提案され，本巻の初めのほうでふり返ってみた診断コンストラクトは，その人が病気かどうかや，そのコンストラクトが不適切かどうかに関係なく，種々のパーソナル・コンストラクト・システムと関係づけてデザインされている。解釈の障害の問題は，したがって，本章と次の章で分けて考えることにする。

ここで行なう障害についての議論は，主に含まれている診断次元によって配置されている。期待されうるように，どんな障害も2つ以上の次元を含んでいるようである。この議論は説明的なものであり，一群の病的実体の分類の試みと受け取ってはならない。心理的障害に対するわれわれのアプローチは，実体に関するというよりもむしろ，完全に次元に関するものなのである。

治療的アプローチの簡単なスケッチもまた，限定的というよりもむしろ，説明的であることを意図している。この心的障害の治療は，妙薬の問題ではなく，計画の概要のみを描き，次に，クライエントに特有の特徴と，治療者に特別な技能と限界とにあわせるように調節する技法であるように，われわれには見える。

2 障害とは何か？

パーソナル・コンストラクト心理学の立場からは，**障害**（disorder）とは，**一貫して反証されているにもかかわらず，くり返し使われている個人的解釈**だと定義されうる。これは，心理学的な思考がふつうに進められるときには，ふつうでない定義である。ちょっと見にはこれは，再適応は必ず失敗に続いて登場するという心理学の大前提の裏をかいたかのように見えるかもしれない。しかしわれわれは，こういう前提を立てたことがないことを指摘しておこう。われわれは，反証が必然的に人生の個人的な解釈の改訂を生じるとは，述べてこなかった。この点について，われわれが仮定してきたものは，組織化，経験，調節，断片化の系において注意深く表現されている。

個人的な解釈システムは組織化されたものである。この一部分の故障はただちにその部分の交換につながるわけではない。部分を交換する前に，人はその全体の骨格を見て，有用な構造がどれくらい崩壊の危機にあるのかを見ようとするだろう。したがって，解釈システムの明らかに不適切な部分でさえ，その完全な除去によって生じうる不安の欠如よりは，好ましいのかもしれない。

われわれは，何が障害を構成するのかという問題に，非常に単純で実際的なレベルで，アプローチしてよい。**心理療法の目標は，訴え——ある人の自己自身と他者についての訴え，および，他者のその人についての訴え——の軽減だと，われわれは単純にいいうる。**心理士のなかには，この定義にあまり満足しないものもいくらかはいるだろう。臨床心理士は，彼らが自分の仕事でどんな究極的な価値を追求しているのかについて，ある程度はっきりした言明をするよう，常に圧力をかけられている。このような言明は，宗教や哲学のレベルでは投げかけられるべきであろうが，心理システムのレベルでは無理であろう。

われわれがここで試みてきたのは，われわれの議論を2つのレベルで行なうことである。われわれの障害の定義は，われわれの心理システムのレベル——パーソナル・コンストラクト心理学——においてのみなされる。心理療法の目標についてのわれわれの言明は，現象学——その基盤が何であれ，その訴え——のレベルでなされる。代替解釈（constructive alternativism）を除けば，われわれは価値を完全に哲学的なシステムに定式化しようとは試みてこなかった。

心理療法の目標に関するわれわれの定義について一言，ここで述べておくのがよかろう。われわれは，心理療法の目標は訴えを軽減することだと述べた。しかしこのことは，訴えをする人もされる人もどちらも必然的に徹底調査されるべき人だということを意味するわけではない。心理士は，前に示唆したように，将来最大の結果を生み出す可能性を提供してくれる，あのポイントに注意を向ける。彼は必ずしもこの訴えの原因に注意を向けるわけではない。その原因が過去にある場合には，それを振り返っ

てみても，その損傷は取り消せないかもしれない。この不快な人がよそよそしかったり，非妥協的であったりする場合には，最善の治療的アプローチはどこか別のところにあるのかもしれない。

　パーソナル・コンストラクト心理学の立場からは，心的障害は人の解釈システムの特徴にまでさかのぼってたどりつくことができる。説明の根拠は他にもあるかもしれないが，これが最も有益に見えるものである。このような説明が事実を適切にカバーするなら，われわれはついに有利な地点——ここからは心的障害の治療がもっともらしく見られる——に到着したことになるだろう。人はある人の解釈システムについては何かをすることができる。他方，われわれが障害を過去によって説明しなければならない場合には，治療は時計を逆に戻すか，それとも古い経験のおのおのに新しい経験を重ねあわせて，うんざりするほど古い経験をキャンセルしつくすかによって，達成することができる。

　読者は上のパラグラフに，章から章へ多少とも規則的に現われてきた，くり返されるテーマを見るだろう。それはオリジナルではない。それはキリスト教という宗教と少なくとも同じくらい古い。それは，良心の呵責や「再考」が罪滅ぼしよりも間違いを正すのによりよい方法であるという見解に具象化されている。再考 (あるいは再解釈)は，将来同じ間違いをおかすのを回避する方法になりやすい。われわれの見るところでは，思考が罪滅ぼしの見解から良心の呵責の見解へと古典的移行を示すのは，個々のクライエントの人生において，治療者の援助によって**補償**を**再解釈**に置き換えることと平行関係をもつことになる。

　同じポイントを強調するもう１つの方法は，単純化しすぎかもしれないが，人は今，過去を選択することはできないものの，未来なら選択できるかもしれないということである。われわれが彼の過去に関心をもつ場合には，それはしばしば彼の今までの行動様式が，彼が今までにどのように未来にアプローチしてきたのかの，おおざっぱなガイドになるという理由，そして唯一の理由による。彼が今までにどんな特殊ないたずらを企んできたのかを見るのは，しばしばよいアイデアになる。パーソナル・コンストラクト心理学は哲学的あるいは宗教的なシステムの領域をほとんどもたないが，若干の例ではこのようにおもしろい一致点があるのである。

　前の章でわれわれは，先取り的なクラスに入る人々を主に代表するのではなく，むしろ，個々人の多様な行動と行動傾向をプロットできる座標軸を代表する診断コンストラクトを使うことへのわれわれの好みを指摘した。このことは，われわれが人々を先取り的にではなく，命題的に解釈することをより好むということである。便宜的な目的のために，われわれは人々を布置的にグループ化して——たとえば，職業的，社会経済的，あるいは民族文化的グループによって——解釈することに反対はしない。ただしわれわれは，このようなステレオタイプ化をすると，人為的にグループ化され

るメンバーとして知覚される個人については収縮思考をしてしまう危険性のあること
を，認識はしている。

　たとえばすべてのクライエントを，彼らの所属する文化集団によって考えることが，
しばしば洗練された臨床家のしるしだと考えられている。しかしなお，最終分析では，
真に理解されるべきクライエントは，彼の文化のステレオタイプに閉じ込められるべ
きではない。臨床家にとって文化的なアプローチは，クライエントを理解するための
準備的な段階，すなわち基本的な心理学的次元の複雑なマトリックスのなかで，クラ
イエントを鋭い焦点にもってくる一連の接近法の第１段階以上のものではないのだ。

　われわれは，共通に使われ，しばしば有用な，神経精神医学的障害の疾病分類学的
カテゴリーについてほとんど同じように感じている。あるクライエントについて同僚
の臨床家に統合失調症的だと記述するところから出発するのは，許されるべきである。
しかし，治療者がクライエントを主に統合失調的だと考え続けるのは，専門的ではな
い。来る日も来る日もクライエントと仕事をしている注意深い治療者にとっては，ど
んなクライエントもステレオタイプのように見え続けてはならないのである。

　ほとんどの場合，障害をもっぱら病的実体によって考えるのは誤解を招く恐れがあ
る。こんなことをしていると，人は刊行された「障害」のカタログに依存することに
なる。クライエントの解釈が公式のカテゴリーの１つにうまく適合しない場合には，
彼の実際的な困難は無視されやすい。

　この病的実体タイプの思考の破綻は，心理学の領域で明瞭であり，また社会学の領
域ではさらに明瞭であるが，生理学の領域ではそれほど明瞭ではない。生理学の領域
では，健康あるいは「無障害」条件は多少とも明らかである。われわれは日常的に少
数の「健康な」人々と接触をもつ。われわれは自分自身が健康な瞬間をもっている。
障害はある程度もっと見やすい。社会的な領域では，われわれは顕著に異なる社会的
区分で働いている人々とは接触をもつことが少ない。社会的障害をもつ人についての
われわれの見解は，同じような障害をもたないものをわれわれがほとんど意識しない
ことによって曇らされているのだ。

　しかし，われわれが広くさまざまな健康状態と日常的に接しているようであっても，
生理領域においてさえ，われわれの見解は歪曲されているかもしれない。完全な健康
が何であり，何でありうるのかについては，誰が知っているだろうか？　われわれの
多くは，高血圧，胃がん，春風邪の世界に生きている。何か他の世界があるのだろう
か？　もしかしたら，われわれはいつか見ることになるのだろう。

　心的障害の本質的性質は，クライエントの「洞察」の失敗だという人がいる。パー
ソナル・コンストラクト心理学の見地からは，この定義にはあまり意味がない。この
臨床家は，クライエントには構造がないというつもりなのだろうか？　それは本末転
倒というものだ。症状が生き続けるためには，ある種の構造が必要である。不安の症

状でさえ，ある種の構造によって維持されている。この臨床家は，障害をもつクライエントがみずからの状況を誤解している人だとでもいうつもりなのだろうか？　これはもう少し道理にかなっている。理解の本質的な違いは何なのだろうか？　今日の理解は非常にしばしば明日の誤解になるものである。治療者に異を唱えるクライエントは暗愚で，混乱し，抵抗し，抑圧されているのだろうか？　クライエントは，治療者がもっているのと同じバイアスをもって自分の世界を解釈するようになるときにのみ，健康を向上させるような「洞察」をもつのだろうか？　パーソナル・コンストラクト心理学の見解は，もっと啓蒙された時期の灰色の夜明けが，どちらも間違っていることを彼らに示すかもしれない。われわれは，クライエントが間違っていた以上に治療者が間違いを示すことはないと希望しよう。

　しかし，われわれの疑問に戻ってみよう：障害とは何か？　それは，たまたま不運な過去の不可避の結果であると単純には説明されない。それは彼が未来に向かう現在の立場に関係している。それは様式化されたカテゴリーではない。それは，先取り的あるいは布置的にではなく，命題的に解釈されるべきである。それは構造の欠如や非正統性として定義しようと試みても，どちらも意味をなさない。それにこのようなカテゴリー的定義を与えようと試みるよりもむしろ，われわれは単純に，障害はその目的の達成に失敗しているように見えるいかなる構造をも代表しているのだと示唆してきた。

　これは非常に柔軟な定義である。誰にそうみえるのか？　その目的は何の目的なのか？　失敗は何なのか？　この解答は，誰でも，誰のものでも，そして何でもあなたの好きなものということになる。いいかえれば，「障害」はそのクライエントの視点，その治療者の視点，そしてそのクライエントの堅苦しい近隣者の視点，歴史の視点，あるいは神の視点などから見て，何であれ無効なものを意味することにして，満足することにする。たぶん，適切な疑問は，障害は**何**かではなく，**どこ**なのかである。そして治療者の疑問は，**誰**が治療を必要とするかではなく，**何**が治療を必要としているのかである。われわれはこのような定義を甘受できるか？　イエス。ただ，われわれが扱っているのは，地域的で発見的でもある定義だということを，心にとどめておくべきである。そこで今は，この問題について思い悩むのはストップすることにしよう。

　すべての典型的な心的障害のカタログ作りを試みるのは，実際的ではない。それができたとしても，この種の料理本を書くための胃袋を誰が持っているだろうか？　われわれがここで提案しているのは，診断コンストラクトと呼ばれるわれわれの座標軸システムをとり上げて，いくつかのケースをこれに関連させながらプロットし，説明することである。読者はわれわれの軸が完全には直交していないことを忘れないようにしていただきたい。ただし適切であるなら，われわれには，人の異なる特徴を本当

に命題的な方法で処理する自由がある。われわれは異なる軸によってわれわれのアプローチを整理することにする。まず膨張（dilation）と収縮（constriction）を，そして，この次元に関して最も明瞭に反映される障害をいくつかとり上げよう。次にわれわれは，いくつかの他の診断コンストラクト次元のおのおのの両極を示す障害について論じることにする。

B 膨 張

3 膨張を含む障害

　この時点では，われわれの提案した次元システムや診断コンストラクトは，病気の命名ではないことが，おそらく十分に明らかであろう。たとえば**不安**は心理的な障害ではなく，単なる変化の前兆にすぎない。この変化は障害を生じるかもしれないし，生じないかもしれない。**罪悪感**もそれ自体は心理的な障害ではない。これは，追放（exile）か解放（emancipation）のどちらかを表象しうる，ある種の社会的同一化の拒否である。**膨張**もそうである。あるクライエントにとって，それはみずから困難におちこむ道なのかもしれない。別のクライエントにとっては，回復への最も確実なアプローチなのかもしれない。ある人は夜空をあおぎ見て，数えきれない星，われわれ自身のものを超えた宇宙の神秘，そして患者の無限の時間の進行について熟考する。この経験から，彼は静謐と落ち着きを得るかもしれない。別の人は同じ天空を見て，火星からの侵入者，火を吹く空飛ぶ円盤，あるいは地球最後の日の不吉な予兆を見る。そのある人にとっては，この膨張はその上位コンストラクト――この下で日常生活の渦巻くイベントが静かな流れのなかの小さな渦になる――を遊びのなかに持ち込む。別の人にとっては，この膨張は彼の上位コンストラクトでは対処できない混沌に，彼を対面させるようになる。それでは，膨張は無秩序化の過程なのか，それとも秩序化の過程なのか？　それはどちらでもありうる。

　a．膨張した場を統治するコンストラクトの放棄例　かつて，たぶん幼少期か青年期に，自分のあらゆる要求に応じてくれるように神様を丸めこむはずだという信念にひどく寄りかかっていた人について考えてみよう。彼は，この解釈について，膨張したフィールドを形成していると仮定しよう。神は彼の**あらゆる**要求を引き受けてくれようとしたものだった。この解釈は，膨張したフィールドに強要されたものであると同時に，**緊縮**したものでもあると仮定しよう――たとえば，神の応諾は，文字どおりであり，具体的でもあると知覚される。さて，検証と反証のエビデンスを通じて，そしておそらく他の発達をも通じて，この宗教構造は放棄されると仮定しよう。この

人はかなり膨張したフィールドをもったまま取り残されているのである。

この人の膨張したフィールドを再解釈するという厄介な課題は，先延ばしにされるか，あるいはおそらくごく小規模に企てられるかであると仮定しよう。この人が人生における大問題に連続的に出会うと，彼は自分にはそれらを満足に解釈する能力のないことがわかる。(そこで) 彼はほとんどアイデアもなしに，大きな一般化をしようと試みる。

しかし，このような人は大人の問題を解釈するのに，ほかにどんな基盤を残しているのであろうか？　明らかに彼はいくつかの前言語的な依存コンストラクトを使わざるをえない。それは，これらが十分な利便性の範囲をもつ限られたコンストラクトだからである。ほかに使えるものは何もなく，ここで彼は膨張したフィールドを両手にかかえている。彼は自分が捨てたコンストラクトよりもっと古くから続いてきたコンストラクト——すなわち，かつて両親との幼児的な関係を支配していた前言語的コンストラクト——によって，自分の仕事を片づけようと試みるのだ。彼はなおも日々の要求満足をねだってだまし取る。ただし今彼がだまし取るのは，神や親ではなく仲間からである。

このような人は，現在の大人の問題に対するみずからの解答を，客観的な事実によって検証するのを回避する。彼はただ「あなたは私を愛していないのですね」という事実にのみ目を向ける。実際には，彼はどんな明快な反証エビデンスにも直面する準備をしていない。というのも，それはみずからの解釈システムの大きな部分の改訂を求めることになるからである。彼はこのような改訂の準備をしていないのだ。というのも，われわれの調節の系によると，彼の解釈システムのさし迫った変動は，必然的により浸透的なものに従属するので，何ともならないからである。

かつては彼に全体的な安定性を与えてくれたはずの彼のシステムのこれらの浸透的な側面は，今では放棄されているのだ。たぶんそれらの側面は非常にきつく緊縮されているために，とにかくうまく働こうとしなかったのであろう。彼は，実際的な実験結果に基づいて自分の大人の思考を強化する余裕のある立場にはいないのだ。その代わりに，彼は人々に身をすりよせ，泣き言を言い，人々の気まぐれに迎合し，みずから気ままにふるまい，一般に心理的成熟を先送りにするのである。

このような人は適切に作動する上位システムの欠如によって，必ずしも動けなくなっているわけではない。彼は大いにのたうちまわるかもしれない。しかし，彼の実験ははっきりした結果が得られるようにはデザインされていない。彼が検証している唯一のものは，ある人々はこれに寛大であり，他の人々はそうではないという彼の前言語的コンストラクトである。今では，ある人々は「受容的」であり，他は「拒否的」だと言うことによって，彼はこれを表現するのかもしれない。

実際，大人の問題に関するかぎり，人は多くの時間をぐずぐず先送りにすると見ら

れる。彼は実験結果が要求するはずの改訂を行なう立場にはいないので，実験を行なう立場にはいないのだ。彼は自分の膨張したフィールドをかつてはいっしょに保持していた上位構造を棄てて，置き換えることをしてこなかったので，このような改訂を難なく切りぬけることができないのだ。彼が最近打ち立てた小構造も，親のような溺愛というただ一つ残存する上位構造も，どちらも突然放棄したとするなら，彼の世界は山積みの不安のなかで本当に崩壊したであろう。

　われわれが記述してきたこのような人は，完全に不安を回避するわけではない。彼が自己の膨張したフィールドを見るときには，彼はそれを秩序ある配置に強制する構造をもっていないので，不安になる。「溺愛‐拒否」のコンストラクトに関係する反証エビデンスのすぐ近くをすくいとるときには，彼はいつでも不安になる。その理由は，それがもう１つの主要な防衛線を彼に放棄させようとして，脅威を与えるからである。治療においては，他の前言語的コンストラクトのいくつかを検証の線上に置いてみるとき，彼は不安になるかもしれない。さらにクライエントは，治療者がクライエントの放棄した宗教構造のいくらかを復帰させようとしていると見る場合には，われわれが**脅威**を定義したのと同じ意味で，脅威になるかもしれない。

　ｂ．**フィールドがそれほど膨張していなかったなら，どうか？**　それでは，この人がそれほど膨張したフィールドをもっていなかったとしたら，このケースには何が起こりえたであろうか？　１つには，大人の生活の問題はおそらくそれほど複雑ではなかったはずである。この人は自分の問題を解釈するのに，よりわずかなことしか考慮に入れなくてよかったはずである。彼はもっと機械的なコンストラクトを使って何とかやっていけたはずである。彼は指で数えて合計を出し，辞書に言葉を探してどう綴ればよいのかを見，経験則を適用して小さな日々の仕事をやっつけ，そして一般に，限定された範囲の世界に自己を適応させることができたはずである。彼には，もはや神が自分の苛々声の願望を認めてくれるとは思えなかったという事実は，彼の願望が比較的単純で数も限定されたままだったはずなので，それほど重要ではなかったはずである。彼は，残存する上位コンストラクト——これらはより浸透性が低く，より限定的ではあるが，日常生活が彼に要求する再解釈への影響力を保持するのには，なお十分に浸透的でありうる——の庇護のもとで，いかにして自力でものを獲得するかについての自分のコンストラクトを改訂することができた。このような改訂は，彼が企てようとしそうでありえたので，なおも自制できたはずである。

　あまり膨張しないフィールドをもつことのもう１つの結果は——言葉は違っても，われわれが前のパラグラフで言ったのと本質的には同じことになるが——，宗教的構造の放棄によって，不安に対するより小さな領域が脆弱なまま残されることになろう。この人の混乱は，比較的小さなものが転がり散乱していたはずだという単純な理由で，比較的小さいはずである。これを簡単に表現するなら，彼はとにかく今まであまり神

頼みをしようと考えたことがなかったので，神さまが支払ってくれそうにないと判断しても，あまり混乱しなかったのだろうということである。

4 | 弛緩した解釈にともなう膨張

　人生の初期に膨張したフィールドを形成する人は，弛緩した解釈によるか，それとも多くの初期のコンストラクトの浸透性の増大によるか以外には，このフィールドを拡大する方法をもたないかもしれない。包括的解釈システムの形成は，浸透的なコンストラクトをトップに，そして大方は上位に位置づけをする，大仕事である。フィールドを早く膨張させられ過ぎた子どもは，ふつうならずっと昔に閉じられて非浸透的にさせられた，あるいは完全に捨て去られていたはずのコンストラクトを使い続けさせられるかもしれない。さて，彼の子どもっぽいコンストラクトは，新しい経験の洪水を食い止めるためには，浸透的にされるか浸透的であり続けるかしなければならない。これらのコンストラクトがついに棄て去られるときには，彼はすでに混乱状態で扱える以上のものを両手にかかえ込んでいる。彼には不安の隙間が広がっているのがわかる。彼のフィールドがそれほど膨張していなかったなら，彼の子どもっぽいコンストラクトの浸透性を増大する必要性はそれほどではなかったはずであり，これらのコンストラクトを放棄する際の混乱もより小さかったはずである。

　このタイプの膨張したクライエントが示す不安と脅威は，偏執症的構造[パラノイド]のサインとして容易に捉えられるかもしれない。このクライエントは非常に広い前線で脅威を受けているように見える。彼は，彼の**溺愛 ‐ 拒否**コンストラクトの有効性に反対するエビデンスに重みを加えるいくらかの人々によって脅威が与えられる。この膨張が誇大妄想を示唆する瞬間がある。しかし，このクライエントは必ずしも「パラノイド」傾向の診断指標と考えられる他の特徴を示すわけではない。もちろん著者は，人が「パラノイド」という用語をその人が望むどんなやり方で定義することにも反対はしない。実際著者は，今記述したばかりのタイプのケースに，「パラノイド」のラベルを貼りつけることに，システマティックには反対しない。しかしながら，「パラノイド」のケースに特徴的だと仮定されている別のこと——体系的な追跡妄想，治癒不可能性等々——を考慮すると，このようなラベルは読者を誤解させそうに思える。

　a．弛緩した解釈と未分化な依存性をもつ膨張　このタイプのケースをもう少し深く見てみよう。このクライエントに近づけば，魔術的思考のかすかな香りがしてこないだろうか？　彼の世界の扱い方について考えてみよう。たしかにこの人は，買い物リストを片手に持って，神に祈るというようなことはもはやしない。また，サンタクロースに手紙を書くこともない。しかし，彼が自分の問題を自分で解決するのに溺愛を期待する仕方については，どうだろうか？　それは一種の魔術的思考ではないのだろうか？　そう，魔術的思考だ！　われわれはそれが元はどのように作用していたの

か訝ってもよい。

たいがいの乳幼児は欲しいものをその親からもらう。多くの親はそうするのを好む。彼らは子どもたちの願望するものの唯一の提供者であることから大きく手を引くのだ。親のなかには，子どもたちに月をおもちゃとして手に入れるようにとけしかけるものもいる。しかし子どもたちは，みずからの組織的な努力によってそれを得る試みをするように励まされることはない。むしろ子どもたちはそれを親に取ってもらう試みをするようにけしかけられる。たぶん親は親子間でこういう操作をすることによって，例を示しているのだ。「自分でやるのではないよ。お前の代わりに私がするように頼めばいいのだよ」というのが，大人同士，そして大人と子どもの間の家族関係の本質なのかもしれない。

このような社会的期待のなかで育てられた子どもは，いかにして月を取るかを見いだすよりも，むしろいかに懇願すればよいのかについて，より多くのことを見いだす。その結果，臨床家が共通して「魔術的思考」と呼ぶタイプの思考をしやすくなる。これは両親の全能性への信仰から始まっている。この子は両親の魔術的力を，適切なまじないをすることによって，遊びのなかにもってくる。こうして，この子もまた，全能者になる。両親が実際にはいくつかの領域で無能だと悟り始めると，この子はみずからのまじないをより強力なエージェント──「神」「社会」から「共産党」へ，そして最後にもしかしたら「心理学者」──に託す。彼のアプローチは必ずしもエージェンシーのあやまちではない。むしろエージェンシーの利用のあやまちである。

このクライエントが玄関前に到着したとき，心理士は自分が非常に強力な存在として見上げられていることがわかる。クライエントは，治療者が催眠をかける力をもっていると見るかもしれない。クライエントはその代わりに，心理士に畏怖を感じ，弟子になりたいと思うかもしれない。心理士は，結果を出すことを求められていることに気がつくまでは，この状態を楽しむかもしれない。それから彼は，みずからの無能力を発見して困ってしまうかもしれない。最終的に彼はこのクライエントを「独断で」投げ出そうと試みるかもしれない。この間に彼は，「依存要求への洞察」について何かブツブツと語りかけ続ける傾向がある。この言葉は，自己の依存を注ぎ込む他の方法を知らない人にとっては，あまり意味をなさないようである。

5 │ あるタイプの膨張の治療

今記述したタイプの人のために，心理療法のプログラムをデザインする方法はいくつかある。このデザインには，もちろん，われわれがリストアップしたよりもかなり多くの要因を考慮にいれる必要がある。しかしここでは，そのすべてに言及するというような，面倒なことはしない。

このようなケースを扱う1つの方法は，クライエントが治療者を解釈するのに用い

る傾向のある，あらゆる全能的転移を受容するところから出発する。同時に治療者は，クライエントを本人の望まない何かにつくりなおすのに，想定された自己の全能性を使わないことをはっきりさせることによって，この脅威をコントロールしようとするかもしれない。この段階にはいくつかの危険がある。というのもそれは，この関係がカフェテリア的基盤の上に置かれているので，注文しないものは何も得られないからである。すぐに，クライエントは詳細な買い物リストを面接に持ち込んで来始める。「私にはこれが欠けている」「それが得られるように私を助けてください」「これらをバスケットにいっぱいください」「私はこれを知らなければなりません——それも火曜日までに！」と。

a. 無差別な「洞察」　面接室で形成される新しい解釈は，それぞれが膨張したフィールドに適用される傾向がある。「それは非常に道理にかなっている」とクライエントはいうだろう。「大叔母のペネローペはそんなふうだった。母もたしかにそうだった。あー，なるほど。それは所得税の控除をするようなものなのです。そしてあなたは，その種の思考が最近の鉄鋼工場のストライキに影響を及ぼしたのだといいたいのではありませんか？　おー，そして私は自分がその過ちをおかしたことを非常に何回も考えます。たぶん，これは本当に重要です。あるとき……」等々と。これは，過剰に膨張したフィールドで期待されうる，今すべてがわかった (I-see-all-now) タイプの再解釈である。各面接が，クライエントの人生の図柄を一掃するような筆使いと派手な色彩でもって塗りつけられた「魅力的な新しい洞察」の全セットを生み出す可能性がある。しかしなお，この万華鏡的な移行はすべてが，この面接室内に大きく限定されているように見え，また実際には，クライエントがこの治療関係を見るのに使う，安定化作用をもった前言語的な依存的解釈に従属している。変化の必要性を処理する方法をほかには知らないので，このクライエントは本質的に心理学に対してまじないを唱えているのだ。

　心理士はこの「洞察」をすべて通り抜け，クライエントを援助して，完全でうまく働く構造をもつ小さな島々を成立させる必要があるだろう。こうして，残された混乱や不安の海は，もっと扱いやすいサイズの何かに粉砕される。クライエントはみずからの膨張と，「世界を揺さぶる洞察」へのみずからの傾向に気づけるようになるのだ。治療のこの段階で，クライエントをその魔術的思考と，彼のすべての前言語的依存システムを放棄せねばならない可能性に直面させるのは，おそらく益というよりも害になるだろう。このような事態の転換は，十分に精神病を誘発させる可能性がある。彼は，そのままでは不適切であっても，浸透性があり，包括的な上位構造——この安定化の揺れの下で，より限定的な規模の新たな再解釈が実験的に試される——としての前言語的システムを必要としているのだ。

b. 操作可能な領域の攻撃　心理療法家がこの大洋的な広がりをもつ潜在的不安を

適度のサイズの領域に分割したときには，彼はクライエントを乾燥地に追い出す，より攻撃的な段階に歩を進め始めることになるかもしれない。この治療段階には，分節されなければならない2つの相互に関係する段階がある。その1つは新しい包括的な上位解釈システム，すなわち「価値のシステム」の発達に関係している。もう1つは，クライエントの以前の再適応がこれにかかっていた，前言語的構造の言語化，検証，そして最終的な閉鎖あるいは放棄と関係している。後者の段階が前者の排除を追求する場合には，治療者は，あまりにも不安で今以上に実験的関与のできない，混乱して不安なクライエントを，両腕に抱え込むことになるだろう。後者の段階を排除するために前者が追求される場合には，治療者は，クライエントが不安になって何かを絶望的に求めるとき，なおも甘言でだまし取ろうとするクライエントとの，一連の無限に続く博識で知的な議論に巻き込まれることになるだろう。

これは，心理療法家の技能と洞察力に重い負担をかける治療の段階である。これはまた，けっして最適とはいえない何らかの結果であっても，これを甘んじて受け入れなければならないことがわかる治療段階である。この新しい上位システムは，クライエントの人生を通じて不定期の検証と定期的な改訂をすぐに受けられるように，言語化されるべきである。それはこの治療期間中に実験的にやり遂げなければならない。クライエントは実際に，提案された新しい価値体系に反映されていることをしなければならない。彼はこのシステムによい試みを付与するべきなのである

c．**不安の利用**　新しい上位システムの実験的な形成とともに，治療者はクライエントが彼の古いシステムを吟味するのを援助する段階に踏み込まなければならなくなる。これに失敗すると，治療者は面接室内では，クライエントがみずからの問題の代替解釈を探索するのに十分な不安をもっていないことを発見するかもしれない。結果を得るためには，治療者は，面接室内の不安がしばしば面接室外の不安を凌駕しなければならないという原則を，心にもち続けなければならない。そうでなければ，面接室は安息所となり，それ以上のものではなくなってしまう。

古いシステムを言語的なものにする試みがなされなければならない。この試みはいつもうまくいくとはかぎらない。しかし，クライエントがみずからの両親への依存と治療者に転移された依存を言語化できるなら，このクライエントはより速やかにこれらの検証を開始できる。これらの依存は，人生のイベントのシークエンスを予期して，物事を成し遂げる方法になるのだろうか？

d．**これは特別なケースに限定されている**　あれこれのタイプのケースでこの種の治療目標の達成に必要な技法は，他の章のトピックになっている。ここでのわれわれの目的は，あるケースについてのこの種の推理に，パーソナル・コンストラクト心理学のシステマティックな視点から得られる何らかのアイデアを与えることである。

さらに，膨張を説明するためにわれわれが用いてきたタイプのケースは，けっして

膨張を含む唯一のタイプのケースではない。膨張はこのタイプのケースの名前ではない。それだけでなく，われわれが説明に用いたケースは，明らかに，われわれの診断コンストラクト・システムにおける他の多くの次元に関しても，プロットすることが求められてきた。

われわれの心的障害に対するアプローチは，病気のカタログに関係するよりも，むしろその次元に関係しているので，われわれは明らかに，膨張を含むあらゆるタイプの障害を記述するヘラクレス的課題を試みようとしているのではない。また，他の次元のどの1つでも含む障害の全体を記述しようとしているわけでもない。膨張は，これを扱う解釈システムをもっている場合には，よいものである。この全体的な解釈システムが不安定な場合には，大きな破たんが生じやすい。

6 │ 膨張と躁病症候群

「躁病的」と呼ばれる傾向のあるタイプのクライエントについて考えてみよう。通常は彼もまた，小さなアイデアを見境なく一般化しようと試みる類の人である。このアイデアがあまりにも奇妙な場合には，診断家はこのケースを分類棚に入れるために，「統合失調 - 躁的」あるいは「興奮した統合失調症的」というような，いくつかの記述用語をつかみ取らねばならなくなるだろう。この躁的な人が示す興奮は，一種の未調節で自発的な精緻化を代表している。彼はアイデアの傾斜を自由に転がり下りていく。あるカリフォルニアの政治家に由来する色彩豊かに混色されたメタファーを使うなら，「彼は雄牛のしっぽをつかんで，そのものを真正面から見すえる」のだ。もちろん，彼はこの雄牛がどちらの方向に頭を向けているのか知らない。しかしこのことは，彼が冒険的ではあるが近視眼的な現実吟味をするのを妨げない。

この躁的な人が抑うつの段階を通り過ぎる場合には，適切な構造をもたない何らかの膨張の究極的な効果が，明白になるかもしれない。このクライエントはみずからのフィールドを収縮しようと半狂乱の努力をする。自発的精緻化は鋭く削減される。このクライエントは日常生活のルーチンで必要な決定をするのが困難になっている。収縮によってフィールドを操作可能な大きさに切り詰めようとする努力は，成功しない。彼は目の前の膨大な問題に圧倒される瞬間をなおももっているのである。

抑うつ患者は入院させられるかもしれない。それは彼のフィールドの収縮を援助する。彼の不安はしたがって，適切な構造をもたないものへの直面がもはや強制されないとわかると，減少するかもしれない。彼は「回復」しているように見えるかもしれない。病院から解放されるかもしれない。（しかし）その数日後に，突然膨張したフィールドに直面して，彼は自殺するかもしれない。これは収縮の決定的な行為である。

臨床家は躁鬱傾向をもつ人の「口唇 - 依存」的な性質を指摘するのが好きである。乳幼児の何でも口に入れる口唇探索は，手の届くところにあるあらゆるものを取り入

れる試みを示している。乳幼児のフィールドの膨張と，自分の口を普遍的な探査の道具として使う試みとは，きわだって目立っている。治療者は，「躁鬱」と「診断」される人々のいくらかを含む，いくらかのクライエントの側でも同じ見解をもつように見えることに，強い感銘を受けている。

パーソナル・コンストラクト心理学の視点，とくに特性よりも次元に関する見解と一貫して，乳幼児と若干の大人の行動は，**膨張の次元上**でよりうまく投射されうるかのように見える。いま起こったことは，その人の探索がその人の組織化を追い越したということである。彼の遠方の地平が呼び求める再適応をするためには，彼はかつて乳幼児期にこんなによい代役を立ててくれた前言語的依存構造に頼らねばならない。この「口唇性」は彼を1つにまとめるものである。これは他の包括的な構造が不適切だと証明された後に残されたものである。彼は口唇的である**ゆえに**，自分のフィールドを膨張させていなかった**ゆえに**，また彼が包括的構造を欠如していなかった**ゆえに**，病気ではない。彼はこの3つすべての結合によってのみ病気になるのだ。

口唇性に加えて，いくらかの抑鬱のクライエントには罪悪感の問題もある。われわれの罪悪感の定義の仕方を考慮するなら，それが，膨張 - 収縮のシフトを示すあらゆるクライエント，あるいは自殺行為をするすべてのクライエントでさえ見いだされるとは，必ずしも期待されないはずである。罪悪感の観察対象だと考えられるものに依存して，理論からのこの推論は臨床観察によって支持されているようである。罪悪感はとくに，膨張 - 収縮のサイクルが対人関係領域にあるケースで期待される。

膨張は時に「パラノイド」と診断されるケースで観察される。迷信深さの要素をもつ「迫害」のテーマの精緻化は，しばしば解釈者を遠く離れたところに連れていく。このテーマは非常に浸透的である。迫害というコンストラクトの直接的検証は，他者は自分の本当の態度を開示しないだろうという見解によって，どんな提案がなされようとも，未然に防止される。このような包括的かつ浸透的なコンストラクトを手元に持っているので，前進して，その人のすべての知覚フィールドを膨張させるのは，とくにそれが対人反応に関するかぎり，非常に簡単である。古典的な「誇大妄想」は，時にはその結果である。ここで考えられるべきことに，罪悪感の要素もあるが，この問題はもっと後で取り扱うことにしよう。

C　緊縮と弛緩

7 ｜ コンストラクトの緊縮と弛緩を含む障害

コンストラクトの改訂はいつも容易に達成できるわけではない。この改訂は，通常

コンストラクトのレパートリーの一部を無効化するところから始まる。この改訂シークエンスにおけるこの段階は，その要素のフィールドの膨張に続いて起こるのかもしれない。もしその膨張が，新しい要素——彼のレパートリーから抽出された馴染みのあるコンストラクトでは満足に取り扱えない要素——をまったく提示しない場合には，生起するすべての要素について，その使われたコンストラクトが浸透性を増大させた，と見なされうることになる。しかし，もしこの膨張がこの人には扱えない状況を提示する場合には，彼にできるのは，次の３つのうちの１つになる。(1)しばらくは不安と共生することができる；(2)しばらくは自分の殻(シェル)にはい戻ることができる；(3)みずからのコンストラクトについて，何かをすぐにし始めることができる。彼がシェルにはい戻る場合には，彼はコンストラクトの改訂を延期させうるデバイスとしての収縮を，使っていることになる。この手続きはまた，彼のコンストラクトが浸透的ではないこと，そして，これらのコンストラクトは，彼がこれまでに有益であることを見いだしていた類のものには適合しても，最新の冒険には適用できないことを容認するものでもある。

この人がみずからのコンストラクトを改訂し始めると仮定しよう。彼は自分の家庭が，この改訂過程の進行中にも，かなり散乱していると予期できる。これは不安を意味する。しかしながら，彼が人生に対する何らかの上位構造——何らかの正確な構造を求める奇妙で御しがたい要素を，一般的なやり方で処理するのに十分に浸透的な構造——をもっている場合には，外見的な組織は維持されうる。また，われわれは調節の系にも言及する。彼の「長期目標」の浸透的な構造——彼の人生役割の構造と彼の哲学的立場——は，完全な不安のなかで彼が崩壊するのを防止しているのである。

このポイントから，彼にはいくつかのコースが開かれていることになる。彼は用心(circumspection)を用いるかもしれない。これには命題的コンストラクトの使用が含まれており，このうちのいくつかは同時に使用される。この多次元的アプローチから，彼はいくつかのより単純な構造を，すなわち，彼が扱っているのは何なのかについての何らかのより明瞭な図柄を，進化させうるのかもしれない。

このアプローチは，心理士が自己の解釈システムの改訂を試みる際に使う臨床的アプローチにも，その類似物をもっている。この心理士のケースは，いくつかの角度から同時に見られる。この多次元的な構造から，心理士はより経済的なコンストラクトまたはコンストラクト群を考案するのだ。

われわれはまた，この用心のアプローチが因子的分析の手続きに似たものをもっているとも言ってよい。多様な試験的観察が行われる。それから，この因子的構造は少数のベクトルに還元される。最後に，ベクトル構造は回転され，馴染みのあるベクトルのより近い配置にもってこられる。

みずからのコンストラクトの改訂に取りかかったばかりの人は，別の方法で進行す

るかもしれない。彼は現在のコンストラクトを弛緩することから始めるかもしれない。これらのコンストラクトは新しい状況に正確には適合しないかもしれないが，彼はとにかくこれらを使って，その結果をおおざっぱな近似値と考える。彼の解釈は不規則的で，いくらか一貫せず，変動しやすい。彼は正確ではない。彼の思考はそれに対する夢のような性質をもっている。彼は曖昧さに耐え，しかもなお，あたかも実用目的には十分によい方法で世界を解釈しているかのように進めていく。彼は自分の予測を「大部分は」「近似的に」「ある意味で」事実であると考え，あるいは何か事実の「ような何か」として考えるのだ。

　この種の思考はまた，統計的方法論にもその類似物をもっている。相関係数が一例である。この2変数間の関係は，物理学者が好んで用いるタイプの公式ほどには正確には述べられない。この予測公式は可逆的ではなく，人は「回帰」によって曖昧さを受容する。しかし，この人がみずから自己を取り戻すことができるなら，弛緩した思考から，新しく正確な概念化が出てくるかもしれない。

　a．緊縮した解釈以外の何物でもないものをもって人生に直面する　再解釈することはしばしば，その人のコンストラクトの弛緩と緊縮の交代を求める。クライエントの解釈システムに基本的な改訂を求めるタイプの心理療法は，この2つの過程を分節するのにデリケートな感触を必要とする。すでに述べたように，フェニヒェル（Fenichel）は適切かつ詩的にこれを「スキュラとカリュブディス間の舵取り」と記述している。解釈が緊縮している場合には，妥協を許さない現実の岩に砕け散るリスクがある。それが弛緩している場合には，幻想の旋回プールで無限にぐるぐると回ることになるのかもしれない。

　変化する人生のシーンに，緊縮した解釈以外に何ももたずに，直面する人について考えてみよう。あらゆる予測，あらゆる予期は，正確で厳密でなければならない。彼が解釈するあらゆる要素は，そのコンストラクトの文脈に疑問の余地なく適合していなければならない。不安をしみ込ませうる弛緩した適合など存在しえない。この全構造は不安を閉じ込めるようにデザインされているのである。

　さて，人はなぜ，この種の換気性の悪い構造を構築しようとするのだろうか？　その回答は，われわれの理論的立場からも，臨床的観察の立場からも，彼が浸透的なタイプの上位構造を，すなわち彼に別の人生を予期させるような構造をもっていないということにある。広範囲の正確で小さな定式化がなければ，彼の世界は不安のなかで崩壊してしまっただろう。

　しかし，人生は変化する情景を提示してくれる。この人の公式の作成は，持続するのが困難である。彼の予想はくり返しはずれる。彼はコンストラクトを廃棄し始めねばならない。最後に，彼があらゆる精緻で小さな防止法を取ってきたにもかかわらず，不安にのみこまれてしまう。さて彼にできるのは，前言語的な包括的構造への退却か，

あるいは収縮かのいずれかである。これらの選択肢の極致は，よく知られている精神病か自殺かの選択を表わすことになる。

8 | 緊縮した解釈の治療

このタイプのクライエントでは，心理療法は退屈かもしれないが実りがないわけではない。治療者に向けられる転移は，もちろん，杓子定規で想像力に欠けている傾向がある。通常この治療者は，それよりも，適切な包括的上位システムに代わる一時的に成立しうる治療状況の，一般化された解釈を形成しようと試みる。もしかしたら一時的入院によって，あるいはクライエントの日々のビートを抑制することによって，クライエントのフィールドを収縮することが必要であるかもしれない。不安が現われるときには，その出現前ではないが，治療者は支持的であるかもしれない。この不安がクライエントによって受け入れられる前に治療者が支持的になろうと試みるのは，無益であるか，激しく拒絶されるかのどちらかになりやすい。これは，クライエントが自分の解釈様式の無益さに直面する準備がまだできていないことによる。

この治療関係がいったん予測不可能な人生の推移に渡される架け橋として確立される後には，治療者は基本的な治療の企てに注意を向け変えるべきである。それは，クライエントの成長を加能にし，クライエントの継続的なコンストラクト改訂プログラムの確立を可能にするものの見方を，発達させるように援助することである。通常この段階は，人の概念化の弛緩法を訓練するコースから始まる。クライエントの反応は，最初は奇妙に不適切であるようである。クライエントが満足に反応できるようになるまでに数週間かかるかもしれない。次第に，彼の幻想生活と創造的で詩的な思考能力のいくらかが回復され始める。この治療目的を達成する技法は後の章で論じることにする。

治療の主要な危険の1つは，この弛緩が広範囲の不安を生じることである。このタイプの人は，コンストラクトの弛緩がコンストラクトのまったくないようなものだと見るだろう。この弛緩があまりにも広い前線で生じる場合には，あるいは，この保存構造が反証に傷つきやすい領域に適用される場合には，このクライエントは突如，徹底して処理しなければならない大量の不安に直面することになるかもしれない。たとえば，治療者が概念的弛緩をくり返し続ける場合には，彼は，クライエントが毎日の出来事のすべてについて弛緩することを見いだすかもしれない。このようなクライエントは奇妙なやり方でふるまうだけでなく，治療者も彼とのコミュニケーションを維持できなくなるだろう。また，治療者が性役割のような特定の領域を開く場合には，クライエントは「パニック」を起こして，元の壊れやすい構造よりももっと処理の困難な保存構造に寄りかかることになるかもしれない。緊縮した構造はまた，非浸透的な傾向をもっている。そして，これらの構造をもっと浸透的にさせる希望をもって弛

緩させようとする試みは，どんなものでも，注意深い目をもって，関与する種類の問題に向かって進ませねばならない。究極的な危険は，クライエントが不安に突然襲われるか，あるいはもしかしたら，治療者が予想していなかった，爆発的に膨張するフィールドに直面するかして，収縮するか，先取りと敵対行動に逆戻りするかの，いずれかになることである。

クライエントが解釈の弛緩を学んだ後には，治療者は，弛緩した古いコンストラクトから生じうる新しく形成されたコンストラクトをいかにして緊縮させるのかを，クライエントに示す課題をもつことになる。これには言語化と実験法が含まれる。緊縮と弛緩の間で前後に織りあげていくことは，このタイプのクライエントにとっては学習困難である。それは，模倣者を発明家にするようなもの，あるいは過剰に堅苦しい人を想像力の豊かな組織者にする方法を教えるようなものである。

次に，治療者は攻撃的探索への領域を開かねばならない。クライエントはもちろん常に実験している。しかしこの段階では，治療者は広い領域で実験してみるようにクライエントを励まして追求していく。ここではクライエントと治療者は，これに含まれる解釈の広さを考えるなら，いくらかは状況の偶然性に頼ることになる。新しい解釈を支持するエビデンスを評価するための確証的な類の経験を蓄積するには数週間から数か月かかるかもしれない。

最後に治療者には，クライエントを発進させる課題がある。最初に設定された一時的関係は，新しい上位構造を支持するクライエントによって自発的に捨てられなければならない。これはクライエントの側では相当な苦闘を生じるかもしれない。何度も何度も彼は，**本当のところ**自分を動かし続けるのは何なのか，それは，自分の人生役割の新しい知覚なのか，それとも，彼の治療者との関係なのか，と自問する。治療者ではないというアイデアをもって実験を始めると，クライエントは自分にはもはや一時的な拠り所は必要でないのだと，みずからに実証して見せる可能性がある。

このスケッチには，心理療法のなかでいろいろ生じてくる複雑な事態は除外されている。このタイプのケースの心理療法は，めったに単純ではない。人はみずからが，複雑な罪悪反応，広範囲の前言語的解釈，攻撃と敵意の混同，性役割のトラブル，依存の異常な分布，直解主義的統治，沈潜，クライエントが自己のシステムの継続的な改訂をする際に行き来する宙づり，そして最後に，クライエントが確証経験を求めて依存せねばならない日常生活の危急性を処理していることがわかるだろう。けっして，文字どおりけっして，治療者はこのケースに帰属させうるすべての複雑な要因を徹底操作することはない。彼は自分のできることをすべて無視する。それでもなお，彼はその残りのものを処理するのに手いっぱいのようである。

9 | 緊縮した解釈を処理する他の方法

　われわれが今記述したようなケースを扱うのに使える一般的なアプローチは，ほかにもある。問題がそれほど重度には見えない場合には，治療者は最初の関係の樹立に，気軽に参加できる。これによって終結の手続きも簡単になるだろう。しかしこのことはまた，彼がコンストラクト弛緩の問題に非常に軽やかに入っていかねばならないということである。クライエントの解釈における緊縮の問題を主にとりあつかう代わりに，治療者は緊縮したコンストラクトをより浸透的にする問題へと向かう。治療者はクライエントを想像力に欠ける人として受け入れ，これを変化させる努力はほとんどしない。むしろ彼は，クライエントがすでに獲得している公式の適用可能な範囲を拡張しようと試みる。この治療プログラムは，クライエントにとって不安の危険性を大きく増大させることはない。というのも，すべてのものがしっかりとねじ止めされた状態にあり，この構造の基本的な弱さは唯一壊れやすさにあるからである。治療そのものがこのシステムに付加的な緊張を加えることはほとんどないのだ。

　さらに，もう1つの治療的アプローチは，クライエントのために制御された収縮のアイデアを中心に構築されうる。クライエントには職業的および社会的な指導が与えられる。この指導に従えば，彼の世界は扱いやすいサイズに縮小され維持される。彼は期待システム——これは変化しやすくはない，またクライエント自身と同様に，緊縮したコンストラクト・システムの上に構築される——のなかで生きることを選択できる。職業の義務は明白でありうる。対人関係のプロトコルは十分明確にできる。編成表と権力のラインは壁に掲示できる。エチケットのシステムは詳細かつ伝統的にすることができる。クライエントは自己の人生を一種の心理学事典によって整理できる。彼の働く組織内のしっかり確立された年功序列制は，時期尚早な仕事上の昇進による破壊的な効果から，彼の身を守ってくれるかもしれない。

　われわれの論じたタイプのケースでは，まだほかの治療的アプローチもある。さらにいえば，心的障害には，緊縮した解釈システムを含む多くの他のバリエーションもある。われわれが，異常な程度の緊縮を示す全ケースに適用できる治療計画を，提示したとか，提示を試みてきたとか仮定するのは間違いであろう。

10 | 弛緩を含む障害

　次に，ほとんどのコンストラクトが弛緩しているタイプの人について考えてみよう。この人の行なう推理はそのときどきで変動する。この解釈の変動は多様な要素の包含を促進するので，この弛緩もまた，そのコンストラクトを包括的にする傾向があるかもしれない。この人の個人的な解釈は弛緩しているので，臨床家が彼の話についていくのは難しい。受容的であろうと努め，彼の理解水準の1つとしての共通性の確立を

試みる臨床家は，クライエントの行動に関する予測に失敗し続ける。この臨床家は，心的理解の基本的なチェック——新奇な状況でこのクライエントが何をするのかを予測できるか否かのチェック——を適用する度に，行きづまってしまうのだ。(こうして)臨床家はクライエントよりもはるかに大きな不安をもつようになるかもしれない。

　さてこのことは，このクライエントが関連する構造をまったく持たずに操作しているということではない。生きている人は，ある種の個人的構造をまったくもたずに操作するということはけっしてない。彼がそうすると仮定することは，人間の本性が，人間以外のものの本性とは違って，法則的ではないと仮定することになる。この仮定をする心理士は，みずからの科学的立場を混乱させることになる。

　またクライエントは，自分の直面している状況が自分にはあまり構造化されていないように見えるポイントにいる，ということでもない。もしそれが事実であったなら，われわれはこの経験を，むしろ不安と呼びたい。もし彼が弛緩しているというより不安状態にあったなら——この2つの状況は時に混ざり合っているとしても——，彼はコンストラクトからコンストラクトへと揺れ動き，前言語的な解釈に逆戻りし，概して不安の臨床的サイン——泣く，不完全な探索運動，明らかな失敗の反復，周囲の世界への拡散した不経済な爆発，近視眼的で失敗に終わる努力，転移関係における独立と依存の交代等々——を示すことになっただろう。しかし治療的な立場からは，彼が不安であるほうが好ましいとしても，説明のために，彼は不安ではなかったと仮定してみよう。

　弛緩は，クライエントにとって，実際には不安からの保護である。基本的で長期的な意味では，不安はわれわれ全員が解消を求めるものである。これは組織化の系——各人は，イベントを予期するのに便利なように，コンストラクト間に序列的関係をもつ解釈システムを，特徴的に進化させる——の拡張である。不安は，今も未来もイベントが最適に解釈されると見られうる構造の発見に，個人的に失敗することを表わしており，人がそこからの逃避を追求するとわれわれが仮定してきた事態である。人はこの解釈を緩やかに弛緩することによって，みずからの経験に対する一種のゴムシートのテンプレートをつくるのだ。彼の解釈は今やほとんどどんな種類の確証エビデンスにも適合するように拡張されうる。たとえ彼が予測を間違えていると見えても，彼は常に証人台に立って，「それが実質的に私の言ったことである」といいうる。このようにして，彼はしばらくの間，不安の混沌から逃避するのである。

　　a．精神分析における弛緩　パーソナリティの精神分析的理論については，科学的な理論化に精通した弟子たちによって，これ自体が弛緩の特徴をもつものとして，一般に見られている。精神分析の仮説はしばしば「ゴム仮説」と呼ばれている。ゴム仮説はどんな種類のエビデンスにも適合するように常に引き伸ばすことができるので，これらの仮説がそのエビデンスによって破綻するリスクはない。これらの仮説には，

実験的志向性をもつ科学システムで検証されるべき仮説に求められる脆弱性（反証の可能性）がない。これはおそらく精神分析の最も脆弱な点である。

しかし，弛緩したあるいは「統合失調的」な思考には，不安の一時的回避以外にもいくつかの実質的な長所がある。弛緩した解釈では，正確な線を順に引いていかねばならないというよりも，むしろ，みずからの世界をおおざっぱにスケッチすることを可能にしてくれる。それは「曖昧さへの耐性」を高めてくれる。実際これは，人が完全に曖昧に見えるのを妨げてくれる。それはもっと正確な解釈への接近あるいは漸近を表わす。したがってそれは，精神分析が逐次接近法を通して理解に達する臨床的使用に最適であるように，臨床的使用に適している。それ以上に，弛緩した思考は創造性と発明性の準備教育にもなりうる。したがって，多くの芸術家と発明家の思考が統合失調的に見られてきたのは，何の驚きにも値しない。また，精神分析が，今までに工夫されてきたあらゆるパーソナリティ理論のなかで最も豊饒なことが証明されてきたのも，驚くべきことではない。

ｂ．弛緩に関する動きの方向　しかし解釈の弛緩は，創造性の魂であり，臨床法の基本的な芸術性でもある逐次接近法には役立つかもしれないが，これは常にこの輝かしい方向に導いてくれるわけではない。もしかしたら逆方向に進むかもしれない。この弛緩した解釈は，もっともっと弛緩して，もっともっと中心から離れていくかもしれない。この人は解釈を寄せ集めて一つの明確な予測に導くことができないかもしれない。彼は自分や他者が厳密な検証にかけられるどんなものにも到達できないかもしれない。したがって彼は，不安からは救われるかもしれないが，そうする際に人づき合いをしなくなっていくかもしれない。

ここで弛緩した思考をするクライエントに戻ろう。弛緩の軸に関しては，彼は，どの方向に動いているのかを知ることが大切である。彼は不安に追跡されて究極的には社会的忘我の状態にいたるまで，もっともっとルーズになり続けるのであろうか？あるいは，彼は折々に回復するのであろうか？　彼の行為の範囲は弛緩‐緊縮の尺度上ではどうなのだろうか？　彼は創造性のサイクルに従うことができるのだろうか？　彼は常に，ある領域では弛緩し，別の領域では緊縮しているのだろうか，それとも，彼は弛緩した思考から出発し，逐次接近法を通じて同じことについてもっと緊縮した思考に戻るのであろうか？　彼の弛緩は緊縮した思考の改訂を可能にするのだろうか，それとも，弛緩から回復したときには同じ壊れやすい解釈をもって常に終りになるのであろうか？　もしこの後者が常に起こるものであるなら，われわれは最終的な料金を取るために不安の粉砕を予期することができる。

11 ｜ 弛緩と引きこもり

われわれは，ルーズで弛緩した思考をするクライエントは「統合失調症の診断」を

されるかもしれない，とほのめかした。彼が実際にそう診断されるか否かは，その地方の臨床家の視点に依存している。精神衛生チームの場面で心理テスト，とくに概念形成テストが使われ，これを使う臨床心理士が概念形成の問題に注意を怠らない場合には，公式の精神医学的な見解は，「ここには統合失調症的過程が含まれている」となる傾向がある。他の場面では，「統合失調症」の診断は，他の，そして種々の理由で，クライエントに責任が押しつけられる傾向がある。

いくらかの臨床家はこのケースの「引きこもり (withdrawal) の特徴」にとくに敏感である。彼らの統合失調症の診断は大部分がこれに基づいている。われわれはすでに，弛緩した個人的な解釈は，他者にはこれを理解するのが困難であることを指摘した。共通性——部分的には社会性と役割関係を準備する（共通性と社会性の系を参照）——は，確立するのが困難なのである。したがって，クライエントの弛緩した思考のために人づき合いができなくなることは，驚くべきことではない。人々は彼に話しかけたとき，動揺を感じる——不安になる。それゆえ彼らは彼を回避する！　彼の思考が彼を孤立させるのである。この引きこもりは，コミュニケーションの失敗によって決定され，その結果，役割関係の崩壊が生じるのだ。

人は，自分が社会的相互作用の軌道からはずれているのがもっともっとわかってくると，対人的な性質をもつ確証材料をもっともっとアクセスできなくなることに気がつく。彼は，他者についての自分の理解をチェックすることが，2つの理由でできなくなる。第1に，彼の解釈は厳密に検証可能な形で定式化されていないからであり，第2に彼の友人が彼を回避するからである。パーソナル・コンストラクト心理学の視点からは，彼の引きこもりは，弛緩した思考の生じうる結果の1つだと見なければなるまい。しかしながら引きこもりは，緊縮 - 弛緩の次元がそうであるように，クライエントを理解するための明快な基盤を代表してはいないだろう。

人は逆論理（reverse logic）に依存しすぎないように気をつけなければならない。臨床的な推理はとにかく逆論理に大きく依存している。それゆえ臨床家は，自分が陥りやすい論理的な間違いに，とくに気をつけなければならない。逆論理は臨床家のもつ職業的な危険である。現在の問題の論理について考えてみよう。弛緩した思考者自身が，自分が社会の軌道からはずれているのを発見しうることをわれわれが認める場合には，このことは必然的に，「引きこもりの人」はルーズに弛緩した思考をする人だということになるのだろうか？　ノーだ。この理由により，クライエントの伝記的な記録や社会史は，しばしば，臨床的・偶発的な面接に基づいて達するのとは異なる診断的な結論に達する。そしてこの両者は，次には，公式の心理テストを基礎とする結論とは異なるかもしれない。引きこもりの経歴をもつクライエントは，自由な臨床面接では，弛緩しているようにも，引きこもっているようにも，どちらにも見えないかもしれない。あるいは社会史でも，臨床面接でも，どちらでも引きこもりを示すクラ

イエントは，公式の臨床テストに対する反応では，弛緩しているように見えないかもしれない。社会的な孤立にも，弛緩した解釈にも他の基礎があるのである。

　　a．**弛緩した解釈の文化的耐性**　弛緩と社会的引きこもりの間の関係におけるもう１つの要因について考えてみよう。思考の共通性は文化的なまとまりの基盤の１つである。われわれはこのアイデアをわれわれの理論の仮説構造のなかに組み込んだ。共通性の系は，ある人が，他者がするのと同じ経験の解釈を採用するかぎり，彼はその他者の心的過程を再現（duplicate）している可能性がある，というアイデアを表現している。さて，２人の人が同じ領域で同じような，ただし弛緩した解釈を行う場合には，どうなるだろうか？　この２人は，ほぼ同じ結論にいたるという意味で，同じようなコンストラクトをもっていることになる。

　もちろん１つの弛緩した解釈は，単に**近似的に**もう１つと同じであるにすぎない。というのも，それは時どきそれ自体と**近似的に**同じになるだけだからである。類似の弛緩した解釈をとる２人の間のコミュニケーションは，類似の緊縮した解釈をとる２人の間のそれにくらべると，それほど正確ではなかろう。しかしそれでも，おのおのの弛緩した思考者は，その思考が相互に近似的なので，他者の曖昧さには耐えられる。どちらも相手によって不安にさせられる必要がない。どちらも自分の立場を維持するために，相手を避ける必要がない。このようなケースでは，したがって，概念化が弛緩しても，必然的に引きこもりになるということはない。

　弛緩が引きこもりにつながるかどうかは，弛緩した思考者が操作しなければならない文化的環境にかかっている。これは，パーソナル・コンストラクト心理学の仮説構造からの理論的演繹によって到達しうる結論であるだけでなく，広く共有されている臨床観察とも完全に一貫している。クライエント——そのパーソナル・コンストラクトが，臨床家も所属する文化的集団での有効なメンバーシップから，みずからを速やかに孤立させる——は，類似の精神をもつ人々のコミュニティにたまたま生活しているという理由で，ふつうならその「統合失調的症状」から期待されるはずの，引きこもりの経歴を示さないかもしれない。自民族中心主義的な臨床家はこのことに当惑するだろう。世界市民的な臨床家は驚かないだろう。

　たとえばたいがいの宗教的教義を部分的に特徴づけている，弛緩した思考をとり上げてみよう。その文化的な文脈からこの宗教的概念化のいくらかを取り出してみると，それは臨床家の身の毛をよだたせるのに十分である。もし臨床家が，クライエントの社会でこのような思考に提供される文化的な安定化と孤立化に気づかない場合には，このクライエントはどのようにして「接触中」であり続けられるのかと，いぶかるかもしれない。翌日この臨床家が最も信頼してきた専門的な同僚の１人が同じセクトの敬虔なメンバーであることを知ったときには，自分自身の正気について訝り始めさえするかもしれない。文化が演じうるトリックの理解に失敗すると，多くの歪曲された

臨床的誤判断が生起しうるのである。

　それでも，自由に相互作用する文化的なグループ分けの文脈のなかでは，弛緩した思考は経験の限定された領域に閉じ込められるかもしれず，「引きこもり症状」には結びつかないかもしれない。しかしこの臨床家は，クライエントが異なる期待のセットをもつ社会において確証材料を探さねばならないときには，何が起こりうるのかに用心し続けなければならない。クライエントの元の文化的同一化は，この後者の場面では，彼が「統合失調症」になるのを防げないかもしれない。また新しい文化との便宜的な融合は，必ずしもその期待に自己を適合させられないかもしれない。多くの宗教的なセクトが緊縮した小さなコミュニティ内に定着することが必要だと知るようになるのは，このためである。これが正気を保つ方法なのである。

　b．文化的同一化ゆえの引きこもり　しかし，逆論理の問題に戻ろう。われわれは文化的な束縛によって弛緩した思考をする人が，期待される引きこもりのサインを示さないようにさせうることを指摘した。われわれはまた，人の文化的同一化は，弛緩した概念化からは生じえない引きこもりへと導きうることを指摘しよう。人は異文化の人を解釈できない場合には，不安を回避するために，みずから引きこもるかもしれない。おそらく彼の無能さは，みずからのセクトによって訓練された，ある緊縮した解釈から生じているのだ。彼は，たとえばあるタイプの言葉のアクセントをもつ人々が無知であり，卑劣な動機づけをもつと，しっかり確信しているのかもしれない。彼はしたがって，この公式では規則性をもって予測することのできない一群の人々に自分がとりかこまれているのに気づくと，引きこもってしまう可能性がある。彼らとの経験のなかで，しっかりと描かれた彼の価値システムの根元に打ちつける新しい心理的な見方が形をとりつつあることを認めるとき，彼の引きこもりは敗走へと変わっていくかもしれない。それは**脅威**である。彼の弛緩というよりもむしろ緊縮は，引きこもり症状の基礎なのである。

　c．クライエントの発達　さて，いま一度われわれのクライエントに戻ろう。われわれは彼の解釈が弛緩していることを述べた。弛緩をすれば，解釈がより包括的になる傾向があることも述べてきた。この特定のケースで実際にこの効果が得られたと仮定してみよう。この弛緩は今では人生の多くの領域に広がっている。われわれは，彼が弛緩すると，彼の思考と行動が他者には理解しがたくなると述べた。われわれは，文化的な閉じ込めは例外だが，共通性の崩壊は引きこもり症状を生じるかもしれないと指摘した。つまり，引きこもりのみが，彼が周囲にいると不安になる仲間たちが拒否する結果として，しばしばよりよく理解されうるのだ。さて彼は，彼の役割コンストラクトとその他のコンストラクトに対する確証エビデンスの起源から切り離されているので，彼の解釈の精緻化はかぎられた検証にかけられるだけである。

　彼はどんどん進んでいく！　彼の上位構造は，不適切な確証エビデンスに基づいて，

もっともっと出現する。もっともっと彼は仲間はずれになる。彼の行動は今まで以上に奇異に見える。最後に彼はぶつぶつ言い，しかめ面をしながら，臨床の階段をのぼっていかされるのだ。

12 | 弛緩し引きこもったクライエントへの対処

　何よりも第1に，臨床家はコンタクトを再確立する課題をもつ。これは2方向の命題である。クライエントは臨床家とコンタクトをもつようにならねばならず，臨床家もまたクライエントとコンタクトをもつようにならねばならない。これはクライエントの唯我論的な逃亡に対する最初の車止めである。この最初の車止めを定位置に滑り込ませるには，もしかしたら遅すぎるかもしれないし，臨床家はその時間も技能ももたないかもしれない。しかしクライエントは，臨床家あるいは他の誰かを，彼の個人的な解釈の確証者として受け入れる準備をするまでは，彼がみずからの解釈を社会の要求と合致させると期待するのは，合理的ではない。

　このコンタクトの確立には，2つの条件を満たすかどうかにかかっている。(1)臨床家は，自己自身とクライエントとの関係において役割を確立するためには，クライエントを十分にうまく解釈できなければならない。(2)臨床家は，クライエントの役割コンストラクトの利便性の範囲内でそこそこ健全な人物になれるには，クライエントにとって予測可能なものにならねばならない。臨床家はクライエントがみずからに何を期待しているのかがわかれば，彼はクライエントが次には自分の行動を予期できるように行動できる。かくして彼は，クライエントのコンストラクトがどんなふうであっても，それらのコンストラクトの利便性の範囲に自分が含まれるように拡張されうることを希望するかもしれない。これをクライエントの心理的な家族への足がかりとするなら，彼には確証エビデンスの重みを排除するいくらかのチャンスがあることになる。

　臨床家は，自分自身がクライエントの依存コンストラクトの文脈内に含まれる方向で1番札を入れると仮定しよう。もしこのクライエントが自立して持ちこたえるつもりなら，彼は自分が臨床家の行動を考慮することができ，また考慮すべきことを発見する。臨床家は，この発見が促進されるように，クライエントの状況を操作するかもしれない。クライエント自身の私的な世界についての非社会的な予期は，意図的に危機にさらされるかもしれない。電気ショックはそれを行なうかもしれない（天はそれを禁じてはいるが，われわれは「EST（電気ショック療法）が実際に何をするのか」についての説明を求めるもののリストに，他の理論的説明を加えるべきである）。同時に，人々へのクライエントの依存は（もしあれば）一貫して証明されうる。臨床家がこの段階で成功すれば，赤子のような人を抱え込むことになるかもしれないが，彼は子どもの発達ほど対処するのに単純なものは何ももたない。このクライエントのフィールドは子

どもの発達との類比を追いかけるとき，臨床家がこの治療過程をこの時点から視覚化するには，あまりにも大きく拡張されており，可能な社会経験の領域はあまりにも大きく歪曲されている。

　　a．クライエントの弛緩した解釈への直面　　この時点で臨床家は，クライエントの引きこもりの起源となった困難——弛緩した包括的解釈システム——と対面することになる。このように言うのは汚い愚弄であるかもしれない。しかし彼は，精神分析家にその弾力性のあるコンストラクトを実験的エビデンスに基づいて検証をさせ改訂をさせようとする実験主義者の立場と，驚くほど類似した立場にいる。

　　どうすれば臨床家は，ルーズな概念化を行なうクライエントに，ネガティブなエビデンスをネガティブとして受けとめさせることができるのだろうか？　明らかに彼は，確実に勝てる賭けをクライエントにさせる方法を見いだすまでは，これを達成することができない。しかし，この道路の曲がり角にも困難はある。確実だと見える賭けをするときには，クライエントは何を賭けるのだろうか？　われわれは，彼の使うシンボルから，彼の期待との関連で表現される言語的な理由づけから，（何を賭けると）言えるのだろうか？　われわれは知る必要がある。もし彼が自分のもっと包括的なコンストラクトの1つを自分の予測結果に賭けるなら，この臨床家は，その賭けがネガティブなエビデンスで清算される場合には，クライエントを広範囲の不安に跳び込ませる責任をもつかもしれない。重要な問題は常にこうである；クライエントは，自分が間違っていたとわかる場合には，何をするだろうか？　彼は緊縮するだろうか？　彼は，臨床家と彼とともに進むすべての人たちが，予測不能であり，とにかくどんなものも期待する価値がないと，判断するのだろうか？

　　一般に臨床家は，この時点で，クライエントの包括的コンストラクトを明白にさせようと試みるべきではない。今やおそらく「接触をもつ」クライエントは，その言語シンボルを口にすることができ，いくつかのかなり検証可能な仮説を定式化することさえできる。が，まだネガティブ・エビデンスには自己を適応させられない状況にある。臨床家がこの段階で，包括的なレベルでのネガティブ・エビデンスをあえてクライエントに与える場合には，コンストラクト，言葉，意見などはすべて，不安に直面して弛緩していく。このイベントの変化は腹立たしいが，それでもクライエントにとっては，突然緊縮して自殺にいたるよりはましである。心理士が腰をかがめてそのピースを拾うときには，彼は自分が注意深く投げかけた言語シンボルのすべてが崩壊して，もはや正確で検証可能な意味をもたなくなっていることを見いだす。その後の面接は，もっと皮肉な瞬間には，彼自身が自分のしゃべっていることについて最もぼんやりしたアイデアしかもっていないのではないかと，臨床家を訝らせるような難解な心理学的専門用語_{ジャルゴン}の悪夢となるかもしれない。それよりももっと悪いのは，クライエントが異なる学派の別の治療者のところへ行って，最初の臨床家から学んだことや，臨床家

の専門団体において深刻で運命的な反響を起こさざるをえなくなるひとしきりのイベントについて，しゃべり始めるかもしれないことである。著者は最初の臨床家の役割も，2回目の臨床家の役割も，どちらも経験から語っているのである。

b．膨張の見守り しかしこの臨床家は，微妙な状況をうまく操作して，このナットを締め上げ，そのネジを緩めることで，クライエントの解釈システムの再構築を注意深く進めていくと仮定しよう。さて，彼はこのフィールドのあまりにも突然の膨張には気をつけなければならない。それは，ルーズだが必然的に包括的な解釈システムの回復への呼びかけだったのかもしれない。

治療が進行するとともに，臨床家は，個人的・社会的な環境が，相対的に予測不可能な人々をも含むように拡張されるポイントを選択しなければならない。たしかに，このクライエントは他の入院患者とのコンタクトをずっともっていたかもしれない。そしてたしかに，これらの患者は相対的に予測不可能であったはずである。しかしなお，クライエントが試行的に再解釈した予測システムをうまく働かせようとするなら，これらの患者にあまりに緊密に相互依存してきたのはよくない。彼の新しく形成された予測システムが緊張下に置かれるのは，「よい」と思われる人々の風変わりな行動を彼が信頼せねばならないときである。臨床家はクライエントが人対人の，人物対人物の，対人的な世界を構築するのを助けねばならなくなるだろう。

c．緊縮した解釈の痕跡 その思考が常にルーズであり続けてきた人を特徴づける解釈のルーズさと，その思考がかつてもっと緊縮して組織化されていた人を特徴づける解釈のルーズさとの間には違いがある。後者は緊縮して描かれたコンストラクトの断片を露見している。これらのうちのいくつかは，経験の限定された領域を遮蔽することによって，保存されてきた。この収縮によって，この人はこれらのコンストラクトを保存できる。しかしこうすることによって，これらのコンストラクトはつまらない状態に縮小されてしまう。

この種の限定的思考は，この人の構造が緊縮と包括性のよりよい結合を構成した日々の残滓であり，ロールシャッハ・テストのインクの<ruby>しみ<rt>ブロット</rt></ruby>からよい形態の知覚を得るためになされる，患者の「<ruby>遮蔽<rt>ブロッキング</rt></ruby>」に例示されている。安全地帯の限界を超えて進もうと試みるとき，結果として生じる弛緩と貧弱な形態は，いくらかの臨床家が統合失調的思考の決定的なサイン，あるいは「ストッパー項目」として考えている「位置反応（position response）」によって例示される。ブロッキングにおいては，この被験者はたとえば，「ここに，まさにここに！（そのブロットの残りの部分を手でおおいかくして），まさにこのくらいのブロットに私は犬の頭が見える」といいながら，みずからのフィールドをある限定的なジェスチャーによって収縮する。このジェスチャーは，この収縮を明瞭化して，それが知覚のフィールドを限定するために積極的に押しつけられるデバイスであることを示す。おそらくこの「ブロッキング・オフ」は，被験者が緊縮し

て解釈できるものの処理のみを可能にするのだ。解釈されるべきものに，このような人工的な限界を設定しなければ，被験者の解釈は「うん，このすべてがこちらの犬の尻尾であるはずだ」というポイントまで，弛緩されるかもしれない。

「なぜ？」と検査者は尋ねる。

「単純に，それは犬の頭の反対の端にあるからです」

「それは尻尾のように見えますか？」

「えーっと，ノー——いや——イエス。形によるのではなく，たぶん，**それがどこにあるのかによって**」（位置反応）

　ある臨床家があるクライエント——その緊縮したコンストラクトが今一度包括的に適用された——を扱うときには，臨床家はこの言語シンボルによって誤った判断に導かれるかもしれない。これらの言語は，最初は広範囲の有用性と正確な意味の両方をもつコンストラクトを代表しているかのように見えるかもしれない。しかし，臨床家がクライエントをよりよく理解するようになるとともに，彼は，これらのコンストラクトが正確に使われるときには，それらは狭い経験の範囲にのみ適用され，これらのコンストラクトが包括的に使われるときには，その正確さが失われることを見いだす。それにもかかわらずこれらのコンストラクトは，もともとは，クライエントが正確さと範囲の両方をもつ何かを必要とする場合にのみ，作用するようになりえたのだと思われる性質をもっている。

　たとえば，「頑丈さ」という用語を使うクライエントをとり上げてみよう。このクライエントは，最初はかなりの正確さと包括性のあるコンストラクトをもっているように見える。彼はこのコンストラクトをヒトとモノの両方に適用している。したがってこれは，包括的な範囲をもつはずである。彼は会話のなかで，長椅子^{オットマン}を決定的に頑丈なモノとして，そしてカード・テーブルを決定的に頑丈でないモノとして言及している。これはうなずける。彼はジョン・ジョーンズを決定的に頑丈な人だといい，ピート・スミスは常に頑丈でない人だという。この2人の特定人物についての臨床家の判断は，彼らについてのクライエントの解釈を確認している。それにもかかわらず，オットマンは「頑丈」である。なぜなら，「人がその上に立つことができるし，こけても遠くには落ちない」ことが明らかになりうるからである。カード・テーブルは頑丈ではない。それは，「クライエントが倒れる場合，したたかに脚を傷つけ痛めるほど遠くに落ちるからである」。ジョン・ジョーンズは「頑丈」である。なぜなら，「彼は大声でしゃべる。そして十分に大声でしゃべる人は通常自分の意見に賛同する人を支持する」からである。ピート・スミスは「頑丈ではない」。というのも「彼は通常私に賛成しない」からである。

　かつてはある程度の包括性と緊縮性をもっていたはずのコンストラクトの，現在の瑣末性と迂遠性が，この臨床家には明らかになり始めている。しかし別の限定された

範囲内では，このコンストラクトはなおも正確さの基準（マーク）をもっている。このこけたとしても遠くには落ちないはずのオットマンは，その高さのわりには比較的幅が広い。他の「頑丈な」ものについても同じである。類似の比率をもつもっと高いモノの上に立ってこけた場合には，彼は床の上ではなくそのモノの上に落ちることになりやすいだろう。彼は痛む足を傷つけるようにはならないだろう。この推論は特異ではあるが，モノの限定された範囲内では，物理学者とそれ以外のわれわれの多くが「モノの内在的安定性」と呼びうるものをかなり正確に複製したものを表わしている。

　このクライエントはまた，ジョン・ジョーンズとピート・スミスについて「言葉をもっている」かもしれない。ジョン・ジョーンズはずけずけものを言い，ずけずけ言うことによって促進されうる正直さと統合性の習慣を形成しているかもしれない。ジョーンズの見解を共有する人は，うるさくしゃべりたてる議論に直面して，フィーリングによって，「頑丈さ」を強調するかもしれない。ピート・スミスは，このクライエントに対しても，自分自身を含む他の誰に対しても，反対するかもしれない。議論のどちら側に彼が一時的についたとしても，人は，彼をめぐって頑丈さを感じることができない。また，この推論は特異で私的であるが，クライエントにジョン・ジョーンズとピート・スミスの評価——これは，他の人がこの2人の頑丈さを評価する方法と実質的に等価である——を与えるのには十分である。

　しかし，このクライエントが自分の「頑丈さ」のパーソナル・コンストラクトを別の2人に適用するときには，何が起こるだろうか？　クライエントがオットマンのケースにおいてカード・テーブル，ジョン・ジョーンズ，そしてピート・スミスを解釈するとき，彼らが自分に対してなしたことによって，クライエントは彼らを解釈し続けるだろうか？　彼は「正しい」答えの複写を思いつくだろうか？　思いつくかもしれない。しかし，われわれはそれをあてにしないでおこう！　彼が短いロープでつなぎとめられているかぎり，彼はたいがいの社会の期待に同調することができるだろう。しかし，彼が開かれた領域でロープが緩められる場合には，彼の思考は誰の手も届かないところに疾走していくかもしれない。彼のフィールドを彼のために膨張させようと試みる治療者は，したがって，深刻な間違いを犯すかもしれないのだ。

　クライエントの弛緩した思考が高水準の思考の痕跡的な島を含んでいるときには，そして彼が自発的に使う言語シンボルが，高水準の伝達可能なアイデアを求める社会によって使われるシンボルに対応しているときには，われわれはこのケースでは概念化の前進的な弛緩があるのではないかと疑う。この弛緩が一般的である場合には，この解釈が先取り的である場合には，そして，この言葉が具体主義的か，知的なノイズとして自意識的に使われているかの，どちらかである場合には，われわれは進行している障害を扱っているのではないのではないかと疑う。前者のケースでは，いくらかの臨床家は「統合失調症」の診断をもてあそぶことを好む。そして後者のケースでは，

臨床家はこれを「精神薄弱」と呼ぶ傾向があり，それでよいことにする。

d．「統合失調症」の見解の適用　われわれが「統合失調症」の診断コンストラクトをもたねばならないとしても，これは躁鬱病のコンストラクトや転換ヒステリーのコンストラクトと同じオーダーにあるはずだとは仮定しないでおこう。統合失調的思考──すなわち概念化の顕著な弛緩──は，他の多くの障害とともに起こるかもしれないし，単独で起こるかもしれないのだ。

このように見ると，われわれは次のように考えてよい。すなわち，「統合失調的」思考は，ほとんどどんな人にも時折生じる；それは人の精神発達における移行段階の特徴である；それは日常的な問題解決における移行段階の特徴でもある；それは創造的な生産過程で出現する；そしてそれは，どんな遠大な再適応においてもある程度まで出現しうる。この「連合（連想）」の弛緩，思考の無批判な報告，および精神分析療法の一般的な要請は，クライエントが「統合失調的思考」に没入することを求める。ただし，賢明な治療者はこの状況を自己の管理下にもち続けようと試みるだろう。

「統合失調的」思考は，いくらかの例では，いわゆる創造的思考を可能にするのに十分な柔軟さをもつ。新しいアイデアの形成には古いもののいくらかの弛緩が必要なので，創造的な思考をする人は，そのアイデアを定式化するのに，「統合失調的」段階を通り抜けなければならない。しかしもしその人の思考が「統合失調」のままずっと続いている場合には，伝達するのに十分な明瞭性をもち，文化遺産の一部として子孫に残してやれる，新しい概念の形成は絶対に不可能であろう。もし「統合失調」的な弛緩から，試行的な新構造──後で緊縮されうる構造──を定式化しうるなら，彼は創造的な成果をもって結末を付けることになるかもしれない。しかしわれわれはこれを「統合失調」あるいは「統合失調的」と呼び続けてきた。もっと正確に述べよう。これは「弛緩（looseness）」と呼び，一つの障害あるいはあるクラスの人々というよりもむしろ，一つの次元として考えよう。それから，われわれはみずからの解釈を緊縮して，より包括的にしてよい──そしてまた，もっと創造的に！

13 ｜ 弛緩と罪悪感

数パラグラフ前でわれわれは，引きこもりの症状が，弛緩した思考の社会的な結果であると語った。人は，ルーズで理解しがたいアイデアのゆえに，グループの機能的なメンバーとしては拒否される傾向のあることを，われわれは指摘した。彼は自分の人生の解釈がグループのメンバーシップから自分を孤立させる効果があることを発見すると，自分自身の視点から見て，自分にはもはや演じるべき役割がないことを見いだすかもしれない。彼が彼の以前の仲間には理解しがたくなったちょうどそのとき，その仲間も彼には理解しがたくなったのだ。これは役割の喪失である。個人的な意味では，これはわれわれが罪悪感と定義したものでもある。

ある人が収縮によって自己の役割喪失を無視できたなら，それによって，彼はまた罪悪感を回避でき，人生を生きるに値するものにする全精緻化過程に含まれる麻痺状態を回避することができたかもしれない。いくらかの人々はこれを行なう。自己のフィールドを収縮する弛緩思考者は，みずからの役割喪失に気づきえないかもしれず，それゆえに，罪悪感から自己を救うチャンスがあるのかもしれない。彼はみずからの修道院をつくるのだ。高く取り囲む壁にかくれて，彼は新しい役割を演じる。彼はもはや罪悪感をもたない。彼は再び所属をもつのである。

いわゆる引きこもりの症状がクライエントの示す罪悪感の症状と相互作用をするのは，臨床的観察の問題である。人間の思考の弛緩と予測不可能性を通じた，引きこもりや接触の喪失は，クライエントが2つの方法のうちの1つで扱うことのできる状況を設定する。彼は自己のフィールドを収縮できるので，他者が考え行なうことに，今まで以上に無関心であるように見える。あるいは，自分の周りで起こっていることを，そして彼が自分の役割を失ったかもしれないという事実を，意識したままでいられる。前者のケースでは，彼は自分のコーナーに退却する。後者のケースでは，彼は罪悪を感じるか，あるいは，彼の周辺で進行する社会的相互作用で自分がなおも非常な重要人物であると見せるようにする彼の対人関係に，何らかの解釈を加えるか，どちらかをしなければならない。

クライエントの弛緩した思考に直面し続ける心理療法家は，初めに彼に役割を保証せずに，膨張したフィールドでもってクライエントを保護的に収縮させると，罪悪反応を期待することができる。治療者が構造もなく役割もなしに，膨張への圧力をかけ続ける場合には，彼はクライエントが増大していく罪悪感に対して，自分自身の新しい防衛を打ち立てるのを期待するかもしれない。これらの防衛は，「偏執病^{パラノイド}」の役割の本質にあるようである。これが生じると，心理療法家は次には，「偏執的統合失調」のラベルをクライエントに貼りつけることができる。実際には取るに足らない診断の事実である。

D 中核コンストラクト

14 中核コンストラクトを含む障害

中核コンストラクトは，人の生命維持過程を統治するコンストラクトである。クライエントが身体的な訴えを表出するときには，彼の中核構造が含まれやすい。しかし，それ以上に，彼がこの訴えで伝えているのは，依存もまた含まれているという意味かもしれない。この視点から見ると，彼の中核構造は病んでおり，彼は援助を必要とし

ている。この臨床家が気づかねばならないのは，もちろん，この問題の解釈は，その訴えに表現されているように，必ずしも臨床家に最も有利に生み出せる解釈ではないということである。このクライエントの個人的な訴えは，単純に，クライエントがみずから臨床家のところにもってきて表現できる，最善の解釈なのである。

　このパーソナル・コンストラクト心理学の視点では，依存性は誰もがもつものである。なかには，みずからの依存性には，いくらかの他者——生命が明らかに依存する食物，シェルター，およびその他の明白なもの，を自分に直接与えてくれる人——のみが含まれると思い描いている人々がいる。また，もっと成熟していて，みずからの依存性にはもっと広範囲の人々と事物が含まれていると見る人々もいる。彼らはまた，どんな依存性がここに認められ，どんな依存性がそこに認められるのかをも区別する。したがって彼らの中核システムは，多くの異なる生命維持基盤を指し示す多くのルートをもっている。

　いわゆる「心身症状」は，あるケースでは，中核コンストラクトとともに依存コンストラクトの表現をも示しているかもしれない。臨床的には，これらの依存コンストラクトは，クライエントが生命維持と安全を求めるのと同じくらい緊急に必要とする何かのように見える。われわれは，彼が個人的にはこれらのコンストラクトをまさにそのように解釈せざるをえなかったのだと推測する。しかしなお，多くの依存解釈と同様に，この解釈は前言語的であり，したがって，容易には伝達しがたいものである。

　われわれは急いでいわなければならない——人の「心身症状」は必ずしもそれ自体が依存コンストラクトのもとにひとまとめにされる要素ではないのだと。これらはそうかもしれないし，そうでないかもしれない。消化性潰瘍をもつクライエントの嘔吐は，これ自体が愛情を求めるしぐさではなかろう。これはまたたしかに，食物追求のしぐさにも見えない。それはもっと胃を助けようとするしぐさのように見える。おそらくこの嘔吐は，もっと早期にそして長期にわたって形成された他の胃腸のしぐさの産物である可能性が高い。これらは依存表現として個人的に解釈されたものだったかもしれない。みずからを維持するために胃の正常な活動プログラムを捨てねばならない人は，後で胃に耳を傾けようとするだろう。この症状はバーゲンで安く手に入れたものではなく，彼が獲得したものなのである。

　また別のクライエントでは，この症状そのものが依存のしぐさになるのかもしれない。このクライエントの視点から見ると，嘔吐する小さな少女は世話をしてもらえるかもしれない。このクライエントは息がつまり，喉にしこりを感じ，吐くという行為を行なう。この状況の緊急性は非常に大きいので，彼女はみずからの依存の面倒を見てもらえる方法として，自由に使える手段は他にはもっていないのである。

　いわゆる「心身症状」は，弛緩した思考のケースでも，緊縮した思考のケースでも，どちらにおいても見いだされうる。弛緩思考の「統合失調症者」においては，これら

の症状は単純に，絶え間なく声に出す早口の訴えとして出現するようである。彼にとってはとにかく，１つのものが他のものと非常によく似ている。「ヒステリー症者」の症状は芝居がかった装飾をもって行動化される。したがって，彼は自分の前言語的な解釈を使って，医者や他の誰とでも，人に依存されるのを楽しむ人との関係を築いていく。緊縮思考の「強迫症者」，たとえば片頭痛のクライエントは，彼を無意識に捉えるように見える症状をもつ。これらの症状は，彼の几帳面に構成されたファイリング・システムから漏れ出てきて，際限のない驚き，苛立ち，不安を生じさせる。「ヒステリー症者」とは違って，彼は自分の症状を楽しむこともできなければ，その症状の上に関係を築くこともできない。彼はみずからの依存性に対して，適切な上位システムなら与えてくれたはずのみずからの依存性に対する全体的なアプローチをもっていないのだ。彼の依存性は，あまりはっきりとは定式化されていないので，知的にきちんとした整理システムに入れられる場所を見いだせないのだ。したがって彼は，自分の依存性によって，どれほど自分の家庭が取り散らかされたままになっているのかを発見して，常に驚いているのである。

　「心身症状」は，クライエントと治療者の間にうまく選択されたタイプの依存関係を単純に設立することによって，何回もコントロール下にもってくることができる。毎日異なる痛みを訴える弛緩思考のクライエントは，治療者への依存要求を他の方法で満たすことが許されるかもしれない。この依存行動の交代は，治療的に有益かもしれないし，有益でないかもしれない。治療は，成功するためには，いくらかの解釈を緊縮して合理的な役割コンストラクトのセットを確立し，クライエントを心理的な戸外に徐々に順応させていかなければならない。究極的には彼の依存性の多くは，彼にとって言語的に明白にならねばならず，より多様な資源を考慮に入れなければならない。「心身症状」の単純な除去は，とくに，広範囲の弛緩したコンストラクトに依存しているクライエントにおいてはともかく，非常に深遠な心理療法の目的ではない。

　緊縮してはいるが下手に従属的なコンストラクトに大きく基礎づけられた，解釈システムにおける「心身症状」の除去は，しばしば困難である。このようなケースでは，この症状の除去を，治療中に到達されるべき現実の里程標として考えるのが，いくらかもっと適切である。われわれはすでに，緊縮した解釈を含む障害を扱うのに取りうる説明のための手続き段階をスケッチした。

　これらの症状を治療者との役割関係の構築に使おうと試みる人においては，「心身症状」の除去は，こういう人の行なう他のすべてのことが劇的でありそうなのとちょうど同じように，劇的であるようである。治療者がある症状の対抗暗示（countersuggest）を試みる場合には，彼はこのクライエントが彼のことを拒否的な父親として見ていることを見いだすかもしれない。彼がこの症状にほしいままにさせる場合には，彼はこのクライエントが飽くことを知らないことを見いだすかもしれない。

臨床家は常に「心身症」患者の役割構築コンストラクトの沈潜した端に注意しなければならない。治療は大方のところ，クライエントがこれらの沈潜した端を扱うのを援助する問題である。クライエントがみずからのコンストラクトによって何を抱擁しているのかに気づいた後には，治療者はより深く進んでいき，クライエントがみずからの役割形成に困難を来たしている前言語的解釈のいくらかを処理できるようになる。

15 | 先取りを含む障害

いくらかのケースにおいては，症状の出現は「転換」と呼ばれるメカニズムの働きを表わすといわれるときがある。古典的なヒステリー症状は，しばしば「転換症状」と呼ばれ，その基底にあると仮定される過程とともに，「転換ヒステリー」として知られる疾病として実体化されている。ここで生起すると仮定される転換過程は，別の著者によって，少し異なる方法で，視覚化されている。1つの方法は，このケースが心理的な問題あるいは葛藤の，身体的な問題あるいは葛藤への転換，を表わしていると単純に見ることである。これはさらに，方程式そのものの形式はそのまま変えずに，その内容はその人から，そしてその仲間から変貌させる方程式における，一連の1対1の項の代入（substitution）だと知覚されうる。この項を転換することによって，この人は「無意識」に自己を屈辱——自己の問題の公的あるいは「意識的」な受け入れが自己にもたらすはずの屈辱——から防衛しているのだ。「転換（conversion）」という用語は，「転移（transference）」「置き換え（replacement）」「代入（substitution）」よりもむしろ，その問題もその解答もどちらもがどんな実質的な変化も蒙らないことを示すために用いられており，その要素だけが生理的な用語に翻訳されるのである。

精神分析家のなかには，たとえばフェニケル（Fenichel）のように，「転換」にもっと「力動的」な解釈を加えるものもいる。彼らはこれを，1つの生理的形式から別の形式へのリビドーの変換（transformation）——心理的な外見を変化させる変換——と見ている。著者が関心をもつかぎりでは，このような「力動的」推理がデカルトやライプニッツの二元論と絶望的に絡み合うようになるのは，この点においてである。

備給はフロイトが生理的に解釈するのを好む現実と，心理的に解釈するのを好む現実との接点を含むと構想しているが，それにもかかわらず，二元論，擬人化，または生気論にたよらなくても，転換を記述することができるとする。（そして）時には，彼はこれをたよりにすることもある。著書「不安の問題」のなかで，フロイトは「ヒステリー発作を説明するためには，実際には，問題の運動がその状況に適した行動の一部になっている状況を探してみる必要があるだけだ」と述べている。このことは，転換は必ずしも心理的なものを生理的である何か他のものに転換することではなく，むしろ，臨床家が1セットの心理学用語から別のセットの心理学用語への翻訳と見なしうる過程であることを示唆している。

ここには転換に関する重要なポイントがある。このクライエントは自己の問題を**自己にとって**「心理的」な用語から，**自己にとって**「生理的」な用語へと翻訳しているのだ。彼はそれがそこから別の問題を生じると考えている。彼は二元論者なのでそう考えることができるのだ。もし彼が二元論者でなかったなら，この偽装はうまく働かなかったはずである。転換はしたがって，その思考が二元論的である文化集団に特徴的な障害だということになる。

二元論的思考と転換マスクを使う人は，通常は彼の偽装を受け入れてくれる仲間を見いだすのにほとんど困難を感じない。医者が，このクライエントは「精神科のケース」であり，したがって，明らかに「医療のケース」ではないと判断する点までは，医者はいいカモである。かつて識別力のある医者が解釈のあのフリップを引っ張るときには，クライエントはただちに突然崩壊するパーソナルな構造に直面することになる。彼は極度に不安になり，自分の立場を再確立するために，場合によっては自損・自傷のような絶望的な方法に頼りそうになる。彼はしかし，このように絶対的な収縮に導く方法をとるよりもむしろ，自殺をするかもしれない。彼は，彼のケースの「有機性（organicity）」を精緻化するような方法で，よりいっそう行為をしようと試みるようである。

しかし，このクライエントの思考が二元論的だという理由だけで，この臨床家がこのケースの包摂的な解釈の全過程を通して二元論的でなければならない理由はない。この臨床家はこのクライエントの二元論的思考を評価でき，それに共感できて，なおかつそれを心理学的に解釈できるのだ。われわれが二元論的と呼ぶ選択をしたこの種の思考は，実際に人生の一現象である。それはそれ自体十分に現実的である。しかもなお，われわれはみずからが二元論を用いなくても，人の思考が二元論的だと解釈することはできる。したがって，われわれはそれをすることにしよう。われわれはみずから「転換ヒステリー」を回避できるのかどうかを見てみよう。

「転換」という用語についてはいかがであろうか？　これはパーソナル・コンストラクト心理学の体系的な位置に適した概念を表わしているのであろうか？　あるいはこれが包摂する現象は，この理論とより一貫している他の方法で，よりよく抽象化されうるのであろうか？　実際にはこの用語は，パーソナル・コンストラクト心理学がいくらかの障害を見る方法を連想させる。われわれがこの用語を使う試みをするべきか否かは，まるでコイン投げ（tossup）である。われわれはこれをトスと呼ぶことができる。

この転換のメカニズムの本質的な特徴は，クライエントが彼の私的な生活のいくつかの現象を「物理的」（physical：今までは身体的と訳してきたが，ここからは広く物理的と解した方がよさそうである）であり「したがって明らかに心理的ではない」と解釈するところにある。これはもちろん，われわれが**先取り的**——すなわち「もしこれがスペード

なら，スペード以外の何ものでもありえない」──と呼ぶことにした種類の解釈である。クライエントは，人が基本的には心理的だと解しうる用語によるのではなく，彼にとっては完全に「物理的」だと見える用語によって，自分の問題を精緻化するのである。洞察力のある臨床家は，問題の「身体的」要素の描写を，「心理的な問題」の「行動化」として見ている。これは「転換」なのか？　否，実際にはそうでない！　しかし，クライエントはあたかもそうであるかのように行為する。それは人が赤ん坊と遊ぶ「イナイイナイバー（peek）」のゲームのようなものである。この赤ん坊は目をふさぎ，人には自分が見えないかのようにふるまう。クライエントも自分の目をかくして，臨床家には自分に見えているもの──無！──しか見えていないと考える。それはこれと同じくらい単純なのだ！

第17章

Disorders of transition
移行の障害

　本章は，説明のためのケースが，われわれのパーソナリティ理論に由来する軸システムに，プロットされる2章のうちの2番目である。

A　攻撃と敵意

1 │ 攻撃を含む障害

　われわれの**攻撃**の定義の仕方では，**攻撃**は**敵意**とは独立だと解釈される。攻撃は，人が自発的な精緻化に自我を関与させる程度のことをいう。それは，彼がどこかへ導く対策を講じることを意味する。それは，彼を新しい大地に立たせて，そうでなければもつはずのなかった新しい経験に彼を直面させ，そのフィールドをある予期される方向に膨張させ，解決されるべき新しい問題に彼を直面させ，解決されるべき新しい不安に彼を暴露させて，彼の解釈システムの進展を全般的に加速させる。

　これに対して敵意は，攻撃を含む必要がない。これはたとえば，自己自身や他の誰かに「道をあけさせよう」と試みることによって，収縮を含むことになりうる。それは，人がみずからの社会的実験法の結果とともに生きていくことができないことを指している。自分には操作できない愛情状態を生じる婚姻関係（攻撃）を試みる人は，敵対的になるかもしれない。彼はいっしょに実験関係に入った人に対しては敵意を表出しやすい。同じことが，その人が共に生きていくことのできない結果を生じる，婚外の性関係にも当てはまる。それにもかかわらず，この敵意は，おそらく初期の攻撃の結果として形成されるときには，それ以上の攻撃行動を含む必要はない。この敵対的な人は困難な状況にあって，妨害されるかもしれず，みずからを収縮するかもしれない。しかしそれでもなお，新しい経験を招くために，攻撃的なことは何もしない。おそらく彼が唯一開いていると見る行為の進行は，非常に激烈なので，彼はその方向に攻撃性を表出することができないのである。

　a．敵意に対する解決としての攻撃　攻撃はしばしば敵意に対する最も見込みのある解決法である。このトリックは，この攻撃を方向づけることである。このことは，

適切な二極性のコンストラクトの形成を意味する。この過激な選択肢は，このクライエントのコンストラクト・システムのもとでは，彼に開かれている唯一の他の選択であるように見えるが，これはこの状況をもっと弁別的な用語で再解釈することによって，置きかえられねばならない。こうして，新しい可能な行為のコースは海図に記される。このクライエントはしたがって，最終的には彼を支持可能な基盤の上に置いて，彼の敵意を取り除く攻撃的な冒険を開始するかもしれない。

攻撃が敵意に対する解決になるためには，それは関連要素を処理しなければならなず，単なる攻撃のための攻撃であってはならない。パーソナル・コンストラクト心理学は，治療者が他の心理学的体系の保護の下でもするはずのことと同じことの多くを，この治療者が試みるように導いていく。しかしながらここで，備給や刺激般化が敵意の排出を生じるという見解を用いる諸システムとは，袂を分かつ。敵意はともかく，処分されねばならない日用品でもなければ，経験をとりまくオーラでもない。それはむしろ，ある経験領域の解釈を処理しなければならない相対的な事態である。それは個人的な解釈を処理しなければならない。それは解決を必要としているのであって，排出を必要としているのではないのだ。

b．攻撃と対人関係 攻撃は，人が自発的な精緻化に関与するときに生じる。人そのものは解釈されまた再解釈される要素である。中核的解釈は関与しないかもしれないが，周辺的なコンストラクトは関与させられる。この人は，他の人々に対する，他のものに対する，時間に対する，そして場所に対する多様な関係のなかに，自己を置き続ける。彼は「徹底操作」の中で自己自身を遍在的な要素として連続的に自己を再調整し，新しい「スポット」に自己を置き，新しく小さな見晴らしのきく地点を求めていく。この精緻化は役割コンストラクトも含みうるが，必要なわけではない。実のところ，精緻化をしている人は，他者の思考にはあまり配慮せずに，自己自身の詳細な再解釈を発展させるかもしれない。他の人々は，どちらかといえばたぶん，理解を必要とする視点をもつ人々としてではなく，そして事物のスキームのなかに自然な場をもつ現象としてでもなく，操作されることが可能で操作されねばならない対象として，扱われる。攻撃はしたがって，他の人々の理解に基づかない行為の進行の追求へと導き，それゆえに，役割の無視あるいはその人の役割の精緻化の失敗を表象しうる，行為の進行の追求へと導いていく。

攻撃性が，役割関係への考慮もせずに，人を自己自身の見解の精緻化へと導く傾向は避けられないわけではない。それは単純に，役割関係の発達が他者の解釈の理解を必要とし，このような理解には時間——イライラした攻撃的な人がしばしば無駄にしたくない時間——が必要であるがゆえに，生じるのだ。攻撃的な人は，それから，自分の仲間がどう反応するかを見るのを待たずに，前方に割り込んで自分の見解を精緻化する。彼はC-P-Cサイクル（用心・先取り・コントロールのサイクル）の「用心」の段

階をあまり強調せずに，このサイクルを走らせていく。もし彼が自己の役割をそれほどひどくは誤解せずに，自己あるいは自己のグループをこのサイクルに関与させるならば，彼は成功裡にリーダーの役割を演じるかもしれない。もし彼が自分のグループのメンバーの思考をひどく誤解する場合には，彼は，われわれが定義した意味での役割を演じ続けるかもしれないが，彼の攻撃的行動は，彼のグループの他のメンバーが関与するかぎり，彼を落伍者の位置につかせることになるかもしれない。実際，リーダーの地位から落伍者の地位までの距離は非常に小さく，傍観者から模倣者の距離よりもずっと小さい。攻撃のこの本質が，その理由を説明するのに助けになる。

　それにもかかわらず，われわれがすでに示したように，人の役割の精緻化に攻撃的関心をもつことは可能である。この攻撃性は，通常，人がクライエントに治療の結果として例示して見せようとする類いのものである。これは困難かもしれない。というのは，クライエントの攻撃は以前に，モノと彫像のような人物像の領域に最も肥沃な土地を見いだしていたかもしれないからである。役割関係の精緻化はクライエントには壊れやすい企てのように見えるかもしれない。むしろ，彼は大衆に対するみずからの立場を移動し，展開し，再考することによって，自己を彼らに関係づけようとする傾向があるかもしれない。他者の地位よりもむしろ他者の理解に対処することのほうが，彼にとって価値があると見えるようにするには，巧みな治療が必要なのかもしれない。

　臨床家はしばしば，クライエントが「権威との関係に問題をもっている」という。攻撃性を含む障害についてわれわれが述べてきたことは，これに関係している。「権威の問題」をもつ人は，みずからのフィールドの精緻化を攻撃的に追求する。彼らはあまりにも忍耐力がないので，人々を人として扱うことを学習できないのだ。その代わりに，彼は人々を**人物**として扱う。彼は自己自身に没頭する。彼は自分と他の人々との関係を，人々のユニークなアイデンティティと個人的な観点というよりも，「サブカルチャーの規範」の観点から，「クラスの概念」によって，「地位変数（status variables）」に関する「社会的立場（social position）」の問題として解釈する。彼は他者との関係において**役割**を演じるが，われわれが役割と呼びたかったものほどではない。グループ「ダイナミックス」と対人「関係」の領域をより攻撃的に探索すればするほど，彼は**地位**により適応し，**人**により適応しないのかもしれない。彼には「権威関係に問題がある」ことが，他者にも自分自身にもすぐに明らかになるかもしれない。しかし，彼の攻撃性が困難を生じるのは，権威の次元だけに関係しているのではなさそうである。**人物像の地位の解釈**に基づく他のコンストラクト次元のどれにも，関係しているのかもしれない。

2 | 攻撃と罪悪感

　攻撃は敵意と同様に，いろんな方法で罪悪感を生じる可能性がある。ある人が自分の知的探索がグループに受け入れられないと感じる場合には，彼はまた自己の役割が危機にさらされているとも感じる。パーソナル・コンストラクト心理学のシステムでは，それは**罪悪感の脅威**になる。この罪深い冒険者は，したがって，自分勝手で敵対的な人々による誤解と迫害を基盤にして，役割の再設定を求めるようになるかもしれない。この冒険心によって逸脱した道へと走ってしまう攻撃的な人が，罪悪経験に代わる選択肢として「偏執症者」の役割を形成するのは，比較的容易である。

　攻撃は，いくらかのクライエントにおいては，最終的には罪悪感を生じるかもしれない。それは，その役割コンストラクトを精緻化する際に，災難がもたらされるかもしれないからである。人が攻撃的に確立しようと求める新奇な役割関係は，崩壊するかもしれない。役割関係の領域における攻撃は，したがって，まったく直接的に罪悪感へと導くかもしれない。

　攻撃は，いくらかのクライエントにおいては，罪悪感を招くかもしれない。それは彼らのアイデアが受容するにはあまりにも新規に見えるから，あるいは彼らがその役割に関して危険な実験をするからというよりも，攻撃そのものが彼らに誤った配役をさせると感じているからである。とにかく彼らが攻撃的だということは，柄にもないと感じられるのだ。柄にもないので，彼らはみずからが，責任感があり従順な人としての適切な役割から逸脱していると感じる。彼らはみずからの役割が宙づりにされた動きの1つだと考えているかのように見えるだろう。彼らの状態は，心理的な麻痺，あるいは罪悪感の危険により維持される「精神運動失調症（psychic ataxis）」のようである。

3 | 攻撃 - 罪悪コンプレックスの心理療法

　攻撃が罪悪感を招くように見えるケースの心理療法は，パーソナル・コンストラクト心理学から期待されうるように，まず，クライエントにとって最小限度に適切な役割を維持することに向けられる。もしこのクライエントが天才ならば，治療者は，いくらかの人々の効果的で地道な理解に基づく，数コースの活動を，クライエントが追求するのを援助することによって，この罪悪感をコントロール下に置こうと試みる。この仕事が役割を維持する。こういう役割をもつので，クライエントは自己の幻想的なアイデアを追求する際に，彼の友だちについての思考では，おそらくどんな霊 感 的な基礎をも望みえないことを発見して，この発見に続いて生じうる罪悪感を回避するのかもしれない。天才が天才になることに取り組みながら，役割を演じるのは，本当に難しい。

この罪悪感の危険が自己の役割の攻撃的探索から生じる場合は，この治療はもう 1
つの路線をとりうる。このクライエントは象徴的な形で，または小実験の分量で，自
己のアイデアを試してみるように励まされる。数学の公式における記号の操作が，こ
れがなければ悲惨な結果になりうるリスクをおかして獲得せざるをえないような解答
を与えてくれうるのと同じように，クライエントは抽象的な用語と論理形式によって，
新奇な役割関係を探索するように援助されうる。こうすることで，彼らは，もっと具
体的なシンボルと行為の使用から生じるフィールドの激烈な交代から救われる可能
性があるのだ。この役割関係がシンボル操作のみによって適切に探索されえない場合
には，この実験法は治療室内のいくらかの率直な議論に限定されるかもしれない。こ
の率直さのレベルは，野火をスタートさせないと，治療室の外では使われえないよう
なものかもしれない。

　攻撃そのものがクライエントは自分の役割の侵害だと見える場合には，治療者もま
た，長く厳しい冬を落ち着いて待つほうがよいのかもしれない。この冬には夏が続き，
もうひと冬あるいはふた冬が過ぎるかもしれない。治療は，収縮傾向に対する連続的
な警戒とともに，不安とサポートのあるデリケートな分節を必要とするだろう。治療
室内の新しい領域をあえて探索するようになった後でも，彼が面接室の外で攻撃的探
索をすることによって，自分の役割のリスクをとるようになるまでには，長期を要す
るようである。彼が攻撃的探索をするときには，治療者が息を止めるのも理解できる。
クライエントの友だちは非常にショックを受けやすいので，彼はその友だちの行動を
拒否と解釈するだろう。彼は自分が恥ずかしいといいながら，面接室に帰ってくるか
もしれない。

4　敵意を含む障害

　敵意を攻撃と区別する際に，敵意は人が社会的実験の結果に耐えられないことの表
出であることをわれわれは示した。敵意は，今の自分に見いだされる混乱状態が自分
の作り出したものだという意味あいをもっている。人が感じるこの困惑はある種の不
安なのである。しかし，それは非常に特殊な形の不安である。この不安の無秩序とカ
オスは，この人がそこに自分の以前の決定結果を見てとることができないほど無定形
ではない。さらに，その状況の解釈は十分に明瞭なので，問題はそのまま放っておく
と，もっと悪くなっていきそうだという予測へと導かれる。さらにもっと広範囲の混
乱が不可避に見えるかもしれない。人は時計を止め，してしまったことを取り消し，
自分の作った状況を変え，伝染病の比率で広がる不安を防ぎ，抑制のきかなくなった
連鎖反応を断ち切り，そして彼の思考を状況に従わせるにはもはや遅すぎるので，さ
らなる状況を彼の思考に従わせるための何らかの方途を探す。彼は自然を自分の期待
するものに従わせ，彼がすでに自然に提供するために選択していた誘引に対しての

み反応するように，強制しようとするのである。

　われわれは敵意を社会的領域にあるものと定義した。しかし敵意には，人に対するだけではなく，モノに対しても向けられる片割れが存在する。モノに対する敵意の片割れを見るのはおもしろく，時には愉快でもある。敵意をもつ幼な子は，彼の期待していたことをおもちゃにさせようとして，壊してしまうかもしれない。それほど敵意をもたない子どもは，おもちゃをもっと注意深く調べて，それを修理したり，違う用途を見つけ出したりしようとする。同様に，いくらかの大学院生が自分たちの研究に敵意を表出するのを見るのは，おもしろい——あるいは困ってしまう。彼らは時に，実験手続きを変えずに，そのデータを仮説に合わせるように強制しようと試みる。応用科学者の仕事はしばしばそれが一連の敵対的行為であるかのように記述される：「これこのように土と**格闘**して，新しい食物源を得た」「何とかいう人は，原子の秘密を**強制的に暴こうとした」と。これらは科学的行動についてはなはだしく誤解を招く記述である。

　人間関係の場における敵意は，あまりにもよく知られている光景である。人間性は複雑なだけでなく多面的であり，秩序はあるが前進的な変化に従う。人間関係の場における冒険は，驚くべき結果を生みやすい。それでも人間の本性（ネイチャー）はなおも自然（ネイチャー）である。それは，牛や蜂や植物や岩やミネラルの行動よりも不自然ではない。人は他の人に対して敵対的になるほうが，岩に対して敵対的になるよりもいくらか容易である。われわれが人間で行った実験では，このような予期しなかった結果が生じたのである。友だちに勝とうとして，人に影響を与えようとする試みのいくらかは，混沌とした結果を生じて，われわれに脅威をもたらす。われわれはもう一度複雑な実験手続きを試みるよりも，最初の投資を完済するように，必死の努力をする。敵対的な親は，動機づけをもっていると思われるような行動を生じない子どもに制限を加えたり傷つけたりするだろう。また，親は自分が夢想してきた職業を追求しない子どもに対しては，処罰的行動をとるかもしれない。ミネラルや他の野菜のような自然の他の領域で敵対的になるよりも，人間性の領域で敵対的になるほうが，もはやより合理的ではないのである。

　われわれは敵意と攻撃を注意深く区別し続けなければならない。適正に配置された攻撃が敵意から生じうるかぎり，その敵意は進歩への準備教育になるのかもしれない。敵意で問題になるのは，常に，最初の投資が利益を生むようにしようと試みることである。それは非現実的である。攻撃的な精緻化は，期待する結果を得るための新しい方法を見いだせるようにするかもしれない。攻撃はしたがって，敵意よりも適応的なのかもしれない。

　a．敵意が結果を生じる可能性　それにもかかわらず，敵意は人間関係のフィールドにおける二次的な結果として，敵対的な人によって非現実的に予期される，まさに

うってつけの結果を生じるかもしれない。それはこんなふうに生じる。その敵意は，その敵対的な人の仲間たちによって知覚される。彼らは，彼が当初追求した結果を彼に与えることによって，彼を操作することに決定する。報われたのは実際には彼のしつこさであるときに，彼らは，彼に自分の最初の投資が報われたのだと思わせておく。敵対的な人は何も学習しない。彼は自分がどれほど間違っていたかがわからないままにしておかれる。彼は無知の状態に追いやられてしまうのだ。後に彼が他の仲間——彼に一時しのぎの結果を投げつけて彼を悩ませようとはしない仲間——に行き当るときには，彼の世界は今まで以上に崩壊していて，不安のよろめきのなかに落ち込みやすい。この世における敵意の悲劇は，人々が敵対的である，あるいは人々の敵意が，その人々の提供する誘引（インセンティブ）に気づかない人々を，破滅へと追いやるというほどではなく，敵対的な人の気まぐれを甘やかそうとする意志が強いということである。このような甘やかしは，敵対的な人を，なだめの花で縁取られた庭の小道を下らせて行く。そしてこの小道の突き当たりには，それにもかかわらず，混乱した人間関係の荒野が広がっているのである。

　　b．時に敵意を生じる攻撃　　一人物における攻撃性は他の人物に敵意を引き出す可能性がある。攻撃的な人は落ち着きがなく張りきりすぎる。彼は探索を続ける。彼の攻撃が対人関係の領域で現われる場合には，他の人々は自分たちが彼の実験的な冒険に巻き込まれていることに気づく。彼の連続的な「アドリブ」と情景の移動は，他のプレイヤーたちを混乱させる。この状況は彼らにとっては，予期せぬままに膨張されていく。彼らの与える直接的な手がかりは取り上げられない。彼らは馬鹿に見える。彼らの予期はつまずく。彼らは，これらの予期を改訂させるよりもむしろ，この攻撃的な人にこれらの予期の強制的な確証を求める。これは彼らの側の敵意を構成している。この発達を元の脚本に従わせようとする努力において，この敵対的な人は攻撃的な人に収縮を課そうと試みるかもしれない。

　　他の人々のフィールドを攻撃的に膨張させる人々は，自分が敵意の的になっていることを見いだしやすい。このことはかなり重要な心理学的事実である。パーソナル・コンストラクト心理学の視点からは，他の心理システムの下では「曖昧さへの不寛容」や「権威主義的パーソナリティ」などの特性のようなものだと記述される現象を説明するのは，この攻撃と敵意との相互作用関係の基本的な原理である。われわれがすでに主張してきて，部分的には例示しえたと希望しているように，パーソナル・コンストラクト心理学では，人の特性，タイプ，分類などよりも，相互作用的な心理学の原理により関心があるのである。

　　c．膨張と敵意　　原則的にはわれわれは，他者の絶え間のない膨張的活動によって，敵対的にさせられてしまう人々がいると期待するようになるだろう。これは単に「自由主義」と「反動主義」の間の葛藤の問題ではない。いわゆる「自由主義的」な人々

は，複雑な持ち株会社の所有者が，これらの人々の所有権の基盤がより多くの要因を考慮して，拡大されるべきだという提案がなされるとき，常に敵対的で反動的になるのと同じくらい，これらの人々も敵対的で反動的になりうるのである。もしある人の敵意が回避されるべきであるなら，膨張はけっして彼の啓発の遠い先まで強制されてはならない。それは，彼がよろめきながら，壁もなく，次元もなく，形もなく，照明もない部屋に転がり込んだと感じることのないようにするべきだからである。彼がそのドアによりかかってきたという事実は，彼に準備ができる前にそのドアを開いてくれた人に対しては，彼はより不親切だとさえ感じることになるだろう。

　d．攻撃は常に敵意に続いて生じるのか？　　人が感じる敵意は，攻撃的な活動も攻撃的な調査さえも引き起こさないかもしれない。敵意は，その人が行った社会的実験の結果を受け入れられないという問題である。実験を再計画する場合には，敵意は壊れて攻撃になる。彼がほんの少しだけ条件を修正して，このデータから仮説の確認を絞り取ろうと試みる場合には，敵意の多くは残存する。彼が現実に対して何の譲歩もせず，状況の再吟味さえ拒絶する場合には，彼の敵意の重荷は非常に大きくなるだろう。敵対的な人は常に，まず自分が正しかったのだという証明を希望する。彼がとる活動は，彼が実際に何らかの活動をする場合には，その状況のより広範囲の側面にはほとんど考慮も払わずに，小さなフロントをつける傾向がある。時には彼はただ座って，敵意を感じるだけである——とにかく彼は，明らかに耐えられない混乱に落ち込んでいても，自分は正しくなければならないとむきになっているのだ。

　時に敵意は，状況の解釈のされ方によって壊れて，攻撃への変化に失敗することがある。この人は，自分の活動コースの選択が耐えられない事情をもたらしたことを悟る。彼は次に自己の選択の再吟味を始める。この主要なコンストラクト次元は何か？

　それは行為のどんな代替コースを指しているのか？　　この選択肢はまた，役割の喪失——面目の喪失——を通じたカオスか，それとも罪悪感を指してはいないのか？すべての道路が同じように彼自身のつくる混乱へと導くとき，彼はどのようにして攻撃的行為をとることができるのか？

　たぶんこのことは，なぜ敵意をもつ人が必ずしも近隣の人々を叩きのめさないのかを説明する助けになりそうである。彼は，彼らをずっと自分の最初の定式化に従わせようとし続けているのかもしれない——あるいは自己の知る唯一の自己制御の法則への同調を強制するために自己をむち打っているのかもしれない。敵意は内や外に向けられる力ではない。それは条件である。時に人がこの条件を解決するのに取る方法が，近隣者を動揺させるのである。他方，この条件を解消するために何もなされない場合には，近隣者はこういうかもしれない。「何という優しい心。彼女は常にみんなのよいところを見ることを強調している。彼女は自分を神経衰弱の状態においこんだにちがいない」。

e．敵意の解決　可塑的な材料の使用は，敵意を攻撃に変換する習俗的および治療的方法のどちらでもある。粘土細工はその一例である。ある人の社会的実験はうまくいかなかった。彼はこの結果に耐えられない。彼には同居する人々を再解釈する準備がまだできていない。とにかく，同居者は彼の期待を確証させられねばならないのだ。この解決の一部は，人々の小さな像をつくること，そして，これらの像が彼の期待に沿うようにつくられることにある。粘土は彼の願望に対して部分的に可塑的なだけであるが，それは近隣者がそうであるよりももっと可塑的である。彼の最初の予期が擬人化されたフィギュアとオブジェクトを通じて部分的に実証されてくると，この人はもう少しカオスに耐えやすくなる。粘土細工それ自体はその人の敵意に対する解決にはならないが，これは再構築（再解釈）への段階を設定する。治療者は今や限定されたスケールでこの再解釈の過程を開始できるかもしれない。

原始的な人々は自分たちの敵意の表出として，同じようなデバイスを使うかもしれない。この逆流する文化は彼らの社会的実験をフラストレーションで終わらせるかもしれない。攻撃の水路は断たれるのだ。彼らは，自分たちの期待に沿う人間存在の種を，どのようにして自分たちの世界に住まわせられるのだろうか？　部分的な回答は，彼らの不可解な近隣者を代表はするが，これらの近隣者とは違って，操作には従うイメージあるいは人形をつくることである。かくして，彼らの社会的実験は，**彫像の形で確証される**のだ。この敵意は部分的に複製される。「人々」──少なくともその彫像──は，習慣的なやり方でふるまう。発作的なヴードゥー教信者の落ち着きは回復するのだ。

5 ｜ 敵意の臨床的評価

パーソナル・コンストラクト心理学の観点では，敵意には4つの重要な特徴がある。

第1に，人が今いる状況は耐えられない。それはカオス的である。それは不安をはらんでいる。

第2に，それはその人自身が自分の社会的実験の結果だと見ている。

第3に，その人は，自分の基本的前提を純粋に再検討するなんらかの方法の欠如によって，彼の最初の予期の確認の追求に固執する。**敵対的な人は理解**（understanding）**よりもむしろ慰撫**（appeasement）**を求める。**

第4に，敵意は時に攻撃的探索によって軽減や解決がなされるかもしれない。この探索は狭いフロントでなされ，事実を期待に沿うと見えるように強制する試みにすぎないかもしれない。このケースでは，同調を期待される人々は敵意のむち打ちを感じるかもしれず，敵意をもつ人はある程度の救いを感じるかもしれない。この探索はもっと広いフロントでなされるかもしれず，次にもっと解釈可能な結果に導く有効な行為の代替コースが見つけ出されるかもしれない。この場合にはこの人の敵意は完全に解

消されるかもしれない。

　おそらく，われわれのどちらかといえば長々しい敵意についての議論は，敵意の臨床的な検出が，クライエントの他の人々に対する攻撃的で有害な行動に気づくというだけの，単純な問題ではないことを明確にする助けになるだろう。臨床家はまず，クライエントがみずから窮地に追い詰められたのかどうか，そして，クライエントがみずからの苦境を自分の決断の結果だと見ているかどうかに注意を向ける。臨床家はしたがって，何らかの攻撃があるのかどうか，そしてあるとすれば，それはどの領域で探索に開かれているのかどうかを見てみるのだ。

　頭痛，目まいのするような呪文，涙ぐみ，眠気などの症状を示す人のケースについて考えてみよう。これらの症状は，臨床家が生理的なコンストラクトによる説明よりも，心理的なコンストラクトによる説明のほうが，よりよい治療的基礎を提供すると信じるような形で，社会的状況に続いて生じると仮定しよう。このクライエントは今までは常に両親の願望に応えようとしてきたが，このように行為を進行させる智恵を疑問視する理由を入手したと仮定してみよう。

　臨床家はまず不安を探してみる。このクライエントは，自分の世界が混乱しカオス的であると感じているか？　そう感じているなら，彼は最初の敵意の基準を満たしていることになる。次にこの臨床家は，このクライエントが今の事情を彼自身の忠実な行動の結果だと見ているかどうかを見てチェックする。彼は両親を非難するかもしれないし非難しないかもしれない。重要なポイントは，彼自身の行為について両親を「非難」しているのかどうかということよりも，その混乱を促したのが彼自身の行為だと自分で見ているのかどうかである。このケースでは，このクライエントは自分の行き詰まりに対する両親の責任については考えておらず，自分自身の行為がその行き詰まりを招いたのだと推測していると，考えてみよう。このクライエントは今や敵意の第2の基準を満たしていることになる。

　臨床家はさらに敵意のエビデンスを探そうとするだろう。このクライエントはなおも当初の忠実さが清算されることを求め希望しているのだろうか？　彼は，自分の忠実な行動が，純粋に心理的な結果を達成するように現実的にデザインされてはいないことが今ではわかっていても，なお「報酬が与えられる」ことを要求あるいは期待しているのであろうか？　いいかえれば，このクライエントは，身の潔白を証明するために，みずからの実験結果を偽ろうとしているのだろうか？　このクライエントには，彼の忠実な行動が基礎づけられている基本的前提を再検討するよりもむしろ，「努力（effort）に対するE」タイプの報酬を要求する傾向がある場合には，臨床家は彼が敵意の第3基準に合っているかチェックすることができる。

　最後に，この臨床家はこのクライエントの攻撃性を調べる。このケースではこのクライエントは，みずからのパーソナル・コンストラクト・システムがみずからに対し

て示しうる，どの選択肢をも攻撃的には探索しないと仮定しよう。彼は自己の最初の予期の上に坐して，これらがやがて孵化することを期待する。敵意が消滅したという指標は何もない。臨床家は今や，クライエントが第4の敵意の特徴を示していると判断できる。

われわれの敵意の定義は，敵意とは何かということの通俗的な見解とは一致しない。このケースはとくに，ふつうに敵対的とラベル付けされるはずのケースではない。他方，スキルをもち精神分析的な志向性の強い臨床家は，このケースの敵対的な特徴に，すぐに注意をひきつけられる傾向がある。もしかしたら，精神分析の「反動形成」という概念を経由して診断に到達するのかもしれない。行動主義的志向の強い臨床家は敵意という見解をまったく使用しなかったかもしれない。あるいは，このクライエントが誰かに対して破壊的に行為したことを示しうるまでは，敵意の診断をひっこめたかもしれない。

a．症状の起源　しかし，われわれが記述してきたこのクライエントの症状——頭痛，涙ぐみ，目まいのするような呪文，眠気——についてはどうなのだろうか？　これらは2つの基礎をもっている。第1にこれらの症状は，クライエントのより社会志向的な実験法によって導き出された混乱に直面して，第二次防衛線にたよっていることを表わしている。彼は依存性を呼び覚ます。彼は自分の状況を厳しい生き残りによって解釈する。彼の中核的コンストラクトが適用される。自分のいる状況についてのクライエントの解釈は，幸せなものではないかもしれない。が，それはある程度の構造と不安からの解放を提供してくれる。

第2にこれらの症状は，彼の義務的な子どもの立場を正当化する，最後の努力を表わしている。これらは，どちらかといえば，彼に，何かがあれば，「努力に対するE」報酬を勝ち取らせようとする種類の行動である。これらは，自分の両親と仲間に，自分の期待に合わせようと強制する空しい努力を表象している——これらは，彼らを理解することや，自分の期待を彼らの個人的な見方に合わせることによるのでもなく，彼らを混乱と不安でもって，親役割の喪失と罪悪感でもって，脅迫することによるのである。

b．報酬対解決　ここはおそらく，心理的な「報酬（rewards）」と心理的な「解決（solutions）」の違いを簡単に論じるのに，最もよい場所であろう。この違いは，多くの学習理論家によって使われている「強化（reinforcement）」と，パーソナル・コンストラクト理論で使われている「確証（validation）」との違いによく似ている。われわれが述べてきた敵対的なクライエントは，問題の解決よりも投資に対する報酬を求めるポイントにまで退行する。その最終的な結果は，類似の価値の置き換えをする科学者のケースでそうであるように，彼にとっては憂うつなようである。報酬は問題に対する回答ではない。たいがいの健康な人々は報酬よりもむしろ，回答への到達を望むだ

ろう。

　知的に攻撃的な子どもについて考えてみよう。彼はおもちゃの組み立てを試みる。彼が非常に長時間この作業に取り組んだ後で，彼の父親は彼に「報酬」を与えることにした。この子が心理的に健康であるなら，父親は翌日には彼が最初のおもちゃでせっせと遊んでいるのを見いだすことになるだろう。父親の不健康な妨害にもかかわらず，この子はなおも，報酬よりもむしろ自分の問題の解決を求めているのである。

　しかし，この子が敵意と等価なものを形成していたと仮定しよう。彼は手作りのおもちゃでの探索で，袋小路に入っていたと仮定しよう。彼はこの状況を攻撃的に探索するのをやめていたと仮定しよう。彼は座して，最初の計画が何とか帳尻を合わせられるだろうと空想する。彼はそれらの計画が孵化するのを待つ。このような子どもは，すでに解決の追求をやめているので，報酬をもっと受け入れやすくなるだろう。別の機会に類似の社会状況に直面したときには，この父親は，この子の問題解決を助けるよりもむしろ，この子の敵意をなだめることを期待されていることを見いだしやすいようである。

　しかし全般的に見ると，報酬と，敵意の慰撫は，人間の行動を基礎づける一次的な動機ではない。最も敵対的な人においてさえ，これらはせいぜい一時しのぎにすぎない。基本的な心理的過程は常に，イベントを予期するのに最適のシステムを進化させる一般的な方向に動いている。予測する知識に代わるこの慰撫の受容は，進化していく過程での全体としてのシステムの統合性を一時的に保護する妥協なのである。それだけで，それ以上ではない。

　パーソナル・コンストラクト心理学は前提——人の心的過程はイベントを予期する仕方によって，心理学的に方向づけられるというもの——を受け入れることによって，その立場を「報酬」「慰撫」あるいは「強化」のシステムに基礎づけるよりも，むしろ，**解決**のシステムに基礎づける。しかしながら，これらの解決は，非常に個人的な解決であり，その人特有の解釈に従っていることは認める。また，1つの領域で現実的な解決を追求することは，他のすべての領域での問題解決のためにつくられた全構造を危機にさらすことには必ずしもならないことも認める。この予期システムは，全体として，明らかに間違った部分を保持するという犠牲を払って，しばしば保存されるのだ。

6　敵対的なクライエントへのアプローチ

　敵対的なケースの治療は複雑で困難な問題である。治療者は苦悩の解決よりもその苦悩の慰撫を求めてやってきた人に，対応しなければならない。クライエントは自分のために概要を描かれた治療プログラムの効果を，それが提供を約束する新しい回答によるのではなく，それが約束する特権によって，判断する傾向がある。彼は現実世

界がその自然のままの自己に従うよりも，むしろ自己の予期に従うことを期待している。彼は，自分がすでに行った未来予測と一致する未来を求めるほどには，未来予測をする正しい方法を求めることはしない。

クライエントは治療者をもこの観点から見る。彼は，治療者がどうあるべきかについての自分の判断に，治療者が同調することを期待する。治療者が同調しないときには，クライエントは自分の基本的に敵対的な態度をいろんな方法で見せるかもしれない。彼は灰皿を治療者に投げつけるかもしれない。彼は公然と治療者の能力を過小評価するかもしれない。あるいは彼は単純に治療が成就しつつあるものに失望を表明し，曖昧な抑うつと空虚感について語り続けるかもしれない。

治療者が敵対的なクライエントを扱うときには，自分の問題を自分自身の社会的実験法の結果として見ている人を扱っているのだということを，心にもち続ける必要がある。われわれはこの条件が敵意の定義の一部だと考えられることを主張してきた。このクライエントは火傷を負ってきたのだ。彼はしたがって，自分がやけどをした領域では，これ以上実験するのを嫌がる。この事実は，治療者が心理療法的な動きを促進しようとするのに，いっそうの困難を加えることになる。

さてここでわれわれは，敵意のおもしろい特徴に対抗していく。クライエントは，火傷をしてしまったので，そして自分のある領域での社会的実験が耐えられない混乱状態が終わってしまったので，自分の混乱を，**自分が処理した要素の扱い方**よりもむしろ，その**要素**に原因帰属をする。ある程度までこれはあらゆる心理的に動揺した人々に当てはまる——彼らは自分の困難な問題を，自分がこれらの要素または事実に下した解釈よりもむしろ，その「事実」のせいにして責める傾向がある。われわれが敵対的な人もこれを行っていることに気づくときには，われわれが治療で期待しうるものに新しい脚光を投げかけることになる。敵対的な人の主張によれば，扱いにくいはずのものは，自分自身の思考よりもむしろ，その要素なのである。彼の要素の多くは人々であるので，彼は彼らを扱いにくいと見ていることになる。もちろん，彼は自分自身の実験法が自分を困難に陥れたことに気がつく。しかしその危険は，自分がまじりあうのを許している人々にあると彼は感じている。危険なのは人々であり，これらの人々についての彼の解釈ではないと，彼は考える。それゆえに自分の困難は，内在的に危険な要素の無分別な実験から生じるのだと彼は見るのである。

敵対的な人の２つの臨床的な特徴——解決よりも慰撫を追求すること，およびいくつかの領域ではさらに実験をしてみることを嫌がること——は，治療者が治療プログラムを立てるに際して考慮に入れなければならない主要な検討事項である。基本的にこのプログラムは攻撃を生じなければならない。それについて，われわれはかなり確信できる。どんな進歩の段階が引き続き生じるのかは，なお問題である。ここまでのわれわれの思考では，以下の示唆が導かれる。最善の方法は，選択された領域のシー

クエンスを1回に1つずつ攻撃的探索に開くことである。このプログラムを実行するには，しばしばあまりにも長い時間を要するが，著者はこのアプローチにいくらかの成功を収めてきた。さらに敵意の程度の計算を間違えると，予期していた以上に敵意のある新領域を開いたことに気づくかもしれない。彼はしたがって，あまりにも多くの慰撫をしなければならないので，クライエントの暫定的な適応は危機にさらされるかもしれない。

a．第1段階 1つのアプローチは敵意の領域——したがって，ある程度の慰撫が実践される領域——の封じ込めの試みから出発することである。治療者はこの敵意を治療室内でのみ論じるいくつかのトピックに限定しようと試みるかもしれない。これは，クライエントが治療室外での実験の結果としてすでに困難に陥っている場合には，可能だとは見えないかもしれない。治療者がすることは，**クライエントが感じているカオス**を，いくらかのトピックの領域に閉じ込める試みであり，クライエントには自分の**全**人生が混乱してしまったと感じさせるような対策はいっさい取らせないことである。治療者は，クライエントがあらゆる人にあらゆる状況で敵対していることをみずから知覚させるよりも，最初に，クライエントの敵意に関して，いくらかの人々といくらかの状況を，クライエントに指定させることによって，部分的にはこれを行なうのがよいのかもしれない。

敵意の領域を囲い込んだので，治療者はこの境界内でいくらかの譲歩をするかもしれない。彼は，速やかに約束を守ることによって，クライエントがきっぱり言おうと計画したことには常に耳を傾けることによって，クライエントが要求していると見えるプロトコルのいくつかのアイテムを観察することによって，クライエントの期待にとくに注意深く同調するかもしれない。この段階の目的は，大きな再適応が結果的に達成される領域内の，最初の混乱のいくつかを一掃することである。

b．第2段階 第2段階は，不安に終わるということにはなりにくい攻撃的探索のいくつかの機会を導入するところから出発する。通常，これはまず治療室のなかでなされる。治療者は，自分はクライエントのすることには敏感に反応すること，そしてクライエントは治療者の反応をいろんな方法で試せることを指摘しうる。この敵意がクライエントをひどく身動きのとれない状態にしてしまわなかった場合には，彼は，自分が期待するタイプの関係を形成できなかったいくらかの人々について治療者に語る際に，攻撃的に自己表現ができるかもしれない。この攻撃的な話しはそれ自体が一種の攻撃的な実験になる。ここでは，治療者は語られた人々をある程度代表する人物になるのだ。

治療者は，クライエントの長広舌に耳を傾けているときには，自分自身が関与しているという事実を見落としてはならない。彼の反応は重要である。彼がなだめたり，クライエントの攻撃者に対する態度を共有するように見えたりする場合には，このク

ライエントは再保証（安堵）はえられても，自己の攻撃的な探索が利益にならないことをも見いだす可能性がある。治療者が報復したり，攻撃者の視点を代弁したりする場合には，クライエントは何らかの有益な確証エビデンスを集めることになるかもしれない。クライエントが治療者側のこのような行動に直面する準備ができていない場合には，彼は活動を低下させて，現実で実験してみる試みを打ち切るかもしれず，また，さらに取り乱して，まずい構想の攻撃的探索にたずさわり始めるかもしれない。

　この段階では治療者は，クライエントが攻撃的探索をした結果としての罪悪感に注意する必要がある。クライエントが自己を攻撃的に表出することで自分の役割から逸脱してしまったと感じる場合には，彼は罪悪感を経験して，収縮や「偏執病」的役割の採用のような保護的手段をとる必要性を見いだすだろう。ついでにいえば，罪悪感は心理療法では常に存在する危険である。何が起こっているのかを言えない場合には常に，治療者はクライエントの罪悪感のようなものに目を向ける努力をするべきである。

　c．「洞察」の一般化　治療が「深」ければ，治療初期の数週の間に初めてクライエントがみずからの敵意に気づき始めたとき，その敵意は彼が気づいているよりもはるかに広く拡散しているのを，クライエントがわかっていることを，治療者が期待する時期が来るだろう。治療者がこの目印^{ランドマーク}を通り過ぎるのに耐えられない場合には，彼はある朝目覚めて，彼の素晴らしい治療ケースが自殺や精神病的崩壊に終わってしまったことを見いだすかもしれない。クライエントは，自分の敵意が広く拡散していることに気づくときには，彼が有効な代替の人生の見方をもつ時期と常に同時期になっているはずである。

　d．治療がクライエントの仲間に及ぼす影響　この敵意の解消は，攻撃性の発達を通じて生じるので，クライエントの家族と親しい仲間は，治療のいくつかの段階で，難儀な時間をもつことになりやすい。大体において，これは治療者のこのプログラムの扱い方に依存している。クライエントが自分の対人関係を役割ベース上に築けるようになる前に，治療者がクライエントを急き立てて積極的に精緻化させようとすると，クライエントは暴力的あるいは報復的な症状を示すかもしれない。クライエントが慰撫の要求をすると，家族のメンバーは治療が益というよりも害をなしていると確信する傾向がある。治療者はクライエントの関係をより役割ベースに乗せられるように援助するために，解釈技法の採用によって，この状況を多少はやわらげることができるのだ。

　家族の他のメンバーも治療を受けている場合には，状況はさらなる危険をはらみうる。著者は夫婦のどちらもが心理療法的治療を受けていた例を思い出す。夫婦はどちらも敵意をもっていた。妻は女性の治療者，夫は男性の治療者にかかっていた。妻の治療者は封じ込めを試みず，このケースの攻撃性をただちに開放して，はっきりした

婚姻役割の構造を与えず，敵意が婚姻関係の広い領域に広がるのが見られるようにした。夫の治療者はこのケースを同じくらい速やかには攻撃的探索へと開放せず，開放できなかった。夫が婚姻関係の領域内であえて試行的な実験をする準備ができるようになるまでに，彼が妻から得られる唯一の反応は，彼に慰撫を求めることだけになっていた。彼は自殺でもって収縮した。

7 治療者のなかの敵意

治療者がクライエントの家族メンバーに対して本物の敵意を形成するのは簡単である。敵意の定義について考えてみよう。敵対的な人は，彼の社会的な実験法の結果と共に生きることができない。彼はみずからの起源となる予期を，みずからの状況解釈の調節を通じて確証しようとするよりも，慰撫の要求を通じて確証しようと試みる。彼はこの危険を，その諸要素の解釈よりも，その諸要素に内在するものとして見る。治療者は非常に容易に正確にこの種の敵意の罠にはまってしまう。

さて，治療を試みるとき，治療者は本質的に社会実験なるものを遂行する。彼の苦闘はしばしば無効か，予想外に長引く。このケースの社会実験では，彼は自分が袋小路に追い込まれるのを見ることになる。彼は，自分の治療的努力によって追いこまれたカオスから，自分を解放することができない。彼は，治療の全過程を出発点まで遡って，治療の全計画を再検討する代わりに，自分自身の「努力に対するE」を要求し始める。彼は自分の悪い賭けを慰撫のルートによって有効にしたがる。それゆえ彼は，クライエントがよくならないのは社会のせいだという。彼は，社会は強制的に変えられるべきだと判断する。あるいは，治療者が非常に正しいと確信する「洞察」を生じないのは，クライエントの母——あるいは，クライエントにいつまでも残っている母親のイメージ——による。敵意のケースではすべてがそうであるように，挫折した治療者は，この危険が，どちらかといえば今まで彼にうまく解釈できなかった要素に内在すると見始め，これらの要素についての彼の解釈に内在するのではないと見る。

現時点では，治療者の訓練は，ただの実践家よりもむしろ，科学者として訓練するほうが，治療の破壊的な破綻を防止することになるはずである。科学者は常に，みずからの実験計画が実際に提起した問題に対する自然な反応として，データを受け入れる。彼は自分のデータに苛立ったりはしない。自分の期待する答えが得られない場合には，彼は自分の期待とその期待を基礎づけている実験手続きの両方を再検討する。彼は，自然が自分をなだめ正当化することを要求する立場には陥らないように，注意する。要するに科学者は，自分が敵対的になる瞬間に，困難に巻き込まれていることを確信する。たしかに科学的な文献には，実際に敵対的になった科学者の記録で満ち溢れている。しかしその敵意は，これらの科学者のキャリアの絶頂の後で，この特定の科学者が昨日「真実」だと明示したものについて，科学が前進して不可避的な再

考察が始まったときに，生じる傾向がある。

　科学的な志向性をもつ治療者は，その社会・組織的側面においても，その親であることの側面においても，あるいはその生物学的な側面においても，人間性を非難はしない。彼はしかし，進歩をもたらすことの追求はする。もしそうでなかったら，彼が治療ビジネスに入ることは，まずできなかったであろう。しかし彼は，非難に基づく変化よりも理解に基づく変化をもたらそうと追求しているのだ。彼は人間性（human nature）を自然（nature）として受け入れる。彼は自分の不器用な治療的努力と理論的運用によって，自分が敵意の泥沼に落ち込んでしまうのを許さない。彼は自分が科学者であって，単なる実践家，司祭，ボス，ビジネスマンではないことを記憶している。彼は人間性の真実に対して，そしてそれほど持続的な進歩の妨げにはならない他の真実に対しても，深甚な尊敬を維持しているのだ。

B 不安，収縮，罪悪感

8 不安を含む障害

　われわれは不安を，ある状況における構造の破綻の意識であると定義した。不安の強い人は，自分の特定の予測が確証には届かなかったことに気づいただけでなく，自分の解釈システムがみずからを誤らせることをも知っている。この状況は新しいシステム——彼がすぐには入手できないシステム——を求めているように見える。

　この不安は，将来生じると期待される状況と関係しているときがある。ある人は，みずからの現在の状況の解釈によって自分はどこに導かれるのかが，十分明瞭に見えるかもしれない。が，この道路の突き当たりには，混乱以外には何もなさそうな状況を彼は懸念している。彼は不安なのだ。彼の構造は，長期的な視点によって破壊されつつあるようである。彼の中核構造が，近づいてくる混乱に屈するだろうと知覚される場合には，彼の不安はさらに広がり，彼の防衛的な努力はさらに取り乱したものになるだろう。

　動機づけに関するパーソナル・コンストラクト心理学の新しい立場をネガティブに述べたいと思うなら，人間の行動は究極的な不安から離れるように方向づけられているといえよう。人はさらに進んで，それは究極的不安の**知覚**から離れるように方向づけられるのだと，言わざるをえないだろう。実際，人は多くのただし書きを書き込まねばならないはずである。しかしここでわれわれは，ネガティブな視点から，みずからの理論的立場を発展させようとする必要はない。そんなことをしても，われわれはポジティブに述べられた前提からの推論と同じものにたどりつくことは望みえなかっ

たはずである。

　けれども，人生の基本的な心理学的コンストラクトのネガティブな端を，折々に見てみることは有益である。われわれはある人が奇妙な振りをして行動するのを見る。どうして彼はこんな馬鹿げたことをするのだろうか？　われわれの基本的前提とその系によると，彼は自分がイベントの最適の予期だと解釈するものに向って，みずからの心的過程を進化させているはずである。しかし今のところ，彼はいかにすれば自分のフィールドを精緻化できるのか，あるいはもっと包括的な解釈システムを進化させうるのかを，われわれにわからせてくれない。

　ここで，アプローチを変えて，われわれの基本的前提の反対の極を見てみよう。彼の行動は何に対する代替物なのだろうか？　彼がしていることをしなくなったとしたら，彼は自分が何をしなければならないと感じるであろうか？　どの2つの基本的な行為のコースの間で，彼は自分自身の視点から，選択をしているのだろうか？　彼の代替行為のコースはどんな不安をはらんでいるのであろうか？　これらの疑問は，われわれを彼の行動の説明に導いてくれるかもしれない。

　a．2つの何かから一方を選択する必要性　不安な人はしばしば友だちから「心配するな」と言われる。われわれの人生が古典論理の概念にしたがって秩序づけられるなら，われわれは幸いなことに，「心配する」と「心配しない」の間のどちらか一方を選べばよいことになる。しかし，人生は進行し続ける。心理的には，われわれは「何か」と「無」との間の選択をすることはできない。われわれは2つの「何か」の間で選択しなければならない。人に単純に「心配するな」ということは，彼が現在の行為の進行に代わる現実的な選択肢を提供することにはならない。それどころか，彼はこの混乱から救い出してくれる何かを「開始せよ」と自分に言わねばならなくなる。人はみずからに，「心配をやめる方法は収縮することである。今ここで進行していることに注意を限定しなさい」というかもしれない。あるいは，事実上，「心配をやめる方法は，すべてを私に任せること：依存することです」というかもしれない。あるいは，「あなたのフィールドを拡張しなさい。あの大きな絵を見てみなさい――その星々全体としてのあなたの人生。それがどれほどの意味をなすかごらんなさい。これらのものについてあなたがもつ安定した上位の包括的な解釈に頼りなさい。そうすると，これらの小さな心配はすべてが無意味に見えてくるでしょう」というかもしれない。この最後のタイプの警告のもつ唯一のトラブルは，ここにこの人の崩壊する確かな場所がありうるということである。彼は拡張したフィールドを扱うための使用可能な上位システムをもっていないかもしれないのである。

　b．不安はどれくらい共通しているか？　あらゆる解釈の障害は不安を含む障害だという感覚がある。「神経症的」な人は，自分の世界のイベントを解釈する新しい方法を，躍起になって捜しまわる。時に彼は「小さな」イベントに取り組み，時には「大

きな」イベントに取り組む。しかし，彼は常に闘って不安を寄せつけようとしない。「精神病的」な人は，みずからの不安に対する何かの一時的解決を見いだしているように見える。しかし，それはせいぜい不安定な解決にすぎず，われわれの多くにとっては反証になるはずのエビデンスに直面しても，持ちこたえられなければならないのだ。「正常」な人もまた，不安とともに生きる。彼はみずからの解釈システムの連続的な改訂に関係して中程度の混乱までは自己を開放し続ける。彼は自己のシステムの上位の浸透的な側面に頼ることによって，不安が全体的なカオスに崩壊するのを回避するのだ。

　人は不安に完全に屈服するのだろうか？　この答えはノーである。生きているかぎり屈服はしない。人の心的過程は，常に何らかの個人的解釈パターンに従う。彼のパターンは観察者にはあいまいかもしれない。彼の解釈は揺れ動くかもしれない。彼は崩壊点にいたるまで膨張あるいは収縮するかもしれない。しかし彼の行動には，常に何らかのパターン化があり，何らかの個人的な解釈が含まれている。彼の不安でさえ，洪水になったように見えるイベントの流れに対処できないと気づくときには，ある程度まで構造化されているのである。

9 ｜ 不安の評価

　臨床家は，不安をコントロールするために企てられてきたと見られる方法を観察することによって，不安を評価しなければならない。不安は直接には観察できない。涙を流すことさえ，不安の一要素というよりも，不安を回避するためのデバイスとして見るのが，最もよいのだ。いくらかの心理学者の言葉では，われわれはそれを不安の「操作的な指示対象（operational referent）」と呼びうるが，泣くことはあらゆる不安に潜在すると仮定しないように，注意しなければならない。泣くことはしばしば子どものような依存の解釈の表現である。不安に直面すると，人は第二次防衛線まで後退する。こうして彼は，子どものように泣きわめくのだ。彼が敵対的な場合には，彼が泣くのは慰めを求めているのである。彼が単純に自分の依存性を拡散できる多様な資源をもたない場合には，彼は自分の全依存性を1人の人物に求めるかもしれない——この人の前で彼は泣き叫び，あるいは彼が泣いたことについて，この人が後でわかってくれるだろうと期待するのである。

　臨床家がクライエントとの間に依存関係を築きたいと思う場合には，彼は通常，初期の面接のあるときに，クライエントを泣かせることになるだろう。こうして泣くのを受け入れることによって，臨床家は事実上クライエントに，「私はあなたが子どもであるかのように，あなたの面倒を見ましょう」と語っていることになるのである。クライエントが自分の患者役割の解釈を受け入れて，これにしがみついて手放さない場合には，かなり不安から解放されるようである。しかしクライエントと臨床家がこ

こからどこへ進んでいくかは，まったく別の問題である。

　　a．不安で敵対的なクライエントが泣くこと　　敵対的なクライエントが泣くのを奨励する臨床家は，自己の関与をさらに深めていきさえする。彼は，クライエントの中核的解釈システムに自己を合わせることによって，クライエントの生計維持要求に気をつけなければならないだけでなく，クライエントの悪い賭けもすべて認証しなければならない——周辺的な問題においてさえ，臨床家は同調しなければならず，なだめねばならない。これは，敵対的なクライエントは絶対に泣くのを許されないということではない。治療的な志向性をもつ臨床家には無視をしがたい，重要な結果があるということを意味するだけである。

　　b．泣き叫ぶことは役に立つのか？　　涙することは適切な解決なのであろうか？「泣きわめくこと」は本当に役に立つのだろうか？　時には役に立つ。時には問題をいっそう悪くする。不安のなかで役割関係が崩壊している人は，時には，泣き叫ぶことを通して，自分の役割をもっと依存的な基礎の上につくりなおすかもしれない。実質的に，彼は子ども時代の解釈に逆戻りして，自分の問題にアプローチしなおすのだ。彼は両親のような友だちをもつと仮定することによって，最初からやり直す。これは悪い仮定ではないかもしれない。それは，彼が今までに発見できたものよりも，もっと実り豊かな探索の道へと彼を導いてくれるかもしれない。彼は自分が泣くのを受容してくれる人を見いだす。彼には，いっしょにうまくやっていける人が，少なくとも1人はいる。彼はいくらか自分に似た他者を探し求める。やがて彼は友だちと呼びうる人々のなかに自分がいることに気がつく。

　　しかし，この人はおのおのの友だち候補者を，その肩にすがって泣くことによって，テストしなければならないと仮定してみよう。彼の友情のテストはあまりにも厳密に過ぎる。それは敵意を暗示する。彼はすぐに，生涯にわたって自分をベビーカーに乗せて動かしてやろうなどという気になる人は，ほとんどいないことがわかるだろう。初めに社交的な泣きの習慣を奨励して，次には彼を見捨てた人は，彼に恩恵を施しはしなかったのかもしれない。

　　この不安が状況的であって慢性的ではない場合には，単発の面接での泣きの受容は，有益であるかもしれない。これでクライエントは習慣的な落ち着きを取り戻して，この問題処理の結果に偏見を抱かせうる乱暴な決定を回避する助けになるかもしれない。この不安に役割関係の混乱が含まれている場合には，こうして泣くことは，クライエントがある程度治療者に似た人々との，満足な役割関係の始まりを経験する，よい機会になるかもしれない。これは1回の面接だけでは生じそうにないが，時には生じることもある。このクライエントが敵対的である場合には，長期にわたり，忍耐強く現実的でもある面接計画において，治療者がフォローし続ける意志をもつのでないかぎり，泣きの受容は益よりも害になりやすい。

c．不安と衝動性　時に不安は，人がそのフィールドを探索する仕方から，推測されうる。混乱を構造に置き換えようという熱意のなかで，人はしばしば素早い解決を求める。彼の予期サイクルは短縮される。彼は短期の実験を行ない，その最早期の瞬間の確証エビデンスを集める。これは，彼の行動にランダムな様相を与えることになる。しかし実際には，それはランダムではない。というのも，これらの問題に関して科学的な立場をとろうとするなら，われわれはとにかく行動は構造化されており，けっしてランダムではないという仮定に基づいて，操作しなければならないからである。

近視眼的な実験によって不安を解消しようとする試みは，ある動作性検査の行動にはっきりと観察されうる。はめ板（フォームボード）に取り組む不安な子どもがいると仮定しよう。この子は短い予期サイクルを使うことによって，できるだけ早く不安からの自己救出を企てると仮定しよう。彼は一握りの積み木（ブロック）をつかんで，これらをそのボード上に投げ出し，これらがそのボードに嵌まることを期待しながら，こすったり圧しつけたりする。あるいは，もし彼がもうほんの少しだけ用心深ければ，彼は各ブロックのすべての関連のある側面について考えるのに十分に時間をかける前に，速やかに選択し，試し，関連のないブロックを捨て去っていただろう。彼は，無駄な努力をくり返し，何回も次つぎと同じ積み木に戻ってきて，それをボードの窪みにはめこもうとする試みを反復し続ける。彼はみずからの確証エビデンスを体系的には蓄積しない。彼は，一時的にでも不安に耐えられないので，彼の問題の解決へと導く効果的な実験のセットをデザインするのが困難になっている。われわれの調節の系の言語では，彼のシステムに関連する上位の側面の十分な浸透性の欠如によって，彼は鋭く制限されているのである。

人々は人生の他の領域で短い予期サイクルを使うことによって，自己の不安を示す。金儲けをするためにギャンブルをする人，社会的役割を再調節するために酩酊状態になる人，成功したキャリアを達成するために仕事から仕事へと軽やかに飛びまわる人，これらはすべて，彼らがよりよくデザインされた実験のシークエンスをひねり出すのに，十分に長くは耐えられない，根底の不安を示しているのかもしれない。

d．不安，膨張，収縮　時に臨床家はクライエントの膨張から不安を推測するかもしれない。クライエントが，反証エビデンスに直面したとき，突然膨張する場合には，その膨張は，彼の前の豊富な要素につけ加えられるなら，とにかくこの状況へのキーを提供し，彼が構造を再獲得するのを可能にしうる，付加的な要素を探すための彼一流の方法なのかもしれない。観察者にとっては，これは転導性（distractibility）のように見えるかもしれない。しかしクライエントの視点からは，それは実際には，新要素の発見によって——すなわち膨張によって——構造を求める熱狂的な探査なのである。

時に臨床家はクライエントの示す収縮からも不安を推測しうる。この収縮がいくらかの領域，いくらかの機会に限定されている場合には，臨床家は，自分が不安現象を

扱っていることを合理的に確信することができる。ウェクスラー・ベルビュー尺度上の「スキャター（scatter）」やスタンフォード・ビネ尺度上の「スプレッド（spread）」の現象は，しばしばこのタイプの局所的な収縮の結果だと解釈されうる。若干の領域で不安をもつ被検査者は，この不安を含むこれらの領域で収縮を使ってきたかもしれない。彼がこれらの領域でテストされるときには，多才さの欠如を示し，その状況の若干の特徴以上のものは同時に考慮できないことを示している。不安が彼にとってそれほど大きな問題にならない他の領域では，彼はあまり束縛されない有能さを示すかもしれない。

　数唱（digit-span）タイプのテストで成績が悪いのは，多くの臨床家に不安のサインだと受け取られている。それは，競争観念の侵入によって，被検査者が読み聞かせられた数字の記憶を妨害されるか，それとも自己の知覚フィールドに望ましくない要素が入り込むのを防止するために，被検査者に採用される，自己の活動を不能にする（self-crippling）収縮によるのか，いずれかによって説明されうる。それが後者であるかぎり，この被検査者は不安の破壊から自己防衛をするために収縮を使うことを示しているのかもしれない。それが前者であるかぎり，われわれはそれを，クライエントが今なお，不安領域にある彼の問題の解決を試みようとして，拡散した一連の衝動的実験を遂行しているのだということを意味していると解釈できよう。彼の問題解決への努力は彼の注意を他のものに転導させているのだ。しかしわれわれが数唱の成績の低下を，転導によるのか，それとも収縮によると解釈するのかは，どちらにしても，それが一種の局所的不安を漏らしている可能性が高い。

10 ｜ 不安と治療的動き

　たぶんわれわれの議論は，われわれが提案してきた診断次元のほとんどどれに関する動きも，不安から逃れようとする人によって試みられうることを，十分に示しえたであろう。前にも示したように，あらゆる人間の行動は不安からの逃避だと解釈できるはずだ。しかしその立場をとることは，心理学的に逆説明システムの形成を追求することになりそうである。われわれは逃避の心理学でもって結末をつけることになり，われわれの全問題に対する最も明白な回答は，涅槃になるだろう。著者の座する場所からは，人間性はその方向を目指しているようには見えない。しかしながら，不安は人類に普遍的であり，人々は一般に不安から逃避する。それは，たまたま向かっているどんな方向にでも急いで走り去るのではなく，未来を予期するのによりよい方法を探しながら逃れるのである。

　人々は，われわれの診断コンストラクト・システムによって地図に描かれた大通りのほとんどどの1つにそってでも動いてみることによって，自然に不安の処理を試みているが，それと同じように，治療者も非常に多様な方法で不安を処理している可能

性がある。治療者は，クライエントが泣くことと，クライエントの依存コンストラクトの暗黙の発動を，奨励するかもしれない。彼はクライエントがここに小構造を，そしてそこに小構造を発見するのを援助するために，短期の実験を促すかもしれない。彼は膨張を促すかもしれない。より多くの要素を考慮に入れることによって，クライエントは最大の不安を乗り切るためのもっと包括的な構造を呼び出しうることを，見いだすかもしれない。治療者は収縮を促すかもしれない。入院は不安に対する収縮アプローチの一例となろう。

治療者はクライエントが反証エビデンスに過敏にならないようにするために，解釈の弛緩を奨励するかもしれない。弛緩した解釈をもつクライエントは，コンストラクトがうまく働いていないとわかっても，その都度これを捨てる必要はない。彼はなおもそれが装備一式に保存するのに十分によく適合していると考える。治療者は，クライエントが自己の予測を規則化しうるように，いくつかのコンストラクトの緊縮を奨励するかもしれない。彼は，状況が種々の建設的な角度から見られうることをクライエントにわからせるように援助するために，用心を奨励するかもしれない。彼は，クライエントが必要な行為をとるための基盤を見いだせるように援助するために，先取りを推奨するかもしれない。実際，治療は一方向的な行為の問題ではほとんどない。それは通常，その目的へと向かう複合的な，あるいは将棋盤的なアプローチを含むのである。

11 | 収縮を含む障害

収縮は，国家的というよりも，個人的なスケールで適用される孤立主義の一形式である。これは国家的なスケールでの孤立主義的思考の心理学的な基礎をも表しているが，当面はこれを社会学的な用語で定義する試みはしないようにしよう。収縮する動きは，他の形式の動きと同様に，望むなら，不安の回避と見てもよい。これはそれのネガティブな理解の仕方である。収縮をポジティブに見たい場合には，人はこれを，自分の2つの手で持てる大きさに縮めることによって，自分の世界を操作可能にする一方法だと見ることができる。

ある人は自分に理解できる以上のことを自分が知っていることを見いだす。それは不安を喚起する事態である。それは「問題」を構成する。彼は自分の理解力で追いつけるようになるまでは，今以上の知識には無知であり続けることによって，自分の問題の解決を試みる。彼は自分の知っていることのいくつかを無視しようと試みさえするかもしれない。これは，それでうまくやり通せるなら，素敵なトリックである。しかし，不安の無制限な回避に成功する方法では，めったにない。これが収縮である。

a.「もったいぶった男」の日記 収縮を含むいくつかの障害を観察するには，いくらかの人々の経歴を見ることが，おそらく最も簡単である。ある男子高校生は，先

生も教科書も，彼にはわかるようにまとめたり理解したりすることのできない事実を，公然と投げつけ続けていることに気がつく。彼の自発的な精緻化の努力は，新しい構造を生むのに失敗する。彼の精緻化はますます自発的でなくなる。彼は学校をやめて，自分で意味を理解できる問題のみを処理できる時期の来るのを待ち望む。

彼が学校を去るときには，彼はしばらくの間かなり収縮した人生を送ることになりそうである。彼は最も明白な地域のイベントに関心をもつだけかもしれない。彼はその経歴の限界を考慮せず，彼の見いだしうる最も賃金の高い仕事に就くかもしれない。それは一時的な仕事，あるいは彼が若くて体力のある間にのみ何とかやっていける仕事かもしれない。彼がアスリートであるなら，彼がフットボールの英雄になれるキャンパスで採用される仕事に就くかもしれない。それにもかかわらず，収縮の動きはすでに生じているかもしれない。時がたつとともに，もっともっと多くのものが彼の知覚のフィールドから排除されていくかもしれない。彼が「重視しない」と決心し，したがって無視することを選択したもののリストは，どんどん長くなっていく。いくらかの人々だけが「大切」なのである。いくらかのアイデアだけが「もつ価値」があるのである。ほんの少しの熱狂だけが「正常」なのである。ごく少数のエンターテインメントのみが「自然」なのである。ほんの少しの視点のみが公表されるべきである。他のものはすべて「くだらなく」，破壊されるべきである。人はみずからのフィールドを収縮するだけでなく，早かれ遅かれ，その仲間，近隣の人々，そして同じ市民を収縮させようとし始める。

収縮と敵意の両方向で動きが生じるときには，この人は，その人自身とその仲間の両方にとって，とくに困難な社会的適応の問題を呈する可能性がある。敵意とは，その人が何らかの社会的実験を実行して，この実験によって混乱させられていることを意味する。彼はなおも自分の最初の賭けが確証されることを望んでいる。彼は慰めを要求する。彼は収縮を用いて，自分の直面する混乱した要素の範囲を狭める。それにもかかわらず彼は，比較的膨張した見方をする一群の仲間に，自分自身を投射してきたことに気がつく。彼の要求する慰めの代わりに，彼らは彼に新しい事実，新しい問題，新しいアイデアを突きつけ続けて，彼の収縮を打ち砕き，混乱を加えさせる。今は，自分の慰めを得るために，彼はみずからが慰めを要求する人々のフィールドを収縮させようとするかもしれない。

　ｂ．**親による収縮**　親は子どもを扱うのに，敵意を収縮に組み合わせるかもしれない。結婚と親であることに関する彼（父親）の社会的な実験は，彼を混乱させるような事態を創出したかもしれない。彼の当初の予期は，正当な理由のないことを証明している。彼は自分の期待を再考する代わりに，敵対的になって，とにかく彼の間違って考えた当初の期待を妻と子どもに確証するよう要求する。彼は慰めを求める。しかし彼はまた，収縮という手段によって，部分的には自分の不安を操作する。彼は夕刻

に家族を連れ出すのをやめる。彼は最も狭い範囲のトピック以外は，家族とのどんな議論をも拒否する。彼は家族のルーチンの変化にはもっともっと耐えられなくなってくる。子どもたちが彼の状況に新しい要素——たとえば彼らの友だち——を持ち込んでフィールドを膨張させる脅威をもたらす場合には，彼は家族をも収縮させようと試みる。

c．**収縮と敵意**　人はそのコミュニティと社会政治的な人生において，敵意と収縮を結合させるかもしれない。彼の社会化された思考とコミュニティの責任領域への初期の冒険は，彼を水底深くに連れて行ったかもしれない。おそらく彼は政治的な指導者と富豪になることを期待していた。そしてある伝記的なパターンに従うことによって，その目標の達成を期待していた。しかし，彼の最初の予期は実現に失敗したと仮定しよう。彼は，自分が一般に信頼できないキャラクターであり，財政問題では向こう見ずだと見られていることに気づくかもしれない。彼は現在の混乱にはみずから入り込んだことに十分に気づいている。この状況は耐えられない。が，彼は，最初に従おうと企てた伝記的スキーマを再考しようという気にはならない。とにかく彼はその状況から彼がもともと要求していた公的信頼と富を奪い取らなければならない。結局，このすべてが加わって敵意になるのだ。

しかし，彼はまた収縮もすると仮定してみよう。彼は自己の状況の要素を無視し始める。彼はみずからの政治的な視野を狭めて，いくつかの要素のみに集中する。彼は1，2の問題，そして1，2種類の事実のみに基づいてキャンペーンを張る。彼は近視眼的な財政取引を行なう。彼はもっぱら金銭的な価値によって考え始める。他のすべての問題と事実は「境界線を越えれば」無視される。この収縮は，敵意といっしょになって，彼を，コミュニティのあるいは国家の問題にさえしてしまうかもしれない。彼は自分の最初の野心の達成を自分の支持者に強制するために，そのフィールドをも収縮しようと試みるかもしれない。彼はいくつかの競合製品の市場取引を禁じるかもしれない。彼は自分に反対する人々に対しては言論統制を試みるかもしれない。彼は事実の最も限定された，したがってしばしば誤解を招きやすい部分のみを見たり，表現したりできるようになるのかもしれない。彼はどんなものでも広い視野で見るのを許さないかもしれない。それゆえ彼は，自分の世界をみずからの心の次元にまで縮めて，維持するためだけに収縮を使うのではなく，同じ窮屈な場所に仲間を強制的に引き入れて，この仲間から間違った発想の野心の慰めをもぎ取ろうとして収縮を使うのだ。

d．**収縮と先取り**　収縮はしばしば先取り的思考をともなう。実際，含まれている解釈レベルの違いを無視するなら，収縮と先取りは同じだといってよかろう。この収縮をする人は「私はこれらの要素のみを考えて，他には何も考えない」という。先取りをする人は「これらのものを見る見方は1つだけあり，それ以外には何もない」という。収縮をする人は自己のフィールド内の要素数を制限し，先取りをする人は，自

己のフィールド内の各要素に適用するコンストラクト数を制限する。われわれは，要素が順にこれらに従属するさらに別の要素のコンストラクトであると考える場合には，従属的な要素に関する思考では，結局のところ収縮は先取りになるといいうる。先取り的使用のために選び出される１つのコンストラクトが，それ自体，多くの潜在的なコンストラクトからの狭い選択だと考えうる場合には，先取りは上位コンストラクトの使用においては収縮といいうる。したがって，収縮を示し，若干の選択された要素以上のものに注意するのを拒否する人は，先取り的でもありうるし，これらの要素に対して若干の選択されたコンストラクト以上のものを適用することが許されえないのは，驚くほどのことではない。

12 │「退行期鬱病」における収縮

不安をコントロールするための収縮の使用が，おだやかながらも数年にわたって進行していったクライエントについて考えてみよう。たぶんそれは，40代後半の女性である。彼女は，全人生を通じて，みずからの活動範囲にさらなる限界を設けることによって，混乱状況に出会う傾向を強めてきた。徐々に彼女は自己の興味を家庭と家族の世話に限定するようになってきた。たとえば彼女は新聞を毎日読んでいるが，それも徐々にＡ欄の第１面から，近隣のニュースが公表される中ほどのＢ欄のページへと移っていった。彼女が読むのはもっともっと結婚報告や死亡記事に限定されてきた。彼女はダウンタウンへはあまり行かなくなった。引っ越して街を出て行った親友に代わる人はできなかった。重要な決定はすべて，もっともっと夫任せにするようになった。

さて，彼女は自分がバーゲンで安く買い物をすることさえ困難になるほど自己収縮していることがわかった。子どもたちは家を出て自立していった。閉経にも見舞われた。彼女の身体過程は不規則でいくらか予測困難にもなっていた。彼女には，みずからの解釈システムの自発的精緻化にたずさわれる領域がほとんど残っていなかった。彼女には，安全のために引きこもってきた収縮領域においてさえ，自分が混乱——不安——に直面していることがわかった。彼女は何をなすべきか？　もっと収縮すべきか？　どこで？　彼女には，中核構造でカバーされている領域を除けば，収縮の余地はほとんどない。彼女は不安の代替物すなわち収縮する病——たぶん自殺——に直面しているようである。

ａ．電　撃　電撃（電気ショック）療法はしばしばこのようなケースで使われる。この結果はしばしば有益である。少なくとも一時的には。電撃療法の心理学的および生理学的な意味については，もちろん，多くの仮説がある。かなりの程度まで，これらの仮説は，予想されうるように，異なる臨床家のもつ，多様で混合された理論的視点から引き出されている。

第17章　移行の障害　283

　パーソナル・コンストラクト心理学の観点から最も直接に引き出される仮説は，「電撃は全般的にクライエントに対して収縮効果をもつ」というものである。部分的な健忘症がある。全知覚フィールドの突然の収縮，これに続く直接的なフィールドの急速な再膨張，しかし，もっと遠いフィールドのより緩慢な膨張がある。このクライエントは，1時間ばかり前に直面した広い世界ではなく，大方は今ここで構成された収縮した世界に対面して，意識を回復する。この点で，電気ショックに続く意識の再獲得は，眠りに続く目覚めとは異なる。一晩の眠りの収縮に続く朝は，目覚めによる救いを数分間提供してくれるかもしれない。が，その膨張は急速であり，この眠りから覚めた人はすぐ，前夜の分け前としてのあらゆる混乱と不安に直面する。われわれの見るところでは，EST（電撃療法）の効果は主として，その人がショックで生じた収縮の後で再膨張する経路にある。この視点からは，この再膨張を心理療法的にコントロールすることが非常に重要なのである。

　クライエントが夫によってサナトリウムに連れてこられたと仮定しよう。彼女は泣く。不安の拡散した活発なサインを示す。彼女は，自分には命をかけるものが何もない；自分の人生は絶望的で失敗である，と訴える。彼女は不安の問題に対する慣習的な収縮による治療法のエビデンスを示す。ただし，この不安はもちろん，今では再び手に負えなくなっている。不安の程度は完全な収縮へ向かう最終的な一歩を求めているようである。幸い彼女はこの一歩を踏み出すのをためらっている。

　精神科医はまず鎮静剤を処方する。これは，眠りはもたらさなかったものの，直接的な効果は生じた。この休息期間は，身体過程の規則性と予測可能性を回復する何らかの傾向性をもつのかもしれない。したがってそれは，彼女の中核構造が役に立つ領域において，不安を軽減する。しかしこの特定のケースでは，鎮静剤の服用後の覚醒状態が再び不安の洪水をもたらすと仮定しよう。

　われわれのクライエントは今や「退行期鬱病」のケースだと「診断」されると仮定しよう。これはもちろん，分類あるいは**先取り**レベルの診断であり，われわれが前章で提案した**命題**レベルの移行的診断の類を代表するものではない。精神科医はEST（電撃療法）を採用することに決断する。

　さて，この（電撃による）収縮は突然であり，鎮静剤では収縮されなかった身体過程に影響を及ぼす。これに引き続いて収縮よりもかなり遅い膨張が生じる。この膨張は，それがクライエントの心理的なフィールドの他の領域を開くよりも速く，中核的解釈に身体過程を開く。かつては広い利便性の範囲をもっていた包括的構造は，今では比較的狭い利便性の範囲しかもたない。周辺的な要素は，この図柄から脱落する。このクライエントは，彼女の1つのコンストラクトの利便性の範囲内にまともに落ちる問題なら，そのいくつかを解くことができるかもしれない。しかし彼女は，遠隔類推（remote analogy）によって解決しなければならない問題に注目するのが困難である。彼

女の上位コンストラクトは浸透性が低い傾向がある。ある意味では，彼女の思考はより実際的，物質主義的，具体的で，新しい経験に広くは適用しがたく，そしてより収縮している。たとえば彼女が15歳のとき妹とした口論は，今では単純にたまたま起こったイベントとして，そして，彼女の全人生が無価値かどうかの問題に関する重要な1片のエビデンスとしてではないと記憶されている。彼女に提供される食事は，単に食べられるべき食事であって，彼女が社会の重荷になっているというサインではない。彼女は今日が何曜日か確信がもてず，こんな問題が彼女の心に滑り込んできたことをほんの少しだけおもしろがっているかもしれない。彼女は，自分の孫が2人なのか3人なのかを忘れるという，自分の小さな記憶の間違いを，絶望の指標とはとらえていない。彼女が解釈には不可欠だと考えるフィールドの部分は，主に彼女の中核的コンストラクト・システムの下で相対的に収縮され，よく組織化された状態で維持されているのだ。

b. 連続ショック療法　一連のショックが続けられると仮定しよう。もっともっと多くの周辺的要素が彼女の知覚のフィールドから篩い落とされる。もっともっと彼女は中核コンストラクトと依存コンストラクトにたよるようになる。精神科医は，心理療法に対する「接触」（コンタクト）の確立を試みて，一連の収縮におけるあるポイントを選択するかもしれない。アルブレヒト（Albrecht）によって実行された研究からわれわれが得たこのようなエビデンスは，この試みが通常第10ショックを超えて延長されるべきではないことを示しているようである。心理療法はより長く延長されればされるほど，改訂を必要とするコンストラクトがより利用しにくくなり，クライエントの上位の人生役割の再構築で役割を果たすべき諸要素が，それだけ利用しがたくなるのだ。

しかし，この電撃療法の収縮効果は，永続的な事態を生じない。クライエントは再び自分の不安を管理できなくなり，新しいイベントは全面的収縮のみを解決と見なしうるというような主張を，積み上げるときが来るかもしれない。彼女の今までの治療の連続は，その後の数年の推移に秩序を与えると期待されうる構造を，彼女が確立するのには，ほとんど役に立たなかったかもしれない。構造は破綻する。再び，彼女が適切に予期できないことが彼女に生じ始める。次に協力する精神科医が来て，みずからの診断を行なう。非常にしばしば，彼もまた，彼女に必要なのは──EST（電撃療法）だと判断するだろう！

13 ｜ 収縮は時に価値がある

パーソナル・コンストラクト心理学と結合して使用するために提案された他の診断コンストラクトについてもそうだが，収縮は必ずしも「悪い」ものではない。われわれはだれしも，平静を維持するために，自分のフィールドを収縮せざるをえないときがある。パーソナル・コンストラクト心理学それ自体が，意図的に収縮されたフィー

ルド——人間心理学のフィールド——を処理する試みを表現している。それは完全に
哲学的なシステムとしてではなく，むしろ「ミニアチュア」のシステム——そしてそ
のときに一時的にのみ使われるもの！——として提案されている。われわれは，心理
学に関するかぎり，われわれのフィールドをみずからが扱いうると考えるサイズに収
縮した。われわれは，この限定されたフィールドをその利便性の範囲内に包容しうる
コンストラクトを考案したいと希望する。われわれは，このフィールドの外側に落ち
る要素を，われわれの特定の心理システムの外側にあるコンストラクトで，処理する
ことを選択する。

　われわれがはっきりさせたいポイントは，こうである。収縮は時に問題解決にも使
われうるが，そうするなかで，結果的に克服できない不安でもって人を脅迫するよう
な問題が蓄積されるかもしれない。収縮は，人の心理システムの位置と運動をプロッ
トすることに関係する軸の1つである。実際，収縮に関する移動（displacement）が最
も明白な障害はいくつかある。われわれは，このタイプの障害を含む実例の材料を引
用することによって，この次元の使用を説明しようと試みてきた。

14 ｜ 罪悪感を含む問題

　罪悪感の診断コンストラクトを扱った前章の節で，いくらかの原始的文化集団の罪
悪感について，一時的な言及を行なった。われわれは，中核的役割構造からはずれて
しまったという意識が罪悪感だという定義を心にとどめながら，タブーを破って自己
の中核的役割からはずれてしまった部族員は，時に生命を維持できなくなる可能性が
あるという事実に言及した。追放された人は，中核的役割の喪失の結果として，明ら
かにすぐに死ぬという記録がある。

　すべての真実が知られることになれば，極度の罪責に直面しながら生命を維持する
のは，どんな文化集団——われわれ自身のものをも含めて——においても困難である
ことを，われわれは学ぶことになるだろう。それが困難なのは，それが依存の適切な
分布を妨害するだけでなく，われわれのいわゆる「身体」過程を含むすべての心的過
程の自発的な精緻化を妨害するからである。われわれの役割の解釈は，まったく表層
的な事態——社会的な見かけのためだけに仮面をつけたり脱いだりする——ではない。
いくらかの他の人々の思考と期待に対するわれわれの関係の解釈は，われわれの生命
過程の深層にまで到達する。われわれの役割についてのわれわれの解釈を通じて，わ
れわれは最も自律的な生命機能さえも支えているのである。実際に**中核的役割構造**は
存在するのだ。

　われわれの定義によれば，罪悪感は人の中核的役割構造から追放されることなので，
罪責が「身体的」健康とは無関係だなどと期待することはほとんど不可能であっただ
ろう。厳密に心理的な領域のなかでは，「罪の報いは死である」という聖書の言葉は，「罪

責の報いは死である」に置き換えることができよう。罪責に直面しながら生を維持することは本当に困難なのである。生きようと試みさえしない人もいるほどである。

a. **罪悪感をつくるために動作主体を指名する危険性**　罪悪感は非常に強力な破壊的作用因^{エージェンシー}なので，罪悪感を感じさせる手段を，敵対的な人の手中に残しておくことには，大きな危険性がある。敵対的な人は，前に述べたように，自分の偏見に適合させるためには，全世界をひっくり返さねばならないとしても，自分の元々の見解が確証されることを望むものである。彼は基本的に，人間の理念^{アイデア}はそのままにしておき，自然をそのアイデアにしたがわせることを望む，反動主義者なのである。彼がある社会的な集団のスポークスマンになるとしよう。この集団のメンバーは，彼の思考の解釈を通じて，その集団の思考を解釈する。こうして，彼らは自分たちの役割を形成していくのである。

しかし彼は，とにかく彼の社会的な実験法が通常混乱に終わってしまうと感じていて，それはこの世界の欠点であり，自分の欠点ではないはずだと信じている，敵対的な人でもあることを思い起こしてほしい。彼は自分の立場を考え直す代わりに，自分の元の考えへの譲歩を要求する。彼はそれが「共産主義」の路線であっても，「アメリカ中心主義」のものであっても，「みずからの党の路線からの逸脱者」を非難する。彼が自己の集団のメンバーを除名する手段を持っている場合には，彼は自分自身への慰めを得るために，彼らの罪悪感に対する傷つきやすさを有効に利用するかもしれないのである。

自分の中核的役割が本当に危険にさらされる場合には，このような独裁者に対して完全に独立の立場をとることは，誰にとっても不可能である。その人が，ソビエトの競技選考会での不本意な薬物常習者であっても，その生命と生活が敵対的な司祭の要求に完全に編み込まれている悔悟者であっても，その行動が自分の部隊に忠誠ではないと解釈されてきた「正規の」海兵隊員であっても，愛情はあるが敵対的な親のやり方と未知の自由世界のやり方との間で一方を選択しなければならないといわれてきた子どもであっても，彼はほぼ確実に「自白」する。罪悪感をもたせる手段へのコントロールを他者に与えることは，ある点で，その人に生殺与奪の権限を与えるに等しい。実際ふつう死は，中核的役割の完全な喪失に比べると，人々に与える脅威は小さい。

b. **敵意と罪悪感**　ある人が自分のしたことに罪悪感を持つものの，まだその代替物を考えつかない場合には，この人は敵対的になると思われる。彼は自分の中核的役割の回復を要求する。彼は自分自身の要求の不合理さを知覚する代わりに，他者が自分に不合理な要求を突きつけてくると感じる。彼は他者が敵対的な方法でふるまい考えるのだと見ている。自分自身に対して不合理な要求をつきつけていると彼に見られている人々は，自分たちとの関係で，彼の役割が構造化されている人々であるようである。このトラブルは罪悪感から発しているので，彼が確証を望んでいるのは，彼の

もともとの中核的役割であり，そしてその解釈システムが，そのなかに包摂されている人々からの慰撫を除けば，何も受け入れないだろうとわれわれは仮定する。

ある子どもが，自分は父親よりも母親との共通点のほうが多いと考えるように育てられたと仮定しよう。この子の役割は，母親が同一化されるべきもので，父親は追求されるべきものだという基盤に基づいて構造化されている，と想定しよう。彼はこれらの人物解釈を他の社会的状況への転移の基礎として使うと想定する。すぐに彼は，自己を女性と同一化し，男性の溺愛を求めるようになる。このパターンは実質的に，他の中核的役割コンストラクトのなかに織り込まれており，この基本的な見方を維持することによって，自己を支えていると考えてみよう。

子どもが成長して青年期に入ると，彼は自分が自分の性役割を解釈するポイントを見失っていることに気がつく。その結果，彼は自分が成人の中核的役割からはずれていることを見いだす。この気づきとともに，罪悪感がやってくる。しかし，これ以上のことが生じたと考えてみよう。自分の今いる耐えられない状況が，彼自身の社会的実験の結果であるように見えると想定してみよう。自分に開かれた実験方法は残されていないことが，彼にも見えていると考えてみよう。彼は今や同性愛者（ホモセクシャル）になってしまい，以後永遠にそうであり続けるだろう。彼は，最終的な結果がなお別ものになりうるというアイデアをもって，この問題に再アプローチする準備ができていないのである。

さて，敵意のための舞台が設定され，引き続きなだめのための要求が否応なく生じてくる。人々は，ホモセクシュアルで仲間はずれの異邦人の役割においてではなく，彼がもともと解釈していたとおりの役割において，彼を受容するよう強制されるはずである。彼の元の形式における中核的役割を精緻化するために，彼は自分に対立して孵化させられた怪物のような筋書きを見るかもしれない。人々は，自分たちがなすべきだとされるふるまいを，頑固に拒絶する。したがって，元の中核的役割は，「偏執病（パラノイド）」的特徴を加えることによって元気づけられ，その敵意は「動かずにじっとしているべきだ」という社会からの融和策を強要し続ける。

この種のケースの治療は，過去には一般に非常に困難だと考えられてきた。しかしながら近年では，治療者の間には，はるかに多くの楽観論が存在するようである。また臨床家が，この一般的なタイプの精神力動論によって，ケースを診断する傾向も顕著に増加してきている。したがってこの楽観主義は，とにかく治療可能と考えられてきたはずのケースに，「ホモセクシュアルからパラノイドへ」という解釈の，当てはめ傾向の増大の関数なのかもしれない。

c．「パラノイド」のケースへの治療的アプローチ　最も有望なアプローチは，依存コンストラクトを経由するようである。クライエントは食物，水，避難所（シェルター）などの最も基本的な要求でさえ，これらを処理するには，刻一刻と誰かにあるいは何らかの小

集団の人々に，依存せざるをえない立場に置かれる。この体制とともに，転換症状が推奨されねばならない。とにかくこれらの症状は出現しやすいのだ。したがってこのクライエントは，最も単純なタイプの他の人々の包摂のみを，したがって，最も単純なタイプの役割コンストラクトのみを含む，中核的な解釈に投げ返されることになる。

　もちろん，前言語的なタイプの役割コンストラクトは含まれる。このクライエントは，非常に子どもっぽいので，成人の同性愛の見解は適用できず，また非常に依存的なので，敵対的な社会に対抗して自己を維持するという見解も明らかに支持できない，そういう関係を設立する。もしこれが事実であったなら，彼はその1日をも生き延びることができなかっただろう。罪悪感もまた，操作される。このクライエントは自己の役割を修復した。たしかにそれは幼児期の役割であり，パンツというよりもおしめに見える。しかし少なくとも，スカートではない。

　クライエントをこのタイプの中核的役割に落ち着かせて，治療者はこの関係の中の重要人物になるべき立場につけば，次の治療段階が開始できる。この課題は，浸透性と包括性の両方をもつ一組のコンストラクトを形成することである。浸透性は，このコンストラクトが今は予見できないイベントを包容するのに使われる場合には必要である。包括性は，このクライエントがいくつかの定着した「女性的」興味と経験をカバーするのに十分な幅をもって，男性役割を解釈しようとする場合には，必要である。治療者は，クライエントの人生役割の解釈には，現在とともに過去と未来の両方が包容されねばならないことを，しっかり胸にとどめておくべきである。どんなクライエントもみずからの伝記を正当化するなんらかの論拠を必要としている。この未来はこれに完全に気づかぬままにとらえるべきではない。このクライエントの現在——完全に依存的な現在——でさえ，改訂された包括的な構造内で解釈される必要がある。

　浸透的かつ包括的である改訂上位構造でもって，治療者はクライエントが実験法の範囲を広げるのを励ますことができる。依存は徐々に拡散していくと見なしうるが，無効になるとは見えない。この新しい浸透的な構造は，クライエントが小さな矛盾に直面することを可能にし，不安，罪悪感，敵意に落ち込むことなく変化させることができるはずである。1つの社会実験で自分がトラブルに巻き込まれているのがわかるときには，彼は自由に改訂をなすべきである。彼は，世界が彼の実験を成功させてくれるのを，もはや座して要求する必要はないはずである。彼は，自分がたくさんの小さな伝記的逸話の囚人だという見解からは解放されるべきである。今彼の人生の行く末を決めるのは，彼の動きの方向であって，過去の記録ではないことに気づくようにならねばならない。

第 17 章　移行の障害　289

C　依　存

15 ｜ 分散していない依存を含む障害

　われわれは「依存」を，われわれの診断コンストラクト・システムの主要な軸の1つとしては用いてこなかった。パーソナル・コンストラクト心理学の診断解釈システムのなかでは，それは従属的な地位以上の何かをもっている。それは現象により似たものとして扱われる。が，もちろん，これは絶対に現象ではない。それでもなおコンストラクトなのだ。

　おそらくわれわれの依存についての見解は，1つの例によってよりはっきりさせることができよう。子どもはふつう依存的といわれ，大人は独立的だといわれている。子どもは人々を自分に仕えさせねばならず，大人は援助なしにやっていけるようである。しかし，大人は本当により依存的ではないのだろうか？　むしろ問題は，その人の依存関係がどれほど広く散布されているかであるように見える。大体，成人は多くの人でつくられている複雑な社会に強く依存している。彼らはまた，子どもにはとくに関心のない財産，資源，サービスに依存するようになっていく。

　時に人は「成功」すればするほど，より依存的になるように見えることがある。それは，以前にはなくてもやっていけたはずのモノが，生き残るには「必要」だと考えるようになるからである。もし成人が依存を維持し拡散する傾向を示さなかったなら，人類の指標となっている社会，経済システム，文化の継承等々の出現はおそらく存在しなかったであろう。子どもたちを完全に独立させる——したがってふつうは利己的にさせる——ように訓練する努力によって特徴づけられてきたこれらの社会は，依存を満足させようとする近視眼的な努力で自分たちの資源を浪費する社会よりも，うまくは生き残れなかったはずである。

　大人はより多くのものを望む。彼はこれらのものを得るために，より遠く離れたところまでうろついていく。彼はより多くの人々からそれらのものを探し求める。彼はより広範囲の資源をコツコツと叩いてみる。彼は自分の依存を分散させるために役割関係を形成する。彼は1つの要求はここで，他の要求はそこで満足させようとする。彼は依存間の区別をして，それからそれらを適切に分散させる。したがって，どんな1人の人物に関しても，彼はかつて子ども時代に自分の親に対して独立していたよりも，実際にもっと独立している。しかし，彼のすべての対人関係を考慮にいれるなら，広範囲の依存をもつだけでなく，依存を満足させる資源ももっている。したがって著者には，人々が時によって，そして人によって変動する軸として，**依存**を強調するの

は，誤解を招くおそれがあるように思われる。それよりもむしろ，われわれは**依存の分散**（dispersion of dependencies）の変動を強調すべきであるように思われる。

　a．無差別的な依存　いくらかの人々は，みずからの依存を，区別してばらまきはしない。彼らは，何かをある人々から，他のものを別の人たちから得ようとする代わりに，すべてのものをすべての人から得ようと試みる。彼らは「ママ」のレプリカを探しまわり，多数のコピーを求める。このような人は仲間のなかに多くの「ママ」を探す。その仲間は最初は彼との関係が温かく楽しいと思うかもしれない。が，その後，この「ベビー」の世話で消耗してしまって，彼の飽きることのない「依存要求」を非難し始める。さらに問題をややこしくするのは，この人が気質的にかなりの敵意をもっている可能性があることである。彼の社会実験はそれほどよい結果をもたらしてはこなかった。およそ彼が続けようとする唯一の社会実験は，もっと完全な「ママ」の捜索である。ここで彼のより教養のある仲間は，彼が「口唇期攻撃性」を示していると非難するだろう。

　このタイプのクライエントの困難さは，みずからの依存のフィールドを精緻化し損ねているところにある。彼は成長するとともに，みずからの依存コンストラクトの浸透性と包括性の両方を増大させた。しかし彼は，みずからの社会関係に対するいくつかの従属的で偶発的な基礎の形成に関しては，このコンストラクトの精緻化に失敗した。したがって彼は，満足でき偶然的でもあるどんな関係をももつ能力を形成することに失敗したのだ。友だちが友だちとして役立つためには，彼は毎日の栄養とサービスを調達するのに広く使われねばならず，信頼されねばならず，一般に抱擁されたりいっしょに寝たりさえしなければならない。この依存的関係は包括的に解釈されねばならない。さもなければ，彼を完全に失望させるように見える。

　われわれが記述してきたこのタイプのクライエントは，実際に依存性を分散させているかのように見える。しかし，それがまったくそうではないのだ。彼はおそらく，依存性のすべての荷下ろしをすぐにできる，遠く離れた誰かを探す。このさまよいの過程と，拒絶と「一夜かぎりの興行」の不可避的な連続において，彼は多くの領土をカバーするが，依存そのものはけっして適切には分散されないのだ。彼はなおも完全な「ママ」を探し求める。彼は実際には自己の依存性を精緻化していない。彼はただこれらの依存性をひとまとめにして満足させてくれそうな人を求めるだけなのである。

16 ｜ 未分化な依存に対する治療的アプローチ

　未分化で分散していない依存性をもつケースを取り扱う治療者は，敵意をも探すのが常に賢明であろう。敵意は，自己のアプローチを再評価するよりもむしろ，慰めを求める人の特徴である。みずからの依存性を分散するのに失敗して，その多くを，包括的コンストラクトではなく，偶発的なコンストラクトによって処理する人は，おそ

らく，自分の実験の自然な結果に耐えられないことを思い知らされた人である。予期をもっともらしい結果にあうように改訂する代わりに，彼は，その結果が自分の予期に従うことを要求するのだ。敵意の要因を考慮に入れれば，治療の成行きは必然的にいくらかは変化するだろう。

a．文書のみを通したアプローチ　このケースは，2つの治療的視角のどちらからでもアプローチできる。彼は「洞察」を生み出そうと企てるかもしれない。これには，未分化な依存に関する過去の多くの出来事の想起による文書を作成することが含まれる。このエビデンスが積みあがってくると，クライエントは徐々に自分の行動が完全に子どもっぽいことに気づくようになる。彼の治療者との関係でさえ，治療者が受容的でありうるので，子どもっぽい依存のもう1つの例として，ぼんやりと浮かび上がってくる。依存と，この用語が抽象する多くの行動のすべてが，深刻な脅威になる。それは，あたかもクライエントが統合された人格としては絶対に存在しえないとでもいうかのように，クライエントに目を向け始めるのだ。

この分散されない依存の問題がこんなふうにアプローチされるときには，クライエントが適切な弁別をせずに動かそうと試みるという本当の危険（real danger）が存在することになる。治療者が望むのはもちろん，クライエントがもっと大人のようになることである。これは，クライエントが大人の反応がどうなのかについてはっきりした考えをもっているなら，合理的な希望である。しかし，彼のものの見方がなお子どものものである場合には，彼が大人の生活について思い描くモデルは，子どもの目を通して見られることになるだろう。みずからの多様な依存と，これらを適切な役割関係を通じて満足されうる多様な方法を区別するかわりに，彼は依存の問題全体をすべて一度に処理しようと試みる可能性がある。したがって彼は，大人が敵対的な子どもの目に見えるように，無慈悲な「独立者」になりうるのだ。

クライエントは，自分のすることのすべてが結局は依存反応に加えられるのを見ているが，自分の依存反応がどのようにして相互に分離され，役割関係にそって概念化されうるのかは，見ていないかもしれない。彼が見ているのは，自分が絶対に成長することができないという脅威に直面していることだけである。彼に開かれているように見える唯一の行為の道筋は，自分のフィールドを反転させて，逆方向にダッシュすることである。このことは，「彼が見るとおり」の依存軸に沿った行為をとることを意味する。明らかに，今まであまりにも「依存的」であった場合には，その代わりに「独立的」にならねばならない。それゆえに彼は，独立的な人々がすると思われることをやり始める。彼は自分に義務を負わせる可能性のあるギフトは受け取らない。彼はややこしい関係を回避する。彼は誰の恩義も受けていない。彼は自分のほしいものなら，自分が義務を負わせられさえしな**ければ**，それを持つどんな人からでも受けとる。

したがって，クライエントにみずからの全行動が「依存的」であると一般化させることによって，拡散されていない依存の問題にアプローチする際の真の危険は，彼が「独立的」行動と解するものの方向に激しく動こうとし，健康な成人の生活の非常に重要な部分である役割関係を形成するのに失敗するだろうということである。要求はいかに満足されるべきかについてのクライエントの解釈は，基本的には変化していないので，これはつまるところ，クライエントのなだめへの要求を継続すること——したがってわれわれは，クライエントの「独立」に関する子どもらしい見解とともに，みずからの手中にほんものの敵意をもつこと——になる。治療者はみずからの治療的努力のこの結果に喜んではいられないかもしれない。

　b. 限定的な実験を通じたアプローチ　しかしわれわれは，クライエントの依存問題にいくらか異なる方法でアプローチすると仮定しよう。われわれは，クライエントが特定の要求を満足する方法について，まず治療室内で，それから個人的社会的環境内で，実験するのを援助すると仮定しよう。われわれは彼が中核的コンストラクトよりもむしろ周辺的コンストラクトに基づいて，社会関係の小実験を設定するのを援助すると仮定しよう。まず彼に，自分がまったく子どものような人間だと確信させる代わりに，彼の特定の望みの**いくつか**は，**いくらかの新しい方法**でかなえられるのだということを，彼に発見させるようにしよう。治療が進行するとともに，彼は自分が依存を子どものような方法で満足させようと追求してきたという確信を強める。が，この確信は，彼が自分の望みをもっと大人らしい方法で満足させる道具を自分が欠如しているという発見にはつながりそうにない。

　c. 「依存」の解釈に続くパニック　新しい「洞察」は極度の脅威になりうる。これはクライエントをパニック状態に投げ入れるかもしれない。「洞察」とは，人の行動の包括的解釈を意味する。クライエントは，自分の生活行動の多くが絶望的なほど子どもっぽいと一般化されうることがわかる点まで急速に引っ張ってこられると，最初に自己の要求を満足するのによりよい方法で実験できる道具と経験が与えられていないかぎり，パニック状態に陥りやすくなる。治療者が従うのがよいルールは，まずそれについて何かができるとクライエントに確信させていないのに，彼を新しい包括的解釈へと急き立てることは絶対にしてはならないということである。

　心理療法においては，パニックを生じる危険は常にいくらかはある。多くの経験豊かな心理療法家によると，人は自分が「ホモセクシュアル」だとわかると，それに続いてパニックが生じうることに気づいている。この性の解釈は非常に浸透性が高いので，いったんこれを自己に包括的に適用すると，彼の全人生は病気に侵されることになる。男性のクライエントは，彼の人生のすべてのマナーが男性のそれよりも女性のそれに似ているという事実に直面させられると，パニック状態になりやすい。このタイプのパニックはもちろん，臨床家にはよく知られ，しばしば観察されている。ふつ

うこのタイプの「洞察」に続いて生じる「パラノイド」反応も，日常的に観察される問題である。

しかしパニックは，自己の「ホモセクシュアル」な行動様式を突然「洞察」するケースにかぎらない。人が逃避のための道具を与えられる前に，どんな突然の新しい包括的な解釈によってでも状況の蜘蛛の巣にからめとられると，人はパニックを生じうる。「依存」の解釈に直面させられているクライエントは，パニックにとりつかれるようになるかもしれない。その解釈のもっともらしさは，彼には無視することができない。このコンストラクトの包括性は，彼を完全に飲み込んでしまう。行動の代替モードを探索するための社会的な道具をもちあわせていないことによって，彼は無力状態に放置される。崩壊を防ぐには，治療者への信頼と彼との日常的接触以外に，彼には何も残されていないかもしれない。

d．治療における過剰汎化の危険性　探索的な技法に先立って獲得される包括的な「解釈」と「洞察」は，治療においては常に危険である。われわれは「ホモセクシュアリティ」と依存を含むケースにおける，このような解釈のリスクについて述べた。われわれはまた，敵意そのものの包括的解釈のリスクについても言及できたのではなかろうか。自分がしたり考えたりしてきたことのほとんどすべてが敵対的だと解釈しうることに突如気がついたクライエントは，治療者がクライエントの非敵対的な行動様式の形成を，最初に注意深く見てくれていなかったとしたら，ひどく動揺させられるだろう。心理療法における全面的な一般化は，治療者には劇的で刺激的であるかもしれない。しかしそれは，クライエントにはどんな選択肢があり，それをどれくらい追求できるのかを最初に確かめることなしには，けっして企てられてはならない。

e．処置の問題　分散していない依存を含む障害の処置（treatment）に，はっきりと戻ることにしよう。ふつう治療者は，適量の分化した依存に関係する実験を，クライエントにデザインさせ実施させるように説得するのは困難である。もしクライエントが自分自身の依存の何か特定の側面を満足させるために，ある新しい知人との関係を形成するように治療者に提案される場合には，このクライエントは，新しい知人の両腕のなかにとびこもうと試みることによって，この実験を台無しにしてしまうかもしれない。この新しい知人はびっくり仰天しそうになる。クライエントは治療者のところに戻ってきて，「見てください。私はまだ混乱状態にあります」と言うかもしれない。あるいはまた，このクライエントはこの潜在的な関係をどのように利用するのも拒否するかもしれない。彼は「あの人は私の心には何も訴えてこない」と言うかもしれない。治療者がそこでしなければならないのは，治療セッション中にクライエントの依存の異なる多様な**側面**をもっとはっきりと持ち出すことである。依存の包括的コンストラクトのみを形成するのは，たしかに危険である。それは不安を生じるだけであり，またおそらくパニックさえも生じることになるのだ。

しかし次に，クライエントが治療室内でのみずからの依存を分化するのに何らかの進歩を示した後でさえ，治療室外での実験はなおもためらうと仮定してみよう。彼は「誰もが自分自身科学者だ」というわれわれのモデルによって，実験主義者になるよりもむしろ，アームチェア思索家であり続ける。これは，治療者が小さな不安を善用できるポイントである。クライエントは，みずからの依存が，いやになるほど治療者を自分にまきこむのを見せつけられる。クライエントの治療者への未分化な依存は，彼に少しはより明瞭にできる。この依存は治療者によって受容されうる。治療室内の世界はもっともっと収縮され，治療室外の世界はもっともっと混乱させられうる。最初は，このクライエントは地歩を失いつつあるように見えるかもしれない。彼はあまりにも徹底して治療者に依存するようになるので，治療者の忠告がないと，靴紐さえほとんど結べないほどである。治療者は，クライエントが自己の依存性のいくつかについては何をなしうるのかを知っているとすでに確認していたので，このクライエントには自分がどれほど治療者に依存しているのかをためらうことなくはっきりさせる。通常治療者はクライエントの依存を拒否しない。それは，クライエントに自己の全依存キットを梱包させて，他の立場に移動させやすくするからである。彼がふつうすることは，クライエントの依存を受容して，そのうちのいくらかがいかにして他の場所で満足されうるのかを明らかにし，そしてクライエントに，彼の治療者との現在の関係の壊滅的影響を発見させることである。

分散していない依存のケースの治療を通じて，除去されねばならないのは依存ではなく，達成されねばならないのは依存の分化と適切な分散であることを，治療者ははっきりと心にとどめておかねばならない。クライエントが治療者に依存的になることは，それ自体が不健康な発達なのではない。不健康なのは，クライエントが他のだれにも依存できないことである。治療の課題は，クライエントに自分の依存性を区別させて，これらを異なる人々の間で適切に配分し分散しうるように小さなパッケージに包むことである。多様な依存関係の発達に際しては，彼は多様な役割演技をすること，そして他者の依存への自己順応を受け入れるとともに取り入れることを，学習するかもしれない。こうすることが文明化することである。こうすることが心理的に成熟することである。

D 「心身症的」および「器質的」問題

17 「心身症的」症状を含む障害

パーソナル・コンストラクト心理学は本質的に，多元的ないしは相互作用システム

というよりも，ミニアチュア・システムである。それは限定された利便性の範囲を受容し，とくにそのためにデザインされたものである。その範囲は大雑把に人間心理学 (human psychology) のそれとして位置づけることができる。われわれはすべての議論を通じて，われわれの宇宙の自然現象はどんな1つのシステムにも排他的に忠誠を尽くす義務を負ってはいないという立場を主張しようと努めてきた——心理学的に解釈できる現象は，だからといって，必ずしも生理学的システムで解釈しがたくなることは少しもない。「精神と身体は相互作用する」などと，われわれにいっても意味はない。観察されている人はただ自分自身であり続ける。そしてわれわれは，この人を心理学者や生理学者の眼鏡を通して，あるいはわれわれの目が折衷の負担に耐えられるならこれらの両方を通して，見ることができるのだ。

　しかしわれわれは，パーソナル・コンストラクトの心理学を提唱しているのだ。したがってわれわれは，宇宙の現実の現象へのわれわれ自身のアプローチの構成（解釈）的性質を認識するだけでなく，他者もまたその人に特徴的なアプローチをもつことを認識している。われわれに関するかぎり，他者のパーソナル・コンストラクト・システムは，現実の現象を誤って表象しているとしても，現実的な現象である。彼らの解釈は間違っているかもしれないが，これらは解釈としては実際に存在するのだ。心身症に関しては，われわれ自身は二元論者でも相互作用論者でもないかもしれない。しかし，他の人々はそうかもしれない！　あるクライエントは自分の「心」と自分の「身体」とは「相互作用」していると考えるかもしれない。それが彼の個人的解釈なのである。われわれはそれを彼のパーソナル・コンストラクションとして受け入れる。われわれは，彼のシステムをわれわれ自身のシステム内に包摂しようとする場合を除けば，それを自分のものとして受け入れる必要はない。「精神と身体は相互作用する」ということは，われわれには意味がない。しかしそれは，このクライエントにとっては意味をなしうる。そして，このクライエントのコンストラクトこそがわれわれの理解したいものなのである。

　われわれは，クライエントが生理的なシステムではすぐには説明できない症状をもっているとわかると，その説明を探し出すために，心理的なシステムのほうに向きを変えるかもしれない（ついでにいえば，われわれは臨床家としては，心理的および生理的システムを最初から同時にルーチンとして適用したほうが，一方が適用できないとわかった後でのみ他方を適用していくよりも，もっと効果的であるかもしれない。しかし，これは別の問題である）。われわれは，生理的システムから心理的システムへと向きを変えてクライエントの行動の適切な説明を見つけ出そうとするときには，クライエント自身が「こころ」と「身体」の関係をどう見ているのかを理解する準備をしておくべきである。非常にしばしば，この困難はクライエント自身の二元論的思考に座している。たぶん彼にとっては，心であるものは**身体ではなく**，身体であるものは**心ではない**のだ。さらにいえば，**心**

・身のコンストラクトは彼によって先取り的に適用されるかもしれない。それは，彼にとっては「心」なるものは知性化される方法によらずにはほとんど解釈ができず，「身体」なるものは機械的な方法以外ではほとんど解釈できないことを意味するだろう。彼には，最も簡単な前言語的思考の形式にまで遡る以外には，自分の事実を包括的に解釈することができない。その原始的なレベルにおいてのみ，われわれはこの「心」と「身体」が先取り的には分離されていないことを見いだすかもしれないのだ。

　　a．いくらかの「身体的」症状がアクセスできない根拠　パーソナル・コンストラクト心理学の観点からはしたがって，心理的葛藤に苦しむ人々がいくらかの「身体的」症状をアクセスできないのは，彼らの二元論的思考に由来していることになる。もちろん，二元論的思考はわれわれの文化の特徴である。それはともかく，この二分法は個人的に知覚されるものであり，クライエントはこのギャップを橋渡しするのに十分に包括的なコンストラクトはもっていないかもしれない。しかしそれ以上に，この心身のコンストラクトは，先取り的に適用される。このクライエントが自分の「症状」と「葛藤」との間には何らかの関係があるはずだと認めたとしても，彼はこの告白によって必ずしも救われるわけではない。ダイコトミーはなおもそこに存在する。それは彼の全世界をばらばらにする。彼は最も子どもっぽい解釈――これらを喚起する見込みだけで脅威と罪悪感を生じる，そういう未分化な依存と無力感を含む解釈――によってのみ，橋渡しできるのかもしれない。

　　治療者の課題は，クライエントを助けて，浸透的で包括的なコンストラクト――クライエントが恥じることなく使用し，みずからさかのぼって，「心」「身」間をつなぐ関係の糸をつまみあげられるだろうコンストラクト――を形成することである。これらの比較的新しいコンストラクトは，それ自体，われわれがこの用語を使ってきた意味で，「前言語的」であるかもしれない。いいかえれば，これらは明らかにクライエントが言葉を持つ前には完全には定式化されていなかったが，これらは，クライエントが言葉をもつ前に定式化されていたコンストラクトの非言語的特徴はもっている。

　　b．症状形成のレベル　人がもつ「心身症の症状」を説明するのに，人は3つのレベルの表現をもつといわれることがある。すなわち，(1)観念的（ideational）なレベル。(2)怒り，逃走，闘争を含む攻撃的（aggressive）なレベルであり，しばしば心臓血管系の症状をともなう。(3)無力感，依存，準備反応を含む退行的（regressive）なレベルで，しばしば胃腸障害をともなう。さらに，この最後のレベルが最も治療が困難だという推論が時になされる。著者が今までにもったこのような経験では，この推論は確認していない。

　　「観念的」なレベルは，いくぶんより上位で浸透性のあるレベルの，言語化されたコンストラクトを含んでいる。観念レベルの障害をもって臨床家のところにやってくるクライエントは，もちろん，多くの言語化をし，より抽象度の高い話をし，みずか

らのコンストラクトをすぐに新しい状況に適用する傾向がある。しかし，まさにこの事実によって，彼は本当に固くて割れにくいナッツ（扱いにくい人）になるかもしれない。彼の解釈を実験レベルにまで落とし込むのは困難であるかもしれない。彼は仮説を立てて実験をするよりも，むしろ哲学的な思索をすることを強く主張するかもしれない。

　「攻撃的」なレベルはかなりの衝動性を含む可能性がある。治療者は自分がごつごつした岩石の道を進まねばならないことに気づくかもしれない。クライエントは，精緻化のフィールドを収縮するという究極的な効果をもつ困難な社会的状況にみずから関与し続けるかもしれない。このレベルはクライエントの反応にかなりの交代があるものとして特徴づけられうる。彼は自己をあるコンストラクト次元の１方の端から他方の端へと動かす傾向がある。彼がのたうち回るのは，治療的な動きを生み出そうとする死にものぐるいの試みを表しているのかもしれない。この執拗さは彼をさらなるトラブルに巻き込む可能性がある。

　「退行的」なレベルは，同時に２方向に進もうとする痙攣的な試みを表わしているかもしれない。治療は，クライエントが進もうとしている２つ（あるいはそれ以上）の道をまず区別させるように，援助しなければならないので，扱うのがむずかしい。このようなケースは，治療者に多くの仕事を非言語レベルでするよう要求するので，多くの治療者は，このようなケースの治療を開始する前にやる気をなくしてしまう。しかしこの課題は，「観念的」な症状をもつクライエントとくらべて，必ずしももっと難しいわけではない。そのシステムの大方が前言語的であっても，それほど弛緩していない人は，そのコンストラクトが言葉で「釘づけされている」人ほどには，治療に抵抗しないかもしれない。この治療者は単純に言語シンボルよりも対人関係を扱わなければならない。彼はまるで子どもの遊び友だちであるかのように，いろんな役割をエナクトする必要がある。彼は役割演技を巧みに，そして共感的にできる必要がある。彼は自分のためにもクライエントのためにも純粋な役割関係の治療効果に気づいている必要があるのだ。

　心理的障害の大部分はある種の「心身症」的症状を含んでいる。別の言い方ができるとすれば，大部分の生理的障害は，ある種の「心身症」的症状を含んでいる。同じポイントのもっと教養のある表現法では，人間行動の現象はほとんどが心理的にも生理的にも両方で解釈しうるということになる。「心身症的」という用語は，われわれのシステムの構造内では正確な意味をもたないので，われわれは「心身症的」障害に提供される治療スケッチのとくに説明的な例はもちあわせていない。われわれは，クライエントがみずからの「生理的」症状そのものに完全に没入するのを許す代わりに，治療者もまたその内部で症状を生じるパーソナルな解釈（コンストラクション）システムにおいて自分の質問への回答を求めていくことを提案する。

18 | 器質的欠陥を含む障害

　近年，心理テストは器質的欠陥の状態を診断するために，広範囲に使われるようになってきた。大方は，このようなテストはかなりよく実証された2つの事実に依存している。(1)器質的な劣化や損傷のケースでは，いくらかの広いタイプの心的機能が他のものよりも混乱しており，(2)生理的なハンディキャップを持つ人は，みずから自発的精緻化のフィールドを収縮する傾向がある。前者の事実は，最近のイベントの記憶喪失がより大きいこと，問題解決能力が大きく傷害された後でも語彙といくらかの言語技能を長く保持していること，そして，社会的感受性が鈍った後もいくらかの形式的な社会的技能を長く保持していること，を指している。後者の事実は，「硬直性」，「固執性」，および自己の思考の流れを変化する際の全般的な愚劣さを指している。このクライエントは「自分のマーブル（正気）をつかみとる」と特徴づけられる行動を示すのだ。

　いくらかの臨床家は，「器質性」が診断される手がかりとして，第3のタイプの「器質サイン」を加える。もしこのクライエントが器質的な損傷を指し示すような話や投影法テストの内容を生じる場合には，この人は実際にこういう損傷をもつ可能性が多少は高いように見える。パーソナル・コンストラクト心理学の立場からは，われわれは単純にこういいたい。彼は，その利便性の範囲が典型的にある「生理的」な内容に関係するコンストラクトを表わしており，これが彼の最近自発的に精緻化した領域を示しているのだと。

　実際には，器質的に劣化した人の決定的な特徴はすべてが，かつては豊かに実証されたコンストラクトを出発点として用いながら，そしてこれらを，新しい内容と新しく限定された利便性の範囲とを処理するコンストラクトに徐々に取りかえていきながら，収縮した社会のなかで彼が今みずから再解釈しなければならない事実から発症していく。診断臨床家が観察するものは，その移行コース中の再解釈（再構築）の過程である。彼は古いコンストラクトでもって相対的により大きな便宜性を，クライエントが自己発見するために手探りするときの自発的精緻化のフィールドの収縮を，そしてゴロ寝しながら，適切な改訂パーソナル・コンストラクト・システムを発達させようと試みる特殊な材料のエビデンスを観察するのだ。

　治療的課題は，クライエントの再解釈の仕事とともに，彼を援助することにある。それは，この特定のクライエントにとって，過去と現在と未来の時期のイベントが相互に大きく違って見えても，これらを橋渡しするコンストラクトの形成を求めていく。この出現する新しいコンストラクトは，通常は過去から濃密に記録されてこなければならない。人生の役割はしっかりと確立されなければならないのである。

　たとえば，高齢者を心理療法的に援助しようとする試みでは，人生初期の意味が注

意深く保存され強化されることが極度に重要である。これは，その過去がしばしば軽視され，「何度も再出発」するよう求められる若者の，心理療法的な処置とは鋭い対照を示す。高齢者ももちろん再解釈しなければならない。というのも，彼が追い上げられているイベントのコースは，何か根本的な再適応を要求するからである。しかし，彼の過去のイベントは，安全に無視されたり，現在の不安定さによって完全に置き換えられたりすることはできない。治療者はクライエントを援助して，個人史と運命の感覚を発達させなければならない。この感覚は，彼が自己の人生役割を，自己の杖でもって打ち示された小さな日常的領域をはるかに越えた何かとして見ることを可能にしてくれるだろう。

「器質的」および高齢のケースにおいて共通に観察される解釈の1つの特徴は，劣化したコンストラクトの使用である。劣化したコンストラクトとは比較的非浸透的になったものである。たとえば人は，みずからの社会的な世界の側面を記述するのに，「自由主義的」と「反動主義的」のような用語を使うかもしれない。この「自由主義的」のような用語は，かなり多様な新しい顔と経験を包容すると期待されうる。これは浸透性の高い用語のように聞こえる。しかし，注意深い臨床家は気づくかもしれない。この用語がある高齢のクライエントによって使われるときには，これはその辞書的な意味が人に期待させる浸透性を持っていないように見えるのだ。この臨床家がこのクライエントのパーソナル・コンストラクト・システムをさらに研究するとき，彼は「自由主義的」の文脈はすでに閉じられ，「自由主義」の年齢は，奇跡の年齢のように死していることを発見するかもしれない。それは，もとの「ボストン・ティー・パーティ」に出席したのと同種の仲間のなかに自己を発見することを期待して，**米国愛国婦人会**の会合に行くようなものである。このタイプの解釈の劣化は，それが社会における老衰の結果であるのとまったく同様に，個人における老衰の特徴なのである。

精神診断学におけるこの「器質的な図柄」は，はっきりした器質的病理の存在するケースに限定されない。むしろそれは，他のハンディキャップからも生じうる，再解釈の試みの図柄である。どんな人でも，みずからの深層を越えて深層に座する不適切感の状況に自己があることを発見し始める人は，いわゆる「器質的」図柄を示す可能性がある。精神診断学者は，もっと微妙な手がかりによって，自分と本物の「器質的」ケースとの区別をしなければならないだろう。たとえばその瞬間に示された収縮が，事例史から期待されるよりももっと際立っている場合には，この臨床家は自分が何か直接的で急性のものを扱っているのではないのかと疑うだろう。ズレが時々刻々にある場合には，その臨床家は中毒性の障害を疑う方向に傾くだろう。その収縮が高度に選択的で，何かの上位解釈のタイトな操作を示している場合には，臨床家は「心理的」なハンディキャップや外傷を探す傾向が強まるだろう。臨床家はしたがって，クライエントの収縮行動が，血液の流出が傷を表しているのと同じように，器質的な病理を

直接あらわしているとは考えないように注意しなければならない。むしろ，収縮的行動は，「器質的」なケースで特徴的に観察される他の行動とともに，状況の変化にたいして適応しようとするクライエント自身の試みとして考えるほうがよさそうである。

E コントロール

19 コントロールを含む障害

　われわれはコントロールを，上位コンストラクトとその文脈を構成する下位コンストラクト間の関係の一側面として定義した。下位コンストラクトの包摂のされ方は，人の解釈の仕方がその人の行動の仕方を決定するのとまさに同じ方法で，これらのコンストラクトが作用しうる仕方を決定する。ある意味では，したがって，あらゆる解釈の障害は，間違ったコントロールを含む障害になるのだ。

　われわれはさらに，用心－先取り－コントロールのサイクル（C‐P‐Cサイクル）について記述を行った。このサイクルによって人は所与の状況で決定的な行為をとる準備をするのだ。われわれはまた，コントロールには選択肢の選択が含まれており，その選択肢の選択は，さらなる精緻化のためによりよい機会を提供してくれそうなコンストラクトの反対側によって決定されること（選択の系）を指摘した。

　時に臨床家は，自分のクライエントが，規則的な方法で——すなわち他のクライエントのケースよりも多くのコントロール操作をしていると見えるように——行動するのを観察することがある。これは誤解を招く恐れがある。パーソナル・コンストラクト心理学の立場からは，あらゆる行動はコントロールされているとみなされうる。それは，あらゆる行動が自然だと見られ，あらゆる自然が法則的だと見られうるのと，ちょうど同じである。ある人の行動が他の人のそれよりももっとコントロールされているように見えるのは，それが最重要の解釈によって包摂される仕方による。「コントロールされている」人は，長周期の実験を行なう。衝動的な人は短期の実験法に没入する。どちらも遅かれ早かれみずからの実験結果に従わねばならない。どちらも上位の解釈システムを通してコントロールしているのだ。

　時に，人の行動は規則正しく，目的をもち，一貫しているが，それにもかかわらず，他者の福祉には非常に有害であり，それゆえに，その行動は病理的だと解釈されざるをえないことがある。臨床家は，このタイプのケースを扱う場合には，自分が高度に浸透的な上位解釈と長期の予測手段を扱っていることに，気づかねばならない。このタイプのクライエントが小さなアイデアや単純な面接室実験では揺り動かされることは彼には，期待できない。クライエントは逸話を使って，みずからの解釈の説明をす

るかもしれないが，治療者が引用した逸話をもった結果として，みずからのコントロール・システムを変化させる可能性はなさそうである。彼は単純にこのような短期的な賭けはしないのである。

このタイプのクライエントは治療者にとっては非常に不可解かもしれない。なぜならば大方のところ治療者は，1回の面接コース中に試験的および実験的なテストにすぐ使えるように敷設される欠陥のある上位コンストラクトが見えてくるようにはけっしてならないからである。この人は通常「精神病的」だと呼ばれるような人ではなくても，役割関係を設定するのが非常に厄介な人なのかもしれない。おそらく，この人の行動は完全に原始的で，治療者には魔術的に見える1組の宗教的コンストラクトの下に組織化されており，心理的な治療法にはアクセス不可能なように見える。この治療者は，この人にみずからの宗教原理を再検討させるように導くのに十分包括的などんなテストをも思いつかない。治療中にどんな新しい経験が導入されても，それはあまりにもすぐに包摂され，あまりにも容易に，あらゆる困難を生じる上位解釈のコントロール下にもってこられるのだ。

国家が相互の役割関係を樹立しようと試みるときにも，同じ困難に直面する。たとえばちょっとした善意を示しても，ソ連の1955年の政治的および社会的哲学で基本的な洗脳を受けたリーダーにはたいした影響は及ぼさないだろう。このリーダーたちは，未来へと導くイベントのコースについて非常にはっきりした見解を持っているので，国境地帯の出来事や，自分たちとは異なる側の人々の決意の散発的な示威行動によって，揺れ動くことはあり得ない。体系的妄想をもつ患者のように，このような政治的熱狂者は，いくらかの決定的な実験が計画され実行されるまでは，その病的な立場からの移動は生じそうにない。文明化された人類の希望は，この実験が全面戦争を含まないだろうということである。

しかしながら，それほど根本的には洗脳されていない人々については，善意と自由主義的寛容の一貫した政策は，彼らがわれわれの動機をもっと友好的に解釈してくれるのを確証するのに役立つかもしれない。治療者（あるいは社会的責任を持つ国家）の課題は，クライエント（あるいは混乱した国家）にその関係を積極的に実験させ続けることにある。彼はクライエントがみずからの上位解釈をテストすることを求める。このテストはその解釈が正しければ，明確にある種の結果を生じ，その解釈が間違っている場合には，別種の結果を生じるはずである。この治療者は実質的に「これはあなたが今まで正しいと仮定してきたものです。これが正しければある結果を得ることになり，そうでなければ別の結果を生じることになるはずです。そういう，合理的な実験をしてみましょう」とクライエントに言う。

心理療法ではどんなケースでもそうなのだが，クライエントの実験結果がネガティブなエビデンスを生じる場合には，彼はどんな選択肢に直面することになるのだろう

か？　治療者はこの問題に，警戒すべきである。クライエントはみずからの蔓延する敵意という見解に対して，どんな選択肢をもっているのだろうか？　ソ連では，現体制が信頼を失った場合に，何が共産主義にとって代わるべきものとしてあるのだろうか？　それは，主人のマナーと服装のみを変化させた，別種の農奴制以上の何かなのだろうか？　その敵意にみちた世界の解釈がはっきり反証されたクライエントにおいては，不安のカオスや統合失調的断片化以外に，何か選択肢が残されているのであろうか？　決定的な実験が済んだら，クライエントはいくつかの役割関係と頼りになる試行的構造をもつことを，すぐに確かめる必要があるかもしれない。これらの交代用の構造は，われわれが前に示したような依存タイプか，修正役割タイプか，あるいは職業的なタイプであるのかもしれない。しかし，それらがどのタイプであるとしても，治療者はクライエントをつついてジャンプさせる前に，着地するのに何か合理的にしっかりしたものがあり，**コントロール**に適した基盤があることを確かめなければならない。

　コントロールの障害を扱うに際しては，治療者は他の問題を扱う場合と同様に，欠陥のある解釈システムを包摂しなければならない。このコントロールが，われわれの記述してきた長周期の変種である場合には，治療者（あるいは社会的に責任のある国家）は，彼が扱っているそのパーソナル・コンストラクト・システムを理解しなければならない。このことはもちろん，彼がそれを共感的にそして洞察力をもって理解しなければならないということであり，それを嫌悪すべきで思いもよらない何かとして単純に非難してはならないという意味である。治療者（あるいは国家）がクライエント（あるいは友好国）に対して，彼らの信念を思慮深く研究する代わりに，彼らを非難することによって，広範囲におよぶ影響力を及ぼしてきたということは滅多にないのだ。

20 ｜ 衝動性を含む障害

　われわれは衝動を，比較的短時間の用心に続くコントロールの一形式として定義した。こういう人が自分の問題を多次元的な視点から見るのは短時間に限られている。というか，彼がこれを二次元以上で見ることはおそらくほとんどない。次に，彼は先取りをして，この問題に決着をつける。それから，彼は精緻化の選択を行ない，行為に入っていく。

　性行動に衝動性の見られるクライエントを考えてみよう。性的な刺激状況に直面するとき，彼がそれについて多次元的に考えられるのは，ごく短時間だけである。ほんの一二瞬のうちにこの問題は，彼が性交を試みるか否かの問題になる。精緻化の選択，すなわちさらなる探索により大きな可能性をもたらすように見える選択は，性交を回避するよりも，これをもつ方向にあるように見える。彼は，この解釈のコントロール下で行動をゆれ動かしながら，これにしたがって行為する。

第 17 章　移行の障害　303

　彼の行動には多数の先立つ理由があるのかもしれない。彼にとっての性は常に過剰に単純化されてきたかもしれない。彼はこれを 2 ～ 3 次元以上では見られないのかもしれない——女の子とは性交をもつか，厳格に独り身のままに放置するか，いずれかである。あるいは，異性の人々の間の結びつきの唯一の現実的な基礎は，性のパートナーを選択することである。この問題がこんなに単純であるのなら，用心をする根拠はない。先取りはほとんど即座に生じる。この人が，みずからの性対象を追求するほうが，これを追求しないよりも，精緻化のより大きな約束をしてくれるかどうかの判断をするには，十分に長い休止が必要なだけである。

　さてわれわれは，その人自身の性役割が満足のいくように形成されてこなかった個人に，このタイプの行動を見る。異性の人は彼には謎かもしれない。他の人々が楽しんでいるように見える異性との役割関係は，彼に関するかぎり，腹立たしくもとらえがたい。彼は自分の問題をどのように解決できるのだろうか？　明らかに彼はある種の行為をとらねばならない。しかし，彼が女の子に対してなしうることを 2 つ——性交するか，独り身のままにしておくか——しか知らない場合には，彼にとって精緻化の選択は，明らかに性交をもつ側になる。したがってわれわれが，異性に対する自己自身の役割関係があまりはっきりしていない人に，しばしば衝動的性行動を見いだすのは，驚くべきことではないのだ。

　その困難は子ども時代の日々に遡るかもしれない。両親間の関係はクライエントにとっては理解しがたいものであったかもしれない。それは彼自身の幼年期の役割を脅かすもの，もしかしたら罪悪感を生じるものであったのかもしれない。彼自身のパーソナル・コンストラクト・システム内では，男と妻とのこの関係は非次元的 (undimensional) であり，多様なコンストラクト次元に沿って，うまくは精緻化されていない。彼は，自分がはっきりと知覚できる唯一の次元に沿って行為することによって，その欠陥の修正を追求する。これによってこの男は，治療者にとってだけでなく，彼の行動を近しく観察する立場にある他の人々にとっても，衝動的に見えるのだ。

　また，衝動的な人の性的行動は，いつもというわけではないがしばしば，性行為そのものの限界内で過剰に単純化されていることを，しっかりと心にとどめておくべきである。彼はみずからの性的行動を，彼の性パートナーの衝動と調和させられないかもしれない。この関係はこの 2 人のどちらにとっても満足にはほど遠いことを証明する可能性がある。さらにそれは，彼の探索的仮説の自然な確証というよりもむしろ，やけくそになってなだめを求めるのと同様の，敵意を伴っているかもしれない。したがって，彼の行動はレイプの特徴を備えることになる。

　ある人は衝動的に性行為の遂行を追求するかもしれないが，別の人は同じくらい衝動的にその回避を追求するかもしれない。この回避者はよりよいコントロールを示しているわけではない。彼のコントロールは単純に別方向で使われているだけである。

性的な効能のある状況から自己を衝動的に解放する人は，非常に高い道徳規範によってそうしているのでもなければ，みずからの人生役割のどれほどの上位解釈によってそうしているのでもないかもしれない。彼は単に見通しが突然ひどく不快だとわかっただけかもしれない。彼のＣ‐Ｐ‐Ｃサイクルは，出会う女性を片っ端から誘惑しようと試みる人のそれと同じくらい短いかもしれない。彼のケースではまた，このサイクルの用心（C）の段階は，男と女はいかに相互に関係をもつべきかに関する，彼の過剰に単純化された解釈によって短縮されている。彼もまた，主に性交をもつか持たないかの問題として，これを見ているのかもしれない。彼ともう１人（衝動的な性行為の追求者）との唯一の違いは，彼がコンストラクト次元の他方の端で精緻化の選択を行っていることだけである。

ａ．Ｃ‐Ｐ‐Ｃサイクルの用心段階の困難　ここまでのところでは，われわれは衝動を単線の心──ある経験領域において１つの軌道上を前後に走る心──の関数として語ってきた。この人のこの状況の解釈は非常に単純なので，それを眺める視角がすぐに尽きてしまうという単純な理由によって，このＣ‐Ｐ‐Ｃサイクルの用心段階（C）は短縮される。

　しかしこの用心段階は，別の理由によっても短縮されうる。調節の系に戻ってみよう。ある人の不一致に対する耐性は，彼のシステムのいくつかの上位側面の浸透性と鮮明さによって限定される。ある男は自分がある女性と同行していることに気づくとしよう。この状況に対しては多くの視角がある。しかし，この状況を多様な視角から見れば見るほど，彼はより混乱するようになる。彼は生起する不一致を鋭く意識するようになる。彼は不安になる。彼は対人関係の精緻化をしている間に安定性を提供するのに十分な浸透性と鮮明さをもつ上位解釈をもっていないのだ。彼の役割は，彼の知覚するところによると，この状況の上位にはないのだ。

　初めて女性のケースを扱う研修中の心理士を仮定しよう。彼は，クライエントとの移行していく関係の混乱を通り抜けて導いてくれる心理学の諸原理に，十分には基礎づけられていないと仮定しよう。彼は不安になる。彼はこの状況を先取り的に解釈することによって，それを１つの流れに投じて，その不安の解消を求めていく。その結果は，短縮されたＣ‐Ｐ‐Ｃサイクルと**衝動的決定**になる。

　この決定はクライエントに霊感的なレクチャーを与えたり，クライエントの述べたすべてのことを，クライエントにとっては無意味でも治療者にとっては有意味な次元に翻訳したり，クライエントから身を引いてこのケースをだれか他の治療者に紹介したり，本質的に敵対的な態度に「彼女を整列」させたり，あるいは誘惑したりさえすることになるかもしれない。これらの段階はいずれも，この状況を素早く問題点に持ってくることで不安からの逃避の試みを表しているのかもしれない。これらはいずれも衝動性を表している可能性があるのだ。

b．C‐P‐Cサイクルの先取り段階での困難　衝動はC‐P‐Cサイクルの先取り段階での困難から生じうる。人は多次元的な問題を1つの決定的な問題に還元させることに困難をもつかもしれない。彼が決定的な問題あるいは先取り的コンストラクトを追求するときには，それは彼の問題を構造化している他のコンストラクト次元をまったく包摂しないように見えるかもしれない。彼はしたがって，それが重要に見えるからというよりも，自分が働きかけられる何かだという理由によって，自分の問題を選択しているのだ。これは財布を失くした人が，それを落とした場所よりも街灯の下のほうが明るいという理由で，そこを探しているようなものである。彼の決定は，短期のあるいは長期の用心段階のどちらに続いても生じうる。したがって，このサイクルは全体として，どの場合でもわれわれの衝動性の定義には合わないかもしれない。彼の衝動は，ポーカーでいかさまをして，「たしかに，オレはこれがいかさまゲームだと知っていた。でもこんなものは街中でのポーカーゲームにすぎなかったんだ」と叫んだ男のそれに似ている。臨床的にはこのタイプの衝動性は，準備不足の跳び込みにともなう疑惑と保留によって区別されうる。クライエントが問題を先取りして2組に分けるとしても，この用心は先取りによって完全には置き換えられないのだ。

c．C‐P‐Cサイクルのコントロール段階での困難　衝動はC‐P‐Cサイクルのコントロール段階の短縮にあると見えるかもしれない。この人は問題をすでに決定し，みずから精緻化の選択を行ってはいるのだが，最も効果的な方法で行為するのに十分に好機を待てそうには見えない。彼はターゲットについて用心深く考え，注意深く狙いを定めるが，引き金を引くときがまずい。実際にはこのタイプの衝動は，先取り的に選ばれてきた主要な問題と，なおも用心深く考える必要のあるいくつかの操作の問題とを，この人が区別できていないことから生じる。彼はこれから自分がやろうとすることを決定するとき，適切な時間と場所の選択に十分な注意を払わない。この操作の問題は，この主要な問題とひとまとめにされて，それらのすべてに関して先取り的決定が同時になされる。この種の衝動は，しばしば心理療法の能動的実験の段階で――すなわちクライエントが自己の問題を自己の人生におけるいくつかの有意味な問題に還元してきたので，部屋から出て歩道で行動をおこすという間違いをするときに――経験される。

21 衝動性のケースにおける心理療法

衝動を含む障害の心理療法は，治療者に多大な頭痛を生じるかもしれない。いくらかの治療者はこれを面接室（院）内の状況においてのみ引き受けたがる。この衝動が単線的な思考から生じる場合には，治療者は治療室内あるいはサナトリウム内で，関連するコンストラクトの保護された精緻化を提供する必要があるだろう。この衝動ができるだけ速く不安から逃れようとする試みを代表しているなら，治療者はクライエ

ントを不安と罪悪感から保護する対策を講じる必要があるだろう。後者は，入院その
ものが人をみずからの社会的役割から一時的に押しのける傾向があるので。院内の状
況ではとくに困難である。治療者は徐々に，クライエントの不一致への耐性を増大さ
せる上位構造の合理的システムを再建して，これによってクライエントが，動揺する
ことなく種々の矛盾する問題を用心深く扱うのを許すようになる必要があるだろう。

　クライエントの衝動が，適切な先取り問題を選択する際の困難さから生じている場
合には，治療者は，クライエントが治療的な話し合いのなかで生じる種々の「洞察」
とその行為の意味連関の描写を援助するのに，いくらかの時間を費やさねばならない
かもしれない。ここでも，治療室の防護壁の内部での「役割演技」と「行動化」が求
められるかもしれない。クライエントは，いったん状況の要求に応じて種々の方法で
行為できるとわかると，彼の先取り的解釈についての好みはよりうるさくなりうる。
この治療段階は，治療者が見ているように，中心問題とは無関係に見えるかもしれな
い。クライエントは，１つの行為の方法の最終的な選択が何らかの個人的な意味をも
つまでは，多くの方法で行為しうると感じることが必要だということを，常に心にと
どめておかねばならない。自分には選択できないと感じている人は，またロボットの
ように感じるものである。彼のホブソンの選択（選り好みのできない選択）は，パーソナ
リティの発達を反映するものではない。間違い方を知らない人は，道徳性や性格の偉
大な強さを主張することができないのだ。

　衝動性が，正しいことを不適切な時にする傾向から生じている場合には，治療者は
クライエントの社会的技能の形成を援助しなければならない。入院状況では，種々の
社会活動プログラムを利用することができよう。病院の外あるいは外来の場合には，
この治療は，セッション間で生じる偶発的な出来事や日々の社会実験の詳細な計画に
ついて，かなりの議論を含むかもしれない。この技術的な実験法が進歩していくと，
クライエントと治療者は，日常的なレッスンの学習を妨害する敵意の変種である可能
性のある，いくらかの上位解釈を発見するかもしれない。この技術的な実験法は，通
常これが見いだされた後にも続く。しかし当面は，上位概念の改善がより強調されな
ければなるまい。日常経験は部分的には，新しい構造の証拠書類と確証エビデンスと
して使われうる。歴史的エビデンスも新しいコンストラクトの文脈を充実させるのに
使われうる。

22 ｜ パーソナル・コンストラクトの形式よりもむしろ内容から生じる障害

　障害を説明するための調査と，治療計画の簡単なスケッチにおいて，われわれはこ
こまでのところでは，診断コンストラクトの章で提案した次元に限定して論じてきた。
すべての障害は膨張，収縮，不安，先取り，衝動などに類した障害だと仮定すること
は間違いであろう。非常にしばしばクライエントの困難は，彼らの仮定した一般形式

からというよりも，パーソナル・コンストラクトに内在する意味から生じる。罰が罪悪感を消滅させると信じる人は，自己を罰する。彼が敵対的である場合には，彼は自己のコンストラクトへの順守を他の人々にも強要する。中年の婦人が閉経後には夫に愛されなくなるだろうと信じている場合には，彼女は愛の喪失に直面した人としてふるまうだろう。ある人が肉と霊とは正反対だと確信している場合には，彼はこの二分法に基づいて決定を下すだろう——そして，この決定はトラブルを引き起こすかもしれない。治療者は，クライエントのコンストラクトの形式とともに，何が起こっていると解するのかについても，関心を持たねばならない。

　ある治療は，治療者がわれわれの述べてきた診断的解釈のタイプには関心をもたなくても，着手され，うまく決着がつけられている。このようなケースにおける課題は，情報を提供すること，新しいコンストラクトを導入してそのコンストラクトの文脈を整理しなおすこと，そして今までに生じてきたことの再解釈を援助することである。さらに，社会的実験法の治療プログラムは，治療者が不安，敵意，罪悪感のような問題にそれほど大きな関心をもたなくても，古いコンストラクトに反証を加え，新しいコンストラクトを確証するようにデザインできる。精神衛生教育のようなものもあるので，治療者は，重要な学習を（精神分析の）カウチにおいてのみ生じるなどという信念で硬直させてしまってはならない。人がみずからを解放してきた偉大な思想は，心理療法家から得られたものではなかったし，また，彼らのなかの元祖の教師が職業的な料金の査定を怠ったときにも，こういう大思想の価値はおとしめられたことがなかったことは，憶えておくとよい。

第18章

Elaborating the complaint

訴えの精緻化

本巻の最後の5章（18〜22章）は，われわれの理論の診断軸に沿って計画され追究されている心理療法の技法にかかわる議論である。このなかの最初の章（本章）は，クライエントとの接触を始めたとき心理療法家に立ちはだかるのは何か——その訴え——から出発する。

A 精緻化の本質

1 再構築（再解釈）に対する援助手段としての心理療法

パーソナル・コンストラクト心理学とこれを基礎づける代替解釈の哲学は，心理療法を再解釈過程として見る方向に導いていく。これらの2つの枠組みのなかでは，人は過去の犠牲者ではなく，その解釈の犠牲者に過ぎないことがわかる。たしかに，人間の過去は変えられない。操作的にいえば，その変更できなさは過去を今あるとおりのものにし，その柔軟さは未来を今あるとおりのものにする。現在に関しては，人はみずからに関係するイベントの流れのある小さな部分を分岐させられるだけである。さらにいえば，人はその気があれば，広範囲にわたるナビゲーションをすることができる。自然は，そのまま止めおくことができないが，われわれの自然についての思考は半分も妥協しないというわけではない。そして大人にとって，過去は非常になだめがたく，現在はあまりにも自明であり，未来はひどく運命的であるように見えるがそれは，ただのおろか（ナックル頭）な見解にすぎない。

したがって，われわれの見解では，ある形式の再解釈に従わないものは，この世界には何も存在しないということになる。これは，**代替解釈**があらゆる人に提供されているという希望であり，心理療法家がクライエントに提供する希望の哲学的根拠である。

a.「スロット」運動 われわれは心理療法家の役割の章に，臨床家が自己の役割をどう概念化するかに関する節を含めた。われわれは，クライエントを臨床家のコンストラクトのスロット内で前後にスライドさせることによって，表面的な動きが生み

出されうることを指摘した。たとえば，主に「親切」対「敵対」の用語で人々を相互に区別できると見ているクライエントは，自分自身を「親切」から「敵対」に，あるいはその逆に移動させるように，励まされるかもしれない。このタイプの治療的動きは，このコンストラクトの文脈内の要素の1つ——この場合には彼自身——を，このコンストラクト次元の一方の側から他方へと移動させる以上のものにはなりえない。時には，この種の表面的な動きも追求に価する。しかし，臨床家ならだれでも知っているはずだが，それはシーソー行動に終わることになりやすい。すなわちこのクライエントは，物事がうまくいっているかぎり「親切」であるが，次には「敵対的」になり，さらにまた逆戻りをするという過程を無限に続ける。このタイプの再解釈は対照的再解釈（contrast reconstruction）と呼ぶことにしよう。

　b．制御された精緻化　第2のタイプの再解釈は，臨床家による自己の役割の概念化を扱った節で論じたが，これは**制御された精緻化**と記述した。これは明瞭化を通じて再解釈をもたらす1つの方法である。これは，人のコンストラクトの階層システムの再組織化に相当するが，コンストラクトそのものの本質的な改訂ではない。クライエントは，みずからのコンストラクト・システムを言語的および他の行動的な活動によって実験的に徹底操作するのを援助してもらう。彼は本質的には自己のシステムの上位 - 下位的な特徴を扱っているのだ。彼はそのコンストラクトを，みずからの全体的なシステムに一致するように，もってくる。本質的には彼は，コンストラクトの完全な置き換えを試みるというよりも，むしろ自己のシステムの内的一貫性を操作しているのである。たとえば「親切 - 敵対」次元の世界で自己を「親切」だと見ている人は，どんな偶発的なコンストラクトと行動が「親切」で，どんなものが「敵対的」なのかを発見するように援助されるかもしれない。したがって，彼のシステムはよりはっきりと記述されるようになる。しかし，いったんそれがスケッチされると，彼の上位コンストラクトは緊縮され，彼はより大きな統合性を持つようになる——ただし，必ずしも「よりよい」人間になるわけではない。

　c．新しいコンストラクトの形成　第3の，そして心理療法で起こりうる最も基本的なタイプの再解釈は，人生のイベントがプロットされる関係軸を変化させるものである。新しい要素をクライエントの経験のフィールドのなかに思慮深く導入することによって，治療者はクライエントのシステム軸が回転されるように，そのコンストラクトの文脈内容を変化させる可能性がある。同じ言葉がこのコンストラクトを象徴するのに使われうるが，その意味は心理療法の過程で微妙に変化していたかもしれない。たとえば人間性を「親切」あるいは「敵対」のどちらかとして一括するクライエントは，収縮的抑圧的なある行動を，自分が今まで「親切」と呼んできた類のものと見，率直で信頼できるいくつかの要素を，自分が今まで「敵対的」と呼んできた類のものだと見る，そういうポイントにまで連れてこられるかもしれない。この文脈の改訂が

生じ始めると，この「親切 - 敵対」軸は彼のシステムの残りの部分に関連して，回転を始める。彼自身の行動に関するかぎり，彼は自分がいくぶん異なる行動の含意をもつ選択肢に直面していることがわかる。このコンストラクトが適用される状況では，彼の**精緻化の選択**は影響を受けるだろう。そして，いったん彼がその選択をすると，その選択の下に落ちる行動のレパートリーは順に改訂されていくだろう。

　治療者はクライエントが経験のテンポを速めるように援助するかもしれない。治療者はクライエントを，彼が「成熟」しうると期待される状況に突き落とすかもしれない。これはもちろん，新要素を加える問題でもあるが，クライエントに軸を回転させたり，新しいコンストラクトを工夫するよう強制したりするために，新しい要素を賢明に選択する問題というよりも，むしろ主には，処理すべき新要素をクライエントにもっとたくさん与えるという問題である。たとえばこのクライエントは，仕事を引き受けるように激励されたり，あるいは「不親切な」人々が「敵対的」なのではなく，ただ無関心で客観的なだけの社会状況に入るように，励まされたりするかもしれない。

　この治療者はクライエントが新しいコンストラクトを古い要素に押しつけるのを援助するかもしれない。この新しいコンストラクトはとりあえず**偶発的** (incidental) コンストラクトとして，創出されるかもしれない。しかしこれらのコンストラクトは，いったん形成されると，もっと浸透的に使われ，その利便性の範囲も徐々に拡張されて，いくつかの陳腐化した**中核**コンストラクトに代えて使えるまでなりうる。たとえばこの治療者は，「人々のいくらかの行動は『客観性対自己中心性』の基盤に基づいて区別されうる」という見解を，クライエントが形成するのを援助するかもしれない。最初，これは**偶発的**コンストラクト以上のものではなく，クライエントは自己自身から比較的かけ離れて見える，若干の特殊な人物間の区別に使えるだけである。後に，彼はこれをもっと親しい人物に適用できるようになるかもしれない。そしてついに，彼はこのコンストラクトを自分自身の過去と現在の行動に適用できるようになるかもしれない。このゲームのこの段階では，彼はこの新しいコンストラクトを自己の**中核**システムに組み込むこともできる妥当な機会をもつことになる。これは，人生を予期するのに，「親切 - 敵対」の古いパーソナル・コンストラクトよりもよい基盤になることが証明されたので，彼は古い二分法の代わりに新しいコンストラクトが提供する選択肢によって，人生の選択をし始めるかもしれない。

　　d．**コンストラクトの非浸透性への縮小**　コンストラクト改訂への最もおもしろいアプローチの1つは，古いコンストラクトを非浸透性の状態に縮小することである。筆者が見るところでは，これは本質的には一般意味論者が心理療法への基礎的なアプローチとして提案しているものである。思考はどんどんその要素に特定的なものになっていく。コンストラクトは緊縮されて，鋭く限定された利便性の範囲が与えられる。仲間を「親切」か「敵対的」かのどちらかだとまとめて見るわれわれのクライエ

ントは，いくらかの人々のみを「親切」または「敵対的」――これらであって，それ
だけにすぎない――と見るように強いられたのかもしれない。あるいはさらによいの
は，彼が，これらの人々のいくらかの過去の行動のみを「親切」または「敵対的」――
―これらであって，それだけにすぎない――と見るように強いられたかもしれないと
いうことだ。他の人々とこれらの人々の他の行動に関するかぎり，たとえば「客観的
‐利己的」のような他のコンストラクトを適用する際に，彼には助けになったはず
である。

2 ┃ 一種の実験法としての心理療法

　パーソナル・コンストラクト心理学の心理療法的アプローチは実験的である。この
全体系は現代の科学モデルの上に構築されている。コンストラクトは仮説である。予
測は目標である。体系化は予期の範囲を拡大する。実験は遂行される。これらは限定
された結果を生じるように注意深くデザインされている。小標本のみが１回の実験で
使われる。失敗に終わるような企画は回避される。仮説は経験的なエビデンスに基づ
いて改訂される。科学者は偏見の確証を自然に対して強要するよりも，自然からの学
びを追求するので，敵意は回避される。

　このすべてが心理療法家のクライエントに対するアプローチのなかに含まれている。
心理療法家はクライエントが実験をデザインし実行するのを援助する。彼はコント
ロールに対して注意を払う。彼はクライエントが仮説を明確化するのを助ける。彼は
クライエントが失敗に終わるような企画を回避するように援助する。彼は心理療法室
を実験室として使用する。彼はクライエントがみずからの体系的な偏見を確証するよ
うな結果を出すように強要はしない。また，クライエントを急き立てて次つぎに知識
よりもなだめを追求するということもさせない。最後に，物事の不可避の体系におい
ては，彼は自分の心理療法的実験の結果を考えるに際して自分自身がクライエントの
考慮すべき確証エビデンスの一部になることを認識している。このクライエントは，
古い**親切‐敵対**のコンストラクトと新しい**客観的‐利己的**のコンストラクトでもっ
て実験する際に，治療者自身の多様な行動が提供するエビデンスの断片が，**客観的
‐利己的**の二分法によりきれいにそしてより有意味に適合していることを見なけれ
ばならない。

　要するに，心理療法的な動きは次のことを意味するといってよかろう。(1)クライエ
ントは自己自身と，自分の元のシステム内の世界のいくつかの他の特徴を，再解釈し
てきた。(2)彼はみずからの古いシステムをより正確に組織化してきた。あるいは，(3)
彼は古いシステム内のいくつかのコンストラクトを新しいコンストラクトに置き換え
てきた。この最後のタイプの動きは，その行動変容が第１のタイプほど壮大ではない
かもしれないが，最も重要なようである。この第２のタイプの動きは，治療が言語的

な一貫性と「洞察」を生じると常に期待している人々にとっては，最も印象的である
かもしれない。

3 │ 前の諸節で論じられた心理療法的手続きの要約

「心理療法的なアプローチ」の章では，心理療法の問題への基本的なアプローチを
説明する手段として，多数の心理療法の技法が論じられた。この議論に先立って，臨
床家自身の役割，彼の技能，彼の価値体系，そしていくつかの職業的責任についての，
臨床家の概念化を処理する1章が議論された。それから，われわれは治療状況の設定
の仕方を取り上げた。これには，クライエントの治療に対する最初のオリエンテーショ
ン，面接室の内外での治療者の行動，設備備品の物理的配置，および計画決定が含ま
れる。面接の順序をコントロールし間隔を決める技法が記述された。クライエントが
治療の機会をどう利用するかを教えるという重要問題についても論じられた。

　一般的な治療手続きの議論に続いて，ほとんどあらゆる心理療法のケースに含まれ
そうな，いくつかの選択された重要な過程と手続きについて議論が行われた。定義，
技法，そして適切にコントロールされた次の各手続きの使用についても述べられた。

　a. 再保証
　b. 支　持
　c. 転　移
　d. 依存の転移
　e. 依存の逆転移
　f. 個人的同一化の転移

「診断の手順」の第15章では，われわれは診断手続きについて述べた。診断は治療
の計画段階であり，したがって，治療手続きそのものの一部であるので，この章もま
た，本章のトピックの見出しの下に部分的には入ると考えられるべきである。論じら
れたのは，以下のとおりである。

　a. クライエントの問題の標準的な定式化
　b. クライエントのパーソナル・コンストラクトの心理的な記述
　c. クライエントの解釈システムの心理的な評価
　d. 適応がなされるべき環境の分析
　e. 直接的な手続き段階の決定
　f. 管理と治療の計画

　最後のトピックの下で，われわれは以下の選択を支配するはずの考察を行った。す
なわち，中心的な心理療法的アプローチ，主な責任を負う臨床家の指名，利用される

第18章 訴えの精緻化 313

べき付加的な資源の選択，助言スタッフの指名，クライエントの中間的な地位の決定，助言スタッフによって進歩が精査される際の日付や条件の将来計画。これらの議論はすべてが，心理療法的な手続きのトピックに直接関係している。

　本章の直前の2章では，われわれは解釈の障害について論じ，若干の心理療法的アプローチを説明するためのスケッチを行った。われわれは膨張，緊縮と弛緩，ひきこもり，中核的コンストラクトを含む障害，攻撃，敵意，不安，収縮，罪悪感，依存，器質的欠陥，および衝動の領域で，簡単な例示的な治療スケッチを描いた。

　最後にわれわれは，今までの各章でわれわれが書いてきたものの多くは，心理療法の手続きに何らかの関係をもっているといわねばならない。パーソナル・コンストラクト心理学は，とくに心理療法の問題をめぐる利便性の範囲に目を投じながら，精緻化されてきたミニアチュア・システムである。次の諸章は，したがって，心理療法の手続き問題の網羅的な議論ではない。それはわれわれがすでに伝達を試みてきた多くのものの補足である。このレビューを例外として，次の諸章では，心理療法の手続きに関係する今までの議論はすべてくり返すつもりはない。

4 ｜ 制御された精緻化の本質

　人の（心的）過程は，その人のイベントの予期の仕方によって，心理学的に方向づけられる。これは人間の行動の及ぶ範囲への探索的冒険に向かう出発点である。われわれは，解釈には何よりも，二分法的コンストラクトの形式をとる一連の弁別が含まれると思い描いてきた。このコンストラクトとは，現象が知覚的に固定され，行為の代替コースがプロットされる準拠軸である。人は時どきコンストラクト・システムのマトリックス内でみずから選択することが必要なことを理解する。彼はイベントを予期する包括的な道筋を目指して徐々に手探りしているので，われわれが「精緻化の選択（elaborative choice）」と呼んできたものを最適に行なっている。これは，予見可能な未来において，彼のシステムを形成するのに最善の見方を提供するように見える選択である。これは，さらなる精緻化のための最善の機会を提供するように見える選択である。

　それにもかかわらず，人々は常に冒険の道を選択するとは見えない。なぜか？　彼らはもっと多くを発見したいと望まないのか？　彼らは次の渓谷で尾根を越えて横たわっているものを，本当に知りたいと思わないのか？　彼らは，未来が自分たちのために蓄えているものに本当に誘惑されないのか？　それがそんなふうに見える瞬間が実際にある。混乱した人々を扱う人は，ベッドカバーを引っ張って頭にかぶる人々の例を非常に多く見ているので，われわれは人がみずからの好機に無関心だと見る気分になってしまう。あるいは，われわれは彼を，みずからのパーソナリティが自分の前に映しだす影に常におびえている，驚きやすい生物だと見るかもしれない。人間は情

け容赦のない自然の力によって引っ張られるか，けっして満足されそうにない飢えの要求によって駆り立てられるかの，どちらかだと臨床家が見る気になるのは，驚くべきことではない。しかしわれわれが，人類はまぎれもなく前方への行進途上にあると見るのは，歴史家の展望を通してである。人間，その個人が，見事に計画どおりに成長できると確信するのは，以前の学生が時たま訪ねてきてくれるのを見る機会のある老教師の目を通してである。

　たぶん，基本的前提から心理療法の技法にいたるまでのわれわれの立場では，心理士の仕事が再構築（再解釈）過程を扱うことだということを，十分に示しているとわれわれは述べてきた。人間の心的過程は，これらがもっぱら心的防衛であるかのように扱う必要はない。このことは，特定のケースにおいてみずからの心理療法的手続きを開発する場合に，重要な考察である。これは挫折した臨床家が見失いやすい考察である。

　人間の解釈過程をもっと近しく吟味してみよう。人は基本的には好奇心の生物なので，自分のアイデアの意味連関を追究する傾向がある。それはよいことだ。心理士は喜んで彼を援助する。ある人は言う：「ここには私の見るところによると，対になった選択肢がある。さて，**もし**この対が問題の核心を代表しているなら，そして**もし**私があれよりもこの選択肢を選ぶなら，どうなるだろうか？　私が『**もし**』と言ったことが気にさわりますが，私はまだみずからコミットしていないのでこういうのです」と。心理士は3通りの方法のうちのどれかで応答する。彼はこう言うかもしれない：「あなたは選ぶべきものをはっきりと見ています。では，前に進んでこれを選びましょう！」と。彼はまたこう言うかもしれない：「あなたはこれを選ぶと仮定しよう。それは，あなたのシステム内の他の選択肢の対と，どれほどうまくフィットしそうですか？　それを徹底的にしらべてみよう」と。あるいはまた，彼はこう言うかもしれない：「あなたの選択肢の対をもう一度見てみよう」と。

　われわれはまたここに戻って来た。これらは今までに何回か述べてきた3つのタイプの心理療法である。第1は**表面的な動き**を生じる。これは，われわれが指摘してきたように，シーソー行為以上のものではない。それは人をそのコンストラクトのスロットに沿ってスライドさせる問題である。もし治療者が，その人がみずからスロットを切った個人的な方法に気づいていない場合には，彼はみずからの激励の努力の結果として，いくらかの無礼な驚きを得るかもしれない。第2の反応は，**制御された精緻化**の方法によって，治療的な結果を生みだそうとする努力を表している。それはこのシステムを緊縮し，自己一貫性を生じる傾向がある。第3は**コンストラクトの改訂**を表している。これは最も達成が困難であり，人が自分の世界を解釈する方法に基本的な変化を最も生じやすい。

　制御された精緻化について，より注意深く考察してみよう。この心理士は言う。「あ

なたはこれを選ぶとしよう。それはあなたのシステム内の他の選択肢の対とどれくらいうまくフィットするだろうか？　それをやり遂げてみよう」。もちろんどんな治療プログラムでも，この手続きと他のものとの思慮深い計画的結合を含んでいるようである。時にクライエントはそれらのコンストラクトを十分にうまく把握できて働きかけ，テストにかけ，あるいは投げ捨てる前に，不定形のコンストラクトのセットを精緻化する必要があるときがある。

a．精緻化への補助としての言語　言語は人が今までに発明した最も重宝な道具の1つで，人がみずからのコンストラクトを精緻化するのを助けてくれる。言語は2つの機能を果たす。第1にそれは，他のことで忙しいときに，アイデアが吹き飛ばされないようにする文鎮の役割を果たす。第2にそれは，多少とも他者とのコミュニケーションの手段として，とくに類似の見方をする人々とのコミュニケーションに役立つ。後者の機能は，人が自分のアイデアを他の人々の経験に対比し確証できるようにする。それは，自分一人では蓄積を開始できない，代理経験 (vicarious experience) の広大な供給を開く。

治療面接の部屋では，言語を使用することによって，クライエントは自分のアイデアの含意を，その結果に巻き込まれることなしに，調べることができる。これは，「もし」によって，彼がみずからの冒険を保護できるようにするのだ。治療者とともに，彼は行為の可能な進行結果について推測することができる。彼はコンストラクトのどちらか一方に完全に加担することなしに，両側を調べることができるのだ。

たとえば**敵対的な**クライエントは，彼の家庭がまったく「安心感」を与えてくれなかったと不満を言う。この敵意の存在は，クライエントがみずからの実験の自然の結果を受け入れられず，みずからのコンストラクトを確認する方法として強要に向かったのだと治療者が判断するとき，認められることになる。治療者は，クライエントが「安心感」を得るためには両親に何をしてもらいたいと期待していたのかについて，精緻化を求める。この精緻化は非常に具体的なレベルに達するまで追求されていく。それぞれの仮説的な例が形成されると，クライエントは両親の側のこのような行動が本当に起こればよかったと望むものなのかどうかを見るために，彼のシステムの残りの部分の観点から，これを眺める機会が与えられる。

クライエントはかつて不当にも自転車を盗んだと隣人に非難されたという出来事を記述したと仮定しよう。彼の母親はただちにその嫌疑を否定する代わりに，この隣人の前で徹底的に彼を尋問した。彼は自分の無実を証明できた。隣人は謝罪し，納得して帰っていった。母親は彼の味方をしなかったことを謝罪せず，彼が無実だと考えるということを一度もはっきりとは言わなかった。

さてこの治療者が，このクライエントの母親の道徳的判断に対して，座り込みの抗議をしたがる治療者の1人である場合には，この母親が母親らしくないふるまいをし

たという結論に飛びつくかもしれない。治療者は，クライエントが正しく，クライエントは期待する権利のある安心感が得られなかった，というかもしれない。しかしながら，パーソナル・コンストラクト心理学の立場からは，この解釈は防衛可能ではあっても，必ずしも有益ではない。われわれの観点からは，治療者は「それでどうなの？」と，さらなる問いをまじめにするまでは，みずからの結論をさし控えるべきである。

　　b．**説明に役立つ技法**　治療者はこのようなケースでは，「あなたはお母さんに何を言ってほしかったのですか？」というような質問をすることによって，制御された精緻化の過程を開始する。彼はこれに続いて，遅かれ早かれ，「その出来事を**今**振り返ってみて，お母さんが何を言ってくれていたらと願いますか？」というような質問をする。このようにして治療者は注意深く，過去の要素を現在のコンストラクトに編み込んでいく。これらの質問は，クライエントにみずからの願望の含意の自発的な精緻化を開始させるのに十分であるかもしれない。「もしお母さんがそれを違ったふうにしただけならば，何が起こっていたでしょうか？　その後の日々はどう違っていたでしょうか？　私の人生はどう違っていたでしょうか？」。

　　しかし，この精緻化が完全に有効になりうる前に，治療者は，クライエントがこの出来事を処理するために呼び起こすパーソナル・コンストラクトを明瞭化する必要があるだろう。このクライエントが適用できると考える選択肢の対は何なのだろうか？たぶんこういうことだろう。この世界は2種類の人で構成されている。あなたを拒絶することによって，あなたに永久にハンディキャップを負わせる人々と，あなたを信じることによって，あなたを助ける人々である。このクライエントは自分の母親が前者のタイプの1人であったと考えている。クライエントはそれから，このコンストラクトの精緻化を助けてもらうことができ，これが母親に当てはまると見えるだけでなく，みずからの個人的社会的環境内の他の人物にも当てはまり，治療者にさえ適用されうることを理解するようになるのだ。

　　c．**新しい思考の顕在的な要素への関係づけ**　あらゆる形式の再構築（再解釈）がそうであるように，制御された精緻化の究極の目的は，新しい思考を顕在的な要素に関係づけることである。したがって，遅かれ早かれ，治療者あるいはクライエント自身は，こういう問いを発するはずである。「もしあなたの訴える不満のすべてが，そうであるよりもむしろ，あなたが望むとおりであったとしたなら，あなたは今日は，正確にどのように違ったやり方でものごとをやりたいですか？　それを詳細に徹底してしらべてみましょう。今朝起こった出来事を取り上げましょう。もし……なら，あなたはそれをどのように扱いたかったでしょうか？」。制御された精緻化においては，クライエントは，自分の日常行動の小さな細部にいたるまで自分自身の解釈の含意を追求する，あらゆる機会が与えられている。彼は「それでどうなの？」という質問に対して答えを書き出すように援助される。

d．選択肢の書き出し　精緻化には，おのおのの主要な解釈の両側の選択肢を書き出すことが必要であり，重要でもある。それぞれの解釈には選択肢が含まれている。これは，科学者が仮説検証のために注意深く実験デザインを書いたのとちょうど同じように，ふつうの人の日々の質問にもちょうどそのまま当てはまる。治療者の課題は，個々のクライエントの問題を解決するために，注意深くその選択肢を考慮しながら，その実験計画法を適用することである。

　心理士のなかには，可能な選択肢をめぐって非常に注意深くみずからの研究計画を立てるが，個人を扱うときには，その方法論をあまりにも完全に忘れてしまうものが結構いる。これは，われわれには，本末転倒のように思われる。彼らはまっすぐに突き進んで，クライエントが「動機」と「刺激」の幸せな結合により「学習」すると期待する。が，自分たち自身の実験計画においては，これらの学習が喚起されるとは考えようともしなかった。クライエントを励まして，その仮説を検証可能な形式で——いいかえればもっともらしい選択肢に関係づけて——述べさせようとしない心理療法は，同じ不注意の罪をもつ科学的な努力が不毛であるのに劣らず，不毛であると著者には思われる。

　さて，クライエントにコンストラクトの反対の極を考えさせるのは，必ずしも常に容易なわけではない。ついでにいえば，大学院生に代替仮説をめぐって研究計画を立てさせるのも必ずしも常に容易なわけではない。クライエントと同様に大学院生も，何かを「証明する」のにあまりにも熱心（敵対的なタイプの行動）なので，彼らは自分の鼻先に何があるのかを嗅ぎつけることができないのだ。彼らはあらゆる基本的な研究デザインの最も単純なもの——実験仮説 対 その帰無仮説という形の実験的な検証——さえ設定するのが困難なのだ。クライエントもまた，しばしばみずからのコンストラクトの反対の端を沈潜させておこうと試みる。常に受動的な役割をとる治療者は，クライエントがみずからのコンストラクトの現出側に対しては何時間も何時間も要素を加えられるのを見いだすかもしれない。そして，このコンストラクトの他方の端にはどんな要素も一度たりとも加えないように見える。もちろんこれは誤解を招く可能性がある。時にクライエントは，彼らのコンストラクトの沈潜した端に，こっそりと要素を加えていることがある。そしてちょっとした秘密の選択肢をもつ実験さえ行なうかもしれない。しかし，制御された精緻化の方法を採用したがる治療者は，選択肢が探索されるようになるように取り計らわねばならない。

e．クライエントに代替パターンを精緻化させること　母親の扱いがよくなかったので，ハンディキャップを負わされている！　と不満を言い続けてきた，敵対的なクライエントに戻ろう。もしこのような扱いのすべてが自分になされていなかったとしたら，彼はどれほど異なる行動をするようになっていただろうか。これについては精緻化をすればするほど，その代替パターンはより明瞭になるだろう。彼は「子どもの

ときもっと安心感が与えられていたなら，私はもっと自信をもつことができただろう
し，仕事でも識にならずに，もっと昇進していたはずである。では，私を見てくださ
い。私は仕事が続けられません。私は……ができない。私は……ができない」云々と
言うとしよう。そしてこのクライエントは，今一度自己の解釈のもう一方の側に戻る
としよう。治療者は，「私にはあなたにできないのは何なのかがわかりません。いく
つか例を挙げてくれませんか？　……　さて，私にはまだはっきりしません——もし
あなたが獲得し損ねた自信をもっていたとしたら，その状況であなたは何をしていた
でしょうか？　さて，これが，あなたのふるまいたいやり方なのですか？」と言い続
けるかもしれない。

　これらの選択肢の精緻化は，これらを非常にはっきりさせうるので，クライエント
はこれらについて自発的に実験を開始するかもしれない。他方，治療者がクライエン
トの選択肢を精緻化させようとする努力は，結果的に不満の唸り声をさらに大きくさ
せさえするかもしれない。治療者は，このクライエントが敵対的であることを忘れて
はならない——われわれはこの説明では敵対的なクライエントを仮定した——そして
彼は，クライエントが自分の投資を守ろうとする事実に対して，注意深くなければな
らない。彼が望むのは正当性の証明なのである。もし彼が成功してよく適応した人に
なったとしたら，今度は彼は人生最大の賭けで負けたことになるだろう。彼は役割を
失って，罪悪感の鋭い痛みをこうむったかもしれない。彼は自分の全解釈システムが
震えるような不安で，揺さぶられるのがわかったかもしれない。

　f．選択肢の探索　しかしその選択肢は十分に精緻化されて，クライエントがいく
つかのささやかな実験を試みられるようになっていると仮定しよう。通常これらの実
験は，まず治療室内で試みられるべきである。ただしこれは治療者にはコントロール
するのが困難ではあるが。この精緻化は，クライエントに，ある程度は失敗に終わっ
ても表層的な動きの試みをもたらすかもしれない。彼は，もし自分の幼児期が異なっ
ていたとしたら，自分が獲得していたと思う威張った態度で，街を闊歩するかもしれ
ない。彼は友だちの前で自慢話にふけるかもしれない。治療者はこの新しい傾向を警
戒し，クライエントがその代替行動の意味合いをできるだけ現実的に追求するよう援
助しなければならない。この威張るのと自慢するのとは，治療が新しい段階に入りつ
つあることを示している。このことは，この行動が彼の以前の不平たらたらとは鋭い
対照性をもって際立っているとしても，この解釈システムが深い変化を遂げたことを
示唆しているわけではない。それはクライエントをトラブルに巻き込むかもしれない
し，巻き込まないかもしれない。治療者は，このケースの敵意に気づいているので，
これがまだ解明されていない，ある解釈の確認を強要する手段である可能性に，そし
てそれが前向き形式の攻撃性を代表してはいないかもしれない可能性に，警戒をする
だろう。

治療者が望むのは，クライエントがみずからの攻撃性を探索の方向に解放することである。彼は，このクライエントが明瞭化され，はっきり手の届く範囲内に行動の代替モードをもっているので，これらを試してみることを希望する。したがって彼は，母親が彼に失望していなかったとしたら，彼が仮説的に存在していたはずのポイントから回復することができるかもしれない。治療者は，クライエントが自分は不安定さを背負い込まされたというアイデアへの投資を，徐々に捨てていくことを希望する。これは，その特定のアイデアに基礎を置く多くの構造があるようなので，難しい注文である。治療者は，この変遷が，たくまぬ術策をもって，また不安を持たずに，急速に生じうるとは期待することができない。

g．両立不可能性の発見　今一度このコンストラクトを補完する側について考えてみよう。われわれのクライエントを取り上げよう。彼は心理的に不具者だという見解が，詳細に精緻化されると仮定しよう。遅かれ早かれ，クライエントは自分のコンストラクトを支持しないエビデンスや，自分の自己解釈を確証するようなやり方では解釈したいと思わないエビデンスに，直面することになる。さて彼は，自己を不具者だと見る見解が自己のシステムの他のコンストラクトとは両立しないことに直面する。彼はこの両立不可能性を受容できるのだろうか？

われわれの理論的な仮定によると，クライエントの両立不可能性の受容は，彼の上位構造の浸透性によって決まるだろう。彼がそれを受容し，彼の上位構造がかなり**緊縮**して定義されている場合には，彼はこの時点で不安に苦しみ始めるだろう。この上位構造が**弛緩**して統合失調的である場合には，彼はこの不一致に慌てることはないかもしれない。後者のケースでは，制御された精緻化は，どっちみち，心理療法のデザインの主な特徴ではなかったはずである。前者のケースでは，上位構造がもちこたえて弛緩へと進まない場合には，この不安は，面倒な解釈の改訂には進んでいかないかもしれない。この構造が**弛緩**されていくと，彼はそれにあまりにも多くのストレスをかけすぎたことを知るだろう。彼がこの**弛緩**に十分早く気がつく場合には，彼は崩壊が起こる前に，この精緻化を中断あるいは変更することによって，この状況を救えるかもしれない。コンストラクトの反対側が精緻化されるときにも，同じ危険が存在する。ただし著者の経験ではその危険性はそれほど大きくはなさそうである。おそらくそれは，その代替解釈が同時に小さな確証にのみ従い，したがってそれ自体が最初は弛緩状態を維持するからである。

h．後方への精緻化　制御された精緻化は時間的に前進とともに，後退もできる。われわれのクライエントは，彼が引き合いに出した出来事において，母親が彼の罪を赦さなかったために，混乱した。治療者自身はクライエントの感じた罪悪感の本質に関心をもつかもしれない。隣人が彼に向けた泥棒という非難は，彼の役割地位に対する唯一の脅威だったのだろうか？　彼は何か他の方法で自分の役割からはずされてき

たのであろうか？　たとえば一分の隙もなく正しい父親が，クライエントを母親との関係からはずしたのであろうか？　泥棒という非難が大きく誤って与えられたと仮定するなら，もしかして何か他の問題についても当時同じような非難が実証されえた可能性がなおも存在するのではなかろうか？　母親からの復権を実際に求めているのは，この**別**の役割はずしではなかったのだろうか？　われわれのクライエントはなおも**罪悪感**に苦しんでいるのであろうか？

　このタイプの制御された精緻化は，精神分析の手続きにもっと密接に類似した手続きを含んでいる。われわれの視点では，このような後方への精緻化は，常に必要なわけでもなければ賢明なわけでもない。これは，少なくとも一時的には，現在の実験を思いとどまらせる傾向があり，また，あらゆるテーマのなかで最も落胆させるもの——すなわちクライエントは過去の犠牲者だというもの——を不当に強調する傾向がある。

5 ｜ 精緻化の意味するもの

　人が不満を精緻化するのを聴くとき，何が生じるだろうか？　「カタルシス（catharsis）」や「荷下ろし（unloading）」や「除反応（abreaction）」は，クライエントの利益のためには，そもそもやめさせるべきなのであろうか？　これらは重要な問いである。

　いくらかの人々は，聴こうという意志のある人に対してなら誰にでも，自分のトラブルについて簡単に喋ることができる。彼らはそれを，しばしばぺらぺらと喋る。この基礎の上にクライエントを受容する臨床家は，クライエントの人生に何か特別に新しい関係を築いてはいないかもしれない。しかしまた，彼はそもそも心理療法的に有用な関係を築いているようでもなさそうである。大声でしばしば不満をいうクライエントは，敵対的なようである。われわれはしたがって，彼のことを，なだめを求めて底引き網を投じているのだと見るかもしれない。彼は価値あるもののためには，どんな新しい状況をも演じ，どんな融和策でも自分のできるものを集めて，次の有望な状況へと進んでいく。彼は最初は，応答的なクライエントだとさえ見えるかもしれない。しかし遅かれ早かれ，臨床家は彼に十分に満足を与えようという気にはならず，また不可能にもなる。それゆえ彼は，元々の解釈の確証を求めて別方向に向かう。このようなクライエントに「耳を傾ける」のは，適切な臨床的手続きではないが，これがとくに損傷を与えると信じる理由もない。

　しかし，他のタイプのクライエントの場合には，話は別である。やはり敵対的なクライエント——ただし，彼女はみずからの敵意を攻撃的に表出したことがまったくない——について考えてみよう。彼女は家族や友だちには従順で愛情深い自己を提示してきた。彼女は自分が従順で愛情深い——敵対的以外なら何でも当てはまると考えて

きた。最近，彼女は自分が怒りっぽい思考にふけっていることに気づいてきている。彼女がもとの解釈の使用を維持するのに必要としてきた確証材料は，すぐには手に入らなくなってきている。彼女は，どんな敵対的な人もそうしているように，自分が包括的な概念的逃避のできない状況にからめとられていると見ている。そういうわけで，彼女は何とかして自分の社会的世界から確証を引き出さねばならない。彼女は家族メンバーに降りかかってくる不運の幻想をもち始める。彼女はこれらの幻想が願望のような性質をもつことに気づき始める。彼女の全コンストラクト・システムは攪乱によって脅かされる。彼女は困惑しているのだ。

このクライエントが臨床家のところにやってきたとしよう。彼女はおずおずと自己の敵対的衝動を暴露する。話をするうちに，彼女は話しているのが自分だとは信じ難くなってくる。彼女が非常に長くもち続けてきた自己についての考えと，彼女の他者についての解釈の観点から彼女が非常に長く演じてきた役割を捨てるという，まさにその考えが，深い混乱を招くことになる。面接の終わりに，彼女は混沌と救いの入り混じった奇妙な感覚をもつ。彼女は家に帰ったらどう行動すべきか，あるいは実際にどう行動できるのか，確信が持てない。彼女は帰る準備をするとき，熱心に次のアポイントメントについての臨床家の一言を待つ。臨床家との新しく成立した役割関係において，彼女は，みずからの古い人生の解釈と，今にも自分を襲ってこようとする曖昧な新しい解釈との，ある種の架け橋を見ているのだ。

何が起こりうるのかを，もっと近しく見てみよう。このクライエントは，他の人々の解釈システムについて彼女が解釈したものの上に，自分の役割関係のシステムを樹立してきた。彼女は他の人々が自分たちの対人関係において，いかに考え反応したのかについての，彼女自身の理論的な立場を踏まえて行動してきた。彼女は，他の人々を口説き落とそうとする場合には，それらの人々を，機嫌をとり奉仕すべき人として見るようになった。この他者の思考についての解釈は2つの側面をもつ。すなわち一方では，彼女はそれを，どんな精緻化の機会をも切り開く唯一の選択肢を提供するものと見てきた。そして他方では，彼女は今やそれを彼女の全人生役割を支えてきた解釈として見る。

しかし，この従順な役割が精緻化の機会を提供してくれることは，どんどん少なくなってきた。それではなぜ，彼女は従順さを要求する側の人々の1人になることができないのであろうか？　この疑問をみずからに問いかける際に，彼女は，自己のコンストラクトの主軸を回転せず，この軸にみずからをプロットしなおす可能性を考えているだけである。彼女の考えでは，この問いは自己正当化の1つになる。どのようにすれば彼女は，世界——融和を求める人々に満ち溢れている世界——についての自己のコンストラクトに対する元の投資を守ることができるのだろうか？　たぶん彼女は，融和を与える側の1人であるよりもむしろ，みずから融和を求める側の1人になるこ

とによって，最もよく自己の投資を守ることができるのだ。しかしこのことは，同じ基本的な選択肢の対に基づいてはいるものの，彼女を新しい人生役割に投じることになるかもしれない。古い役割の放棄は，罪悪感——とくに悲惨な不安からの派生物——を意味しているのである。

このクライエントが臨床家のところにやってきた。彼女はあえて恨みを吐き出した。彼女はもしかしたら非難されるのではと予期していたようであったが，臨床家は彼女を非難はしなかった。彼女の最初の貧弱な実験——融和を求める役割の実験——は成功した！ 彼女は他の場所でもこの敢行を試みるだろうか？ ノー，この臨床家と一緒の場合だけである！

さて，臨床家は彼女のために何をしたのか？ 彼女は興奮し不安そうな救いを感じている。しかし，臨床家は彼女を助けたのだろうか？ この関係のこの段階では，われわれの答えは，ノーであろう。彼は，適切に操作されれば，治療目標に向かいうる関係の形成を，許しただけである。ここから，このクライエントが自己の敵意を解消できるポイントまでは，長い長い道のりになるかもしれない。クライエントと臨床家との関係がこの時点で破壊されるなら，クライエントの社会関係の領域に深刻な結果をもたらすかもしれない。彼女の習慣的な役割から最も過激な出発をする，まさにその瞬間に，臨床家が受容的にふるまったという事実は，臨床家がまず傾聴していなかったら事態はどうだったかよりも，彼女にとって人生をさらに困難にするかもしれない。罪悪感と不安は両方とも，彼女の面接室での冒険によって強められてきた。今は，新しく喚起された衝動に彼女を引き渡すときではない。

しかし，臨床家が彼女に耳を傾け，それから苦労して敵意の兆候を拒絶あるいは溺死させていたとしたら，何がおこっていただろうか？ たぶんすべてではないが，この特定のケースでは，心理療法的関係を継続する必要性がそれほど緊急ではなくなってくるだろう。しかしそれにもかかわらず，臨床家がその物語を聞いて，このケースに巻き込まれないよう熱望しながら，クライエントの家族のなかの妥協のない1メンバーとして行動する場合には，臨床家は否応なく，クライエントの役割の元の解釈を確証しようと，活動していることになるかもしれない。

　a．**傾聴はコミットメントを含む**　臨床家が常に心にもち続けるべきことは，受容的か拒否的か，態度が積極的か曖昧（noncommittal）か，知覚的に敏感か鈍感か等々には関係なく，人に自分を信じさせようとするときにはいつでも，みずからに職業的な義務を付与することである。これは，人を信頼させるのが，臨床面接室内でも，鉄道の列車上でも，常に同じように当てはまるべきだということである。この信頼する人が，聴き手が専門家だと意識する場合には，より大きな信頼が彼によせられ，彼の専門的責任もそれに比例して大きくなる。

この時点でわれわれが非常に重要だと考えることを述べる1方法は，精緻化の受容

が強い「転移」関係を構築する傾向があるということである。パーソナル・コンストラクト心理学では，「転移」という用語は慣習的な定義の仕方とはいくらか異なるが，手近な問題に対する意味あいは同じである。転移されるのが依存である場合には，この傾聴している臨床家は，この新しく精緻化された依存のなかで自分が重要な要素の位置にいることがわかるだろう。もし転移されるのが敵対的要求である場合には，この臨床家は，このクライエントの新しい搾取的実験における重要データになる。

　人々が内密な問題を打ち明けるのを傾聴するわれわれの一般的なルールは，その冒険が信頼する人にとってうまく作用するのを見とどけるという責任を，われわれが喜んで引き受けられる範囲内でのみそうすべきだということになる。われわれが示そうと努力してきたように，この責任は単なる受容をはるかに超えていく。というのも，受容は，関係の放棄や単なる溺愛がこれに続くので，益よりも害になる可能性が大きいからである。

　b．学術的なカウンセラーのコミットメント　人の物語は，どれほど多くを適切に聞くことができるだろうか？　この問題は，いくらかのおもしろい分岐を示す。大学のキャンパスの心理カウンセラーについて考えてみよう。通常彼は，みずからのサービスを少数の長期治療のケースに適切に限定できる立場にはない。彼が「正常」な人だけを見るつもりだと言うのも，もちろん馬鹿げている。彼は自分のところにやってくる人々を見ることになるはずだ！　そして，もし彼がある程度注意深ければ，彼の前に現われるクライエントの障害の種類と程度は，私設のクリニックで開業している精神科医が出会っている障害と同等ないしはそれ以上であることに，すぐ気がつくだろう。彼が見たことがないと確信できる唯一の異常な人々は，その瞬間に期せずしてどこか他の施設に入所させられている人々である。時にはこのような人々でさえ，大学でのパートタイムの訓練のためにその精神科医によって，紹介されてくることがある。

　情緒不安定な学生との面接のある時点で，カウンセラーはこのケースが，自分が提供する準備をしているよりももっと強力なサービスを要求しそうなことに気づき始める。彼はこの学生をどこに紹介するか，決定しなければならない。紹介する前に，彼はどこまで深くクライエントの問題に入り込むべきか？　そして，親密なタイプの関係をいったん受け入れた後でクライエントを「拒否」すれば，それはクライエントにどんな損傷をもたらしうるだろうか？　大学というコミュニティのなかで利用できるサービスは，多様で高度に専門化されている可能性が高い。ある診療科に紹介したいと思う種類の問題は，別の科ではひどい扱いを受ける可能性がありうる。さらに，長く傾聴すればするほど，名目上の訴えで表現されたのとはまったく異質な潜在的な問題をより発見しやすくなる。

　こういうケースではカウンセラーは診断の質問をかなりの深さまで追求するべきだ

と信じている人々と，著者は，活発な議論をしたことがある。論理的にはこれは常に正当化されるように見えるかもしれない。というのも，高度に特化された専門集団においては，クライエントを適切な見通しをもって見ることを保証する，十分に包括的なサービスはあまりにもわずかしかないからである。心理学的な訓練は，人がこういう問題を適切な視点で見られるように援助しなければならない。実際，それは現在のところ，おそらく他のどんな専門的サービスよりもよい視点を提供してくれる。しかしそれは近視眼的問題の確かな防止法ではない。それでも，ある人の問題の徹底した診断は大きな仕事であり，これは治療の最終段階にいたるまでは，完全にはなりそうにないものである。

　実際的には，治療の計画段階すなわち診断と，治療の処置段階とを鋭く区別することは不可能である。人の診断システムが単なる疾病分類学的な分類セットにすぎない場合には，心理カウンセラーがクライエントをその分類棚の1つに押し込めて，型どおりの紹介ができるところまで面接を続けるのは，もしかしたら実行可能であるかもしれない。しかし治療関係は，治療者が鋭く分類された障害に特定の処置を適用する際の関係ではない。それは，それ自体が精緻化の手続きであり，動いていく関係を含んでいる。心理カウンセラーはこのケースを2〜3回の面接で分類できると期待してはならない。また彼は，自分自身の一群のコンストラクトをこのケースの全要素に押しつけることに，過剰に熱心になるべきではない。彼がするのを期待できる最善のことは，このクライエントが今受け入れて利益を得る準備のできているように見える種類の関係を考えることであり，そして，ある人とのこのような関係の形成が，次には，他のどんなコミュニティの資源であれ彼に有効に役立ちうるものの利用へと導くことを希望することである。

　われわれの視点からは，したがって，心理カウンセラーは，自分がどこかに紹介したいと思っているクライエントからの精緻化を受け入れて，このクライエントとの関係を構築することに対しては，大きな注意を働かせるべきである。臨床家から臨床家へと渡り歩き，機関から機関へと紹介されてきたクライエントは，みずからの物語の内密の詳細を語った後で，そして誰かとの関係の樹立を何度も何度も試みた後で，これらの長期の冒険旅行によって士気を喪失してしまう，というアイデアを支持する広大な臨床的エビデンスが存在する。このようなクライエントを紹介しようとする場合には，彼はできるだけ速やかにそうすべきである。クライエントの特定タイプの問題に経験をもつぴったりの専門家に紹介することは，クライエントがかなり有能な誰かとの治療関係を形成する機会をもつことにくらべると，この専門家がクライエントの特定タイプの問題を扱うのに部分的な専門性しかもっていなくても，そのことはおそらくそれほど重要ではない。このクライエントが治療関係のなかでいったん引き受けられると，付加的な基盤に基づいて，専門家の必要なサービスを獲得できるはずであ

る。たしかにわれわれは，治療の専門性への関心によって，治療そのものを見落とすようなことがあってはならないのである。

B 訴 え

6 | 訴えの精緻化

　たいがいの治療的な精緻化は，訴えあるいは訴えに対応する何かの精緻化から始まる。治療のシリーズはこんなふうに始まる必要がない。実際，時にはこの系列を1，2回のしっかりコントロールされた面接――クライエントが言いたいことあるいは自分の問題に関係すると考えることを，言わせる機会を与えずに，型どおりに背景情報を求める面接――から始めるのが好ましいことがある。しかしながら，クライエントがみずからの治療プログラムの形成に積極的な役割をとることが期待される場合には，臨床家はふつう，クライエントの自発性を奪うことによって，治療を開始すべきではない。多くの場合，自発性の引き渡しを最も嫌がるクライエントは，いったん自発性が奪い取られると，最も気力をなくする人である。技術的にいうなら，自発性を維持しようとする彼の最初の闘いは，かなり大きな**依存の脅威**に対抗して，みずからのコンストラクト・システムの統合性を保持しようとする闘いであると言ってよかろう。標準的な医学的手続きに従って入院させられた患者を観察してきた心理士は，患者の気力の崩壊と，その結果としてしばしばそれに続く不必要な回復の遅れによく気づいている。最近発見された，手術や出産後の患者に対する積極的なプログラムの長所は，どんなクライエントでもある程度の自発性を維持することに価値のあることを，心理臨床家に気づかせるのに役立っているはずである。

　a．訴えの制御されない精緻化　クライエントの訴えの精緻化は，治療者からの特別な指示がなくても進められうる。これは「非指示的」心理療法学派の非指示的な特徴である。この手続きが使われるときには，治療者はけっして傍観者ではない。彼は，クライエントがほとんど望みどおりに自由に解釈できる受容をつぶやくかもしれない。あるいは治療者は，みずからノイズ（つぶやき）を発しない場合には，みずからの注意深い姿勢が，クライエントによって投射された知覚に対するターゲットとして，自己を利用するのを，同様に許容することになる。治療者は「感情語」あるいは「感情語句」をくり返すことによって，少し困ったあるいは問いかけるような態度で，「感情を反射」するかもしれない。したがってクライエントは，それがどこで弛緩，あるいは移行的な診断コンストラクト――脅威，恐怖，不安，罪悪感――の一特徴を示すにしても，自分の談話を再構成（再解釈）するように誘われる。治療者のタイミングは

用心を見越すようなものかもしれない。あるいはそれは，先取りとコントロールを促がすために，活気づけられるのかもしれない。後者のケースでは，治療者は口笛を吹き，足を踏み鳴らし，テーブルをたたくというようなところまではめったに進まないだろうが，もっと自発的であるように見えるだろう。

たいがいの治療者の場合には，この訴えの無方向な精緻化の段階は，この精緻化が反復的になるとき，終了にもってこられる。もしクライエントが自分の問題を非常に狭く定式化して，「周辺的」な問題について考えるのを拒否する場合には，治療者は，クライエントの談話がマンネリ化していることが，クライエントにも明白であるはずのポイントまでは，この無方向な精緻化が続くのを許容するかもしれない。

クライエントにはみずからの反復性に気づかせる技法が存在する。クライエントには，前の面接で自分が述べたことについて，正確な言い回しと正確な順序を思い出すよう，かなりの注意を払いながら，詳細に反復するよう求めることができる。彼には今日の面接と前回あるいは初回の面接を比較対照するよう求めることができる。彼には前回の面接で自分が演じた自分自身の役割を演じるよう求めることができる。彼には前回の面接で治療者が演じた役割を演じるように求めることができる。この場合には治療者は一時的にクライエントの役割をとることになる。この技法は，治療者があまりにも鋭くクライエントのカリカチュアを描かないようにする，デリケートな感受性が必要である。

　b．無制御の精緻化に対する禁忌　訴えの無方向な精緻化に対しては，心理療法家が観察しなければならない禁忌(contraindication)がある。これは予後を大きく悪化させうるので禁じられている技法であり，われわれはすでに2つのことについて述べた──心理療法家にこのケースの「本質を見抜こう」という意欲がないこと，および，クライエントが定式化する際の過剰な反復である。過剰な**罪悪**感情は別である。罪悪感をもつ人がみずからの役割喪失を精緻化していくと，彼は自己を支える資源からもっともっと切り離されていると知覚しやすくなる。彼は，敵対的になって妥協を求めること，あるいは収縮(constriction)によって自己の残された資源に適合しようと試みることによって，この過程をチェックする選択肢に直面しやすくなる。前者の場合には彼は「偏執病」を，後者の場合には自殺傾向を現わすかもしれない。

　何回かのパニック反応を経験した後で，心理療法の援助を求めてやってきた，50歳くらいの男のケースについて考えてみよう。彼は旅に出かけたのだが，すぐに彼と妻が話し合って決めた旅行計画に「とらわれている」と感じるようになった。彼は引き返して家に戻ろうと主張する。彼は，自分が最も法的道徳的規範に関して自分が弁解の余地のない立場にいるのがわかると，「神経質」になるのだと訴える。彼は自分より妻のほうが性的にも知的にも強いと感じている。彼が面接室で自分の訴えを自発的に精緻化するとき，彼はみずからの役割喪失の証拠書類を形成していく。これによっ

てこのケースの罪悪感の特徴は前面に押し出される。治療者はこの無方向な精緻化を
どれほど多く受け入れるべきなのだろうか？

　このクライエントは，罪悪感のテーマを形成し続ける場合には，みずからの社会状
況を先取り的に解釈するだろう，というような文書化をすると仮定するのは，理にか
なっている。これは攻撃的に行為することへの招待である。しかし，彼の依存コンス
トラクトを探索する攻撃的努力は，宥和を追求することになるので，敵対的になる。
またこれらの努力は，彼が自己を自己の役割のなかで習慣的に維持してきた媚びへつ
らう技法とは矛盾するので，役割破壊的でもある。もし彼の上位コンストラクトがも
う少し弛緩していたならば，この矛盾があっても，彼は必ずしもそれほど深くは混乱
しなかったはずである。そのときには彼は「統合失調的」になりえたであろう。もし
彼がみずからの敵意を体系化でき，この矛盾を何か緊縮しているが見かけ倒しの解釈
のもとで解消できたならば，彼はこの罪悪感を「被害妄想」として扱いえたかもしれ
ない。

　しかし彼は，もう１つのアプローチをもっている。彼は宥和追求的な敵意を維持し
ながら，彼の攻撃的な努力が作動するのを許す領域を緊縮することによって，完全な
役割喪失を回避する。こうして，彼は妥協する。いくらかの子どもっぽい依存構造は
作動し続ける。彼は子ども時代の役割の形跡を維持している。罪悪感はかくして，限
界内に維持されるのである。

　さて，彼は自己の人生物語を語って，その訴えを自由に精緻化するように求められ
ると仮定しよう。彼のフィールドは一時的に拡張される。緊縮的な界は解除される。
われわれは今や，罪悪感の特徴がもっとはっきりすると期待してよい。注意深い治療
者は，それらに，子どものような**役割**地位に対する企てと，緊縮的方法への一時的依
存との交代を見るかもしれない。しかしこの治療者は，この訴えの連続的で自発的な
精緻化の結果を予見するには，十分に注意深くはないと仮定しよう。また彼は，役割
地位への努力の「子どもっぽさ」への「洞察」を，クライエントに表現させさえする
と仮定しよう。そうすると，クライエントの役割喪失を支持する文書記録はすぐに，
乗り越えられない比率に達する。自殺による収縮は，クライエントに残された唯一の
回答なのかもしれない。

　罪悪感の特徴がその訴えの連続的な無方向の精緻化を禁忌にすると思われる，別タ
イプのケースもある。しかしおそらくこれは，罪悪感を含むケースにおいて，この重
要な心理療法的手続きの乱用を説明するのには十分であろう。

　　ｃ．弛緩した解釈のケースにおける禁忌　訴えの領域内では，クライエントが非常
に弛緩した解釈をするために，自分の利得を確保できないケースがあり，このような
ケースでは，訴えの連続的で無方向な精緻化は禁忌とされる。このようなクライエン
トは自分の訴えを処理するときに，概念的に「ばらばらにしてしまう」。多くのクラ

イエントはこんなことをしないが，なお彼はこの訴えの領域の精緻化を試み続けると仮定しよう。連続的な精緻化の利用は，治療者がそれによっていくらかの利得を得るのを希望していることを意味する。治療者は，クライエントが，さらなる結論を求めて手をさし伸べている間に，依存のできるいくつかの結論に到達することを希望しているのである。治療者は，しかも，どの結論も非常にルーズに（弛緩して）解釈されており，今日黒に見えるものが明日には白に見え，どんな新しい経験が黒白どちらのカテゴリーに割り振られるのかは，コイン投げで決まるというふうである。ならば，来る日も来る日もこのような結論に達することは，治療的には何の利益にもならないということになる。

　さらに，訴えの連続的で無方向な精緻化は，さらなる弛緩へと導く可能性さえある。精緻化はふつうクライエントのフィールドのいくらかの拡張を生じる。このフィールドはより多くの要素で取り散らかされる——コンストラクトのさらなる弛緩への招待になる。もし治療者がこの精緻化を，内容と範囲の両方についてコントロールできる場合には，彼は，直近の未来を扱うのに十分な浸透性をもち，いくらかの合理的に緊縮した新しいコンストラクトを，クライエントが確立するのを援助する，よりよい見込みをもつことになる。しかし，このことは**制御された精緻化**を意味している。そしてわれわれは，訴えの**無方向な精緻化**に対する禁忌について語ってきたのである。

7 │ 訴えの制御された精緻化

　訴えの制御された精緻化を進めれば，クライエントにみずからのトラブルについて延々と話し続けさせることに内在するいくつかの危険性を，臨床家は迂回できるようになる。治療者は，訴えのより反復的な特徴を回避するよう，クライエントを誘導できる。彼は，クライエントが役割喪失を過剰に文書化しやすい訴えの領域の精緻化を回避することができる。彼はある領域の議論を一時的に立ち入り禁止にすることによって，不安の拡散に対抗する隔離所を設定できる。彼はこの精緻化を，新しい解釈をする妥当な機会のある安全領域——次に続く治療段階で臨床家が十分にたよれるしっかりした領域——に方向づけることができる。彼は，社会とのさらなるトラブルにクライエントを巻き込みうる，用心（Circumspection）‐先取り（Preemption）‐コントロールのサイクル（C-P-Cサイクル）の早まった完了を回避できる。彼は，その準備をしていないときには，クライエントとの関係——一連の心理療法を継続する職業的な義務の下に彼はおかれる——の形成を避けることができる。

　訴えの制御された精緻化は，無方向の精緻化にくらべると，これらの長所のすべてを備えているが，これには1つの重要な危険性が含まれている。人々は，みずからをトラブルに巻き込むその人独自の天才的な方法をもっている。治療者は，クライエント自身の個人的な定式化について説明を聞くまでは，この特定のクライエントがどの

ように自己を操作して無能にしているのかを正確には知らないだろう。この精緻化を限定しようとする治療者の努力は，クライエントのパーソナル・コンストラクト・システムとの接触からみずからを締め出しうるので，彼はこのクライエントとの関係において，有意味な役割をとることができなくなるかもしれない。

8 訴えを精緻化するための7つの基本的質問

前章では，われわれはどんな訴えの精緻化についても役に立つ7つの基本的な質問について簡単に述べた。これらは以下のとおりである。

　　a．どんな問題について，あなたは援助したいと思うのか？
　　b．これらの問題に初めて気がついたのはいつか？
　　c．これらの問題はどんな条件下で最初に出現したのか？
　　d．どんな修正法が試みられてきたか？
　　e．どんな変化が，治療や時間の経過にともなって生じたか？
　　f．どんな条件下で，この問題は最も気づかれやすいか？
　　g．どんな条件下で，この問題は最も気づかれにくいか？

これらの問いの定式化は，クライエントに，(1)これらの問題を可能なら時間軸上に位置づけさせるために，(2)そして，これらの問題を流動的で一時的だと見させるように，そして，これらを，(a)治療，(b)時間経過，(c)多様な条件，に対して応答的だと解釈させるように，デザインされている。

われわれの心理療法に関する基本的な立場は，今までに明らかになっているはずだが，問題の解釈のされ方が，これらが解決されるか否かの主要な決定因になっているというものである。心理療法においては，科学におけると同様に，その目標は，解答可能で適切な形式で，質問を定式化することである。治療者の課題は，研究指導教員のそれと類似している。彼はクライエントを援助して，検証可能な仮説を立てさせねばならない。彼はクライエントを援助して，操作的に区別できる変数を概念化させねばならない。彼はクライエントを援助して，そのデータ——個人的願望ではなく——を2つないしはそれ以上の選択肢間で選択させる実験計画を作成させねばならない。彼はクライエントに，いかにしてそこに含まれているリスクに適したサイズにまで関　与を低下させ続けるかを助言する。彼は実験室の備品の使い方を教える——心理療法の場合には主な実験室は面接室である。

われわれの7つの基本的な質問は，それゆえに，混乱したクライエントに対してだけでなく，研究者にも適切に与えられうる質問である。さらに，これらは臨床心理学の状況と同じように，産業心理学の状況にも当てはまる質問である。たとえば工場プ

ラントの管理役員が心理コンサルタントに「訓練プログラム」の導入を援助してほしいと頼んだとしよう。有能な産業心理のコンサルタントは，ただちにプラントの現場に出かけて，彼がつくった最新の訓練プログラムのコピーを監督や主任の鼻先につきつけ始めるというようなことはしない。それよりもむしろ，かなりの苦痛に耐えながら，この管理役員が心に思い描いているのは何なのかを見いだそうとする——彼は**訴え**を求める。そしてその**精緻化**を求めるのである。

この訴えが精緻化されると，彼は，この役員が最も心配しているのは，労働者の転職だということを見いだすかもしれない。この役員は精緻化を続けていくと，この転職に影響を与える要因が，訓練プログラムによって影響を受けるようなものではなさそうだということが，だんだんはっきりしてくるかもしれない。さらにいえば，高価な訓練プログラムは転職のコストを倍加させるかもしれない。これが産業問題に対する紋切り型の回答を与える試みに見られないようにするために，訓練プログラムは人事の昇進や装備の現代化プログラムと適切に調整される場合には，高い転職率の改善に役立ちうることを説明しよう。

ここはパーソナル・コンストラクト心理学の産業問題への応用を論じる場所ではないが，しかしおそらく，この短い例でも制御された精緻化法が広く多様な訴えと社会状況に適用できることを説明するのには十分であろう。このことは，前に説明を試みたように，訴えは常に精緻化されるべきだということではない。人には，問題がまだ機の熟さぬうちに結晶化させられることを望まない条件があるものだということである。

9 ｜ クライエントの原因の解釈

クライエントに圧力をかけて，彼が**なぜ**彼の訴える問題をもつのかを説明させるのは，いくらかの臨床家に共通の手続きである。臨床家は「なぜ？」「それを引き起こしたのは何だと思いますか？」「なぜそれがそうなりえたのか，イメージできますか？」というような問いをさしはさむ。

この手続きは，クライエントに自分の行動を合理的に理屈づけさせようとする試みを表わしている。精神的な健康は「合理的な人」の功績だと考える臨床家にとっては，これはよい考えのように見える。しかしわれわれの視点からは，言語的な合理化は必ずしも心理的な予期過程を促進するわけでもなければ，人をよりよい隣人にするわけでもない。それは，クライエントが不安のカオスを退去させて，言語構造の宇宙に置き換えるのを助けるかもしれない。しかしこの構造は，人が自然の真実の結果に従属するものというよりも，むしろこの人が正統性の主張を要求する敵対的なものであるという危険性が常にある。あまりにもしばしば「合理的」な人は，自然に最後通牒を送致することによって不安を払拭しようとする人なのである。

したがって，クライエントに，なぜ今感じているように感じるのかの説明を求めることによって，クライエントの精緻化をコントロールしようとする治療者には，観察されるべき限界がある。これらの限界内では，この手続きはしばしば有益である。それは速やかに，クライエントの人生の個人的な解釈の理解に導く可能性がある。それは心理療法家の興味の表出，すなわち前章で論じた**信じる態度**（credulous attitude）を表わしているかもしれない。これは，行動と感情が説明力をもっているはずだということ，そして説明の発見は治療の成功にも関係することを意味しているのかもしれない。

このタイプの制御された訴えの精緻化に対する禁忌は，もちろん，極端な不安と攻撃のいかなる組合せをも含んでいる。これらにはまた，高度に体系化された敵意のいかなるエビデンスも含まれている。さらに，クライエントが精緻化を試みた可能性があり，いったんそれらを詳細に調べ始めると，バラバラに崩壊してしまった可能性のある領域が，いくらかはあると信じている場合には，人はこのタイプの精緻化を試みてはならない。たとえば，その性役割が不安定に確立されているだけで，しかも現在の性役割の維持に大きな投資をしている人は，思いもかけず，この種の精緻化によって，罪悪感と不安に突き落とされるかもしれない。最後に治療者は，クライエントがその後の前言語的コンストラクトの精緻化や，「深い」治療への準備段階として，治療者との依存的役割関係を形成しようとしていることが予期できる場合には，このタイプの精緻化を試みてはならない。

10 | 訴えを社会的枠組みのなかに投入する

臨床家は「これと同じ問題をもつ他の人々を知っていますか？」「このタイプのトラブルに対して，他の人々はふつう何をするでしょうか？」「これを克服した人を知りませんか？」「どのようにして？」「いくらかの人々はなぜこれを克服できなかったのでしょうか？」「その人について教えてください——彼はどんなふうでしたか？」と尋ねるかもしれない。

精緻化に対するこのタイプの制御は，このクライエントが社会的に妥当と認める軸体系内にその訴えをもってくるのを助けてくれる。それは社会の知恵をこの訴えに関係づけて，クライエントが自分の問題を調べている間に，立つべき何かしっかりした足場を見いだすのを助けてくれる。もちろん，ここで喚起される社会的知恵は，クライエント自身が解釈するものである。しかし一般に，これは彼が私的に自己同定するものよりもよく確証された一式の個人軸を表わしている。さらに，このアプローチは，クライエントを問題から引き離すのを助けてくれ，彼が人としての自分を判断しようと試みるのでなく，問題としての問題を判断するのに，よりよい位置取りをするのを助けてくれる。ある意味ではこの訴えはクライエントとは区別され，だれか他の人の

訴えとして同定される。ここで再解釈されねばならないのは，彼の訴える自己だとするなら，再解釈がもちうる脅威的な意味あいは一切なしに，再解釈がなされうる。

　すべてのクライエントがこの種の精緻化にしたがうわけではない。彼らは，自分たちのような不満をもつものは他には誰もいない，あるいはこの問題に対処するのにこんなにわずかな資源しかもたない人は他には誰もいないなどと主張するかもしれない。前者のような反論がなされる場合には，臨床家は残りの社会との同一化の欠如と罪悪感の意味するところに注目するだろう。後者のような反論がなされる場合には，臨床家はクライエントの依存構造の意味連関の追跡に注目するだろう。クライエントがこのタイプの精緻化に反論をあげる，まさにその方法が，彼のパーソナルな解釈システムにかなりの光を投げかけるはずである。最後に臨床家は，クライエントがこの示唆を言語的に拒否するという理由だけで，彼がこの問題を後で文化的・社会的に見直すことはなかろうと仮定してはならない。クライエントがやるつもりはないということと，彼が私的にやろうと試みることとは，しばしば相互に鋭い対照を示すものである。

　このタイプのアプローチは，トラブルへと導く場合もありうるが，通常は非常に安全である。極度に罪悪感の強い人は，自分の問題をこんなふうに見ることによって，みずからの罪悪感を倍加させるかもしれない。彼はそれを事実との直面化として受け取るかもしれない。すなわち，自分は他の人々のようではない，自分は自分の問題を期待されるようには処理していない，あるいは実際には，自分は他者との役割関係を維持するのに十分には他者を理解していない。

11 ｜ 直面化

　この訴えには，クライエントが進んで語ろうとする以上のものがある。しばしば他の人々はクライエントについて不満を訴える。しばしばクライエントの行動は，言葉でははっきりと定義できない不満を表現する。時にはイベントの動向，たとえば病気の傾向や加齢の過程は，将来起こりうる訴えについて，臨床家に気がかりを生じさせる。

　クライエントが述べてこなかった訴えに，彼を直面させるのが望ましいときがある。ふつうこれがなされるのは，これらを精緻化して，この精緻化によって生み出される明瞭化から利益を得る機会を，クライエントに与えるためである。精緻化はウェブ（蜘蛛の巣）構造を紡ぎだす一方法である。この構造は，いったん適所を得ると，その人の心理的な足場に安定性と落ち着きを与えてくれる。

　直面化に続く精緻化は，治療者によって制御されないか，さらに制御されるかの，いずれかである。直面化そのものも，もちろん，あるタイプの精緻化の制御である。それはクライエントをみずからの選択によらない状況の真っただなかに腰を下ろさせることである。治療者はその後に，クライエントにそれを求めて泳がせるか，あるい

は水中を歩いて渡れるように水底の発見を助けるか，どちらかができる。ときには治療者はただちに彼を救助せねばならないことがある。彼は議論の話題を変えたり，サポートを与えたり，再保証を提示したりすることができる。

　　a．**診断図式を明瞭化する直面化**　しばしば直面化は，臨床家にとっての診断図式を明瞭化するために試みられる。臨床家はどんな測度が必要かを判断するために，クライエントがまだ語ったことのない問題をどのように処理する傾向があるのかを知る必要がある。直面化に対するクライエントの反応を評価するに際しては，臨床家はその内容とともに形式も吟味するだろう。クライエントはその明らかな特徴を越えて，新しい訴えを精緻化できるのだろうか？　クライエントは精緻化を慣習的な一般性に限定するのだろうか？　拡張された訴えの領域を処理するのに彼が呼び出すコンストラクトは，関連があるのだろうか？　それらは，彼に必要な弁別ができるように，十分緊縮した解釈がなされるのだろうか？　それらは新しい経験に対して浸透性があるのだろうか？

　　b．**治療関係を明瞭化する直面化**　時に直面化は，クライエントと治療者の関係に，より広い基盤を与えるために使われることがある。クライエントがこの問題を臨床家と議論する必要はなくなるはずだと期待して，この問題を敬遠してきた場合には，クライエントの臨床家との役割関係はあまりにも狭く解釈されすぎて，役に立たなくなる可能性がある。この直面化は，「臨床家がその最悪の事態を知っている」としても，臨床家がこのクライエントに対する広範囲の受容を示すよい機会になるかもしれない。クライエントは，臨床家がやりかけの仕事を完了させるのを待ち続けてきたかもしれないが，最初のショックが過ぎ去ると，ずいぶん救われた気分になるかもしれない。

　　c．**移行を生じる直面化**　最も頻繁な直面化は，治療シリーズにおいて移行を生じるために使われる。クライエントは自己の解釈システムを，1，2の領域にしか適用されないときに，精緻化してきたのかもしれない。進化してきたコンストラクトは，他の問題領域をおおうには十分な浸透性をもたない可能性がある。ある選ばれた時期に，治療者はクライエントの議論の領域に新しい問題領域を加える。彼の新しく形成されたコンストラクトは，新しい問題をつかむのに，十分な利便性の範囲をもつだろうか？　また，十分な浸透性をもつだろうか？

　　直面化が移行を生じるために使われるときには，治療者は移行的行動を見いだして驚いてはならない。この移行的診断コンストラクト——脅威，恐怖，不安，罪悪感——は，彼が観察するものに適用できるようである。「表面的虚飾」のケースでは，彼は刺激的な移行に含まれるリスクを完全に喜んで取ろうとする可能性がある。「転換ヒステリー」のケースでは，直面化はほぼ確実に敵意のはっきりしたエビデンスを生み出す。脳荒廃のケースでは，通常は解釈の顕著な弛緩へと導かれる。これには回復への「具体主義的」試みが続く——つまり，より**非浸透的**な再解釈にたよることにな

る。治療者は，直面化によってクライエントの罪悪感や不安が増大すると，これを補償しようとする努力が加速される可能性を，意識しておかねばならない。このクライエントは抑うつ的になり，収縮にたよるようになるかもしれない。

　　d．倫理的考察　臨床家はしばしば架空の訴えに基づいてクライエントを見てほしいと依頼される。両親はしばしば子どもたちに「歯の成長具合を見るために，お医者さんに行って診てもらうよ」等々と告げる。臨床家はこのごまかしに「だまされた振り」をして，しかし同時に，この子のために心理的に何かできることをしてほしい，と求められるのだ。賢明で倫理的な臨床家はこのような基盤に基づいてクライエントを受けいれはしないだろう。クライエントがだまされて臨床家のところに連れてこられたのがわかる場合には，臨床家はこの訴えについて何か適切な定式化を行って，これが臨床的関係の最初の基盤を表わすのだと説明しながら，これをクライエントに処理させねばならず，これが臨床家の責任なのである。

　　臨床家は，訴えの詳細な定式化をもって，クライエントへの直面化を試みる必要はない。この段階ではこのような詳細な定式化はとにかくわざとらしいものになったはずである。彼は単純にこういうかもしれない。「私の推測では，あなたは最近警官とトラブルを起こしたでしょう。私ならたぶんあなたのお役に立てると思いますよ」，あるいはたとえばこう言うかもしれない。「あなたのご両親は私にあなたの歯を見てほしいといわれました。でもご両親は，あなたを最近叱りつけた方法をもっと心配しておられるように見えます。時には子どもたちがあまりひどく叱られないように援助し続けられると思いますよ。もしかしたら私はあなたを助けられるかもしれません」と。

　　臨床家はこの訴えを文書化する必要はない。また，クライエントがそれを妥当だとして受け入れるように言い張る必要もない。時には子どもは言うだろう。「両親は正確に何と言ったのですか？」臨床家は両親の主張を実証しようと試みる必要はない。また，彼自身がただちにその妥当性を判断する必要もない。訴えは解釈の問題であり，通常はそれについての高度に個人的な解釈である。治療の初めに両親の解釈をクライエントに押しつけようと試みることは，パーソナル・コンストラクト心理的学のすべての視点を失うことになる。治療者はしたがって，両親によって持ち出された訴えは個人的な種類のものだと，彼自身が理解していることを，はっきりさせるように注意しなければならない。それゆえに，彼はたとえばこのように言う。「うーん，ご両親は**自分たちがどう感じたか**を言われたのです。お２人は心配しておられたのです。でも，私自身は，今までそのことについてあなた方とお話をする機会がなかったので，**本当のところ**どんな心配事があったのかは知りません」と。この反応は，いささか遠回りであっても，この訴えを，これを定式化した人のパーソナル・コンストラクトとして，あるべき場所に維持しようとする試みを表わしている。臨床家は，「えー，ご両親は**起こったこと**について，何か私に話されました」と言わないように注意しなけ

ればならない。これではこの説明は、個人的解釈の領域から取り出すことになるだろう。

この直面化は調査によって追跡する必要がない。臨床家は話題を変えることができれば、クライエントも、直面化が導入されるとすぐに、気楽にそうさせたりもする。クライエントは準備ができれば、通常はそこに戻ってくる。直面化の目的は、必ずしもクライエントに宣誓証言をさせることではない。治療者がとにかく判断を保留している場合には、この宣誓証言は無関係でありうる。

12 │ 反射の手続き

治療者はクライエントをクライエント自身の訴えに直面させうる。クライエント中心療法におけるロジャーズのアプローチは、われわれが前に述べたように、「感情」を反射（reflection）することである。反射されるのが感情だという事実は、治療者の反射的な質問の仕方によって明らかである。

ドイッチェ（Deutche）は、彼の「連想的健忘（associative anamnesis）」と呼ぶ手続きを使っている。まず彼は、クライエントの語彙と、自発的に精緻化された訴えのなかに見いだされる反復的な語句に、自分をなじませようと試みる。それから彼は、クライエントにとって特別な意味をもっていそうなキーワードと用語を選択する。これらの用語は次に、これらがクライエントによってどのように精緻化されうるのかを見出す努力をするなかで、くり返し反射される。これらが開始する連想の連鎖は、クライエントの思考が困難に巻き込まれる因果的結合の指標と受け取られる。

このクライエントがこれらのキータームでどんな変化を鳴り響かせうるのかを見るために、この反射は反復的でありうる。それはまた、この連想の連鎖がどこへ導いてくれるのかを見るために、逐次的でもある。クライエントはたとえば「彼女がそれをするたびに、私は頭にきてしまう」という。治療者はこの「頭にくる」が、クライエントにとってとくに豊かな意味をもつように見える、キータームであることに気づいていた。彼はそこで言う。「頭にくる？」。クライエントは言うかもしれない。「ええ、彼女はそんなことを私にするべきではないのです。彼女にはそんな権利はないのです」。治療者はくり返す。「頭に来る？　その頭にくるというのはどういう意味ですか？」……「あなたが頭にきたと言われるのがどういう意味なのか、私にはわかりません」。連鎖的連想が使われる場合には、治療者はその代わりに、「権利ですって？」と言うかもしれない。クライエントは言うかもしれない。「ええ、彼女はいつもそうしているのです」。治療者は言う。「いつもですって？」等々。

ドイッチェはこの技法を、彼が「セクター療法（sector therapy）」と呼ぶ限定的な治療形式に関連づけて利用している。われわれの用語法では、これは、ある話題領域を精緻化のために選び、他のある領域を意図的に回避する、ある形式の制御された精緻

化だといえよう。治療者が，クライエントの重要な用語法と，これらを豊かにする連想，そしてこれらがクライエントの生活の種々の領域と結合されるその結びつきを，もっともっと熟知するようになると，彼はそれらの用語を治療的な談話のなかに編み込み始める。こうして彼は，連想の新しい意味と新しい因果的連鎖の確立を追求していくのだ。

このキータームまたは単にこのクライエントに共通に使われている用語の反射は，種々の状況で使われうる一般的な手続きである。実際，クライエントの最後の文章の終りの語句をとり上げて反射するだけで，精緻化は促進されうる。ラムスデル（Ramsdell）の報告によれば，この技法は，ふつうの社交的な談話では，相手の言うことに集中するのが困難な場合，そしてとにかくとくに興味がない場合に，目覚ましい可能性をもっている。また同じく彼の報告によれば，この技法は非常に有効に作用するので，彼が聴きたがっているよりも，もっと泡立つような会話に自分が浸っているのがわかるだろう。

クライエント自身の産出したものを反射するほうが，もっぱら蓄積された材料でクライエントに直面化するよりもかなり有利であることを示す，公式の研究エビデンスがある。ビクスラー（Bixler）は，クライエントの産出したプロトコルから選出した名詞が，連想テストで使われるときには，ケント - ロザノフ連想リスト（Kent-Rosanoff List）から取り出された語の材料とはいくらか異なるタイプの材料を，一貫して生み出すことを示している。これらは異なる「感情の調子トーン」を生み出し，過去のイベントをより多く想起させた。さらに，ケント - ロザノフのリストからの語と組み合わせて使われる場合には，これらは臨床的産物を豊かにする。

13 テーマの反射

「連鎖的連想（chain association）」は長く心理療法で使われてきた。連鎖チェインを語りにナラティブ，そしてナラティブをテーマに発展させるのに反射を使用することは，「テーマの反射（thematic reflection）」と呼ばれうる。もしこのナラティブが，ここから抽出が可能で，他の内容から抽出されるそれとの類似性が認識されうる，構想プロットやテーマを含む場合には，この治療者はクライエントが産出したもののテーマ分析に取り掛かるかもしれない。これは，優れた技能をもつ臨床家が TAT プロトコルの意味を解釈する 1 つの方法である。ただしついでに指摘しておくなら，多くの臨床家は，今では TAT の「人物」分析の方を（テーマ分析よりも）好んでするようである。もしこの治療者が，選択的な直面化によってつながっている一連の連想を維持するために決定的な一歩を踏み出す場合には，われわれは制御されたタイプのテーマの精緻化をもつことになる。

テーマの展開とプロトコルの分析には，それが心理療法のセッションで産出されるプロトコルであっても，TAT のあいまい図版への反応であっても，かなりの技能を

必要とする。多くの臨床家は，心理療法で有効に使えるほど十分には，その技能を発達させていない。臨床家はクライエントの文脈的なグループ分けを解釈できるだけでなく，**クライエントの精緻化の選択**（elaborative choices）を追跡できねばならない。すなわち彼は，クライエントがどのように区別しているのかがわかるだけでなく，いったん選択肢が設定されれば，クライエントの精緻化の選択が何であるかがわからねばならない。それから彼は，事後の経験がどのように解釈され，各コンストラクト次元における精緻化の選択が何なのかを，見ることができねばならない。このことは，臨床家がクライエントの人生役割の解釈をできねばならないことを意味している。――この解釈とは，臨床家がクライエントの別のコンストラクトを包摂するだけでなく，クライエントの解釈システムにおける上位 - 下位の配置をも包摂することを要求する。

　治療者がクライエントの解釈システムにおけるテーマをほぐして徐々に引き出していくために，反射を採用する場合には，彼は次のような反応によってそれをなすことができる。「あなたはお母さんについて私に話してくれました。あなたは裏庭での出来事についても話してくれました。次には何が来るのでしょうか？ …… 何が続くのでしょうか？ …… まさに，なぜそれが次に続くのかを教えてもらえませんか？」。治療者は，この直面化が，治療者に理解できるテーマを，また，テーマの改訂を求める経験へと導くテーマを，クライエントに明瞭化させることを希望して，クライエントの以前の産物から選択された要素を反射する。これは，本章の前の1節で論じられた，因果についてのクライエントの思考の制御された精緻化に類似している。

　テーマ分析はしかしながら，それ以上のものを含んでいる。それは，単にある非人間的なタイプの因果的移行を説明する分離した個別のコンストラクトというよりもむしろ，とくにクライエント自身を含む組織化された移行の順序を含んでいる。

14 ｜ ふりかえりの反射

　今までのセッションのふりかえり（review）は，しばしば心理療法で有益に使いうる反射の一形式である。治療者は，クライエントが興味をもつ聴き手に慣習的に期待してきた通常の承認や非承認などの言葉を，今までは提供してこなかったとしても，今まで進行してきた事柄に注意深く耳を傾けてきたことを示すために，この反射を使うことができる。クライエントは自分が聴いてもらっていたのだとわかると，安堵するかもしれない。このふりかえりはまた，その日のセッションの残りの時間に試みられるべき一連の精緻化のための，ステージを設定するためにも使われうる。

　ふりかえりの反射は，それに続く精緻化を，そうでない場合に期待されるよりも上位の序列の高レベルに位置づける傾向がある。クライエントは自分の遂 行^{パフォーマンス}を全体として見る傾向が強い。彼はあるタイプの社会関係における自分の役割よりもむしろ，自分の人生の役割を解釈しようとする傾向が強い。彼は細かな出来事よりも，治療の

流れについて考える傾向が強い。さしあたってこれは，治療者の望むところであるか
もしれない。これらのセッションは，治療者には扱いえない連続する細部の泥沼には
まり込んだように見えたかもしれない。彼は自分とクライエントを何らかの上位の基
盤の上に共に載せて，次には制御された精緻化がそこから新たな前進するのを許容す
るのだ。

　この手続きは，クライエントが変化しつつある眺望を解釈しうる準拠枠を提供する
のに，使われるかもしれない。われわれの理論的な立場では，われわれの孤立した行
動の断片はコンストラクトに従うと信じるだけでなく，あらゆる人に出現するパーソ
ナリティの一部である全面的な変化と進化が，それ自体，あるレベルの認知的気づき
で，個人的に解釈されるのだと，信じるところにわれわれを導いてくれるだろう。前
の章でわれわれは，クライエントが自分のなかで連続的に変化するプログラムを包容
するはずの人生役割の構築（解釈）を，形成するのを援助する必要性を強調した。こ
れはしたがって，過去と現在の間のある対照性を引き出すことによって，変化を解釈
するのが有益であることを示唆している。治療者は，ふりかえりの反射によって，ク
ライエントがこれをするのを援助できる。何をふりかえるのか，そして現在のどんな
文脈においてそれをふりかえるのかについての治療者の選択は，どんな対照がクライ
エントにとって明瞭になるのか，そして変化を秩序あるものにするのには，どんなコ
ンストラクトを発達させるのか，多くの処理すべきものをもっている。

　たとえば，あるクライエントはこの数か月間，意図的に無職の状態を続けてきたと
仮定しよう。それ以前に，彼は仕事を得ようとしていくつかの虚しい試みをしたが，
数日後には常に，あれは苦役であり，自分には耐えられないと言って，あきらめてい
た。さらに，雇用を得ようと努力をしない無為の期間の後に，この治療を開始したと
仮定しよう。最近の治療において，このクライエントは，自分に少しはなじみのある
仕事の毎日の活動に興味を表明し始めたと仮定しよう。この自発的な精緻化がある
ちょっとした大きさの構造を発達させてきたとき，治療者は，この新しく目覚めた関
心を利用するための措置をとって，このクライエントが自分は変化しうる人間だと知
覚できるように援助したいと望むかもしれない。彼はこの転機に初期の治療セッショ
ンで表明されたアイデアのいくつかをふりかえってみることによって，これをなしう
るかもしれない。今やクライエントの前に配置された要素——今日そしてそれ以前に
生み出された要素——は，コンストラストとこれを統合するためのコンストラクトを
招き寄せる。まったく同じコンストラクトがその後の面接で適切な要素を加えること
によって浸透性を維持する場合には，価値ある動きのコンストラクトになるかもしれ
ない。このコンストラクトは，その後の治療を通じて，そしておそらくその後の人生
を通じて，ずっと利用されうる。

　ふりかえりの反射において形成されたコントラストは，要素の選択によって，尖鋭

化される。ハワード（Howard）は，治療状況においては，クライエントの過去対現在についての現在の解釈には，クライエントの現在についての現在のコンストラクトと，当時「現在」であったものについての元来の解釈との間に存在する対照性よりも，もっと鋭い対照性があることを示した。この対照性は，部分的には，現在と対照的に見える記憶された過去からの要素の選択の問題であり，部分的には再構築（再解釈）の問題である。治療的に有効な状況では，クライエントは自己の動きを記述するときには，類似の要素よりも対照の要素を選択する傾向があるのである。

a．ふりかえりの反射の危険性　ふりかえりの反射にはいくつかの危険がある。クライエントが再解釈に向かって作業を進めていても，潜在的に対照的な要素を十分に把握できない場合には，このふりかえりは古いコンストラクトを再文書化するだけにしかならない可能性がある。治療者は気づかぬうちに，古い見方でクライエントを息詰まらせることによって，クライエントが新しい見方を形成するのを妨げてきたかもしれない。他方治療者は，いくらかの古いコンストラクトが，検証，反証，そして最終的な棄却を準備するなかで，はっきりと定式化される必要があると感じているかもしれない。

このふりかえりはクライエントに脅威を与えるかもしれない。クライエントが最近の面接で自分が動かされてきたと感じている場合には，治療者はその動きの解釈をせず，数回前の面接で彼がそうしたのと同じように解釈するという間違いを犯すかもしれない。これは，ランドフィールド（Landfield）の期待脅威仮説（expectancy threat hypothesis）が当てはまる状況を生み出すことになる。脅威の下では，クライエントは治療とその治療者に関して，ある形の決定的な行為を取ろうと試みるかもしれない。その結果は，治療者が望ましいと考えるものではないかもしれない。

また治療者は，そのふりかえりを構造化する際に，気づかぬうちにみずからの偏見を表明してしまうかもしれない。これもまた，クライエントを脅威にさらすことになりうる。治療者がより多くを語り，クライエントの生み出したものに言語的構造を取りつけようと試みれば試みるほど，クライエントの敏感な耳は批判と融通のきかなさについての厳しい言葉を探り出す可能性が大きくなる。治療者はふりかえった材料に，自分がこの特定の時間にクライエントに直面化させたいとは思わないテーマを，押しつけることのないように，特別に注意深くする必要がある。

第19章

Elaborating the personal system
個人的なシステムの精緻化

　われわれは今，訴えから心理療法家の基本的な課題へと向かうことにしよう。それは，クライエントの困難が定着されるコンストラクト・システムの精緻化である。

A　解釈システムへのアプローチ

1 ｜ 解釈システムの精緻化に見られる長所

　われわれはクライエントの訴えの精緻化と彼の解釈システムの精緻化を区別する。この区別は，主に 提 示 の利便性のためになされる。もちろん実際には，この訴えは常に，クライエントの解釈システムの特徴として，そして，クライエントが仲よくやっていかねばならない人々に想定されるシステムとの関係の特徴として，認識されるべきである。しかしながらこの治療過程には，人が準拠点としての訴えを捨て去り，その注意をクライエントのシステムとしての解釈システムに向けるときに生じる，いくらかの変化がある。

　ひとつには人が，クライエントにみずからの解釈システムの精緻化を求めるときには，彼はこの心理療法的な問題をより抽象度の高い水準にまで高めることになる。治療者はもはやいくらかの心理的な痛みや苦痛を，それほどはっきりとは扱わない。むしろ彼は，クライエントが何に従事してきたのか，そしてそれにどのように取り組んできたのかを発見しようと追求する。彼はこの概念的枠組み——この枠組みのなかでこれらの症状は生じ，この枠組みのなかで現在これらの症状は支えられている——の理解を求める。

　注意をこの解釈システムに向けることの第2の結果は，それが選択肢を見ることを新たに強調することである。クライエントが自己の訴えに関連して表明できる唯一の選択肢は，うまくやっていきたいと思うこと，過去が違っていたらと願うこと，あるいは人々の自分に対する対処の仕方を変えてほしいと思うこと，に関係している。もちろんそれは，前章での読みが示しているように，これほど簡単ではない。しかし，この多くは一般に事実である。この訴えに対する選択肢は非現実的に描かれ過剰に単

純化されているようである。この解釈システムの精緻化によって，クライエントも治療者ももっと包括的な規模で選択肢を思い描くことが可能になる。

　訴えから解釈システムへの方向転換の第3の結果は，より代表的な要素を治療の図式に持ち込むことである。この膨張は，クライエントと治療者の双方に，新しいコンストラクトの定式化で連携するよりも多くの材料を与える。この訴えの図式は理念的には貧困なもののようである。この訴えのテーマに沿う理念のみが生じるのを許されるのだ。このようなバイアスをもった知覚野に直面して，治療者はみずからダウンされてカウントをとられる危険のなかにある。クライエントと治療者が全体としての解釈システムに向かうときには，新しい特徴が出現し始めて，クライエントと治療者の双方が，この訴えを攻撃する足場を見つけるのによりよい機会をもつことになる。

　解釈システムの精緻化に方向転換をする第4の結果は，治療関係の基盤を広げることである。治療者は単に人の症状を扱う以上の人になる。彼はクライエントの解釈システム以上のものを包摂する。したがって，クライエントとの役割関係を確立するより広い基盤をもつことになる。クライエントはこれを知覚しやすい。そして，しばらくは限定的な訴えの基盤に立ってその関係を維持しようと試みるかもしれないが，ふつう最終的にはより広い関係に対して，よりよく反応するようになるだろう。このような治療者の役割関係の基盤の拡大は，治療者にもクライエントにも助けになる。

　訴えの精緻化よりも，解釈システムの精緻化のほうが優れている長所は，ほかにもある。しかし，われわれが述べてきたこれらが，最も明白なものである。

2 ┃ 心理療法に連動させた心理テストの利用

　心理療法におけるクライエントの解釈システムの理解への1つのアプローチは，構造化された，そして部分的に構造化されたテストの使用を経由するものである。不幸にも大概の心理テストは今までのところ，心理療法の問題とは無関係に考えられてきた。心理学者は長いこと，あたかも各人が他の固定的な物体の銀河系のなかの固定的な物体であるかのように，そして，みずからの回転，軌跡，漂流，あるいはその他の円環運動ももっていないかのように，自分たちの課題は個人差をプロットすることだと考えてきた。このタイプの思考からは，心理療法で生み出したいと追求するような，個人の動きのコースをプロットするには，あまりにもわずかな関係軸しか開発されてこなかった。要するにわれわれは，人生に対する個人的適応の精神測定法よりもむしろ，個人差の精神測定法を開発してきたのであった。

　変動する刺激に対する変動する反応に新鮮な関心をもつ現代の学習理論でさえ，学習の変化をプロットしうる関係をもつ適切な座標軸システムの欠如によって，深刻なハンディキャップを負っている。具体主義的に知覚される「反応」のみが，準拠点として利用されうる。それはただの操作主義なのだ！

操作主義は実験科学にとっては技術的に便利なものである。しかしそれは，科学者の思考における概念形成に取って代わるべきものではない。心理士，とくに心理療法と社会変動に関心を持つ心理士は，彼らが非常に産出を熱望している，動きをプロットする準拠軸のセットの概念化を，痛切に必要としている。

　知的有能性の個人差を測定する心理テストは，クライエントが人生役割を形成する際にどんな限界を受け入れねばならないのかを示すことによって，心理療法家に何らかのサービスを提供してくれるかも知れない。ある程度は，これらは有能さが期待されうる領域——たとえば言語性 対 動作性の領域——を反映しているかもしれない。経験のある臨床家によって注意深く観察され分析されるときには，これらは，不安，収縮，そしてこれらのハンディキャップが影響を及ぼす内容領域の存在を示す，何らかの指標を与えてくれるかもしれない。

　対象分類タイプの概念形成テストは，加えて，概念化の弛緩，先取りなどについて，何らかのアイデアを与えてくれるかもしれない。これらのテストがクライエントの社会適応に関する予測を行なうための適切さには，疑問の余地が残されている。というのも，その内容が日常生活からかけ離れており，テストと個人的適応との関係に実験的なエビデンスがないからである。しかしながら基本的には，概念形成タイプのテスト法は，その測度が，比較を必要とする心理的な変動に関係するようにつくられうると希望する人びとに対して，明るい見通しを与えてくれる。前章で記述した役割コンストラクト・レパートリー・テスト（Role Construct Repertory Test）は，心理療法で出会う問題に直接適用できる概念形成テストを開発する努力を表している。

　知覚バイアスに関係する心理テスト——ロールシャッハ・テストや TAT（主題統覚テスト）のような——は，クライエント自身の目を通して見た世界におけるクライエントの存在する位置を示すちょっとした指標を与えてくれるかもしれない。これらは，クライエントの問題を心にいだく心理士が，常にこの分析をしているわけではないが，ある程度までこれらの問題を解決しうる諸方法を示しているのだ。TAT のテーマ・タイプの分析は，治療者がクライエントに期待しうる何らかの動きの傾向の指標を，治療者に与えてくれるかもしれない。われわれは，どんな治療的アプローチが最も有利に使われうるのかに関して，この2つの人気のあるテストのどちらが何を示すのかについては，まだあまりにもわずかなことしか知らない。

　しかし，これらの困難にもかかわらず，公式の心理テストの施行は，たとえばウェルズ（F. L. Wells）によって集められた非公式のものとともに，クライエントのパーソナル・コンストラクト・システムの治療的に制御された精緻化へと向かう重要な一歩であるのかもしれない。テストをすれば，治療者の視野は広がるかもしれない。治療中にいくらかのわかりやすい問題に没頭し，自分がどんなタイプのクライエントを扱っているのかを忘却することは，十分に容易である。治療者自身のクライエントの

受容は，彼の判断をゆがめる傾向がある。テストをすることは，いくらかのバイアスを一掃して，このケースをバランスのよい準拠枠に位置づけるのに，よい方法である。このテストは，治療者の「盲点」の１つと連携した治療内容を，直接指摘しさえしうる場合もある。たとえばテストを実施することにより，心理療法を受けているクライエントが，治療者へのコントロールを維持するために，自殺や精神病的崩壊の脅迫を使うことが明らかになるかもしれない。治療者は心理療法に常に存在する危険によって，不当に混乱させられるかもしれず，クライエントの行動を適切な視角のなかに配することに失敗するかもしれない。

　a．直面化の一形式としてのテスト　テストをすることは，治療者の見解にはもちろん，クライエントの見解に対しても影響を及ぼす。このテストの形式的構造は，さもなければ，クライエントが自分には無関係だと拒絶しようとしたり，治療者の誤認による作為的結果だとして無視しようとしたりする問題に，クライエントを対面させるようにもっていく。しかしなお，この前もって構造化されたテストの内容には，治療者が肩をすくめて一笑に付してきた問題そのものが存在する。治療者はそれらの問題を押しつけてはこなかった。それらは型どおりのテストの一部である。それらはとくに彼を苦しめるためにデザインされた問題ではない。それらは，多くのクライエントにルーチンとして提起される問題である。このテストは明らかに偏りのない直面化のための，そしてさらなる精緻化を必要とする手段になってきた。

　たとえばレプテストを受ける際に，クライエントはこういう所感を述べるかもしれない。「これは私の人生のすべての物語を語っているようだということがわかります」「私の世界はまさに２種類の人から成り立っていると推測します，これは非常に知的な世界の見方ではないでしょうか？」「こんなことは今までに考えたこともありませんが，私は自分の母が他の人々と同じ人間だとは見ていなかったように思います」「私はこのテストで何度も何度も同じことを言っているだけでした。これは私がいつもやっていることなのでしょうか？」「私は今ここでやっていることが好きではありません。これはひどく不快です」「私にこれらのものをこき下ろさせるのはテストだったと言えればいいなと，私は思います。でもこれはすべて私自身のしていることなのですね？」「こういうテストでは，私の友だちは私の名前をどう分類するのでしょうか？」　これらの所感はすべて，このテストが治療的な反響を持ちやすい直面化として，作動していることを示している。知覚力の鋭い治療者は，テストのタイミングと選択を通じて，この反響が積極的に再構成的であることを確かめようと試みているのである。

　モートン（Morton）らはTATを主要な心理療法的アプローチとして用いた。モートンの手続きは，まずプロトコルを引き出して，各カードのこのプロトコルを議論の基礎とした。クライエントには，このプロトコルがいかに解釈されうるかを示した。

そして次に，プロトコルの残りの部分を，クライエント自身が解釈するよう励ました。クライエントの解釈はそれぞれが議論され，代替のテーマが精緻化された。モートンの研究はよくコントロールされていた。バリー（Barry）は，実験ケースとコントロールケースの両方を，心理療法の終結から数か月後に得た事後面接プロトコルの言語分析でもって，追跡研究を行った。この結果は，この手続きでかなりの成功を得たことを示している。

　　b．治療関係への脅威　　フォーマルな心理テストを自分のクライエントに実施する心理療法家は，その関係にいくらかのリスクを負うことになる。通常治療者は心理療法シリーズの初期にテストすることによって，後に1セットのフォーマルなテストで治療シリーズに割り込む場合よりもこの関係を損ないにくい。後者のケースでは，クライエントは自己の利得が帳消しにされると感じうるので，治療者は純粋に脅威を感じるのかもしれない。多くのクライエントは，まず治療室内で，そして治療者との関係において改善を感じ始める。たしかにそれは非常に限定的でわずかな利得であり，クライエントはこれを治療室外に持ち出すものではないと感じる傾向がある。治療者がテストを実施する場合には，彼は外的基準をクライエントに強制し，社会の期待である厳格な現実的期待との関係で，はっきりとクライエントを測定する。クライエントは突然，社会の期待と治療者のそれとの間の明らかな同盟に直面する。そして結果的に治療者は，あまりにも多くを期待する，あるいは，間違ったことを期待するこの社会のもう一人のメンバーに過ぎないと見なされうる。

　　文章完成タイプのテスト，たとえばロッター文章完成テスト（Rotter's Incomplete Sentences Test）は，おそらく，それがクライエントの何を暴露するのかに関して最も脅威の少ないタイプの投影法テストであろう。人格目録タイプのテストと同様に，これは，前もって決定された潜在的な障害領域の範囲をカバーする傾向がある。しかしながら，これらの領域にそれ自体の解釈を押しつける代わりに，クライエントは自分の問題の個人的な解釈を定式化することが許されている。さらに，項目リストを標準化することによって，最小のテスト時間で最大の範囲をしらべることが保証されている。このプロトコルを読むことによって，心理療法的面接の風味に大きく近づいてくる。このテストが完了するとすぐに，このクライエントの定式化したものが，問題領域の治療的に制御された精緻化への出発点になりうる。このテストはしたがって，治療の初期段階に，きれいに快適に適合する傾向がある。その後，治療者がクライエントの言ってきたことに注意してきた場合には，クライエントのパーソナル・コンストラクトの理解に加えられるものは，ごくわずかであると予想される。

　　c．脅威のコントロール　　治療者が自分のクライエントにテストを実施する場合には，治療者はこのテストには「合否」のようなものはないこと，そして，このテスト結果は，治療者が自分のクライエントを**受容**するか否かとは何の関係もないことを，

クライエントに感じさせられるように，自分のできることは何でもなすべきである。この再保証はもちろん，せいぜい部分的に成功するだけである。このテストは，治療がどうすれば最もうまく進行できるのか，どんな問題が最もよく議論されうるのか，そして，どんな問題が後まで取っておかれるのかを，明らかにするのを助けてくれるのだと治療者は言うかもしれない。彼は「このテストは，あなたが自分の人生の問題をどのように処理しているのか，あなたのトラブルへの対処をどうすれば私が援助できるのかについて，あなたをよりよく理解できるように助けてくれるものです。私はあなたを誤解したくないのです。私はあなたを援助するのに，あなたを十分によく知りたいのです」と言うことができる。

　著者の観察によれば，「投影法」タイプのテストの実施は，「客観的」なタイプのテストの実施よりも，治療関係に及ぼすダメージがより小さいようである。「投影法」テストでは，クライエントは自分の視点を表明する機会がより多く与えられていると感じるかもしれない。「客観」テストでは，クライエントは自分が柔軟性を欠いた社会的基準と比較して測定されていると感じるかもしれない。もちろん，よく訓練された敏感な臨床家の手中では，どちらのタイプのテスト・プロトコルもクライエントの特徴的なパーソナリティを投影するものとして知覚される。しかも，どちらのタイプも社会的な準拠枠のなかで客観的に評価されるのだ。

　d．言語連想テストにおける脅威の特別問題　言語連想テストは，著者の経験では，心理療法関係をしばしば損ねる「投影法」テストの1タイプである。治療者はクライエントが言い間違うのを待ちかねたようにこれを急襲してくると，クライエントは感じる傾向がある。クライエントは，このテストの質疑段階までは，自分の言語反応の意味を精緻化する機会が与えられない。ストップウォッチや何か明らかな時間計測装置などの使用により，クライエントは，このテストの目的は自分の足をすくうことだという感じを，加えて持つようになる。伝統的なタイプの言語連想テストを使う場合には，治療者はクライエントの反応を書き留めておき，最初の提示の終わりに，それらの反応の全体を見直す機会を持つということを，注意深く説明しなければならない。彼はまた，最初の提示中には，いくらかの反応は他のものより，もっと有意味だと暗示するようなことのないように注意しなければならない。

　しかし，言語連想テストはふつうクライエントと治療者との関係に緊張を生じさせはするが，これがこのクライエントに歓迎される場合もある。このクライエントは自分のアイデアを伝達可能な形で定式化するために，議論さるべき問題を選択するために，治療者との関係に積極的に参加するために，あるいは自分の問題を攻撃的に探索するために，一切責任をとることなしに裸になりたがっているのかもしれない。しばしばこれは「催眠」をかけてほしいと頼んでくるクライエントである。

　言語連想テストは，多くの個人心理療法プログラムで役割を果たしている，他の直

面化の方法と，まったく似ていないわけではない。この事実は，もちろん，認識されなければならない。この危険性は，これが直面化を使うことではなく，これがクライエントの採用する解釈のつながりの暴露を追求することでもなく，これがクライエントに自分をさらけ出させることへと導くことでもない。この危険性は，非常に多くの多様な直面化でもって，ほんの数分間でクライエントを打ちのめす方法であり，彼には防衛を働かせる時間がほとんどないことである。この防衛は「不健康」であるかもしれないが，それでも，彼が自己の統合性を維持するためには大いに必要なものである。急速なペース，多様な内容，文脈的な準備なしの提示，これらはすべてが一緒になって，クライエントを圧倒するかもしれないのだ。しかしなお，こうして露呈される結びつきは，その後の治療過程でより非公式に精緻化されると期待される結びつきとまったく同じである。

　言語連想テストは，クライエントを混乱に投げ込みやすい投影法の唯一の検査ではない。クライエントのなかには，一連のロールシャッハ図版のインパクトの下で，混乱させられるようになる人がいる。この知覚のシークエンスは，言語連想テストの場合よりも，その不安の原因を刺激材料のせいにするのが困難ではあるが，それでも，不安を上昇させる原因にはなりうる。ロールシャッハ・テストの治療関係への影響は，ちょうどお試し中というところかもしれない。しかし，クライエントがこのテストの生み出した不安を合理化するのは（言語連想テストの場合よりも）難しく，したがって，知覚力の鈍い臨床家が，このテストがどんな影響力をもっているのかに気づくのは，いっそう困難である。

　e．エントリーの材料　テストの刺激材料は，心理療法の時間への出発点として，非公式に使われうる。こんなふうに使われる材料は，「エントリー材料（entry material）」と呼ばれる。言語連想テストの刺激語，あるいはそれが実施されたときに与えられる反応は，エントリー材料として使われうる。ロールシャッハや TAT の図版もまた，このエントリーになりうる。しかしながら，標準化された材料をこの目的のために使うことには，とくに何のメリットもない。というのも，どの図版でも特別な図版の基準（ノーム）が有意味になる点をはるかに超えて，反応の連鎖が追求されるからである。これは，この解釈システムが中性的な基礎から，自分自身のエントリーをひねり出すまで，精緻化されることを望む治療者にとっても，まったく同じである。自閉的な材料の精緻化において，このインフォーマルなエントリーを使うための手続きは，後の節で論じることにする。

　要約すると，前章で述べたように，われわれはどんな臨床状況においてもテストすることの機能は，治療とクライエント管理のための準拠点と仮説を提供することだと言うことができよう。人はテストの実施が治療関係に及ぼす影響に，とくに注意深くなければならない。そして治療者の立場から見て，そのテストが実施される特定の時

間に，どんな種類の直面化が試みられるべきではないのかに，常に気づいていなければならない。同様の理由で，このテストは，テストでなければクライエントがアプローチしたがらない領域を切り開くのに役立ちうる。

3 | 自己記述を通じた解釈システムの精緻化

自己特徴づけ（self-characterization）については，第1巻で議論した。われわれは，クライエントがみずからの組織的解釈をその内容に押しつける最大の機会を与えるためには，どのようにすれば自己特徴づけのスケッチが引き出されうるのかを示した。われわれは，臨床家が，いかにすればこのような自発的な材料を，その個人的な特徴を見失うことなく，包摂するようにアプローチできるのかを示した。最後に，それがそうするのに適した文脈だったので，われわれは**修正役割療法**（fixed role therapy）と呼ばれる公式の治療手続きの記述へと進んでいった。

しかし自己特徴づけは，他の心理療法の手続きの重要な特徴でもありうる。治療室内で引き出された最初の材料は，あまりにもしばしば，クライエントの問題に限定されすぎているので，そして，クライエントの解釈システムの暗黙の仮定にあまりにも拘束されすぎているので，治療者は自分の扱っているタイプの人物像を捉えそこなってしまう。治療者はたしかに，クライエントがどんな種類の**問題**に直面しているのかを知る必要がある。しかしわれわれにはまた，クライエントがどんなタイプの**人**なのかを知る必要もある。これは全体としての解釈システムの精緻化を意味しており，単に問題領域に適用される不幸な解釈の精緻化ではない。

治療者は，「あなたは自分の抱えているトラブルについて私に話してくれました。私はあなたの助けになることならすべてするつもりです。しかし，私があなたを援助する場合には，**あなたについてもっと多くのことを知る必要があります。**私には，あなたの抱えるトラブルとともに，人としてのあなたを理解する必要があるのです。それゆえ，あなたがどんなタイプの人なのかをもっとたくさん話していただけるように，あなたの問題はしばらくのあいだ脇に置いておくことにしましょう。あなたは実際にどんなタイプの人ですか？」と言うかもしれない。

なかには，この時点でクライエントにアウトラインを提供して，「援助」するよう強要されたと感じる治療者がいる。このような治療者たちは，たとえば「では，ご両親はあなたをどのように育ててくれたのか教えてください」と言うかもしれない。これは治療者のシステムをクライエントに押しつける確かな方法である。パーソナル・コンストラクト心理学の立場から見ると，この質問に対して関連のある答えは何なのかを，クライエント自身が選ぶことが重要である。両親の行為が一片の粘土であるかのように自分を造形したとは見ていない場合には，クライエントがこの質問に回答する機会をもつ前でさえ，治療者がこのような解釈をクライエントに押しつける権利は

もっていない。治療者はクライエントに対して，目を見開き注意深くアプローチすることが必要なのだ。治療者は，クライエントが言うべきことを聴く前に，自分のより狭い偏見をクライエントに押しつけてはならないのである。

このアプローチが提示するフィールドの突然の膨張は，クライエントに一時的混乱を生じさせるかもしれない。治療者はあたかも即刻の安直な回答を予期していたかのように，ふるまってはならない。彼はうつむいて瞑想するように，質問をくり返すかもしれない。「そうです……それが，私の本当に知る必要のあることなのです……援助するためにはね」。最初の弱い定式化が生じ始めると，彼は興味を示す反応によって，この流れを促進することができる。たとえば「そうなのです……私はわかったと思います……おっしゃることの意味がわかったことを確認するために，それをもう一度くり返してもらえませんか？……そして，それをもう少し先まで説明してもらえませんか？」。

a．自己特徴づけを引き出すことの困難さ　自分の問題を封じ込めようと試みる直解主義的なクライエントは，最初はこの制御された精緻化の筋道を拒否するかもしれない。彼は「おっしゃることの意味がわかりません。あなたは私の年齢，婚姻状態，職歴等々を知りたいということなのですか？」と言うかもしれない。治療者は「ええ，それであなたがどんなタイプの人かということが，私にはっきりしたと思われる場合には，そうです。それが私のあなたへの理解に役立つとは思えない場合には，別の方法で記述してもらうのがいいかもしれませんね」と言うかもしれない。

10歳未満の年齢範囲の子どもにはこのタイプの質問に答えるのが非常に困難であることがわかる。ブーゲンタル（Bugental）は，「あなたは誰ですか（Who Are You; WAY）」技法と呼ばれる診断手続きを開発した。このタイプの質問に強調点を置くことによって，彼は子どもでも，そして大人でも，あるタイプの自己記述を引き出すことができる。著者のこの技法についての経験によれば，これによって引き出されるコンストラクトは，クライエントに人としての自己記述をたのむ場合に比べると，社会的，制度的，公式的な関係に関するものがより多いことを示唆している。

b．あなたはどんなタイプの子どもでしたか？　クライエントには，彼が子どものときにどうであったかを自己記述するよう求めることもできる。治療者は耳を傾けながら，クライエントの述べることが，**今**大人として子ども時代を**眺める**彼の見方の反映だという事実に気がつかねばならない。その内容は，過去からあるいは過去の記憶から脱しているかもしれない。しかし，そのコンストラクト——そしてこれらは基本的には臨床家が興味をもつものである——は，厳密には現在を脱している。臨床家が，クライエントの子ども時代の位置をプロットするのに使われる，二極的な次元システムを注意深く検討しているかぎり，そして，子ども時代のイベントや単極の用語に没入してしまわないように注意しているかぎり，彼はこの解釈システムの精緻化を有利

に展開するかもしれない。

たとえばこのクライエントが「自分は鼻汁をたらした汚ならしい小童だった」という場合には，この臨床家は何よりもまず「汚ない」と「鼻汁たれ」を心に思い描くことができる。クライエントの反応をこのように直解主義的に解釈するのは，有益かもしれず，また有益でないかもしれない。第2に，臨床家はクライエントのこの評価を受け入れて，クライエントをかつてのひどく不快な子どもとして想像することができる。しかし，臨床家が主としてクライエントの解釈システムの制御された精緻化に関心をもつ場合には，彼は，ここには汚さを重要なパーソナリティ変数の象徴記号として考えるクライエントがいて，このクライエントはおそらく汚ない鼻汁たれからある種の潔癖さにいたるパーソナル・コンストラクトの記述軸をもつ，と推理するかもしれない。この汚さは，クライエントの人生の子ども時代を特徴づけるのに選ばれたので，彼はクライエントが自分の成熟過程を汚さから清潔さへの変化によって意味づけられると概念化する可能性があるのではないかと疑い，さらに調べてみるかもしれない。したがって，彼はいま誰かに自分が汚ないと見られることを恐れるだろうし，子ども——たぶん彼自身の——のように「汚ない」人々には脅威を感じるかもしれず，彼の成熟した人の役割を演じる努力はちょっとした神経質な行為によっても無効にされ，妨害されるかもしれないのだ。

　c．あなたはどんなタイプの人になりたいと思いますか？　クライエントは，65歳の退職年齢時に，自分がまずはなっていると期待されうる自己特徴づけをするように求められるかもしれない。この要請は，このトピックを扱った章で記述した，自己特徴づけの抽出法に類似した非構造的な方法でなされうる。これは若者がするには容易ではない。とくに臨床家が不健康，財源の欠如等々のような予期せぬ要素に降伏することによって，この解釈システムの限界を吟味し始める場合には，そうである。いくらかのクライエントは，年老いた自己を知覚するという見込みそのものによって，ひどく脅威を感じるものがいる。それでも，このタイプの精緻化は，クライエントがどんな種類の経験に直面する準備をすればよいのか，彼の長期にわたる人生役割はどのように構造化されるか，そして治療は，長期にわたる苦労にそなえてクライエントには，どんな準備をさせるべきかについて，何らかのアイデアを臨床家に与えてくれる。

　治療の成功期の終わりに自分がそうでありたいと期待するとおりに自己を解釈するよう，クライエントに求めるのは，しばしばよい考えである。これはまた，自己の問題を通して，彼がどんな種類の時間軸を描きうるのかを見る1つの方法である。この解釈システムのこの特徴を精緻化するのに，セッションの全シリーズが有益に使われうるケースがある。クライエントは治療の終わりにみずからが演じたいと思う役割を役割演技するよう求められる。このテーマをめぐる2週間のエナクトメント期間に，

クライエントの援助を得ながら，修正役割をデザインすることは可能であるし，時には非常に有効でもある。クライエントにはもちろん，役割演技でふりをするという特徴の完全保護が与えられる必要があるだろう。そうでなければ，彼は自分の治療に期待していた快適さも無罪放免も得られずに，だまされてよくなるのだと感じるだろう。もしこれを振りすることとして知覚するように促されていなかったとしたら，彼はこのようなエナクメントによって，本物の脅威を感じるかもしれない。なぜならば，われわれが**脅威**を定義したように，それが彼の中核構造からのさし迫った大きな逸脱を表しているからである。

このクライエントの治療後の自己記述は，クライエントが治療者は自分のために何をしてくれると期待しているのかに，かなりの光を投げかけてくれる。もしこの記述の大方が他の人々の変化した態度と行動に関係している場合には，治療者は，自分自身がクライエントにあるやり方で行動することを期待されているだけでなく，とにかく自分がクライエントの環境内の人々に，ある不自然なやり方で行動させることを期待されているのだと推測することができる。したがって，クライエントの敵意は突然視界に飛び込んでくるかもしれず，そうでなければ気づかれないうちに通り過ぎてしまったかもしれない。

制御された精緻化には，コンストラクトの全体としての 解 釈 システムとの一貫性の検証が含まれる。治療者は，クライエントの知覚の場に，要素を加えることができる。この場との対照によって，クライエントは自分の提唱したコンストラクトの効力を検証することができる。クライエントが治療後に自己記述をするときには，治療者は非常に注意深くそして優しく，いくらかの選ばれた要素を加えて，クライエントの未来へのデザインが将来の驚きの格納容器を提供できるかどうかを見る。この付加はクライエントが，治療室内での役割エナクメント形式で，あるいは治療室外での暗示された冒険に関して，クライエントが見落としていたかもしれない可能なイベントに言及する形でなされうる。

d. 自 伝 時には，将来クライエントになりうる人に，自伝を準備させると役に立つことがある。過去のイベントの**継起**を，現在のパーソナリティ構造の説明として，大いに強調する臨床家は，このアプローチを好む。本書でここにいたるまで奮闘してきた読者なら予期されるはずだが，われわれ自身の立場は違う。すなわち，過去を現在の不可避の属性として強調することは，実際に治療者を無力にする可能性があるということである。前にも述べたように，人はみずからの伝記の犠牲者になる必要はない。このような見解をクライエントに押しつけないよう注意している治療者に対しては，言っておくべきことがたくさんある。

しかし自伝が使われる場合には，治療者はそれを年代記の編者としてではなく，歴史家として注意深く読むべきである。歴史家としては，彼は激動する文脈からきらめ

くテーマを取り上げることができる。年代記編者としては，季節ごとののイベントの宿命的な足跡や，小さな出来事の早口のおしゃべりと歩調をあわせる以上のことは何もできない。治療者は常にこの自伝を，部分的には選択された過去の記憶によって文書化された，また部分的には過去のイベントが形式と結果をもつように見えるものを投射する観察スクリーンでもある，「現在の構造」として見なければならない。

　したがって第1に，クライエントはみずからの自伝で物語りをするのに，どの出来事を選択するのか？　これらの出来事は彼を文書化するのにどんな役に立つのか？彼には何を証明する必要があるとわかるのか？　第2に彼の自伝の形式は，彼の過去のイベントに，どんなバイアスを押しつけるのか？　これらのイベントがプロットされねばならない利用可能なコンストラクト軸は何なのか？

　クライエントが人としての自己の記述を求められるときには，臨床家は必ずしもこのケースの出来合いの診断を求めているわけではない。たしかにほとんどのクライエントは「診断」に対応する自己自身についての見解をもっている。臨床家はこのクライエントの診断に興味をもつ。その理由は，これが「正しそう」だからではない。また，これが「間違って」いそうなので，彼が，無視をするからでもない。彼がこの診断に興味をもつのは，彼の扱っているのが人であって，無生物ではないからである。この人——このクライエント——は，その最終的なケース解釈が何を達成するのかを決定する人なのである。心理療法家は，コンサルタント以上のものではけっしてなく，クライエントの社会的な世界における1人の生きた人間なのである。彼はクライエントでもなければ，クライエントの良心でもなく，クライエントの知能でもなく，クライエントの解釈システムの化身でもない。したがって，心理療法家はクライエントの解釈システムを理解することが大切である。それは，これがクライエントの領域の事実上の統治者だからである。

　それにもかかわらず，治療者は常に自分自身の判断をクライエントの自己記述に重ね合わせなければならない。そうしなければ，治療者がクライエントを援助してその運命を開拓させることが，無効にならざるを得なくなる。このことは，治療者がクライエントを敵対的に診断システムにはめ込むように操作することを意味しない。むしろ，クライエントが心理的に何であるのか，そして同時に生理的に，状況的に，社会的に何であるのかを，十分に考慮すべきだということを意味している。こうして治療者は，クライエントがみずからの心理的資源を利用するように援助するのである。

4 ｜ 人生役割構造の精緻化

　われわれはすでに，クライエントが退職年齢時の自分自身を想像して描かれる自己特徴づけの使用について述べた。自伝の使用についてもまた，議論してきた。これらの手続きはどちらも，全体としてのパーソナル・コンストラクト・システムの制御さ

れた精緻化をするための機会を与えてくれる。しかし，治療者がクライエントの人生
役割構造をとくに精緻化する特別な必要性を見いだすこともありうる。これは，クラ
イエントの何年にもわたって変化するパーソナリティの発達，日々のサイクルの代わ
りに人生のサイクルによる自己解釈，そして自己を徐々に老化する人間として見るこ
とを処理しなければならないコンストラクトの精緻化を求めているのだ。

　このタイプの精緻化は，クライエントが人生における全体的な目的と展望の欠如に
起因させうる問題を持つときに，企てられる。両親の野心をなだめようと試みつつ，
成人への段階を設定している若者のケースがあるかもしれない。それは家庭生活の変
わり目を経験している人のケースかもしれない。予期せざるハンディキャップや変化
する経済条件に対する職業的適応の問題があるかもしれない。治療者は，将来の断続
的な不確実性を食い止めるのに十分に浸透的な，ある種の最重要の構造を評価し安定
させることが必要なことを発見する。

　クライエントにみずからの人生役割構造の精緻化を追求させながら，治療者は未来
について思索するとともに，過去の経験にたよるかもしれない。クライエントは年代
記的なイベントの所産としてではなく，構造的伝記の枠組みのなかで，自己を見るよ
うに励まされる。彼の伝記は過去から未来へと投射される。クライエントがここから
どこへ行くのかは，彼が自分のコンパスの方位をどう維持するのかの関数であり，今
までどこにいたのかによって容赦なく方向づけられるのではないという，はっきりし
た意味あいをもっている。しかしなお，彼がどこにいたのかは，彼の維持してきた方
位のチェックになっている。航海士なら誰でも知っているように，航路，方位，航跡
は，風と海流が無視できるかぎりは，同じものである。方位は航跡を振り返ってチェッ
クすることにより修正できる。こうして，意図するコースに舵が切られるのである。
しかし，舵と舵効速度をなくするという不運に見舞われた航海士だけは，航跡のみか
ら航路をプロットしなければならなくなる。したがって，治療者が伝記的経験によっ
て人生役割を精緻化するようにクライエントを励ますときには，それは，方位と航路
との適切な関係をチェックすることであり，彼にはどんな運命が蓄えられているのか
を見いだすことではない。

　a．**人生役割の初期のバージョン**　治療者は次のような質問をするかもしれない。
「あなたが子どもだったとき，あなたはどんな将来計画でしたか？」「あなたは大人に
なったら何になりたいと望んでいましたか？」「……のようであることをあなたはど
う考えましたか？」「何によってあなたの考えは変わったのですか？」「今はそれにつ
いて何と考えていますか？」「それはどのようにしてうまくいったのだと思います
か？」「それをまたやり直す場合には，あなたは何をしようと思いますか？」「なぜ？」
「あなたがこの別コースをたどったとしたら，いま物事はどう違っているでしょう
か？」「人々はあなたのことをどう思っていますか？」

第 19 章　個人的なシステムの精緻化　353

　このような質問は，クライエントの人生役割構造に光を投じるようにデザインされ
ている。彼は運命に対してどんな譲歩をしてきたのか？　彼の経験はその全体的な自
己観とどんなふうに矛盾しているのか？　どんな長期の賭け金を彼は未払いにしてい
るのだろうか？　人生役割コンストラクトを確証するためには，何を自己の身の証し
として引き受ければよいのか？　彼は人生の出来事を規則的な秩序のなかに配置する
ために，一貫した構造を持っているか？　どんな種類の経験に対して，人生役割構造
は浸透可能なのか？　クライエントは何を理解し解明する準備をしているのか？

　ｂ．人生役割の投影法的精緻化　クライエントに自己の人生役割構造を投影法的に
精緻化させることも可能である。クライエントの TAT におけるテーマの精緻化は，
主人公——彼自身——の人生役割がどのように構造化されているのかについて何らか
の指標を示している。マーラー（Mahrer）は人生役割構造を精緻化するために巧妙な
デバイスを工夫し用いてきた。彼はある子どもについて曖昧な言葉で記述してから，
この子が成長後にどうなっていそうかをクライエントに記述してもらい，この物語の
完成を求めた。次に，彼はある男について記述をしてから，この男が子ども時代には
どんなふうであったかを，クライエントに記述してもらった。それから彼は，別の子
どもの記述をすることによって，このサイクルをくり返していった。第２周目になる
と，クライエントは，自分自身については話す気がなくても，非常に良い自己のライ
フ・ストーリーを語る傾向を示した。２人以上の人物を記述することの必要性は，ク
ライエントにコントラストでもって処理を強制することにある。彼がこれをするとす
ぐ，われわれには彼のコンストラクト次元が何なのかがわかり始める。いくつかの沈
潜した極でさえ，彼自身の伝記と，彼が使おうと試みてきた人生役割構造との矛盾が
何なのかを露呈しやすくなるのだ。

　ｃ．クライエントは治療に何を期待するのか？　人生役割構造の制御された精緻化
を進めていくと，ほとんど必然的に，クライエントが何を治療に期待するのかの精緻
化へと導かれていく。以前の章でわれわれは，クライエントが治療とは何であり，治
療者とはどんなタイプの人間だと考えるのかについて，クライエントの最初の解釈の
可能性を論じた。これらは精緻化されうる。治療者は尋ねるかもしれない。「それで
は今，どんなタイプの治療者があなたにとって本当の援助になりうると思いますか？」
「治療者があなたに語りかけるとき，あなたは彼のことをどのように思い描きます
か？」「あなたは，治療者についてどのように感じると思いますか？」「あなたの場合
には，何が治療者の仕事になるでしょうか？」「さて，この治療プログラムでは，あ
なたの役割は何だと見ていますか？」「あなたの主要な貢献は何でしょうか？」「あな
たはどの時点で治療が完了したと思いますか？」「治療を打ち切るべきときは，どう
すればわかるでしょうか？」。

　この質問の筋道を追っていくことは，われわれが説明してきたかぎりでは，うまく

いきそうにない。クライエントのなかには非常に落胆して，口には出さなくても，治療者がすべての状況を変化して，新たな自己に置き換えさえしてくれると期待しているかのようにふるまうものもいる。これらのエナクトされた回答は，統語法よりも悲嘆によって表現されているとしても，完全に明白でありうる。治療者は，クライエントがその含意にもっと明白な形で直面する準備ができていると信じる場合には，クライエントが表現しているものを言葉に置き換えようと試みる可能性がある。彼はこう言うかもしれない。「あなたが言おうとしていることが私にわかるとしたら，何がなされるにしても，それは，あなたからの援助がなくても，なされねばならないということですね。あなたの言いたいことはこういうことなのですか？　それがあなたがそうあってほしいと望む道なのですね？　あなたは私がただ前進して，あなたの人生のすべての責任をとることを望んでいるのですか？」。

　治療者は，自分がそれを言語化してきた形でそれを処理したいと望むのでないかぎり，このような定式化を企てるべきではない。クライエントの人生役割構造の定式化，あるいは彼の有用感が，話し言葉によって結晶化されないのがかえって好都合な時期があるのである。数時間の休憩と一時的な保護環境が，クライエントの治療への貢献に違いを生じさせる傾向がある場合には，急いで受動的に防衛的な姿勢をとらせないのが，かえって好都合なのだ。

5 ｜ 選択肢に対する前進的な直面化

　この解釈システムを精緻化する１つの方法は，C-P-C サイクルに関与し続けることである。これは，クライエントが，自己のシステムに関して用心し，何かの問題を先取り的に決定し，みずからその選択肢の１つを選択することを要求する。治療者は以下のような質問を続ける。「人はこういうものについては何をするのか？」「あなたは何をやり終えることができたのか？」「ほかに何をやり終えることができたのか？」「それはどんな種類の活動を求めているのか？」「その種の問題に直面したとき，他の人々は何をするだろうか？」「このすべてが，あなたの毎日の仕事のこなし方に，何か違いを生じる必要があるのか？……その違いとは一体何か？」「それをやり終えたら，次には何が来るのか？」「ところで，どんな種類の決定をあなたはしなければならないのか？」「そしてそれをしたら――次には何を？」「それから何を？」等々。

　これは，用心を切り抜けて，どんな解釈次元が先取りとコントロールのために使われうるのかを評価する方法である。治療者はこのような質問路線の結果に対面する準備をしていなければならない。クライエントは選択を迫られてきたいくつかの選択肢について，決定をくだす判断をなしうる。治療者は，クライエントが制御された精緻化の路線に乗り出す場合には，ふつうは十分遠くまで追跡して，クライエントがみずからの企てた活動の主要な結果を意識するようになり，軽率には行動しないだろうと

確信できなければならない。よい計画は，このシリーズがある長さまで追求されてきた後に，常にこの連鎖の初めまで戻って，代替活動のコースの1つを，一連の結果を通じて言語的に追求するように，クライエントに依頼するものである。この課題が完了する前に，治療者は，クライエントが自分に開かれた多くの選択肢のなかのごく少数しか追求して来ていなかったこと，そして治療課題の一部は，実際に選択の瞬間に到達する前に，多くの選択肢を視覚化することだということを指摘したいと願うかもしれない。

またマーラーも，このタイプの精緻化へのアプローチを工夫してきた。彼はあらかじめカード上に印刷された1セットの質問を準備して使ってきた。これらのカードは固定した順序でクライエントに配布された。こうして質問が前もって定式化されているという事実によって，クライエントは治療者によってあるコースの活動を強制されているという印象をもちにくくなる傾向がある。このような質問としては，以下のようなものが使われた。「たいがいの親とのトラブルは……？」「彼らがこんなふうである理由は……？」「もう1つの理由は……？」「よい計画は，両親がもっと……になることだろう？」「そこでわれわれが期待しうるのは……？」等々。

6 | 処方された活動による制御された精緻化

精緻化はすべてが治療室内での言語化に限定される必要はない。最も重要な精緻化のいくつかは治療室の外で起こり，そのなかのいくつかは偶発的に言葉で表現されるだけである。

アメリカの教育者の間では非常に広く利用されてきた「体験学習（learning through doing）」アプローチは，活動による精緻化（elaboration by means of activities）の一例である。学習者は自分のアイデアを作動させるとき，それら（のアイデア）に基づいて活動するために十分明快にそれらを定式化することが求められる。彼は一連の C-P-C サイクルを通過していく。ここでそれぞれのサイクルは，彼の問題に対する多面的な最初のアプローチを要求し，それからその瞬間に関連する問題に到達するための一時的な先取りをし，そして最後に，選択肢の選択と制御された活動をする。彼が各サイクルをくり返すとき，彼の解釈システムの全領域が形をとり始め，彼のコンストラクトはより緊縮した組織的階層に入り始める。あまり大きなフラストレーションに出会わなければ，彼はかなり規則的なアプローチの布置を形成し始める。

この関連で，治療者は再び次のことを思い起こすべきである。すなわちクライエントの解釈システムの精緻化は——これはこれでクライエントを安定させるかもしれないのだが——彼の問題に対するアプローチを明確化させる可能性があることを見失うべきでない。限定された環境内で「自分のアイデアを実践に移す」人は，すぐに非常に因襲的で柔軟性を欠いたアプローチを形成するかもしれない。彼の**認知的な気づき**

のレベルは減少するかもしれない。連続的な C-P-C サイクルの用心段階は，その人が常に硬直した行動を始めるまで，どんどん短縮されていく。これらが非言語的思考と「実際的」学習の危険性なのである。

a．ベータ仮説　ナイト・ダンラップ（Knight Dunlap）のベータ仮説の実際的な応用は，活動による精緻化のもう1つの例である。ダンラップは，望まれない衝動的活動を強制的・連続的に練習すると，人は最終的にその「習慣」をみずから除去できる機会のあることを指摘している。この手続きは，この活動が適切に統治コンストラクト──ここで人は何らかの選択肢の選択を練習できる──の制御下に，もってこられないかぎり，成功しそうにない。練習のための練習は満足のいく結果を生まないだろう。

たとえば，ある治療者が指吸いの「習慣（習癖）」をもつ12歳の子どもを扱うと仮定しよう。この治療者はまた，適切で十分な理由をもってこのケースの「症状」を治療しようと決心したと仮定しよう。

治療者がこういう決断を下したとすれば，それは不合理ではない。時には，基本的に間違った構造を直接追いまわすよりも，症状を叩くことによってパーソナリティの再適応を生じさせようとするほうが，もっとうまくいきそうである。こうして，これらの構造自体が叩かれる前に，これらの構造が基礎づけられてきた手がかり要素のいくらかが除去されるのだ。

治療者が，処方された活動によって，制御された精緻化のプログラムを設定すると仮定しよう。彼は1時間に5分の拇指吸いを処方する。拇指吸いは「その時間のあいだに，そしてその時間の最後の5分間に生じなければならない」。この拇指は「口蓋を正確に50回左右にすり動かさねばならない」。それから，拇指は「舌に沿って縦に前後に正確に50回動かさねばならない」等々。各期間の終りに，クライエントは「この経験について自分のノートにちょっとしたメモを書かねばならない」。「拇指は今回しょっぱい味がしましたか？」「硬口蓋はある場所のほうが他の場所よりもなめらかなようでしたか？」「この経験は前の時間の経験と比べて，どうでしたか？」等々。「この練習期の直前に，この練習の期間中に，そしてこの練習期の後で，クライエントは何を考えましたか？」等々。この練習期間の間には拇指を吸わないことについては何も言われなかった。このノートは毎日点検された。この練習が済んでしばらくの間，クライエントは処方されたルーチンから「1日のオフの日」が与えられた。この「オフの日」の頻度は徐々に増やされた。

著者はこの治療手続きをすべての拇指吸いのケースに対して推奨しているわけではない。このことは，はっきりと理解されるべきである。われわれは単純に，いくらかのケースで有効に適用されうるあるタイプの手続きについて説明しているだけなのだ。別のケースでは，それはこの子に対して，善よりも害悪を及ぼす可能性がもっと強くなる。たとえばこの子が，親子間の依存関係を「知性化」する両親によって，すでに

あまりにも多くの緊縮した解釈に従わされてきている場合には，それは善よりも危害を加えるものになりやすい。もちろん，このようなケースでも拇指吸いは消失するかもしれない。しかし，青年期後期の不安による崩壊や，もしかしたらもっと運がよく，社会的な反乱の可能性が増大しやすくなる。

このタイプの制御された精緻化には何が起こるのかといえば，認知的な気づきのレベルが上昇する。拇指吸いの構造を支える要素は，鋭い焦点のなかに持ち込まれる。前言語的なコンストラクトは，ある程度，言語的なコンストラクトの配列下に持ち込まれる。拇指吸いのパターンは規則化される。言いかえれば，このコンストラクトは**緊縮**される。ここでは，クライエントが，時間ごとにそして動きごとに何が生じるのかを，正確に予言するようになるとともに，このコンストラクトをちょっとテストしてみることさえなされる。この全「習慣」は言語化可能なコンストラクトの統治下に持ってこられる。そしてクライエントは，拇指吸いをするタイプの人間と，しないタイプの人間を，知的に選別できることを理解し始める。クライエントがいったん自分には不可避的に拇指吸い者としてのブランドがつけられたと感じるなら，彼は今やそのラベル（ブランド）を持ちたいか否かを決定するべき立場にいることになる。

b．職業活動　制御された精緻化は，処方された職業活動によっても生じうる。たとえばある専業主婦は，パートの仕事をもつように助言され，これの対人関係への影響を観察するように求められる。仕事中に自分がしたり考えたりしていることと，家事をしているときに起こることとの間では，類似性と対照性の線引きができる。職業的な冒険によって新しい観点から自己を見る機会が得られるとともに，彼女のパーソナル・コンストラクトによって異なる要素を処理する機会も得られそうである。その全体を支える組織図があれば，彼女に対しても治療者に対しても，もっとはっきり見えてくるかもしれない。

このようなクライエントのために，治療者は，家事活動の特定の種類と順序を指示して，コンストラクト・システムの制御された精緻化をもたらすように，援助するかもしれない。クライエントは今回と次回の面接の間に何かの大掃除をするよう助言されるかもしれない。この２回の面接によって，何かを露出するような対照的な見方が引き出されるかもしれない。この対照性を解釈するとき，クライエントは自分の解釈システムのよりしっかりした把握の獲得に成功し，さらに，より高レベルの認知的気づきをもって，それを獲得しうるのだ。

c．レクリエーション的活動　「レクリエーション的」活動の処方も，同様の使い方がなされうる。ふつう治療者は，処方された活動の結果としてクライエントの思考に何が起こったのかを言語表現させるために，できることは何でもする。しかし，この処方に対してクライエントはみずからの反応を言語化できないことがある。この場合，治療者はこの精緻化が完全停止状態にあったのだと思う必要はない。精緻化は言

語レベルで生じると同時に，前言語的なレベルでも生じうる。また，認知的気づきの
レベルは言語化のレベルとまったく同じではない。「言語化能力をもつクライエント」
との経験をもつほとんどすべての治療者は，このことに気づいている。認知的気づき
のレベルは用心（circumspection）のレベルに，より緊密に対応している。言語化は用
心を助けるが，言葉をもたない用心というようなものもある。創造的な芸術家は，多
くのC-P-Cサイクルの最初の段階で，このような用心を使う。しかし芸術家は常に，
みずからの作品を伝達可能な形にしようと努力する。クライエントについてもそうで
ある。治療者はクライエントがみずからの精緻化を伝達可能な形式にするのを援助す
るように，常に努力しなければならない。そしてこれは「レクリエーション的」活動
についてさえ同様である。もっとも，多くの人々はレクリエーションが本質的に前言
語的解釈の練習だと考えているが。

　　d．**社会的活動**　治療者はクライエントの解釈システムの精緻化を発達させる手段
として，社会的活動を処方することもある。クライエントはある人々，またはある種
の人々と出会って，いくらかの時間をいっしょに過ごすように求められる。あるいは
彼は，社会的な期待が彼の通常活動している社会の期待とは異なるタイプの状況で，
人々に出会うように助言されるかもしれない。このことは，クライエントが自分には
不快なまたは優雅には取り扱えない状況に突き落とされる場合に，自己の解釈システ
ムを最もうまく精緻化するだろう，ということではない。治療者はクライエントの活
動プログラムを調節する必要がある。過激な冒険的企てになるほど反響が破局的な規
模に達しうる，クライエントの社会的環境でその冒険を試みる前に，まず面接実験室
の常に保護的な壁の内側で，試験管の規模で，徹底して試してみるべきなのである。

7 ｜ 遊びと創造の所産を通じた精緻化

　遊びは冒険である。その所産は常に何か愉快な不確実性のベールに覆われている。
人は遊ぶとき，小さな発見の航海に乗り出す——すべて安全な裏庭において。彼は，
みずからの世界の端を不注意に踏みはずすのではないかというような，予感をもつ必
要はない。遊びを通じて，彼は自信をもって小さな不確実性を1つずつ消散させてい
くのである。おのおののちょっとした発見が驚きと笑いをもって迎えられる。こうし
て，人の予期システムは成長に成長を重ねていくのである。

　これは創造的活動とほとんど同じである。これもまた，霧のかかった不確実性のた
だなかで，人の予期をシェープアップする一手段である。しかし，遊びは安全圏内で
の発見を含むが，創造的な活動は弛緩した包括的構造を取り上げて，これらを緊縮す
ることをも含んでいる。創造的な人はふつう，言葉にもできなければ，満足がいくほ
どの正確さで伝達することもできないコンストラクトから出発する。この活動が終る
と，彼のアイデアはもう少し伝達されやすい形で表現される。しかし，それはなおも

言語的な記述を寄せつけず，共感性のない見物人には，無形の塊のように見えるかもしれない。

a．安全の限界の設定　人が選ぶ素材は，遊びのためのものであれ芸術のためのものであれ，人の成果にいくらかの自然の限界を押しつける。しばしばこれらのメディアは，これらの提供する限界のゆえに，この人によって選ばれる。ピンバッジ上に描かれた**主の祈り**を模写しようと選択する芸術家は，何か靄のかかったような不確実性から意味を汲み取ろうと試みているのかもしれないが，彼は自分が消し去ろうとするこのちょっとした靄に，強力な狭い限界を置いたのだ。このピンバッジの頭は小さいだけでなく，彼が模写すべきものにはほとんど何の自由も認めてこなかった。彼はこれが競合する世俗主義の領域に落ち込まないようにするために，みずからの宗教的信念あるいは宗教的な護符を，自己の人生のおのおのの細部に，比喩的に刻み込もうとしているのかもしれない。

自己のレクリエーションのメディアとして競争ゲームを選択する人は，しばしばゲームのルールを通じて，自己の敵意を説明するために，みずから安全の限界を設定する。このルールが精緻化されればされるほど，彼はよりよく保護され，またそれだけ，みずからの敵意によって社会的役割が破壊され，罪悪感に突き落とされる心配は，必要性が少なくなる。人は時に，ある戦術の結果を探索するよりも勝つためにゲームで遊ぶことが少なくなる。彼がこれをするかぎり，彼は**敵意**の表出を除去し，その代わりにゲームを，**攻撃的**精緻化のための安全の場として利用するのである。

治療の手段として，遊びを利用したり，創造的生産を促したりする治療者は，採用されるべきメディアをある程度考慮しなければならない。クライエントが恐怖，不安，罪悪感から十分に守られていると感じるためには，どんな制限を必要としているだろうか？　このことを，治療者は頭においておかねばならない。クライエントのスキルを考慮に入れる必要もあるかもしれない。というのも，いつもではないが時に，クライエントは自分が友だちよりも，パフォーマンスのスキルの劣っていることがわかって，混乱することがあるからである。

社会的環境も考慮されるべきである。クライエントは活動中に誰と協力するだろうか？　彼らは彼に何を期待するだろうか？　彼は彼らの期待にどのように応えようとするのだろうか？　そして最後に何よりも，クライエントは何を精緻化する必要があるのかを考慮しなければならない。

b．表出素材の選択　時に粘土細工が治療手段として使われることがある。精神分析家は時にあるクライエントの敵意を肛門期固着の一症状だと判断し，この粘土細工は糞便の塗りたくりの近似的代理（near-substitute）だと考える。彼らはしたがって，みずからの敵意をコントロールできないクライエントのケースでは，粘土細工が有効であることを認めている。技法的なレベルでは，人は同意せざるをえない。粘土細工は

衝動的敵意を含むケースでとくに有効なようである。パーソナル・コンストラクト心理学の理論的立場では，しかしながら，この説明はもう少し抽象的なレベルで定式化されていただろう。敵意とは何なのかを思い起こしてみよう。それは，意図的にゆがめられたエビデンスでもって，解釈を確証しようとする試みである。みずからの敵意を精緻化するべき人は，したがって，作業するのに成形しやすい素材^{メディア}をもたねばならない。粘土はこのように，しばしばクライエントの要求を満足させてくれるのである。

衝動的で敵対的な若い青年について考えてみよう。粘土細工の機会を含む治療プログラムが開発されると仮定しよう。このクライエントが極度に混乱している場合には，治療者はタブにいっぱいの泥土と大きな空き地から出発せねばならないかもしれない。この通常の方法は，クライエントに，この泥土（粘土）をどうしようとしているのかを言語化するように，求め続けることである。クライエントが投げつけの段階を通過して，塗りたくりの段階に入っていくと，治療者はいくつかの抑うつの臨床的サインに気づきやすくなってくる。この推移には何らかの収縮が含まれている。クライエントがこの泥土を形にし始めるとき，彼は，このプロジェクトが室内でなされうる段階に近づきつつある。まず，この形^{フォルム}は即座に破壊されるだろう。彼は次のアポイントのとき，他者あるいは自分自身でさえ，それらを近しく吟味するという試練に耐えさせるのを望まないのだ。彼は自分の解釈が現実の光のなかでこのようにテストされる準備ができていないのだ。彼は依然として宥めを──真実ではない──求め続けているのだ。

クライエントが自己の作品を破壊せず，毎日持ってくるようになり始めると，治療者はふつう，クライエントの衝動的行動の調節力の増大にも気づけるようになる。ここにはより多くの連続性がある。彼は自分自身の行動を時間軸に対してプロットし始める。よりよい粘土がもらえる。粘土の特徴と可能性が吟味でき，その限界が受け入れられるようになる。技術的な忠告は歓迎されうる。色づけが導入できる。窯に火を入れる機会が提供されうる。粘土はより従属的でない形で受け入れられうる。一連の作品の基礎にあるテーマが導入されうる。作品はギフトとして使われうる。対人関係はこれによって発達しうる。

c．素材の膨張　少し異なるタイプのクライエントの問題を考えてみよう。いわゆる「神経症的抑うつ」を示す人がいるとしよう。治療者は，クライエントの解釈システムの収縮的特徴を軽減するようにデザインされたプログラムを計画する。彼は自分が産み出そうと追求する膨張に，安全の限界を設定する。水彩画あるいはフィンガー・ペインティングの絵具に長柄の絵筆の使用が試みられるとしよう。最初この描画は，治療室内でアポイントされた時間に限定する必要があるかもしれない。この活動を他の場所，他の時間にまで膨張させるのは，クライエントには脅威的に過ぎると証明されるかもしれない。

最初，クライエントはとにかく，どんなものでもつくろうとする試みを嫌がるかも
しれない。彼は自分の課題が，細かな細部を生み出す仕事だと考える傾向がある。彼
は，自分の生み出そうとしているものは何であれ，絶望的に不正確になるだろうと確
信している。絵具の大きな塊，幅広で長柄の絵筆，色の混合，そして描画手続きの粗
大さを実演して見せられると，自分の作品が受容可能だという感覚を得られるかもし
れない。受容可能の感覚の増大とともに，彼の筆づかいはもっと広がり，彼の想像力
はよりはっきりと表現され，各当日の達成を前日の達成に建設的に加える傾向が増大
してくる。ここには膨張がある。が，それ以上に，自分の人生は連続性と意味をもつ
と見なしうる役割構造の定式化がある。もちろん，物事はいつもこんなふうに進むわ
けではない。しかしこのアプローチは，通常このタイプのケースにはある程度はうま
くいくという見込みを与えてくれる。

このコンストラクト・システムの精緻化に対するこのアプローチの機能は，主に，
クライエントの解釈システムの**前言語的**特徴に対応するC-P-Cサイクルを活性化し調
節するところにある。衝動的な人は最初，このサイクルのC（用心）段階をうまく利
用することができない。収縮した人は，自分に開かれた選択範囲が非常に限定され
ているので，あえてこのサイクルを完了させようとは思わない。遊びと創造的活動を通
じて付加的な表現の道を開けば，いくつかの前言語的コンストラクトを多様な実用形
式に入れる機会と，それらの結果の実験的なテストを安全圏内で行なう機会の両方が
与えられる。

　d．難　題　難題が生じるかもしれない。クライエントはこれらの安全圏内におい
てさえ，自己の前言語的コンストラクトを実験にかけることができないかもしれない。
あるいは実験したとしても，これで生じた結果の意味を把握できないかもしれない。
彼には，創造的実験法のフィールドの限界を認識できないときがある。治療者がそれ
に気づく前に，クライエントはあまりにも多くの自分の世界に関与していて，友だち
とのトラブルに巻き込まれざるをえないような，大仕事に乗り出しているかもしれな
い。自分の創造的な想像力を暴走させる人は，この人とともに生きねばならない人々
を，震え上がらせやすい。

たいがいの心理療法のクライエントのケースでは，治療者は改訂された解釈システ
ムの大部分を言語化可能なものにさせたいと希望する。このことは，クライエントが
みずから改訂したものを言葉にすることを，治療者が望んでいることを意味している。
このことは，必ずしも常に実現可能なわけでも望ましいわけでもない。しかしこれは
通常，クライエントが自分の新しく見いだした洞察をある程度の正確さで扱うことが
でき，これらを検証にかけ改訂し続けられるという安心感を，いくらか与えてくれる。
クライエントが自分の経験をより多く言葉にしなければならない時期通り過ぎて，遊
びと創造的活動を使い続けると，クライエントの回復を遅らせるかもしれない。治療

者は，クライエントみずからの実験していることをもっと明瞭に話すように，そしてその結果の予想をもっとはっきりさせるように，急き立てるべき時期がいつなのかを，判断しなければならないだろう。

　　e．禁　忌　遊びと創造的活動の使用は，治療者がクライエントとともに実験に参加できない場合には，やってはいけない禁忌（contraindication）になる。治療者が，有意味な実験をデザインする場合でも，確証データを提供する場合でも，どちらにおいても役に立つためには，彼はクライエントのしていることにある程度の接触をもつ必要がある。治療者が鈍感な場合や，クライエントが治療者との接触を持ち続けられない実験を行なう場合には，治療で得られる利益は最小限に抑えられる可能性がある。遊びと創造的活動の治療的な強みは，活動のための活動でもなければ，「解放」のための遊びでもない。むしろ，デザイン，実行，そして予期に対する結果の純粋な評価を含む，実験法の形式にある。治療者の課題は，クライエントの冒険の実験的な特徴を最大にするようにクライエントを援助することにある。治療者がクライエントの質問の路線についていくことや，実験手続きのいかなる部分も目撃することがまったくできない場合には，治療者にはこれをすることができなくなる。

　　f．結　論　結論としては，コンストラクト・システムの精緻化は，かなりの注意をもってなされるべきだといわねばならない。このシステムのある部分から他の部分へとやみくもに跳び回って，でたらめなやり方で精緻化しようとするのは，ふつうあまり上策ではない。この精緻化は時には弛緩効果をもつ。そして，人は常にこのシステムの全般的な弛緩というリスクをとりたがるわけではない。ふつう治療者は，治療のどの段階でも，精緻化を追求してきた領域に限界設定をしたがるものである。たとえば治療者が，クライエントに女性役割についての解釈領域を精緻化させようと決断する場合には，クライエントはこの過程で何らかの脅威に直面させられていると期待できる。このクライエントはみずからの女性についての解釈を弛緩するかもしれない。何か他の領域，たとえば職業領域や親であることの領域で，一連のコンストラクト弛緩実験にクライエントを乗り出させる前に，ふつうはクライエントを援助してこの領域で何か暫定的な結論に到達させるのがより好ましい。仮にこれらの領域のすべてがつながっていて，この最後の再解釈が相互に連結していると認めるなら，治療者は，クライエントがモデルの再構築を進めているあいだは，なおもビジネスの開店状態を維持しなければならないことを，心にとどめておかねばならい。

第 19 章　個人的なシステムの精緻化　363

B　治療中に生じてくる材料の精緻化

8　内容の精緻化

　もう1つ別種の精緻化の問題がある。われわれは，クライエントがみずからの難題を個人的にどのように体験しているのかを見る手段として，訴えの精緻化について論じてきた。われわれはさらに，クライエントの解釈システムの機能に障害があると判断されるか否かにかかわらず，この解釈システムがいかに機能するのかを見るために，これの精緻化についても論じてきた。さてわれわれは，日ごとの治療過程で生じるさまざまなちょっとした材料と行動を精緻化する問題にたどり着いた。これらがこの全体としての解釈システムのどこに適合するのか，そしてこれらが，治療の進行とともに生じる発達の順序に，どんな関係を持つのかを見るために，これらのうちのいくつかの精緻化が必要なのである。これは前節で論じてきた2つのタイプとはまったく異なる精緻化の問題である。

　最初のタイプの精緻化は，クライエントの不安と混乱の領域を探索するという問題である。第2は，全体としての解釈システムの研究に関係している。われわれがいま関心をもつ第3のタイプは，新しい材料がその全体としての解釈システムにどれほどよく適合しているのか，そしてそれが，その解釈システムのさし迫った変化に関して，何を意味しているのかを発見する問題である。

9　精緻化されるべき材料の選択基準

　クライエントが心理療法的面接で漏らした手がかりのすべてを追跡するのは不可能である。ほんの小さな部分が精緻化できるだけである。治療者は，自己の観察するものを大雑把に分類あるいは**構造化**をし続けて，各項目を将来参照できるように試験的に整理棚に割り振らなければならない。より正確な**解釈**は，治療者がクライエントにもっと詳細な精緻化をさせるために選択したこういう材料に限定されねばならない。治療が進行して，治療者がこのケースをよりよく見渡せるようになると，彼は**解釈**（construction）を，日ごとのセッションの過程で生じる材料の組織的**構造体**（structuration）にもっともっと置き換えられるようになるかもしれない。

　一言注意。時に治療者はケースの専門的な解釈にこだわりすぎて，新しく潜在的に有用な材料を見直しもせずに，整理棚に投げ入れ続けることがある。標準的な象徴体系の用語集にたよっていたり，硬直した精神力動理論でしっかり洗脳されていたり，あるいは常に「型どおりに生きて」いたりする治療者は，クライエントが言いうるど

んなに新しいものにも，すぐに無感覚になっていく。彼らの治療的援助には何の創造性もなく，心理療法の冒険中に起こる唯一の新しいハプニングは，彼らがもともと持っている確信にさらなる確証を「発見」することだけである。

　自分のクライエントがセッションからセッションへと何をするのか予測できない臨床家は，クライエントをおそらく理解すべきレベルまでうまく理解しておらず，したがって，注意深く進行していかねばならないと，われわれは述べたことがある。反対にわれわれは，クライエントがするどんなことにも驚かない臨床家は，あまりにも注意不足であることを，付け加えざるをえない。パーソナル・コンストラクト心理学では，異なるクライエントが各自の世界を解釈する仕方の多様性と，そして，どんな特定のクライエントでも治療中に自己の世界を解釈する方法が変動することの，両方に対する注意深さが必要だと強調している。

　治療者は心理療法の時間中に生じる有意味な手がかりのすべてを精緻化し始めることはできないと，われわれは述べてきた。また治療者は，クライエントが漏らした最重要な手がかりに常に飛びつくべきではないことを付け加えておこう。心理療法は，整然と行われる必要がある。情緒不安定なクライエントは，いつどんなときに，どんなトピックについても，心理的に議論できる準備状態にあると仮定してはならない。治療者がさらなる精緻化のために選択するものは，部分的にはその重要性へのもしやの気づきによって，そして部分的にはクライエントがその手がかりの表象するように見える種類の材料を扱いうるクライエントの準備性によって，決定されるのだ。このすべては，このクライエントの最も重要な言葉の多くが，今は何のコメントもつけずに，可能な未来に参照するためにファイルしておくべきだということを意味している。

　a．奇妙なあるいは予期せぬ材料　ふつう，クライエントが治療者から見て奇妙なあるいは予期せぬ何かを論じ始めるときには，さらなる精緻化へのステップが取られるべきである。このステップはただちに取られるかもしれない。また，過剰な弛緩の危険性がある場合には，クライエントの思考がかなり緊縮しているように見える好都合な瞬間が生じるまで，このステップは延期されるかもしれない。このことは，非言語的な性質をもつ奇妙なあるいは予期せぬ行動の観察にも適用される。前にも述べたように，臨床家のクライエントに対する洞察の非公式のチェックの1つは，クライエントがしそうなことを，弁別的に予測する能力である。見かけの奇妙さや予期せぬ行動は，臨床家がクライエントの作動させている方法にあまりなじみがないことを示すサインである。この材料を精緻化していけば，臨床家にはクライエントに対する評価を改訂する機会が与えられるだろう。あるいは，どのようにすればこの新しい材料がすでになじみのあるパターンに実際に適合するのかを見る機会が与えられることになるだろう。

　b．期待される治療的動きの，あるいはコンストラクト・システムの改訂の，指標

になりうる材料　経験を積んだ臨床家は，心理療法の期間中に自分のクライエントにはどんな種類の発達が期待されるのかについて，何らかのアイデアをもっているものである。彼は，これらの発達がついに生じ始めたというサインには敏感である。しばしば，いつもというわけではないが，彼はこのような発達の先駆けと見られるどんな新しい材料でも，即座に精緻化を追求するだろう。彼は，これが本当に自分の期待し続けてきたものだと確認するだけでなく，この新しい発達を促進し，この治療を動かし続けることを望んでいるのである。この発達が治療者には時期尚早に見える場合には，またクライエントが，過度に統合失調的あるいは衝動的にならないかぎり，まだ扱えない精緻化の領域に突き落とされそうな場合には，たとえそれが最終的には治療者の希望する類のものになるとしても，彼はこの新しい材料を精緻化しないことを選択しうる。

　c．集中的に研究しているコンストラクト・システムの領域に関与しうる材料　そのレプテストの材料が教育，社会的地位，富，清潔さの布　置（コンステレーション）を示しているクライエントについて，考えてみよう。治療者がこのようなクライエントに役立つためには，この複合体（コンプレックス）はどのように作用するのか，それは単一の，かなり緊縮した，包括的なコンストラクトとして一体になって作用するのか，あるいは，それは弛緩した解釈の集塊であるのか，について何かを知らねばならない。その布置の決定的な特徴は何なのか，そしてクライエントはそれを日常生活にどのように適用しているのかを知る必要がある。彼はしたがって，この布置の体系的な研究を，治療的探索の優先リスト上の，おそらく高い位置づけにするだろう。

　ある日クライエントが，自分は「しみったれた，薄汚ないやつら」と一緒に働くことには我慢がならず，仕事を辞めたことがある，と報告すると仮定しよう。この治療者は，この出来事が実際状況でどのように作用するのかを露呈する布置と可能性をただちに認識するだろう。この出来事の精緻化は，したがって，有益でありそうである。このような精緻化からは，この基本的なコンストラクトのもっと正確な表現が出てくるかもしれない。あるいはもしかしたらこの布置が，全体としての解釈システムの損傷なしに，有利に解体されうるという発見が，出てくるかもしれない

　d．心理療法的実験法で利用されうる文脈的材料　時に治療者は，クライエントに，材料の精緻化を求めることがある。それは，その精緻化がクライエントの適応にとってそれほど重要だからではなく，また，それがそれほど間違った解釈を示しているからでもなく，むしろ，それが実験法に適しているからである。治療者が部分的な役割演技のプログラムを開始したがっていると仮定しよう。クライエントにはもちろん，両親との口論や権威像に対する恨みの表出のような，重要な状況の再演をすぐに開始することはできない。治療者は比較的脅威的ではないが社会的には有意味な状況に関連する手続きを，まず開発しなければならない。部分的な役割の演技を開始するため

の文脈的情報を提供するために，治療者は大量の比較的重要でない材料をクライエントに精緻化させるかもしれない。以前の章で示したように，危機に瀕したものがそれほど多くない領域で，新しい解釈を形成することはしばしば望ましい。それから，いったんこの新しい解釈が安定して，その有用性のいくらかが確立されると，それはパニックを起こすことなしに，クライエントの生活の重要な領域に導入されうる。これが，新しい構造を打ち立てる安全基盤として用いられうるいくつかの材料を，最初に精緻化することがしばしば必要とされる主要因になっているのである。

　e．確証材料　人は過去の経験を，新しいコンストラクトが定式化された後で生じる経験とともに，新しいコンストラクトを確証するのに使う。あるクライエントは，**権威 ‐ 服従**（authority ‐ submission）が役割関係を構造化しうる唯一の次元ではないという見解を定式化する。彼は**補完 ‐ 消失**（complementation ‐ dissipation）がもう１つの有意味な次元であると知覚し始める。しかし，今日明日にでもこの新しい次元システムを試してみる代わりに，彼はこのタイプの解釈によって，過去に生じえたことのいくらかが予期できるようになったかどうかを，単純に自己の記憶に投げ返して検討するだけかもしれない。したがって，過去の経験はしばしば一種の陳腐なエビデンスとして喚起され，これとの対比で新鮮で新しいコンストラクトがテストされることになる。このことに気づいている臨床家は，治療中に開発されうるどんな新しいコンストラクトをテストするのにも，クライエントがどんな種類のエビデンスを使おうとしているのかについて，何かを知っている必要があるだろう。クライエントがこの新しいコンストラクトはどんな種類のテストを満足させねばならないのかを知らないかぎり，治療者はクライエントのなかで「抵抗」と見えるものに，ますます当惑させられるようになりうる。

　f．文書の材料　これもまた，一種の確証材料である。しかしここでは，治療者がクライエントに「確定（nail down）」させたがっているあるのコンストラクトを，はっきり例示するものとして，治療者の選択する材料を指し示すものとする。それは，とりあえず形をとりつつある，そして治療者がクライエントに把握させたがっている，新しいコンストラクトであるかもしれない。しかし他面では，これはどちらかといえば不定形であった古いコンストラクトであるかもしれない。クライエントにそれを検証にかけさせ，そしておそらく，その検証の結果として最終的にはそれを棄却させられるように，十分に定義が与えられる必要がありうる。治療者はクライエントにある材料を精緻化するよう求める。その理由は，このコンストラクトが，新しく試行的なものであっても，古臭く不定形なものであっても，適用されうる材料だからである。この選択された材料を扱うに際しては，クライエントは，治療者が治療のこの段階でクライエントが考えるべきだと信じている種類の確証エビデンスの手配を整えるのだ。

　g．すでに使われているコンストラクトの拡張された利便性の範囲を表わす材料

耐性（tolerance）は，これがいくらかの限定された領域内で適用されるときには，何を意味するのだろうか。この問題については，あるクライエントがかなり良い見解をもっていると仮定しよう。治療者は，このクライエントのレパートリー内のこの特定のコンストラクトの利便性の範囲を拡大することに，ちょっとした利点があることを認める。治療者はしたがって最も早い機会をとらえて，クライエントにこのコンストラクトの利便性の範囲の周辺にある材料を，精緻化させることになるかもしれない。このクライエントが，この周辺領域を扱うとき，何かちょっとした頼りにできる代替コンストラクトを持たないかぎり，治療者が精緻化のためにタグづけした材料を把握しようとするとき，彼にはこの**耐性**コンストラクトを喚起しうる，かなりの機会があることになる。

　このタイプの精緻化は，どんな心理療法の連続においても，その最後のセッションの特徴になりやすい。治療的に定式化されたコンストラクトは，最初に設定されテストされるときには，通常利便性の範囲が非常に狭い。これらがそうであることは，さしつかえもない。というのも，もしそれらがあまりにも包括的に定式化される場合には，それらはまた，クライエントがテストし確証するには，あまりにも弛緩されすぎであるようだからである。しかしながら，限定された範囲内でこれらの妥当性が適切に確立された後には，この利便性の範囲の拡張策を講じるのはよいことだ。したがって，一連の心理療法の後方のセッションでは，このクライエントと治療者は，今までとくにクライエントを混乱させてはこなかったが，新発見のコンストラクトの可能な利便性の範囲内に入ると彼が見るようになる問題については，話をするのにかなりの時間を費やすことになるようである。

10 ｜ 要約の手続き

　反射と受容については前の諸節で論じた。反射の手続きは，クライエントの訴えの制御された精緻化との関連で扱われた。しかし，ここで意味していることは，訴えの精緻化よりも幅広い。その節でわれわれが述べたことの多くは，ここでも適用できよう。基本的な治療手続きについて本章で論じた受容も，この要約の手続きに緊密に関係している。治療者は，クライエントが過去数か月にわたって述べてきたことを十分正確に要約して，クライエントの視点を十分よく理解していることを明示するとき，はっきりと受容を示していることになる。彼はクライエントの目を通して問題を見ようとしているのだ。ただし当然のことながら，彼はそうしているときにも，クライエントの問題についての専門的な見方を捨てるべきではない。治療者は代替解釈ができるという立場をとっている。これによって彼は，クライエントの問題の2つの異なる解釈——クライエントの解釈と治療者のそれ——を同時に見て評価することができるのである。この要約は，治療者がクライエントの見解を捨てたがっているとしても，

受容はしているということを，クライエントに明らかに明示する助けになっている。

　治療者は過去数セッションにわたって議論してきたことをまとめようと試みるかもしれない。それからクライエントは，この要約を自己の記憶に照らしてチェックするように求められるかもしれない。これはクライエントが今まで言ってきたことを，組織的に考えるように求めるタイプの精緻化である。これは，彼が今までに治療者に語ってきたことの内的整合性のテストである。この説明は時に，明らかに混乱し一貫しない図柄を示すことがある。こうしてクライエントは，自分が今までに言ってきたことに直面させられると，自分の非一貫性に圧倒されるかもしれず，またこれによってチャレンジされるかもしれない。こうしてチャレンジされると，彼はできるかぎりこの材料の精緻化を進め，確証エビデンスと対比してチェックを進めるだろう。

　クライエント自身も，今までのセッションで伝えようとしてきたことの要約を求められるかもしれない。彼は一貫した見方を生み出せないかもしれない。彼は単純に，いくつかのさらなる逸話の詳細を精緻化するだけかもしれない。治療者は，このクライエントが実際には自己の問題に直面したくないのだと，早まって仮定してはならない。クライエントの行動は，彼がまだ自分の行動を把握するにいたっていないことを示しているだけなのかもしれない。クライエントがこの手続きに反応して，今までに進行してきたことを一貫するように述べるなら，中心的なテーマが出現してきて実験的検証の段階が設定されることになる。

　a．日　記　1つの要約の手続きはクライエントに日記をつけてもらうことである，もう1つは，クライエントに各面接の要約と批判を書いてもらい，それを次回の面接にもってきてもらうことである。クライエントはセッションの初めにそれを治療者に読み聞かせるかもしれない。著者はこの後者の手続きを，いくらかのタイプのケースでうまく使ってきた。しかしながら，どちらにもはっきりした短所がある。というのも，これらはクライエントの思考における最も重要な進展のいくつかを面接室からもち出しながら，治療者はその後それらに対する直接のアクセスを持たないからである。クライエントが座って要約を書くとき，彼は非常に混乱し，動転し，抑うつ的になるかもしれない。しかしそれでも，クライエントが治療者の前で自己を自発的に表出することに十分に安全だと感じられるようになるまでは，この不利な点は受け入れねばなるまい。

　b．再　生　逐語的な振り返りが使われる可能性もある。前回の面接の録音がクライエントに再生 (playback) して聞かせられるかもしれない。これは，大胆な手続きであるが，いくらかのケースでは，クライエントがとりとめもなく産み出してきたものの精緻化を前進させるものになりうる。自己を治療者に依存的に関係づけようとしてきたクライエントは，この手続きが非常に動揺させるものになることを発見するだろう。同様に，自己の依存関係のゆえに罪悪感をもつクライエントは，この手続きによっ

て混乱させられるだろう。反対に，治療者との関係を罪悪感なしに受容する子どもは，とくに治療者がみずから過度に几帳面に分析しようと試みないかぎり，このプレイバックによって魅了されることになるかもしれない。この手続きは強力な医術であるので，治療者はその後の議論にあまり批判が忍び込まないように，非常に注意深くなければならない。たいていのクライエントは自分たちが扱いうるすべての批判をみずから定式化するだろう。

c．集団心理療法　集団心理療法は要約という目的で使われうる。クライエントは個人療法での自己の経験のいくらかをグループのなかで議論するかもしれない。このような材料の報告は常に望ましいわけではない。とくに個人療法の治療者がいくつかの治療的探索を個人治療の室内に限定しようとし続けている場合には，望ましくない。しかしながら，ふつう集団心理療法は，個人療法室を越えて実験法を拡張するのが望ましいと考えられるケースにおいてのみ，補助的療法として採用される。したがって，クライエントは個人面接で進行してきたことについて，たまにはグループに話しをすることが期待される。

d．禁　忌　治療者は，治療の材料を要約されたあるいはまとめられた形で扱うのがよいと確信しないかぎり，絶対に要約を採用するべきではない。もしこのクライエントが流動状態にあり，治療者がこのクライエントにこの状態を維持してほしいと望む場合には，どんな一貫した視点を定式化することも彼には求めず，それとなく，腰をすえるのがよい。しばしば治療は，クライエントが一貫性に対して与えてきた多くの人質を放棄することに依存している。彼はリラックスする。彼は自分が新鮮で新奇な見解をとるのを許す。彼は自分が過去に考えてきたことにあまり注意を払わなくなり，現在適切に考えうるものにより多くの注意を向ける。昨日のまずい発想の関与を思い出さないことが非常に重要なのかもしれない。それは，彼がよりよい判断をしているにもかかわらず，過去の考えと一致するように活動し続ける義務があると感じないようにするためである。

11 | 精　査

精査（probing）とは，クライエントの面接への参加をコントロールする方法である。これには２つの方法が使える。(1)そうでなければクライエントが言及しなかったはずのいくつかの問題の処理に，クライエントを押し込む方法と，(2)さしあたって話をする心理的な準備ができていない他の問題について，クライエントに話をさせないようにし続ける方法である。精査技法を思慮深く使用すれば，面接が破壊されて不安な混乱におちいることから救出しうるかもしれない。クライエントは質問に対する自分の回答を構造化し続けなければならない。そして，これさえできれば，彼がわっと泣き出したり，治療者との敵対的な相互作用路線を追求したりせずに十分にすませられる

であろう。しかしながら，この質問があまりにも鋭い場合には，この崩壊はこの調査によって早められるかもしれない。

　　a．**精査の誤用**　経験のない治療者にとって，精査は，クライエントに自己を告発させる一種の取り調べに，容易に変わってしまう。治療者があるポイントを証明しようとして精査を利用する場合には，治療者は治療の行き詰まりを来たしたことを責めたてる自己自身の敵意以外に，何も持っていないのだ。われわれが定義してきたところでは，敵意とは，データを以前の解釈にしたがうように，歪曲しようとする試みである。クライエントがある種の人であるかどうかを発見しようとするよりも，その種の人であることを精査によって証明しようと試みる人は，敵対的に活動していることになる。したがって，治療者が精査で使う質問は，事実がみずからを表現するのに十分な自由度を与えるものでなければならない。これらの質問はほとんどが，あれかこれかを問うタイプのものではない。治療者は面接のある岐路で「あなたは奥さんと離婚したいとおっしゃるのですか？」とたずねるかもしれない。これに対してクライエントは，イエスと答えるかもしれないしノーと答えるかもしれない。しかし，精査の質問は，クライエントが自己のアンビバレンスをもっとうまく表現しうる適正な回答を与えられるものでなければならない。この定式化を敵対的なタイプの質問――「あなたは奥さんと別れたいのか別れたくないのか，どちらなのですか？」――と比較対照してみよう。

　　この精査の目的は，クライエントの訴え，そのコンストラクト・システム，あるいはたった今彼の心をよぎった見解を，彼に精緻化させるピンポイントの機会を与えることである。治療者はそれについてもっと多くを知りたがっている。さらに何が関与しているのかをクライエントに探索させたがっている。これが適切に行われれば，これは，治療者のこのケースに関するバイアスの正当化の追求に対するアンチテーゼになる。

　　b．**精査のタイプ**　人は手がかりが与えられるとすぐに精査するかもしれない。あるいは，クライエントの言ったことを心のノートに書き留めて，後でもう一度戻ろうとするかもしれない。最初の手続きは**即時的精査**（immediate probe），第２のものは**遅延的精査**（delayed probe）と呼んでよかろう。心理療法中はふつう後者のタイプが好まれる。治療者は，ポイントを理解させるにはどんな機会でも利用するという印象を，クライエントには与えないようにすべきである。むしろ精査は，治療者がクライエントにとって有意味なコンストラクトを精緻化するのを援助するのに，よく考え抜かれた手続を代表しているはずである。それゆえ治療者は，クライエントの先導に従うべきだと確信し，クライエントがそれを処理する準備ができていると確信した後にのみ，その先導にしたがうようにするなら，通常それは，はるかにもっと効果的になる。

　　われわれがここで述べていることは，われわれの基本的な理論的立場に端を発して

いる。われわれは治療をただのかび臭いアイデアの換気に過ぎないとは考えていない。治療は解釈にそして再解釈に関係している。最も重要なタイプの治療は，新しいコンストラクトの定式化を含んでいる。治療者が自分の課題はただ「情動的」な材料を調べることだけだと考える場合には，クライエントがその材料を再配置するのを援助するという治療者の中心的課題は，見落とされることになりやすい。このためわれわれは，ふつう治療者には，即時的精査によって，あまり熱心にクライエントの先導に従いすぎることのないように，助言することにしている。遅延的精査はクライエントにとって，もっともっと時宜を得た，もっと有益なものになるかもしれない。

　ｃ．**即時的精査の使用**　即時的精査は，クライエントが言おうとしていることの意味を豊かにすると思われる精緻化の周辺的材料への拡大をクライエントに確かめさせるのに使うことができる。通常それは，ささやかなポイントが含まれ，治療者がクライエントのしそうな返答の一般的な性質について非常によいアイデアをもつときに，使われる。それはまた，できるだけ多くの重要な材料が短時間に引き出される診断面接でも使われうる。それは，クライエントがスタッフの前で面接され，クライエントがその場で精緻化するのを面接者が確認しないかぎり，この面接者の見つけ出す手がかりが，他のスタッフ・メンバーには見過ごされかねないときに，しばしば使われる。しかしこのタイプの面接は，いずれにしろ，心理療法の目的にとっては，ふつうそれほど有効ではない。そして，スタッフあるいは診断面接において「クライエントの喉元にとびおりる」この傾向が，おそらく，このような面接がしばしばよい心理療法的関係に不利な作用を及ぼす１つの主要な理由であろう。

　ｄ．**遅延的精査の使用**　遅延的精査を利用する面接は，追跡するモニターやスタッフ・グループにとって理解するのが，はるかに困難である。人は，治療者がどのように自己の手がかりを利用し，その精査を組織化するのかを見るためには，多数の面接シリーズに参加させられる必要がある。どんなケースにおいても，面接をモニターする人は，まず，どんな治療計画が追跡されるのか，そして，どんな種類の材料が現在治療者によって開発されつつあるのかについて，その概要が伝えられる。彼は，この情報をもつ場合にのみ，この面接を知的に追跡できるだろう。

12 さし迫った変化の探知

　治療者はクライエントのなかのさし迫った変化に警戒をする必要がある。これらの変化は何かのコンストラクトに関してはフィールドの逆転以上のものを含まないときがある。たとえば著者が最近，そのシステムの構造化メンバーの１人として心理療法をモニターした，ある若い女性のクライエントは，**客観的 対 主観的**のコンストラクトを持っていた。これは，何か非常に稀なことのようには思われない。実際，類似のコントラストが多くの心理士によって使われている。しかしながらこの女性のケース

では，精緻化によって，人が「客観的」であるためには，硬直し，知覚が鈍感で，支配的で，哲学的な意味では経験的で合理的ではなく，男性的であることが判明した。これらの用語は正確には彼女自身のものではないが，おそらく読者は，彼女の意味するところを，自分自身のパーソナル・コンストラクト・システムに関係づけて，包摂させることができるだろう。彼女にとって「主観的」であることは，空想的，共感的，創造的，合理的，知的，鋭い知覚力，理解力，そして受容的なことだったのである。

彼女の人生においてこの「主観的」な人々は，大方が女性であった。男性はしばしば，究極的には「客観的」であることがわかった。この解釈システムには，もちろん，これ以上のものがあった。しかしわれわれは，ここで引用したことで，この特定のコンストラクト次元のアイデアを十分理解してもらえたと思う。

この男性治療者に対しては，このクライエントは，最初は比較的心を開いて接近してきた。すなわち彼女は自分のコンストラクトを彼に対してある程度命題的に，そして用心深く適用しているように見えた。数回の面接の後に，彼女は男女両方に対する「肉欲的（carnal）」関係におけるいくつかの困難を告白し始めた。彼女はまた，社会実験におけるいくつかの顕著な失敗についても説明した。

いくつかのとくに困惑した失敗について述べた面接の次の回において，彼女は治療者に対する態度に顕著な変化を示した。彼女は前回の面接で語ってきたトピックについては，それ以上の議論を避けて，今回は治療者との実験を開始した，彼女は彼に対して，「あなた」「**あなた**はこれについてどうお考えなのかしら」というような表現を用いて，個人的な言及を開始した。彼女は今や治療者の言ったことに対して，あたかも自分自身のポイントの明瞭化を試みるよりも，治療者がみずからのポイントを明確にするのを援助しようと試みているかのように，反応した。そして，われわれが個人的同一化（personal identification）あるいは一次転移（primary transference）と呼んできたものの開始を全般的に示すようになった。

さて，治療者はふつうクライエントとの成熟した個人的同一化タイプの関係を回避したがるものだが，このクライエントがしていたことは必ずしも反治療的ではなかった。彼女は自己のコンストラクト・システムのいくつかの側面を前面に持ち出していた。彼女は前回の面接でもったものを暴露することに，いくらかの動揺と不安を感じていた。さらに彼女の定式化は，彼女の**客観的 対 主観的**のコンストラクトの下に包摂されているように見えた。彼女は小実験の準備を整えていた。彼女の治療者についてはどうなのか？ 治療者は彼女が幻滅させられていたのとは別人物だったのか？ 彼は「客観的」だったのか，それとも「主観的」だったのか？ 今までの面接で彼女が語ったことを彼が受容しているのは，彼が男で心理学者ではあっても，結局彼は「客観的」ではなかったようだということを，暗示している。

この面接では，彼女は治療者があたかも「主観的」であるかのように，彼に対して

反応し始めた。彼女は自分が共鳴を引き起こしたいのかどうかを見るために，受容的，刺激的でエキゾチックな人として，自己提示をし始めた。表情表出がより増加し，笑いや甘い音声などのジェスチャーと文章構成されていない言語が増加した。彼女は彼が言わねばならなかったどんなことに対しても暖かく応答的であるように努めた。ただしこのことは，彼女の努力の方向が，多くの治療者が「新材料」と呼ぶはずのものの産出をみずから妨げていることを言わずに，進められている。

　しかし彼女は，このセッションでは非生産的だったのであろうか？　彼女は単に「行動化」しただけだったのだろうか？　ここには，パーソナル・コンストラクト心理学の立場を活用する治療者が他の治療者には同意しそうにないところがある。彼女は，以前にはこの治療者を用心深く見ていたが，今やC-P-Cサイクルを通して，彼に対するみずからの反応を結果的にコントロールしながら，彼を先取り的に解釈しようと試みている。彼女は実験していたのである。その仮説は，ここには「主観的」な男性がいる，であった。これはしらべてみる価値がある。彼女が実験をしたという意味では，彼女はこの面接で非生産的ではなかったのである。

　彼女は本物の再解釈のサインを示していたのだろうか？　この新しい行動は，彼女のコンストラクト・システムにおけるさし迫った変化の信号だったのだろうか？　この2つの質問に対するわれわれの回答は，メイビー（そうかもしれない）である。この実験の結果は，治療者の提供したこの種の確証エビデンスに基づいて，変化をもたらしたかもしれない。しかし，この仮説か実験行動か，いずれかが実際に新しかったのかどうかは，非常に疑わしい。彼女は治療者を「客観的なもの」として，あるいは命題的に解釈された人物として扱う代わりに，単純にこの**客観的 対 主観的**のコンストラクト次元の他の極を治療者に試してみた。これは，おそらく以前に何回も試してみて，おそらく一貫しない結果を生じた実験であったのだ。これはおそらく，彼女がしばらくの間男性に用いてきた同じコンストラクトに関して，フィールドを逆転させる以上のものを代表してはいないのだ。

　さて，われわれは次の問いにやってきた。面接中にクライエントが慣れない方法で行動するときには，それは常に，よく確立されたコンストラクトの反対側を実験していることになるのだろうか？　そうではない。それは時に，そのコンストラクト・システムのさし迫った変化の信頼できる指標になりうるかもしれない。このクライエントは今までにまったくしたことのないやり方で，あるいは治療に来る前には考えたことさえなかったやり方で，行動しているのかもしれない。もしそうであるなら，それは，新しいコンストラクトが形をとりつつあることを意味している。実際これは，新しい構造が初めて正体を現わすやり方なのだ。われわれは大雑把な経験則さえも定式化しうる。そして，**このコンストラクト・システムのさし迫った変化は，言語的に宣言される前に，通常，新しい実験法によって漏らされるもの**だと言ってよかろう。治

療者はしたがって，クライエントに治療的変化を期待する場合には，クライエントの治療状況での実験法にはとくに警戒しなければならない。この新構造の成熟した言語的定式化をクライエントが持ち出すのを治療者が待つ場合には，この治療は，何が進行しているのかに治療者が気づく前に，すべてが終わっているのかもしれない。

　たとえば上記のクライエントは，その後もっと重要なタイプのさし迫った変化を示した。彼女の話はよりゆっくりになった。彼女の治療セッション中の新しい材料へのアプローチは，より用心深くなった。彼女の服装はより派手ではなくなり，ふだんの仕事によりふさわしいものになった。彼女はなおも心配しながら，自分の不安領域の要素について，より意欲的に話すようになった。このことは，彼女の治療者についても，そしておそらく彼女が治療者と関係づけている一群の人物についても，その解釈に変化がさし迫っていることを示していると捉えられよう。彼女は明らかにいくらか異なるパラメータのセットをもつ，純粋に新しい関係を，いま実験していたのである。

　これが注目された後の約2回の面接では，彼女は父親について，今までに再生できた記述よりも，もっと適切な記述を試みた。彼女は自分の「現実」の父親と「神話的」な父親について記述した。後者は，彼女の幼児期の幻想のなかでみずから構成した父親だったようである。部分的には，彼女はこの「神話的」父親を，違ったふるまいをする「現実」の父親として知覚し，また部分的には別人と見たのである。ここには，この前の2回の面接で生じ始めた新しい関係の基礎があったことが明らかである。このすぐ後に，彼女は多くを語った。このコンストラクト・システムにおけるさし迫った変化は，それが言語的に告知される前に，新しい実験法によって明らかにされたのである。

13 ｜ 細部の引用による精緻化

　治療中にクライエントは，彼にとって何か重要なものを象徴するように見える出来事を記述するかもしれない。治療者は，これはこの場で精緻化されるべき材料であると判断する。彼には多様なコースが開かれている。彼はこのクライエントにこの出来事を解釈するよう求めるかもしれない。あるいは治療者は，この材料が何を意味するのかを言うようにクライエントに求める代わりに，この出来事をもっと詳細に記述するようクライエントに求めることもできる。この治療者はもっともっと詳細な細部を引き出すために精査する質問を使うかもしれない。彼は，「この人はどのように見えたのですか？　彼の表出はどんなふうでしたか？　彼の態度について，何かちょっとしたことでも細部を思い出せませんか？」等々というかもしれない。

　このタイプの質問の目的は，クライエントがこの治療シリーズのなかで，現われ始めている他の出来事や反復的なテーマと結合できる，手がかりを発見することである。また，さらなる細部の引用は，この試行的に表現されたコンストラクトを，これを安

定させるのに十分な内容でもって取りかこみ，それを後の実験的定式化に従わせるかもしれない。詳細に記述された出来事は，後のセッションでその包摂的なコンストラクトがテストにかけられる時期が来たとき，より思い出しやすくなる。また，細部の精緻化はその出来事の処理に使われるコンストラクト・システムの諸部分の内的整合性に欠陥のあることを，クライエントに暴露するかもしれない。彼はまた，自分がこの出来事を，その有用性よりも長生きしてきたコンストラクトの確証エビデンスとして，使ってきたことをも発見するかもしれない。

　細部の精緻化は実際にクライエントの不安をコントロールするのに役立つことがある。もっとも，これは必ずしも常に真実であるわけではないが。母親の死という出来事を記述するクライエントは，非常に多くの不安を表現するかもしれない。しかし治療者が，その出来事の小さな細部のいくらかに注意を向けるように，クライエントに求めることによって，クライエントがいくらかの不安を晴らすのを助けられるかもしれない。不安は混乱である。クライエントは，母親との関係における彼自身の人生役割について，そしてこの出来事のより大きな文脈内での意味について混乱するよりも，この出来事の細部についてはより混乱が少ないかもしれない。

14 ｜ 先行要因と結果要因の精緻化

　治療者は，ある出来事についてのより詳細な記述をクライエントに求める代わりに，その出来事へと導く先行イベントと，それに続いてまたはそれに影響されて出現する後続イベントを記述するように求めるかもしれない。これはこの出来事を時間軸上に位置づけて，時間周期のコンストラクトにこれを従わせうる一方法である。

　ここでは，クライエントの因果関係の理解が重要である。彼は自分がその出来事を引き起こしたのだと感じ，彼自身の役割は自分の演じたパートによって脅かされていると感じるかもしれない。われわれはそれゆえに，罪悪感が表出されると期待したのであろう。またこの出来事は，彼の人生における転換点――すなわち，このポイントを越えると，彼の依存コンストラクトは有効に作用する場をなくしてしまう――を説明してくれるかもしれない。他の意味もまた，このタイプの精緻化の結果として，前面に出てくる可能性がある。

15 ｜ 類似していると解される材料の引用

　これもまた，抽出された内容は実質的に異なるが，ある形の精緻化である。クライエントは出来事あるいは経験を記述する。クライエントにはさらなる細部の記述や，先行要因と結果要因の記述を求める代わりに，治療者は，同じ感覚を生じたり，どことなく似ているように見えたりする何か他の経験についても考えることを，クライエントに求める。クライエントはまた，引用されたものとは何か対照的に見える経験を

記述するよう求められるかもしれない。

　これは，治療中に生じる材料の解釈の重大性を探索するのに重要な手続きである。クライエントはみずからの経験に正確な言語的定義を与えることができないかもしれない。が，しばしば類似しているように見える要素と，対照的に見える要素に言及することはできる。クライエントの要素の配置から，治療者はクライエントが明らかに使っている前言語的コンストラクトの複写をみずから考案するかもしれない。

　a．治療者は，クライエントのコンストラクト・システムに，クライエント自身よりも精通しているか？　治療者のなかには，クライエントにはまだ見えていない洞察が，自分には推測によって得られると語る傾向をもつ者がいる。治療者の複写コンストラクトは，クライエントのもともと^{オリジナル}のコンストラクトよりもうまく言語化されていると仮定しよう。また，この治療者版のコンストラクトはよりしっかりと定式化されており，したがって，実験的な検証にかけやすいと仮定しよう。さらに治療者は，クライエントの経験をクライエント自身よりも高水準の認知的気づきをもって処理するかもしれない。しかしこのことは，治療者のほうがクライエントよりも真実や現実や理解に，より近いということを意味するのだろうか？　たぶんそうではない。クライエント自身は，若干の真実，若干の現実，そして理解の実質そのものの一部なのである。治療者は，クライエントが自己自身に対するよりも，クライエントに対してもっと近いのだろうか？　われわれはそうは思わない。

　しかし治療者は，何らかの心理学的訓練を受けている場合には，クライエントが自分自身についてはできない予測でも，いくらかはできるようになっているはずである。彼にこれができるのは，クライエントの解釈システムをクライエント自身よりもよくマスターしているからではなく，彼がクライエントの解釈システムを包摂することができ，これを，クライエント自身があまりよく理解していない現実の他の特徴とともに，解釈することができるからである。クライエントは，真実についてのみずからの自然の小片を忠実に表象はしているのだが，必ずしも賢明なわけはない。治療者は，何世紀にもわたって非常にうまく人類に貢献してきたのとまったく同じ智慧の収集過程を通じて，クライエントが自己の人生役割を効果的に作動させるのに必要な智慧を獲得するのを，援助するのかもしれない。

　心理療法の終結時には，クライエントは治療者よりもはるかに賢くなっているかもしれない。智慧は教師から生徒へ，治療者からクライエントへと引き渡される必需品だと見る人々にとっては，これは変則的だと見られるかもしれない。概念形成，仮説設定，および実験法の科学的方法論になじんでいる人々の間では，この文章によって驚いて息を飲むようなことはなかろう。この実験を行なうのはクライエントである——智慧の最初のきらめきを捉えるのは，なぜ彼であってはならないのだろうか？

　われわれはパーソナル・コンストラクト心理学の説明からこの時点で脱線してし

まった。というのも，ここには，治療者が簡単に自分の役割を誤解しそうな分岐点があると，われわれには見えるからである。治療者は簡単にこういう。「あー，私にはクライエントのしていることが見通せる！　おー，彼は自己を欺いている，でも，私を騙しているのではない！　彼は自分の考えていることを知らない，でも，私は知っている！」と。ナンセンスだ！　クライエントは自分が解釈するときに解釈する。治療者が言いうることのほとんどは，「これがどうなっていきそうなのか，私には彼よりもよく見える」だ。治療者は，クライエントに，たった今引用したのと類似して見えるもう一つの経験を——そして次に，これと対照的に見えるもう一つの経験——を記述することによってクライエントに精緻化を求めるとき，治療者が達成を求めているのは，この後者のタイプの概観なのである。それは，クライエントが定式化できるよりも，よりよい言語化へと導いてくれるかもしれない。それは，クライエントがやっと見通せるようになったものより良い見通しへと，導いてくれるかもしれない。

　b．クライエントにとってのアドバンテージ　しかし治療者は，このタイプの精緻化から利益を得られる唯一の人である必要はない。比較し対照する付加的な経験を引用したので，このクライエントは，以前はあいまいなフィーリングや衝動としてしか存在しえなかったコンストラクトを，言葉で表現できることを，みずから発見するかもしれない。それ以上に，彼は自分の経験をよりよい見晴らしのもとで見ることのできる，何らかの有利な地点に登れるかもしれないのだ。

　c．難　題　このタイプの精緻化は，クライエントがいくつかの非常に具体的な要素を共通にもつように見える付加的な経験しか引用できない場合には，失敗するかもしれない。最初に引用された経験がたとえば手紙を含んでいる場合には，彼は手紙，切手，メールを含む例を，次つぎと几帳面に挙げていくかもしれない。たぶん経験間の共通性のシンボルとして選ばれた手紙は，いくつかの非常に個人的な価値をもつのであろうが，このアプローチは，どんな形であっても，治療者に意味をくみ取れる形では，クライエントにその価値を表現させられないかもしれない。

　ふつう治療者は，クライエントが対照的な経験によって何らかの精緻化を得ようと試みるまでは，あきらめてはならない。類似経験を引用するとき，あまりにも具体主義的で理解しがたいと見えるクライエントが，対照的な経験を引用することによって，みずからのコンストラクトを明らかにさせ始めるときには，みずからの解釈の真の本質を漏らすかもしれない。しかし，これでさえ失敗するかもしれない。ついに，治療者はこのデバイスによって理解可能な精緻化を得ようとする試みをあきらめねばならないかもしれない。

16 ｜ 一連の経験の解釈による精緻化

　いま記述したばかりのアプローチに類似したものは，クライエントが記述してきた

２，３の経験にクライエントの注意を引きつけて，それらの解釈を求めることである。すなわち治療者は，役割コンストラクト・レパートリー・テスト（レプテスト）がコンストラクトにアプローチするのと類似したやり方で，経験にアプローチする。彼は実質的には，「あなたはＡ，Ｂ，Ｃの３つの経験について私に語ってくれました。このうちの２つは何か重要な点で類似していて，しかも第３のものとは異なっているものがありますか？」という。いくらかのケースでは，あまり弁別的でない答えを求めるほうが好ましいかもしれない。そこで治療者は，「あなたの見られるところでは，これらの経験はすべてがどのように似ていると見えますか？」と尋ねるかもしれない。治療者がクライエントの過剰な一般化を打破するために，弁別の追究をより好む場合には，「これらの経験のすべてを相互に違うと見る，本当に重要な見方は，実際のところ何なのでしょうか？」と尋ねるかもしれない。最初の方法は，コンストラクトの最も正確な表現を求めるものである。

われわれが今述べてきたばかりのアプローチは，この前の数パラグラフで述べたアプローチとは，この点で異なっている。前者のアプローチでは，われわれはクライエントに，文脈の類似性と対照性の端にいくつかの要素を加えるよう，求めることによって，彼の統治コンストラクトを帰納的に推測しようと試みる。後者のアプローチでは，われわれはクライエントの注意をすでに挙げている諸要素に向けさせ，その統治コンストラクトを言語化するよう求めた。この後者のアプローチは，もっと雄弁なクライエント，あるいはもしかしたら治療で前進するクライエントにとって，より適していることは，いうまでもない。

われわれはこの２つの方法を結合することができる。われわれはこうも言える。「あなたが述べた２つの経験はあなたには何らかの点で類似しているとは見えませんか？……さて，あなたにたまたま生じたこと，すなわちこの２つの経験にくらべて際立って対照的に見える何かについて，言ってくれませんか？……その対照的なものとは何ですか？　どういう意味ですか？」。

17 │ 治療的な動きの精緻化

クライエントが行動パターンを変え始めるとき，彼はしばしば生起しつつある変化についてはっきりとは言うことができない。時に治療者はクライエントの行動の発達について，本人からではなく，その関係者から間接的に聞くことがある。治療者はクライエントに，その解釈システムで起こりつつある変化を，認知的気づきのより高いレベルで解釈させたいと望むかもしれない。時にこれは，クライエントに次の３つの経験を解釈するよう依頼することによって達成されることがある。１つは治療前に生じていること，いま１つは治療の初期に起こっていること，そして最後に，最近起こっていることである。もし動きが実際に生じているなら，クライエントはめったに第１

と第3の経験を類似しているとは解釈しないだろう。しかし，そう解釈してもしなくても，人生において3つの実際に異なる発達段階で生じた3つの経験を解釈するという課題は，クライエントを励まして治療的な動きが知覚されうる枠組みをみずから構築することになる。一連の治療のいくらかの段階では，これはとくに重要な理解になる。

　われわれは患者の自己の動きの知覚の解釈に関するハワード（Howard）の研究について言及したことがある。彼は入院患者の入院中に生じる変化の知覚を研究した。この研究における各患者には，3つの自己特徴づけを書いてもらった。第1はおおかたが入院当日に書かれた。第2と第3はその数週間後に書かれた。第2は患者がこれを書くときに自己を見て，自己特徴づけをしたものである。しかし第3は，患者が入院時の自己を思い出して自己特徴づけをしたものである。

　ハワードは，第1と第2の自己特徴づけ間の類似性は，第2と第3のそれよりも大きいという仮説を確証した。患者は実際に生じた動きを過剰解釈したのだと，言いたかったのかもしれない。われわれの観点では，彼らがこの動きを過剰解釈したか否かの問題は，あまり関係がない。関係のあるポイントは，動くように治療的圧力をかけられた患者がおそらく，自己のなかの動きを知覚できるコンストラクトを形成したということである。これは治療の重要な特徴だと，われわれは信じている。

　しかしハワードの患者は，常に自分たちがよくなったと知覚したわけではなかった。実際ハワードには，患者たちに自己改善への一貫した傾向が，見いだせなかった。もちろん見いだせたとしたら，彼は，彼らが単に病院からの解放に賛意を表しただけだったという可能性に，何らかの決着をつけなければならなかっただろう。これはわれわれの理論形成における微妙なポイントなのかもしれない。しかしわれわれの見るところでは，クライエントが自己のなかの変化を知覚できる枠組みをもつことのほうが，これらの変化がすべて良い方向に向かっていると知覚することよりも，もっと重要なのである。

　人は北部へ旅行しようとするなら，旅のできるハイウェイを見つけることが大切である。こうして見つけたハイウェイは，北へ行くと同時に南にも行くはずだが，この事実はそれが旅行には使えないことを示しているわけではない。

　同じことが治療の旅をしようとしているクライエントにも当てはまる。彼は旅行のできるハイウェイを見つける必要がある。治療者は彼を援助する必要がある。このハイウェイが見つかると，あらゆるハイウェイがそうであるように，それは2つの反対方向につながっている。治療者は，クライエントがそれを健康の方向に向かうだけの一方通行だと見ることを希望するかもしれない。しかし，クライエントが右へ行くか左へ行くかの選択は，ハイウェイそのもの——コンストラクト——に依存しているのではなく，その道路を進んでいけば見ることのできるさらなる精緻化の機会に依存し

ている。彼は**精緻化の選択**を行なうだろう。彼ははっきりと行き止まりに見える方向には向かわないだろう。

　心理療法の過程で生じる材料を精緻化することの目的の１つは，クライエントが自由に旅行できるこのようなハイウェイを見つけることである。これらはコンストラクトの形で現われる。いくつかのコンストラクトは言葉によって記述される。すなわち，それらのルートは調査者の図表上にプロットされうる。いくらかはこれほど抽象的には表現できない。クライエントはその存在を言語的ジェスチャーによって示しうるだけである。治療者はクライエントが常に自分に対して正確な地図を示すように主張し続けてはならない。治療のある段階では，ジェスチャーでさえ受け入れねばならない。そしてある形の治療では，それらは唯一のコミュニケーションの手段として受容されうるのだ。

18 ｜ **エナクトメントを通じた精緻化**

　クライエントが治療中に生じる材料の精緻化を援助するのに最も簡単で最も効果的な方法の１つは，演技行為の制御された使用による。エナクトメントは他の目的のためにも使われうるが，ここでは，クライエントが言おうとしてきた何かについての精緻化を援助する問題に関連して論じている。

　出来事をさらに詳細に記述したり，その先行要因と結果要因を記述したり，類似していると判断される他の出来事を記述したり，その出来事を解釈したりするよう，クライエントに求める代わりに，治療者はたとえばこういうかもしれない。「これがどのように生じたのかについて，より明瞭な図柄が得られるかどうかを見てみましょう。「仮に私は……だとします」治療者は，クライエントが個人的な相互作用を記述してきた個人の役割をただちに取得する。彼はこの出来事に関するクライエントの記述から，いくつかのくだりについて話をする。

　クライエントは驚いて，そのエナクトメントを中断させようと試みるかもしれない。彼はエナクトメントの可能な結果によって脅かされるかもしれない。とくに彼がこの出来事を，治療者を敵対的に操作する意図と関係づけてきた場合には，そうである。しかしながら，ふつう治療者はきわめて持続的にキャラクターに留まり続ける。クライエントが治療者としての治療者に反応する場合には，治療者は，このエナクトメント状況におけるクライエントの反応への自己のキャラクターの当惑を表現し，この役割を持続するかもしれない。

　著者の経験では，治療者はクライエントよりも，硬直し，自意識が強く，役割演技に抵抗する傾向があった。実際，治療者はしばしばそのエナクトメントを企てることを嫌がり，その嫌がり方はそのクライエントよりももっと強かった。このことは，どんな治療者役割においても，彼ら自身の自発性が欠如していることの関数なのかもし

れない。それは，治療者が実際にクライエントに対して敵対的であり，クライエントの言うべきことの精緻化を援助するよりも，クライエントを操作することにより興味をもっているからかもしれない。あるいはまた，治療者はみずからがクライエントの心のなかに創ったと考えている作り話を破壊する結果になる可能性を，純粋に恐れているのかもしれない。

　クライエントが治療者はそのキャラクターの言いそうなことを言っていないという場合には，この治療者は「キャラクターを破壊」して，クライエントにいくつかの筋書きを示唆するよう求めるかもしれない。彼は役割の素早い切り替えさえ行って，治療者にそのコツがつかめるように，クライエントに簡単にそのキャラクターの役割を演じるよう求めるかもしれない。こうして治療者は，その状況におけるクライエントの役割に簡単に入り込むことができるのである。

　a．**第1原理：エナクトメントに長い準備的な議論は不必要**　4つの原理が重要である。第1に，エナクトメントや配役の進むべき道については，長い準備的な議論はなされるべきでない。治療者はエナクトメントを提案したらほぼ即座に，2つの役割の一方または他方に入り込むべきである。彼は主導権（イニシアティブ）をとり，素晴らしく積極的になり，クライエントの言うことには，どんなことに対しても非常に応答的になる。クライエントもみずからに与えられた役割を演じているかのように応答する。治療者は攻撃的ではあるが，敵対的ではない。治療者は，その出来事やエナクトメントについての「知性化された」議論にみずから巻き込まれるのを許してしまうと，すべての時間を無駄に費やすことになりやすい。このルールは「それについては**話**をするな。**行動せよ**」であるはずだ。もちろん，治療者はふつうこのエナクトメントを言語の交換に限定する。この出来事に殴り合いが含まれる場合には，治療者は自然に言語的に描かれる要素のみをエナクトメントのために選び出す。

　b．**第2原理：エナクトメントは手短に**　第2の従うべき原理は，エナクトメントは手短にすることである。エナクトメントの目的は複雑で込み入った「自己洞察」を開発し，文書化することではない。それよりもむしろ，経験の想起を統治するコンストラクトを，クライエントが精緻化するのを助けることである。エナクトメントは他の目的のためにも使われうるが，ここでは，われわれは治療中に生じる材料の精緻化にこれを使うことに関心を抱いている。ふつうエナクトメントが使われる初回面接の場合には，実際にエナクトメントに費やされる時間はすべて合わせても10分以下であろう。1節（パッセージ）は1分以上は続かないが，それでもなお非常に有効かもしれない。この目的は多くの細部を引き出すことではなく，むしろ，クライエントにその出来事を現実の出来事として自発的に処理させることであり，治療セッション中に議論するための単なる1トピックとしてではない。ごくわずかの瞬間でも，クライエントが再びその出来事に関与しているかのように感じて活動することができるなら，彼は治療

セッションの文脈のなかで何か——これはそうでなかった場合に比べると，より現実的に処理できる——を生産したことになるだろう。簡単にいえば，われわれの論点は，クライエントがみずからのエナクトメントを，治療者，治療室，および治療時間によって束縛される現実のフィールドに，常に閉じ込めておくことを許す代わりに，たとえ短いエナクトメントでも，これがクライエントの注意を，治療室の外にある現実に向けるのに役立つということである。

c．第3原理：役割の交換　第3の原理は役割を交換することである。治療者は柔軟性のない役割に配役されないことが大切である。またクライエントは，このエナクトメントを実験的手続きとして，そして彼の演じる役割をもつれから自己解放できるものとして見ることが重要である。彼は，自分が負け犬の役割を与えられ，この役割にとどまることが期待されている，と感じるべきではない。とりわけこのエナクトメントは，本物の**役割**関係の開始を導入するべきである。これによってわれわれは，他者がこの状況をどう解釈しているのかを，ある程度の理解をもって，このパートが演出されるべきだということを意味している。これらの要点はすべてが，役割の交換によって果たされる。ある瞬間の治療者は1つのキャラクターを表現していると見られる。が，次の瞬間には，別のすなわちクライエント自身のキャラクターを，共感的に描写していると見なされる。「あー，この治療者は共感的で多様に変化できる。ここでこの人と一緒なら，この部屋は，私の人生のややこしい社会的関係を実験するための，設備のよい実験室になりうる。もちろん，とにかく私があえて実験してみれば，という条件付きではあるが」。

クライエントは自分もまた多様に変化できることを発見する。彼はあるパートにも別のパートにも永遠に役割を固定されているわけではない。彼はどちらのパートも演じる。しかし最も重要な経験は，第2のパートを演じるときにやってくる。ここで彼は，自分が今までに演じてきたのとは反対のキャラクターを演じていることを，突如発見する。今や彼はこのキャラクターがこの状況をどう解釈していなければならないのかを少しだけ知り，その解釈が何なのかに自己を順応させることができる。クライエントがわれわれの定義した役割をエナクトし始める可能性のあるのは，この時点においてである。彼は今や，自分は生命のない恐ろしい機械に対抗して演じているのではなく，思慮があり明敏な人——一瞬前には彼はこの人の目を通して外の世界をのぞいていた——と対面しているのだということに気づくのである。

d．第4原理：戯画的描写の回避　第4の原理は，治療者はクライエントを戯画的に描かないように警戒すべきだということである。治療者の中には，治療は，他者がクライエントを見るように——あるいはもっと特定するなら治療者が彼を見るように——，クライエントに自分自身を見させることに存すると考えるものがいる。幸い，多くのクライエントは，これをみずからの解釈システムに順応させることができるま

では，このタイプの治療者の「洞察」には抵抗する。役割演技状況においては，洞察を待ちきれない，または敵対的な治療者は，クライエントを道化師や悪ガキのように描こうとするみずからの衝動を抑制できないかもしれない。このような治療者側の誤りは，治療室の領域のなかで，クライエントの注意をその出来事から分岐させて，彼のあらゆる資源を絶望的な自己防衛に動員させやすいことは言うまでもない。深い敵意をもつクライエントがあるエナクトメントに参加するのが困難であるのと同じように，潜在的に敵意をもつ治療者が自分のバージョンのクライエントの描写を試みるのも，おぼつかなくも危険である。

　クライエントが最初にエナクトメントによる精緻化をするために行なう出来事の選択には，いくらかの注意を必要とする。ふつうそれはクライエントが不安に巻き込まれるような出来事であってはならない。比較的無害な何かが，初期のエナクトメントの基礎としてははるかに役に立つ。エナクトメントは強力な医術である。それはまったく不意にクライエントを対人的な現実に直面させうるので，クライエントにはそれらの現実を扱うことができないのだ。不安状況を扱うのは，クライエントがエナクトメントを構造化するのに必要な才覚をもつことを治療者が知らされた後で行なうのがよりよいのだ。

第20章

Loosening and tightening
弛緩と緊縮

本章では，われわれの最も重要な関係軸（reference axes），すなわち弛緩 対 緊縮の解釈軸に沿って，クライエントを動かす試みを扱う。

A 弛 緩

1 弛緩した解釈の問題

　この前の2章では，われわれは精緻化の手続きについて考えてきた。ここでは談話の今ひとつのレベルに方向を転換して，心理療法家が直面せざるをえない最もデリケートな問題の1つ——構造的な弛緩については何をなすべきか——に関心を向けることにしよう。パーソナル・コンストラクトとその上位‐下位関係を明るみに出す方法について話をする代わりに，今度はそれらの最も重要な抽象的特徴の1つの変化を近しく見てみよう。これらの変化の診断準拠軸（diagnostic reference axis）は，**弛緩 対 緊縮**（loosening vs. tightening）である。この臨床家のコンストラクトの定義は第1巻で展開された。その単純な文字による言明は，本巻の初めにも再述されている。このコンストラクトを障害のあるケースにおける準拠軸として使用することは，本巻の「解釈の障害」と「移行の障害」の章で論じられている。

　クライエントの訴えとその解釈システムの部分の精緻化に続いて，**弛緩 対 緊縮**の軸は，治療者がクライエントを動かそうとする，最初の重要な路線になりそうである。弛緩は，多様な予測へと導くコンストラクトの特徴だと定義される。これに対して緊縮コンストラクトは，この要素を指定された文脈内にしっかりと保持する。弛緩した解釈のもとでは，ある機会にあるコンストラクトの一方の極に分類された要素は，別の機会にはその対照の極にあると見なされる。したがって，弛緩したコンストラクトは伸縮傾向があり，これ自体はこの要素と希薄な関係しかもたない。しかしなおこれは，クライエントのシステム内でパーソナル・コンストラクトとしての同一性を維持している。

　弛緩した考えをすると，どういう感じがするのだろうか？　夢のなかでは，人は弛

緩した思考をする。ここでは影のような姿が，小さな均衡を失うことなく，大きく浮かび上がってくる。これらの姿は黒いが白い。それらは交互に不気味と快適になる。この状態は，この夢を見る人が，緊縮思考をする治療者に対して，とにかくそれらについて何をいうのも一切あきらめるまで続く。弛緩して考えるとは？　人は，人々や物事を日常的に評価する際に，意に反しても，これをやっている。今日の喜びは，明日の悲しみ，昨日の後悔である。この瞬間の失敗は一生涯の成功である。そして静止したものの不動性は，われわれがつま先をぶつけるときにはいつでも，頑固な非妥協性へと変っていく。それにもかかわらず，揺れ動く解釈は実質的に同じ状態を維持している。喜びはやはり悲しみと対比され，失敗は成功を妨げ，不動性は頑固さを排除する。これらが適正な配置を維持するようにデザインされているということは，これらがそれらの事物と不安定な関係をもつということにすぎない。

　弛緩した解釈は，白日の幻想に公然と没入するものであっても，薄い眠りのカーテンに隠れてひそかに求愛するものであっても，厳しい現実に直面したとき，クライエントに一種の弾力性を与えてくれる。彼は自己の非一貫性をまったく把握せずに，おのれの事実をその場しのぎの方法で再調整する。彼は，自分の解釈が緊縮していたとしたら，その解釈はそれに向けられた要求によってすぐさま打ち砕かれただろうと感じている。このような破壊をもって，不安はやってきたはずだ。この弛緩は，彼には抵抗できない世界に対して，ずる賢く防衛する方法を提供してくれるのだ。

　しかし，弛緩は創造的思考には必須の段階である。このような思考には不可避のサイクルがあって，それは弛緩した解釈から出発するが，十分に緊縮した検証可能な何かに一巡して戻ってくる。このサイクルの初めに弛緩して適用された解釈は，その要素が無秩序になっているとわかった瞬間に，破棄されねばならないわけではない。その文脈内での事実の再調整がなされれば，そのこと自体が2回目の検証のチャンスになる。それにもかかわらず，この創造性のサイクルは，このアイデアがはっきりした形をとり，その構造の頑丈さが現実のイベントの押し寄せる奔流のなかでテストされるまでは，けっして完結したことにはならない。われわれの多くにとっての悲劇は，われわれがこのサイクルの半分しか遂行できないこと，すなわち時には一方の半分，時には他方の半分だけだということである。ある人がイメージできるものは，テストすることができない。これに対してもう一人は人生を通して，他者がイメージしたもののみを試しながら，人生を送っていく。

　弛緩した思考はまた，後にやってくる創造的思考のための舞台設定をする。この弛緩は，長く自明だとされてきた事実を，その硬直した概念的な係留から解放する。こうしていったん解放されると，それらは，今までは疑われもしなかった新しい局面のなかで見られるかもしれない。そして創造性のサイクルが進行させられうるのだ。

　これは，長く「深い」面接シリーズの初めに治療者が弛緩を推奨するとき，治療者

の企てる一種の予備的な舞台設定である。クライエントにとっては，新しいパーソナル・コンストラクトが創造されることになる。このコンストラクトはクライエントの世界を完全に新しい視界のなかに投入することになるだろう。彼はこの必要なサイクルを完了できるのだろうか？　あるいは彼の思考は，いったん弛緩されるとその道にとどまって，新しいコンストラクトは常に手の届かぬところにあって，テストするにはあまりにもとらえがたいのであろうか？　これは治療者が常に直面しなければならないデリケートな問題である。

2 ┃ 治療者による弛緩した解釈の知覚

弛緩は多様な予測に導くコンストラクトの特徴である。たとえこのコンストラクトが同種の抽象化の上に基礎づけられ続けているとしても，なにものも定位置にしっかりとどまることはない。部外者にとっては，クライエントの弛緩した解釈は，不適切，雑多な断片，混交などの，常に推移していく集積のように見える。疑うまでもなく，ブロイラー（Bleuler）がその思考の弛緩によって特徴づけられる障害者の大きなグループに，統合失調症（断片化した心）という用語を示唆するに至ったのは，この特徴であった。

われわれの視点からは，弛緩した解釈は構造の欠如と同じだと考えてはならない。われわれはパーソナル・コンストラクト心理学の立場に立っているので，ある観察者がクライエントの弛緩した思考と並行する解釈を定式化できないとわかることは十分ありうる。この観察者はしたがって，このクライエントと並行する構造はもっていない。しかしこのことは，この弛緩した思考をするクライエントがみずからの構造を持たないという意味ではない。

構造の喪失はわれわれが不安と呼んできたものである。この場合には，不安なのは治療者のようである。治療者は，クライエントの多様なイベントの配列を追いかけようと試みるとき，そこには単純に何の組織もないことをますます確信するようになりうる。自分自身の不安にとらわれるのを避けるために，彼は治療関係から身を引きさえするかもしれない。実際，非常に多くの治療者が過去何年も統合失調症のクライエントから身を引いてきた。

もう1つのケースでは，治療者には弛緩して見えるものが，クライエントには実際に緊縮した不変の解釈がなされている可能性が十分にありうる。ここでは，クライエントの思考と平行させるために，弛緩した解釈を強制的に使わせられているのは，治療者のほうなのだ。しかしながら，クライエント自身の思考はなおも比較的緊縮したままなのかもしれない。治療者がクライエントをよりよく理解するようになればその後には，クライエントの解釈が実際にどれほど規則的になるのかを治療者は知覚できるかもしれない。

反対の状況もある。治療者の解釈または「洞察」は，治療者には緊縮して描かれ，完全に校正されているように見えるのだが，これらのフォローを試みるクライエントにとっては，弛緩しているが完全に無構造であるか，いずれかに見えるかもしれない。たいがいの治療者は，クライエントのために非常にきちんと緊縮したコンストラクトを描きあげたのに，クライエントがこれらの小さな智慧の宝石を実践に移そうと試みたとき，結果的にすべてが混乱にしかならなかったときを思い出すことができる。クライエントが治療者のコンストラクトを自分自身の弛緩した解釈と平行させてみた場合には，彼は多様な方法で行動したものだった。クライエントが治療者の解釈を平行させようと試みるが，それをするのに適した構造をまったくもっていない場合には，彼は非常に不安になって，水面の上に顔を出すために古い構造を熱狂的に捕まえようとする以外には，まったく何も試みられなくなるだろう。

反対状況にはもう1つのタイプがある。緊縮した解釈を用いることに慣れているクライエントに，治療者が弛緩した思考を押しつけると仮定しよう。これは，治療プログラムの初期の部分では共通の段階なので，ここから生じる困難もまた共通である。クライエントの治療者への最初の反応は，一種の苛立ちかもしれない。後に，彼が治療者の弛緩した解釈と平行させようと試みるとき，彼は自分が慣れ親しんできた支援構造は取って代わられつつあると感じるかもしれない。したがって彼は，非常に不安になって，面接が続けられなくなるかもしれない。

弛緩したコンストラクトは，その人の心理的な生活において重要な機能を果たす。(1)このコンストラクトの文脈における要素の交代は，解釈システムにおける初期の動きを代表する。その結果，新しい経験が生み出され，新しい反応がその人の連想から引き出される。(2)この交代は，いくつかの要素がその人の注目の場に入ってくるのを許す。これは，そうでなければ，論理的に緊縮した解釈によってしっかりと除外されていたかもしれない。(3)弛緩は，このコンストラクトの利便性の範囲のいくらかの拡張を容認する。(4)時にこの弛緩は，このコンストラクトを新しい経験により浸透しやすくさせる傾向がある。

心理療法においては，弛緩はまた，いくらかの特別な目的に役立つ。(5)これは，そうでなければ考えようとしなかったはずのイベントを，クライエントに思い出させる一方法である。(6)これは彼にいくつかのアイデアをシャッフルして，新しい結合にもっていく一方法である。(7)弛緩を激励することによって，治療者は時にクライエントから前言語的コンストラクトの近似的な言語表現を引き出すことができる。(8)最後に弛緩は，先取り的コンストラクトの袋小路からクライエントを解放するのを，援助するかもしれない。クライエントが先取り的コンストラクトを弛緩して適用するときには，その文脈を移動させれば，他のコンストラクトも適用できる新要素をこのコンストラクトに受け入れられるようになることを発見するかもしれない。これらの機能のすべ

ては，治療が導入を求める再解釈への準備になりうる。これらは新しい軸にそった解釈の最終的な緊縮を求めて，より自発的な精緻化を求めて，そして実験法を求めて，パーソナル・コンストラクトの軸の回転のための段階を設定するのかもしれない。

3 筋弛緩による弛緩の産出

心理療法で弛緩（loosening）が産出される主要な方法は4つある。すなわち，(1)筋弛緩法（relaxation），(2)連鎖的な連想（association），(3)夢についての語り（recounting），(4)治療者によるクライエントの無批判的な受容（uncritical acceptance）によるものである。その技法には常に多くの弛緩を含んでいる精神分析は，カウチと，部屋から注意を転導させるものを取り除くことによって，リラクセーションを促進する。人は身体的リラクセーションを生み出す体系的方法——たとえばジェイコブソン（Jacobson）によって推奨される「漸進的筋弛緩法（progressive relaxation）」——を使うかもしれない。クライエントがリラックスしている間に産出される材料は，より弛緩しているようである。そしてこの構造はより弾力的なので，打ち砕かれて不安になる傾向はより少ないようである。また，治療者のリラックスした態度によって，クライエントもより弛緩した解釈を採ることができやすくなるかもしれない。

治療者は今までの一連のセッションのおのおので，クライエントにリラックス法を教えるのにいくらかの時間を費やすかもしれない。この時期には彼は，クライエントが生み出す材料の弛緩よりも，解釈を弛緩するための舞台設定をすることに，より関心を持つかもしれない。これはクライエントの問題を扱う前に，マスターされていなければならない技能なのだと，彼は説明するかもしれない。クライエントは自己の筋肉とともに，「自己の思考」と声をリラックスするよう促されるのかもしれない。

4 連鎖的な連想

ルーズニングを生じる第2の方法は，連鎖的な連想である。精神分析もまたこの手続きを利用する。一時期に比べると，これはそれほど強調されなくはなってきているが。クライエントは，心に思い浮かんだことは何でも言うようにと単純に指示される。これは「精神分析の第1法則」と呼ばれることがある。

クライエントは心に浮かんだことは**すべて**言わねばならないと，しばしばいわれる。これはもちろん不合理である。束の間に消え去る思考やイメージのすべてを熱く追跡しながら，舌をバタバタさせ続けるのは，実質的に不可能である。ふつう治療者がしなければならないのは，クライエントの心に何が進行しているのかについて，クライエントに強制的に説明をさせることであって，どの細部が他よりも重要なのかを公式に決定しようと試みることではない。

a．見かけの無関連性 時に治療者は，クライエントが連鎖的連想課題の弱みに付

け込んで,「無関連」の煙幕を張ることに,悩まされることがある。治療者はしかし,クライエントの動機づけの判断を急ぎすぎているのかもしれない。第1に,一連の「無関連 (irrelevancies)」とも見えるものは,治療者が受容的な態度を維持していれば,急に知覚可能なパターンになり始めるかもしれない。第2に,このクライエントはみずからの弛緩した概念化を行動化しているのかもしれない。そうであるなら,治療者は,クライエントの言葉の文字どおりの**意味**よりも,クライエントが治療状況を操作する**方法**のほうに,もっと注意を向ける必要がある。すでに示したように,われわれは,いくらかの分析家のように,行動化のようなぼんやりした見解はとらない。第3に,クライエントの解釈はすでに弛緩されすぎており,精神分析の手持ちの弛緩手続きではかえって病的条件を悪化させる可能性のあることを,人は心にとどめておかねばならない。

最後に,この「無関連」は,もしこれらが実際に選択的に選ばれたのなら,その沈潜した端への目をもって吟味することができる。コンストラクトは本質的に両端をもつものだと見ることの1つの長所は,治療者がクライエントのコンストラクトの顕在内容にとどまる必要はなく,対照的なパターンを探すことによって,非常に多くのことを見いだせるという事実である。治療者は「さて,クライエントの思考法では,彼が言ったりしたりしていることへの対照的な位置に立つのは何なのか?」と自問することができる。時には,この種の質問はクライエントに対して直接することもできる。また時には,この対照はレプテストのプロトコルからも推測することができる。

b. **報告されない連想** 時にクライエントは治療状況を先取り的に解釈するので,治療者の前で自己の考えを声高に話している自分を想像できないことがある。人はそうすることを好まないものだが,クライエントの臆病さに対してはいくらかの譲歩が必要になることがある。そこでクライエントには,しばらく話をせずに心をさまよわせておいて,それから自分が何について考えていたのかを,振り返ってみるようにということもある。これがなされるときには,弛緩した精緻化の言語的自発性は犠牲にされるが,クライエントの思考が弛緩される可能性はより大きくなるだろう。

c. **最初のポイント** 時には治療者が連鎖する連想の出発点を選択することがある。クライエントは治療の初期段階では,他の何よりも解釈を弛緩する方法を学習する。治療者は「空」「もの」「すべて」等々の比較的無害な言葉から,この連鎖を開始しうる。文章完成テストの軸語も使いうる。また絵や窓越しに聞こえてくる街の騒音も。クライエントは心をさまよわせるよう励まされることができ,また,時どきは最初の出発点に連れ戻されることもできる。時には,クライエントに連想を引き返してみるようにたのめば,それは連想の連鎖がどのように進むのかについてのアイデアを得る助けにもなる。

d. **最初のポイントから離れていく連想** 前言語的な材料を扱うのに有益な手続き

の1つは，クライエントに最初のポイントを与えて，そこから**離れていく連想**をするように指示することである。すなわち，彼は指示されたことについて短時間考えて，それから，そのポイントから離れるように心をさまよわせ始めなければならない。さて，経験のある治療者なら誰でも知っているように，クライエントが実際に重要な問題を捨て去るのは困難である。彼はそれを避けて通るかもしれないが，この回避そのものがその輪郭線をたどることになりやすいのだ。彼は対照的に扱うかもしれないが，これらはしばしばクライエントの使っているコンストラクトの沈潜した端の本質を示している。彼は予期しない材料を扱うかもしれない。が，この材料は彼が最初に直面した問題に漸近的に近づいていくのがふつうである。**離れていく連想**は，したがって，彼がある問題から離れていくという印象をもちうるとしても，実際には非常に遠く離れたところにクライエントを連れていくわけではない。

　　e．連鎖的連想における緊縮した解釈の崩壊　時に治療者は，緊縮して描かれた談話を積極的に崩壊させる段階へと踏み出さねばならないことを発見するかもしれない。彼はたとえば次のようなコメントを使わざるを得ないかもしれない。「しかしこれはすべて，あなたにはどう**感じられる**のでしょうか？　それは何を思い起こさせてくれますか？　このすべては何にぼんやりと似ているのでしょうか？　これはあなたが以前に話してくれたり経験したりした何かに似ていて，しかもなお，はっきりとは指摘できないと感じていますか？　あなたは事実について話してくれています——今度は事実については扱わないことにしましょう。より深い意味，圧力，奥に秘められた不安，曖昧な心配，あこがれ，言葉にしがたいアイデアを扱うことにしましょう」。

　　f．重要なものの回避　治療者がクライエントに，「重要」なことは一切言おうとしないように警告すると，よりよい結果の得られることが時どきある。クライエントが「重要」だと考えるものから遠ざかるようにしていると，彼は何か弛緩した思考を示すかもしれない。彼の生み出すものは完全に無計画ではなさそうであり，彼の重要なものを回避しようとする試みそのものは，その対照の極^{コントラスト}を示すとともに，その基礎にある彼の弛緩した前言語的コンストラクト・システムを活動させるようになるだろうと，われわれは安全に仮定できる。これはたぶん，治療者が自分の耳に快く響くことを望むテーマなのであろう。

5 ｜ 夢の報告

　解釈の過程を弛緩させる第3の技法は，夢の報告を求めることである。夢は人が言語化できる最も弛緩した解釈にほぼ相当する。時にこの解釈は非常に弛緩していて前言語的でもあるので，クライエントはこれをまったくうまくまとめられないことがある。夢は語りのコースを変化させるようである。夢の終わりには，夢の最初の部分が別の生じ方をしたはずだと見えるときもある。この文脈の推移は弛緩の特徴であり，

治療者が，その夢が**本当のところ何だったのか**を見いだすために，クライエントをピンでとめて調べ続ける場合には，このポイントを見失ってしまうことになる。

　たとえば，あるクライエントは大きな船に乗っている夢を見る。そこには音楽がありダンスもある。彼はデッキに出る。彼は今乗船したばかりなのだ。それは漁船である。そこで彼が見渡したのは音楽でもダンスでもなかった。この順序においては，クライエントの解釈は弛緩し，移行していく。事態がこの夢の初めでとどまっているときには，音楽とダンスがある。この夢の終わりの視点から見ると，音楽もダンスもなかった。この夢を見る人が音楽とダンスを夢見たかどうかを，治療者が正確に発見しようと決意した場合には，彼の答えはイエスであり，**かつ**ノーである。夢の初めの部分の立場では，このクライエントは音楽とダンスの夢を見た。この夢の終わりの立場では彼は見なかった。これが不合理に見える場合には，われわれは弛緩した解釈を扱っているのだということを，憶えておくべきである。いくらかの治療者は，このような夢を，シークエンスから報告されたものとして，あるいは大量の複雑な夢の材料の凝縮されたものとして，解釈したかもしれない。しかしわれわれの視点からは，それは，単純に弛緩した解釈と見なして，それにその緩い結合を与えるコンストラクトを精緻化し研究を進めていくだけで，通常は十分である。

　いくらかの治療プログラムで夢を取り扱うのが望ましいとされるのは，夢の何についてなのかであることを，心にとどめておくことが大切である。パーソナル・コンストラクト心理学の立場からは，われわれの主要な関心事となるのは，実体としての夢，あるいは伝記的なイベントとしての夢ではない。われわれは夢が表象する弛緩したコンストラクトに，より関心をもっている。クライエントが夢を報告するとき，われわれが関心をもつのは，彼が何の夢を見たかということよりも，その報告をするとき彼には何が生じているのかである。彼の夢を報告する行為は，彼の弛緩した解釈を喚起する。それが，われわれが見たいものなのだ。われわれがクライエントに夢を詳しく語るように求めるときには，われわれは面接時間中にクライエントが弛緩した解釈をするように望んでいるという意味である。時に彼は，夢についてはほとんど何も思い出せないように見えることがある。それでも，われわれが達成を望むものは，達成されるのだ。われわれは，われわれが今までに扱ったことのない，いくつかの弛緩した解釈を，彼が喚起することを望んでいる。彼は「思い出せない夢」について論じる過程で，まさにそれをなすかもしれないのだ。われわれは，今までに彼が痛ましいほど緊縮してきたコンストラクトを弛緩することを，彼に望んだ。彼はそうするかもしれない。クライエントには夢のどんな内容もまったく言語化することができなくても，時にわれわれは，彼の夢を思い出そうとする試みから，われわれの望むものを得ることがある。

　a．夢の内容の等価物　これに関連して，クライエントの解釈を弛緩させるのに使

える援助技法がある。たとえばクライエントが「私は昨晩夢を見たと思うのですが，それが何の夢だったのか，かすかな手がかりさえありません」というかもしれない。その内容を取り出すための通常の技法のいくつかを試みても，たとえばそれは幸せな夢だったのか悲しい夢だったのか，そこには人々が登場していたような気がするか否か，クライエントはその夢の一部になっていたのかどうか，等々と尋ねてみても，何の結果も得られなかった場合，その後で治療者は単純にこういうかもしれない。「夢については心配しないでおきましょう。今はただリラックスして，ちょっとの間その夢について考えましょう。それから，あなたの心をさまよわせてみましょう。しばらくしたら，あなたは何について考えているのか，私に話しを始められるようになります」 この内容がこんなふうには一度も言及されなかったとしても，時にはこの手続きは，この夢の本質的な意味が何でなければならなかったのかを明らかにしてくれそうに思われる。

　b．**夢の内容を精緻化する際のテンポ**　夢の内容を精緻化するためには，ほとんど常に面接のテンポを遅くする必要がある。弛緩は準拠枠のわずかな移動（shifting）だと考えられるかもしれない。話の比率と，クライエントと治療者との間の相互作用は，この移動の生起を可能にするのに十分にゆっくりしたテンポでなければならない。重度の障害を持つ「統合失調傾向」の患者は治療者との素早いやり取りのなかで，みずからの弛緩した思考を示しうるのかもしれない。が，弛緩した解釈がそれほど容易には手に入らないクライエントが，質問に対してただちに回答するよう強制される場合には，みずからの思考を緊縮させるか，あるいはまったく新しいコンストラクトを導入するかのいずれかの傾向を示すだろう。治療者がクライエントに「統合失調症的」──すなわち弛緩した解釈をする──ふるまいを望む場合には，彼はふつうゆっくりしなければならないだろう。

　しかし，治療者との素早いやり取りに参加し，同時に「観念奔逸」を生じる「躁病」クライエントの能力については，いかがであろうか？　これは，速いテンポとすぐに連合する弛緩の一形式ではないのだろうか？　われわれはそうは考えない。臨床的にはこれは，弛緩した解釈の問題というよりも，コンストラクトからコンストラクトへと跳びはねていく問題のように，われわれには思われる。躁病者の知的過程は弾力性があるというよりも万華鏡的である。彼はまた特徴的に，治療者にはついていきにくい解釈の膨張（dilation）を示す。このクライエントの思考に歩調を合わせようとする治療者は，みずから弛緩した解釈にたよらざるを得なくなるかもしれない。しかし，「躁病」の思考は「統合失調的」思考がそうだという意味では弛緩（loose）していないように，われわれには思われる。

　c．**暗　示**　夢を多く利用する治療者は，そのほとんどすべてが，クライエントに夢の材料を出させるために，暗示の使用にたよるときがあるだろう。この技法はすべ

てのクライエントにうまく作用するわけではなさそうである。暗示を使うときには，人はこの手続きの目的について何がしか考えてみなければならない。われわれの視点では，この目的は，新しい種類の内容を生み出すというよりもむしろ，面接室内で弛緩した解釈を生みだすことである。もちろん，この２つはともに進んでいく傾向がある。弛緩した構造は新しい内容に扉を開く傾向がある。新しい内容はしばしば新しいタイプの解釈を求める。それにもかかわらず長い目で見れば，適応水準を決めるのは，新しい経験を処理するのに使う解釈であり，クライエントの過去の出来事のはだかの記録ではない。治療者がクライエントに夢を見させたり，夢を思い出させたりする段階に踏み出すときには，彼は生み出され弛緩された解釈によって，みずからの努力の成功を判断しなければならない。次回の面接では，クライエントが自分は夢を見なかったと主張しても，治療者の望むものは生み出されているかもしれない。逆に，クライエントは夢あるいは一連の夢を報告しても，このように緊縮した解釈のされ方では，治療的な価値はほとんど達成されえないかもしれない。

　　d．標準的アプローチ　治療者は，クライエントの捉えどころのない夢の精緻化を助けるために，ある程度標準化されたアプローチを使うかもしれない。それは幸せな夢だったか，悪い夢だったか？　それは単純か複雑か？　多くの人がいたか？　誰が主役であるように見えたか？　その場面設定が変化するように見える区切り点（breakpoints）は，どこにあったか？　「ほかに**何か**これに**似た**どんな夢や経験を，あなたは持ったことがありますか？」とたずねることによって，治療者は**何か似たもの**（something like）アプローチを使うかもしれない。あるいは，「今はほかにどんな夢が思い浮かびますか？」というかもしれない。他の方法ではすべて失敗したときに作用しうるもう１つのアプローチは，治療のこの段階で夢見られてきたようないくつかの問題を提起するケースの理解を用いることである。時にはこのことが，同じセッションの後の方で，クライエントの夢の想起へと導くことがある。また時には，どんなイベントにおいても，このような夢の報告に続いて生じうる，この種の表出へと導くこともある。

　　夢の筋書きは，クライエントの概念的枠組みの緊縮した表現ではなさそうだということを，常に心に持っておくことが重要である。クライエントの概念的枠組みが生み出すのは，先行要因と結果要因の「気分」や「感情場面」を与えることになりやすい。緊縮したコンストラクトによって，クライエントに夢の表現を強制しようと試みるのは間違いである。夢を引き出す主要な目的は，弛緩したコンストラクトを治療的やり取りのなかに持ち込むことである——したがって，これらのコンストラクトは産出されるとすぐに拒否するべきではない。

6 │ 夢の「解釈」

　いくらかの治療者は夢が報告されたら，できるだけ早く夢を「解釈」することを好む。これらの解釈はしばしば異なる夢の要素の象徴表現の説明という形をとる。われわれの視点からすると，これは通常治療者がみずからのコンストラクト・システムをクライエントに押しつける試みである。治療者は，クライエントにとって前言語的に解釈されてきた材料を取り扱うので，いくつかの具体名詞を抽象的あるいは象徴的な方法で用いるなら，よりよく伝達できると感じる。彼はクライエントに，夢の1要素は明らかに性器の象徴であり，もう1つは近親相姦的衝動の表現である等々と，いうかもしれない。これらの用語は治療者にとって**象徴的**価値をもつので，これらはクライエントにとっても象徴的価値をもつ，あるいはもつようになるはずだと，治療者は仮定する。心理学的に訓練された治療者は，精神医学の訓練しか受けていない治療者に比べると，象徴名の選択という偶発的な性質を意識せざるを得なくなるが，このように行われる治療は，しばしば成功する。

　a．「解釈」のタイミング　治療者が夢の解釈は夢が報告されたらただちになされるべきだと主張する場合には，彼はクライエントの夢の報告を完全にさえぎってしまうかもしれない。この説明は，この夢に加えられた解釈を緊縮するのに役立つ。そして，本当に弛緩した夢見に対する自由度を減少させるかもしれない。われわれの見解では，治療者は，クライエントがいくらかでも緊縮方向に動きたがっていると確信するまでは，夢にいかなる解釈を加えようとする試みにも導かないだろう。われわれの見解はまた，その解釈の際には伝統的な象徴表現の主張には導かない。緊縮はしばしば，クライエント自身の経験と語彙から抽出される用語によって，よりよく表現されるものなのである。

　たとえばあるクライエントは，一般にみずからの人生では脅威要素となることを「見いだした」「受動性」を精緻化するに際して，夜間侵入者が彼女のアパートに押し入る準備をしている間に，彼女自身は何もせずにベッドに横たわっていたという経験によって，まずこれを提示した。この経験は彼女によって，夢のように弛緩した解釈がなされた。彼女はそれがほとんど夢のようだったといった。別の人がこの侵入者を見て，近しく追跡したという事実は，たとえそれが，夢を報告する際に人が追求するタイプの何か弛緩した解釈を前面に持ち出したとしても，この経験が夢ではなかったという明瞭なエビデンスを提供してくれたことになる。さらにいえばこの経験は，何らかの重要な記憶材料とともに，何らかの重要な夢の材料を誘発するのにも役立つことを示している。

　人はもちろん，このクライエントの父親への近親相姦的願望と恐怖とによる，彼女の弛緩したコンストラクトを，象徴化しているのかもしれない。しかしわれわれの視

点からは，それらは「夜間侵入者の感じ」として，より適切に象徴化できるように思われる。もちろんこのようなケースでは，治療者は，この「夜間侵入者の感じ」が，幼児期初期の思考のいくらかと，今までに言語化されていないコンストラクトのいくつか——これがクライエントの突飛で両価的な行動を支配してきた——とともに包摂する可能性に，警戒し続けなければならないだろう。実際これは，この特定のケースでは，事実であることが証明された。このクライエントはこの特定のコンストラクトの対照的な両極間を前後に滑ってきたのであった。

b．「贈り物」の夢　時に，治療者の解釈になじんできたクライエントは，規則的な夢の流れを生じ始めるだろう。これらは治療者が望んでいるように見えるものの贈り物として，報告される。この夢が治療者の解釈枠組みのステレオタイプに追随し始める場合には，進歩はほとんど生じていないことが合理的に確信できるだろう。治療者に，みずから命名し言語的操作をするのを助けられたクライエントは，この幼児的なコンストラクトを，みずから楽しんでいるのである。これはおそらく，治療室の外で，そしてより実際的な要素によってなされる，実験的検証と確証のための時期なのである。

c．夢の記録　われわれはクライエントに，目覚めたらすぐ夢を書き留めておくよう求めていることを述べた。これは，弛緩した解釈を治療室内に持ち込ませる比較的極端な方法ではあるが，時には有効でありうる。約20年前に筆者は，一連の苦難に適応しながら目覚ましい仕事をしてきた中年の職業婦人を，クライエントとして受理した。彼女は20代の初めに不慮の事故によって夫を亡くし，未亡人になっていた，彼女は家を失い，その他の経済的困難に苦しんだが，みずから職業的訓練を受けて，息子にも同じような教育の機会を与えた。彼女は情動的な「アップダウン」はほとんどなしに問題を処理できたが，自分はいつも「少し標準以下だ」と感じていたという訴えをもって，やってきた。彼女はまた，自分は旅行に出かけたり新しい企画に参加したりする前になると，しばしば不安になると報告した。

このクライエントにとって，面接室で自発的に反応することや，より弛緩した解釈を表明することは，非常に困難であった。われわれは夢を求めた。彼女は，夢は見たことがないと報告した。われわれは暗示を試みた。彼女は，夢を見たのではないかという感じはもったことがあるが，思い出せるのはそれだけだったと述べた。最後にわれわれは，ベッドのそばにノートと鉛筆をおき，夜中に夢を見たらただちにそれを書き留める計画をするよう提案した。その後彼女は，目覚めたことは思い出したが，書き留められるようなことは何も思い出せなかった。そこでわれわれは，灯りをつけずにその夢を書くことを提案した。次の相談のとき，彼女は1枚のメモ用紙をもって来た。そこには，ごちゃまぜの文字にしか見えないものが少しだけ書かれていたが，彼女には自分が書いたという記憶はなかった。この書かれたものの理解は，彼女にはまっ

たくできなかったが，治療者には非常にはっきりしているように思われた。そこには「12歳の少女　結婚　37歳の男」という語句があった。

　次の面接では，この解釈の精緻化が部分的に取り扱われた。もちろん，彼女自身の12歳のときの人生が探索された。が，なにも浮かんでこなかった。そこで，彼女よりも25歳年上の男についての考えに向かうことにした。彼女の人生のどの時期でも彼女が知りえたはずの25歳上の男についてである。すると，長く「忘れられていた」物語が明らかになり始めた。彼女の母親は，彼女が4～5歳の時に，彼女と弟と父親を残して亡くなった。このことについては，われわれはすでに知っていた。父親は悲しみに強く打ちひしがれていたので，子どもたちに慰めを与えることもできなかった。彼は子どもたちから引きこもってしまったようである。ここで**クライエントより25歳年長**の母方の叔父が家に住み込み，母親の役割を引き受けてくれた。クライエントは，この叔父が自分たちの食事や衣服の世話をしてくれ，ベッドに連れて行って，楽しい物語を語ってくれたことを，思い出した。

　彼女の母親が亡くなって約2年後に，この叔父も亡くなった。彼は地域では「酒飲み」として知られていた。そこで，牧師は葬儀の説教の機会を利用して，教区の感受性の強い若者たちの利益のために，この叔父の死を実物教育に使うことに決めた。彼は長い説教で，この叔父が罪業の深さ，とくに飲酒によって地獄で裁きを受けるのだと，はっきりと鮮明に描写した。クライエントと弟は，母親の死後自分たちに親切にしてくれた唯一の人が地獄に追いやられたのだと知って，ショックを受けた。しばらくの間彼らは，叔父が死んで，地域の墓地に彼の墓穴を掘る計画があることを信じるのを拒否した。死はこの2人の子どもの間では日常的な話題になった。そして，2人のうちのどちらかが死んだ場合には，もう1人が墓に呼吸チューブを入れるという協定を結んだ。この経験を取り巻く弛緩したコンストラクトの精緻化と，クライエントが12歳のときに起こった経験のその後の想起は，治療プログラムの成功を実行する機会を提供してくれた。クライエントの混乱したコンストラクト・システムに最初に登録されたのは，実際には一度も報告されなかった夢だったのである。

7 ｜ 里程標の夢

　叙事詩の規模をもつ夢がいくつかある。われわれはこれらを**里程標の夢**（mile-post dreams）と呼ぶ。里程標の夢は生気にあふれており，多くの他の夢からの要素と，治療期間中に論じられてきた多くのものを含んでいる。その生気は，夢がその内容を構成する際の緊縮性の指標になっている。それでも，それらは夢の形で立ち現われる。ということは，この構造化が最初は弛緩していることを示している。他の夢から得られる材料の広がりは，その描写された解釈の包括性と，その可能な上位性を暗示している。われわれの経験は，われわれの理論的な立場とも相俟って，これらの夢がクラ

イエントの基礎的な解釈システムにおける変遷（transition）を印していることを，われわれに信じさせてくれるだろう。このような夢を報告した直後の面接中のクライエントの思考にも変遷があるようである。以下はわれわれの信念である。つまり治療者は，このような夢が報告されるときにはいつでも，治療の新しい段階に入る準備をするべきであり，大体はこのような夢に解釈の押しつけを企てるべきではないのである。

里程標の夢は，自発的に出現しようとしている新しい行動を伝えている。大量の敵意と収縮（constriction）を示し，無食欲症のような身体的訴えによってみずからのコンストラクトを演じたクライエントは，いくらかの治療的進歩を示し始めていた。彼女は家族のために食事の準備をしている夢をはっきり見た。それは，彼女と夫と息子が好むものであった。夢のなかで夫は，自分は「レースに出かける」と宣言した。これは，彼が茶番劇のショー_{バーレスク}を見に出かけることと婚外の冒険と連合した表現であった。そこで彼女は食事をすべて床にぶちまけた。このクライエントは主婦と母親の役割にかなりの困難を持っていた。ここには嘔吐と大量の敵意が存在した。攻撃性を適切に表現することが困難だったのだ。この夢はまた，彼女の解釈システムにおける多くの他の特徴も見事に表象していた。彼女はこの夢を，みずからの苦境のすべてを要約するものだと，自発的に解釈した。この面接に引き続いてすぐに彼女の行動パターンにはいくらかの変化が生じた。ただしこのケースでは，この治療計画のいくらかの管理上の複雑さによって，こうして得られたアドバンテージをうまく利用することができなかった。

8 │ 前言語的な夢

われわれは多くの夢が部分的には前言語的な材料を扱っていると解釈するが，特別に「前言語的な夢」と特徴づけうる夢がいくつかある。これらの夢は，曖昧さ，視覚的イメージ，夢のなかに会話がないこと，面接中のゆっくりした内容の展開，そして「夢というよりも空想」であったのかもしれないというクライエントの感覚によって特徴づけられる。このような夢は，使ってはきたが言葉にすることができなかった，いくらかの初期のコンストラクトの起源を示しているかもしれない。

著者の見たあるクライエントは——今その夢を記述したばかりのクライエントとは違うが——大量の受動的敵意といくらかの対人関係領域の収縮を示した。彼女は前言語的な夢を報告した。この報告は，かなりの弛緩が使われた治療時期に続いて行われた。この夢が報告された面接中には，彼女は筋弛緩_{リラックス}することが求められており，彼女がその夢について語っている時間中は，種々の弛緩技法_{ルーズニング}が採用された。彼女はとにかく自分が夢を見たのかどうかが確信できなかった。彼女はベビーベッドに寝かされていて，その部屋にいる男女各1人からは隔絶感をもつという，曖昧な感覚を感じていた。彼女とこの女性との間にはネットが張られているかのようであった。この女性

は美しく，彼女がまだ幼なかったときに強く引きつけられていた，ある叔母のように見えた。男のほうは叔父のようで，彼女が自分の人生において自分を受容してくれたと思える最初の人物として記憶していた。この場面で最も重要な特徴は，彼女が求めてきた，あるいは役割関係を見いだしていたこれらの人々から，自分を除名するように見えるネットが張られているように見えたことである。

　この夢は断片的に報告された。そしてクライエントは，そのうちのいくらかは，記憶，語り聞かされてきた物語，古い幻想，あるいは彼女が即興で作り上げたのかもしれない何かでありえたのではないかという感覚をもっていた。それははっきりと無価値と罪悪の感覚に結びついていた。実際，役割の喪失感がこの夢の主要な特徴であった。この夢は，このケースの他の特徴とも併せ考えると，このクライエントの罪悪感に深く根ざした前言語的性質を，治療者によって考慮されるべき重要な事実として成立させた。さらにそれは，クライエント自身の攻撃的な技法，すなわちみずからの社会から他の人々を除名する方法にも光明を投げかけた。この技法は彼女の主要な第二防衛線であり，彼女の採用した多くの収縮的方法の主な原因になった。1つの方法はたとえば，しばしばくり返してきた，自分は死んだと信じる幼児期の幻想である。子どものとき彼女は，しばしばベッドに横たわって，自分は死んだと安らかにイメージしていた。

　このような夢はしばしば他の夢とも結びつく。上記の前言語的な夢——われわれはこれを「夢」と呼ぶ。もちろんそれは，それが実際にあったのか否かを見いだすことが重要でないのと同様に，不可能でもあるが——をもったクライエントは，1年半くらい前に見たもう1つの夢を報告していた。これはくり返して見る，墓の底の棺桶に横たわっている女性の夢であった。この夢と幻想との織り交ぜられた関係は，あまりにも複雑なので，ここで詳細に語ることはできない。ここで報告したことは，おそらく，前言語的なタイプの夢におけるコンストラクトの作用を説明するには，十分であろう。

　a．夢における「抑圧された」材料　いくらかの治療者は「抑圧」に大きな関心をもっている。彼らは夢を「抑圧された」材料の上方の層とのコンタクトをもつ手段だと見る。われわれの理論的な立場では，「抑圧された」と想定されるものをそれほど重視するところにまでは進まなかった。われわれの関心は，クライエントがみずからの世界を構成するのに使っているコンストラクトのほうにある。いくつかの要素が記憶から脱落した場合には，クライエントはこれらの要素に意味をしみこませた構造を使うのを，単純にやめるというだけなのかもしれない。われわれはこれらの捨てられた要素を，クライエントの人生において潜在的に作動させる刺激だとは認めない。最初に示したように，われわれの理論は，刺激・反応型の心理学理論ではない。そうではないのでわれわれは，一瞬視野からこぼれ落ちた若干の記憶によって，必ずしも

うろたえさせられることはない。それはクライエントの人生における覆面の影響として持続する必要はないのだ。われわれは，かつて包容されたことのある，あるいは他のコンストラクトに包容されたことはあるが，以後ずっと作動しなくなっているすべての要素に関心をもつよりもむしろ，これらの作動するコンストラクトに関心をもっているのだ。

b．夢に表現される沈潜したコントラストの極　パーソナル・コンストラクト心理学者が「抑圧（repression）」や「抑制（suppression）」の形式に関心をもつときがいくらかある。これに関するわれわれの立場は，前言語的表現（preverbalism），沈潜（submergence），宙づり（suspension），認知的気づきのレベル（level of cognitive awareness）などの診断コンストラクトについての以前の議論とのつながりで説明した。われわれは弛緩した解釈をクライエントの治療プログラムに持ち込む手段として，夢報告（dream reporting）の技法について述べてきた。弛緩したコンストラクトはしばしば前言語的であり，その前言語的表現では，これらのコンストラクトは，語の結合（binding）と緊縮（tightening）には従いにくい。それゆえに，クライエントによって報告される夢は，やはり前言語的なコンストラクトに，しばしば照明を当てることになる。いくつかのわれわれの例が前言語的解釈に関連をもってきた。

時に夢は，人がみずからの1つのコンストラクト次元の反対の端で，自己描写できるようにすることがある。ここではこの夢は，コンストラクトの沈潜した端を洞察する効果をもつ。われわれは，このような洞察が，クライエントの人生の非常に新奇な再解釈のすべての指標になるとは考えないが，彼にはコントラスト行動について実験をする準備ができているという指標にはなるかもしれない。自分はあらゆる人を愛すると常に主張してきたクライエントが，自分がだれかと戦っている夢を見るかもしれない。これは，彼が以後の面接でみずからの愛のコンストラクトのコントラスト側を処理する準備が整ってきているという指標になるかもしれない。これはまた，いくらかの衝動行動の実験がもうすぐ出現しそうだということを示しているようでもある。賢明な治療者なら，この実験が不成功に終わらないように取り計らうために，ただちに一歩を踏み出すだろう。

夢の報告を技法として使う治療者は，夢の要素がしばしばその反対を表象しているように見えるという事実について，話をすることが時どきある。これについては驚くことは何もない。コンストラクトは2つの極を持っていて，人は夢において解釈を使用する。われわれはこの現象を単純に，夢が両端を入れ替えたコンストラクトを表象する問題として見ている。この夢はコンストラクトの沈潜した端を表象している。たいがいのケースでは，治療者はすでに，クライエントのコンストラクトの沈潜した端は何でなければならないかを推測しているだろう。

夢の報告は，宙づりにされた要素と従属的なコンストラクトを再活性化する方法で

もあるかもしれない。ふつうわれわれは過去の亡霊を好奇心をもって見るとしても，それを呼び出すことにはそれほど関心をもたないはずである。それにもかかわらず，クライエントのなかには自分たちの人生役割の解釈の改訂を進める際には，自分たちの過去はその未来とともに再合理化されねばならないと決断するものがいる。彼らはふつう，その因果関係の見解によって，自己を，一連の伝記的な逸話の産物あるいは犠牲者として見ることを必要とする人々である。このようなクライエントは，思い出となる出来事の再生により，広大な影響を受ける。これらの出来事は完全に新しいコンストラクトの要素として特徴づけられそうであるが，これらのクライエントはこれらを，未来を支配することになっているコンストラクトに対する過去のアンカーとして見るのだ。

9 │ 無批判的受容による弛緩の産出

われわれは，リラクセーション，連鎖的連想，夢の想起という技法による解釈の弛緩について論じた。第4の技法は無批判的受容（uncritical acceptance）である。以前の章でわれわれは，受容を，心理療法家の役割を特徴づける態度として論じた。受容は前に論じた他の3つとは同じオーダーの技法ではないが，それはたしかに技法的な関連を持っている。クライエントの心的過程に解釈の弛緩を生じるという観点からは，**無批判的受容**という用語は治療者のすることの完全な記述である。

受容は，クライエントの目を通して世界を見ようとする意志として定義されてきた。これはもっと正確には，治療者がクライエント自身のパーソナル・コンストラクト・システムを採用しようとする試みだと定義してよかろう。われわれの共通性の系によれば，受容は治療者の心的過程がクライエントのコンストラクト・システムと共通すると解釈される方向に動くことである。もしこの受容が**無批判的**であるなら，それは，クライエントの視点が受動的に受け入れられ，彼の思考の意味をテストするポイントまで追求する傾向は存在しないということを意味する。それらは内的一貫性のテストさえなされないのだ。

弛緩を生み出すために無批判的受容の技法を用いる治療者は，クライエントに対して，彼が何を意味しているのかを，あまりにも近しく質問しないように気をつけなければならない。この弛緩した解釈は移行的なものであり，ある瞬間に，クライエントが一瞬前には何を言うつもりだったのかの説明を求めることは，クライエントが瞬間瞬間に一貫していることが期待されていることを意味する。それよりもむしろ治療者は，クライエントの移行していく見方がどんなふうであるかについて最も曖昧な理解しかできなかったとしても，「はい」「わかりました」「あなたがどう感じているのかわかったと思います」等々と言うべきである。この技法は，治療者側の非常に大きな忍耐と，彼自身の心的過程の大きな流動性を必要とする。

治療者は,「これはあなたがちょっと前に……と言われたときに,言おうとされたことですか？」「私には理解したという確信がありません――もう少しはっきりと言っていただけないでしょうか？」「これによって何に導かれるのか見てみましょう」というような質問をした場合には,弛緩がつくりだせるとは期待できない。時に治療者が,「あなたが物事をどう**感じておられる**のかを言っていただいていることが,そして何がまさしく**そうであり**,何が**そうでない**のかを,あなたが必ずしも言おうとしておられるわけではないことが,私にはわかります」という場合には,クライエントの自己の思考に対する批判を鎮められるかもしれない。あるいは治療者は,「私は理解できると思います。これはものごとの1つの見方ですね」というかもしれない。本質的には,この無批判な受容の技法は,クライエントの弾力的で非実験的な,弛緩した解釈に対して,受動的確証を提供するものである。クライエントの解釈がどれほど弛緩していても,クライエントにこのシステムの内的整合性を緊縮させるように,あるいは彼の思考を実験法の厳密さに従わせるように要求するような,治療者からクライエントに提供される場はない。

10 | 弛緩した解釈を生み出すことの困難さ

ここで,弛緩した解釈を生み出す技法から,治療者がこの技法の適用を試みるときに出会う困難の方向に転じることにしよう。このような困難の多くは,精神分析が非常にしばしば関心を寄せてきた「抵抗（resistance）」の性質を帯びている。われわれは「抵抗」という用語は使わないほうがよいと思う。いわゆる「抵抗」現象は,治療者には治療的進歩をはばむ障碍物と見なされるとしても,われわれはクライエント側の倒錯行為であるとは見なさない。われわれはむしろそれらを,われわれの理論的な仮定によって,クライエントの最適予測システムの継続的な追跡の表現だと見ている。われわれはまた,これらの現象は多様な種類から成り立つと見る。その多くは,弛緩の回避を,そしてひとりの人への依存から離脱しようとする初期の動きを,処理しなければならない。そしていくらかは,どんな特別な動きもまったく表象せず,むしろ,治療者とその解釈を扱うのにしっくりした共通の構造が欠如していることを表象している。われわれの議論のこの段階では,われわれは,クライエントにみずからの解釈を弛緩させることを追求するときに生じる困難に,特別に関心をもっているのである。

a．創造性のサイクル　前に述べたように,生産的な思考は創造性のサイクルに従う。ここには新しいトピックへの移行がある。このトピックについての思考は,弛緩し流動的になっていく。この移行する概念化は,ある新形式の上位解釈のもとで,落ち着くべきところに落ち着く。さて,この概念化はより正確に,そしてより緊縮した状態になり始める。この人はよりはっきりと解釈し始める。このコンストラクトはより安定してくる。このコンストラクトの文脈内の要素は,同一化のシンボルになり,

みずからを代表するだけでなく，自分が構成メンバーになっているクラスも，またこのクラスを結合してグループにする特徴をも代表するようになる。最初，これらの要素は，この特定のペン，あの特定の椅子，これらの特定の木々のような対象であるようだ。あるいは，これらはペン，椅子，木々などの具体主義的なコンストラクトであるかもしれない。解釈がさらに緊縮しさえし始めると，この人は自分のシンボルを出現しつつあるコンストラクトに適合するように，仕立て始める。言葉，描画，ジェスチャー，彫刻が，象徴的な価値の地位に就くために，新しい文脈に導入されるかもしれない。最後にわれわれは，新しく創造されたシステムを持つかもしれない。このシステムのなかでは，これらの要素はそれ自体すべて言葉によって代表される。そして，次には，新しい言葉が，これらを結合するシンボルとして導入されてきた。

　われわれが今述べたばかりの象徴表現の移行は，レベルによって具体から抽象へと動く概念の導入以上の何ものでもないように見えるかもしれない。しかしそれはわれわれの意図するところではない。われわれの言及しているこの動きは，弛緩から緊縮へと進むかもしれないが，なおも，終始同レベルの包括性や上位性にとどまっているのかもしれない。しかし，この採用された象徴主義——それは別問題である。彼の新しいコンストラクトが形をとり始めると，創造的な思考者はそれに適したシンボルを見つけ出すのに四苦八苦しやすい。最初彼は，その文脈内の選択された要素を指さして，「あれ」「これ」といえるだけである。この人を理解しようとする人は，この「シンボル」に低レベルの解釈を取りつけられるだけである。彼は自然に，この創造的な友だちはまったく創造的ではなく，雑多な些事について，具体主義的におしゃべりしているだけだと結論づける。しかしこの創造的な思考者は，みずからの解釈を緊縮させるとき，もっと適切なシンボルを発見し始める。彼がそうするとき，彼が自分の鼻先をいくらか越えたところにある問題を知覚できるということで，その聴衆は彼を称賛し始める。

　創造的思考においては，コンストラクトは弛緩から緊縮へと発達していく。しかし，弛緩したコンストラクトについては，人はふつう具体主義的あるいは先取り的に知覚されるシンボルをまず，使わねばならないので，この思考者は具体から抽象へと動いているだけのように見える。あるいは同じことを別の方法で指摘するなら，アイデアは，適切なシンボルがそれを表象するように選択される前に，形をとる傾向がある。それは命名される前に生まれているのである。

　弛緩した解釈を取り扱う治療者にとっては，クライエントの使用するシンボルの種類とシンボルが表象しうる解釈の種類との関係を理解することが，重要である。クライエントに知的障害のある場合には，「のようなもの」というシンボルは，それらがはっきりと表示している裸のもの以上にはほとんど何も代表していない。クライエントが偏執性統合失調症である場合には，「のようなもの」というシンボルは，適切な言語

シンボルのないコンストラクトの，その場しのぎの表象なのかもしれない。直解主義的な精神をもつ治療者は，後者のタイプのクライエントとコミュニケーションを打ち立てるのは，不可能なようである。

シンボリズムの問題はさておき，首尾よく創造的になれる人は，常にみずからのコンストラクトの緊縮方向への何がしかの初期の動きを示す。そうしなかったら，彼はそれを実験的検証のポイントにまでもってきたり，あるいは，それらを子孫への遺産として残したりすることに，常に失敗するはずである。弛緩を治療技法として使う選択をする治療者は，ふつうは，このやさしい潮流に逆らってナビゲートしなければならない。治療者はクライエントに彼の解釈を弛緩するよう求める。クライエントはおそらく夢を報告することによって，依頼にこたえる。しかし，それはまだ十分には弛緩していない。治療者はクライエントにその夢の自由連想をさせようと試みる。クライエントはぬかるんだ知的な大地へと出かける。彼は自分のアイデアに不安定さを感じる。彼は不快になり，もっとしっかりした大地へ，そしてもっと明快なアイデアへと撤退し始めるかもしれない。これは，呼びたければ，「治療者への抵抗」と呼ぶことができる。しかしわれわれは，クライエントが自己の思考を緊縮する能力をまったく示さなかったとしたら，このすべての企ては暗い見通しをもつことになったはずだということを忘れてはならない。

b．2つのタイプの困難　したがってここには，弛緩への「抵抗」を処理する際の治療者の困難が横たわっていることになる。第1に，このクライエントはその本当に抽象的な性質を示すシンボルを見いだすのが困難なので，治療者は自分が弛緩した解釈を取り扱っていることに気がつかないかもしれない。治療者はしたがって，実際にはクライエントが彼よりもはるか前方にいて，おそらくクライエント自身のためにはならないほど遠いときに，自分の弛緩努力がクライエントの抵抗にあっているのだと考えるかもしれない。第2に，クライエントの緊縮へと向かう初期の動きは，治療者にとっては苛立たしいかもしれない。が，どんなイベントでも，最終的には動かされざるを得ないケースでは，これらの動きは非常に建設的な特徴を表象している。

c．弛緩を生み出す際の困難の原因　今述べたばかりのこの2つのタイプの困難の生じ方は多様であり，これらの困難に対処しうる方法もまた多様である。「弛緩への抵抗（resistance to loosening）」の最も共通の原因の1つは，クライエントが言ってきたことに対して，治療者側が時期尚早に解釈を提供しようと試みることである。この解釈によってクライエントが脅威を感じる場合には——すなわち，この解釈によって不安に満ちた主要な再解釈計画がクライエントに突きつけられる場合には——，彼は解釈過程を緊縮しやすくなって，もはやこれ以上の弛緩材料をもたなくなるだろう。みずからの解釈を弛緩するクライエントは傷つきやすさを感じやすくなるだろう。「解釈」に対する治療者の熱意も，クライエントをなお一層傷つけやすくなる。クライエ

ントの視点から見ると，この最善の防御は，治療者がそばにいるときには，弛緩した
コンストラクトをこれ以上表出しないことである。

　われわれが今述べたばかりのことを踏まえると，弛緩への抵抗を回避する1つの方
法は，時期尚早の解釈の表出を回避することだということが明らかである。しかし，
パーソナル・コンストラクト心理学の立場からすると，この困難の回避は単なる技法
の問題ではない。むしろそれは，治療者の基本的な役割の解釈の問題である。彼の仕
事は，クライエントが自分自身を発見するのを援助することである。祝福された「洞
察」のシャワーを浴びせることではないのだ。

　クライエントは脅迫されうる。そしてその後，解釈と受け取られることを意図しな
い治療者のいくつかの言葉によって，みずからの弛緩努力のなかに閉じ込められる。
性的な問題について弛緩した解釈を表明し続けてきたクライエントは，自分の10代
の娘について治療者に言及されたとき，みずからが脅威を感じていることを見いだす
かもしれない。この新しい要素の導入だけで，クライエントには警報の役割を果たす
のだ。この弛緩した解釈は，彼の親としての役割構造の土台を壊す脅威になるのだ。
その結果として混乱した彼は，不安とともに罪悪感の淵に連れてこられる。彼は立ち
上がって，みずからの解釈過程を緊縮し始めるかもしれない。治療者はこの緊縮をあ
る種の個人的な抵抗と見るかもしれない。しかし，治療者がこれを不安に対する防衛，
すなわち治療者の言葉によって必要になった防衛と見る場合には，よりよい仕事をす
ることになるだろう。治療者が弛緩への抵抗を回避しようとする場合には，彼は，ク
ライエントの生み出すものの評価を表明する際だけでなく，文脈的要素の導入の際に
も，注意深くなければならない。

　d．技　法　すでに指摘したように，われわれはふつう，弛緩に対する明白な「抵
抗（resistance）」を，クライエントと治療者間のコミュニケーションの困難さとして，
あるいはクライエントがあるタイプの材料を解釈する際に直面する困難さとして見る。
われわれはしたがって，これに，治療者への初期の反逆であるかのように，対処はし
ない。われわれのこの抵抗の見方のゆえに，これを扱うわれわれの方法は，心理療法
的手続きのほとんど全領域を覆うことになる。われわれは，議論のこの段階で手続き
の完全なレジュメの導入をはかる代わりに，弛緩への抵抗を処理するのにもっと有用
な技法を少し示唆することにする。

　クライエントの解釈の弛緩は，あらゆる起源からの注意転導要素の侵入によって，
逆順に投げ込まれるかもしれない。われわれは，弛緩した解釈を脅威にしてしまう要
素を，治療者が導入してくる可能性についてはすでに述べた。しかし，この注意転導
要素は他の起源からもやってくるかもしれない。この注意転導は，治療室に入り込ん
でくる騒音の性質にあるのかもしれない。それは，クライエントが約束の場への途上
での鬱陶しい空なのかもしれない。それは最近家族から受け取った手紙なのかもしれ

ない。それはたまっている未払いの請求書――もしかしたら，なかでも治療者からの請求書であるのかもしれない。

　e．干　渉　解釈の自発的緊縮のもう１つの原因は，よく知られている「干渉（interference）」という心理学的現象である。いくらか弛緩して解釈された思考は，もっと従来型のアイデアと表面的には類似している。後者は緊縮して解釈されるのだ。これに続く近接したライバル関係においては，クライエントの注意は，弛緩したコンストラクトから緊縮したコンストラクトへと移動する。前者のほうが治療的にはもっと有意味であるとしても。

　たとえばあるクライエントは，ただ弛緩してしか解釈されない自己の対人関係の特徴を取り上げている。言葉不足のために，そして正確に定式化されたエナクトメントのないなかでは，このアイデアは捉えどころがないことがわかる。さて，彼は自分の意図することを知っている――そして今彼は知らない。彼はある種の語りをするパントマイムのなかで，自分のアイデアを精緻化しようと試みるかもしれない。このパントマイムでは，これらの言葉はこれらのコンストラクト内の諸要素であるが，どんな一語や一文もその全コンストラクトのシンボルを集めて保持する力はもたない。彼はいくつかの言語的なジェスチャーを使う。彼は「行動化」する。彼の言うことは，彼の意図することをまったく表現しているとは見えない。しかも，彼は自分の意図することをまったく確信もしていない。彼が今意図していることは，正確には，彼が一瞬前に意図していたことではない。これが弛緩した解釈なのだ。

　弛緩して形成された解釈は，人々に対する共生関係のコンストラクトに何か類したコンストラクトの周りを回転しているように見えると仮定しよう。彼は，友だちが彼ら自身の養育サービスのために管理されるべきであるかのように，自分は弛緩した曖昧な方法で，友だちを育成しているのだと見ている。それは，彼が自分の母親を，あたかもミルクを得るために所有さるべき牝牛のように，そして蜜の一部をシステマティックに奪いとられる蜜蜂の群れに対処するかのように社会に対処しているということである。これははっきりした意見の表明である。さて，彼は蜜蜂について考える。彼は蜜蜂について子ども時代の痛い経験を思い出す。彼はその出来事の記述を細部まで正確に進めていく。

　ここに緊縮して形成されたコンストラクトがある。それは，弛緩して形成され彼が苦闘してきたコンストラクトに**干渉**する。彼は共生に似た対人関係のコンストラクトの緊縮を停止する試みを捨て去り，この蜜蜂との苦痛経験についての雄弁な討論へと飛び立っていく。クライエントの言語表現においてこの一文を聞いていると，治療者は「母親」および「養育」と関係する要素を取り上げるかもしれない。しかし，痛い経験への移行のゆえに，彼は親の拒否と口愛の剥奪のテーマしか見つけ出せないかもしれない。しかしなお，再解釈の観点からすると，共生的な個人的関係のコンストラ

クトが精緻化され緊縮されることの方が，もっと重要である。クライエントが自己の人生を，母親との苦痛と剥奪の経験に関して，パターン化されていると見ることは役に立つこともあるが，彼はどうすれば自分が友だちにミルクを与え続けられるかをよりよく理解した後に，将来を再計画できるほうが，もっとありそうなことである。

　横道に入って蜜蜂に刺されたことがあると報告したわれわれの乳離れしていないクライエントは，治療者の努力に「抵抗」していたのだろうか？　われわれは，そんなふうに解釈するのは有益だとは考えない。彼は捉えどころのないコンストラクトとはっきりしない闘いをしていた。いくらかの同じ要素をもつより緊縮した解釈が彼のフィールドに侵攻してきた。そこで彼は，もっとわかりやすい「蜂」を追跡した。治療者はこの移行を見落とさないように注意しなければならない。治療者がこの移行を見つけたとき，クライエントの解釈を弛緩させようとする彼の努力が完全には成功しなかったことに，彼は失望するかもしれない。しかし彼はこれを抵抗と，そしてクライエントに対する敵対感の基礎であると見るべきではない。

　f．エナクトメント　弛緩への抵抗に対しては，治療者は，今までに論じてきた弛緩を生じる技法の採用を続けるだけでなく，緊縮の原因に対抗してより特化した方向づけをもつ特殊技法によっても対抗する。演技行為の技法の使用は，時に，弛緩したコンストラクトが示す脅威を減少させる。前に示したように，クライエントは，自分が「ただ演じているだけだ」と信じる場合には，そうでなかった場合と比べると，自分がそれほど深く関与しているとは見ないものである。彼の制作するものは，彼自身の中核的解釈と一貫している必要はないのである。

　たとえばクライエントはしばしば，自分自身が性役割の問題をもっているのではないかとほのめかされると，それが最小限であっても混乱に投げ込まれる。が，みずからの性役割が混合していると知覚している人の役割なら演じるふりをすることができる。彼が演じている間に，そうでなければ自分を許せなくなるような弛緩した解釈を，自発的に生じる場合には，この最終的な結果は，「自分自身の役割のなかで」その解釈を生み出したのとほとんど同じくらい有用でありうる。ある人が自発的に即座にある「パートを演じる」ときには，この演じられた構造を生み出すのは，やはり彼自身なのだ。彼は自分の行為が自分の中核的役割と一貫していなければならないとは感じないので，他の場合には拒否しなければならないような弛緩した解釈でも，彼はずっと自由にこれを生み出すのである。同じことを別表現するなら，今回は，この理論の仮定構造によると，彼に与えられた「パート」や「役割」は，十分に浸透的であり，矛盾に対する耐性を増大させる上位構造を提供することになる。

　g．文脈の利用　弛緩への「抵抗」は，時には，文脈を適切に使うことによって克服されうる。性や金銭の問題についてはあえて弛緩した考えをしない人でも，音楽や社会組織については完全に弛緩した考えをすることができる。治療者は弛緩した解釈

が可能な文脈を設定でき，彼が経験を必要としている自由連想のたぐいの練習にクライエントを乗り出させ，それから弛緩した解釈が何かよいことのできる領域へと，徐々に文脈を移動させることができる。

h．役割構造の利用　クライエントが治療者との関係で取りうる役割は，また，弛緩への抵抗とも大いに関係している。彼が治療者に脅威を見いだす場合には，あるいは治療者に話かけるときに，脅威コンストラクトにみずから悩まされているのに気づく場合には，さし迫った脅威に対して最も利用しやすい防衛を断念する傾向がある。これらの防衛は構造の弛緩よりもむしろ緊縮を利用しやすい。入院患者は脅威的なスタッフメンバーの前では，あるいは自分の外泊や退院が考慮されていると思うときには，みずからの構造の緊縮を見いだすことは稀な経験ではない。逆に，クライエントが治療者や治療状況に脅威を感じないときには，自己の緊縮した構造的防衛をもっと積極的に脱落させたがるかもしれない。治療者はしたがって，クライエントの言い間違いに付け込んだり，クライエントが不注意に漏らした弛緩したコンストラクトから何か緊縮したものを強制的に作らせようとしたりはしない人だと，クライエントが解釈するのを確かめることによって，時には，弛緩への抵抗を克服することができる。言いかえれば，クライエントは自己の弛緩した思考が挑戦されたり検証にかけられたりするよりも，むしろ，これを受け入れられるだろうと感じる必要があるのかもしれない。

われわれは治療目標を達成するのに，弛緩を利用すべきことを説いてきた。われわれは技法，困難，および困難を克服するいくつかの方法について述べてきた。十分奇妙なことだが，弛緩への抵抗は時にそれ自体が治療目標の達成に使われうることを指摘しないと，この議論は終わらせるわけにはいかない。後で指摘するように，治療者の努力が解釈の弛緩よりもむしろ，その緊縮の方向にあるときには，治療にはほとんど常にいくつかのポイントがある。クライエントが弛緩に「抵抗」してきた場合には，そして治療者が今十分に弛緩されてきており，何らかの緊縮を始めるべき時期だと判断する場合には，かつてはトラブルを生じた「抵抗」そのものが利用できるのだ。

i．差し迫った弛緩のサイン　クライエントが弛緩への「抵抗」を今にも断念しそうなことを示すのに役立つ先駆的なサインがある。ふつうは声が低くなる。言葉の流れがリズミカルでなくなり，コミュニケーションの強調に対するよりも，思考の産出に対してよりゆっくりとペースを合わせる。統語はより不正確になる。クライエントは治療者をあまり熱心に見なくなり，実際にはどんなものも強くは凝視しなくなる。治療者に対する応答がより遅くなるが，それでも彼は自分の議論を治療者の言ったことに意図的に方向づけようとしているように見えるかもしれない。彼はより演技的でなくなり，治療者が「正しい」アイデアを得るかどうかにはあまり関心を持たなくなり，印象操作に熱心でなくなり，自分の言葉がどう解釈されるかを意識しなくなった。

彼は，「それは馬鹿げている」「このすべてを，あなたはどう考えねばならないのかしら？」「さて，なぜ人はそれをしようとしたのだろう？」というような感想をいわなくなった。これはすべて，解釈の弛緩が実際に起こり始めたという明瞭な指標が得られるよりも前に，数回の面接で観察されうる。

11 | 心理療法的弛緩における危険

心理療法における弛緩技法の使用には，いくつかの現実的危険が含まれている。心理療法における精神分析の手続きは，ほとんど普遍的に弛緩技法を採用しているので，しばしば治療者をトラブルに巻き込みやすい。したがって訓練の不十分な治療者が，古典的精神分析の手続きを使うときには，とくに慎重である必要がある。たしかに，精神分析学説の信奉者のなかでの最近の心理療法的手続きの発展は，いくつかの技法をもっと多用途化して，弛緩の危険性への脆弱性をより小さくしている。

a．弛緩と不安の関係　心理療法の危険性を評価するためには，弛緩と不安との間のいくらかの類似性について考えなければならない。弛緩したコンストラクトとは，その文脈内に一方の極から対照の極へと連続的に移動する要素がいくらかは存在するコンストラクトのことである。**朝食**が弛緩して解釈される場合には，午前11時にとる食事は，**朝食**であるとも**朝食以外の何か**であるとも，どちらにも解釈されうるだろう。また，ある時には**朝食**として，**一瞬後には朝食とは対照的なもの**としても解釈されうるだろう。これが弛緩した解釈である。これはその人のいくらかの予期を誤らせることになるかもしれない。しかし，もし彼が，予測をするときと同じくらい弛緩して，この結果の妥当性を解釈する場合には，自分の世界を完全にうち砕いて無用な断片にしてしまうことなしに，うまくやっていけるはずである。

しかし，もしこのシステムが類似性の予測をもたらさない場合には，何が起こるだろうか？　これはわれわれのいわゆる**不安**である。もちろん不安は，解釈システムの完全な崩壊を代表するほど広範囲に及ぶものではない。これは非常に悪くなりうるし，いくつかの最も基本的な生理過程さえ崩壊させうるが，ある種の構造は常に残されたままである。

不安の回避方法はいくつかある。人はもっとしなやかな予測をすべきであり，おそらく人の予測結果についても，もっとしなやかな見方をとるべきである。これが弛緩である。言いかえれば，弛緩と不安はいくらか類似してはいるが，弛緩は，緊縮したもろい解釈が現実との接触で打ち砕かれた場合に，それに続いて生じうる不安を，一時的に何とか免れられるように助けてくれるのかもしれない。

しかし弛緩した解釈は，不安からの何がしかの即刻の保護が与えられるので，人は簡単にこれへの依存症になってしまう。綿密な投資を絶対にしない人，あるいははっきりした損失を認めない人は，何らかの価値のある発見を行ったり，人生を再解釈す

るためのしっかりした基盤を見いだしたりすることが困難である。不安なクライエントは，弛緩した思考の曖昧さに戻って沈み込むよう励まされるとき，もっと快適になりうる。われわれがすでに指摘したように，すべてのクライエントがそうするわけではない。いくらかの人々は弛緩した思考によって衝撃が和らげられるよりもむしろ，脅威を感じるからである。しかし，快適な状態にある人は，現実から大きく切り離されているので，進歩は不可能になるだろう。このために，多くの現代の心理療法家は，すでに過剰な弛緩を示し，確証エビデンスとの接触をすぐにも捨て去るようなクライエントには，伝統的な精神分析の手続きを使うのをいやがる。時にこのタイプの治療のあまりにも多くが，統合失調患者をいっそう統合失調的にしてしまうかもしれないといわれることがある。

　b．**緊縮した解釈に依存するクライエントが弛緩することの危険性**　また，その思考が強迫的に緊縮しているクライエントに弛緩を押しつけるのは，危険なときがある。いくらかの人々においては，その利便性の範囲が非常に狭く限定されるという犠牲を払っても，緊縮したコンストラクトが維持されうることを，われわれは知っている。もっぱら緊縮した解釈を採用しようと試みる人は，このような弛緩した解釈を排除しようと試みるだけでなく，いくらかの要素や文脈材料をも排除しようと試みるかもしれない。緊縮した防衛を強制的に捨てさせられる場合には，彼は，どう扱ってよいのかがわからないガラクタの事実と問題のなかに，自分自身が顎まで埋まっているのがわかるかもしれない。この無秩序の不安は，新たに認められた，弛緩したコンストラクトの文脈を構成する。彼は，これらのコンストラクトがドアを開いたこの種の材料を処理できないほどには，これらのコンストラクトの弛緩によって大きくは圧倒されない。クライエントが現実の不安定な断片を緊縮して把握しているのを解放すべきだと主張する熱心な治療者は，これによってうかつにも，クライエントをただちに入院させねばならないほど深刻な不安状態に飛び込ませることになりかねない。

　心理療法的弛緩は，実際，心理療法家の装備一式のなかで最も重要な手続きの1つである。これは創造的思考の一特徴なので，心理療法へのより創造的なアプローチにおいて上手に採用されうる。しかし，すべての治療者がこの手続きをうまく使えるわけではない。これには，他者には予測のつかない変化のひねりと回転を，日々熱く追跡していく治療者自身の視点の包括性と柔軟性が必要である。これらの困難に，この段階の創造的思考を管理できないクライエントの腹立たしい「抵抗」を加えよう。そしてまた，そこから進歩できないクライエントを持つ危険性も加えよう。これが心理療法的弛緩の問題なのである。

B 緊 縮

12 解釈の緊縮

　われわれは弛緩した解釈が創造性のサイクル（Creativity Cycle）の最初の段階の特徴だと記述してきた。いくらかの点で，それは C-P-C サイクルの用心（circumspective）の段階にも類似している。しかし，C-P-C サイクルとは違うと見たほうがよさそうである。というのも，後者は主に，その人自身が積極的に関与しているイベントの連鎖を動かすことに関係しており，前者の創造性サイクルでははっきりした個人的関与は存在しないかもしれないからである。

　しかし，もっと重要な違いがある。C-P-C サイクルは，C（用心）段階から出発するものと概念化されている。これは，コンストラクトが命題的に扱われる段階である。この問題は多様な角度から眺められる。これに続いて，P（先取り）段階が来る。ここでは 1 つのコンストラクトが先取りされる。これは関連のある問題の選択である。それは選択肢を設定する。最後に，人はみずから選択にかかわる。彼は両側を選ぶ。彼は熱心に取り組む。これがこのサイクルの C（コントロール）段階である。創造性サイクルは違う。これは命題的解釈よりもむしろ，弛緩した解釈から出発する。弛緩した解釈において生じる要素の移動は，用心段階で生じる視点の移動と表面的には類似している。しかし，弛緩した解釈においては，シェープアップしているのは単一のコンストラクトである。これに対して用心においては，かなり緊縮したコンストラクトの配列が生み出される可能性があり，ここからこのサイクルの次の段階で選択がなされることになる。

　a．ハムレットはどのサイクルに従おうとしていたのか？　ここでちょっと立ち止まって，われわれ自身が用心深くなっても構わないだろう。独白しているハムレットが関与しているのは，創造性サイクルか，用心 - 先取り - 選択（C-P-C）サイクルなのかという問いを課してみるのは，おもしろそうである。われわれの答えは，両方に関与しているということになるだろう。一方だけではまったく完了できそうにないのだ。その前の数時間には，曖昧で弛緩したコンストラクトが彼の心のなかで形をとり始めていたようである。これらは男女両方との愛情関係に関係していた——父親に関する曖昧で良心的な関係，母親に関する曖昧で近親相姦的な関係，そして，オフィーリアに関する曖昧で幻想的な関係である。彼の創造的な精神は，はっきりした用語ではまったく述べられそうにないものを，何らかの方法で，叔父をも含めてドラマ化した演劇を提案しよう計画を立てていたのである。

それにもかかわらず，彼の創造は行為を求め，行為はコントロールを求める。独白の初めに，彼はC-P-Cサイクルの用心段階をこの問題――"to be or not to be"（生きてとどまるか消えてなくなるか。松岡和子訳，以下同じ）――を述べることによって，締めくくろうと試みる。他にどんな問題がありうるとしても，今はこれがこのフィールドを先取りしている。これがこの問題の最も重要なところである。次にこのサイクルのコントロール段階が来る。彼はこのスロットの一方または他方に突進していかねばならない。彼は生きるか死ぬかしなければならない――それはあれと同様に単純だ。さて，彼はみずから精緻化の選択を今まさにしようとしている。そう，死は彼がこの選択を精緻化し始めるまでは好ましいと見える。それから彼はふと，夢があるかもしれないことに思いいたる。そして彼は思いつく。

　　ただ死後にくるものが怖いからだ。
　　旅立ったものは二度と戻ってこない未知の国。
　　その恐怖に決意はくじけ，
　　見ず知らずのあの世の苦難に飛び込むよりも，
　　馴染んだこの世の辛さに甘んじようと思う。

　われわれは人間の動機づけに関するこの見解を，われわれの選択の系に含めようと試みてきた。人は二分されたコンストラクトのあの選択肢を選ぶ。この選択を通じて，彼は自己のシステムの拡張と収縮のより大きな可能性を予期する。この点において，ハムレットの決定は一時的に延期されたように見える。そして彼は，男らしい行為をとるのを排除する用心段階に逆戻りする。

　　こうして意識の働きがわれわれすべてを臆病にする。
　　こうして決意本来の血の色は
　　蒼ざめたもの思いの色に染まってしまう。
　　そのため，のるかそるかの大事業も
　　潮時を失い
　　実行にいたらず終わるのだ。

　しかしハムレットのケースでは，彼の個人的愛着を支配していると見えるこの曖昧なコンストラクトは，徐々に解決されていって，限定的な形をとり始める。これらはもっともっと緊縮して解釈されるようになるのだ。容赦なく，彼は自分には耐えられない自己の脅威像に対面させられるようになる。一歩一歩彼は自己のフィールドを収縮しながら後退する。そして徐々に用心の根拠は足下まで譲歩させられる。最後に，

彼の選択は単純になり，彼の行為は衝動的になる。

　b．緊縮は常に望ましいわけではない　たぶんわれわれのハムレットの議論は，解釈の緊縮が常に望ましいとは見ていないことを示しているだろう。前に指摘したように，その解釈を確証に従わせるためには，人は解釈を縮小する必要がある。しかしハムレットのケースでは，早まって「洞察」に到達してしまうクライエントのケースと同様に，それに続く検証の結果は圧倒的でありうる。他方，人が自分のコンストラクトを伝達したり，あるいはこれらのコンストラクトを他者と共有したりするつもりなら，ある程度の緊縮は常に必要である。

　コミュニケーション，とくに見知らぬ人とのコミュニケーションにおいては，われわれは象徴に強く依存する。シンボルを弛緩したコンストラクトに帰するのは困難である。単語は文脈を移動する際に，その意味を失い続ける。コンストラクトは，シンボルによってうまく境界づけられるためには，ある程度の緊縮を必要とするだけでなく，このシンボルがその文脈内にいったん埋め込まれると，それはこのコンストラクトを安定させる傾向がある。あるコンストラクトが日付をつけられたり，空間内に位置づけられたりする場合にも，同じことが当てはまる。したがって，われわれは語の結合，時間の結合，そして空間の結合について語ることができる――いずれも，シンボル化がコンストラクトの緊縮に寄与する道である。

　しかし象徴表現もまた，常に望ましいわけではないかもしれない。単語もあまりにもしばしば思考を奴隷化するための意味の連鎖となる。これらは創造的思考に対して有害でありうる。人はこの事実を評価するためには，いくつかのタイプの「強迫神経症的」なクライエントを見るだけでよい。自分の思考をすべて単語結合しようと試みる人，あるいは言語化できない何かによって脅威を感じる人は，そうでなければ新しいアイデアを形成するのに引き込まれうる弛緩したコンストラクトの保存容器を干上がらせてしまう。彼は創造的であることと，非順法的な社会に自己を適応させることは，どちらも困難であることを見いだす。彼は生産的になりうるだけであり，時にはそれにさえなれない。

13 ｜ 緊縮の機能

　a．緊縮の最初の機能：予測されるものの明確化　心理療法におけるコンストラクト緊縮手続きの機能は，以下のように要約できる。第1に，緊縮の広い目的は，他のどんな心理療法の手続きとも同じだが，クライエントが世界の予測可能性をもっと拡大できるように援助することである。このことは必ずしも，彼が単純なルーチンに委ねられるべきだという意味ではない。もっとも，これが望ましい場合もありうるが。これは広い意味では，彼にとって世界がもっともっとよく予測できるように機会が開かれるということを意味する。これは，彼が予測可能な世界にもっともっと引きこも

ろうとするよりもむしろ，動きを指向するものなのである。

　緊縮したコンストラクトは，人に何が生じるかの限定的な予測をさせうるかもしれない。これに対して弛緩したコンストラクトは，その予測が具体化されるまでに，その結果が奇妙に見えるほど大きく変化しているかもしれない。弛緩した思考をする人は，自分の予測した結果に直面すると，自分が予測したことを忘れて，「たしかにこれは私が入手しようとしたものではない」と抗議する。緊縮した思考をする人は，「あー，ここには明快な予測に対する明快な回答がある」といいうる。彼は「それはまさしく私が予測したものだ。そして，ここにはまさしく私の入手したものがある。この結果は私のコンストラクト次元のこの極〔あるいはもう一方の極〕にまともに適合している」ということもできる。緊縮したコンストラクトの形でみずからの予測をする人は，明快なイエス／ノーの回答を得る機会を持つ。弛緩した思考をする人はまばたきをして，「どうなったの？」とつぶやく。

　緊縮思考をする人は明快なイエス／ノーの回答を得る**機会**をもっているとわれわれは，いおう。彼はこのような回答に確信を持てない。そして彼がこの回答をする場合には，それはいくらかのケースでは，あまり知的なものではないかもしれない。しかし，弛緩思考をする人は，みずからの冒険の結果にあいまいさと当惑をもって直面できるだけである。これは特定の結果を見るのにはより適した方法であるかもしれない——それは何らかの創造的思考にドアを開くかもしれない——が，弛緩はふつう直接には決定的な実験法には導かない。

　b．緊縮の第2の機能：解釈の安定化　解釈の緊縮の第2の機能は，クライエントの心的過程を安定させることである。われわれは誰もが，弛緩思考をする子ども——その想像の産物が誤解を招き，したがって時に人に害を及ぼす——をよく知っている。彼の談笑には，うそ，不正直，騙しさえ含まれているかもしれない。年長者では，このような特徴は「統合性の欠如」とみなされるかもしれない。ある意味ではこれは正しい。というのも，その解釈が非常に弛緩している人には，しばしば「全体性」の欠如が存在するからである。その解釈に融通がきき内的に気まぐれな人は，自分自身にとっても彼に依存している人にとっても謎になる。彼は自分でも驚いているように，彼に依存しようとしてきた人々——たとえば彼の子ども——にとっては，脅威の源になってきたことを発見するかもしれない。

　c．緊縮の第3の機能：組織化の促進　緊縮の第3の機能は，クライエントの解釈システムにおける序列関係の組織化を促進することである。上位コンストラクトによって包摂される低次のコンストラクトが曖昧で不安定なままである場合には，その上位コンストラクトの発達も困難になる。はっきりとは定義されないイベントを処理するための長期の方策^{ポリシー}を形成するのは困難である。まずその諸要素が，より緊縮して解釈されたり，より客観的に定義されたりする場合には，それはもっと上位のレベル

にステップアップして，クライエントの全体的なものの見方について何かをすることが可能になる。したがって，クライエントが自分は雇用者，近隣者，そして家族によって虐待されてきたと訴えてやってくる場合には，治療のどこかの段階で，彼の訴える正確な事実について，はっきりさせることが必要になるかもしれない。これは，その諸要素が緊縮して解釈されるまでは，何もできないということではない。実際，治療の初期段階では，これらの問題は，結晶化を回避するのが望ましいかもしれない。しかし，もし治療者がこれらの小さなコンストラクトの上に体系的な解釈の構築を試みようと決心するなら，彼はまずそれらの具体化に踏み出す必要があるかもしれない。彼の判断が正しい場合には，彼はクライエントの状況を単純に解釈しなおすことによっていくつかの問題の歪みを取り除けるかもしれず，数セッションの内に治療は完了するかもしれない。彼の判断が間違っている場合には，彼にもその他の誰にも扱うことのできない妄想型精神病を分離してしまったことがわかるかもしれない。

　精神分析は緊縮の機能をこの観点から見ているようである，精神分析家はクライエントにみずからの解釈を弛緩させて，いくつかの曖昧に定式化されたアイデアを「意識」の領域に持ち上げさせる段階に踏み込ませる。彼はクライエントに，それらを命名し，言語的シンボルで表現し，それらについて明瞭になることを求める。われわれはこれを**緊縮**と呼ぶが，精神分析家はこれを，このアイデアそのものの明るく照明された精神領域への持ち込みの問題として知覚しようとした。

　フェニヒェル（Fenichel）は，メッシーナ海峡においてスキュラとカリュブディスのどちらに舵を切るのかという古典的なメタファーを用いて説明している。人がスキュラの岩の近くへと舵を切るときには，彼は非常に明瞭な材料を扱うことになり，クライエントのパーソナリティは現実の堅い岩に打ち砕かれる危険を冒すことになる。しかし，あえてカリュブディスの渦に接近すると，彼とクライエントは，クライエントの荒れ狂う無意識の渦に巻き込まれて，舵を取ることが不可能になってしまう。治療者の課題は，治療の海峡を通り抜けて進んでいく間に，この2つの危険の間をあちこち進路を変えながら進んでいくことになる。彼がスキュラの固定した標識に向かって進んでいくときには，クライエントの思考はより明瞭になるか，精神分析家が好んでいうように，もっと現実に拘束されるものになる。この治療の全過程は，クライエントをこういう現実との接触のなかに置くようにデザインされるので，彼は自己の見方を体系的に構築することができる。あるいは，やはり精神分析家の好む表現を使うなら，彼は意識的洞察を得ることができるのである。これはわれわれの見るところでは，組織化された解釈システムの構築を促進するのに，緊縮を使うという問題である。

　d．緊縮の第4の機能：いくらかのコンストラクトの非浸透的な状態への還元　緊縮の第4の機能は，いくらかのコンストラクトを非浸透的な状態に還元することである。われわれは，いくつかの面倒なコンストラクトの文脈を締めくくることの，治療

的価値について論じた。これはしばしば一般意味論者によって推奨される手続きである。この立場の治療は，おおかたが，クライエントの思考を具体主義の状態に還元する問題になるようである。

われわれは浸透性のあるコンストラクトを浸透性のない状態に還元することを「劣化（deterioration）」と呼んだ。この劣化を達成する1つの方法は――これはしばしば非常に望ましいものなのだが――，このコンストラクトが非常に緊縮して引きしぼられ明瞭になるように気をつけることである。このコンストラクトを緊縮しようと努力するなかで，クライエントは具体主義にたよらざるをえなくなりやすい。実際，いくらかの人々は具体主義を通してのみ明白さを達成できる。治療者は，あるコンストラクトを非浸透性の状態に還元したいと願っている場合には，この事実を利用するかもしれない。

e. 緊縮の第5の機能：実験の促進　緊縮の第5の機能は，パーソナル・コンストラクト心理学の理論的枠組み内で重視されるもので，実験を促進するものである。われわれは，心理療法過程とクライエントの人生の再解釈（再構築）を概念化するのに，科学的方法論のモデルを用いてきた。われわれの信じるところでは，科学者の学習方法はクライエントの学習方法としても使える。われわれの信じるところでは，科学は，自分を科学者とは呼ばない人々にとっても，方法論的なモデルとして使われうる。それは，科学者のように，人生の再解釈を追求しているはずのクライエントにとっても，モデルとして使われうるとわれわれは信じるのだ。われわれが思うには，治療室は実験室でありうるし，クライエントの地域社会（コミュニティ）は現場（フィールド）プロジェクトになりうるのだ。

しかしこの見解をとるに際して，われわれは科学的方法論をいくらかの人々ほど狭くは解釈していないことを，明らかにしておかねばならない。われわれのアプローチは，創造的再解釈をかなり利用する。これは，いくらかの研究者が「科学的」な努力の領域から除外して，「芸術（アート）」として特定化しようと試みてきた心理的過程の一形式である。たとえば，われわれが第1巻で述べた修正役割療法の記述は，人生の再構築がかなりの量の創造的想像を含んでいてよいというわれわれの見解を，読者に対して明瞭化しえたのではないかと期待している。われわれは，創造的科学の見解には何の矛盾もないと見ている。

研究者は，自己の仮説の妥当性について決定的なエビデンスを入手できるようにするために，折々にその仮説を明瞭化しなければならないが，それと同様に，クライエントも遅かれ早かれ，いくらかの明快な予期を表現できなければならない。これは，確証された仮説に基づいて彼のシステムを打ち立てられる，重要な方法の1つである。彼がコンストラクトを緊縮させるときには，それはもっともっともろい仮説になり，それを使い捨てにできると見る準備をもっともっとしなければならなくなる。彼は自分の予測が正しいか間違っているかを明示するために，みずからの敵意を引っ込めて，

人間であれ他のものであれ，自然にまかせる。心理療法における緊縮手続きの機能の1つは，クライエントが適切な実験を通じて学習できることなのである。

14 心理療法的緊縮の技法

さて，クライエントのコンストラクトを緊縮させる技法に向かうことにしよう。緊縮は一種の精緻化である。したがって，われわれが心理療法における精緻化についてすでに述べたことは，ここでも部分的には当てはまる。精緻化の過程は，クライエントが下位コンストラクトを上位コンストラクトの下に包摂して，自分のことを立てなおすのを援助する傾向である。すでに示したように，階層的な組織化は下位要素におけるある程度の明瞭さを必要とする。

a．判断あるいは上位化 時に精神分析家はクライエントの心的過程を，「判断」機能と「経験」機能に区分する。われわれはこれらの用語では過程間の区別はしない。が，弛緩した解釈と緊縮した解釈の間のわれわれの区別は，下位と上位の解釈間の区別とともに，ある程度は平行している。人が弛緩した解釈をし，そのコンストラクトが上位コンストラクトによって拘束されない場合には，彼は「経験している」だけかもしれない。人が緊縮して解釈する場合には，そのコンストラクトは，不可避というわけではないが，システムに適合する可能性をもつようになる。実際に，これらのコンストラクトが組織化されたシステムに適合する場合には，——ただし，組織化されたシステムとは，よく定義された上位・下位関係をもつ一群のコンストラクトである——，彼は自分自身の行動を「判断」できるようになる。

さて，心理療法においては，時にわれわれはこの過程を逆にアプローチすることができる。われわれはクライエントにたのんで，いくらかのコンストラクトを従属させることができる。彼が弛緩した側にあまりにも長く居すぎる場合には，われわれは「行動化」や「自由連想」をやめるよう求めて，彼がいま何を企てているのかの説明を求めることができる。精神分析の用語では，「経験する」よりもむしろ「判断する」ように彼を急き立てるのだ。われわれがするのは，彼が非体系的に表現してきた一群のコンストラクト上に，上位解釈を置くようにたのむことである。この作戦は時に成功する。このクライエントが，今までに言ってきたことを，システムに適合させようとする場合には，彼が今までに表現してきたことについて，もっとはっきりさせなければならないかもしれない。これが緊縮の意味である。

たとえば治療者はこう言うかもしれない。「さて，あなたは今までに私に話されなかったどんなことを，今日は話してくれましたか？」「この重要性は，あなたが以前に……についての面接で話してくれたことくらべてと，どうでしょうか？」「あなたがたった今言ったことは，前回の面接で言っていたことと違うような気がするのですが，私にはどう違うのかがはっきりわかりません。説明してもらえませんか？」「あ

なたは多くの出来事や感情について話をしてくれました。しかし私には，あなたがこれらの問題をどう整合的に見ておられるのかがわかりません。それらは単純に何かの説明なのですか？」「あなたは私に共感を求めておられるのですか，それともあなたは何かについて私に説明しようと試みておられるのですか？」（この所感は，クライエントが受容されていることに気づいていないかぎり，述べてはならない）「あなたは今日多くの感情と考えについて私に話してくれました。この面接の初めには知らなかったあなたの何について，私は今何を知るべきなのでしょうか？」「今日の面接については，何が違ったのでしょうか？」。

　　b．要約すること　第2の技法は，クライエントにいくつかのコンストラクトを従属させるように要求する技法に似ており，クライエントが今まで言い続けてきたことを要約するよう求めることである。いかなるものでも，彼がそれを体系化していないかぎり，要約するのは困難である。そしてこの体系化は，われわれがすでに示したように，従属的なコンストラクトの何らかの緊縮を要求する。それにもかかわらず，いくらかのクライエントは，彼らがすでに産出した弛緩しているコンストラクトを，標本抽出し直すことによってのみ，要約することができるようである。

　　治療者は言うかもしれない。「今日われわれが議論してきたことを要約していただけますか？」「この最後の面接であなたが言われたことを，私は確実に記憶しておきたいと思うので，これを簡単にふり返ってもらえませんか？」「さて，あなたがずっと言い続けてきたことについて，ふり返ってもらえませんか？　私はそれを確実に整理しておきたいのです」「過去3回の面接で何が起こっていたのか，ふり返ってみましょう。この前の金曜日には何が起こったと言いたいのですか？」「あなたが報告された過去3回の夢を，もう一度要約していただけませんか？」「あなたは過去数分間に生じた一連の自由連想を表出されました。これらを私のために追跡しなおすことができると思われますか？　最後のものから始めて，これを生み出したのが何だったのか，等々というように」。治療者は，この訓練の目的がクライエントの記憶のテストではなく，クライエントの解釈を緊縮方向に導くためのものだということをしっかり銘記しておかなければならない。

　　クライエントは帰宅後に各面接の要約文を書くよう求められるかもしれない。これは面接中に大量の弛緩した産物を持つ危険性を，部分的に補正できるようにする，セッション間の緊縮手続きを導入することになる。この要約は次のセッションで使われるかもしれないし，使われないかもしれない。これが使われる場合には，治療者が緊縮の導入を望むときによって，面接の初めか終わりかどちらかに，読まれうる。それは，治療者かクライエントのいずれかによって，静読または音読されうる。通常この緊縮は，クライエントによって音読される場合に，そして治療者が時おり読むのをやめて，ある行の再読やその説明を求める場合に，より効果的になるだろう。ついでにいえば，

この手続きは時に発音不明瞭なクライエントが治療者の面前で自己表現するのを助けるかもしれない。人はふつう，クライエントが治療室内でより自発的であることを好むものだが，時にはより適切な材料を直接的な治療状況に持ち込むためには，何かこのような無方向性にたよらざるをえなくなることがある。

　ｃ．歴史的な説明　クライエントにみずからの解釈を緊縮させる第3の方法は，歴史的な基盤に基づいて彼に自己の思考の説明をするよう求めることである。「このような思考を最初に持ち始めたのはいつでしたか？」「これに似た感覚を，これ以前にももったことがありますか？」「ここから何を思い出しますか？」「これがあなたの……の時にあなたの感じた感じ方ですか？」

　ｄ．自分の思考と他者の思考との関係づけ　第4の緊縮法は，クライエントが自分の思考を他者のそれと関係づけられるか否かを見ることである。「あなたは，このように感じうる人を誰か他に知っていますか？」「あなたは誰か他の人がこの種の考えを表明するのを聞いた覚えがありますか？」「あなたがこのように感じるとき，あなたは誰に最もよく似ていますか？」。

　ｅ．直接的アプローチ　緊縮した解釈を生じる第5の方法は直接的である。これは，クライエントにもっとはっきりさせること，クライエントの意図するところをきちんと説明すること，治療者の困惑を払拭することを，クライエントに求めることにある。治療者はこんなふうにいうかもしれない。「私にはわかりません。あなたの言いたいことをもっと私にわかるように説明していただけませんか？」「私はあなたが……と言われたところまでは理解しようと追いかけてきました。でも，その次にあなたが言われたのは何だったのでしょうか？」「どうしてこのように感じられるのか，説明してもらえませんか？　あなたの内面では何が起こっているのでしょうか？」。

　ｆ．解釈への挑戦　第6の方法はクライエントの思考に挑戦することである。これは，クライエントがどれほどの脅威を操作する準備ができているのかによって，いくつかのうちのどの1つのレベルでも企てられうる。治療者は言うかもしれない。「私はあなたを誤解したくないので，あなたが今言われたことをもう一度くり返してもらえませんか？」。あるいは，クライエントがもう少し大きな脅威に耐えられるなら，治療者はこう言うかもしれない。「私はこれが少し混乱しているのがわかります。初めにあなたは……と言い，今度は……と言われる。私の理解を助けてくれませんか？」。もっと挑戦的な言い方をするなら「あなたは今言っていることと……とを調和させることができますか？」。あるいは，「これはナンセンスに聞こえると，誰かに言われたことがありますか？」。あるいは，彼はクライエントの言ったことをわざと誤解して，「私があなたを正しく理解できるなら，これがあなたの本当に意味するものでしょう……そうではないと言われますか？……それでは，あなたは何を意味しておられるのでしょうか？」。あるいは，彼はこう言うかもしれない。「もしあなたが言っているこ

とを私がまじめに受け止めたなら，そのときには，私は……と結論しなければならなかったでしょう」。最後に，治療者が最も単純な言語で，不信を表明するのが，治療的に役立つことがある。「馬鹿な！」「あなたはいつ意味のあることを話し始めるつもりなのですか？」。

g．エナクトメント　精神分析家は通常，クライエントが「談話」に代えて「行動化」することに反対する。パーソナル・コンストラクト心理学がエナクトメントの技法（enactment techniques）ないしは「役割演技」を重視するのは，この精神分析の見解に反対しているように見える。その理由はおそらく，われわれが心理療法を，技法レベルでは，もっと多様な心的過程を含むべきものであり，これらの過程はいずれもそれ自体は健康でも不健康でもなく，また，治療的でも病理的でもないと見ているからである。心理療法は多様な心理的過程の知的な操作（manipulation）と組織化（organization）なのである。したがってエナクトメントは，治療者とのもっと明白なコミュニケーションを産出する代わりに，妨害になりうるときがあるのだ。また別のときには，エナクトメントが，いくらかのコンストラクトを検査するために治療室内に持ち込む最適の方法であることもある。さらにいえば，エナクトメントは必ずしも弛緩した解釈を意味するわけではない。クライエントは，即興の役割演技の要請によって，いくつかの小さな解釈を，明白な行為をとりうるポイントにまで，強制的に緊縮させられるときがある。

われわれの緊縮への第7のアプローチは，エナクトメントという方法による。たとえばクライエントは以下のような弛緩した両価的なコンストラクトを表出するかもしれない。

オレは養母に憎まれていると思う。もちろん，養母はオレに対して非常に親切だ。彼女は，オレが彼女を嫌っていると考えたなら，すごく混乱したと思うよ。それでも，オレは彼女に自分の気持ちをはっきりさせようという気にはなれない。養母がオレを本当に愛してくれていたなら，彼女はオレをもっとコントロールしようとしたはずだ。彼女はオレの好きなことをいっぱいさせてくれた――オレが彼女の進む道を邪魔するようなときでも。彼女は，オレが彼女を必要としていると思っているようだが，それ以上に，彼女のほうがオレを必要としているように思える。彼女はオレのすることは何でも受け入れてくれるようだ。でも，オレは自分が本当にそれを好んでいるのかどうか確信をもてない。時に彼女は足を踏ん張って，オレに何かをさせようとするのを断ってくれたと，オレは人にいうことがある。もちろん，彼女はそんなことはしなかった。でも，彼女がそうしたというふりをするのは，いい気分だ。

これは，心理療法を受けている18歳の少年が，養母について示した説明である。

これにはついていくのが難しい。これは弛緩しているのか，それとも，単純にふつうでないだけなのか？　われわれはもちろん，何が起こったのかについて，いくつかの仮説を縷々述べるのに，タイムアウトを取れないわけではない。最も明らかなことの1つは，彼が10年間の孤児院生活の後で得られた家庭生活の自由によって，脅威を感じていることである。他のものもあるが，われわれはここでは，コンストラクト・システムのいくつかの側面を緊縮するのに，演技行為を用いる可能性に，関心をいだいているのだ。

　クライエントが養母の役割をエナクトするときには，彼は彼女に関する解釈を特定の台詞と表現に翻訳させられることになる。エナクトメントのために選ばれた状況が，すでに起こった出来事の単なる再描写である場合には，彼は主にその出来事の記憶にたよることになるかもしれない。新しい状況が治療者によって設定される際には，クライエントは養母が新奇状況で演じるはずだと考えるその考え方で演じるように強制されることになる。彼は彼女についての自分の解釈に基づいて，即興で演じなければならない。治療者は，この母親が息子の話をするのに治療者のところにやってきた振りをする，古ぼけたスタンバイ状況を使うことができる。これはラフな課題ではあるが，ふつうは重要な結果をもたらし，そうでなければ弛緩したままになっているいくつかの解釈を緊縮させる。この役割を交代して，クライエントが治療者の役割をとり，治療者が母親の役割をとるときには，彼は彼女の視点を援助的な方法で包摂しなければならない立場に置かれることになる。再び彼は彼女についての自分の解釈を緊縮しなければならないのだ。

　しかしエナクトメントは，さらにもっとポジティブな方法でも，解釈の緊縮を提供する。治療者は，自分がクライエントやその母親の役割をエナクトするときには，しばしば自分の描写の迫真性の評価をクライエントに求める機会をもってきた。クライエントはその役割がどのように演じられるべきかを治療者に説明する際に，もっともっとはっきりしていることが必要であることを発見する。クライエントがどれほど明快になるのを要求するかは，治療者次第である。治療者は，前に示唆したように，少し調子はずれの演技をすることによって，クライエントの状況解釈に挑戦することさえできる。このクライエントが，大量の以前の質問，挑戦，反対尋問でもオープンにすることのできなかった，面倒で弛緩したコンストラクトを緊縮するのは，しばしばこのタイプの訓練においてである。時に彼は以下のような批評を言うとき，明瞭な手がかりを与えてくれる。「私が母についてあなたに言おうとし続けてきたことが何だったのかが今はわかります。それは……でした。だから，あなたが彼女のような役割を演じようとされる場合には，あなたは……でなければならないはずです」。あるいは，彼はこんなふうに言うかもしれない。「私が母について言い続けてきたことには，それほどたいした意味はありません。さてここに，彼女が演じなければならなかった

はずの道があります。それが彼女を完全に新しい照明の下に置きます。そうではないですか？」。この後者のタイプの所感は，いくらかの緊縮があったということだけでなく，その軸が新しい位置に回転されてきたことをも示している。

　他者の役割がどのように演じられるべきかに関する治療者の教示が，その人についてのクライエントの解釈をもっと明白にさせるのにどれほど役に立つのかということだけでなく，クライエント自身の役割がどのように演じられるべきかに関する教示が，彼自身の役割にどんな解釈が加えられるべきかについて，もっとはっきりさせるのに役立つようである。彼自身の役割がどう演じられるべきかが説明され，例示される場合には，この解釈はふつう緊縮され，後に家で類似の状況に出会うときには，おそらくより一層使いやすくなっているだろう。緊縮した解釈を常に妨害する手続きからはほど遠いが，エナクトメントはしばしば，その代わりに，クライエントが秘かに考えてきたものについて非常に明快な解釈をもたらすのに使える手続きである。さらにいえばそれは，**治療者によってクライエントの上に重ね合わされたコンストラクト・システムの中というよりもむしろ，クライエントがみずからのコンストラクト・システムのなかで明白になる**のを助けている。おそらくこれが，精神分析家がこのタイプの緊縮を回避する理由である。それは，クライエントが分析家の用語法を使うよりもむしろ，彼自身の用語法を使うように招いているからである。

　ｈ．概念形成　第8に，コンストラクトは基本的な概念定型を使用することによって緊縮されうる。つまり，**これらのうちの２つはどう類似し，なおかつ第３のものとはどう違うのか？** である。治療者は言うかもしれない。「あなたはこれとこれとこれについて，話をされました。この３つをもっとよく理解できるかどうかを見てみましょう。これらについて，考えてみましょう。これらのうちの２つは類似していて，第３のものからはどうかすると切り離されて見えるでしょうか」。

　類似と差異は両方とも探索が可能である。この概念が形をとり始めるとすぐ，治療者はクライエントがこの解釈を緊縮するのを援助でき，このコンストラクトの文脈の類似の極と対照の極の両方に，もっと多くの要素を加えるよう求めることで，利便性の範囲の確立を援助することができる。「そしてこれもまた——これらの１つに類似していますか？……しかしあなたは，それがそうであるように，他のこれが対照的に目立っていると言いたいのですか？……この例をもっとたくさん考えられますか？……あの例をもっとたくさん考えつきますか？」。これらは精緻化の手続きであり，われわれはすでに心理療法における精緻化の技法については論じた。われわれは，これらが解釈の緊縮との意味的連関のゆえに，ここで今一度これらについて言及しておこう。

　ｉ．確証エビデンスの要求　解釈を緊縮する第9の方法は，確証エビデンスを求めることである。治療者は単純にこう言う。「どのようにしてそれがわかったのですか？」

「あなたが物事をこのように見るようになったのは，何が起こったからですか？」「あなたが本当にこのように感じることを，どのようにして確信できるのですか？」「どんな種類のエビデンスがあれば，あなたは自分が間違っていたと確信するでしょうか？」「もしこれがそうではなかったとしたら，どうすればそれがわかるでしょうか？」「これはたしかにあなたの言おうとしていることなのですか？」。

　j．語の結合　10番目の技法は，語の結合を促すことである。クライエントは自分のコンストラクトのおのおのに名前を付け，その同じ名前を堅持することが求められる。治療者は，これらのコンストラクトについて話をするときには，標準的な用語体系を注意深く使う。この語の選択は辞書的な定義に対応する必要はない。語はクライエントの個人的な辞書からとってくればよい。しかしながら，人は語の結合の方向に完全に同意したいと思う場合には，辞書的定義を用いるのが有利である。辞書は，コンストラクトを厳正（rigid）にすることに関して文化的圧力をもたらすからである。

　現実には，語の結合は単なる緊縮を越えて進んでいく。それはクライエントの解釈に非浸透性を生じる傾向もある。彼が語を緊縮したシンボルとして受容するときには，実験心理学の言語では，彼はあえて「刺激拘束的」になることになる。これは一種の厳正さ（rigidity）である。思考は流動的でなくなっていく。新しいアイデアはすぐに言語ラベルのついたカテゴリーに整理される。そして抵抗は，これらのどんな再定義やこれらの意味の精細化に対しても設定される。

　これはよいことなのだろうか？　時にはイエス，時にはノーである。前に示したように，厳正で正確な意味を決定する人は，上位の意味について考えを進めていく自由がある。彼はまた，ある客観的な有利さをもってコミュニケーションすることもできる。彼に耳を傾ける人は，彼の言葉を文字どおりに解することができる。彼は知的な統合性を持つ人のように見えるかもしれない。ただしもちろん，人格の統合性にはこれ以上のものが含まれている。彼の意味するところはうまく制限されている。彼は主観的，印象的というよりも，客観的で現実的に見える。

　しかし，言語拘束的な思考者にも難点はある。彼は無名のものを扱うのが困難である。彼はそれらに脅威を感じるかもしれない。図式的にいえば，彼はどんな新しく当惑させるものに出会ったときでも，辞書のところに走っていく。その定義が辞書になければ，彼は途方に暮れる。彼は新しいアイデアに対しては硬直的（rigid）であり，言葉によらない仲間の思考に対しては鈍感である。

　それでも，硬直性はトラブルに巻き込まれないようにしてくれるかもしれない。自己の妄想的構造をある固定した専門用語に封入できる「妄想症」者は，社会でうまくやっていくことができるかもしれない。もし過剰に熱心な治療者がクライエントのいくつかの言語結合を弛緩しようと試みたりすると，クライエントの妄想は拡大されて，あらゆる種類の社会的困難に追い込まれるかもしれない。

k．時間結合　11番目の技法は**時間結合**（time binding）を促進することである。クライエントは実質的に自己のコンストラクトに日付をつけるように，そしてこうすることで，それらのコンストラクトの領域メンバーシップから，別の時期に生じるすべての要素を，除去するよう求められることになる。これはまた，利便性の範囲を狭める一方法にもなる。クライエントは考えることを強要される。「これは，私が高校時代に経験したものには適用できるが，今ではもはや適用できない見解である」。語の結合の場合と同じように，この種の緊縮はこのコンストラクトを非浸透性へと還元する傾向がある。

われわれの文化は，時間結合によって生じた非浸透性の素晴らしい例をいくつか提供してくれる。われわれの古代の祖先は，奇跡のなかに大きなストックを蓄えていた。われわれの宗教的な文書の多くは奇跡的なイベントの説明を含んでいる。われわれの多くは上位レベルの最重要の宗教的価値をふるい分けて取り出すことはできないが，われわれは直解主義と律法主義にはたよることができる。われわれは原則よりもむしろ法則を学ぶ。われわれは宗教的な著作の文字を読んで，その精神をとらえることに失敗する。あるいはむしろ，われわれはその精神を，文字を超越しうると考えられる何かとして，見ることに失敗している。われわれは奇跡に出会う。われわれはこの20世紀においてマジックにたよって生きるよう試みるべきなのだろうか？　明らかにノーである。われわれはマジックという見解を捨てようと試みるべきなのだろうか？　われわれがこんなことをしようと試みるなら，われわれの宗教的価値はどうなるのだろうか？　この見通しには愕然とさせられる。

われわれの解法は，時間結合に訴えて「奇跡の時代」について語ることである。「かつて奇跡はあったが，それはもはや起こらない」のだと。奇跡というコンストラクトは**時間の拘束**を受けており，したがって非浸透性に還元される。古代にこれに防腐処理を施すことによって，われわれはみずからの宗教的思考のいくつかを解体修理しなければならない脅威を回避する。ついでにいえば，宗教的価値の全システムは，こうして「奇跡」とともに，防腐処理されやすく，したがって，現代の問題に対しては，ひとしく非浸透的になるのだ。しかし，これはもっと長い物語になる！

l．他の形式のシンボル結合　シンボル結合には他の形式もある。人は，場の結合（place binding），人の結合（person binding），状況の結合（situation binding）等々を促しうる。「これは，われわれがこの場所でのみ適用できると考えるコンストラクトである。またそれは，その人だけに，あるいは，その特定の状況だけに適用できるコンストラクトである」等々。こうして思考は緊縮され，このコンストラクトは非浸透性へと還元される。このようなケースではそのコンストラクトを検証して，それを完全に棄却するのが望ましいように見えるかもしれない。が，このような改訂は，奇跡への敬虔な宗教的信仰がそうであるように，パーソナリティの組織に破壊的な影響を及ぼすかも

しれない。

15 | 心理療法的緊縮において出会う困難

a．恒常的象徴の意味の移動　治療者がいくらかの解釈をクライエントに緊縮させようとする努力は，困難にぶつかる可能性がある。治療者が，クライエントはあるコンストラクトの適用に際して一貫しているべきだと，説得しえたと考えるちょうどそのときに，クライエントは自分の象徴表現において一貫しているだけであって，コンストラクトそのものはなおも曖昧で一貫しないやり方で適用していることを，この治療者は発見するかもしれない。クライエントがみずからのシンボルの使用を狭小化しているからといって，彼がそれらをいつも同じように適用しているとは仮定できないのである。

たとえば，治療者はクライエントとともに，「私の権利の尊重」という言葉でクライエントが何を意味するのかについて，明快な見解を考え出すかもしれない。治療者は，クライエントが以後このコンストラクトを緊縮した明快な方法で使い，したがってこれを，独立に扱われたほうがよさそうないくつかの他のコンストラクトとは分離することを希望する。ここには，何が「私の権利の尊重」のもとに含められるべきかについて，多くのうなずきと広範囲の同意があるかもしれない。また「私の権利の尊重」に対して何が正反対になるのかについて，はっきりした同意さえあるかもしれない。

翌日には，このクライエントはこの用語を適切と思われるやり方で使用する。しかしこのセッションが持続すると，治療者は，クライエントが言っているように見える以上のことを意味しているという不快感を形成していく。その言葉は同じなのだが，その意味は再び移動したのだ。治療者は憤慨するかもしれない。しかし，これはクライエントがその全人生を通じてとくにクライエントが特別な種類の個人的経験を処理しようと試みてきたときに，やり続けてきた類のことがらだということを，治療者はしっかり心にとどめておく必要があるだろう。

治療者は次のような判断をしなければなるまい。すなわち，「私の権利の尊重」というコンストラクトの緊縮への試みが早すぎたのか，このコンストラクトは今までに緊縮されたことがあったのか，それはただちに緊縮され検証されるべきであったのか，あるいは「私の権利の尊重」が，日々移動しているもっと重要な解釈の文脈における小要素であるのか，である。おそらく今起こったことは，クライエントが自己の自由なフィールドの見解を移動させ，「私の権利の尊重」の下位コンストラクトがこのシフトによって影響されるということである。このシフトは単に上位構造における日常的な弛緩を代表しているだけかもしれない。あるいは，クライエントのものの見方の新しい望ましい発展を表わしているのかもしれない。

b．浸透性を犠牲にした緊縮　時に緊縮は，クライエントが浸透性を犠牲にすることによってのみ達成されうる。クライエントに抽象思考や上位思考ができない場合には，クライエントにいくつかのコンストラクトを緊縮した構成に還元させようとするどんな試みも具体主義的あるいは先取り的になるだろう。原理あるいは上位構造としての**尊重**の見解が，クライエントの理解を越えているときに，治療者が「私の権利の尊重」という見解をクライエントに緊縮させようと試みると仮定しよう。治療者はクライエントによって産み出された説明材料に話しをしむける。クライエントは「私の権利の尊重」と命名されうる実例間の関係を見るのだと考える。「これについてはっきりさせよう」と治療者が言う。「はい，はい，これが私の本当に言いたいことなのです」とクライエントは言う。次回の面接で治療者は，クライエントが具体的になることによってのみ明確になりうること，そして，明白な事実の蓄積と，これらが単なる説明例になっているだけの原理との区別ができていないことを発見して，がっかりする。この結果は，クライエントが「私の権利の尊重」を状況 A, B, C——これらであって他の状況ではない——で自分の身にとくに起こったことから表層的に成り立つと見ているということである。このコンストラクトの緊縮は，これを非浸透性の状態に還元したのだ。これは治療者が手に入れようとしたものではなさそうである。

c．あまりにも偶発的なコンストラクトの産出　緊縮されたコンストラクトは，われわれの用語の定義では，より**偶発的**になり，より**包括的でなくなる**かもしれない。この点で緊縮は類似の困難に遭遇するかもしれない。いいかえれば，このコンストラクトを状況 A, B, C に適用することが，これを A, B, C に限定することではなかったとしても，このコンストラクトは狭く A, B, C に類似した状況に限定されえたはずである。D が多くの他の点で A, B, C と似ていると見られる場合には，これはこの緊縮された定式化に含めてもよかったのかもしれない。しかし，E が多くの他の次元で A, B, C に似ていないと見られる場合には，この緊縮されたコンストラクトは，E を包摂するほど十分には包括的ではないことになるだろう。この人には単純にこれが A, B, C に似ているとはまったく見えないだろう。ここでもまた，このコンストラクトの緊縮は具体主義的思考をもたらすのである。

特別な困難は，クライエントが自己の緊縮したコンストラクトを日常的状況の処理に使おうとするときに生じる。もしこのコンストラクトが緊縮によって偶発的に与えられた場合には，それは純粋に学術的ないしは歴史的な価値をもつだけであろう。それは異質な状況の出会うビジネスには適用できない。もしそれが偶発的に与えられたのなら，それは非常に狭い利便性の範囲しか持たないので，めったに適用できないだろう。それは——新月の暗闇で象に足を踏まれるような場合にのみ有効な——格安の事故保険契約（証書）のようなものであろう。

d．緊縮しかつ上位にあるコンストラクトを生み出すことの困難さ　われわれは，

抽象的な処理能力を失った人がしばしば，抽象的あるいは緊縮した上位解釈の代わり
に，弛緩した解釈に訴えざるを得ないことがわかる。彼は原理を把握できないので，
事実をシャッフルすることにたよる。治療者はしたがって，自分の緊縮への努力が，
クライエントを一種の無力な具体主義に還元するだけにならないことを確かめなけれ
ばならない。通常クライエントはこのような治療者側の努力に抵抗しようとするだろ
う。実際，クライエントはしばしば，治療者の種々の見当違いの努力に抵抗する頑健
な能力を示すものである。

　　e．衝動性の処理　　治療者は衝動的なクライエントを扱うとき，緊縮するのが困難
になるかもしれない。前章で示したように，衝動的なクライエントはC‐P‐Cサ
イクルを短縮する人である。クライエントは，あらゆる適切な角度からみずからの状
況を眺め終わる前に，決定をし，行為をとる。治療者がこのことを知るよりも前に，
クライエントは向こう見ずにも一連の行為にみずから飛び込んでいったのだ。再考し
たうえで，彼は自分の決定が性急であったことを認める傾向がある。

　　しかし，このすべては何を意味しているのであろうか？　彼は自分自身がどんな種
類の人間だと考えているのであろうか？　ここにはこれらの矛盾した行動のすべてが
ある。彼の統合性は脅かされている。おそらく彼は，ある種の弛緩した自己解釈をもっ
て，自己を維持できるのだ。彼がこれらを結合するのにどんな論拠を採用しようとも，
これらの多様な衝動的行為は必然的に弛緩したものになるはずである。治療者がクラ
イエントの思考を緊縮させようと試みる場合には，クライエントは安楽でいるために，
あまりにも多くの自己矛盾に直面させられていることがわかるかもしれない。自己に
ついて弛緩した思考を継続することは，ふつうは衝動性に続いて生じるはずの不安に
対抗する部分的な自己防衛になるかもしれない。

　　f．「関係」のみを望むクライエント　　自分の世界を治療室に限定したがるクライ
エントには，治療者は困難を経験しやすい。このクライエントが治療者との「関係療
法」をもちたがると仮定してみよう。さて，「手厚い（hand holding）」タイプの治療に
は必ずしも何かの問題があるわけではない。が，治療者がそれを企てるときには，自
分は何に参加しようとしているのかを知っていると確信すべきである。クライエント
は治療者に対して応答的になり，治療者もクライエントに対して敏感に応答してくれ
ることを期待する。クライエントと治療者が相互に「理解」しあうかぎり，なぜ曖昧
でなくなるのか？

　　これが生じる場合には，治療者は，――クライエントが弛緩した思考に没入すると
き彼らの間のコミュニケーションが失敗することを示しさえすれば，緊縮を獲得でき
るかもしれない。彼は，クライエントが表現しようと試みていることに対して，自分
が実際以上に鈍感であるように見せることによって，これをするのかもしれない。賢
明な治療者は，クライエントが受容の必要性を知覚するときに「わかります」という

のと同じように，クライエントが解釈を緊縮すべきだと考えるときには「私にはわかりません」といえるように，いつでも心の準備をしているのである。

この状況の1つのバージョンは，クライエントがはっきりとは抽象化したがらないことを行動化すると強く主張するときに生じる。おそらく彼は敵意を表出しているのである。彼は治療者が自分の問題を誤解していると非難するが，それにもかかわらず，この問題をもっとはっきり定式化しようとは何もしない。治療者は，敵意の本質に気づいているので，クライエントが確証エビデンスを無理やり得ようとするコンストラクトを探し求める。「今日は私に対して敵意を感じていますか？」と単純に尋ねる代わりに，治療者はこういい続けるかもしれない。「あなたはこの批判に対して，私にどのように反応させたいと思うのですか，何か考えを言ってくれましたか？」「どんな種類の反応をあなたは求めているのですか？」。これには，このような反応によって確証されるはずのコンストラクトについて，質問が続けられるかもしれない。たとえば治療者はこう言うかもしれない。「さて，あなたはなぜ私がそれをするのを期待されるのですか，説明してくれますか？　これがおそらく重要なのです」。他のタイプの行動化が生じるときには，類似のアプローチが使われるかもしれない。

g．検証意欲のもてなさ　緊縮した解釈は，クライエントの抵抗を受けるかもしれない。というのも，明瞭に表現された意見はどんなものでも，賭けをすることへの暗黙の誘いになるからである。これは，衝動的なギャンブラーを扱う場合にそうであるように，人の社会的交渉のすべてに当てはまる。どんなアイデアでも予測的な意味合いをもつ。それは，明瞭に表明される場合には，検証を招くことになる。弛緩して表明される場合には，検証を受け付けない。多くのクライエントは，あえて賭けのリスクを取らないので，苦みの極への緊縮に抵抗するのである。

時に治療者はクライエントの責任逃れによって自分自身が挑発されたと感じて，クライエントを自我関与させる方向にあらゆる努力を傾けることがある。これはもちろん，治療者側の敵意を表わしている可能性がある。治療者が成功すると仮定しよう。クライエントはこの結果にみずから順応する準備をする前に，自己のコンストラクトを検証にかけるように強制されるかもしれない。彼は自分自身の罠にかかってしまうのだ。しかし治療者は，自分の心理学の技能をみずから祝福する途上にくる前に，クライエントの敵意に焼かれているのがわかる。治療者はみずから勝利の点数を稼いでも，自分のケースは失ってしまうのである。

たとえば「転換ヒステリー」のクライエントのケースを取り上げよう。このラベルが貼られているケースではしばしばそうであるように，その思考はある領域では弛緩していると仮定する。このクライエントは自分の健康状態がよくないと主張する。治療者はクライエントを計略にかけて，もっとはっきりした訴えを定式化させるようにする。さて，このクライエントは，自分はきっと癌にかかっているはずだと言う。そ

こで医学検査が必要になり，治療者は喜んでその検査計画を立てる。突如クライエントは，自分がいる場所に気づく。彼は検査を受けるが，その前夜に彼が自殺企図をするという医療報告を聞くことになる。この実例に基づく説明は，緊縮した解釈がクライエントに提起しうる窮状をドラマ化したものである。いくらかのクライエントが治療のいくらかの段階で緊縮に抵抗することには，ほとんど何の驚くほどのこともない。実を言えば，あらゆる治療者が，希望するときにはいつでも緊縮を強制できたなら，彼らは非常に多くの損傷をこうむっていたかもしれない。

　　h．**前言語的解釈についての困難**　緊縮した解釈を生み出す際の主要な困難の1つは，人間の発達の本質にある。弛緩したコンストラクトの多くは前言語的である。したがって，これらはすぐには言葉で表現ができない。治療者は，そのコンストラクトの文脈の移しかえによるだけでなく，クライエントがその文脈を見せたがらず，これがあれば把握できる象徴的手がかりを，あまりにもわずかしか提供してくれないことによって，自分にはハンディキャップがあることに気がつく。それは，生きた魚に暗がりで触れるようなものである。それはくねくねと動くだけでなく，滑りやすくて見にくいために把握が困難なのである。

16 │ 心理療法的緊縮における危険性

　治療者がクライエントにみずからの解釈を緊縮させるときに，出くわす困難を論じるに際しては，われわれは誤って適用された緊縮手続きの危険性のいくらかにも言及してきた。広く言えば，心にとどめておくべき主要な危険性は2つある。第1は，クライエントをみずからの解釈の意味するものに対面させうる，時期尚早の緊縮の危険性である。いいかえれば彼は，自分の住む世界について何か適切な対立仮説（解釈）を構成する前に，みずからの仮説の検証を強要される危険性があるのだ。彼が自己の仮説を，対立する帰無仮説に対比して検証せざるをえず，しかも，この帰無仮説のほうが支持された場合には，彼は混乱した不安に直面することになるだろう。

　もし，そしてこちらのほうが可能性は高いのだが，クライエントが自己の現在のパーソナルな仮説を，背後にかなり重みのあるエビデンスをもつ脅迫的な仮説と対抗させて，検証しなければならない場合には，彼は対照的な行動を示して，自己をさらなる困難に突き落としかねない。人は，クライエントが反証エビデンスにどう対処できるのかについて多少のアイデアももたない場合には，コンストラクトを重要なテストにかけるようにクライエントに要求するべきではない。治療者は，たとえクライエントが確証エビデンスを探し出すだろうと確信できても，警戒を怠ってはならない。緊縮された解釈は実験への招待になるので，治療者が警戒しなければならないポイントは，クライエントに解釈の緊縮を求めることを考慮するときである。

　たとえば，自分は職業分野では無能だと解釈してきたクライエントについて考えて

みよう。治療者は，この領域のクライエントの思考が弛緩している傾向があり，したがって容易には明確な検証には従いにくいことに気がつく。彼はクライエントに自分の無能にもっと明確に気づかせようと試みる。最後にクライエントは自分の有能性に関するある明白な解釈を固める。ここに，テストされうる何かがある。クライエントは自分が失敗するだろうと予測したテストに成功するのだ。さて，いくらかの心理学者が長く主張してきたように，人生は「成功」や「失敗」によってのみ確証されるのなら，クライエントはあらゆることに非常にハッピーであるに違いない。彼は所定の治療費に加えていくらかのボーナスを支払い，楽しそうに自分の道を進んでいくはずである。時には実際にこういうことが生じる——少なくとも時には楽しそうに自分の道を進んでいく。しかし，もっと深く混乱したクライエントにおいては，この「成功」は安堵というよりも脅威になる。この新たな事情の転換の結果として，クライエントは再組織化の課題に直面することになる。この課題は本質的に非常に広範囲にわたるので，彼は仰天させられるのである。

　自分が職業的に有能だったと発見することは，クライエントにとってどんな意味があるのだろうか？　治療者は最初からこのことを肝に銘じておかねばならない。クライエントは自己の無能感が他の根拠に基づくことを認めざるをえなかったという意味なのだろうか？　おそらく，排斥されないように，そして，罪悪感の痛みに苦しまないようにするためには，自分には無能のフロントを維持する必要があると見ているのではなかろうか？　彼の無能への主張は，自分の世界をベストのポケットサイズに切り詰める一種の収縮なのであろうか？　これらは，コンストラクトを緊縮して，それを厳密な検証にかける前に，自問するべきタイプの質問なのである。

　a．**クライエントと治療者の両方に敵意を生み出す危険性**　すでに示したように，コンストラクトを緊縮することの危険性の一部は，このコンストラクトの検証がなされて反証エビデンスが出てきた場合に明示されうる敵意にある。敵対的なクライエントは，自分自身の実験結果（われわれの**敵意の定義**を参照）に直面することができず，疑惑を突きつけられたこのコンストラクトの確証を強引に引き出そうと試みる。彼はこの確証を治療者から引き出そうと試みるかもしれない。治療者は，自分がこの強要の犠牲者だとわかると，みずから敵意を持つようになるかもしれない。彼もまた，自分の治療的実験の結果に直面することができないのである。クライエントと治療者が相互に敵対するようになると，治療関係は生産的になりそうにない。

　したがってある意味では，クライエントのコンストラクトの緊縮は，治療者自身をクライエント自身の仮説検証に巻き込むことになる。彼は定式化の分析をクライエントの口を通して行ってきたとしても，みずからもこれを行ってきた。治療者はこの定式化の結果に直面する準備をしているのだろうか？　この実験が裏目に出たとしたら，彼は何をするつもりなのだろうか？

b．包括性，浸透性，命題性の喪失　第2の主要な危険についても，難題の議論に関連して言及してきた。いくらかのクライエントは，広大な概念を正確に定式化しようと試みるときには，これらの概念はその包括性や浸透性を犠牲にせざるをえないように見える。彼らは広大な原理を正確な用語で述べるのが不可能だということを見いだしている。彼らはこれを正確に述べるためには，偶発的なケースの集合へと狭く絞り込まなければならない。彼らはさらに前進しなければならないかもしれない。いったんそれを正確に述べたなら，彼らはこのコンストラクトを先取り的に扱わねばならないかもしれない。

　治療者はこの傾向がパーソナリティの「硬直性（rigidity）」の増大の方向にあると知覚するだろう。緊縮したコンストラクトの包括性から偶発性への動きは，その適用を狭い範囲の要素に限定する。緊縮したコンストラクトの浸透性から非浸透性への動きは，その新しい経験への適用を妨げる。命題性から先取りへの動きは，クライエントが同じ要素を異なる角度から見ることを妨げる。これらはすべていくらかの形式の「硬直性」を表象している。したがっていくらかのコンストラクトは，その包括性，その浸透性，およびその命題性を保存するためには，弛緩したままにしておくのが，当面は好ましいのかもしれない。

　われわれはしばらくの間，心理療法における弛緩と緊縮の両面の，機能，技法，困難，および危険について，あれこれと論じてきた。心理療法のすべての手続きについての議論は，これら2つのクラスの手続きのケースでわれわれが試みてきた議論ほどには完全な議論を提供することはできない。治療者のすることの多くは解釈の緊縮や弛緩を含んでいるので，これら2つをやや詳細に論じることによって，われわれはパーソナル・コンストラクト心理学の，人生の再解釈への適用を，最もよく説明できそうに思われる。この後のわれわれの議論は，印刷の節約のために，もっと概略的なものになるだろう。

17 ｜ 緊縮と弛緩の間の前後の紡ぎ合わせ

　スキュラとカリュブディスの間で舵を切るという，しばしば言及されるフェニヒェルの隠喩は，よいたとえである。彼はまた心理療法を玉ねぎの皮むきにたとえる。これもまたよいたとえである。長期の治療では，治療者はクライエントが一連の適応段階を通過していくのに付き添う。彼は浸透性を獲得して，捉えにくいコンストラクトを包容するために，しばらくのあいだクライエントに解釈を弛緩するよう求めるかもしれない。それから彼は，クライエントに解釈を緊縮して吟味するよう奨めるかもしれない。

　ある形式の適応がその緊縮のレベルでしばらくはうまくいったあとで，治療者は，おそらく同じ文脈要素を扱いながら，そしておそらく新しい領域で，再びこの解釈を

広げるかもしれない。そこでクライエントは最後の「洞察」群を再考しなければならなくなるかもしれない。一時期の弛緩した解釈の後で，治療者は緊縮の方向に再び動き出して，新しいレベルで適応モードの確立を追求するかもしれない。このサイクルは，本質的には創造性のサイクルなので，長期にわたる治療の過程で何回もくり返されるかもしれない。

　治療者は，クライエントを緊縮させテストさせる前に，クライエントに「本物の信頼を抱く」よう強要すべきでないことに，気づくことが大切である。治療はどんな科学的冒険にも似て，逐次的接近法によって進行する。治療者は，部分的にはクライエントが特定のよりよい適応モードを達成するように，そしてクライエントがもっともっとよい適応モードを発達させうる方法を学習するように，クライエントに一連の「洞察」段階に徹底して取り組ませることのみを追求する。治療者は，人生を再構築（再解釈）するのに，どうすれば創造的になれるのかを，クライエントに教える。人が新しい弛緩と緊縮のサイクルを開始するときには，最後のサイクルでクライエントが学習したものは，再考のために引き離されるかもしれない。この現在のサイクルから生じる，待ち望んだ「洞察」は，次の苛立たしい「抵抗」になるかもしれない。したがって，人がひどく混乱した一対のメタファーを用いる場合には，人は岩と渦の間をあちこち進路変更しながら，玉ねぎの皮むきをすることになる。

　　a．織り合わせの危険　　織り合わせにも危険がある。とくに治療の初期段階では，人はあまりにも急速に判断と経験との交代をクライエントに求めないように，注意しなければならない。彼はどちらを行なう能力も失うかもしれない。これは若い心理療法家の間では共通に見られる誤りである。研修心理療法家が面接時間を延長しているのがスーパーバイザーに見つかるときには，この心理療法家は同じ面接時間内に，緊縮と弛緩の両方を多くしようとしすぎている可能性が非常に高い。この治療者は，このクライエントの問題については非常に多くを理解しており，クライエントがこれにどうアプローチすればよいのかも知っていると感じながらセッションを終了しているのかもしれない。しかし，このクライエントは実際にはほとんど進歩していなかったようである。治療は一時に一歩前進することが必要である。1セッションの目的は，ふつう，クライエントに健康を付与する個人的磁気を1時間分の価値だけ与えるということではなく，むしろ，よく考えられた治療のコースで，できることなら，一歩を完遂させることなのである。

　治療の初期段階では過剰な織り合わせは回避すべきであるが，どんな1回の面接のコースにおいても，弛緩と緊縮の小さなサイクルは存在する。時に人は最初から少し緊縮した解釈をもつことが必要なこともあるが，通常，判断やより緊縮した解釈は，面接の最後にやってくるものである。人が最後に緊縮した解釈を求めるときには，彼は，クライエントが今回と次回の面接の間に現実世界でうまくやっていかねばならな

いことを，そして，次の２，３日間は「自由連想をすること」でうまくやっていける
とは期待できないことを，心にとどめているのである。この緊縮は，面接間のギャッ
プを埋めるある程度のしっかりした構造を，彼に与える。時にこの緊縮した構造は，
この面接中に進行してきたものの，大雑把な要約以上のものではない。クライエント
がこの弛緩過程に十分に限界設定をするのには十分なだけである。最初に緊縮が企て
られるときには，面接中に今にも試みようとされている弛緩に，安全の限界を再設定
することが，レビューの本質にはあるのかもしれない。

　ｂ．種々の治療段階におけるサイクル　治療の初期段階では，「経験的な」あるい
は弛緩したレベルでの面接がかなり連続的になされうる。ふつう治療者がこれを試み
るのは，治療者が弛緩を手中に維持する能力に，クライエントがかなりの信頼をおい
ていると確信した後だけである。精神分析家は，これを転移の一側面として記述して
いる。われわれは転移をいくらか違うように定義した。が，治療者に対するいくらか
の依存の転移は，治療中の弛緩や不安の段階でクライエントを保護するのに役立ちう
ることを，われわれはしっかりと認識している。われわれは，クライエントの解釈を
弛緩させて十分に安心させるために，治療者が父親役割のなかで見られるべきだとい
う主張しない。われわれが心理療法家の役割の章で述べたように，初期の治療的努力
は，いくつかの重要なコンストラクトをただちに検証にかけるよりも，どうすれば患
者でいられるかをクライエントに教えるという性質をより多く帯びている。弛緩した
解釈が最初に企てられるときには，それは，どんな種類の思考が治療者に予期されて
いるのかをクライエントに示すためにデザインされた練習として試されやすい。この
弛緩の練習に包摂される要素は，脅威を与える要素でないほうがよいかもしれない。
そして治療者はとくに混乱させるような材料からは離れているように，はっきりと助
言されるのがよい。

　治療の後方の段階では，弛緩と緊縮との織り合わせは，ふつうより短い周期で生じ
る。結果的に，同じ面接のなかでかなりの程度の弛緩と緊縮が，両方とも生じうる。
これは，クライエントの自己自身についての思考がもっともっと正常な創造的思考に
似てくるときである。実際,それは創造的思考である――あらゆる治療はそうなのだ！

第21章

Producing psychotherapeutic movement
心理療法的な動きの産出

　本章では，治療者がクライエントを駆り立てて，新しいアイデアと新しい行動を実験させる治療段階で採用される技法を扱う。

A 解釈，動き，ラポート

1 ｜ 治療的「解釈」と，パーソナル・コンストラクトの浸透性を高める手続き

　パーソナル・コンストラクト心理学は，治療的解釈について伝統的な見解をとらない。ただし，クライエントが人生の再解釈をするのを援助するのに，われわれが使いたいと思う手続きの多くは，新しい概念を大皿に盛ってクライエントに提供できると考えている治療者が使っているものと，同一ではある。しかし，瞬間瞬間の技法はしばしば同じであるとしても，対照的でシステマティックな視点は，クライエントに対して異なる世界をつくり出す。この違いは主に，いくつかの緊急事態の扱われ方と，クライエントの逸脱したものの見方に対して治療者が示す寛容さに現われる。

　われわれが説明を試みる体系的な視点から見ると，コンストラクトは生きた人間の心理的過程である。それは，発せられた言葉の翼に乗って，ある人から次の人へと浮動していく不可解な本質(エッセンス)ではない。治療者は自己自身の見解を象徴する言葉で空気を満たして，クライエントを悩ませ困らせることに成功できるだけである。この治療者は，クライエントが自身の提供できる材料から，新しいコンストラクトを形成するのを，援助しなければならない。彼らの間を行き交うこれらの言葉は，クライエントにとってこれらが何を意味するのかによって，そして，どんな自然の象徴表現にもよらずに，あるいはそれら自体のどんな魔術的特徴にもよらずに，価値づけられる必要がある。治療者はいつもクライエントのパーソナル・コンストラクトと連携して作動する。これら以外のコンストラクトは，治療者のためだけに存在する――われわれが提案した診断コンストラクトの場合がそうであるように，治療者の思考をまっすぐに維持するよう援助するためである。あるいは，それらは治療者自身の娯楽のためにのみ存在するのかもしれない。

コンストラクトは**個人的**^{パーソナル}なものであるだけでなく，人の内部で進行する**過程**でもある。したがってこれは常に予期を表現する。この点を忘れて再考を始めるのは簡単である。というのも人は何世紀ものあいだ概念をアイデアの地理的集中として考えたからである。人がクライエントとのコミュニケーションを試みるときには，クライエントの心内の過程を方向づけようと試みている。彼はいくらかの予期を生み出そうと試みているのである。

a．「解釈」における基本原理　しかし，治療者が予期するものと，その後に，彼がそれを超えて拡大するのを見ている予期の連鎖とは，クライエントが見ているものと根本的に違うかもしれない。論理的にはたとえば，**時間厳守**の概念は，治療者にとっては人がある特定の時間にある特定の場所に習慣的に現われるという以上の意味はないかもしれない。しかし，クライエントにとっての時間厳守は，自分の人生を時計に合わせてチェックされること，時間を守らない人々を待つために，人生の多くを無駄使いせねばならないこと，すでにいっぱいになった部屋にはどんな劇的「入場」も果たせないこと，非常に多くの「前置き」を聞くように運命づけられること，あるいは瞬間的に彼の空想をとらえた友だちやアイデアや安楽椅子に，長くはとどまらないことを意味するかもしれない。クライエントに**時間厳守**を売り込もうとする治療者は，クライエントのレパートリー内に見られるコンストラクトの個人的性質と，背負わされた予期の重荷の，両方を考慮に入れたほうがよい。

これは，治療的解釈を統治する原理にわれわれを導く。**クライエントによって理解される解釈はすべてが，彼自身のシステムによって知覚される**。同じことを別の表現方法でいうなら，解釈するのは常にクライエントであり，治療者ではないことになる。この治療者が有効であるなら，この解釈はこのクライエントにとってどんな意味を持つのかを考慮に入れねばならず，彼の提示する自然の「正しさ（correctness）」にたよるだけではだめなのだ。

われわれが緊縮の議論で示したように，治療者がそれに対する名前を暗示する場合には，これは時にクライエントが弛緩した思考中に出くわしたコンストラクトを安定させるのを援助することがある。これは，クライエントが振り向いた瞬間にこのアイデアが走り去ってしまわないように，シンボルにつなぎとめる方法になる。さらに治療者は，できることなら選択された諸要素をクライエントが解釈するために並べておくことによって，クライエントの解釈を定式化するための舞台設定をすることもできる。しかし，解釈を行なうのは常にクライエントである。一方治療者は，クライエントが賢明に解釈するのを援助できるように，自分のできることをするだけである。

b．基本的な解釈の型　治療者が解釈を促進するのに採用しうるかなり単純な技法がいくつかある。次のタイプの文章はその使用されうる形式を示している。

1. これはAに似ていますか？　Aにどう似ていますか？
2. あなたはAについて話してこられました。私はあなたがかつてBについて話されたことを思い出します。
3. あなたはAとCについて話してこられました。しかし，AとCはどう似ているでしょうか？　AとCはどう違いますか？
4. これは，あなたが……によって言おうとしたことですか？
5. 一般的な表現ができるのかどうかを見てみましょう。
6. さて，これを試着してみましょう。
7. あなたがAを望まれたのなら，それはあなたが……そして……そして……を望むという意味だと推測してよいでしょうか？

このタイプの文章はすべて，クライエントが話してきたことを，何か新しいより一般的な形式で概念化するよう誘っていることを意味する。

c．利便性の範囲の拡大　時に，治療者の主要な課題は，クライエントにコンストラクトを定式化させるよりもむしろ，すでに形成済みのコンストラクトの適用範囲の拡大の可能性を，クライエントに検討させることである。これは利便性の範囲の拡大の問題である。利便性の範囲が拡大される場合には，このコンストラクトはまったく新しい経験の処理に利用できる可能性がより大きくなり，したがってより浸透的になるだろう。

この機能は，しばしばこの治療が主に歴史的材料を扱ってきたケースで，発生する。クライエントは最終的には，「自分はいかにしてその道に到達したのか」について，満足のいく定式化をもつようになるだろう。しかし，彼の「洞察」は，「彼はそれについて何ができるのか」に関する含意をもつには，十分に浸透的ではない。自分が自分の伝記の犠牲者だと見る傾向のあるクライエントは，自分の理解をもっと非浸透的なコンストラクトに限定しやすい。彼らにとって歴史は，過去の合理化を示しているが，未来のための代替解釈を提供するものではない。治療者はしばしばまったく同じものの見方の限界によって制限されている。それでも実際には，心理療法家の課題は，過去を合理化するために過去を解釈することではなく，未来のために適切な再解釈を見いだすことにある。

ここに，治療者が自分の頭を過去から抜け出させ，自分の鼻を治療室の外に突き出させるべきポイントがある。彼は新しい状況をもたらすことができ，新しい状況をもたらすようにクライエントを励ますことができる。その結果，新しい経験を新しいコンストラクトの下に包摂できることを示しうる。彼は，この新しい構造が新しい経験にどう適合するのかを示すためにエナクトメントを使うことができる。彼は現在の面接と次の面接の間に生じやすい経験を予期することができる。彼は，無感動な具体性

の領域から取り出して，生きた領域に入れるために，このコンストラクトの彼自身の浸透的な使用法を示すことができる。この新しい構造の現在の含意を探究するように，彼はクライエントを励ますことができる。

d．精緻化の使用　われわれはすでに精緻化の技法については論じた。これらの技法の多くは，今までに見たように，すでに定式化されたコンストラクトにより大きな浸透性を生じる効果をもつ。ここには文書化あるいは「徹底操作」の技法がある。ここには後の節で述べる弛緩と緊縮の間を往復する織り合わせ（weaving）がある――これは浸透性を築くための含意をもっている。ここには所与のコンストラクトの利便性の範囲の拡張を妨害するいくつかの特徴を分離する技法もある。いくつかの要素をそのコンストラクトの文脈から分離することによって，その全体のコンストラクトは，ある場合には，より浸透的になるかもしれない。これらはすべてが，コンストラクトの浸透性を増大させるのに使われうる。

2 ｜ 心理療法における動きの判断

　治療者は，クライエントが人生を再解釈する際にいつ進歩を示すのかを，どのようにして知るのだろうか？　小さな進歩の断片のそれぞれを正確に測定して，その全体の一部を査定するのは，実際には不可能である。たしかに，いくらかの面接は他のものよりもっと有益に見えること，そして，とにかく面接がなくなれば治療者の気が楽になりうる面接が時にはあることを，われわれは知っている。たしかに，経験のある治療者なら，進歩は面接時間の合計によって測定されうると信じるほどナイーブではない。クライエントの人生の再解釈を援助するためになされうることの多くは，面接室の外でなされる。面接室のなかで生じることの多くは，時折の適切な言葉，洞察のひらめき，言葉の選択，適時の沈黙などの事柄である。

　1回の面接の長さは，たしかに進歩の測度にはならない。伝統的な面接の長さは約45分であるが，これはおそらく，何か自然の心理学的サイクルによるというよりも，スケジュールを決めるのに便利だということによって決定される。治療者のなかには，あらゆる面接は半時間のベースでなされるのがよいのではないかと信じるものが，いくらかはいる。彼らは，重要なやり取りの多くが，時計がセッションの終りを指していることにクライエントが気づいた後に，あるいはその終了時間の直後でさえも生じることに気づいている。こういうわけで，彼らは時計がセッションの終了を早く示すほど，あるいはクライエントが早くその敷居に気づくほど，より早く本題に入るようになり，準備的なスパーリングに使う無駄な時間を減らすことができるだろう。

　a．驚 き　短期の動きは，クライエントが新しいコンストラクトや古いコンストラクトの改訂版を扱っていると見えるその見え方によって，通常は判断される。治療者は，クライエントがある困惑領域の明瞭な概念化を形成し終わったときを，どのよ

うにして知るのだろうか？　治療者が気づきうる手がかりはいくつかある。第1にわれわれは，困惑させる要素が収まるべきところに収まったと見えるときにクライエントが示す驚きに，言及することができる。これはレヴィン (Levin) によって有名になった「アーハ！」現象*である。時にこの驚きは笑いの形をとることもあるが，治療者はこのクライエントの笑いをあまりそのままに受け取らないように注意しなければならない。時にそれはこの問題からの突然の撤退，嘲笑，あるいは今までずっと困難を生じ続けてきた解釈の突然の再現を表わすことがあるからである。

　　b．**自発的な考証**　適切な再概念化への第2の手がかりは，クライエントが自発的な考証を提供してくれる傾向である。彼の提供してくれる新しい要素は，彼の象徴の反復よりももっと明瞭に，このコンストラクトがどのように機能するのかを示している。新しい構造の包括性は，クライエントが自発的な考証において示唆している多様な要素によって示されている。彼のこの新しいコンストラクトの解釈が，有意味な方法で，かなり多様な新要素の包摂を許容する場合には，そしてこの包摂が弛緩しすぎていない場合には，治療者は達成された洞察のレベルについて，安心することができる。

　　c．**現在の経験の使用**　第3の手がかりは前述のものと類似している。しかしながらこれは，新しいコンストラクトの浸透性の指標を指している。もしその後の面接で，クライエントが面接間の日常経験からの要素を自発的に含める場合には，治療者はこれを浸透性のエビデンスととらえることができる。クライエントが社会的な状況で新反応を生じる際にこのコンストラクトを用いてきたことがわかる場合には，この治療者は特別に安堵できる。しかしながら治療者は，この行動がクライエントを付加的なトラブルに引きずり込まないかどうか，あるいはそれが，クライエントの重要な新しい展望を切り開くかどうかを，知りたがるだろう。クライエントがトラブルに巻き込まれる場合には，その困難は，クライエントのこのコンストラクトの誤解にあるというよりもむしろ，治療者が彼を援助して生み出させたコンストラクトにあるのかもしれない。

　　d．**行動に関連した気分の変化**　第4の手がかりは，クライエントの日常的行動にあまり大きな変化を伴わない「気分」の変化である。この基準は，今までに引用してきたものと，そしてわれわれの理論的立場の全体的実際的な性質と対比してみると，矛盾しているように見えるかもしれない。しかしながら，気分行動は主に対照的^{コントラスト}の行動である。このクライエントは，いくつかの主要なコンストラクト次元の一方の端から他方の端へと揺れ動く。このクライエントは，自己の人生を新しい方法で構造化した後で，気分の変化の表層的なサインを示すのかもしれない。が，この揺れはそれほど大きくはなく，また同じコンストラクトの領域内では生じないようである。それはあたかもこの気分がその支配力のいくらかを喪失し，パーソナリティの表層のさざ波の

ようになったかのようである。クライエントはこういうかもしれない。「私は毎日同種のことをやり続けているようだ。しかし今私は，これらについてはあまり動揺しなくなったと**感じ**ている。この変化は**行動**の変化よりも，**感情**の変化のほうがより大きいようだ」と。あるいは彼は，「私の見るかぎりでは，私はいつも直面していたのと同種の問題に直面しているのだが，今だけはこれらがそれほど圧倒的であるようには思えない。私はなぜそれがそうなるのかは正確には知らない。が，今ではそれらは違うと**感じ**ているように思える」というかもしれない。あるいは彼は「唯一の違いは，今では私は緊急事態に異なる出会いをしているようだ」というかもしれない。

e．行動の対照的な知覚　第5の手がかりは，治療に内在する脅威のゆえに，「健康への逃避」をしている人のケースでは誤解されやすい。クライエントには自分の現在の行動を以前の行動とくらべて，いろんな意味で，対照的に知覚する傾向があることである。ここで，このクライエントが自分自身の動きについてもつ知覚に関する，ハワードの興味深い研究を今一度引用させてほしい。彼は患者の入院時に，われわれが以前の章で記述したのと類似の形式で，自己特徴づけを書くよう依頼した。この自己特徴づけをＡと呼ぼう。これらの患者が約6週間の治療を受けた後で，ハワードは彼らにもう1度自己特徴づけを書いてもらった。この自己特徴づけはＢと呼ぶ。彼はまたこの時に，これらの患者が入院時に書いた自己特徴づけを思い出して，書いてもらった。この自己特徴づけはＣと呼ぶ。ここでは3つの比較ができる。ＡとＢ，ＡとＣ，そしてＢとＣである。人はまたこれらの比較を比較できる。たとえば人は，ＡとＢの間の対照性を取り上げて，これがBC間の対照性と同じくらい際立っているかどうかを見ることができる。ここで後の2者は同じ時に——Ｂはその瞬間に，Ｃは思い出して——書かれている。

ハワードは，患者がAB間よりもBC間でより大きな対照性を示す傾向を見いだした。この対照性は常に進歩を支持して表明されたわけではなかった。これは単純にＡとＢのコントラストを誇張したものであった。患者は，それがどちらに方向づけられているかにかかわらず，変化を膨張させる傾向があるのだ。ハワードによれば，これはコンストラクト形成の関数であり，どんな比較をする際にも，われわれはこの差異を実際以上に強調する傾向があるのだと指摘されている。この強調は，人が記述しようとするものを目立たせる傾向があるのだ。

ハワードの研究は，クライエント自身の動きの概念化に光を投げかける。彼には現在の自己を以前の自己と対照させながら見る傾向がある。彼は自己の人生を取り巻くトラブルについて不満を言い続けているがなお，これを行ないうる。彼は結果的にこういう。「ご覧ください。私はまだ解決されていないこれらのトラブルのすべてを経験しています……私？　おー，もちろん**私**は変化しました。私は，ここへ来はじめたときの私とは大きく異なる別人です。しかし今までのところでは，私は自分の問題を

まだ解決していません。このために，私はそれらの問題をあなたに話し続けているのです！　教えてください。私がもはや問題を持たなくなるポイントにはいつ達するのでしょうか？」

　いくらかのクライエントは，治療目標は「心の平安」であると考えている。そして彼らの考える「心の平安」は，人間の肉体の問題に対する禁欲的無関心と同義語とされている。治療者は，クライエントを安楽にしてあげようとする試みに非常に忙しいので，いま自分の抱え込んでいるものには気がつかない。時に治療者は，クライエントに現在のものの見方を治療開始当初のものの見方と対照させてみるよう求めることによって，実績評価することを必要としているのである。

　f．訴えの変化　新しい概念化の適切性を見る第6の手がかりは，いくつかの訴えの撤回，あるいは古い訴えの新しいものへの置き換えでさえありうる。しばしばクライエントは主「症状」がなくなったことを治療者に伝えるのを怠るものである。その理由は時には，症状が不快な記憶のように，変化する概念化の関数として意識のフィールドから脱落してしまうからである。時には，このような約束された結果が得られているちょうどそのときに，彼らが治療者に治療を打ち切られたくないと思うからである。時には，彼らが切り裂かれたくない依存関係のゆえにである。時にはそれは，なかなか消えない敵意によるからのようでもある。つまり，彼らは自分たちが症状の本質について間違っていることを認めたくないからである。クライエントのかつてのなじみのある訴えを聞いてからずいぶん時間がたったことに突然気がつくときに，この手がかりはまず治療者によって知覚される。

　g．要　約　第7の手がかりは，前回の面接で何が起こったのかについての，クライエント自身の要約に存する。これらの要約は書かれたものでも口頭のものでもよい。クライエントが自分の言葉で要約する仕方は，彼が新しい「洞察」を歓迎したのかどうかについての何らかの指標を与えてくれる。

　h．自閉的な材料の変化　第8番目の手がかりは最もおもしろいものの1つである。それは，クライエントによって産出された，自閉的ないしは弛緩した材料の変化である。クライエントは新しいコンストラクトをとくに精緻化はしないかもしれないが，治療者は，夢，自由連想の材料，弛緩したコンストラクト等々が新しい内容を含み始めることに気がつくとき，何かが生じたことに気がつく。疑わしい新「洞察」に続いて生じる夢には，異常な鮮明さがあるかもしれない。これらは，前方の節で論じた里程標の夢である。夢のテーマの進展は，前に生じたものとは対照的であるかもしれない。治療室内で生み出される自由連想の連鎖でさえ顕著に異なる進展過程を示すかもしれない。TATプロトコルの変化についてはわれわれは実験していないが，これらのケースで人物分析はこの新しい構造を反映していなかったかもしれないが，テーマ分析では見いだしうる変化があったのではないかと，われわれは疑っている。

＊原注：洞察と学習の閉鎖に関して**アーハ現象**の重要性を強調したのはゲシュタルト心理学者であるが，ハリ
マンの**心理学辞典**では，この表現の起源はイギリスの政治科学者グレーアム・ウォラス（Graham Wallas）の
1926年の表現に由来する。ウォラスは実際に創造的思考の技能の議論において「クリック」ないしは「フラッ
シュ」現象として言及している。N. R. F. マイアー（Maier）は，カール・ビューラー（Cahl Bühler）の
1916年の論文の「アーハ経験」に注目したとき，この用語の起源のより近くを指さしている。いずれにせよ，
この用語はアルキメデスが風呂場で発した「ユレーカ」の叫びの現代版である。

3 ｜ 不適切な新しい解釈への手がかり

a．弛緩した解釈　適切な新しい解釈への手がかりが存在するのと同様に，想像上
の新解釈の不適切性に対する手がかりも存在する。その第1は，新しいコンストラク
トの風変わりなあるいは弛緩した言語表現である。たとえばクライエントは新しい反
対概念を主張し続ける。このことは，クライエントがみずからの新しいコンストラク
トについては常に分節していなければならないということではない。それよりもむし
ろ，彼の言語表現は，自分が何について話しているのかがまだ正確にはわかっていな
いということを，治療者に明瞭化させるのには十分に雄弁でありうるということであ
る。

b．異様な考証　第2の手がかりは異様な考証である。クライエントは新しい「洞
察」をもつと主張するかもしれないが，それが文書化されると，治療者はそこに含ま
れるものにあきれるかもしれない。

c．過剰な単純化　第3の手がかりは単純化のし過ぎである。クライエントは，彼
の新しい「洞察」がある種の魔術的なまじないであるかのように，あらゆるものを先
取り的にひとまとめにする傾向がありうる。躁病のクライエントは，時にこの過剰に
単純化された解釈を示す。それは彼らがみずからの問題のすべてを解決すると期待す
る，一種の心理的まじないになる。

d．対照行動　第4の手がかりは，鋭い行動変容の本質あるいは「健康への逃避」
に存する。この行動は，新しい準拠軸が形成されているエビデンスというよりも，む
しろ単純な対照的な質を示している。このクライエントは昨日は控えめであったのに，
今日は活気にあふれている。抑うつ的であったのに今は多幸的である。昨日は敵対的
であったのだが，今日はすべての人を愛している。昨夜は罪人であったが，今日は聖
人ぶっている。これらの一晩の変化は，人生が解釈される次元システムの改訂から生
じると期待される変化ではない。しばしばこれらの対照移動（contrast shift）は，クラ
イエントがさらなる治療を通過する脅威を逃避行する以上のものではない。時にはク
ライエントは，治療の過程で次にやってくるものに直面するのを避けるために，健康
な人のようにふるまおうと絶望的な努力をすることがある。

e．杓子定規な適用　第5の手がかりは，クライエントが自己の新しい「洞察」を
堅苦しくあるいは杓子定規に適用する傾向である。彼はみずからの洞察を法律家が細

則を読むように適用するのだ。

4 | 妥当な再解釈の産出に失敗する原因のチェック

　クライエントが新解釈を受容した様子が，治療者にわかり，なおかつこの新解釈が不適切に定式化されていることが治療者のチェックによってわかるときにはいつでも，治療者にはこの失敗のありうる原因をチェックする必要があるかもしれない。

　a．チェック不安　第1に，新しい解釈が定式化される直前に，人は，クライエントに過剰な不安のサインがないかどうかをチェックする。クライエントは藁にもすがろうとするかもしれない。また不安定な生徒が先生のところにリンゴを持ってくるのとまったく同じ方法で，治療者のところに新しい「洞察」を持ってくるかもしれない。非常に不安なクライエントは，純然たる絶望のなかで新解釈につかみかかるかもしれない。治療者は，クライエントには理解できないコンストラクトに，非常に熱狂的にしがみつかせるよりも，クライエントに支持あるいは再保証さえをも与えたほうがよかったかもしれない。

　b．治療者は弛緩した解釈によって「取り入れられる」かもしれない。　第2に治療者は，クライエントの弛緩した探索的定式化のいくつかにおける，みずからの熱心すぎる賛同をチェックしなければならない。たぶん彼は，クライエントによって生み出された「洞察」と見えるものに——実際にはこのクライエントは有用なアイデアの最もかすかな光を見ただけなのに——あまりにも熱心に飛びついてしまったのだ。

　c．治療者の不安　最後に治療者は，自分自身の不安と混乱をうっかり漏らしてきた可能性がないかどうか，みずからチェックして見なければならない。これが生じるときには，クライエントは時折り「洞察」にしがみつく。というのもそれは，治療者が沈没しつつあって，もはや自分を支えてはくれないと感じるからである。クライエントはしばしば治療者の不安定感を感じ取って，両者の頭を水面から出し続けるように勇猛果敢な努力をしばしば行なう。著者は，治療者がクライエントを支え得たよりも，クライエントのほうが治療者をより多く支えたと思われるケースを見たことがある。クライエントはこの2つ——時に治療者にも利益をもたらすとともに，自分自身にも利益をもたらす——をもっているようであった。

5 | 「ラポート」「転移」「抵抗」「解釈」

　これらの4語はふつう，心理療法家の実用的な語彙のなかで重要な位置を占めている。それゆえに，これらのすべてに関連してわれわれの立場を要約しておくことが賢明であるように思われる。

　a．「ラポート」　「ラポート」という用語に関しては，われわれはこの用語を使いたいと思う特別な技法的感覚をもちあわせてはいない。われわれはしたがって，パー

ソナル・コンストラクト心理学のなかで，これに何か特別な体系的定義を与えようとは試みてこなかった。実際，とにかくわれわれがこの用語を使うことは，絶対に必要ではなさそうである。というのも，これが包摂するもののほとんどを，われわれは**役割**という用語で概念化しているからである。しかしながら，**役割**という用語は，われわれが非常に特殊な定義を与えたものなので，読者がこの定義に慣れるまでは，ある程度の困難を生じる可能性がある。**役割**についてのわれわれの視点は，われわれの社会性の系——ある人が他者の解釈過程を解釈するかぎり，彼はその他者を含む社会的過程において役割演技をしているといいうる——にその基盤を置いている。役割の定義の精緻化は，この系の最初の議論に関連して，提供されている。

「ラポート」に関しては，われわれはそこで，治療者がクライエントの解釈システムの一部を包摂できるようになるとすぐに，そして社会的な過程を企てる際に，治療者にみずからの努力とクライエントの努力を結合する準備ができているときに，治療者がクライエントとの関係で**役割**を演じる立場に身を置くことだと信じたい。対照的に，クライエントの治療者に対する役割関係に関する仮説は，しばらく後になるまでは，あまりたいした問題にはならないかもしれない。言いかえれば，治療者は，クライエントが治療者に対する関係で役割を採用するよりもずっと前に，クライエントに対する役割関係を採用できるのだ。もちろん最小限の意味では，各人は自分が別人——人間存在なので，おそらく何か特徴的なものの見方をもっているはずである——の存在する場にいることを知覚するとただちに，おのおのが**ある**程度の役割関係を採用することになる。

役割関係が形成されると，これらの2人——クライエントと治療者——は相互にかなりの注意を払うようになる。とくに，対面的な接触中にはそうである。彼らの相互作用は，いくらかの治療者が「ラポート」があれば幸福であるはずだと主張するほどには，幸福ではないかもしれない。われわれの視点から見ると，相互作用における幸福は，必ずしも常に有益な関係に存在するわけではない。われわれは，クライエントと治療者の間の関係の単なる快適さよりもむしろ，この2人の間の役割関係を強調する。相互の解釈システムのどの部分を，彼らは包摂できるのだろうか？　彼らのお互いについての解釈の本質は何なのか？　これらは，この2人がわれわれの心理療法と呼ぶ社会的過程を，どれほど有効に実行しているのかを決定するのに，重要な問題である。

「ラポート」の他の特徴については，われわれは**不安，罪悪感，脅威，受容**のような専門用語の下に包摂したい。これらの用語はすべて，われわれがパーソナル・コンストラクト心理学の体系内で，かなり緊縮した定義を指定した用語である。これらの定義はこの時点で要約しなおす必要はおそらくなかろう。

　b．「転移」　精神分析家によって説明されてきた「転移」は，込み入った概念であ

る。基本的に彼らは，患者が治療者を両親の一方と人 物 誤 認（misidentification）^{ミスアイデンティフィケーション}をする，一種の歪んだ知覚だと見ている。しかし，彼らはここで止まらない。彼らはさらに進んで，転移の下に，このミスアイデンティフィケーションに続いて常に生じるはずだと信じる多くの行動や態度を包摂する。

この用語の精神分析的な用法は，われわれの目的にとっては，あまりにも弛緩しすぎているように見える。われわれはしたがって，この用語の使用法を緊縮して，より正確に，いかなる人にも他者を第三者の複製として，偏見をもって知覚する傾向があるが，この傾向を指すことにした。この意味では「転移」は必ずしも病理的ではなく，また，この予断は必ずしも反感を抱かせるものでもない。治療を受けているクライエントは，種々の知覚を治療者に転移する可能性がある。治療のいくつかの段階で，彼は治療者にどんな個性も認めたがっているとは見えないかもしれない。そして，彼は自分が若者だったとき自己を父親に関係づけざるをえなかったように，自己を完全無差別に治療者に関係づけているのだと主張するかもしれない。

精神分析家はこの種の転移を好む——ある点までは。彼らは，このような治療者についての先取り的知覚が，クライエントの社会の重要な初期のメンバーとの関係を再概念化するための機会を，クライエントに与えるのに，最終的には使われうると信じている——そしてわれわれもこれに同意する。ほとんどの精神分析家は，しかしながら，われわれよりも，歴史的な「原因」を強調する。したがって彼らは，クライエントが父親との幼児的関係をすべて矯正することを，より執拗に主張する傾向がある。精神分析家は，クライエントが子どものようなやり方で治療者に依存することをも含めて，転移状態にあると話す傾向があるようだが，われわれはとくにどんな先取り的コンストラクトが治療者に適用されてきたのか，そしてとくにどんな依存性が治療者に向けられてきたのかに，もっと関心がある。われわれは，治療的に有益な役割関係がこの2人の間に確立されるためには，子どものような依存性の無差別な転移がクライエントによって治療者に適用されるべきであると，義務的に考えようとは思わない。

ｃ．「抵抗」 「抵抗」は，われわれが何か特別な定義を保留する用語ではない。われわれは，人間の動機づけについては防衛理論をとらないので，精神分析家が仮定せざるを得ないような重要な意味を，この用語にはもたせていない。その代わりにわれわれは，種々の人々のコンストラクト・システムに必要な限界を認識している。われわれは恐怖と不安を認識している。しかし「抵抗」は，人が不安に対抗して防衛するためにデザインされた特別なタイプの過程であるとは見ていない。われわれがこの用語を使うときには，弛緩と緊縮の困難さの議論のなかで用いたように，これを学術的な意味というよりも，文学的なあるいは常識的な意味で用いているのである。

クライエントのなかには，治療者に望まれることを処理するのに失敗することによって，あるいは，治療者の非常にはっきりしたものの見方でものを見るのを拒否す

ることによって，治療者を憤慨させるものがいる。が，このようなクライエントでも，必ずしも人としての治療者を撃退しているわけではない。もっとありそうなのは，治療者が当然包摂されるべきだと考えるものを，自己のコンストラクト・システムに，包摂していないという事実である。クライエントが敵対的である場合には，彼は実際に治療者の中から鞭打つ少年を追い出しているのかもしれない。しかしこれさえも，われわれの感じるところでは，余裕のない賭けをして，その悪い賭けを取り戻そうとする努力として見るほうがよさそうである。クライエントが「頑固ものだ」と主張するよりも，治療者が今起こっていることについて見識のある解釈をもはやもっていないことと同然である場合には，治療者もまた敵対的であると見られるだろう。ここではわれわれは，この**敵対的**という用語を，パーソナル・コンストラクト心理学でこれのために保留されてきた非常に特殊な意味で用いているのである。

　　d．「解釈」　「解釈」は，われわれがとくに限られた定義をもたない用語である。すでに指摘したように，解釈は，多くの善をなすためには，治療者の行為というよりもむしろ，クライエントの行為でなければならない。治療者は，クライエント自身に有用な解釈をさせようと試みるほどには多くの解釈を提示はしない。もちろん，治療者がより多くの解釈を提供するほど，クライエントは治療者が特殊な人間だというアイデアをより多くもつようになり，治療者がクライエントの知っている他のどんな人とも似た人だとはより一層見なくなる。したがって，多くの解釈を与える治療者は，クライエントの治療者への**転移**を崩壊させる傾向がある。治療者の解釈が概して理解しがたい場合には，クライエントは，いろんなものから多くの意味を汲み取るには，この治療者にはたよれないことに，すぐに気がついてしまう。したがって，彼は治療者への**依存**をやめる。その結果，クライエントは治療者との役割関係をみずから確立するのがより困難だとわかるかもしれない。したがって，治療者の「解釈」と，この治療状況でクライエントのもちこたえられる役割関係との間には，重要な関係があるのだ。

　　e．**転移の解釈**　さて，精神分析家がしばしば主張するところによると，転移関係は最終的には「解釈」されなければならない。フェニヒェルは，「抵抗の解釈」は「内容の解釈」の前になされなければならないと主張する。「抵抗の解釈」は，通常，転移の解釈を意味するので，正統派の精神分析的見解では，クライエントは，治療者のいくらかの態度の独自性について完全に評価できるようになる前に，いかに自分が治療者に予断をもっていたかについて，何かを見なければならないことになる。

　　改めてわれわれは，今までにも非常にしばしばそうしてきたように，精神分析の広範囲の技法に賛同する。しかし，われわれのアプローチはいくぶん異なる概念化がなされており，したがって治療室内ではいくらか異なる実践がなされている。われわれはクライエントがみずからの役割関係を統治するコンストラクトを定式化し表現する

のを援助しようと試みる。レプテストのプロトコルは，これらの役割関係を，予断的知覚として見る機会を，われわれに与えてくれる。しばしばクライエントは，このテストを受けた瞬間から，このようにこれらを見始める。しかしなお，自分がどれほど転移に依存しているのかへの完全な気づきは，治療の数か月後になるまでは始まらないかもしれない。彼が治療室内でこのような予断を治療者に適用するという事実は，彼に，しらべるのにわかりやすい例を提供することになる。しかし，それは転移の唯一の例ではない。そして，クライエントが治療者のみへの転移に関心をもつときには，治療者はクライエントの「洞察」を収縮させているようにわれわれには見える。われわれの視点からは，転移の再構築（再解釈）は，治療者が自分もまたクライエントの予断の犠牲者だと，あえて指摘するよりもずっと前に，完全にほぼ最初の面接から始まっているのだ。

　f．転移のサイクル　言うべき問題はもう１つある。このトピックに関する前方の節で，われわれは弛緩した解釈と緊縮した解釈の間の織り合わせについて述べた。ここでわれわれは，治療の早期の段階では弛緩と緊縮のサイクルがより長く，後期の段階になるとこのサイクルがより短くなると述べた。この転移関係にも，そしてしばしば転移を特徴づける依存にも，まったく同質のサイクルがある。クライエントはいくつかのレディメードの知覚を治療者に転移する。これらにはおそらくいくつかのタイプの依存が含まれている。このクライエントは物事を理解し始める。彼は治療者を，単純にみずからの仕事をしている職業人として，そして自己の依存性をより弁別的に配置できる何かとして見始める。彼はもはや自分のトラブルのすべてを治療者の膝元にぶちまけざるをえないとは感じない。こうなると，転移サイクルは終わりになりつつあるということができる。

　この転移サイクルとその局面への手がかりについては，以前の章で論じた。われわれは，クライエントがなお治療を打ち切る準備ができていないと感じる場合には，次のサイクルに突き進ませてよいという事実についても述べた。ここでわれわれが指摘しておくべきことは，これらのサイクルが治療の終結段階では非常に短くなりうるということである。

　時に治療者は，楽しそうに自分の道を進んでいきそうだと思われるクライエントに見られる「終結時の燃え上がり（terminating flare-ups）」と呼びたくなるものに，びっくりさせられることがある。これらの短いサイクルは，時には２，３日あるいは面接の一部分で続くだけだが，しばしば治療者からの援助はほとんどなしに，クライエント自身によって解決される。それはあたかも彼が「ええ，そうなんです。私はほとんど忘れていました。私はかつてあなたに試着してほしいと思った１つの枠組みがありました。でも，その時間的余裕がなかったのです。何が起こるのかを見て見ましょう！」それから彼は，何か非常に奇怪なものを取り出したので，治療者はびっくりして座り

込んだ。それでもクライエントは，半分はまじめであり，以前はあえて検査に提示しなかった精神病的構造の最後の名残を一掃しているのかもしれない。この経験は，治療者にはすぐには忘れられないもののようであり，それゆえに治療者は，クライエントの精神病的下部構造を見落としたと非難されないように，たぶん専門的な友人にはあえて打ち明けようとしないものである。

g．治療は脅威を及ぼす　治療はどんなクライエントにも脅威になりそうである。われわれはこのことを指摘せずに，本節を締めくくるわけにはいかない。この事実は，クライエントと治療者との役割関係に重要な影響をもっている。ここでわれわれは**脅威を及ぼす**という語と**役割**という語の両方を，以前の章で定義してきた体系的な意味で使用する。治療の見通しによって脅威を感じないクライエントは，非常に前向きに子どものような依存関係をとろうとするか，もしくは，治療が彼の見方を変化させるという信念をほとんど持ちあわせていないか，のいずれかである。われわれは，治療者との関係に関してクライエントが知覚している脅威の大きさは，どれほど大きな危機に瀕しているのか，そして彼がさし迫っていると考える変化がいかに悩ましくももっともらしいのかについての，彼の知覚の大きさである，と言うことができる。

この状況でのクライエントの脅威の感覚は彼の罪悪感の測度であるといいうる。が，この常識的信念は誤解を生じやすい。これはむしろ，クライエントが治療者の同一化していると信じる社会と，自己自身が調和していないと感じることの測度である。部分的には，これはわれわれの定義した罪悪感である。しかしより大きい意味では，クライエントは自分が通常役割演技をしているその特定の社会で広く安全を感じているかもしれない。これは治療者が独特の社会内コントロールを持つグループに属するクライエントを扱うときに，心にとどめておくべき重要なポイントである。

6 ｜ 心理療法におけるクライエントの新冒険への準備性の規準

ラポート，転移等々を査定する主要な理由は，いくらかの話題領域が議論されうるかどうか，そして，いくらかの実験が試みられうるかどうかを判断することである。クライエントの治療者に対する役割関係があるタイプの疑問を持続させるとき，それを治療者はいかにして知るのだろうか？　これは重要な問いであり，これに満足な答えが見いだせない場合には，しばしば治療関係の崩壊を生じる。これに使われうる規準をいくつか見てみよう。

a．リラクゼーション　最も共通の規準はクライエントがリラックスしている様子である。クライエントがどれくらいリラックスしているかは判断が難しい。というのも，**緊張**や用心深さに対する目に見えるような運動反応は，何も見せないクライエントがいるからである。通常われわれは，姿勢，動作の自由度，話の調節，小さな運動行為のスムーズさ，面接内容に関連した表情表出の適切さ，眼球運動，色づき^{カラレーション}——と

くに首や顔面――，喫煙パターン，音色間の音声 (intertonal sounds)，呼吸パターン，心拍数――首に観察できる場合――，瞬きの不規則性等々についての，自己観察にたよらざるを得ない。

　b．**自発性**　第2の共通の規準は，クライエントの自発性である。彼は自由に非個性的な材料から個性的な材料へと動くのか，また個性的な材料は横において，もっと形式ばった言語で表現されるのだろうか？　彼は自己の話に叫びを用いることができるだろうか？　彼はスラングを使うだろうか？　言葉の流れはその内容にふさわしいか，それともメトロノームのように一定のペースで話されるのか？　語尾の子音はすべて注意深く発音されているか？　冠詞の a や an は，それに続く単語とは分離されているか？　彼は交代に話し役と聞き役をしているか，それとも，みずからが話しをしようとするのか，それとも，治療者に話をさせようとする傾向があるか？　必要なら，彼は治療者とともに，各人が一文以下の単位の短い陳述のみでつくる速やかに進行する会話を続けることができるか？

　c．**弛緩のコントロール**　第3の規準は，治療者の眼前で，クライエントが自分の解釈を自由に弛緩できる能力である。通常夢を治療者に報告するクライエントは，これを報告できないクライエントよりも，大きな安心を感じている。彼が自由連想の材料を産出できる場合には，それは通常，関係が形成されつつあるというサインになる。

　d．**警戒心の脱落**　第4の規準はクライエントが警戒心を脱落させることである。クライエントがはっきりした警戒装置を設定する方法は種々ある。最も共通の警戒装置は，彼の言うこと――とくに彼が個人的な問題について言うこと――のすべてに強迫的に限定句をつけることである。治療者が誤解しそうなことでも，彼がいちかばちかやってみようとしない場合には，防衛の持続が推測される。安定感をもつクライエントは，自分が言おうとしていることを治療者が誤解するか否かは，あまり気にしない。不安定なクライエントは正確にクライエントの意図した以外のどんな推論を治療者が引き出すのか疑わしく思う場合には，混乱してしまう。

　e．**現在 対 過去**　第5の規準は，クライエントの現在のものの見方と，その直前のものの見方を対照させる傾向である。この規準の適用に際しては，治療者はものの見方の対照や解釈と，状況のコントラスト<ruby>対照<rt>コントラスト</rt></ruby>を，注意深く区別しなければならない。クライエントは，状況は自分にとって最近根本的に変わったと感じているかもしれないが，このことは，自分の視点が最近何らかの改訂を受けたという意味ではないはずだと，感じているかもしれない。この視点の最近の改訂と，クライエントのその表現能力があれば，さらなる視点の変化をもたらすどんな動きによっても脅威を感じる必要はなかろうと示唆される。

　f．**現在 対 未来**　第6の規準は，クライエントの現在のものの見方を何らかの未来の見方と対照させる傾向である。もちろん彼には，最も一般的な用語での表現を除

けば，未来のものの見方の本質を表現することはできない。それができたなら，それはすでに現在において到達しているはずだからである。再びいうが，われわれが注目すべきことは，個人的視点であって，単なる状況ではない。このことを心にとどめておくことが大切である。その動きが過去から現在へ，あるいは現在から未来へのどちらであっても，これを概念化できるクライエントは，新しい話題領域の調査によって脅威をもたらされることは少なそうである。彼はとにかく自己を変化する人間として思い描く。そして，とくに壊れやすい構造を近しく吟味する場合でも，彼の世界の全体が崩壊しつつあるなどと感じる必要はない。ここでわれわれはハワードの命題を思い起こしてよかろう。運動を加速させつつあるクライエントは，解釈のなかで実際の変化を追い越してしまう，変化の解釈をもつことになるのだ。

g．楽観主義　第7の規準はクライエントの楽観主義である。クライエントが問題はすぐによくなるだろうと考え，治療はこの改善に何がしかの役割を果たすだろうことを示す場合には，治療者はもう少し早く動かしても安全だというエビデンスをもつことになる。この楽観主義がものの見方の改善よりも状況の改善に関係している場合でも，それはなおポジティブなサインになるのだ。

h．柔軟性　第8の規準は，クライエントが治療者の目前で解釈を変える能力である。クライエントは「数か月前，私は……と言いました。でも私は今，自分が本当にそう考えているとは確信できません」と言うかもしれない。あるいはクライエントは「私はこれをあえてやろうとしているようです。このことは私がそれについて防衛的になっているという意味なのでしょうか」と言うかもしれない。また彼は「わたしが最初にここに来たときには，……についてはあなたに一切物を言わせないようにしようと決意していました。でも，私は気が変わったようです」と言うかもしれない。

i．防衛を脱落させる　第9の規準は，治療者によって提供される解釈を防衛的にならずに拒否するクライエントの能力である。クライエントは「いや，もちろん違います」，あるいは「いいえ。あなたは間違った考えをお持ちだと思います」，あるいは「それは単純に馬鹿げて聞こえます！」と言うかもしれない。クライエントがさらに前進して，意見の違いを詫びねばならぬと感じているように見える場合には，また，クライエントがこのような言葉を述べた後で，受動的な沈静が生じる場合には，あるいはクライエントが治療者に意図するところを詳細に説明させることによって，治療者を検査しようと試みる場合には，この関係が困難な領域への探究を支持しないだろうと信じる理由があるのである。

j．攻撃性　第10の規準は，クライエントが治療者に対して攻撃的役割を演じる能力である。特定の領域を扱う準備のできていないクライエントは，この治療関係の中では自分は傷つきやすいと感じる人である。時に人は，クライエントが治療者に対して攻撃的にふるまうが，必ずしも敵対的にはふるまえない場合には，安堵できる。

彼はある問題領域への時期尚早の侵略に対してはいくつかの適切な防衛をもっている，あるいは彼は素早く仕事にとりかかってこのような防衛を打ち立てられる，と信じるに足る理由がある。

　この規準を適用する最善の方法の１つは，演技行為あるいは「役割演技」を用いることである。治療者は，クライエントが治療者に対して攻撃的にふるまうことを要求するエナクトメントの状況を構造化することができる。これらの役割は，わずかの時間のエナクトメントの後に，交代もできる。クライエントが「我慢」するとともに「わめき散らす」ことができる場合には，治療者は自分があまりにも傷つきやすくなるのを許さないという何らかのエビデンスをもっている。他方，もしクライエントが攻撃的な役割を演じるのが不可能だとわかる場合には，またクライエントが，治療者の演じる攻撃的役割に対抗して自己防衛できない場合には，彼はあまりにも傷つきやすくて，治療者が重要だと考えうる話題領域のすべてを処理できなくなるというエビデンスがある。

　k．治療者の解釈　第11番目の規準は，クライエントが治療者の課題を解釈する能力である。ある意味では，この規準は他のものを包摂する。というのも，クライエントが治療者のものの見方を包摂するということは，彼自身の治療者に対する役割関係の基礎そのものだからである。クライエントは治療者の仕事を何だと考えているのだろうか？　彼は治療者が何を達成しようと試みていると考えているのだろうか？　彼は治療者が何に関心をもつことを期待しているのだろうか？　これらの問いに対する回答は，クライエントが治療者に特定の新しい一連の問いを切り開かせる準備ができているかどうかを示しているのかもしれない。

　l．患者の役割　第12番目の規準は，クライエントの患者としての役割の解釈の下に，多くのコンストラクトを包摂するクライエントの能力である。これはどちらかといえば微妙な規準であるが，それにもかかわらず，有益なものである。もしクライエントが「ここには私のもつ態度，すなわち，私が治療を受けている事実に関係していると見られる態度があります」あるいは「私はどんな患者でも時にはこんなふうに感じることがあると思います」と自分自身に言い聞かせられる場合には，彼は面倒な材料を処理するのによりよい立場にいることになる。時に，「私は治療中なので，こんなふうに感じるのだと思う」と，クライエントが面接の真っ最中に言うことがあるが，そのときそれは単純に表現される。あるいは彼はこう言うかもしれない：「私は治療の外に出るときにも，この種の態度をもつだろうか？」と。彼は「これはおそらく，前回われわれが……について論じた事実に関係しているはずだ」と言うかもしれない。あるいは彼は，「私は前回そのアイデアをもっと話したと思います。というのも，それが，私の考えたはずの何かであったからというよりも，あなたが私にそうすることを望んでおられると思えたからです」と言うかもしれない。

人はこのタイプの表現を，関係妄想の本質のなかにありうる何かと，混同しないように気をつけなければならない。クライエントがイライラして「私は，あなたのところに来る前には，これらのアイデアは全然持っていませんでした」あるいは「これは，あなたのすべての患者さんに考えさせる方法なのですか？」と言う場合には，治療者は患者役割の概念の下に多くのコンストラクトを包摂するのに加えて，クライエントが治療者を砕きつぶすための斧をもつ，敵対的な人と知覚していることを疑う根拠をもつことになろう。

m． 治療者の描写　13番目の規準は，クライエントが治療者の役割を共感的に描く能力である。よい計画は，治療者が何らかのエナクトメント状況を設定して，治療者に援助を求めてやってくる別患者の役割を，クライエントに演じてもらうよう求めることである。心理療法家の役割の章で，われわれはこのタイプのエナクトメントの特殊なケース——ここでクライエントには両親の一方が治療者のところに援助を求めてやってきたという設定で役割演技してもらった——について述べた。この役割演技状況で役割が逆転されると，治療者はまた，クライエントが治療者についての概念をエナクトするのを見る機会を持つことになる。これが，クライエントが治療者のなかに見る準備をしているものだと気がつけば，クライエントは次には，この概念化が，自分の心のなかに持っているタイプの問いを裏づけるかどうかを判断できるかもしれない。

n． 衝動性の欠如　14番目の規準は，クライエントがある話題領域について話そうと決断する際の衝動性である。これは重要な規準である。それは，ある領域がまだ開かれる準備のできていないことを示す，逆の規準あるいは危険信号になっている。治療者のレパートリー内で最も重要なスピーチの１つは，「これは，これらのセッションが終了する前に，われわれが思慮深く考えたいと思う何かです。しかしながら，あなたは今のところ，私のことをよくはご存知ではありません。後になって話をしなければよかったと後悔せずにすむように，これについては，しばらくおいておくことにしましょう」。

著者には性の領域で混乱しているあるクライエントの事例が思い出される。彼女は完全に上品ぶっており，最初の２，３セッションでは治療者とこの話題については議論をすることができなかった。それからある日，医者でもある治療者が身体検査を終わろうとしていたとき，彼女は突然強い性的感情を彼に向けて表出した。彼は彼女のアプローチのなかの衝動的要素の評価を無視して，検査を終えるまでの数分間，ある程度インフォーマルな態度で，彼女がこの議論を続けるのを許した。２，３時間のうちに，彼女は彼に非常に強い脅威を感じるようになったので，彼は彼女との治療関係を継続できなくなった。

治療者は，ある話題領域の議論を振り返ってみるとき，クライエントがどのように

反応しようとするのかを，常に肝に銘じておかねばならない。彼は再び治療者に対面できるだろうか？　たしかに治療者は，クライエントの言葉のなかの安定した自発性と不安定な衝動性を，注意深く区別しなければならない。

o．斜めの関係の欠如　15番目の規準はややはっきりしたものであり，面接中にいくらかのトピックを扱うに際しての斜めの関係（obliqueness）である。これもまた，クライエントがこれらの話題を扱う準備ができている指標というよりも，むしろ警戒信号である。クライエントがこの話題に接近し次に忌避するという事実は，議論される必要のあるものへの何か初期的な動きが存在することを示唆している。彼がタブーとされる大地に足を踏み入れられないという事実は，彼の防衛がまだ産出されうる材料を処理するのに適していないことを暗示している。このような一連の漸近的な議論のあるポイントで，治療者はおそらくもっと率直な議論と質問に入り開始する決断をしなければならなくなるだろう。われわれの述べた他の規準についての彼の評価は，彼がいつ必要な措置をとるべきかを決定するのを，援助するはずである。

おそらくわれわれが示唆した規準は，どの１つも単独では，治療者が禁じられた小道への質問に安全に向かいうるのに十分な保証にはならないことが明らかである。ある路線の質問が広範囲の反響を生じやすいと感じている治療者は，示唆したいくつかの基準に照らして状況をチェックしたがるだろう。それでも，間違いは生じうる。いかなる治療者も，クライエントがどんな質問に直面する準備ができているのか，そしてどんなのが時期尚早なのかについて，絶対確実な判断を形成することはできない。時に治療者は，重要な問題を避けて通って，クライエントの時間を浪費してきたのは自分だと気づいて驚くことがある。

B　不安と罪悪感のコントロール

7 ｜ サイン

われわれの理論的立場も臨床的観察も，いずれも，不安と罪悪感が必然的に悪だという信念をもたらしはしない。フロイト主義は，おそらく障害をもつ人々の環境のなかで定式化されたからであるが，人間の動機づけは，大方が，不安の回避との関連で眺められている。それは逃避によろうが，心的エネルギーの結合——この統治されない心的エネルギーの放出がそれを説明すると想定されている——によろうが，同じである。パーソナル・コンストラクト心理学がそもそも精神病理学的理論であったとしたら，これもまた，人間の動機づけの見解を，不安の回避に関連づけて表現していたかもしれない。その場合には，われわれは主に人間の苦悩，したがって不安の軽減に

関心をもったはずである。しかしパーソナル・コンストラクト心理学はその注意を別方向に向けており，主に人間の進行中の探究における積極的・肯定的過程に関与している。これは心理学的な鎮静の理論でもなければ，外科的根絶の理論でもない。不安のある測度は冒険と相関をもつものと見られる。不安が冒険の息の根を止めるときには，それについて何かをなすべき時期が来たことになる。

　また，パーソナル・コンストラクト心理学は道徳的なシステムでもない。それは必ずしも罪悪感を生命にとって有害だと見ているわけではない。それは人間の動機づけをもっぱら罪悪感の回避と関連づけて概念化しているわけでもない——より特化するなら，それは，人間が「罰」からの逃避のみを追求するとは見なしていない。それにもかかわらずパーソナル・コンストラクト心理学は，人類が協調的な努力によってその探究を追求していること，したがって役割関係の維持は決定的に望ましいことを，認識している。罪悪感は，われわれのシステムでは中核的役割の喪失の知覚だと表象されるので，チームワークを回復するか，主導性を窒息させるか，いずれかの役割を果たしうるのだ。

　われわれの見解はしたがって，不安と罪悪感は，これらが生じたときには常に必ず追放されるべきものだということにはならない。治療者の課題は，これらを査定し，クライエントにおけるこれらの機能に注意を払って，この特定のパーソナリティの福祉の観点から，これらを処理することである。不安と罪悪感を処理するにあたっては，われわれが与えようと試みてきた体系的な定義を心にとどめておくことが大切である。不安はある状況における構造の不具合の意識である。罪悪感は中核的役割構造からの脱落の意識である。われわれがこれらの査定とコントロールのために示唆する手続きは，これらの定義から直接生じるものである。

　クライエントはいつ不安になるのか，あるいは彼はどんな条件下で不安になるのかを，治療者はどのようにして知るのであろうか？　まず何よりも，われわれは特定の探究を開くか否かを決定する規準を論じた前節に戻って，参照することができるだろう。これらの規準のほとんどは，クライエントが不安になる可能性の査定に関係している。第2に，われわれは不安に関するクライエント自身の言葉から何らかの手がかりを得ることができる。前章で示したように，クライエントは，われわれが彼に尋ねる労を厭いさえしなければ，われわれが知りたいと思う非常に多くのことを語ってくれる。第3に，われわれはクライエントの経験したイベントの知識から，不安を推測できるかもしれない。アンビバレントな感情を持っていた家族のメンバーを最近喪ったクライエントは，ふつう，不安と罪悪感の両方を持つと仮定されよう。第4に，われわれはクライエントのなかの不安の存在を推測するのに，ありふれた一般的な不安の知識を利用してもよかろう。たとえばほとんどの青年は性に不安を抱いている。われわれのクライエントが青年である場合には，彼もまた性に不安をもっている可能性

のあることを心にとどめておくのは，よい考えであろう。

　第5にわれわれは，主にクライエントを不安から保護するためにデザインされたと見られる行動を，観察することができる。このことは，保護的なジェスチャーにさし迫った理由があることを示している。クライエントが，その状況が必要としていると見える以上に，ある話題領域を構造化し続ける場合には，治療者はこのクライエントが直接隣接した領域で不安なのだと，ある程度確信をもって推測できそうである。たとえばクライエントが，職業指導以外はどんなことでも，治療者には自分に関わってもらいたくないと，くり返し言い続ける場合には，彼はその職業領域に緊密に関係したある領域で潜在的に不安になりやすいと見えるだろう。さらに探索を進めていくと，当然のことながら，彼は職業指導を除くどんな領域でも，単純に治療者の能力を信じないということを示しているのかもしれない。このケースでは，不安の領域は，話題領域と，治療者との特定の社会的関係との結合に限定されているということかもしれない。しかしなお，クライエントが過剰に状況を構造化しようとする場合にはいつでも，治療者はそれを，不安領域がすぐそこまで来ているという警報と受け取る可能性がある。

　第6に，治療者はクライエント側の自己再保証（self-reassurance）のデバイスを観察するかもしれない。これは「暗闇のなかの警笛」手がかりである。クライエントは自己の性的虐待についてちょっとした自慢話をするかもしれない。彼はある対象に対してこういう性的追求に携わりうるので，これらの対象がなおも自分に利用可能であることを，自己自身に再保証しようとしているのではないかと，治療者は疑い始める。あるいはこのクライエントはストレスフルな状況で平静を装っているのかもしれない。あるいはクライエントは自分の婚姻関係の安定性への自信をオーバーに述べているのかもしれない。あるいはクライエントは，自己が治療者から独立していることを特別に誇示しているのかもしれない。あるいは彼は，人が何を考えているのか「まったく気にしていない」と大声で主張するかもしれない。これらもそれらもすべてが，クライエントが自己を再保証するための特別な措置――クライエントがカバーされる領域内で再保証の必要性をもつと考えている非常に良いサインになる――を講じていることを示唆するだろう。

　第7に，泣くことがある。これは不安になじみのあるサインである。その重要性を査定するに際しては，治療者は，泣く人が必然的に泣かない他の人よりも不安であると考える間違いを犯してはならない。また人は，大っぴらにむせび泣くときのほうが，呆然として静かに座っているときよりも，必ずしもより不安なわけではない。治療者はふつう，泣く人はふだんより多くの不安を経験していると仮定しておくのが，安全である。

8 │ 泣きのタイプ

　a．拡散した不明瞭な泣き　泣きには臨床的に区別できるいくつかのタイプがある。おそらく不安の最も純粋な表現は，拡散した不明瞭な泣き（diffuse inarticulate weeping）である。このクライエントが十分に構造を回復して，泣きをコントロール下に持ってこられる話題領域は，なさそうに見える。彼は一貫した自己表現もできなければ，何について泣いているのかを言うこともできない。彼はすべてが怖いのだと暗示すること以外には，恐怖を言語化することもしない。彼は罪悪感を言語化することさえしない。彼は断固とした抗議を定式化できない。これは，人が「代償不全の強迫神経症者」で見いだされることを期待する種類の泣きである。それは「統合失調的」なタイプの崩壊——時にはほんの数日間だけ持続する問題，時には何かもっと深刻な問題——への準備なのかもしれない。このタイプの泣きは常に危険信号である。泣きそのものが損傷を与えるという意味ではなく，泣くことが心的構造の速やかな荒廃の信号になりうるからだ。治療者は通常，クライエントを立ち直らせるために，すぐに対策を講じるだろう。これは，クライエントを自殺の脅威から守るために，一時的な入院の必要性を意味するかもしれない。

　b．幼児のような泣き　ここでこの泣きは言葉を使わずに，力強く自己表現しようとする試みのように見える。これはよく知られている「器質的な泣き（organic cry）」であり，時に泣き笑いが入り混じることがある。これは視床の損傷や頭蓋内の歪みを含むいくらかのケースで生じる。また，知的障害，とくに重度の脳性麻痺障害のあるケースで生じる。それは「破瓜病」の泣きに似ている——両方とも幼児的なレベルの組織化を代表している。それは動物のいななきのような性質を持っている。クライエントは引き続き何時間も泣き続けられるかもしれない。しかし，実際に消耗しつくす危険があるので，臨床家はこれに留意しなければならない。これの存在することは，このケースを扱うに際しては，とくに神経学的な協力を求める必要性があることをを示している。

　c．退行的な泣き　これは子どもっぽい序曲をともなって生じる。クライエントは「赤ちゃん言葉」で話し，しかめっ面をし，泣き言をいい，そして一般に愛嬌のある子どものデバイスを採用しようと努力をする傾向がある。この種の泣きはしばしば「破瓜病者」において見いだされる。それは子どもっぽい困惑の信号を模倣する試みを表しているが，幼児的な泣きに見られる神経学的障害はもたない。このタイプの泣きはクライエントにとって必然的に害になるとは見えないということである。実際これは，みずからを治療者に関係づける準備ができていることを示しているかもしれない。——ただし，乳幼児の役割においてであるが。こういうケースでは，それは，治療者がそこから何かを築く準備をしている場合には，一時的に推奨されうる行動でさえある

かもしれない。

d．弛緩した泣き　これは，通常，この行動には不適切に見える観念的な内容を含んでいる。この観念と行動の両方の構造は弛緩している。すなわちそれはその時どきで変動する。臨床家はこれを「急性統合失調症」と認めるかもしれない。治療者がこれを直接的なコントロール下にもってこられる可能性は大きくはなさそうである。あまりにも大きな興奮が含まれている場合には，彼はクライエントのエネルギーを保存したがるかもしれない。

e．状況的な泣き　ある生徒は試験の前に何時間も泣く。試験が終るあるいは免除されると，その瞬間に彼はすぐ浮かれ騒ぐ。クライエントが直面するこの特殊な状況は，彼の混乱した領域の限界を明確にしているようである。この状況から解放されるや否や，彼は必要な構造を回復するように見える。治療者は問題がこんなに簡単でないことを知っているが，クライエントはそれが本当に簡単であるかのように行動する。治療者は，クライエントのかかえこんでいるのがこのタイプの泣きだと確信する場合には，この泣きを止めねばならないと感じる必要がない。クライエントは，泣き疲れたら，自分自身の合意状況から退却するだろう。さらにいえば治療者は，クライエントが本腰を入れて治療の仕事に取り組むように，状況不安を利用しようと思うかもしれない。

f．芝居がかった泣き　これは，人が「転換ヒステリー」において見られると期待する類のものである。また，これは「精神病質的人格」のケースにおいても見られるかもしれない。このクライエントは見かけを繕うために，みずからの混乱を行動化する。もし彼にスキルがあれば，彼は伝統的な舞台手品を使って，自分の演技を確信的に演じることができるだろう。このタイプの泣きは，演技過剰のデバイスと芸術性の使用によって，本心を漏らす。このクライエントは，ジャネ（Janet）の言葉では，「美しく病む」のだ。彼は賢ければ，殉教者の役割を演じるかもしれない。このタイプの泣きをそのままに進行させておくと生じる唯一の不利益については，治療過程を散漫にさせる効果である。

g．敵対的な泣き　これもまた，時に「転換反応」と診断されるケースに見られることがある。これは，いくらかの臨床家が「心気症」と呼ぶケースで，より多く見られる特徴的である。この泣きは治療者を困らせるようにデザインされているようである。ここには泣きに対する抗議の質がある。これは，医者が迷妄からさまさせようと試みる「転換反応」患者においてしばしば観察される。これは敵意を招く。このクライエントは，自分が治療者によって誤解され虐待されていることを明らかにしようとするような態度で，泣き叫ぶ。誰かが聞こえる範囲内にいる場合には，彼は自分の声と訴えが伝わることを確かめる。彼が入院していて，たとえば，病棟巡回路に数人の見舞客がいる場合には，彼は自分の治療者が悪魔だということをはっきりさせる

ショーを演じる。

この場合，クライエントは敵意と演技性とを結びつける。クライエントは治療者に対してはこんなふうに泣く以外には，攻撃的に何度も自己表出をすることができない。この泣き自体はとくに破壊的ではないかもしれないが，クライエントの問題に対する攻撃的アプローチとしてはまったく不適切である。このようなケースでは治療者の課題は，もっと生産的なラインに沿って攻撃的に探索するのを援助することになる。

h．収縮的な泣き　これはあらゆる前線での退却傾向によって示される。クライエントは長く泣けば泣くほど，よりいっそう「身を隠そう」とするようになる。彼はあらゆるものを危険だと知覚し，自己を完全に罪あるものと見，そしてどんな冒険も価値あるものでも安全なものでもないと見なす。クライエントは，拡散した不明瞭な泣きの場合と同様に，もっともっと言語化ができなくなっていく。彼のすすり泣きはもっと痙攣的になる。泣きが続くとアイデアは劣化し，彼の収縮するフィールドにおいてさえ，しっかり立てる地盤が見いだせなくなる。泣き続けることが許される場合には，クライエントは消耗しつくして見当識を失ってしまうかもしれない。重度のケースでは自殺の危険性がある。これは精神病的であれ，神経症的であれ，そして更年期うつ病であっても，「抑うつ」のケースで見いだされると期待されるタイプの泣きである。

i．興奮した泣き　このタイプには，冒険と攻撃的探索への初期の動きが存在する。クライエントは泣いて試す。ここにはより多くの身体的活動がある。ここには，いくらかのコンストラクトの緊縮した定式化と，Ｃ-Ｐ-Ｃサイクル内の何か明らかな動きがある。探索的な努力はあまりよくは考えられておらず，また散発的であるかもしれない。しかし，不安による混乱はクライエントを完全にマヒさせるわけではない。このタイプの泣きは，数年にわたる秘密の努力の成功の極まったときに泣く，花嫁の母親の泣きのようなものである。手をたたき，空中に飛びあがり，靴の踵をカチカチといわせる代わりに，この母親は泣くのだ。クライエントがこのタイプの泣きを示すときには，クライエントがついに峠を越えつつあるように見えるので，治療者は励まされるかもしれない。しかしながら，このような不安は，彼にもクライエントにも後で慚愧の念を生じるような衝動的行動をともなう可能性がある。それゆえ，このことに気づくことによって，彼はみずからの熱狂をやわらげなければならない。

j．見せかけの泣き　これは，「カウンセリング」状況であまり深く障害されていないクライエントを扱う立場から見るとき，最もおもしろいタイプの1つである。演技的な泣きと敵対的な泣きにもいくらかは似ている。このファサードの泣きの機能は，クライエントが「本物」の問題をもっていると，治療者とクライエント自身の両者に確信させること以外は，クライエントはある領域における自己の混乱を，何か本物の動転させられる原因をもつはずの別領域での探索に対抗するファサードとして，誇張するのだ。これはしばしば，教授のところにやってきて，自己の学問的な問題につい

て悲嘆する学生によく見られることである。彼らがこれらの問題について嘆けば嘆くほど，彼らは職業選択に悪い投資をしてしまったという恐怖に対抗して，煙幕をはることになるのだ。

クライエントが自分を悩ませているものをあまりにも特定しすぎるときにはいつでも，また彼が面接を同じ袋小路に戻そうとし続けるときにも，人はファサード不安を疑ってよい。治療者は，このタイプの不安を扱っているのだと確信する場合には，少なくとも暴露されつつある現実の不安はどれほど深刻なのかがクライエントにわかり始めるポイントまでは，そのファサードを破り捨てるという大胆な措置をとってもよい。治療者は，それが意味をなさないこと，クライエントが本当に悩んでいることについて話をする準備ができるまではたいしたことが達成されえないこと，あるいはクライエントが自分と治療者をごまかそうとしていることを，指摘することによって，このファサードを攻撃さえするかもしれない。

極端なケースでは，ある程度の役割関係が確立された後には，治療者はあえてクライエントを緊張下に置こうとするかもしれない。——すなわち，クライエントにリラックスするよう求める代わりに，椅子のひじ掛けをしっかりつかみ，話し続け，「現場にいる」自分を思い出させるように，みずからを緊張させることを求める。これは過激な治療なので，その結果を処理する準備ができていないかぎり，試みられるべきでない。もちろん，クライエントが現実の問題領域を開いた場合には，すぐ治療者はアプローチを変化させることになる。

9 │ 面接中の不安を低減させるための技法

人は，面接中あるいは連続する面接において，どのようにして不安を低減するのであろうか？　もちろん，全体としての治療シリーズの最終的な結果の1つは，不安を挑発的かつ操作可能な大きさに減少あるいは増大させることである。ここでわれわれが唯一関心をもつのは，人が不安をコントロール下に置き続けるのに使う一時的なデバイスである。この主題についてわれわれが言わねばならないことの多くは，支持と再保証の見出しの下にある，基本的な治療手続きの章で，すでに述べた。われわれはそこで述べたことのくり返しや要約をするつもりはない。支持と再保証は，なかでもクライエントの不安を一時的に減少させるのに使われうるデバイスである。これらはまた，罪悪感を低減させるのにも使われうる。

支持と再保証に加えて，われわれは，クライエントの人生領域に関係する構造をもたらすための，あるいは，混乱を防御するのに十分な構造をもつ領域にクライエントを連れていくための，他のデバイスについても言及しうる。とくに重要なデバイスとして，われわれは，基本的な治療手続きの章で論じたように，受容にも言及しうる。

a．面接を構造化された領域に導く　これは，クライエントが不安領域に入るのを

許す前に，その構造化された領域が何なのかを，治療者が，すでに判断していることを意味する。したがって治療者は，クライエントがこの不安領域から解放されるべきだと判断するや否や，この構造化された領域に，素早く有効に引き返す準備をしていることになる。単純に話題を変えるだけでは常に十分なわけではないのだ。治療者は，構造化された領域が捨てたばかりの領域からの不安の侵入に十分に耐えられるように，緊縮した構造化がなされるとともに，それが，面接を終えた後もクライエントが自立し続けるのに十分に包括的なコンストラクトを抽出するものになると確信をもっていなければならない。

　　b．**再解釈を完了するのに，十分な時間を与える**　不安の一領域を治療的に扱った後には，治療者は別の問題領域を切り開く前に，クライエントが再構築を完了するのに十分な時間を与えなければならない。彼は，再構築が単なる1，2の利発な「洞察」の言語化の問題ではなく，新しい構造が飛び込んでくる前に，かなりの文書作成と実験による精緻化が必要だということを記憶しておかなければならない。これは，われわれが精緻化の手続きに関連して，遅延的あるいは循環的な調査の長所を論じたとき，われわれが心のなかに持っていた不安制御の種類である。

　　c．**結合の使用**　もう1つのデバイスは，われわれの緊縮の節から来るものである。治療者が妥当だと信じるレベルよりも大きな不安を示すクライエントは，部分的には時間の結合 (binding)，語の結合，あるいは場の結合によって，保護されているのかもしれない。治療者は「これはすべて，あなたが子どもであった1936年頃にさかのぼって生じたことですね」と指摘するかもしれない。あるいは彼は，「ええ，そうです。いまこれは，専門的には『状況的不安』と呼びうるものです」と，これがあたかも他の不安経験からラベルによって分離されうる，ある特定タイプの経験であったかのように，いうかもしれない。

　　d．**分化の手続き**　治療者はクライエントにこう言うかもしれない。「しばらくのあいだ確実に正直でありつづけるようにしましょう。これは，われわれがちょっと前に話していたあの特定の種類の不安では**ありません**。これは違うのです。それは……だということに注意しましょう」。これは不安を断片化して，操作可能な大きさのチャンクに分離しておくことである。

　　e．**内　省**　治療者はクライエントに，彼のもっている「感情」について内省を求めうる。「ちょっとのあいだご自分の靴を脱いでください。そして，この数分間にあなたの心をよぎっていった種類の経験を注意深く評価していただけないでしょうか。振り返ってみましょう。この話の初めには，あなたはどう感じていましたか？　それからあなたは……と言われました。この時点であなたの気分はどう変わりましたか？

　　さて，Jさんの心に何が進行しているのかを評価するつもりで，この文章の残りの部分のを追跡してみて下さい」。

f．ハードルの予期　治療者は，自分が多数の深刻な不安領域を素早く継続して通り抜けていかねばならなくなっていることを知るときには，クライエントが自分自身の進歩の判断に使う連続的なハードルを設定することによって，クライエントを準備させてもかまわない。彼はこう言いうる。「さて，まずあなたは私に対して強い不快を感じようとしているところです。あなたはなおも，私があなたのことを何と思っているのか，そしてあなたが自分自身を笑いものにしているのかどうかを，いぶかっています。さて，これはあなたのようなケースの治療の1段階です。私は，あなたがこの段階をすでに通過したと感じるかどうかを，折々に尋ねることになります。そのときには，あなたはおそらく……が不安になる，次の段階にいることになるでしょう」。この手続きはまた，不安を断片化して，クライエントが今自分の通過しているのは治療の一段階であり，できるだけ早く完了するのが自分の課題であると感じられるように，援助するものである。これは前章で議論した再保証の技法の1つに類似している。

g．依存の推奨　治療者のなかには，クライエントを自分たちに依存させ続けることによって，自分たちは不安をコントロールしているのだと感じているものがいる。これはいくらかのケースではうまく作用しているが，治療者は，クライエントが依存を感じるときには，自分もまた安心を感じていられると，確信しすぎてはならない。われわれはすでにこのタイプの思考の危険性については述べた。クライエントがこの依存を受け容れて，治療者に対するこのような役割関係を解釈する場合には，クライエントは「先生が一番よく知っている」ことを思い出すことによって，みずからの不安をコントロールし続けられるかもしれない。しかしながら，このタイプの依存は習慣形成のようであり，治療者はクライエントの運命が「先生の手中に残される」べきだとは，絶対にほのめかしたことはなかったと，熱烈に願うときが来るかもしれない。

　不安をコントロールするもう1つの方法は，クライエントが何を悩んでいるのかを明確にさせることによって，先取りを奨励することである。これはまず緊縮を，すなわち不安を自動的に拡散させないようにする傾向をもつ方法を求めていく。さらに，特殊性を求めて強く圧されると，たいがいのクライエントはその思考が具体主義的あるいは先取り的になるよう強制される。これはまた，この不安をカプセル封入する傾向がある。ただし，それを別の構造に組み込む時期が来るときには，その材料を再解釈するのは困難になるかもしれない。それらは，それらの不安について非常に直解主義になりうるので，どんな新しい照明の下でも見ることができなくなるのだ。

h．面接の構造化　初期の面接で不安をきちんと扱う方法は，その面接形式そのものを厳格に組織構造化することによる。臨床家は，明らかな輪郭を使用でき，見やすい記録をとることができ，質問を流れ続けさせることができ，印刷された質問のように専門的「プロップ」を目に見えるように維持でき，「治療そのものの開始前にカバーされていなければならないルーチンの質問」を頻繁に尋ねることができる。この面接

は非個性的な基礎に基づいて続けられるかもしれず，その動きは厳密に構造化されつづけることができる。このアプローチは注意深く詳細な計画を必要とする。治療者はこのような面接計画を待ち受けの状態<ruby>スタンバイ</ruby>で維持しているかもしれない。

　治療者のなかには，クライエントとの接触を診断的な仕事から始める場合には，たいていの治療面接に必要な受容の外見を破壊してしまうのではないかと，恐怖するものがいる。このため心理療法家のなかには，心理療法的な治療が予定されているクライエントに対しては，心理診断テストをするのを拒否するものがいくらかはいる。この診断活動と治療活動の分離は望ましいときもあるかもしれない。しかし大方は，治療者がみずからの診断面接の本質を説明すれば，それは満足のいくように扱えるだろう。彼はこれをルーティンとして記述することができ，この後に続くタイプの面接はかなり違うだろうと説明することもできる。さらに，心理診断検査法によるこのタイプのアプローチは，治療者に不安のスポットを見いだす機会を与えるだろう。そして，不安を治療的に処置するところに到達するまでは，構造化面接を通じて不安をコントロールする機会も提供することになるだろう。したがって彼は，心理療法中にある領域をあけておいたほうがよい場合には，他の領域が扱われるようになるまでは，混乱領域に転がり込む必要はない。

　心理診断的テストを打ち切るときが来て，心理療法的面接そのものが始まるときには，彼は面接のタイプの変化を，その記述により，そのマナーにより，「小道具」<ruby>プロップ</ruby>の移動によるだけでなく，彼の選んだ調査の道筋によっても，明瞭にすることができる。

　ⅰ．テンポのコントロール　最後の不安をコントロールする中間的な方法は，面接のテンポの調節による。これは前方の１節で論じた。クライエントは非常に迅速に動き続けるので，彼は１つのトピックについて多くの不安を生み出す機会をもちあわせていない。治療者は反応によって，付加的な材料を要求して，そしてトピックの切り替えによって，彼のフィールドに侵入し続ける。ゆっくりした非構造化面接は，速射の「より敏感でない」面接よりも，クライエントを混乱させやすい。もちろん，この技法が臨床的関係に緊張を加える危険性もある。

10 ｜ 罪悪感のコントロール

　ａ．中核的役割の再構築　不安をコントロールする技法に関する提言の多くは，罪悪感のコントロールにも適用可能である。罪悪感はとくに中核的役割の喪失の気づきなので，われわれの不安防止技法のリストに加えられる最も顕著なものは，中核的役割の再構築（再解釈）であろう。治療者は，クライエントが他者の思考についてみずから解釈したものに基づいて，行動の筋書きを考え出すのを援助することができる。このことは，治療者がクライエントを援助して，彼の人生役割が他の人々の要求をいかに満足させるのか，彼は自分を他の人々とどのように関係づけうるのか，そして他

の人々の期待を満足させることによって，彼は彼らにどのように知覚されうるのかを，見ることを意味する。

　　b．**代替役割構造の発見**　罪悪感をコントロールするための第2の手続きは，クライエントが喪失したと感じているものに取って代わる代替役割を見いだす援助をすることである。このことは，クライエントになすべき課題を割りふること，彼を働かせること，彼の職業決定，仕事の選択，研究の専攻コースの選択，地域の責任を引き受けること，を意味する。職業指導と配置は，たいがいの治療者が気づいている以上に，罪悪感のコントロールに大きくかかわっている。これはおそらく，罪悪感の本質についての通常の概念化がまったく不適切だということである。

　　c．**人々の解釈**　罪悪感をコントロールする第3の手続きは，人物像と実際の人間──これらの人々に関しては，クライエントはふつう自己の役割をはっきり記述するものである──の解釈である。これは時には「解釈療法 (interpretive therapy)」と呼ばれ，罪悪感をコントロールする手段としてはそれほど頻繁に勧められているわけではない。それにもかかわらず，われわれの視点からは，これは罪悪感への重要なアプローチである。この解釈は教授的でもあれば例証的でもありうる。われわれ自身に関するかぎり，このタイプの解釈に対して，われわれは役割エナクトメント的な手続きの使用を好む。

　　d．**治療者に対する役割関係の基礎の拡大**　罪悪感をコントロールするための第4の手続きは，クライエントの治療者に対する役割関係の範囲を拡大することである。このことは本質的に，クライエントが喪失したと見ているものを，一時的に治療者に置き換えるために，クライエントには治療者に対するもっと包括的な役割関係が与えられるのだということを，意味している。このことは，頻繁な治療的接触，および，クライエントの人生の多くの話題領域と多くの側面をカバーする接触を意味する。クライエントは，自分の治療者との関係は重要なものであり，自分が生き続けるのを正当化するのに十分に広いものだと感じなければならない。さらに彼は，以前に経験しえた他の全面的な役割関係がそうであったように，それがバラバラに崩壊する可能性がないように高度に十分に構造化されていると感じるはずである。もちろん，このタイプの喪失した役割の実験室での置き換えは一時的なものでなければならない。遅かれ早かれ，クライエントはさまざまな他の人々との十分に包括的な役割関係を設定しなければならない。

　見せかけの泣きに関するパラグラフ以外では，われわれは不安と罪悪感の**低減**に関係する手続きだけを特別に論じてきた。しかしなお治療者は，クライエントを挑発するために，不安や罪悪感の計算された付加的な総量にクライエントをさらさねばならないときがある。彼はどのようにしてこれを行なうのだろうか？　通常は，現在の構

造が弱い領域に入っていくことによる。時には彼は予期せぬ結果が生じそうだと知り，実験法を促すことによって，これを達成することがある。時に彼は単純に一時的支援のいくつかからの撤退を始める。稀ならず治療者は，クライエントの不安についていくらかの懸念をもちながら取った夏休みが，まさにクライエントが必要としているものだったことを発見して驚かされることがある。

C 心理療法的実験法

11 クライエントの実験法

　われわれの見る心理療法と科学的研究との関係は，単なる類似性<ruby>類似性<rt>アナロジー</rt></ruby>以上のものである。われわれは根本的な類似性があると信じている。治療でなされる発見は，実験室内やフィールドでなされる発見と類似している。どちらも個人的な進歩の形式である。クライエントは科学者に非常によく似た被造物である。主要な違いは，クライエントは科学者の持つような専門用語を持たず，また彼の問題は常にそれほど簡単には定式化されえないところにある。しかしわれわれは，この違いは表層的なものに過ぎないと見ている。それゆえわれわれは，科学者が学習するのに使う方法を，クライエントも利用できるようにするのが適切であると信じる。こうしてクライエントは，科学者が学習してきた**もの (what)** だけを利用することはできなくても，科学者が学習する**方法 (how)** は発見することができる。この2つのうち後者のほうが，もしこれを自己の個人的な問題に適用できる場合には，より有用であることが証明されるはずである。

　科学的方法論のある段階で訓練を受けた人が，この方法論的技能を常に自己の個人的問題に，あるいは他の「科学領域」にさえ適用できると仮定するのは間違いであろう。われわれはまた，非常に多くの医師が社会学の領域で何か科学的なことを言おうとする例，そして，非常に多くの心理士が「科学的」方法論を生理学から導入しようとする例を見てきた。科学的心理学の方法論を心理療法の用語に翻訳する課題は，両者が心理学的発見に関係しているとしても，過小評価されるべきではない。われわれはしたがって，研究心をもつ心理学者が必然的に有能な治療者になるとも，前途有望な患者になるとも仮定はしない。しかしわれわれは，科学的な心理学的探究の原理を評価する臨床家は，クライエントの追究する，より深い理解を獲得しうると信じる。

　本章は心理療法の手続きに関係している。研究の場合と同様に，これらの手続きには精緻化が含まれる。精緻化の手続きについては，前章で論じた。科学者は有意味な実験計画を立てられるようになる前に，理論体系の関連性をまず探索しなければならない。これと同様にクライエントも，みずから冒険的な活動計画を立てる前に，しば

第 21 章　心理療法的な動きの産出　463

しばみずからの解釈体系の関連性を探索する必要がある。

　次章では，われわれは弛緩の問題に方向を転換した。科学者が創造的であろうとする場合には，みずからが直解主義的思考に縛られるのを許してはならない。同じことがクライエントにも当てはまる。そこで，われわれは緊縮について論じた。実験を打ち上げる前のあるポイントで，科学者は正確で検証可能な仮説を定式化しなければならない。クライエントもそうでなければならない。

　われわれは治療者とクライエントの間のコミュニケーションの問題のいくつかについて論じた。科学者もまた，協力してやっていく場合には，自分たちのコミュニケーションの問題を解決しなければならない。われわれは生じてくる混乱（不安）と役割喪失（罪悪感）の問題のいくつかについて論じた。そして今，実験法の問題にやってきたのだ。

　すべての科学的方法論と同じように，実験法は重要な機能を持っている。人がこれを見いだしたのは，もちろん，少し前のことであった。アリストテレスは実験を信頼していなかった。しかし彼は，当時の科学的方法論に大きな貢献をした。多くの学者は今なお，実験法には及び腰の信頼をもつだけである。学者のなかには，人間関係の心理学の領域では絶対に実験を行なうべきでないと信じるものさえいる。人間存在を「モルモット」にしてはならないという公的偏見は非常に多大である。

　しかし，だれもが実験をする。臆病な人々は，自分たちが予期せぬ結果の可能性に目を閉じれば，また，彼らが経験から何も学ばないと決心すれば，冒険が「実験」になるのを避けられると考えているのかもしれない。このようにして，彼らは予期せぬ結果という脅威から自己防衛を試みる。その結果がもはや無視できないケースでは，この保続（perseveration）は敵意という形をとる。

　この敵意は，とくに頑固に保持されるいくつかの宗教的確信のケースにおいて見られる。実際，宗教的な敵意ほど残酷で無神経な敵意は，しばしばほかには存在しないように思われる。敬虔な宗教的人間が，宗教的幻滅を撃退しようと頑張れば頑張るほど，より一層敵対的になりやすい。

　クライエントはまた，実験法という観念にも反対しやすい。あるいは，クライエントが敵対的である場合には，自分の訴えを正当化するために，実験を不正操作するかもしれない。時にクライエントは，人生にただ１つの目的——治療者をクライエント自身の絶望のレベルにまで引きずり降ろそうとする——しか持たないかのように見えることがある。しかし今われわれは，この議論を先へ進めよう。

12 ｜ 心理療法的実験の機能

　a．予期の枠組み　実験法の最初の機能は，これがなければ信じられないものを予期するための枠組みを，クライエントに与えることである。実験は，代替の結果を概

念化する冒険である。実験者はまず何よりも，2つ以上の結果がありうることを認識する。彼はこれらの選択肢に直面して，これらをあるがままに受け入れ，これらに反逆はせずに，これらから何かをつくる準備をすることをいとわない。

b．現実との接触　実験法の第2の機能は，クライエントを現実と接触できる立場におくことである。パーソナル・コンストラクト心理学は，現実の世界が実在するという見解に基づいている。これは，この現実の世界が多くの代替解釈に従っていると考える。また，この現実世界は実験的な探究に開かれていると考える。ある人の実験がネガティブな結果を生じる場合には，それは物事の本質を解釈しなおすように，はっきりと誘っていることになる。それゆえ彼の眼は，現実を非常にしっかりと見据えており，彼の心は種々の可能な意味に大いなる警戒心をもっているので，彼がその犠牲者になる必要はまったくないだろう。

c．システムのテスト　実験の第3の機能は，クライエントの解釈システムの検証である。クライエントも治療者も，クライエントの解釈システムが何であるのかは，検証にかけられるまでは，確信をもっては言えない。このシステムの言語による提示は，その意味するものが何なのかをはっきり示すのには十分でない。このシステムは，あまりにも多くが言語以下の（subverbal）レベルにある。また，あまりにも多くの語が実際的な意味の貧困化を生じたり，辞書では与えられない意味で強化されすぎたりしている。クライエントは，みずからのシステムを実験的検証にかけるときにのみ，自分のすべての思考と語りが結果的にどんな意味になるのかを，実際に確信できるようになるのである。

d．治療者についてのチェック　実験法の第4の機能は，治療者のケース解釈を検証することである。クライエントは解釈の間違いをする唯一の人ではない。治療者もまた間違いうる。この実験は，治療者がクライエントの状況をどれほど適切に解釈したのかを見る機会を，治療者とクライエントの両方に与えてくれる。それゆえクライエントがそうであるように，治療者にも実験の成り行きに脅威を感じるものがいる。彼らは，実験結果が予想外になった場合には，クライエントが自分たちへの信頼をすべて失ってしまうのではないかと恐れるのである。

これは治療者側のちょっとした魂の探究の問題である。彼は自己を無謬の父として表象しようとしてきたのか？　彼は自己を探究仲間として表象したならば，そしてクライエントにいろんな実験結果の可能性に注意を促したとしたら，そのほうがよりよかったのではなかろうか？

e．新しい展望　実験法の第5の機能は，経験の新しい展望を開くことである。実験をする人は，ふつう，解決するのと同じくらい多くの疑問を提起する。かくして，彼には経験の新しい展望が開けてくる。彼は今までその存在を知らなかった領域を発見する。この経験に脅威を感じない場合には，彼はこれが非常に刺激的で挑発的なこ

とを見いだすかもしれない。実験をしようという決定は，生か死かに関する最後のギャンブルであってはならず，この予測システムのさらなる発達の可能性を開く，本当の精緻化の選択であるべきである。したがって，よい実験はもう1つの実験へ，そしてそれがもう1つのそれへ，そして生きた連鎖におけるもう1つへと導いていく。実際，これが人生なのだ。

　f．クライエントを他の人々との接触状態に置く　心理療法には1つの実験機能があり，それは上で述べた第2の機能の下に入る特別なケースである。**それは，クライエントを他の人々と接触できる状態に置くことである。**

　ここにはおもしろい問題がある。クライエントは，他の人々がクライエントを見るように，自分自身を見るのか，それとも，他の人々がクライエントらの世界をどう見ているとクライエントが見るのか，どちらがより重要なのであろうか？　治療者の中には，クライエントは，他の人々が自分を見るように，自分自身を見るべきだと信じるものがいくらかいる。ここには，クライエントが自分自身についてもちうる私的な知覚よりも，他の人々のほうが，クライエントについてより現実的またはより妥当な知覚をもっているという仮定がある。しかしわれわれの視点からは，これは，クライエントを彼の社会的状況の犠牲者にする1つの方法に過ぎない。自己知覚が他者の見解の反映に過ぎないクライエントを扱ってきたわれわれの経験では，これは不健康な状態だと信じざるを得ない。このような人々は，風評に翻弄されるままになっているのだ。彼らは「社会化された」社会にはきれいに適合しているかもしれないが，通俗的でない事柄が問題になる場合には，統合性を欠く傾向がある。彼らは人間のようだというよりも羊のようにふるまうのだ。

　われわれの視点からは，他の人々が自分たちの世界をどう見ているのかを，クライエントが見るのを学習することには，より大きな価値がある。これは，同調性のテーマというよりもむしろ，われわれが**役割**の概念化を発達させる基礎であった。ある意味では，他者のコンストラクトを包摂するということは，人がわれわれの**役割**と呼ぶものを演じなければならないとき，他者がその人自身をどのように見ているのかを理解する方法を含んでいるのだ。

　しかし，もっと根本的な問題が含まれている。もしその強調点が，他者の見るように世界を見ることができるというところにあるのなら，われわれ自身のシステムに有利なポイントからではあるが，クライエントは自分の役割を，他者へのより効果的な関係に調節するために，自分に開かれている進路を見る。もし彼の狙いが，ただ他者が見ているように自分を見るというだけであるなら，彼は他の人々の期待にとらわれるようになって，その期待に同調してその調節を行なうか，それとも，それらに対して敵対的な反乱を突発させるか，いずれかにならざるをえない。それはともかく，他者の期待に同調しようとするよりも，他者のものの見方に対する批判的な理解を通じ

て自己の役割を演じることに全関心を向けるほうが，ずっと健康であるように見える。

13 ｜ 心理療法的実験法を促す技法

　治療者が推奨できる実験の技法は種々ある。そのなかのいくらかは面接室内での実験法に，そしていくらかは面接室外での実験法に関係している。前に示したように，われわれは**エナクトメント**すなわち「役割演技」を，仮説を明瞭化し，それを検証にかけるための最も有用な臨床的デバイスと見ている。エナクトメントの手続きについては，その議論を次章のためにとっておく。したがって，本節ではもっぱら他の手続きを扱う。

　クライエントは，初めて治療者に出会うときには，新しいパーソナリティとの相互作用を統治する，役割構造のたぐいを形成できないかぎり，不快になりやすい。たしかに，彼はこのような既製の転移を，正当な関連性をもつかのように採用する。しかもなお，クライエントの治療者との最初の相互作用には，常にはっきりした実験的な性質がある。このことを，治療者は常に認識していなければならない。彼はクライエントの提案を，クライエントがこの治療状況の実験を喜んで続けたいと思うようなやり方で扱わねばならない。治療者は懐旧の情をもってこの段階を振り返り，この治療状況の小実験をもう１回だけこのクライエントに試みさせることができればと心の底から願うときが来るかもしれない。

　子どもたちはとくに，治療状況を探索したがり，治療者をてんてこ舞いさせ続ける。しばしば子どもたちの探索は，治療者がノーと言いたがる，多様な条件を発見することに，主に向けられている。これは弛緩と緊縮を処理する探索である。ふつう，子どもを扱う治療者は，自分が限界設定をする問題に直面させられることは絶対にないと思いたがるものだが，そういうごまかしはするべきではない。能動的な子どもは，治療者が望むか否かの問題に，治療者を直面させるように仕向けるだろう。治療者は，自分がテストされる場合には，どこにこの線を引くのかを，あらかじめ決めておくべきである。通常治療者は，子どもが問題提起をする機会を持つ前に，この子に制限（緊縮）を加えるよりもむしろ，その実験法に応じるなかで，その線引きをしたいと望むだろう。

　a．許容性　さて，クライエントを励まして実験させる技法に向かおう。治療室のなかでの最初の技法は，治療者側の許容的な態度である。態度を技法と呼ぶのは不適切に見えるかもしれないが，実際にわれわれは，一連の技法に態度を包摂することによって，技法を一般化できる。治療者は，クライエントが言うこと，為すことへの明らかな制限を除去するのである。

　時に治療者は，このフィールドの膨張を，こう表現することができる。すなわち，「この治療室は，ふつうではない場所になっています。ここではあなたは多くのことを言

うことができ，多くの感情を表現でき，この部屋の外ではあなたが考えたことさえなかったはずのことも多く考えることができます。ここであなたは，あなたの本当の感情や態度に本腰を入れて取り組むためには，いくつかのよいマナーのルールを手放せることがわかるでしょう。あなたはそうでなければ笑えるはずのないときでも，笑うことができます。あなたは，物事について，あなた自身について，人々について，そして私について，本当にどう感じておられるのかを見いだすために，泣き，祈り，ののしり，実験することができるのです」と。

治療者はこの許容性を表出する際には注意深くなければならない。というのも，クライエントがすぐにその限界を吟味し始めるかもしれず，それゆえ治療者は，こう言わざるをえなくなりそうだからである。「またわれわれには，**なぜ**あなたがこれをしたがるのかを理解することも大切です。しかし，あなたが前進して実際にそれを行なう場合には，あなたは後で考え方を変えて，やらなければよかったと思うかもしれません。加えて，私があなたの治療者であるとしても，私が少しでもあなたに役立ちたいと思う場合には，私は生き続けてかなり健康でなければならないことを，あなたは認識せざるをえないでしょう」と。

b．応答性　第2の技法は，治療室内での実験法にも，その外での実験法にも，どちらにも適用される。これはクライエントに応答的な状況を提供することである。クライエントが勇気を奮って何かを試みる場合には，この冒険の結果として，何かが起こるはずである。研究状況では研究指導者は，研究者たちが仕事にかかって実験を開始する場合に，データがとれる状況を提供するために，できることは何でもしなければならない。同じことが治療者とクライエントにも当てはまる。クライエントは，自分の古い考えのいくらかを，新しい考えとともに実験的に試せる状況にいる必要がある。無表情な顔をした治療者は，人がみずからのコンストラクトに対する確証エビデンスを求めている場合には，ほとんど話しかけるに値しない。非常に厳格に組織化されていて，クライエントの行動の微妙な変化には絶対に気づかれそうにない病院状況は，たしかに実験的な態度を刺激する場ではなさそうである。クライエントが「何が起こるか見てみよう」という及び腰で人目を気にする試みをするときには，何か生き生きとしたこと，孤独な病室の沈黙のなかで時を刻む時計の音を越えた何かが起こる可能性がなければならない。

c．新奇な状況　第3の技法は，休息や休暇という名目で，ふつうに使われているものである。これはクライエントを新しい状況に突き出すことである。われわれはすでに，新奇な状況に入っていく人は，それが彼の古いコンストラクトの転移だとしても，実験へと傾斜していく事実について述べた。新しい状況では，人はほとんど必然的に，みずからの知覚のチェックを求められる。それはあたかも，ほかには何の理由もなくても，これらの知覚がなおも不安に対する防衛を与えてくれるものだというこ

とを保証してくれているかのようである。ある若い婦人は社会的順応がとくに不器用であったが，治療を受けて十分に進歩し，多くの新しい社会的行動をみずから概念化できるところまで来た。このとき，彼女が新しい仲間とともに新しい場面で一夏を過ごすのは，しばしば有益である。彼女はその仲間を実験してみることができ，その仲間が以前に形成していた自分への期待に拘束されているとは感じない。時にもっと混乱の強いクライエントの場合には，そうでなければ，あえて好んでやろうとしなかったはずの行動を試してみるのに，病院が十分に新奇であることを見いだしさえしている。

　同じ技法が治療室内でも適用できる。治療者は折々にグラウンドルールを変えることができるので，状況を新しくすることができる。治療者がそのルールをあまりにも過激に，あるいは警告なしに変える場合には，クライエントは不安に突き落とされるかもしれない。しかし，治療者のやり方の計画的な変化が適切に予告される場合には，クライエントはそうでなかったらやりなれた方法に後退したかもしれないときに，すぐ動けるように身構えた状態を続け，この出現しつつある状況を実験するように励まされうる。

　クライエントに実験的行動をさせるためには，確実性と不確実性の結合が必要なときがある。彼はこの実験が手に負えなくなることはなかろうと確信する必要がある。このことは，治療者が試験管的探索の概念と，保護的な壁をもつ実験室の概念を使えば，なしうる。クライエントはまた，当面は，治療者の手に負えなくなることはないだろうし，クライエントが非常にわずかでも無知の領域に踏み込む間は，治療者がしっかりした堅固な手助けをしてくれるだろうと，感じる必要があるかもしれない。それにもかかわらずクライエントは，治療者が新しい方法で自己提示をしており，クライエントが役割関係を維持する方法を見いだすためには，新たに実験をする必要があることを，理解せざるをえないときが来るのかもしれない。

　d．道　具　第4の技法は，クライエントに実験道具を提供することである。研究者は，有意味なデータを得ようとする場合には，しばしば実験室ないしはフィールドの装置を必要とする。同じことがクライエントにも当てはまる。着るべき魅力的な服がない，パーマをかけていない，語彙がない，見てもらえる場がないといった女性は，いかに多くの「洞察」を集めても，社会的相互作用実験はそれほどやれそうには思われない。音楽家が自尊心を回復しようとする場合には，楽器が必要である。整備士には工具が必要である。子どもには絵具や粘土が必要である。運動熱心なクライエント——たとえば「緊張病者」——にはボールやプールが必要である。治療者でさえ面接室が必要である。

　e．仮　説　第5の技法は，クライエントに特定の予言をさせることである。対人的な状況が含まれている場合には，治療者は「もし……なら，メアリーは何をしたい

のだろうか？　何をしたくないのだろうか？　ほかにはどんな選択肢があるのだろうか？」というかもしれない。「撃てと命じた」クライエントは、みずからの予言をチェックするよう励まされうる。治療者は、最初の質問の「もし」に続いてクライエントがエナクトしうる、もっともっと多くの代替の行動形式を提案しうる。クライエントがこれらを試みる場合には、彼は実験法に着手することになる。他のタイプの状況についても同じである。クライエントが予言形式で賭けをする場合、あるいは、2つ以上の結果のうちのどれが予期されるのか訝り始める場合には、その予言がどれほど正確なのかを見いだすのを思いとどまることはもっともっと困難になる。レースで計画的に賭けた人、あるいはラッフルくじを買った人が、自分が勝ったのか否かを知ろうとする次の段階に進まないとしたら、それは異常な人であろう。

　f．解　釈　第6の技法は、クライエントに他者のものの見方を解釈するように依頼することである。これもまた、クライエントに賭けにコミットさせる方法の1つである。しかし、これはさらに前進する。それは、クライエントが解釈しようと試みる瞬間に現われるギャップのいくつかを埋められるように、他者の視点についてもっと多くを発見するように誘導する。もちろん、これらの問題を提起する最善の方法の1つは、エナクトメントの手続きによる。しかし、これらについては後で論じる。それは画家に有名人の肖像画を描いてもらうよう頼むようなものである。それから、いくらかの中途半端なスケッチをした後で、実物のこの人に面接する機会を与える。たとえこの被験者が非常に気難しい風評をもつ人でも、この機会が拒否されることはなさそうである。

　g．肖　像　第7の技法は、クライエントを励まして、自分が他者にどう見られているのかを、思い描いてもらうことである。これは前の技法の拡張である。クライエントは、ある他者が彼のことをひそかにどう見ているのかその見方を表現するよう求められる。治療者はクライエントがその肖像を共感的に描ききるのを援助することができる。そしてここから、どんな種類の社会的相互作用がこの被験者に再保証を与えるのか、そしてどんな種類のものが防衛的反応をもたらすのかを推測することができる。このことは、被験者の行動が修正可能であること、そしてクライエント自身がその被験者から多様で対照的な行動を引き出しうることを示唆している。この人に対処する機会がその後に上昇する場合には、このクライエントは、この人がどう反応するのかをみずから見ようとする努力をしないのは、困難なことがわかるだろう。

　h．他者がクライエントをどう見ているかの肖像　第8の技法は、ある特定の他者がクライエントのことをどう知覚しているのかを、クライエント自身を励まして思い描かせるものである。これは前の2つの技法をさらに拡張したものである。あらためていうが、クライエントは、みずからについて他者が持ちうる知覚を、もっともらしくかつ人間性と一貫していると見えるように、精緻化することを求められている。こ

のことは，クライエントのどんな行動が，他者がクライエントについてもつ判断と一致していると見えるかを意味している。また，クライエントのどんな行動が他者の知覚の反証に役立って彼を驚かせるかをも暗示している。これらの仮説で武装することにより，クライエントは実験の準備ができたことになる。クライエントの実験の正誤が証明されるか否かは，その他者への敵対的態度をやめることができ，彼との役割関係の可能性の探索を開始できるということに比べれば，たいして重要ではない。

　探索的または実験的な行動を引き出すための第6，7，8番目の技法が，役割コンストラクトの領域内にあることは注目されよう。すなわちこれらは，他者のものの見方についてのクライエントの解釈，そしてこれと彼自身の行動とのつながりに関係している。この技法は，他者のものの見方一般の包摂，彼の自己自身についての見解，および彼のクライエントについての見解と関係している。治療者がクライエントにこれらのものの見方を十分詳細に解釈させて，他者がある状況下でどんな行動をなしうるのかについて検証可能な仮説を立てさせることは，大切である。もし治療者がクライエントに評価的な性質の広範囲の態度を表明させるだけで満足するなら，この仮説はおそらく，クライエントには検証可能な形で利用することができず，これらを実験するわかりやすい方法が見えてこないだろう。このクライエントが自分はどれほど正答に近いのかを見いだしたくてムズムズし始めるのは，彼の解釈が徴収可能な賭けに翻訳されるときである。

　ｉ．**ネガティブな予測**　第9の技法は，クライエントを励ましてポジティブな予測とともにネガティブな予測をさせることである。ベンジャミンズ（Benjamins）は，誘導された自己知覚の変化がパフォーマンスに及ぼす影響に関する研究で，自己は，そしてこの自己の強化・維持のために設定される目標は，しばしばネガティブに記述されることを明示できた。ある被験者は，「私は低得点をとりたくないので，自分が低得点をとるだろうと予測しているのです」と言うかもしれない。これは，結果的に反証されることを期待する帰無仮説によって，みずからの実験を定式化する科学者に似ている。時にそれは，治療者がクライエントを援助して，何がクライエントの社会的実験に対して望ましくない結果をもたらすのかを視覚化するのを治療者が援助するのに役立つことがある。このクライエントは「最悪の事態」をかなり詳細に構造化しているので，実際に「最悪の事態」が起こった場合に備えて，不安から守ってくれる何かをもって実験に入る。この実験で間違いが証明される場合には，クライエントと治療者は，これを再解釈する見解をもって，この状況を見直すことができるのである。

　ｊ．**伝記的仮説**　第10番目の技法は，クライエントが別行動をとろうとしてきた伝記的条件を精緻化することである。これには治療者側のかなりのスキルが必要であり，この結果はゆっくりと出現するようである。しかし，他の手続きでは無理でも，この手続きでなら好結果が得られそうなケースがいくらかある。このクライエントは，

自分の育てられ方によって，過去の外傷経験によって，あるいは他の伝記的な「理由」によって，自分にはいくつかのことがらを試せなくなっているのだ，と主張するとしよう。そうすると，治療者は，新しい行動形式の実験を可能にすると思われる幾種類かの伝記的な先行要因の徹底した追究を開始できる。これらの先行要因が新しい行動に寄与してきたはずの，この特定の方法は，かなり程度詳細に記述されうる。またこれらの新しい行動は，一緒に作業しているクライエントと治療者によって明瞭に説明されうる。これはすべてが「あたかも」の推測である。この新しい行動の構造化がどんどん明瞭になってきて，それがさらにもっともらしくなってくると，このクライエントは自分には「できない」と思っていたことを，われを忘れて，実際にやってしまうようになる。クライエントは，自分が今まで何であったのかを羊のように告白するのは，みずからが新しい行動に滑り込んで，しばらくたってからであろうと，治療者は合理的に確信することができる。クライエントが自分のしてきたことを最初に治療者に知らせるときには，治療者はすぐにそれを問題視にしないように注意しなければならない。彼は，伝記的因果の理論がまだ十分にはでき上がっていなかったことを，クライエントに最初に指摘させねばならない。

k．直接的アプローチ　第11番目の技法は直接的である。「ここをごらんなさい。なぜあなたはこれをせず，そして何が起こっているのかを見ようとしないのですか。われわれはこの結果を次の面接で見ることにして，次に何がなされるべきかを決定しましょう」。この種々の形の定式化は，実験法への最も直接的なアプローチである。われわれが述べてきたように，それは，研究指導者が臆病な大学院生に何度も言わねばならないことと，ほとんど同一である。われわれは，クライエントを特定の課題に着手させ，仕事に就くよう励まし，職業選択を援助する，いかなる試みをも，この技法を用いて分類してきたものである。

l．社会的な例　12番目の技法は，クライエントがやる気になればうまくやれるはずのことを，仲間たちが熱狂的に試みている社会的な状況に，彼を入れることである。練達のブリッジのプレイヤーは新米の肩越しに，何のほのめかしも積極的な参加もせずに，のぞき見るのは困難である。ある人がある状況——この状況に対して彼はある構造を持っており，このなかで彼は他の参加者のものの見方を容易に包摂できる——に没入しているときには，彼は積極的な役割演技をよりいっそう開始しやすい。彼の探索は，不安でもって脅迫されることはない。個人的な構造はそこにあって，すぐ使える状態にある。時に治療者は，グループが興味を持ち，クライエントも関与するようになると期待されうるグループに，クライエントを入れることによって，実験を誘導することができる。たとえば彼はアイリス生産者年次総会に，水曜夜の鉄道模型展示会に，あるいはアンティークのオークションに行くように，クライエントを激励することができる。

14 | 実験法への障碍物

a．敵 意　治療者がクライエントを治療の実験段階に乗り出させるときに直面すると予期されうる困難が，いくつかある。彼が直面しやすい最初の障碍は，敵意である。治療者が敵意には常に攻撃性や反逆性をともなうと考えている場合には，彼は自分の直面している困難を過小評価しているかもしれない。敵対的な人は自然の足元に座して学習をしたがらない。彼は実験を行なわない。彼はただ舞台で演じたがるだけである。彼は何が正しいのかを，発見しようとは試みない。彼はまず自分が正しかったことを証明しようとするだけである。治療者が彼に実験を依頼するときには，彼は今何が起こっているのかを治療者に示すために，この経験を利用しようという態度で，この練習にアプローチする。このような冒険の結果がどうなりそうかは想像に難くない。この敵対的な態度は，治療者にあらゆる種類の困難を引き起こしうる。そして治療者は，人間性がどのようなものなのかについて，自分自身何らかのアイデアをもっているのかどうかに，疑惑をもつのだ。

b．不 安　実験法に対する第2の一般的な障碍は，不安である。しばしば非常に不安の強いクライエントは，治療者の最初の実験への招待を受け入れるだろう。この実験への誘いとともに進行する組織化の過程は，クライエントにいくらかの安定性を与え，その不安を一時的に低減させる。彼は実験を遂行する。しかし実験が済んでしまうとすぐに，彼はその結果とその含意に直面させられる。もしその結果が総合的に意味深長であるなら，このクライエントは脅威を受ける。すなわち彼は，みずからのコンストラクト・システムに大改訂を加えるという見込みに直面することになる。このシステムはすでにガタついている。もし彼がこのシステムの多くを除去しようとするなら，その全構造は崩壊するかもしれない。

　有意味な実験状況に早まって投げ込まれた不安なクライエントの反応は，治療者には非常に不可解かもしれない。実験は一見大成功して，こういう「報酬」を収穫したときに，クライエントはなぜ取り乱してしまうのだろうか？　この回答は，しばしば意味連関の程度にあるのであり，その「報酬的」特徴にあるのではない。たとえば，自分が愚鈍で不安であると長く考えてきた学生が，ある新しいアプローチを勉強に使うよう，カウンセラーに勧められた。これは実験による方法である。この学生は，自分に役立ちそうなあらゆる種類の新構造を求めて，協力することに同意する。この実験は「成功」する。あるいは，カウンセラーはそう考える！　この学生は自分のコースで「A」の成績をとる。しかしそれから，この学生は大きな不安と混乱を示し始める。カウンセラーは，なおも人間の本性は報酬と罰によって支配されると信じているので，この学生の反応を説明するのに途方に暮れているのである。

　ここで起こったことは，この学生が自己の実験のはるか未来の意味連関を見始めて

いるということである。長い間，彼は自己をバカな人間だと概念化してきた。そして彼の人生の非常に多くをこの概念化をめぐって組織化してきた。この概念化は最近統合性を欠くようになってきた。そして彼は，自己のコンストラクト・システム内でどんどん大きくなってくるカオスに直面するようになったのだ。このふらふらする構造のただなかで，彼は大黒柱の1つすなわちバカ学生という自己解釈が，間違いであることを発見する。おそらく彼は，自分がバカだというアイデアを「好ま」なかったが，それにもかかわらず，非常に多くの信頼がこの前提の上に築かれてきた。心配，心配，彼が賢明であるなら，彼は今何をなすべきなのであろうか？

　たぶんこの例はありえなさそうである。しかし，困惑した学生と親しく対応してきた人ならだれでも，同じような経験をしてきたはずである。たぶんこのポイントは，読者にもっと理解可能だとわかるようにできるだろう。おそらく読者は遠い昔に，彼にとっては非常に重要な意味をもつ何かの達成に失敗したのだ。たとえば彼は20年前に非常に熱心にミュージシャンになろうと努力したが，この努力は「才能」不足によって無理やり放棄させられたと仮定しよう。それから彼は，自分には音楽の才能はないのだというアイデアをめぐって，自分の人生の多くを構築した。ただし，**有能・無能**のコンストラクトが常に重要な意味をもつ世界に住み続けてはきた。彼は適応した。もちろん，いくらかは不幸であるが，それでも適応はしたのである。

　さてさらに，彼は最近，彼の音楽的才能の欠如とは必ずしもはっきりとは関係していない，かなりの不安に直面したと仮定しよう。読者は助言を求めて友人のところに行く。この友だちは彼に音楽家としてのキャリアを再考するよう提案する。読者は，拡大する不安に対して最も遠い解決の可能性でも提供してくれるものなら，どんなものでも試す準備をしているので，音楽的「才能」の判断が一般に疑問の余地のない，著名な先生に弟子入りする。間もなく，この先生は彼がはっきりと「才能」をもっていると伝える。これによって読者は快適になれるだろうか？　おそらくなれないだろう。彼はもっと混乱した感じをもつようになるのだろう。

　さて，われわれが例で示した2つの重要な考察は，見過ごされるべきではない。どのケースにおいても予期せぬ「成功」を収めた人は，非常に不安であった。どのケースにおいても，主要な解釈はこの実験法に含まれていた。もしこれらの条件の1つしか含まれていなかったとしたら，何が生じていたであろうか？　たとえば，予期せぬ「成功」は，主要な再解釈の仕事が手元にあるという含みがあったとしても，まだ動転していない人を混乱させるだろうか？　たぶんそうはならないだろう。予期せぬ「成功」は，たとえ不安であっても，主要な個人的解釈をこの結果に賭けていなかった人にも，混乱させることになったのだろうか？　おそらくそうではなかろう。

　c．結果の脅威　われわれの説明は，治療者がクライエントに実験的行動を試みさせようと追求する際に，出会いうる第3の困難に導いていく。これは遠大な意味連関

をもつ結果に直面する脅威である。あらゆる心理療法は，もしそれがクライエントの
コンストラクト・システムの大改訂を企てるものであるなら，脅威になる傾向がある。
クライエントが実験を企てるように助言される場合には，この実験，そしておそらく
この治療そのものに，彼が危機に備えて準備しているよりも，もっと大きな危険のあ
ることが，彼には突如明らかになるかもしれない。その思考が彼の心を打つ場合には，
彼は実験の実施から身をくねらせて逃げようと試みたり，あるいは，曖昧な結果を生
じさせて混乱させようと試みたりしやすい。治療者は，クライエントを励まして決定
的な実験を企てさせる前に，常に2回は考えるべきである。

　d．依　存　第4の困難は，クライエントの治療者への依存である。治療者への依
存的転移を形成したクライエントは，すべての確証エビデンスを治療者から直接獲得
することを求めるかもしれない。クライエントは他の人々がどのように考え行動する
のかを見いだしたいとは思わない。ただ治療者がどのように考え行動するのかを決定
することに関心をもつだけである。治療者が自分は他者や治療室外の問題に関与する
ことを暗示しても，クライエントには何の興味も示さない。このようなクライエント
は，もちろん治療者となら実験する可能性があるが，他の場所での実験は回避するだ
ろう。治療者が外で何かを発見しようと試みていることをほのめかしても，クライエ
ントは実質的に，「いいえ，あなたはただ言ってくれさえすればそれでよいのです。
私たちはそれをここで何とか解決します。あなたは私がその意見に興味を持つ唯一の
人なのです」と答えるだろう。

　e．罪悪感　第5の困難はクライエントの罪悪感であろう。実験をするよう迫られ
ると，クライエントは「そんなことをしても，私にはどんな役に立つのかわかりませ
ん。結果がどうであれ，実際にはどんな違いも生じません。何もかもが非常に空虚で
無駄に感じられます」というかもしれない。クライエントが言おうとしているのは，
彼が自分の役割からはずれていると感じ，自分にできるどんなことも，その再構築に
は関係なさそうに見えるということである。このようなケースでは治療者は，この面
接室外で実験的冒険を試みるようクライエントに求める前に，クライエントみずから
が治療者と何らかの役割関係にあると感じていることを，確かめる必要があるのかも
しれない。

　f．非精緻化的選択　第6の困難は，この実験結果によって，自分は罠にはめられ
るだろうというクライエントの信念である。おそらく彼は，ネガティブな結果によっ
て，自分が今以上に精緻化のできそうにない立場に立たされるのではないかと，信じ
ているのである。あるいは，ネガティブな結果もポジティブな結果も，次の明らかな
転換点を残してはくれないだろうということかもしれない。彼は，この実験が自殺の
実行に等しいと感じるかもしれない。いいかえれば，非可逆的で最終的な結果を生じ
るのが実験なのである。このような見通しは，代替解釈の基本的な信条と精緻化の原

理に逆行することになる。

15 実験法における危険

今までに述べてきた困難のいくらかは，また危険をも構成する。このケースでは，これらは治療者にとって困難の種であるだけでなく，クライエントを傷つける可能性をもはらんでいる。このことは，あまりにも不安なために実験を要求できないクライエント，あるいはこの実験があまりにも遠大な意味連関をもつと思われるクライエントのケースにおいて，とくに当てはまる。その結果は，収縮して敵対的になるクライエントか，あるいは不安のなかで完全に崩壊するクライエントになるのかもしれない。

時に両親は，治療者もそうだが，子どもたちを「痛い目にあわせる」ことによって教えようと試みる。親は，子どもを締めつけて，街路から遠ざけて，安全に退却させて，冒険的なことは何もさせないようにすることができれば，より安全だと感じる。したがって親は，「教訓を与える」ために，子どもが多少の冒険の結果としてちょっとだけ傷つくようにさせる。こうしてこの子は不安になり，おそらく自分のフィールドを管理可能な大きさにまで収縮するようになるのだ。

同じことがクライエントにも当てはまりそうである。クライエントは，治療者に実験の遂行を強制された結果として，収縮するかもしれない。敵意の増大も，まずい発想で実験した結果かもしれない。クライエントは実験の結果として，自分の仮説を棄却することができない。それゆえに，彼は頑固に自己の仮説に固執して，その妥当性の発見を試みるよりも，むしろ論証をしようと試み続けるのだ。

もう1つの危険は，タイミングの悪い実験法の結果としてもたらされうる概念化の弛緩である。クライエントはどんな緊縮した構造においても冒険の結果を同化できないので，弛緩に訴えるようになる。彼は生起したことに対して神秘的説明を呼び求めるかもしれない。彼は古いコンストラクトを新しいデータに浸透させて弛緩させるために，これらのコンストラクトの過剰一般化を追求するのかもしれない。

さらなる危険は，不適切な環境のなかで試される実験法にある。治療者は，このクライエントの状況がどうなっているのかに気づかずに，治療者が解釈の準備をしていない方法で反応すると思われる一群の人々のなかで，実験を遂行するように急きたてるかもしれない。次に治療者はまだ直面する準備が不十分な問題に**自分自身**が直面していることに気がつくだろう。こういう問題は，患者がお試し訪問でホーム・コミュニティに送り出された，その施設場面でとくに生じやすい。このホーム・コミュニティの習俗や道徳的姿勢を誤解している治療者は，患者にいくらかの探索的な動きをしてみるよう求めるかもしれない。その結果は，患者にとっては悲惨であり，治療者にとっては困惑させられるものになるかもしれない。

読者は，われわれの治療へのアプローチが大きく実験法に依存していることに気づ

かれるだろう。しかし治療においては，科学においてと同様に，実験は実験者がみずからの実験を概念的枠組み内に維持し，適切な仮説を定式化し，あまり多くの要因を一度に変動させないようにその手続きをデザインし，その結果をみずから解釈する準備をしている場合にのみ，進歩に寄与できる。彼がこのようなよい科学的手続きに従わない場合には，彼は体系的に実験をしておらず，ただパタパタと動くだけになるだろう。

第22章

Special techniques in psychotherapy

心理療法における特殊技法

本章は，たとえば演技行為^エナクトメント，集団心理療法，心理療法家の臨床訓練のような，特殊目的に役立つ技法を取り扱う。

A エナクトメント

1 エナクトメントの手続き

われわれはすでに精緻化と実験法の手続きについては論じてきた。これらはいずれもエナクトメント（enactment）を含んでいるが，エナクトメントの詳細な議論は特定の章のために保留してきた。パーソナル・コンストラクト心理学は，治療目標を達成するための手段として，エナクトメントを特別に強調しようとし導いてきた。われわれは，いくつかの形式のエナクトメントを除外傾向するようなやり方で**役割**を定義してきたが，このことを除けば，「役割演技」という用語を，「エナクトメント」の代わりに用いてきたかもしれない。エナクトメントが役割コンストラクトに基づいているなら，われわれはもちろん，このエナクトメントをより強力な治療手続きだと見る。クライエントが，一緒に住んでいる他の人々の世界の見方についてより適切な理解を形成するときには，どんな治療シリーズにおいても，多くのものが達成される。彼の改訂された役割のエナクトメントは，ただちにこの再解釈にしたがうのである。

しかし役割のエナクトメントは，単にその人の他者理解の結果以上のものである。それはまた，他者についてのさらなる理解に到達する方法でもある。したがって最初のエナクトメントの冒険は，必ずしも他者についての非常に深い理解に基づく必要があるわけではない。役割に類した特徴は，後からやって来る可能性がある。クライエントは，まず単純に，役割を演じ，仕事をし，何かの肖像を描き，実験に関与するように，求められるだろう。この役割を精緻化する過程で，彼はすぐに，他者のものの見方を解釈することの必要性を見いだすはずである。この時点から，彼のエナクトメントは役割エナクトメントの特徴をもつようになるだろう。

a．分　類　心理療法的エナクトメントの手続きは，いくつかの広範囲のグループ

に分類することができる。このうちのいくつかのグループは，治療場面にとくに限定されてはいない。次のスキーマを提案することにしよう。

A．エナクトメントの修正されたパターン
  1．一般的な文化的パターン
  2．職業的パターン
  3．制度的なパターン
  4．修正役割療法
B．エナクトメントのカジュアルなパターン
  1．レクレーション的パターン
  2．創造的パターン
  3．教育的パターン
  4．社会劇〔ソシオドラマ〕
  5．心理劇〔サイコドラマ〕
  6．査定〔アセスメント〕
  7．時間サンプリング
  8．課題サンプリング
  9．集団心理療法
  10．個人心理療法

この分類はどちらかといえばルーズなものである。というのも，ここで示されたカテゴリーはすべてが同じ概括レベルにはないからである。しかしこのパイはわれわれの目的にかなうように切り分けられている。

われわれは速やかに最初のグループの４つのカテゴリーを退けることができる。われわれは，人が自分の人生をパターン化する方法だけでなく，自分が人生について発見するものを大量に処理する文化的決定因のあることを認識している。ある人を１つの文化から他の文化へ移動させても，もし彼がみずから再同一化して新しい文化集団のメンバーとの役割関係を引き受けられるなら，この人は治療的な再適応を達成できるかもしれない。職業的および制度的なエナクトメントのパターンもまた，しばしば治療的再適応の基礎になる。時にはクライエントが必要とするすべてのことは，みずから新しい仕事に関与し，新しい組織と同一化することである。このグループの第４のカテゴリー，修正役割療法は第１巻で論じた。これをそこに挿入したのは，パーソナル・コンストラクト心理学の実際的な意味を，できるだけ早い段階で読者が下見できるようにするためであった。

もしこれが心理療法の手続きの完全な議論になることを目指していたのなら，われ

われはゲーム，描画，著述，デザイン等々のようなレクレーションと創造的活動を含めねばならなかっただろう。われわれはパーソナル・コンストラクト心理学と，これらのエナクトメントの治療的関連について，すべての関連をカバーしようとは試みないことを選択したのである。

b. 教育におけるエナクトメント エナクトメントは教育（teaching）においても使われるかもしれない。このように使われるときには，それは古典的な「実演授業（teaching demonstration）以上のものを含んでいる。学生は，研究課題に深く関わっている誰かの役割を演じることによって，学習する。たとえばアメリカ史を学ぶ学生が，1787年のアメリカ憲法制定議会においてジョージ・ワシントンの役割を取得するよう求められるかもしれない。ワシントンの立場に立ち，あるエピソードを通じて役割演技を完遂することができれば，彼はそうでなければ矛盾しているような，あるいは奇妙に見えるような，その段階の歴史の理解に，ある程度まで到達できたかもしれない。われわれがパーソナル・コンストラクト心理学の教育心理学の問題への適用について1章を書こうとしているなら，われわれには，伝統的な教授法に取って代わるアプローチについて，言うべきことがたくさんあるはずである。エナクトメントは，「学習」についてだけでなく，教育努力の結果の測定についても，重要な意味連関をもつことを示しえたはずである。

c. 社会劇 社会劇はエナクトメント手続きの1形式であり，ジェニングズ（Jennings）のものを含めて，最近多くの興味深い研究の主題になっている。この手続きは学校や産業界とともに政府機関においても使われてきた。これは，仕事に必要なスキルを教えるためと，組織構造における誤解と曖昧さの結果として集団内で生じた軋轢を除去するための，両方の目的で使われてきた。時にこれは，心理士が，もっと公式のトラブルシューティングの方法にたよっていたら不可能だったはずの，混乱した組織体の素早い評価への到達を可能にしてくれることもある。

d. 心理劇 心理劇はモレノ（Moreno）とその共同研究者によって開発され，クライエントの内的情動生活と考えられるものを，より特定的に指向している。エナクトメント中に他者が存在することは，クライエントに「補助自我（auxiliary egos）」を提供することによって，クライエントが現実との接触を維持する助けになると考えられている。この手続きは部分的には，参加型の観客がみずからの魂の表現と形成の機会をもつギリシャ古典劇の形式で概念化されている。この関連においてわれわれは，パーソナル・コンストラクト心理学の内部に見られる集団心理療法の議論を，本章の後方の節のために保留することにする。

e. 査定 査定は，アメリカ戦略諜報局におけるマレー（Murray）とその共同研究者たちの仕事の結果として，わが国で注意を引いたエナクトメントの一形式である。これはイギリス陸軍将校選考委員会の手続きから採用され，さらにふり返ってみると，

ドイツの軍事心理学者からアイデアを引き出したものであった。グループと個人のエナクトメントはどちらもアセスメント下に含まれている。これらは非常に多様な課題を含んでおり，そのうちのいくらかは高度に構造化され，いくらかはまったく自由であり，いくらかはまったく不安産出的である。このエナクトメントは，観察者が比較的構造化されない診断観察をする機会を与えてくれる。これらは治療計画を立てる基礎として使いうる。ただし，当面アセスメントは，特定の配置を求める人事選択のために，あるいは，包括的従属変数の定式化を求める研究のために，基準構築の手続きとして使われうる。ここまでのところでは，だれもが，もっぱら心理療法との関連では，広く査定手続きを使ってはこなかった。

f．時間サンプリングの手続き　時間サンプリングの手続きは，しばらくの間われわれとともにあった。この用語が用いられるときには，それはふつう特殊な時間サンプリング——短い間隔で断続的に続く一連の人間行動の積極的な観察——を指す意図がある。この間隔は，その人の行動母集団からある限定された行動標本を抽出するために選択される。この手続きは通常子どもにのみ適用される。ただし，なぜもっと広く成人の行動観察に適用できないのかに関しては，体系的な理由はない。

g．課題サンプリングの手続き　これらの手続きは，しばしば産業分野での，人事選考と規準構築の両方に関係して使われている。被験者には，彼が応募している種類の仕事の合理的な代表的サンプルである課題が与えられる。このサンプル課題における彼の成績は，全体としての仕事でどれほどの成績をとると期待されうるかの指標として理解される。このような測度は，もちろん，妥当性が確認されねばならない。そして，時にこの研究は，何が予測因になり何が規準になるのかに関して，非常に多くの不確実性でもって大きく混乱している。この「予測因」はこの規準が確証されるべき標準になるのか，あるいはこの「規準」は予測因が確証されるべき標準になるのか，どちらなのであろうか？

2│個人療法におけるカジュアルなエナクトメント手続きの機能

集団療法は特別な節で論じることにしているので，われわれは次に，このリストの最後の項目である，個人療法におけるカジュアルなエナクトメント手続きについて述べることにする。ここでわれわれは，クライエントと治療者がその役割を演じる面接室内で使える，非公式な役割演技技法に言及する。これらの役割は，2人がこれらをどう演出するかについて，前もって同意することで構造化できるようになっている。またこれらの役割は，事前の構造化が最小でこのエナクトメントの自発的な形成が許されていても，試みることができる。治療者はこのような助言を，自分の役割のエナクトメントの注意深いコントロールを通じて，自分が必要だと考えるように与えることができる。

エナクトメント手続きの機能は，クライエントのパーソナル・コンストラクト・システムの精緻化と，面接室の実験室内部での実験法を提供し，クライエントが，その中核構造の廃棄を考える準備をする前に，それらの構造を取り込んでしまわないように防御して，現実のイベントと人々に非常にしっかりと結びつけられた先取り的コンストラクトからクライエントを解放し，そして，クライエントが自己と自分の問題を遠近法的に見られるようにすることである。

われわれはすでに，精緻化と実験法について，そして心理療法の過程においてこれらの手続きがもつ機能について論じた。修正役割療法に関する以前の章では，われわれは，クライエントが危険な問題を処理するときには，役割演技の背後に隠れることが許されることの利点について論じた。クライエントは，自分が「ある役割を演じている」よりもむしろ，「自分自身である」と感じる場合には，みずからの中核構造を反証するように見えるエナクトメントの発達には，どんなものでも脅威を感じやすい。他方，「自分はある役割を演じているだけだ」と考える場合には，彼はこれによって自分の中核構造をエナクトメントから切り離して，自分の思考の意味連関のもっと自由な探索を進められる。彼は自分が常に「自分自身に戻れる」ことを知っているのだ。心理療法におけるエナクトメントの手続きは，心理診断における投影法の手続きに対応しているといってよかろう。

クライエントの先取り的コンストラクトからの解放は，カジュアルなエナクトメント手続きのおもしろい機能の１つである。ある治療者が非常に直解主義的なクライエントを担当すると仮定してみよう。このクライエントは，出来事を次から次へと詳細に記述していき，この無限に続く逸話を超越しうる，どんな一般化された態度や原則をも表現できなさそうに見える。このような人は「刺激拘束的 (stimulus bound)」といってよかろう。

さて，治療者がエナクトメント状況を設定するとしよう。クライエントは，今は自活している。彼はどのように行為すべきかを決定するのに，特定のイベントのセットに立ち返ることができない。彼は単純にベストを尽くさねばならない。彼が今までの治療セッションで論じることができなかった原則は，今は素早く動いていくエナクトメントにおいて自発的に従うべきガイドとして喚起されなければならない。治療者は，みずからの描写を通じて，クライエントの計画的方略か，あるいは移動戦術に立ち戻るよう強制するかして，このエナクトメントを演技に持ち込むよう調整することができる。したがって，クライエントのコンストラクト・システムの一部は，そうでなければとらえどころがなく，治療にはまったくアクセス不可能な治療状況に，持ち込むことができるのだ。

エナクトメントは，クライエントと治療者の両方に，直接議論をするための材料を提供してくれる。ここではクライエントと治療者の両方が，クライエントの問題の扱

い方を観察してきた。これらのデータははっきりと記憶されている。これらは，たった数分前のことである。この後の議論は共通の知覚基盤に基づいている。これはクライエントが意図したことである。それは治療者が意図したことでもある。クライエントは行為する自己を見てきた。そして今ではすぐに，自分のパフォーマンスを，少し距離を置いた視点から，見ることができる。彼は治療者からの報告は一切隠しはしなかったが，外部で起こっているイベントの報告は，隠していたかもしれない。エナクトメントのセッションに続く議論は，相対的にわずかのギャップと相対的にわずかの誤知覚しかもたないようである。

3 ｜ カジュアルなエナクトメントの技法

a．言語化されないエナクトメント　エナクトメントの手続きを初めて使う治療者が肝に銘じておくべきポイントは，いくつかある。まず，エナクトメントの多くが非言語的基礎に基づいて生じることを記憶しなければならない。クライエントと治療者の言語的な流暢性はこの手続きの成功の基準にはならない。時にクライエントは，自己表現をするのが完全に不可能であったり望まなかったりするように見えても，エナクトメントのセッションから非常に多くのものを得られることがある。ただそこに座って，ある役割にキャストされていると感じるだけで，あるいは自分がある役割についていると見られるだけで，それ自体，彼には軽視できない一種の冒険になるのである。治療者が，みずからの役割をエナクトしながら，クライエントには反対の役割が配されているとほのめかし続けると，クライエントは何か考えるよう強制されることになる。彼はどのように反応できるのだろうか？　どのように自己を防衛できるのだろうか？　これは「現実」の生活とどう違うのだろうか？　どんな言葉を彼は言いたいのだろうか？　こんなふうに知覚されるのは，どれほど奇妙であろうか！　もし誰かが実際にこの照明のなかで彼を見るなら，何が起こるだろうか？　これらすべては，そのエナクトメントの期間中には一言も発しないとしても，彼の心に緊急に生じうる疑問である。

b．簡潔さ　記憶されるべき第2のポイントは，このエナクトメントが非常に短かくても，なおかつ非常に有効でありうることである。社会劇，心理劇，集団役割演技のエナクトメントに慣れている治療者は，個人治療で有効に使われうるエナクトメントのいくつかが短いことに驚くかもしれない。著者の実践では，別々になされるエナクトメントのほとんどは，約2分から約15分の間で変動している。その平均はおそらく5分である。比較的初期のセッションでは，このエナクトメントはもっと長くなる。というのも，クライエントが自分の役割にうまくおさまっていられるようになるまでは，治療者は困難な材料に飛び込みはしないからである。

c．役割の交換　第3のポイントは，もっと強調する必要があるとわかってきたも

のである。それは役割の交換である。最近われわれは，経験の少ない治療者は，クライエントとの役割交換とそのシーンの再エナクトメントを，絶対にしそびれてはならない，という結論に達した。われわれが今から指摘するように，エナクトメントにはいくらかの危険がある。そして未熟な治療者は，この役割選択の際に，クライエントが治療者につけこまれ利用されてきたと感じていることを，見いだしやすい。この役割交換は，クライエントが治療者の描写像から，学習したものを利用すると同時に，クライエントにスコアを平等にする機会を与えることになる。この切り替えはまた，そのシーン内で両方の役割を包括的，共感的に描く機会を，治療者に与えることになる。これは，クライエントが自己描写をする際に重要なのと同じくらい，クライエントが社会的な世界で人物描写をする際にも重要である。

　d．エナクトメントの保護的使用　心にとどめておくべき第4点は，治療者は，クライエントがトラブルに巻き込まれたときには，クライエントを保護するために，常にエナクトメントを使える準備状態になければならないということである。これには警戒心と技能が必要である。エナクトメント療法は非常にすばやく動いていく。カウチの頭のところで椅子に座って居眠りするのに慣れている治療者は，自分が任務を遂行できる状態にないことを見いだすかもしれない。たしかに，自分が役割を演じている間はノートをとることもできない。治療者は単純に，クライエントが深みに落ち込まないように，自分の役割に順応する準備を瞬間ごとにしていなければならないのである。さらに，クライエントがトラブルにおちいったときにすぐエナクトメントを停止するのは，あまりよい考えではない。むしろエナクトメントは，それ自体，その状況を解決するために使われるべきである。クライエントがトラブルに巻き込まれ始めるとき決まってエナクトメントが中止されると，彼はかなりの不安を形成するかもしれない。治療者も同様である。

　e．シーンの選択　どんな状況が，エナクトメントのためのシーンとして使われるべきか？　第1に，ほとんどのシーンはクライエント自身の出来事の報告から順応させられるべきである。これらは，サイコドラマで時に必要とされるようだが，クライエントによって報告された出来事の正確な描写である必要はない。これらのシーンは，しばしばこれらの出来事に基礎づけられうる。これらのシーンが報告された出来事から選択されるときには，そのエナクトメントはより精緻化の手続きのようになっていく。このシーンが出来事を予期するようにデザインされるときには，修正役割療法のたいがいのセッションにおけると同様に，このエナクトメントは実験手続きにより近いものになる。

　治療者が，上位コンストラクトの領域に入り込む準備をするときには，彼は，自分とクライエントが仮説的な人々の役割を描写するシーンを，設定するかもしれない。これは，クライエントへの関与をなくして，彼が以前に判断を下したどんな人のパー

ソナリティとも相いれないと思われる役割を描写しようとする試みを許容する傾向がある。したがって彼は，最近治療中に治療者とクライエントが形成してきたはずのどんな新しい概念化をも，より自由に表出しようと試みるようになっている。

後に治療者とクライエントは，クライエントにより近い，そしてそれらの肖像が再解釈を提案する人々の役割を描写するかもしれない。後になって治療者は，クライエントおよび治療者が，クライエントの自己の役割を演じる仮説的なシーンを設定するかもしれない。著者が今までに知りえた，最も劇的で有効なエナクトメントのいくつかは，クライエントと治療者が，クライエントと彼の一方の親との間，あるいは両親の間のシーンを演じる，その結果として生じている。これらの役割はもちろん，このような重要なエナクトメントにおいて，そして再エナクトメントされるシーンにおいて，交換がなされねばならない。

クライエントが自己の両親についての解釈を改訂する必要性に直面させられるシーンには，もう1つのタイプがある。治療者は，クライエントが治療者の役割を演じ，自分はクライエントの父親の役割を演じることにしようと提案する。クライエントが援助を求めて治療者のところにやってきたのは，父親としての自己自身の問題，とくに息子との関係についてであった。クライエントは，このエナクトメントにみずからが入るのを許せるそのときにこの練習が企てられる場合には，この経験によっていくらか揺さぶられるかもしれない。だから治療者は，この面接の後の方で，クライエントにいくらかのサポートを与える必要が生じるかもしれない。また当然のことながら，これらの役割は交換されるべきであり，その場面もただちに再エナクトされるべきである。この議論の大方は，この再エナクトメントの後まで延期されるべきなのである。

エナクトメントのシーンは，クライエントの子ども時代に生じる仮説的状況をめぐって構築されるかもしれない。この再エナクトメントに続いて，シーンはクライエントの老年期をめぐって設定されるかもしれない。しばしば，親のほうが現在のクライエントよりも若かったときの，クライエントの両親の一方を描いているシーンを実現するのは望ましい。彼の子ども時代の目を通して記述される親が，現在のクライエントよりも若く未経験であることに気づくのは，非常に役立つときがある。この視点がクライエントに深い印象をもたらすのに失敗することは滅多になく，通常は彼の両親との関係をよりよい展望で見る準備をさせてくれる。

もう1つのタイプの仮説的シーンは，死別に苦しんできた人を慰めることが，クライエントに期待される場面である。この状況は，クライエントを支持的役割につかせて，通常はこの仮説的な問題にポジティブなアプローチを選択するよう迫るものである。クライエントの支持する努力が十分積極的でない場合には，治療者はみずからその反対の役割を演じることを通じて，クライエントの支持がどのように失敗しているのかを指摘することができる。これらの役割が交換されるときには，治療者は支持す

る役割の描写を，まず，いくらかはクライエントがしたのと同じやり方で，次に，もっと効果的な方法で演じることによって，変化させることができる。これに続く議論では，治療者の描写のなかで何が支持的だとわかったのかを，クライエントは言えるようになるだろう。

クライエントが不安を持ち続けてきたあらゆる恐ろしいことで，彼がすでに体験してきたシーンを設定することもできる。これは，クライエントに最悪の事態を想像させ，次にその緊急事態に対応するのにどんな資源を利用しうるのかを見させる1つの方法である。もしクライエントが，そのパーソナル・コンストラクト・システム内では，あらゆる罪悪感に償いを求める人である場合には，その状況で空想される罰は，再解釈の途上で何がなされうるのかを見るのに，クライエントがその償いの彼方を見ることを，許容する傾向があるだろう。神学の用語では，これは単純に，良心の呵責への償いの彼方に見えるものだと述べられよう。「良心の呵責」はここでは，一般的な自己卑下（self-abasement）の意味ではなく，再考あるいは再解釈という語源的な意味で使われているのである。

時に治療者は，クライエントが治療者に対して攻撃的，敵対的にふるまうと期待される場面設定をするのが望ましいとわかることがある。経験の豊かな治療者は，こういうわざとらしい攻撃的敵意は本物のそれと等価ではなく，クライエントが治療者に対して純粋の攻撃性を示して，それで何とかやっていくことができたとしたら得られるはずの利益と同じくらいのものが，この経験から得られるとは期待できないと，不満を言うかもしれない。われわれは同意せざるを得ないはずだ。実際，演じられた役割はいずれも，クライエントが純粋に自己自身と同一化している役割の演技と等価ではない。それにもかかわらずこの演じられた役割は，実験法，すなわち生の問題への試験管アプローチの基礎を提供してくれる。このようにしてクライエントは，ハロウィンのお面にかくれて恐ろしい人物への攻撃性を表出する子どものように，自己を少しだけ大人に近づけていくのだ。

ある形式のエナクトメントの手続きは，時に援助的であり，クライエントがまず心理療法家の役割を演じ，この心理療法家がこのクライエントが持つのと同じ問題を多くもつ仮説的なクライエントの役割を演じるという状況を，治療者が構造化する。心理療法家は，自分が描いているのは，実際にはこのクライエントではなく，このクライエントがもつのと同種の問題のすべてではなく，いくつかを偶々もつ人であることを示すために，自分の役割を念入りに構造化するかもしれない。このようなエナクトメントから，心理療法家は，クライエントが自分との関係のなかで治療者にどのように行動してほしいと期待するのかを，学習しうる。たとえば，治療者はクライエントが自分に対して専制的で頑固であることを期待しているのがわかるかもしれない。また治療者は，クライエントが自分に対して溺愛的で無批判的であることを期待してい

るのがわかるかもしれない。

　もう1つのアプローチは，クライエントのために治療者のところにやってきた，仮説的な親友の役割を演じてもらうようにたのむことである。これは，そうでなければクライエントに脅威を及ぼしかねない，いくらかのやや直接的な質問をする機会を治療者に与えることになる。

　たとえば治療者は「あなたの友だちのメアリーは，ご主人の愛情の喪失を秘かに恐れているのでしょうか，あるいは，彼女はそんなにあなたのことを信頼してきたのでしょうか？」と言うかもしれない。治療者はまた，このエナクトメントを，クライエントが自分の感情のいくらかを治療者に向けて表出するための媒体として，利用しているのかもしれない。彼はたとえばこう言いうる。「私があなたの友だちのメアリーに話すときには，私が特別に敏感にならねばならない，何か特別な態度や感情がありますか？　どんなものが彼女の私にたいする反応はどんなふうになりそうですか？」と。

　この技法には多くの有用なバリエーションがある。そしてアドリブのできる治療者は，クライエントとの「距離をとる必要性」を敏感に感じつつ，クライエントに安全の感覚を構築できるだろう。これは，治療者がクライエントに近づいていくのを非常に恐れるようなケースにおいてさえもそうである。クライエントに安全の感覚を構築できるだろう。非常に恐怖心の強いクライエントの場合には，治療者は最初の数回の面接をすべてこんなふうに行なえるかもしれない。クライエントが「イナイイナイバー」遊びをやめる時期がくると，治療者は「次の面接時に，あなたはメアリーを説得してあなたといっしょに連れて来てもらい，ちょっとの間われわれに彼女と直接話をさせてもらえるよう頼んでもらえませんか？」と提案するかもしれない。これは，子どもに対してのみ使える技法のように見えるかもしれないが，著者の経験では，非常に精緻なものであっても，いくらかの大人にも極度に価値のあることがはっきりと示されている。クライエントは，とくに専門職者の場合には，治療を求めてやってくるとき，しばしば裸にされてヒリヒリするような不快な痛みを感じさせられるものである。このタイプのエナクトメントの使用は，治療の初期段階では，自己保護に必要なものなのかもしれない。

　もう1つのタイプのシーンは，クライエントが治療者の役割を演じ，治療者は自分のケースについて相談に行ったコンサルタントの役割を演じるものである。クライエントの描写は治療者のものの見方についての何かの解釈を示しており，したがって，クライエントの演じる役割について何かを顕している。これらの役割が交換されるときには，クライエントの肖像は，このコンサルタントの描かれ方によって，治療者に対するいくらかの敵対感情を示すことになるだろう。

4 エナクトメントの手続きに対する障碍物

a．治療者の嫌気　治療者が，エナクトメント手続きによって治療にアプローチするときに出合いうる障碍のなかには，何よりもまず自己自身への嫌気がある。彼は，自分にはエナクトメントが要求するほど多くのイニシアティブをとることができないと，恐怖しやすいのだろう。この手続きは，受動的な治療者が気楽でいられるようなものではない。彼はクライエントがこの仕事のすべてをするとは期待できないのである。

治療者は自分がバカに見えるのを恐れるかもしれない。治療者のなかには，自分のうぬぼれの維持に忙しすぎて，クライエントと同じ地平にまで身を落として，人生を探索することができないものがいる。また時に治療者は，自分たちがひかえめな役割をエナクトするのをクライエントに見られると，その後クライエントは治療者への尊敬の念を失ってしまうのではないかと恐れることがある。

b．不誠実　もう1つの障碍は，クライエントが役割演技をする場合，自分は常に「不誠実 (insincere)」だと感じるという，クライエントの訴えである。「誠実さ」へのこだわり（フェティッシュ）を持つ人々は，しばしば非常に自己愛的（ナルチシステック）であるので，仕事ができないことがわかる。彼らは「自分自身を表現」できるだけなのである。このことは，レプテストのプロトコルでしばしば「誠実さ」という用語を使う青年にも当てはまることがわかる。

治療者は自分がある役割をエナクトするとき，自分は「不誠実」だと感じることがある。これに対するわれわれの回答は短いものである！　誠実な治療者はクライエントを援助するのに必要なことは何でもしようとし，しかも自意識をもたずにそれをしてしまう人である。誠実な治療者は，クライエントがよくなるのを助けるのに必要なことなら，できるかぎりのことをしようとするだろう。クライエントが治療者のところにやってくるのは，治療者が誠実であることを1時間観察するためではなく，援助を得るためである。

c．役割の中断　治療者の最も持続的な技法的困難の1つは，クライエントをその「配役内」にとどまらせることである。クライエントは役割から脱落して，その役割の困難さ，その成果の貧困さ，エナクトメントをやり通すことへの嫌気などの議論を開始しやすい。クライエントが治療者との関係の困難さを「行動化」する傾向が強くなればなるほど，このエナクトメント状況での配役からよりいっそう脱落しやすくなる。これは矛盾しているように見えるかもしれないが，この説明はおそらく非常に簡単である。クライエントは「自分のふりを演じる」のに，そして治療者を「率直な人」として利用するのに非常に忙しいので，別の役割に配置されたり，自分の行動が前もって「エナクトメント」とラベル付けされたりすると，混乱状態になるのだ。

しばしばこのクライエントの配役からの脱落傾向は，治療者みずからが配役にとどまることによって，コントロールすることができる。治療者がクライエントの母親の役割を演じ，クライエントがジョンという名の父親の役割を演じる場合には，治療者はたとえば「でもジョン，私はあなたがこんなふうに感じているとは気がついていなかったわ。息子が気づいていたのはわかっていました。でも，あなたについてはわかっていませんでした。私は時どき息子のこういう感情について悩んだことがあります。さて，あなたは……についてどう考えているのですか？」等々。かなりのイニシアティブを維持し，みずからの配役にとどまり，クライエントの言うことのすべてがその配役のなかで言われたことであるかのように解釈することによって，治療者はしばしばこの状況を意のままに管理できるのである。

d．他の困難　これらの困難に加えて，われわれは，以前に精緻化と実験法を妨げるものとして言及したものに注意を促すべきである。エナクトメントはしばしば精緻化と実験法のために用いられるので，これらの多くはエナクトメントにも当てはまるのである。

5 ｜ エナクトメントにおける危険

述べておかねばならない危険がいくつかある。まず第1に治療者は，自己のエナクトメントのなかに，自分自身を露呈するが，これがクライエントに見られてよいレベルをこえるという，本物の危険がある。以前に述べたように，物事は実際のエナクトメントにおいては，敏速な継起で生じる。そこで，治療者は自己が，自己自身のパーソナル・コンストラクトの統治下で，そしてみずからの専門的な体系下で，自発的に行動しているのがわかる。彼がクライエントに対して敵対的な場合には，もっと用心深い治療法を使うときよりも，敵意をずっと示しやすくなる。それは，彼の頑固さ，クライエントのリードを取り上げる遅さ，クライエントをコーナーに追い込もうとする試み，クライエントの戯画的肖像などに現われるかもしれない。なかでも最後のものは最も生じやすく，また最も破壊的でもある。クライエントがエナクトメント状況で治療者の敵意を感じるのは遅くはないだろう。そして，彼が何がしかの自尊心をもっている場合には，それに対する防衛を設定するだろう。この防衛はこのクライエントを——幸いなことに——守ってくれるかもしれない。しかしこれらは治療の成果が出るのを妨げるかもしれない。

著者の意見では，エナクトメントの技法の発展は，心理療法の大きな将来を約束する。基本的にこれらの技法は，クライエントの注意をなすべきことがらに向けさせ，なおかつ，クライエントが表出を試みる自己のなかには，何が存在するのかを見いだそうとする冗長な試みから注意をそらさせようとする。これらは，人が演じようとする役割と，それが基礎づけられている他者の概念化を強調する。これらはクライエン

トを取り巻く世界に彼を向かわせ，それを理解する努力をさせ，リビドー的な出産外傷をもつ心理学的な痙攣性の不具合についてクライエントに考えるのをやめさせることになる。

B 集団心理療法

6 集団心理療法の機能

　前章で，われわれは1つの特定のタイプの集団心理療法——集団修正役割療法——について論じた。ここでは他のタイプ，そしてこれらが含んでいる手続きのいくつかに向かっていくことにしよう。このトピックについては，網羅的な議論を提示するのは不可能であろうが，ここではわれわれは他の場所と同様に，おそらくパーソナル・コンストラクト心理学の主要な意味関連を示すのに十分な提示ができるだろう。

　集団心理療法の機能は，広い意味ではどんな形式の心理療法の機能とも同じであり，人が他者とともにイベントを予期しうる，もっと有効なチャンネルの開発を援助することである。このような予期されるべきイベントの大部分は，人間的なイベントなので，集団心理療法はたいがいの心理療法と同様に，人間同士の個人の予期の改善をとくに扱っている。これは，われわれの仲間が常に予期せぬことを生じさせる非常に忙しい発明家であるからだけでなく，われわれの1人ひとりが彼の依存性を近隣者の間に広くまき散らしてきたことにもよる。世界に遅れずについていくことは非常に複雑なビジネスになってきており，時代遅れのアイデアに依存している人には，まったく手に負えなくなってきている。

　集団心理療法は，これがとくによくなじむ機能をいくつか持っている。これらの機能はいくらかの治療者が信じたがるほどには，その範囲が限定されているわけではない。われわれは集団心理療法を，単なる個人治療の付加物に過ぎないと考える必要のない1つの手続きだと見ている。実際，集団心理療法はしばしば焦点心理療法（focal psychotherapy）の努力を，そしていくらかのケースでは，唯一の心理療法的努力を代表しているかもしれない。さらにいえば，集団心理療法の効果は，軽度あるいは一過性の障害に限定されるわけではない。これは重度の障害のクライエントのために選択される治療法でもありうる。実のところ集団心理療法は，それが個人療法のための準備になるようなときが来るまでは，特定のクライエントに対する唯一のアクセス法を代表しているのかもしれない。

　a．実験法の基盤　集団心理療法の長所の1つは，これが，実験法とクライエントの新役割の両方に対して，より幅広い最初の基盤を，クライエントに与えてくれると

ころにある。すなわち集団心理療法では，クライエントが新しい行動様式を徹底して試せる人がもっとたくさんいる。そして，その解釈システムを親密に解釈できる個人ももっとたくさんいる。しかもこのすべては，治療室の防護壁の内部で，そして問題が手に負えなくならないようにする治療者の存在によって，達成することができるのだ。これは，他の人物がもう一人しかいない小さな実験室ではなく，多様な人物がそのなかにいる，大きく設備の整った社会実験室を持つようなものである。このよりよい設備をもつ実験室では，より多様な社会的実験を行なう機会が与えられる。この仲間集団のメンバーに対照的なパーソナリティの人々のいることは，もっと包括的な役割を形成する機会を，クライエントに与えてくれる。

　b．**弁別**　この治療状況には幾人かの他の人々がいるので，クライエントは，以下のことを発見する機会をもつことになる。すなわち，彼のコンストラクトのいくらかはいくらかの人々にうまく適用でき，したがって浸透的であるが，これに対して他のコンストラクトはある限定された人々にのみ適用されるので，非浸透的なものとして最もうまく管理されるということである。集団タイプの実験室はまた，どのコンストラクトが包括的に――いいかえれば，それ以外の点ではまったく似ていない人々や状況に――適用でき，そしてどのコンストラクトが実質的に同一の人々や状況のみに適用されうるのかを，見る機会をクライエントに与えてくれることになる。

　c．**先取りへのアプローチ**　たぶん何よりも，集団状況は先取り的なコンストラクトを振るい落とす方法を提供してくれる。先取りは治療者に多くのトラブルを引き起こさせる特殊な硬直性である。たとえば，あるクライエントはある人を「母親」と見る。すると，彼女は「母親」とみなされるので，クライエントは彼女を「母親」以外のいかなる他の次元に沿っても解釈することができなくなるようである。スタイネスク（Steinesque）言語では，「『母親』は私の『母親』である，は私の『母親』である」！

　集団療法室では，クライエントは他の母親がどのように描かれるかが見られるようになる。そして，他のクライエントの母親像をこれらのクライエントと共有できるかぎりにおいて，彼はそうでなければ気づかなかったはずの弁別と般化をする機会をもつことになる。

　d．**布置的解釈へのアプローチ**　集団心理療法は個人心理療法よりも先取りを扱うのにもっと有効に見えるだけでなく，類似しているが少し異なるタイプの硬直性――すなわちステレオタイプ――を扱うのにももっと有効であるように見える。このタイプの解釈に対するわれわれの用語は，「布置的（constellatory）」である。これによってわれわれは，通常「ステレオタイプ」によって意味するものよりも，少しばかり多くを意味することになる。たとえば，肥満者はすべてが楽天的で，自己満足し，物質主義的で，怠け者だと考える傾向を持ち続けてきたクライエントは，集団心理療法のなかの太った仲間はけっしてこんなふうに単純には解釈できないことを発見する機会を

持つ可能性がある。さらに，布置的および先取り的な解釈はどちらも，クライエント
が自分の役割を生み出す集団が不均質である場合に，クライエントによってより再考
されやすい。

　　e．確証エビデンスの多様性　集団心理療法の状況を使えば，より多様な確証エビ
デンスの利用が可能になる。数人がいっしょに参加するイベントは，より複雑であり，
したがってより豊穣である。クライエントの実験的探索が，ポジティブであってもネ
ガティブであっても，確証エビデンスになりうる方法はもっとたくさんある。クライ
エントは常にネガティブなエビデンス（失敗または負の強化）によって脅されていると
信じる治療者は，このようなエビデンスの出現を防止するために，自分がこの状況を
コントロールしなければならないと感じるかもしれない。集団療法の状況では，彼は
何かネガティブなことが起こるとまずいので，非常に不安になりやすい。ネガティブ
なエビデンスへのこの態度は，おそらく，多くの治療者が集団心理療法に踏み込むの
を嫌がることの説明になるだろう。

　　f．依存の分散　集団状況は治療の初期段階においてクライエントに依存を分散さ
せる機会を提供する。実際，依存の分散は，集団心理療法シリーズの初期段階の重要
な特徴である。治療者であるリーダーは，この依存の分散を処理できることが必要で
あり，彼らを嫉妬すべきではない。治療の究極的な目標は，各クライエントを治療者
に依存させることではなく，むしろ，各クライエントがみずからの依存をどう区別す
ればよいのかを発見できるように援助し，依存を他の人々の間に適切に分散させるこ
とだということに，彼は気づかねばならない。治療者は，これが集団療法室内で生じ
ているのがわかるときには，自分が無視されているとか，このグループが自分の手に
負えなくなってきている，などと感じるべきでない。

　　g．経済性　最後に集団心理療法は，治療者の時間への要請という点でより経済的
な傾向がある。このことは，その日のどの時間でも患者に応対できる地区内設定では
とくに当てはまる。地区外での集団心理療法は，とくにクライエントの労働時間に合
わせねばならないときには，スケジュールを決めるのがずっと困難になるようである。
一群の男性を日中にいっしょに集めて，治療者がこの集団の心理療法のスケジュール
を夕刻のうちに終えるのは，極度に困難である。一群の女性の場合は午前中に，ある
いは午後の早い時間にスケジュールされることも時どきある。スケジュールの問題が
満たされるまでに，集団心理療法の経済的な長所のいくつかは，すでに帳消しになっ
ていることを，治療者は発見するかもしれない。

7 ｜ 集団心理療法における技術的問題

　あるクライエントもしくは一群のクライエントを集団心理療法にかけるべきだと決
断した後に，治療者が最初に直面する技術的な問題は，各群の構成がどうあるべきか

の決定である。ふつう治療者はグループ全員が一緒に治療を開始することを望む。というのも、遅れて参加するクライエントはしばしばひどく不利な立場に立たされ、十分な集団の支持を与えられないかもしれないからである。治療者はまた、この役割関係がどれくらいの異質性に耐えられそうかという問題にも直面しなければならない。この問題にアプローチする方法は2つある。グループのすべてのメンバーが共通の脅威を持つ——たとえばそのグループが、知的障害児をもつ母親や、入院患者の夫や妻から構成されている——場合には、これからすぐに述べるように、このグループの支持はほとんど即時に出現するようである。このグループのメンバーが年齢的、性的、文化的な変異を代表している場合には、グループの支持は出現が遅くなるかもしれない。しかし、最終的に出現する構築（解釈）は、もっと包括的になるようであり、クライエントは補足的な治療を必要とすることなしに、グループを卒業していくことになりやすい。

　言語的器用さは、クライエントを心理療法グループのメンバーとして選択するのに、特別に重要なわけではない。むしろ、考えるべき最も重要なことは、クライエントが他者の視点を知覚する準備性——言いかえれば、役割関係を形成する準備性である。罪悪感に関するわれわれの理論的立場のゆえに、罪悪感をもつクライエントは役割からのズレを意識しやすく、そのために、集団心理療法のよい候補者になると、われわれは信じるようになった。しかしながら、この選択基準を適用するにあたっては、いくらかの注意を払う必要がある。この候補者が過度に収縮している場合には、あるいは、彼が緊縮した直解主義的コンストラクトの拡張システムを形成している場合には、彼は一時に2人以上の人と有益な関係を形成することが妨げられるかもしれない。

　ふつうレプテストは、クライエントを心理療法グループのメンバーになるよう招致することの適否について何らかの考えを、治療者に与えてくれるものである。このプロトコルは、十分に包括的で、非類似のパーソナリティの処理を可能にしてくれる、1，2のすぐれて浸透性なコンストラクトを示すはずである。また、このプロトコルには、たとえば、「私を愛してくれる人 対 冷淡な人」というコンストラクトのような、なんらかの依存の指標もあるはずである。「農園に住む人 対 都市に住む人」のような、物理的・状況的コンストラクトは、それほど多くはなさそうである。自己の世界をすべてこのように構造化する人は、この人が荷物をまとめて引っ越していくまでは、人間観を変える準備をしていないのである。

8 ｜ 集団療法の発展段階

　心理療法グループの発展は、6段階を区別するのが便利なことがわかる。それらは、

　1．相互的な支持の開始

2. 一次的な役割関係の開始
3. 相互的な一次的企画の開始
4. 個人的問題の探索
5. 二次的な役割の探索
6. 二次的な企画の探索

グループが発展するとともに，これらの段階はしばしばはっきりと順を追って展開してくることが見て取れる。しかしながら，これらの段階は重なり合っており，この6段階のすべてをいくらか示しているように見えるセッションも，いくつかはある。

9 | 相互的な支持の開始

集団療法家は普通，プログラムの第1段階——相互の受容と支持の開始——に導入するために主としてデザインされた一連の活動でもって，グループを開始すべきである。このグループではどのメンバーも，支持されていることがグループの相互作用で明らかになり，これらの支持がはっきり得られるようになるまでは，グループの前で傷つきやすい立場に立たされることは，促されることも許されることも絶対にあってはならない。われわれはこのことを十分に確信している。このことは，われわれが前に説明したように，個人療法でも重要である。しかしこのことは，ただの1人ではなく，数人に同時に脅かされると感じられる集団状況では，2倍も重要である。

われわれは，**受容**を，他者の目を通して世界を見る準備状態，すなわち共通性への準備状態だと定義した。次に**支持**は，これに関連してクライエントが多様なコンストラクトと行動の実験を成功させ，広範囲の反応パターンとして定義した。集団状況では，支持は必然的に受容に基礎づけられる。グループのメンバーが支持されていると感じるためには，彼はグループ内の少なくとももう1人が，自分の見ているのと同じように物事を見ようとしていると感じなければならない。したがって，いっしょに実験をして成功できる人が少なくとも1人はいると，彼には思えるのだ。これが，治療者の仕えているものである。治療者は，各人が自分はどこかで支えられていると感じているエビデンスを求めて，注意深くチェックする。治療者は，この支持がうまく作用していることにみずから満足するまでは，この議論を深く混乱させる材料から遠ざけておくようにする。

a．エナクトメント この支持を開始する方法はいくつかある。われわれは，多数の他の心理療法の目的を達成する手続きとしてエナクトメントを選好するのと同様に，エナクトメントあるいは役割演技を選好する。部分的に構造化された役割が，このグループのいくらかのメンバーがエナクトし開発するために設定がなされうる。このエナクトメントは最初は非常に短いものでありうる。治療者は，最初のエナクトメント

が完了するとすぐに，グループの各メンバーに，自分がどの参加者と同一化している
のかわかるかと尋ねることができる。それから，その役割は交換され，再エナクトメ
ントが試みられる。また，このグループのメンバーは2人の参加者のうちどちらと同
一化するのか，そして，なぜ彼らがその選択を行ったのかを尋ねることができる。

　この練習によって，この場面の参加者は，グループの他のメンバーによって支持さ
れているというはっきりした知覚が与えられるが，観察者にはそれほど強く参加を，
強制しているわけではない。この点は重要である。治療者は，参加者が自己自身に対
するどんな支持もリストアップしない例があれば，すぐに注目しなければならない。
通常，支持を得られないという参加者の感覚は，ただちに彼の行動に反映されるもの
である。

　エナクトメントする参加者が支持を受けてきたという事実は，未来のエナクトメン
トの候補者の注意も免れないだろう。したがって，この心理療法プログラムの第1段
階では，支持を受ける可能性への気づきは，各エナクトメントをもつメンバーシップ
の間で拡散する傾向がある。支持がこのグループ内で構築されるとき，治療者は自分
自身の支持を求める誘惑に屈服すべきでないし，また自分自身の同一化の好みも示す
べきでない。彼はやがて，必要な支持は何でも手に入れるようになるだろう。

　b．ストレスフルなシーンの利用　この支持を強化するために，治療者はストレス
フルで罪悪感の負荷のかかったエナクトメント状況を提案することができる。これら
の状況は，この段階では常にアカデミックでなければならない。彼は，どの1人のク
ライエントの伝記にも近づきすぎる状況は，なおも回避するべきである。ここでは支
持はもっと明白になり，観察者はこのエナクトメントへの参加者に対する共感を表明
する傾向がある。

　この時点で治療者は，このグループの注意を，メンバーがその中で生じているのを
知覚する変化へと，方向転換させことができる。彼は，彼らがグループの他のメンバー
によって支持されているという感覚を言語化するように，援助することができる。ま
た治療者がその出発点の近くで，役割演技はグループの支持が確立されるまでは脅威
になりうるとグループに言ってあげられれば，それは役に立つだろう。

　c．クリーク　この期間中は治療者は派閥の形成に気をつける必要がある。理想的
には，グループの全員が偏見なしに相互に支持しあうべきだが，実践においては，と
くに深く混乱したクライエントの場合には，クリークが形成され再形成される傾向が
かなり存在する。最初は，これらのクリークはペアであり，それぞれがフォロワー・
リーダー関係から成る傾向がある。その後，これらはもっと複雑で一過性の特徴を獲
得していく。

　d．役割の交換　集団療法では，個人療法の場合と同様に，役割の交換が重要であ
る。治療者は，メンバーの1人が自分の役割に「固定」されていると感じることを，

ふつうは望まない。彼が常に役割を交換する場合には，この感覚は回避される傾向がある。再エナクトメントは通常，最初のエナクトメントに比べると，約半分の時間を要するだけである。したがって治療者は，役割の交換によって治療的な動きのひどい遅れを心配する必要がない。ふつう，エナクトメントの議論の多くは，最初のエナクトメントの直後よりも再エナクトメントの後で，実行するほうがよい。このグループがかなり大きい——たとえば8人を上回る——場合には，この状況はエナクトされ，再エナクトされ，その後に新しい演技者が第2のエナクトメントと置き換えをし，役割交換をすることができる。これはそれから議論によって追跡がなされるのだ。

e．**エナクトメントの長さ**　治療者はエナクトメントをやめさせる前に，どれほど長くエナクトメントの持続を許すべきであろうか？　大雑把な基準は，少なくとも全参加者が明らかに自発的な行動にたよらねばならなくなったときまで，すなわち，各参加者が元の計画を捨てて，予期していなかった状況の出現に対処せねばならなくなったことが明らかになるまでは，エナクトメントを続けるということである。

f．**参加者数**　通常われわれは，エナクトメント状況への参加者数を2人に限定することを好む。治療の後の段階では，もっと複雑な対人関係が探索されうる。相互支持の開始段階では，治療者はエナクトメント状況を設定し，役割を割り当てるかもしれない。不安と敵意をコントロールできれば，彼はたまにはみずから役割を取得できるかもしれない。が，あまり頻繁にエナクトメントに参加しようと試みるべきではない。むしろ，ほとんどの支持と役割関係がグループのメンバーのなかで設定されるように，彼はもっと周辺的な人物であり続けるべきである。

g．**例示場面**　ここは心理療法の技法の詳細な解説を試みるのに適切な場ではない。しかしながら，次の例示は，集団心理療法の第1段階の後方の部分で使われうるエナクトメント状況のタイプを示している。これは参加者にとってかなりの脅威を含むが，集団内の支持を構築する傾向のある状況である。この状況は次のように設定される。

2人の参加者が含まれている。シーンは第1参加者によって演じられる人の居間である。この人は10歳の息子の親である。時間は午後9時。第2の人物の役割を演じる参加者はこの家のドアをノックする。エナクトメントはこの時点で始まる。

上記のように，治療者がこの状況を構造化した後に，各参加者順には，もう1人の参加者が自分の役割の背景について，グループの前で概要を聞き終えるまで，この部屋から立ち去るよう求められる。したがって，このエナクトメントが始まるときには，どちらの参加者も相手方が演じる役割の背景を知っておらず，このグループの非参加のメンバーは全員が両方の役割の背景を知っていることになる。以下に示すのは，第1参加者に与えられた背景構造である。

「あなたの 10 歳の息子は一般に「問題児」と考えられている。彼は警官といざこざを起こしており，あなたは近隣者から彼の恥知らずな行動について不満を聞かされている。今夕，あなたと息子は口論をした。彼はあなたがいくらかの金銭をくれなかったことにひどく腹を立て，荒々しい足音を立てて，ドアをバタンと閉めて出ていった。あなたはこの後数時間彼の顔を見ていない」

以下に示すのは，第 2 参加者に与えられた背景構造である。

「およそ 4 時間前に，あなたは思いがけず，何年も出会っていなかった古い友だちに出会った。あなたは夕方のまだ早い時間にこの友だちと楽しい時間を過ごした。車を運転して帰途についたとき，交差点から次の交差点の中ほどで，あなたは暗い道路を横切る子どもをはねてしまった。あなたは車を止めて，救急車を呼び，子どもは無意識のまま病院へ搬送された。この子どもを知っている目撃者があなたにこの子の住所を教えてくれた。あなたはこの子の両親に何が起こったのか伝えるために，彼の家の玄関前に立ち，ドアをノックしようとしているところである」

これは困難な状況である。治療者は，クライエントが弛緩したりコントロール不可能なほど攻撃的になったりすることなしに，その状況に合わせることができると合理的に信じないかぎり，クライエントのためにこんな場面を設定はしないだろう。ここで重要なのは，非参加グループの全メンバーがその背景情報が何なのかを知っていること，そして，各参加者がみずからの役割の背景を全メンバーに知られていることを知っていることである。これが，各参加者がグループの前で背景情報を簡潔に聞かされた理由である。この方法によって，参加者は最初から支持されていると感じる可能性がある。彼は支持を必要とするだろうし，その支持を受け入れる傾向もあるだろう。前に強調したように，これらの役割は交換されるべきである。最初のエナクトメントに見られる驚きの要素が，再エナクトメントには含まれていないとしても，そうなのである。この再エナクトメントは第 2 参加者に何らかの保護を提供する。そしてそれは，実験の非個人的な性質を強調する傾向があるのである。

h．配役内にとどまらせること　治療者がエナクトメントを使う際に経験する困難の 1 つは，参加者を「配役内」にとどまらせることの困難さである。これは個人療法におけるほどひどく困難ではないが，この問題はしばしば生じる。治療者自身は通常参加者ではないので，彼には，面接室状況でなら可能であっても，みずからが頑なに「配役」にとどまることによって，この状況をコントロールすることはできない。われわれが用いてきた 1 つの工夫は，室内前方の，あるいは会議テーブルの上座の 2 つ

の椅子を，もっぱらエナクトメントに使用するためにとっておく。このグループのメンバーがこれらの椅子に座るときには，彼らは自分たちに割り当てられた役割のみをエナクトするものだと仮定されているのである。エナクトメントについて論じるときにはその前に，彼らはこの椅子を明け渡すことになる

i. **課外のエナクトメント** 治療者はグループのメンバーに，自分たち相互間，あるいはグループの支持的な枠組みの外では，他者と役割演技はしないように警告しなければならない。エナクトメントについて熱狂する人は，時に，支持なしにこれを試みることによって，非常な不安に落ち込みうる。

10 | 治療者のエナクトメントの理解

エナクトメントの機能に関する治療者自身の構想は，そのエナクトメント状況で何が起こるのかということと多くの関連をもつだろう。以前の修正役割療法の議論で示したように，この割り当ては，各クライエントが現実生活で演じることを「学ばねば」ならない役割だと考えてるべきではない。治療者がこの「学び」の視点をとる場合には，彼は自分自身とクライエントをほぼ確実に困難に巻き込むことになるだろう。

エナクトメントの目的は，クライエントに実験する機会を与えることであり，洗脳することではない。クライエントは役割を試して，それがどんな具合であるかを見る。クライエントは，自分も治療者もどちらも，自分にとって「正しい」とは予測しそうにない役割を念入りに試すのかもしれない。たしかに，エナクトメントというアイデアは，パーソナル・コンストラクト心理学の下では，快い「強化」の在庫を蓄積することではなく，何かを発見することである。これは，われわれがしばしば述べてきたように，科学のモデルなのだ。強化の在庫の蓄積のみを追求する科学者は，頑固，臆病，意固地で，一般に生気がなくなりやすい。これに対して，発明的で，好奇心旺盛で，理解力があり，進歩的な科学者は，ポジティブな結果とこれがもたらす見識と同じくらい，ネガティブなものについてもハッピーでいられる人である。

グループ状況における治療者とクライエントは，後者の視点を探求しなければならない。彼らの演じる役割は，彼らに**発見**させることであって，**例示**させることではない。治療者は各クライエントが何かを観察する機会をもつことを望む。このエナクトメントは，よい実験がそうであるように，実験者とその同僚にその実験の結果を観察する機会を与えるようにデザインされている。クライエントには，最終的にみずから拒絶するか，あるいはおそらくすでに拒絶を決定している役割について，かなりの実験をする機会が与えられるかもしれない。構わない！ クライエントにとって，自分が何を拒絶しているのを知るのは，自分が何を受容しているのかを知るのと同じくらい，重要なのかもしれない。

したがって治療者は，集団心理療法で使われるエナクトメントに対しては，実験的

な視点をとるべきだということを強調したい。彼はグループと協同しながら，そのエナクトメントをデザインし提案すべきである。治療者は，個々のグループ・メンバーが永遠に採用すべきだと自分が考える役割や，その人が受容可能だとわかるとみずから考えるものにさえ，配役を限定してはならない。彼は，グループのメンバーとともに，自分自身も再解釈する自由があると考えるべきである。この自由は，個別のパーソナリティの構造とこの実験の社会的な意味連関によってのみ，限定されるべきである。

　集団心理療法のシークエンスの相互支持段階についてのわれわれの議論は，ここまでは，主としてエナクトメントの手続きに関係していた。治療者はまた，この段階の目的を他の手段によっても追求できる。エナクトメントに続いて彼が開始する議論の種類は重要である。通常彼は，挙手に続いて，グループのメンバーが自己自身と各参加者との同一化について自発的なコメントをすることを求める。彼は参加者がこれに気づくのを見届けるだろう。彼は個々人が同一化を感じ始めた時点と，彼らの同一化がある参加者から別の参加者へとシフトした時点を示すよう個々人に求めるだろう。

　エナクトメントの手続きがなくても，治療者はこの連鎖の第1段階で，相互支持を開始する措置をとることができる。彼はグループのメンバーを励まして，彼らが今までに経験したことについて話してもらうことができる。次に，彼は他者が同じ状況にいたとしたら，彼らがどのように感じていたかを示すように，強く促すこともできる。われわれの定義によれば，これが受容である。というのも，それが他者の目を通して物事を見ようとする意志を示す傾向があるからである。

　治療者自身は，この段階の早い時期に支持を示すことができる。しかしながら彼は，自分の主要な課題が，クライエント・グループのメンバーが誰1人として治療者の支持に全面的に依存しなくてよいように，メンバー間の相互支持を形成することだということを，しっかりと心にとどめておかねばならない。

11 ｜ 一次的役割関係の開始

　ここで，集団心理療法の連鎖の第2段階に向かうことにしよう。われわれはこれを，**一次的**役割関係（primary role relationships）の開始を含む段階と呼んできた。われわれが**一次的**という語を使うことにしたのは，この段階の役割関係が完全に対面治療グループ内で設定されているからである。われわれの定義によれば，**役割**というこの用語は，他者の解釈システムを包摂する観点から追求される一連の活動という特別な意味で用いる。これは集団心理療法の長所が個人療法のそれよりも大きな利益をもたらし始める可能性のある治療段階である。

　エナクトメントがたった今なされたと仮定しよう。この治療者は，このグループの各メンバーが他者のいくらかまたは全員を支持する準備ができており，また，このグ

ループの各メンバーは他者のいくらかまたは全員によって自分が支持されていると感じていると判断する。このシリーズの次の段階に移動するべき時期が来たようである。今や，治療者はいくらか種類の異なる問題を提起し始める。ここで彼は，参加者がエナクトメントのある時点でどう感じていると思うかを，一人ひとりの非参加者に示すように求めるかもしれない。これはもちろん，非参加者に参加者のコンストラクトを包摂するように求めること，したがって，非参加者の役割に役割関係の段階を設定するように求めることを意味する。参加者は，非参加者によって自分たち自身の感情がどれほどうまく予期されたと考えるかを示すことができる。したがって，非参加者が形にはめ込みはじめている役割コンストラクトの，何らかの直接的確証があることになろう。

このディスカッサントたち（エナクトメントの参加者以外のメンバー；非参加者）はまた，自分たちがその参加者のひとりであったとしたら，自分自身の感情がどうであったと思うかをも示すことができる。これは，注意深い治療者に，いくつかの重要な評価をする機会を与えることになる。他者が感じていると見える感じ方と，自分が同じ状況で感じると思う感じ方との間に，クライエントが認める対照性（コントラスト）は，クライエントが自己と他者の間に認める共通性（コモナリティ）の測度になる。彼が，自分自身のものの見方と他者のそれとの間に非常に大きな差異があると見る場合でも，彼がその人との関係で必ずしも効果的な役割を演じられないことを意味するわけではない。それはしかしながら，彼がその人との関係で演じる役割は，彼がそれを実際に演じる場合でも，彼は完全に自発的ではないかもしれないということを意味する。

治療者は，役割と参加者との結合を探究し始めることができる。この結合は，このグループの特定メンバーに，誰かと同一化するためのよりよい機会を与えるだろう。彼はこの同一化過程を開始させるために，みずからエナクトメントを試みさえするかもしれない。しばしば彼は，その役割ではどう感じるのかをみずから見てみるために，この非共通性知覚メンバーに，その出来事の再エナクトメントに参加するよう求めるかもしれない。治療者はまた，この人が自分自身の見方と他者の見方との類似性と差異性を概念化するのを援助するために，この役割を演じているように見えるので，他の人々にこの役割を演じるようにたのむこともできる。この課題は，もちろん，クライエントが打ち立てたと治療者が思っている「障壁」――治療者がなす敵対的なことだったかもしれない――を，必ずしも崩壊させることではなくて，このグループに，彼らの見方とこの特定人物の見方との類似点と差異点を探索させることになろう。

a．脅威　治療者が役割段階に入っていくと，彼はメンバーに，おそらくはエナクトメントを通じた描写によって，相互のものの見方を解釈するよう求めることになり，関連する脅威に対しても警戒しなければならなくなる。この参加者と，その行動が描き出される人物は，両方とも，脅威を受けやすい。参加者はオリジナルの人物の

戯　画を描くかもしれない。彼がそうするのは，この人物が嫌いだからというよりも，
この役割に脅威を感じるからかもしれない。おそらくこの役割は，彼が捨てようと試
みてきた，あるいは彼を飲み込む脅威を及ぼす彼自身のパーソナリティの一面を暴露
するよう彼に求めているように見える。ものの見方が描写される側の人物もまた，脅
威を感じるかもしれない。彼は望んで隠し，回避を試み，捨てようと試み続けてきた，
自己のパーソナリティの一面を，エナクトメントが暴露すると見ているのかもしれな
い。

　治療者がこれらの脅威に鈍感である場合には，彼はこの時点でかなりの地歩を失う
かもしれない。彼は当然のことながら，第1に，このタイプのエナクトメントを提案
する前に，みずからの支持が適所にあることをまず確かめなければならない。第2に，
このタイプのエナクトメントが参加者にとっても描写される人にとっても，なぜ脅威
になるのかを，このグループが一般的に理解するのを助けるために，彼はこの状況を
利用できねばならない。これは重要なレッスンになる。このグループのメンバーがこ
のことを把握し始めると，彼らは相互の役割関係を形成できるように，相互理解も開
始するかもしれない。

　　b．役割の代替バージョン　　1つのアプローチは，役割交換をただちに求めること
であり，その参加者によって描かれるオリジナルの2つの異なるバージョンに，非参
加者が特別な注意を払うことを提案する。これは，そのパーソナリティが描写された
人物を解釈する方法には異なるものがあることを暗示するだけでなく，このグループ
が仲間のメンバーを描写しようと試みるときには，参加者の感じる脅威の本質をこの
グループが概念化することをも援助するのだ。

　これに続く議論は，なおも他のバージョンと概念化が存在しうることを，対象人物
を含む全員に示すのに役に立つべきである。治療者は，望むなら，第3エナクトメン
トに参加する対象人物に，特別に共感的なバージョンをもつように見えるグループの
あるメンバーを選択してよい。この議論をしている間に，この対象人物はまた，彼の
ものの見方が何であるかに関して確証エビデンスの力をもつ傾向のあるコメントをす
るかもしれない。この討論中に自己記述をしてきたので，この流れの終わりには，誰
かがこの対象人物の描写を試みるかもしれない。したがって強調点は，描かれた人物
のものの見方を忠実に理解する課題におかれつづけなければならない。

　　c．明瞭化　　治療の一次的役割構築段階でなされた議論は，グループのメンバーの
言葉の明瞭化を強調する傾向がある。ジョンがコメントをする。フレッドが応答する。
ジムはジョンが本当に言いたかったのは，……ではないかと示唆する，等々。あるい
は精緻化が次のように，順番になされるかもしれない。ジョンが見解を述べる。フレッ
ドが応答する。ジムはジョンの言ったことが理解できたのかどうか確信できない。そ
こでジョンに詳しく述べるように求める。ここには以下のような予期的な順序がある

かもしれない。フレッドがある見解を言う。ジムはジョンのほうに向きを変えて,「これはあなたがその……に対して反応したかった方法ではないのですか?」という。この3つのタイプの役割構築のシーケンスのいずれにおいても,ジョンについての知覚を発展させて,ジョンとの役割関係を確立できるのは,ジムである。

d. 敵 意 しばしば,集団心理療法のこの段階で扱われることになる,本物の敵意がある。脅威の場合と同様に,それはカリカチュアのエナクトメントに最もはっきりと現われるかもしれない。この敵意は一般的であるかもしれない。あるいは,クライエントの1人がグループ内のある他のクライエントとの役割関係を形成する課題と直面するときには,もっと特定的に表現されるかもしれない。

まず何よりも,敵対的なクライエントにとって重要なのは,あまりに多くの敵意を表出しすぎる機会をもつ前に,サポートされていると感じることである。次に,彼が他者について描くカリカチュアは,それ自体が妥当でないと証明されることが許容される可能性のあることである。議論の後には,最初に彼がカリカチュアとして描いた役割の描きなおしが,許される可能性がある。時には,その役割を2つの対照的な方法で演じるようたのむことによって,その敵意についてもっと積極的なチェックが提供されうる。彼が最初に描いたカリカチュアが,彼のシステムの重要なコンストラクト次元の一方の極を表象しているなら,第2バージョンのエナクトメントは同じ次元の反対の端になければならないようである。したがって,彼はこのコンストラクトの両端で実験せねばならなくなる。そしてこのように,彼を悩ませているのは何なのか,そしてどんな選択肢を彼は知覚できるのかが,彼,治療者,そしてグループにとって,よりはっきりしてくるのである。

12 | 相互的な一次的活動の開始

この継起の第3段階は,これから見ていくように,相互的な一次的企画(mutual primary enterprise)を開始する段階である。これは,グループのメンバーが相互理解を利用して,実験を提案し実行する段階である。これは,グループのメンバーが,グループはある種の状況を探索して,ある種の問題への回答を発見しようと試みるべきだと提案を始めるときに,始まる。

治療者がこの議論のなかにこのノートを見つけるときには,彼は常に,それが役割関係を含んでいて,単なる個人的な趣味の乗物ではないことを確かめる措置をとらなければならない。彼は,提案された企画が他のクライエントの要求をどれくらい満たすと考えるのかを,1人のクライエントに尋ねることによって,これを行なうことができる。治療者もまた,このグループの他のメンバーが,このような企画に参加することによって,どの程度自分を援助できると考えているのかを,たずねることができる。この予備的な討論は,いくらかの他のクライエントが,この企画にどんなポジティ

ブな貢献をすると彼が考えているのかを，各メンバーが示していると治療者が提案することをもって，もっと特定的になりうるのである。

この集団心理療法のシークエンスの第3段階は，「一次的 (primary)」という語が意味するように，グループ内での企てに着手し，完了させることに関係している。それは外部の人間を含む企画や，グループ外で生じる状況に備えて試みられるグループ内の企画を含まない。ふつうこの課題は，そのセッション内で完結され，このセッションの外側での人生に対する直接的な意味連関をもつとは構想されていない。後者を，われわれは**二次的企画** (secondary enterprise) と呼んでいる。われわれはこれをこのシークエンスの最後の段階と想定している。治療者はこの問題について頑なである必要はないが，このグループが治療の第5段階を通り過ぎてしまうまで，二次的企画を延期するのは，ふつうはよい計画のように思える。

13 | 個人的問題の探索

治療の第4段階は，個人心理療法がインテンシブに探索しているタイプの問題に取り組む。対照的に集団心理療法では，もっと多くのことが前もってなされていることに注目するべきである。クライエントは，このグループの設置を助けてきた治療者の支持によって，いくつかの側面で支えられてきた。彼はすでにグループの他のメンバーを含む役割関係をいくつか形成してきた。彼はさらに遠くまで進んで行った。彼はマイナーな性質の企画において，他者と結びついてきた。彼はおそらくチームの一員として，問題に取り組む準備をしている。さてわれわれは，この高度に個人的な性質を持つ問題に対して，このチーム・アプローチが使えるかどうかを見ていこう。

エナクトメントが使われる場合には，これは，グループのメンバーがみずからの，そしてお互いの，人生からの出来事を演じる段階になる。これらのエナクトメントは心理劇で使われている手続きに似ているかもしれない。しかしながら，われわれはこの過程を，モレノ (Moreno) やその研究仲間が構想しているのとはいくぶん異なるものとして構想していることが明らかなはずである。ここには確証または「現実吟味」が含まれていることに，われわれも同意しよう。しかしながらわれわれは，「補助自我」としての役割を果たす人物に対する経験の価値に，もう少し重点を置きたい。これは彼を役割関係のなかに再建することになる。これは，彼がみずからの罪悪感を処理するのを援助するべき事実である。それは，個人的な問題を解決するのに，チーム・アプローチがどのように使われうるのかを彼に示している。それは，自分自身の問題と他者の問題との類似性を観察することによって，自分自身の問題を社会的な準拠枠に位置づけるのに，役立つのである。

この段階では，多様なメンバーが特定のクライエントの苦境を，自分たちのバージョンで，演じることができる。彼らはまた，彼の問題をどう処理するか，具体的なレベ

ルで示すことができる。それぞれのエナクトメント状況に対する提案と指示は，治療者からというよりも，このグループのメンバーからより多くやってくる。このエナクトメントはより短く，より自発的で，素早く動いていく傾向がある。

　議論が主として治療のこの段階で使われる場合には，急速な移行が生じやすいので，治療者は警戒しなければならない。時には，グループの個別のメンバーが，自分たちの問題の集団討議において，予期せぬ展開によって，みずから深刻な脅威を受けているとわかることがあるだろう。緊張が形成され，1人のメンバーの敵意の表出がグループの他のメンバーに危険なほどの脅威を及ぼす場合には，治療者はエナクトメントの保護壁を用いるかもしれない。敵対的なクライエントは，「自分自身」を描くのではなく，ある特別なときまたは特定のタイプの出来事に関連して，彼が感じる敵意や攻撃性を特別に描写するよう勧められる。そこで，彼と友だちは両方とも，エナクトメント状況で振りをすることによって，部分的には保護される。しかもなお，表出したいという気になるものを自由に表出するのである。これはまた，攻撃性を表出する際に，グループのメンバーが，自分自身の個人的問題を実際に何とか解決すること，そして，彼の言うことが必ずしも彼らの自己防衛を呼び求めるわけではないことを，他者が理解するのを助ける。さらに，クライエントの行動を構造化された役割に配することは，彼の衝動性に限界を設けるのを助け，彼が自己統制を失いつつあると感じ始めるときにはいつでも，自己解放を可能にするのである。それはまた，自己表現を攻撃的にしてしまった後で非常にしばしば襲われる罪悪反応から，彼を保護するのを助けてくれる。彼は役割を演じ，視点を表現し，立場を明瞭にしてきたことを，まったく適切に思い出すことができる。グループ・メンバーとしての彼の役割関係は，したがって，それほど危機にさらされないのである。

　エナクトメントを使用してもただちに必要なコントロールが有効にならない場合には，治療者はクライエントが攻撃や不安を限界内に維持するのを援助するために，役割の交換を行ってもよい。もう1つの限定する工夫は，攻撃の描写のなかで，クライエントの代理として別人に演じてもらうことである。この混乱したクライエントは，この代理人にコーチをすることはできる。しかしそうするなかで，その場面で表出される攻撃性の基礎と本質を，言語で縛られたコンストラクトで記述し，定義しなければならないのである。

14 | 二次的役割の探索

　集団心理療法の第5段階は，最もおもしろいものの1つである。これは，クライエントが治療グループの外で，みずから役割設定を試み始める段階である。クライエントが外部の人の視点を解釈しようと試み始めるときに，治療室の内部ではこの段階が出現する。このような解釈への努力は，いくらかの他の人々がどのように考えている

のか，また，それらは他の人々の敵対的な評価を構成しているだけなのかどうかを見いだそうとする本物の試みを代表しているのかどうかを，治療者は判断しなければならないだろう。通常彼は，外部の人を解釈する際に何がしかの柔軟性や試行性があるように見える場合には，それは前者であると仮定することができる。彼はまたこのクライエントがその人に，**布置的**あるいは**先取り的**というよりも，**命題的**に対処する場合には，役割関係の始まりがあると判断することができる。彼はまた，このクライエントがある程度浸透的な解釈を外部の人に適用し始める場合には，元気づけられうる。

　治療者が社会劇の手続きを最も効果的に採用し始めるのは，この段階においてである。ソシオドラマは参加者が何らかの外部状況をある程度の正確さをもって解釈することを要求する。さらに，参加者は状況の要請への同調を学習することが期待されている。いずれにしても，ソシオドラマが治療のこの遅い段階で採用されるか，早い段階で採用されるかは，適切なグループの支持が確立されたと治療者が合理的に確信できるようになるまでは，試みられるべきでない。ソシオドラマにおいては，役割の交換を使用することは，それほど重要ではない。

　二次的な役割を確立している間に，治療者は，個々のクライエントがグループ内で形成してきた役割関係を一般化するのを援助する必要があるだろう。外部の人物がグループの個々のメンバーと類似あるいは非類似の点について，自由に討論をすることができる。したがって，治療者は個々のクライエントの役割コンストラクトをもっと浸透的にするように援助する。これが生じるときには，クライエントは自分を特定の人々に対するのと同じように，（不特定の）人々に関係づけることがわかる。

　ここである挿話的な観察が興味深い。共同生活の１つの特徴は，ソビエト・モデルであれ，修道院聖職者モデルであれ，あるいは大学のフラタニティ・モデルであっても，いくらかの人々にとって魅力的なのは，いくらかの他者との安全で，高度に特殊な役割関係を設定する機会になることである。この点でこれらの形式の共同生活は集団心理療法の初期段階に類似している。実際，共産主義者，僧侶，フラタニティの兄弟などによって使われているデバイスと，集団心理療法の初期段階で成功裏に使われているそれとの類似性は，人は強い印象を受ける。役割の共通形式は比較的非浸透的な解釈に基礎づけられている。個人は自己を**ある人々**に，そしてこれらの人々にのみ関係づける。彼が彼らに対する自己の役割関係を統治するのに使うコンストラクトは，他の誰に対しても適用できるとは見えない。彼のコンストラクトは非浸透的な硬直性を示しうるだけでなく，これらのコンストラクトは先取り的で布置的な傾向をももつように見える。もし誰それが「ブルジョワ - 資本主義者 - 帝国主義者」であるなら，この人は「ブルジョワ - 資本主義者 - 帝国主義者」以外の何物でもない。もし彼が「世俗的な不信心者」であるなら，この人は「世俗的な不信心者」以外の何物でもない。もし彼が「バーブ（辛辣な人）」であるなら，彼は「バーブ」以外の何物でもないのだ。

同種のものの見方は，人の弁別と般化を妨げる極端な国粋主義にも関連している。ある人は「忠義」と「不忠」以外にはどんな用語を使っても，仲間の市民を見ることができないことがわかるだろう。彼は自由主義，民主主義，スターリン主義，トロツキー主義，あるいは学問の自由の原則などを区別することができない。したがってそれは，「ソビエト専制」のすべての原理を信奉し，しかも自己を「共産主義」の最大の敵と自称する人が非常に多く存在するということである。

しかし，このタイプの集団的文化変容と，パーソナル・コンストラクト心理学の下でわれわれが健康な社会を生み出すと知覚しているそれとの間には，ある鋭い違いがある。この違いは，人がいくらかの人々に対してのみ忠義を尽くすのか，それとも，人間性に対して忠義を尽くすのかにある。彼は自己を原理によって統治できるのか，それとも，ただのラベル，旗，ユニホーム，名前，場所，そしてパスワードに対してのみ反応できるのであろうか？　要するに，単なる事実に対するのみの忠誠とは対照的に，原理に対する忠誠は，パーソナリティのあの多くの称賛される質——個人的統合性！——のそれの基礎である。

集団心理療法に戻ろう！　治療者の課題は，したがって，クライエントが特定グループの人との役割関係について学んできたこの教訓を拡大して，これをグループ外の他の人々に，そして人間性一般に適用するのを援助することである。治療者は，このグループが治療室のなかで形成してきた役割言語を高めて，これを治療室の外で適用できるように援助する必要がある。これは彼が，みずからの視点において，広い視野を示さねばならないポイントである。彼は自分のクライエントがグループ外でコンタクトをもつことや，クライエントが確立しようと試みる新しい忠誠に，嫉妬することができない。彼はまた，グループの他のメンバーがこのような原理の拡張に嫉妬しないように援助しなければならない。

15 ｜ 二次的な企画の探索

最後に集団心理療法の第6段階は，二次的な企画の探索によって特徴づけられる段階である。グループのあるメンバーがやってきて，外部の人を含む企画に踏み出したと言うときには，治療者は彼が治療のこの段階に入ってきたのだと仮定してよい。この参入は時期尚早で，発想もまずいかもしれない。しかしそれは，どんな場合でも，クライエントが患者の地位から卒業していこうとする場合には，最終的には試みなければならない種類の企画である。

クライエントは，この種の冒険に乗り出すとき，「忠誠でない」としてグループから追放されてはならない。治療者は，イベントのこの節目についての適切な評価を，注意深く維持し言語化しなければならないだろう。このグループはサポートを提供し続けることができ，そして，冒険心に富むクライエントは，いくらかの外部経験の討

論をすることによって，これらのサポートを十分に利用することができる。この段階ではクライエントは，主に外部での失敗に対する１つの安全策として，グループ内のメンバーシップを維持し続けるかもしれない。彼はまた，他のメンバーに対する義務感を通して，他のメンバーが自分自身の問題を見通すのを援助し続けるかもしれない。

16 | 集団心理療法における特殊問題

　集団心理療法においては，あるメンバーがグループに遅れて参加するときには，特殊な問題が生じうる。ふつう治療者はこれを回避したがるものである。このクライエントはアウトサイダーとして扱われ，それゆえに，サポートを受けているという感覚が持てないかもしれない。この役割関係がすでにかなり込み入った基盤の上に確立されている場合には，彼はアイデアと行為の相互作用を追跡（フォロー）できないかもしれない。ふつう治療者の第一歩は，この新人がエナクトメント中の参加者にみずから同一化したことを示させることである。治療者はこのエナクトメントでの共感的な役割（パート）のために最も不安定な他のメンバーをわざと選択して，同一化の表現のためだけにこの新人を招くのかもしれない。この参加者はしたがって，最も明白に自分をサポートしてきた人として，この新人に注意を焦点づけてきた。したがって，この参加者は，そのエナクトメントに脅かされる場合にはとくに，この新人をもっと速やかに受容するようになるはずである。

　人がエナクトメントと議論を組み合わせる場合には，この２つの手続きの機能を分化させるのは，なかなかの良策である。ふつう彼は議論を使って，仮説を生み出し実験をデザインするだろう。このエナクトメントは次に，この実験データを提供してくれる。最後にこのエナクトメントについての議論は，データの確証的な意味あいを決定するための根拠を，そしてさらなる仮説のための基盤を提供してくれる。

　劇的な経験をした人に一言注意！　個人療法でも集団療法でもどちらにおいても，エナクトメントは劇場の所産ではない。それらは娯楽のためにデザインされるわけでもなければ，宣伝媒体として使われるわけでもない。その目的は，グループのメンバーに，自分たち自身およびそのなかで生きている生物についての事実情報——彼らの誰もが，治療者でさえも，それ以外の方法では得られなかったはずの情報——を提供することにある。エナクトメントはしたがって，単なる冒険であって，事前に準備された体操ではない。この理由により，参加者は，時には確信なく演じ，しばしばその筋書きを間違え，キャラクターを破って飛び出し，お互いにだましあう，そういう疲れて無能なエンターテイナーのように見えるかもしれない。声は聞こえないほど小さくなるかもしれない。ジェスチャーは議論と矛盾するかもしれない。役者は小道具のうしろに隠れるかもしれない。それにもかかわらずしばしば，最も貧しい「劇場」であるエナクトメントは最も意義のある心理療法になるのである。治療者の課題は「作品」

を改善することではなく，各参加者の外面の下にかくされている人間性を，このエナクトメントに忠実に現出させることである。

　このエナクトメントはわざとらしいだろうか？　われわれの回答は断じてノーである！　治療的エナクトメントについて唯一わざとらしいものは，それがわざとらしいという見せかけである。参加者の演技は，指の隙間から「のぞいて」遊ぶ1歳児の行為以上に不自然ではない。それにもかかわらず，それはその背後にあって役者が偽りの自己ではなく，日常的な慣習やマナーによって非常にしばしば隠されている，本物の自己を描写する，透明の仮面を与えてくれる。この仮面はしたがって，偽装するものではなく，人がその背後で習慣的な見せかけを脱ぎ捨てられるスクリーンなのである。

　集団心理療法の議論で最初に述べたように，われわれが構想する段階は，必ずしも正確に順序づけられるものでもなければ，相互に排他的なものでもない。その2つ以上がどんな1セッションのなかでも重なり合うように見えるかもしれないが，治療者にとっては，この特定の推移が1つの段階に属し，あの推移は後の段階に属すると見るのが有益である。さらに段階の分類は，治療の推移を計画し，グループの進歩の速さを調節する根拠を，治療者に与えてくれる。

C　訓練の問題

17 ｜ 心理療法家の資格

　精神分析家はふつう，誰もが精神分析を受けるまでは，心理療法家になろうとは試みないことについて，鳴りもの入りで宣伝する。この教義は，フロイト以来ある形で直接つながる専門的な系譜を精神分析に提供してきた。これは，いくつかの聖職者集団によって主張される聖ペテロからの使徒の継承に対応している。ふつう科学者なら，この種の議論は知的に受け入れられないことを見いだして，その権威がもっぱらこのような詭弁的貴族社会に基礎をおくと仮定されるどんなシステムをも拒絶する傾向がある。彼らは，偉大なアイデアはそれ自体，人々の心のなかでもちこたえることが許されるべきだと考えている。それはそのスポンサーの人々の確証要求に基づかねばならないわけではない。さらにいえば，それは，時間の残酷さとカルト主義の気まぐれに耐えられる場合には，書き言葉によって伝達が可能でなければならない。

　しかし，それ自体を継承主義者（successionist）の見かけ倒しの議論から切り離す，もう1つの問題がある。これは，他者のコンストラクト・システムを適切に理解できるようになる前に，心理療法家自身の包摂的なコンストラクト・システムがどれくら

い適切である必要があるのかという問題である。この問題には直面するべきレベルが2つありそうである。(1)治療者の言語的コンストラクトはどれくらい適切か？ (2)治療者の前言語的コンストラクトはどれくらい適切か？ もっと一般的な言い回しをするなら，(1)治療者の「知的洞察能力」はどうあるべきか，(2)治療者の「情動的洞察能力」はどうあるべきか？ である。

　　a．専門的コンストラクト　われわれ自身の立場は，心理療法家の役割の章で，すでに部分的には述べた。まず第1に，クライエントの利益は，心理療法家の訓練が体系的に健全な専門的コンストラクトの形成に向けられてきたときに，最もよく保護されると，われわれは信じている。このことは，特定の心理システムの作動する知識でもって洗脳する以上のことを意味する。それは，心理療法家が科学的方法論の原理と科学的エビデンスの，何かもっと深い理解をもつべきだということを意味する。それは，彼が自己のシステムを調査と改訂に開かれたまま維持する準備をすべきだということを意味する。彼の専門的訓練は，もっぱら科学的知識の利用と「応用」――「専門的実践家」の見解――のみに関与するべきではなく，その知識の本質と，それが種々の形をとる過程の本質をも重視すべきである。この後者は**専門的科学者**の見解であり，われわれが好んで信奉する見解である。

　　これについては多くを語ってきたので，われわれは，心理学の最も基本的な理解しかもたない一般心理療法家を解放する現代の実践について，おぼろげな観察をしようとしていることが明らかになるはずである。医学教育，精神科医研修，そして個人分析は，科学的志向性をもつ心理学の上級訓練の粗悪な代替品である。しかも，現在訓練を受けている心理療法家では比較的少数のものしか，この心理学的情報の最も貧困な背景以上のものは何ももたない。われわれ心理療法家のほとんどは，主に長期の徒弟制度，疑問の余地のない教義，そして共感的「関係」に基づく，呪術医のような訓練を受けているのだ。

　　これは厳しい批判である。それは，フロイト (Freud)，マイアー (Meyer)，サリヴァン (Sullivan) のような，いくらかの心理学的に素朴な医学的人間の冒険心がなかったならば，心理療法のようなフィールドは探索に開かれることさえまったくなかったはずだという事実認識でもって和らげられる必要がある。また心理学者は，精神障害者の回復や，いかなる人道主義的な価値にも，関心を示すのが遅すぎたという事実認識でもって，和らげられる必要がある。そうかもしれないが，われわれはどの職業が心理療法の不法占拠者の権利を持つのかという疑問に対しては一過的関心以上のものをほとんど生み出せなかった。さらに重要なのは，クライエントをよくするのに心理療法家を訓練する最善の方法は，今日では何なのかという問題がある。すでに示したように，われわれの考える主要なアプローチは，治療者が専門的解釈システム――このシステムは，印刷でき，心理学的情報を持ち，体系的完全性をもち，科学的に支持さ

第22章　心理療法における特殊技法　509

れ，探究する問いに従順であり，連続的な改定過程にある——を形成するのを援助することである。

　　b. **全体としての治療者のシステム**　心理療法家の訓練において，われわれの信じることが，いかにして主要な考察になるべきなのかを，われわれの知るかぎりで明らかにしたので，われわれは今や重要な副次的考察に向かってよかろう：それは，治療者の全体としてのコンストラクト・システムと，とくに心理療法のチャンネルを通じてアプローチされる必要のある前言語的下位構造である。クライエントの行動の多くが，言語レベルで象徴化されていないコンストラクトの下で組織化されているように，心理療法家もまた人間であるので，名前やガイドポストによって常にはっきりとは標されていないパーソナル・コンストラクト・システムの庇護下で生きている。

　（研修中の）学生治療者のコンストラクトが明示的で伝達される事例では，その教師はそれらのコンストラクトを把握できるようになる。学生のものの見方で，明らかに妥当でなく敵対的なものはチェックされうる。そこでこの教師は，将来の心理療法家が，はっきり伝えられたコンストラクトを改訂するのを援助することができる。そして，もしこの学生のものの見方がクライエントの安寧を脅かし続ける場合には，この教師は道徳的義務を発揮して，この学生の専門的な地位を拒否するかもしれない。これは学生と教師との間のある種のアイデアの交換を，ふつうの教室を特徴づけているそれよりも，もっと包括的にすることを求める。これは，心理療法家が非常に小さなグループで教えられる必要があり，教師は専門的学生の思考に普段よりもっと深く入って尋ねるべきであり，試験用紙の直解主義的読みをはるかに超えた学生の行動から推論をする準備ができていなければならないということを意味する。

18 ｜ 心理療法家にとっての心理療法の機能

　　a. **技法の説明**　しかし，学生がはっきりした形で表現しないコンストラクトについては，いかがであろうか？　これらのコンストラクトを扱うには，未来の心理療法家はみずから一連の心理療法を受けることが，しばしば望まれる。ただし，著者の確信するところでは，このことはいつもそうとはかぎらない。このみずから心理療法を受けることは，いくつかの機能を果たしうる。第1に，スーパーバイズをする心理療法家は心理療法の技法を説明しやすくなるかもしれない。心理療法の技法は，人が心理療法の見物人であるときに，また人が参加者であるときに，より簡単に認知されうる。たとえば支持の機能は，そしてその多様な技法の効果は，人が不安定な点にいて，支持をひどく必要としているときにのみ，しばしば正しく評価されうる。他の手続きは，心理療法家 - クライエントにとって，それが使われる瞬間に理解するには，あまりにもあいまいであるかもしれないが，それでも，スーパーバイズをする心理療法家が，心理療法家 - クライエントの利益のために，ある経過がどのように扱われる

のかを後で思い出すときには，深く理解されるかもしれない。

　　b．役割関係にとっての基盤　心理療法家にとって，心理療法の第2の機能は，クライエントとの役割関係を確立するのによりよい基盤を与えてくれることである。役割関係は，役割を演じる人のコンストラクト・システムのある部分の包摂を必要とするので，テーブルの反対側に座ればどう感じられるかを理解すればするほど，彼はクライエントの立場をよりいっそう評価しやすくなる。経験の豊かな治療者でさえ，自分がクライエントの役割についてみると，治療状況がどれほど違って見えるのかに驚く傾向がある

　　c．平行性の発見　第3の機能は，未来の治療者に，自分とクライエントとの間の平行性を見る基盤を与えることである。これはデリケートな問題を含んでいる。治療者は，クライエントが自分に似ていると見る場合に，よりよい仕事をするだろうか？この疑問に答えるに際して，われわれは，クライエントが自分に似ていると見ることと，クライエントが同じ未解決の問題をもっていると見ることを，区別しておきたい。われわれの経験からは，治療者は，自分自身も人生のある時期に通過した発達段階を，クライエントが通過していると見られることによって，何かが得られるようである。しかし，治療者がその段階のその問題をまだ満足のいくように解決していない場合には，彼はこの治療のある特徴についてトラブルをもちやすくなるだろう。このようなケースでは，これらの問題に個人的にはまったく直面したことのない治療者をもつことが，よりうまく作用する。たとえば男性のクライエントは，彼が直面している種類の問題を経験し解決したことのある男性の治療者と，うまくやっていくかもしれない。このような男性治療者が身近にいない場合には，このような問題に直面したことはあるが解決はしたことがない男性治療者よりも，直面したことのない女性の治療者を割り当てるほうがよりよいのかもしれない。このことは，2人のうち男性治療者のほうが最初はより受容的で「理解力」がありそうな場合でも，事実である。

　　自分自身とクライエントとの間に平行性を見る治療者は，この関係を受容するか拒否するかの基盤として，この知覚を用いるかもしれない。彼がこの領域で自分自身の問題を解決したことがあるなら，この平行性の知覚は，自分がこのクライエントを援助できそうだというエビデンスとして，用いられるかもしれない。これを解決したことがない場合には，そしてみずからのクライエントとしての経験から，自分は解決したことがないと知っている場合には，彼はこの特定人物の治療を企てるべきではないというエビデンスとして，この平行性の知覚を使うかもしれない。

　　時には，自己自身の解決ずみの問題とクライエントの未解決な問題との平行性を時期尚早に知覚すると，困難を引き起こすことがある。この平行性は本質的には表面的なものに過ぎないかもしれない。このややこしい類似性のゆえに，クライエントはかつての治療者に表面的に似ているだけであり，その解決への道筋は，治療者が追随し

第22章　心理療法における特殊技法　511

てきたものと同じではないという事実に目覚めるのに，治療者はしばらくの時間を要
するかもしれない。これはもちろん，「学習」実験で共通に観察される，あのよく知
られた干渉（interference）という現象を含んでいる。クライエントの問題と治療者の
以前の問題との類似性は，これらの問題間の適切な分化を妨げるのである。

　d．自己の見かけ（self-appearance）の発見　心理療法家にとって心理療法の第4の
機能は，クライエントが治療者との関係のなかで，どんな役割を知覚できる可能性が
あるのかを彼に発見できるようにさせることである。クライエントが治療者との関係
のなかで役割を演じることは，治療者がクライエントとの関係のなかで役割を演じる
のと同じくらい，重要である。時に治療者は，クライエントが治療者をどのように知
覚しやすく，そして，クライエントはどれほど便利に自分たちの依存を治療者に投影
する傾向があるのかに，心理療法の親密な関係を経験した後になるまで，気づかない
ことがある。男性の治療者は，たとえば女性のクライエントがある種の父親像のよう
に自分を知覚しやすいことを，発見するかもしれない。彼自身の治療は，彼のクライ
エントがどのようにして彼をこのように知覚するようになるのか，そして彼のクライ
エントが治療者を相手にどんな役割を演じやすいのかについての下見を，彼に与えて
くれるはずである。

　心理療法家にとって，心理療法の第3と第4の機能に適用される特別な考察がある。
人が自己自身についてもつ，そしてこの人がクライエントによって知覚されやすい方
法についてもつ，この種の理解は，彼の採用する解釈システムに依存する。1つのシ
ステム内で完全に構造化された心理療法的な経験をもつことには，もし人がみずからの
実践において，完全に異なるシステムを採用すると予期する場合には，ほんのわずか
な価値しかないことになる。「洞察」はそれが投入されるシステムによって意味をもつ。
これらの洞察は，人が他のシステムによってのみ表現される個人的問題に遭遇すると
きには，その辛辣さを失うかもしれない。したがって，人が精神分析療法を受ける準
備をしている場合には，精神分析的志向性をもつ治療者が得られた場合に，彼はみず
からの経験からより多くを獲得するだろう。彼が他の治療法——たとえばクライエン
ト中心療法——を望んでいる場合には，彼にはクライエント中心の治療者を求めるの
がよりよい成果を得ることになるだろう。

　e．自己改善（self-improvement）　心理療法家にとっての心理療法の第5の機能は，
自分自身のふるまいを正すのを援助することである。心理療法のシークエンスが進行
すると，この機能の重要性は，参加者の心のなかで一次的な位置と二次的な位置の間
を交代する。もしこの治療が心理療法家‐クライエントの専門的人生のみに関係し
ていると見られる場合には，彼は治療の流れのなかで生じる問題について非常に収縮
した見解をとるだけだろう。もしこの心理療法家‐クライエントの親密な問題が，
心理療法家であるという問題に置き換えを許される場合には，彼自身のクライエント

が何を通過していくのかを予期するために，彼自身の心理療法過程を吟味することの重要性を十分に評価することに失敗するかもしれない。

　前に示したように，われわれは心理療法がその聖職者を浄化して，清潔な手と純粋な魂を与えても，まだ完全な段階に到達したとは感じない。どんな量の洗脳をしても，未来の心理療法家の個人的な性格を消し去ることはないだろう。治療の過程で彼がどれほど深く自己探索をしようが，彼が見いだした最後の層のすぐ下に横たわっている未知の印象は，常に存在するのだ。

　心理療法はどこで開始すべきだと知るのか，そして，どこでやめると判断するのかに関しては，常に問題がある。いくらかの人々は，彼らの治療があるタイプの治療をするのに適しないポイントで中止されたことを発見するかもしれない。人の心的な問題のすべてを解決しようと試みるのは，まったく実際的でない。実際，もし（とりかえられた）醜い子がこの近隣で放たれるなら，どんなふうになりうるのかを考えると，ちょっとした脅威になる。

　したがって，要するに，浄化に関するわれわれの立場はこうである。心理療法は心理療法家にとって測り知れない個人的援助になるかもしれない。しかし，彼のパーソナリティをこの職業の責任にもっと適したものにすることに関しては，それはしばしば無関係である。著者は，心理療法が実際に個人的な援助になるが，平凡な治療者から悪い治療者を生み出したと見える例をいくつか見てきた。

19 ｜ 将来の心理療法家に役立つ心理療法的手続き

　a．要約の利用　将来有望な心理療法家の心理療法的治療にとくに適切な手続きがいくつかある。ふつう，クライエント心理療法家（以下では現代の慣用にしたがってスーパーバイジーと呼ぶことにする）は，面接後の2，3時間のうちに各面接の要約を書くよう求められるはずである。彼は述べられたことに事実的な説明を与えると同時に，自分の感情が面接中にどうであったのかを示すように，励まされるべきである。彼はまた，この面接に対する自分の反応を表現し，面接と面接の間の自分の経験の説明を続けるように励まされるべきである。これらの要約は，この特定のスーパーバイジーの要求に何が最もよく適合すると見えるかに依存しながら，心理療法のセッション中に振り返られるかもしれないし，振り返られないかもしれない。

　いくらかのケースでは，この面接記録を続け，このシリーズの終わりには，これをスーパーバイジーに返すのが望ましいかもしれない。この記録は，しかしながら，その人自身の書いたコメントほどの価値はない。後者は，ある問題をスーパーバイザーの心理療法家と議論するのを嫌がる気持ちをとりわけよく露わすだろう。スーパーバイジーは，数か月後にこれらを読むと，自分自身のクライエントが治療室内での自分たちの問題を把握するにいたる能力のなさをもっとよく識別できるだろう。

b．判　断（judging）　時にスーパーバイザーの役割をはたす心理療法家は，治療者とスーパーバイジーが，治療者とクライエントという自分たちの役柄から踏み出して，２人の専門家として，今終ったばかりの面接を振り返ってみるよう提言しながら，面接を終結することができる。これはわざとらしく見えるかもしれないが，このクライエントが活発に敵対的な時期を通過しているときでも，しばしば驚くほどうまく作動する。このふり返りは事実のレベルでなされうる。すなわちそれは，何をはっきりと語ったのか，どんなトピックが述べられたのか，そして面接のシークエンスあるいは顕在的な「過程」で，どちらのトピックが軽く触れられただけなのか，に対処することができる。どちらの参加者もこの説明に貢献しなければならない。

　スーパーバイジーが専門家としてこのふり返りに参加でき始めると，スーパーバイズをする心理療法家もまた，彼が使ってきた技法，彼が離れていったトピック，あるいは彼が評価できなくなって，さらに検討が必要となるようないくつかの件^{くだり}についても，コメントする可能性がある。彼は，スーパーバイジーの感情についても，いくらか時期尚早ではあるが，コメントするかもしれない。コメントする場合には，彼は何か次のようなことを言うかもしれない。「……について話し合っている間に，私はこのクライエントのなかに何か高まりゆく不安の指標を観察したように思いました。でももちろん，私には確信はできませんでした。私は緊縮の手続きによって，これが本当に不安なのかどうか，しばらくの間，それを扱うことに決めました。ですから，私は……について，もっとはっきりした語りを求めました。もし私の観察したものが，われわれの議論していたトピックのある側面と連合した，高まりゆく不安であったなら，それは，おそらくそれを扱うのによりよい枠組みを与えてくれる文脈のなかで，再び遠からずやって来るだろうと信じる気持ちに傾いています。あなたは心理士として，これが私の役割では適切な決定であったということに同意されますか，あるいは，私はその問題に何か別の対処をすべきだったと思われますか？」。この後者は率直さのやや極端な例である。おそらく，治療の進んだ段階においてさえ，いくらかのスーパーバイジーに今までに用いられてきたもののなかの非常に極端なものである。しかし，将来有望な心理療法家になるためのわれわれの１つの基準は，彼が面接そのものの間に治療者へのいらだちを表出したときでも，なおこのタイプのふり返りに反応する彼の能力である。

　c．攻撃性　このタイプの治療における難題の１つは，スーパーバイジーに自己の問題を自発的に処理させることである。彼は「本当」の問題を把握するようになるのではなく，治療してもらうという動きのなかを通り抜けていくように見えるかもしれない。このスーパーバイザーの治療者は，職業的というよりもむしろ個人的な理由で援助を求めてきた個人のケースでは，彼が望む以上に攻撃的に入り込まねばならないかもしれない。このことは，もちろん，敵意的な暴力によるのではなく，個人的な不

適応や職業的な愚劣さの見込みでもって，スーパーバイジーを脅迫することを意味するときがある。このアプローチの主要なトラブルは，スーパーバイジーが，治療はどう扱われるべきかについて，間違った考えを持ってしまうかもしれないことである。彼はみずからのクライエントの全員を攻撃的に扱わねばならないと考えるかもしれないのだ。

d. 依　存　この種の相互関係は，望ましくない依存状況を産み出すときがある。前に示したように，われわれは人々の依存量の多寡にはそれほど関心をもっていない。それは，人々がその依存を区別し配分する方法にわれわれがあまり関心をもたないのと同然である。スーパーバイジーがその訓練者であるスーパーバイザーの処置下にあるときには，彼は複雑な依存関係を抱え込むことになる。このスーパーバイザーは，治療者がふつうそうであるはずの公平無私な外部助言者ではない。彼はみずからがクリアされるべきハードルなのである。このことは，スーパーバイジーが個人的な明瞭化のためにスーパーバイザーに依存してはならないだけでなく，職業人として治療者の承認を勝ち取り維持しなければならないことを意味する。

　通常の心理療法的関係における1つの長所は，クライエントの依存がこの心理療法家に永遠に授けられたものではないということである。クライエントは常に，最終的には彼が受け入れるか離れるかすることのできる誰かとして，治療者を見ることができる。ふつう上手に扱われているクライエントは，立ち去るのを好む。それは，治療者が気に食わないとわかるからではなく，新しい関心と新しい個人的関係をもって，人生の新しいステージに入っていくからである。治療者に代表される職業に入る準備をしているクライエントはそうではない。彼は治療者にくっついて離れない。この依存は追い散らすのが難しい。スーパーバイズをする治療者が，クライエントが職業資格認定を得るのに通過しなければならないスタッフ・メンバーである場合には，この問題は一層強烈になる。これらの条件下で生み出される職業人の種類は，彼自身の職業内の権威像に狭い範囲で依存し，潜在的に管理組織を恨んでいて，その教義的な立場においてアンビバレントに好戦的である傾向がある。

e. 直列治療　心理療法家が治療を受けながら，みずからもクライエントの治療をするときには，特殊な問題が生じてくる。この種のタンデム治療の状況は精神分析家のサークルのなかでは非常に一般的である。どちらの側にも言うべきことはあるが，われわれの経験では，心理療法家がクライエントに対してする反応には，それ以外の場合よりも，多くの逆依存的転移 (counter dependency transference) が存在することが示されている。心理療法のコースは，経験を積んだ専門家にとってさえ，岩だらけのごつごつした道のようである。それは，衝動的決定，判断の非一貫性，罪悪感，素早い成功や仲間の暖かい承認を求める最高の気分，島国根性との交替，直解主義と交替する弛緩思考，そして，不安の混乱への大きな領域の突然の開放，によって特徴づけら

第22章 心理療法における特殊技法 515

れやすい。これらの経験をしている人は，実験の被験者としての自分自身のクライエ
ントとともに，自分の問題を解決していかなければならない。彼が自分自身の治療の
後の方の段階のみで心理療法を実践する場合でさえ，彼の専門的なものの見方は不安
定であり続ける傾向がある。

　f．**治療者の発見**　心理士のなかには，大学院生や精神科レジデントがまだその訓
練の前治療段階にあるときに，治療を受けるように勧めるものがいる。これもまた問
題を提起する。第1の問題は，訓練スタッフのメンバーではない誰かが，一連の治療
を行なうのを発見するという問題である。ある人が自分の教師や雇用主からの治療を
受け入れるときには，非常にややこしい状況が生じる。多くの場合この困難は，その
一連の心理療法が終結した後であっても，ひとりの心理療法家の下での雇用の受け入
れへと広がっていくからである。

　g．**訓練の他の側面との干渉**　大学院生に対する心理療法は別種の問題をも提起す
る。すなわち，この状況でのわれわれの経験で強く示唆されるのは，この治療期間中
にはこの院生の教育的な進歩はほとんど期待できないということである。心理療法は
新しいものの見方を生み出す。大学院教育もそうである。その違いはこうである――
心理療法で形成される新しいコンストラクトは**中核的コンストラクト**，すなわち人の
パーソナル・アイデンティティにとって不可欠なコンストラクトである。一方，（院
生の教育）訓練プログラムで形成される新しいコンストラクトはふつうは**周辺的コン
ストラクト**として提示され経験される。すなわち，もっと非個人的で客観的に利用さ
れるコンストラクトである。

　それでも，どちらのコンストラクトのセットでも，心理士にとっては，類似した要
素を取り扱う。どちらも親密な心理学的問題に関係している。数人のメンバーが現在
心理療法を受けているグループのなかで，パーソナリティの心理学的な原理について
議論をしようと試みるときには，彼の行なうあらゆる発言がこの学生たちのコンスト
ラクト・システムの核心を突くことになる。この議論は，しばしば刺激的で「不可欠」
であるが，科学的な志向性をもつ学生に期待される種類の批判的思考には反する主観
的で個人的な色調をおびている。

　もちろん人は，あらゆる知覚がとにかく歪曲されており，あらゆる周辺的コンスト
ラクトは多少ともその人の中核構造に基礎づけられていると論じうる。しかし，これ
は相対的な問題である。知的な議論を知的なレベルで維持すること，そしてこの議論
を情動的なレベルに沈没させないことは，可能なはずであり，しばしば非常に望まし
い。したがって学生は，彼の全人生構造が含まれている曖昧な感情なしに，新しいア
イデアのおのおのを試みに受容し拒否しテストしてみることが可能なのである。

　h．**集団心理療法**　集団心理療法については，院生たちの訓練中に，多少とも表面
的なレベルで言っておくべきことがある。これには，程度はより小さいものの，今述

べたのと同じ危険が含まれている。適切に管理されたグループ内の学生は，より広く支持されている。集団状況における思考は，もっとはっきりしたコミュニケーションが必要なので，個人療法の場合にくらべると，それほど弛緩あるいは「統合失調症的」ではない傾向がある。これは中核構造を保護して，この解釈をもっと「知的なレベル」で維持する傾向がある。しかしながら，訓練プログラムで競合する理論システムが精力的に提唱される場合には，このグループの内部的な支持は，このような包括的システムの衝突によって引き起こされる圧力に耐えるには，完全に十分ではないかもしれない。

　それでは心理療法家は，いついかにして心理療法を受けることができるのだろうか？　この問いに対する回答はまだはっきりしていない。今のところ，心理士にとって最もよい時期は，クライエントに対する治療責任を引き受ける前の，博士課程修了後（ポスドク）の年だと，著者には思われる。もう1つの可能性は，体系的な思考が動揺しにくく，その学習がもっと具体主義的である，インターンの期間中である。前に示したように，あらゆる将来の心理療法家にとっては，心理療法の義務に対する個人的な準備が他の方法で注意深く査定されている場合には，当然のことながら心理療法は，受ける必要もなければ望まれるわけでもないと，われわれは信じている。たいがいのケースで，われわれは，個人ベースでの最小の談話的な治療をともなう集団心理療法に賛成票を投じたいと思う。しかしなおわれわれは，心理療法家が治療状況について非常に多くを知っている必要があることを，心にとどめておかなければならない。この訓練プログラムが，ワン・ウエイ・スクリーンとモニター付き面接を自由に利用しない場合には，この訓練生にはクライエントの役割のなかでテーブルの向こう側から心理療法が何であるべきかについての，その親密な描写を獲得することが必要かもしれない。

20 ｜ 院生心理療法家の訓練とスーパービジョンに関するノート

　本書はもちろん，心理士の訓練に関する本を意図したものではない。このような本を書くのは，それ自体大仕事である。しかしながら，パーソナル・コンストラクト心理学の議論に関係する特別な手続きはいくつかある。

　a．歴史的な誤謬　たいがいの臨床家は，診断の理論と技法をマスターし終わるまでは治療実践を試みるべきではないという意見をもっているようである。この見解はおそらく，現在の心理学の思考の非常に多くに浸透している誤謬，すなわち診断は，クライエントを扱う際に年代順に治療に先立ってなされるので，臨床家はまず診断をマスターすべきであるという，**歴史的誤謬**に関係している。

　b．現実的決定論の誤謬　前記の見解はまた，おそらくもっと巧妙な誤謬，すなわち**現実的決定論**（realistic determinism）のそれに支えられている。これは，それが正確

に何であるのかを知るまでは，人は何かの治療を絶対に試みるべきではないという見解である。これは，非常に徹底して合理的な言葉に聞こえるので，これにどのように異議を申し立てればよいのかを見るのは，困難なようである。しかしそれでも，代替解釈の見解，そしてそれゆえにパーソナル・コンストラクト心理学の見解では，パイを切り分けるには多くの異なる方法があり，その選択法はそれをどう食べるかの予期にしたがうということである。同様に，クライエントの診断を構造化する方法にも多くの異なるものがある。そして人が選択する方法には，彼がクライエントのすべてをきれいに「診断」に包みこんだ後に，クライエントにどう対処できるかに依存している。

診断は，われわれがくり返し強調してきたように，治療の計画段階であり，人が何を計画するかは，彼に何ができるかの評価でもって加減される。著者は，いかなる臨床家も，治療者として何らかのよく構造化された経験を持つようになるまでは，診断者として適切な遂行ができるかどうかは，疑わしいと思っている。たしかに著者は，高度に洗練された診断者でも，彼らが治療の問題に直面しなければならなくなったときには，彼らの診断の視点を抜本的に変えねばならなくなった例を，いくらかは見ている。この経験は，とくにその臨床心理士の博士課程の訓練が全般に測定と診断を重視し，治療を部分的に排除する傾向があった場合に，よく当てはまる。クライエント中心学派の思想によってその訓練が強調されてきた臨床心理士は，この過ちの影響がより少ない。というのも，彼らは訓練の初期段階にも治療経験のなかに放り込まれるからである。もともとこの立場の追従者たちは，診断を完全に軽視する傾向があった。もっとも，より最近になると，伝統的な疾病分類学の用語にはよらないものの，もっと体系的な治療計画を立てようとする傾向は強まっては来ている。

　c．治療は「もっと込み入っている」？　臨床家が治療的機能を果たす訓練が遅くなることを説明する第3の誤謬は，治療が診断よりもより込み入っているという見解である。ここでもまたわれわれの体系的視点は，この問題に新しい光を投げかける。自然はそれ自体，複雑でも単純でもない。複雑から単純にわたっているのは，自然についての人間の考えである。臨床家は心理療法の問題に混乱させられやすいので，心理療法は「込み入っている」と判断してしまう。診断の問題についてはあまり混乱しないと考えるので，彼らは診断が「より簡単だ」と考える。しかし，治療前にクライエントを解釈するのは，クライエントが治療にどう反応するかを予測するという点では，治療の過程で彼の反応がどうなるかを解釈するよりも，広くより「複雑」であることが，非常にうまく証明されるかもしれない。結局，精神病理学的な条件の分類は，広大な樹木状の均衡に達したが，治療の技法は相対的に未分化なままである。実際，心理療法は複雑な問題だと強く主張する人々のいくらかは，まったく同じ未分化な手続きを何時間も使っている，まさにそういう人たちなのである。

しかしながら，訓練が上級段階に達した後でのみ心理療法を試みることには，1つの合理的な理由がある。それは，含まれているリスクによる。不運にも，治療的な努力はクライエントに善よりも多く悪をなすことがある。われわれは多様な治療形式の差別的な効果については，まだ多くを知らないとしても，賭け金は非常に高いので，無邪気さから生じうるどんなミスを避けるためにも最大の注意を払わねばならない。しかしこれは，無邪気な診断者の発見を無批判に受容することにも，同じ力をもって反論する。これが賛成の議論を張るのは，クライエントの人生に遠大な効果を及ぼしうる，学生が行なう，すべての思慮深い連続的な評価に対してなのである。

d．**学生の初めてのケース**　臨床家が初めて受けもつ心理療法のケースは，いうまでもなく，有能なスーパービジョンが得られる場合にのみ引き受けられるべきである。自分自身のケースを引き受けるのに先立って，他者がケースを扱うのを助けたり，治療について議論や評価がなされるスタッフ会議に参加したりすることによって，彼は利益を得るだろう。彼の最初の面接が構造化される傾向がある場合——たとえばケース・ヒストリーと精神測定検査が含まれている場合には——，彼はもっとうまくやっていくだろう。ケースのよい診断的解釈が定式化されてしまう後までは，彼はもっと自由なタイプの心理療法的面接に入っていくべきではない。彼はこの診断に参加することはできる。が，診断の道具とテストのプロトコルに精通しているだけでなく，どんな種類の診断の準備が必要なのかを理解している他者からの援助をも，得なければならない。

e．**学生のグループ**　著者は，心理療法の手続きに豊かな経験をもつ教師の親密なスーパービジョンの下で，3，4人の学生心理療法家がスタッフを構成する場面設定が好ましいと思う。さらに，われわれが 代 替 解 釈 とパーソナル・コンストラクト・システムについて述べてきたことからも推測されるように，この教師は各学生の親しんでいるシステムによって，各ケースの構造化の準備をすることが，非常に望ましい。そうでなければ，この学習経験は非常に低い技術水準に退化するだろうし，学生は特定の種類のクライエントを扱うための大雑把な経験則を学習する以上にはならないだろう。

f．**面接報告**　面接は観察されモニターされ記録されるべきである。最も満足のいく方法は，学生たちのペアを組ませて，ペアの各メンバーに他者の面接のすべてをモニターさせることである。このグループのスタッフ会議中に，この教師は面接者とモニターの両方に口頭による面接報告を求める。加えて，教師は面接のいくらかを観察すべきである。

各面接者はスタッフに提出する詳細な報告を準備すべきである。これには4つの部分が含まれていなければならない。(1)その学生の面接計画，(2)彼がより重要な観察だと考えるものの事実による説明，(3)この面接の専門的なレベルの抽象度での説明，(4)

面接と面接の間にクライエントが何を行なうのかに関する予測，である。

この報告の最初の部分は，この学生がいかに前回のスタッフ会議の議論を行動計画に組み込んだのかを示さねばならない。第2の部分は，学生がどれほど上手にこのクライエントの行動を予期できたか——こうして彼のクライエントへの理解を測定する——，そして，どんな新しい事実が解釈のために現在利用できるか，の両方を示す。この第2の部分は，まだ抽象度が低いレベルにあるので，スタッフの他のメンバーがこの情報に自分自身の解釈を加えることが許されている。ケースの全体を解釈レベルで提示することほど腹立たしいことはない。この提示には，治療者自身の論理的一貫性以外に，治療者をチェックする根拠が提供されていないからである。

第3の部分は，もちろん，常にいくらかの論争のあるところであり，議論の結果として最も描きなおされやすいのはこの部分である。完全に解釈レベルでの提示がなされた次に，これをすべて事実のレベルで行なうのは，腹立たしい。この議論は逸話の海の中をもがき進んでいくのかもしれない。この報告の最後の部分では，次回の面接時に検証されうる一連の特殊な仮説を，治療者に提案する。これはもちろん，科学者的な性質の思考を日々の臨床実践に応用することを表している。

この報告の第2の部分では，材料はふつう多少とも年代順に提示される。学生はこの報告のこの部分を，面接の音声記録の聴取に基づいて，そしてモニターと議論をしながら，準備しなければならない。彼は各推移（パッセージ）が生じた時間をその余白に書き込まねばならない。このケースがスタッフ会議に出されるときには，このスタッフがとくに興味をもつパッセージのどこにでも戻って，これを会議用のスピーカーで再生するのは，簡単なことである。

　g．**1度に1ケース**　われわれはふつう，学生が最初の心理療法のケースをもつときには，終結まで通して見させ，その前に付加的なケースをもたせることは好まない。こうすることによって，彼はそのケースをよりインテンシブに追跡することができる。ただしスーパーバイザーは，この学生が最初の試みにおいてとくに不運なケースをもつ場合には，その危険性を認識していなければならない。著者は，その最初で唯一の治療ケースが彼には重すぎたために，まずは有望な臨床家を失ってしまった例を思い出す。しかしながら著者は，彼の経歴のこの段階では，彼がこの特定タイプのミスをくり返すことは防止できるはずだと信じている。

学生は1ケースを扱うところから出発する。しかしそれにもかかわらず，モニタリングとスタッフの配属によって，1ケースを超える追跡が可能になり，自分自身の問題に類似した専門的な問題と格闘している他の学生たちを見ることも可能になる。自分の経験を一般化する他の方法もある。その最善の方法の1つは，彼が自分の面接の1つから抽出した1パッセージをモニターといっしょにエナクトすることであり，まずはクライエントの役割を取得し，それから役割を交換することである。このモニター

による面接中の学生の描写は，学生治療者にとって強力だが効果的な薬になるようである。ふつうこれは，心理療法グループのような学生グループが相互支持を形成して，この学生が彼のクライエントについてかなりしっかりした最初の解釈をもつまでは，企てられるべきではない。この学生の治療経験は，彼自身のクライエントとの同一化の感覚を議論することによって，さらに一般化されうる。われわれは学生治療者が面接中にクライエントよりも自分自身について考えることを望まないので，このような議論はあまり深くなりすぎないように，注意しなければならない。

　　h．**自我関与**　心理療法の初期の実践訓練中に学生が直面する必要のあることの1つは，クライエントをよくせずにはおかないという抗しがたい願望である。これが一般的な楽観主義とクライエントのものの見方の受容を代表するかぎり，それはよいことである。しかしながらある場合には，それは敵意の風味をもつかもしれない。とくにその学生がスーパーバイザーに打ち明けていないいくらかの私的な賭けをしている場合には，あるいは，彼が自身の頑固さによってトラブルに巻き込まれ始めたことに気づく場合には，そうである。しばしば教師は，クライエントがフルセットの人権をもっており，これには病気のままでいる権利も含まれているということを，学生治療者に思い出させなければならない。学生はしたがって，クライエントをあるがままの人として受容し，クライエントとそのエラーに敬意を払い，自分をなだめるだけのためにクライエントがよくなることを求めないようにする，準備をしなければならない。

　　i．**主導権の配分**　スーパーバイザーは臨床的な主導権（イニシアティブ）をはっきりと学生治療者の手中に残させることが大切である。彼は学生に，面接時の戦術的決定はこの学生の手中にあることを明示せずに，次回の面接で特別なことをすべきだと言うべきでない。治療者はクライエントと対面しているとき，自分の手が縛られていると感じてはならない。彼は常に自分が主導権をもつと感じていなければならない。スーパーバイザーはしばしばこういう。たとえば「これは次回面接の設定の仕方のようですね。しかしもちろん，クライエントが到着したとき，この状況がその実行を保証するようには見えない場合には，この計画を修正するのは，あなたの責任です」。クライエントは，治療者がスーパーバイザーによって手を縛られた状態で自分たちの前に現われた場合には，何かがおかしいとすぐに感じるようである。

　　j．**嫉妬**　治療を始めたばかりの初心者はクライエントを巻き込んだ嫉妬を形成する。ほぼ普遍的に，治療の初心者は，治療に成功した彼のクライエントが治療者への依存的転移を解消する健康なサインを見つけると，動転するだろう。このことは，学生が前もって警告されている場合でも生じる。これは，この学生がみずから治療を受けている場合に重大な問題になる。この場合には，彼はクライエントの他の知人の全員に対して嫉妬したり拒否的になったりしやすい。治療者がクライエントの病気の責めをすべて母親に負わせる傾向は，このタイプのよく知られた現象である——これ

は著名な臨床家の著述においてさえ，気恥ずかしいような明瞭さをもって立ち現われてくるものである。他の治療者たちは，スケープゴートを探して，クライエントの配偶者や先生などの注意を集中させるようである。言うまでもなく，教師としてのスーパーバイザーは，学生がこの種の罠にはまらないように，援助すべきである。

k．治療者の不安　学生治療者はいろんな方法で不安を示す。学生治療者や経験の少ない治療者における共通の不安のサインは，「診断」を「妄想型統合失調症」に変えることである。いくらかの治療者は自己統制（セルフコントロール）を失って，自分の新しい疑念を直接クライエントに伝えるまでにいたることがある。それはあたかも「こんなふうに行動するのはやめましょう。さもないと，あなたは気が狂ってしまい，私はあなたを援助することができなくなるでしょう」と言っているかのようである。前に示したように，クライエントが少し弛緩し，理解が困難になり，少し敵意を示すという理由だけで，彼のコンストラクト・システムが壊滅したと信じる理由はない。それは治療者の解釈が混乱しているだけ——いいかえれば彼が**不安**なのだということなのかもしれない。

時に学生治療者は，治療セッション中に極度に能動的になったり，極度に受動的になったりすることによって，不安を示す。時に彼らは，面接報告の第3の部分すなわち解釈の部分で，もがき苦しむことによって，それを示す。しばしば彼らは，クライエントの社会環境のなかにスケープゴートを指摘することによって，それを示す。彼らはまた，クライエントに対する不安や敵意を，クライエントが不安や敵意を示すのと同じ方法で——つまり，硬直性，クライエントを「利用」すること，約束時間に遅れること，クライエントにしつこく言いつのること，エビデンスを無視すること，そして重要な問題を回避することによって——示すのである。

l．対人関係　学生治療者の訓練は魅惑的な課題である。対人関係のダイナミックス——教師と学生，学生とその仲間の学生，学生とそのクライエント，学生とそのクライエントの仲間，そしてクライエントとその仲間との関係——は，複雑なパターンを織りなしており，必ず心理士を挑発せずにはすまない。さらに，この企画の遠大な社会的な意味あいは，最も弛緩したパーソナリティに対してさえ，最も満足のいくものでありうる。

21 結　論

心理療法の手続きに関するわれわれの議論は，このトピックを網羅的にカバーすることを意図したわけではなかった。その代わりに，われわれのパーソナリティ理論，すなわちパーソナル・コンストラクト心理学は，実践的なレベルまで掘り下げて追求していったとき，われわれをどこに導くのか，そしてその反射はいかにして日常的な臨床実践の事例に照明を当てるのか示すことを意図している。心理療法の技法についてわれわれが述べたことのいくつかは，他の視点からも言えたかもしれない。まあ

いい！　代替解釈への信仰は，これを期待する方向に導くはずだ。

　おそらく，われわれの観察のいくらかは，理論仮説からの推論というよりも，臨床経験から成長したもののようである。われわれはこれが両方の問題であると考える。われわれがそこに見たものは，すべて正しかった。しかし，われわれのユニークな眼 鏡は，われわれのそれの見方を説明する。読者はいま同じスペクタクルをとおした1つの光景が与えられた。われわれはそれがフィットしていることを望む。

●人名索引●

A
アドラー (Adler, A)　9, 172
アルブレヒト (Albrecht)　284
オルポート (Allport, G. W.)　80
アルキメデス (Archimedes)　440
B
バリー (Barry, J. R.)　344
ビーリ (Bieri, J.)　90
ビクスラー (Bixler, R.)　336
ブロイラー (Bleuler, E.)　386
ビューラー (Buehler, C.)　440
ブーゲンタル (Bugental, J. F. T)　348
C
コートニー (Courtney)　163
D
ドイッチェ (Deutsch, F.)　335
ダンラップ (Dunlap, K.)　356
F
フェニケル (Fenichel, O)　146, 254
フロイト (Freud, S.)　155, 176, 254, 507, 508
G
グッドイナフ (Goodenough, F. L.)　165
グレッグ (Gregg, A)　146
H
ハドレイ (Hadley, J. M.)　9, 10
ハートショーン (Hartshone, H)　133
ハワード (Howard, A. R.)　339, 379, 438, 448
ハル (Hull, C. L.)　205
J
ジェンキンス (Jenkins, J. G.)　132
ジェニングズ (Jennings, H. H.)　132, 479
ユング (Jung, C, G.)　9, 172
L
ランドフィールド (Landfield, A. W.)　35, 89, 339
レーマン (Lehman, H. C.)　147
レヴィン (Lewin, K.)　437
ランディ (Lundy, R. M.)　90
M
マッコーヴァ (Machover, K.)　165
マーラー (Mahrer, A. R.)　353, 355
N. R. F. マイアー (Maier, N. R. F.)　440
メイ (May, M. A.)　133
マイアー (Meyer, A.)　205, 508

モレノ (Moreno, J. L.)　132, 479
モートン (Morton, R. B.)　13, 343
マレー (Murray, H. A.)　195, 479
P
ポッチ (Poch, S. M.)　166
R
レイミー (Raimy, V. C.)　89
ライク (Reik, T.)　146
ロジャーズ (Rigers, C. R.)　335
ルソー (Rousseau, J. J.)　146
S
バーナード・ショー (Shaw, G. B.)　156
スタイラー (Styller, H.)　108
サリヴァン (Sullivan, H. S.)　508
T
ティチェナー (Titchener, E. B.)　168
トールマン (Tolman, E. C.)　205
W
ウォラス (Wallas, G.)　440
ウェルズ (Wells, F. L.)　342
ウィッティ (Witty, P. A.)　147
ヴント (Wundt, W. M.)　168

●事項索引●

あ

曖昧さへの耐性（tolerance of ambiguity）　241

曖昧さへの不寛容（intolerance of ambiguity）263

遊び（play）　358

新しいコンストラクトの形成（formation of new constructs）　309

新しい思考の顕在的な要素への関係づけ（bringing new thinking to bear on manifest element）　316

新しい展望（new vistas）　464

「あなたは誰ですか」（Who are you；WAY）技法　348

アプローチの様式（mode of approach）　197

アポイントメント（appointment）　83

暗示または示唆（suggestion）　392

安全の限界（safe limits）　359

い

移行を生じる直面化（confrontation to produce transition）　333

移住経路（migration routes）　113

依存（dependence, dependency）　173, 289, 474, 514

　　口唇・――（oral ――）　233

　　――コンストラクト（――constructs）92, 93, 252

　　――の推奨（encouraging ――）　459

　　――の転移（transference of ――）　91

　　――の分散（dispersion of ――）　290, 491

　　無差別的な――（indiscriminate ――）290

一次集団のあり方からの逸脱（deviation from the ways of the primary group）　179

一次的役割関係の開始（initiation of primary role relationship）　498

慰撫（appeasement）　265

意味の移動（shifting meanings）：　424

　　恒常的象徴の――（―― of a constant symbol）　424

異様な考証（bizarre documentation）　440

医療協力（medical collaboration）　46

う

訴え（complaints）　113

　　――が生じてくる考え方の風土（climate of opinion out of which ―― arise）　172

　　――の軽減（alleviation of ――）　222

　　――の制御されない精緻化（uncontrolled elaboration of the ――）　325

　　――の精緻化（elaboration of the ――）209, 325, 340

　　――の抽出と記述（elicitation and description of the ――）　186

　　――の内容（contents of ――）　182

　　――の変化（change in ――）　439

訴え方の逸脱（deviation in the way of the complaining）　182

え

エナクトメント（enactment）　406, 419, 477, 493

　　――の長さ（length of ――）　495

　　――を通じた精緻化（elaboration through ――）　380

　　教育における――（―― in teaching）479

エントリーの材料（entry material）　346

お

応答性（responsiveness）　467

驚き（surprise）　436

か

解決（solutions）　267

解釈（interpretation）　444, 469

　　――のタイミング（timing ――）　394

　　基本的な――の型（basic interpretive formats）　434

　　共通の――（common ――）　180

解釈（または構成）（construction）　267

　　――システムの精緻化（elaboration of the ―― system）　340

　　――における基本原理（basic principle in ――）　434

　　――の安定化（stabilization of ――）　413

　　――の系（―― corollary）　3

　　――の障害（disorders of ――）　221

　　――のタイプ（types of ――）　197

——への挑戦（challenging the ——）
418
　下位の——（subordinate ——）　416
　弛緩した——（loose ——）　416, 440
　上位の——（superordinate ——）　416
概念形成テスト（concept- formation test）
421
確証（validation）　2, 169, 210, 267
——因（validators）　169
——エビデンスの多様性（variety of
　validating evidence）　491
——エビデンスの要求（asking for
　validating evidence）　421
——の発見（finding ——）　210
過剰な単純化（oversimplification）　440
過剰汎化（overgeneralization）　293
仮説（hypothesis）　468
家族歴（family history）　139
葛藤と解決の外的パターン（external patterns
　of conflict and solution）　171
家庭内の関係（domestic relationships）　137
観察の技能（skill in observation）　32
患者の役割（patient role）　449
🈐
企画（enterprise）　493
　相互的な一次的——（mutual primary ——）
　493
　二次的な——（secondary ——）　493,
　505
危険（性）（hazards）　408
　再保証の使用に際しての——（—— in use
　of reassurance）76
器質性（organicity）　298
器質的な（organic）:
　——図柄（—— picture）　299
　——劣化や損傷（—— deterioration or
　injury）298
技法（technique）　509
基本的前提（fundamental postulate）　3
逆論理（reverse logic）　242
脅威（threat）　2, 6, 207
——を及ぼす治療（—— ening therapy）
446
——のコントロール（control of ——）
344
　結果の——（—— of outcomes）　473
　言語連想テストにおける——　（—— in

word association test）　345
教育経験（educational experience）　133
教会への所属（church membership）　113
共通性の系（commonality corollary）　3, 24,
94, 242
強迫症者（compulsive）　253
恐怖（fear）　6, 207, 325, 359
協力関係（cooperative relationship）　169
極（pole）　2, 4
　現出——（emergent ——）　4
　潜在——（implicit ——）　4
許容性（permissiveness）　466
禁忌（contraindication）　369
　無制限の精緻化に対する——（—— for
　uncontrolled elaboration）　326
緊縮（tight）　279, 399
——コンストラクト（—— constructs）6
——した解釈（—— construing）　416
——した解釈の治療（treatment of the
　tightened constructions）　237
緊縮（tightening）　327, 442, 458
🈡
クライエント（client）:
——中心療法（—— centered therapy）
51, 205, 335
——治療者関係（—— therapist
　relationship）　11
——の依存の実際的な査定（——
　assessment of dependency）　93
——の原因の解釈（——' s interpretation
　of causes）　330
——の実験法〈—— experimentation〉
462
——の投資の大きさ（size of the
　—— investment）　205
——の特徴づけ（characterization of the
　——）　170
——が取り込まれる，あるいは疎外され
　る領域（areas in which the client is
　incorporated or alienated）　170
クリーク（cliques）　494
訓練の他の側面との干渉（interference with
　other aspects of training）　515
🈦
警戒心の脱落（dropping guards）　447
経験（experience）　106
——機能（——ing functions）　416

――の系（― corollary） 3
経済性（economy） 491
結果の脅威（threat of outcomes） 473
結果要因（consequents） 375
結合（binding）： 458
　　――の使用（use of ―） 458
　　言語――（word ―） 29, 458
　　時間――（time ―） 29, 423
　　場の――（place ―） 458
　　シンボル――（symbol ―） 423
権威主義的パーソナリティ（authoritarian personality） 263
言語的スキル（verbal skill） 37
現在（present）：
　　――対過去（― vs. past） 447
　　――対未来（― vs. future） 447
　　――の経験の使用（― of current experience） 437
顕在的行動（manifest behavior） 185
現実的決定論（realistic determinism） 516
現実との接触（contact with reality） 464
現象学的志向性（phenomenological orientation） 100

攻撃（aggression） 2, 257, 327
　　――的探索（aggressive exploration） 265, 270
　　――と罪悪感（― and guilt） 260
　　――と対人関係（― and interpersonal relationships） 258
　　――と敵意との相互作用関係（interactive relationship between ― and hostility） 263
　　――を含む障害（disorders involving ―） 257
攻撃性（aggressiveness） 6, 39, 448, 513
恒常的象徴の意味の移動（shifting meanings of a constant symbol） 424
構造化（structuration） 168, 363
固定的な精神状態〈rigid state of mind〉 11
行動（behavior）： 186
　　――（の）問題（― problems） 160
　　――に関連した気分の変化（mood change in relation to ―） 437
　　対照（的）――（contrast ―） 437, 440
個人的（personal）：→「パーソナル」も参照

――資源（― resources） 173
　　――・社会的コンテクスト（― social context） 189
個性記述的なアプローチ（idiographic approach） 99
個別性の系（individuality corollary） 3
コミットメント（commitment） 322
コミュニケーションのレベル（levels of communication） 198, 206
コミュニティ（community）：
　　――的背景（― background） 117
　　――の対人関係（― interpersonal relationship） 129
　　――への参加（― participation） 215
コンストラクト（construct）：
　　新しい――（new ―） 309
　　下位――（subordinate ―） 5, 416
　　偶発的――（incidental ―） 5
　　――としての転移（transference as a ―） 86
　　――の有用性（utility of ―） 144
　　弛緩――（loose ―） 6
　　周辺――（peripheral ―） 6
　　上位――（superordinate ―） 5, 416
　　診断――（diagnostic ―） 221
　　浸透性のある――（permeability of the ―） 144
　　人物――（figure ―） 169
　　専門的――（professional ―） 508
　　中核――（core ―） 6, 251
　　統治――（regnant ―） 6
　　布置的――（constellatory ―） 5, 89
　　包括的――（comprehensive ―） 5, 246, 293
　　命題的――（propositional ―） 5, 235

差異（difference） 2
罪悪感（guilt） 2, 6, 208, 250, 260, 271, 285, 286, 474
　　――のコントロール（control of ―） 460
　　弛緩と――（― and loosening） 250
再保証（reassurance） 75
　　――の使用に際しての危険性（hazards in use of ―） 76
　　症状の復活による――（― by reinstating a symptom） 80

事項索引　527

先取り（preemption）　281
　　——を含む障害（disorders involving ——）
　　254
先取り的（preemptive）：
　　——コンストラクト（preemptive
　　construct）　4, 33, 96, 443
作業療法（occupational therapy）　212
査定（assessment）　478, 479
サンプリング（sampling）：
　　課題——（task ——）　478, 480
　　時間——（time ——）　478, 480

C-P-C サイクル（C-P-C or Circumspection-
Preemption-Control cycle）　6, 258, 304,
305, 328, 456
弛緩（loose）：
　　——コンストラクト（—— constructs）
　　6
　　——した解釈（—— constructions）
　　229, 416, 440
　　——にともなう膨張（dilation with ——）
　　229
弛緩（loosening）　209, 244, 279, 408
　　差し迫った——のサイン（signs of
　　impending ——）　407
　　——対緊縮（—— vs. tightening）　384
　　——と引きこもり（—— and withdrawal）
　　241
　　——における危険（hazards in ——）
　　408
　　——に対する明白な抵抗（resistance to
　　——）　404
　　——のコントロール（control of ——）
　　447
　　——の産出（producing ——）　388
　　——を含む障害（disorders involving ——）
　　234
　　受容による——（—— by acceptance）
　　400
自己（self）：
　　——改善（—— improvement）　511
　　——再保証のデバイス（—— reassuring
　　devices）　453
　　——特徴づけ（—— characterization）
　　194, 347, 438
支持（support）：　75, 82
　　——的地位（supportive status）　174

　　相互的な——（mutual ——）　493
システムのテスト（test of system）　464
実験の促進（facilitating experimentation）
　　415
実験道具（tools of experimentation）　468
嫉妬（jealousy）　520
自発（性）（spontaneity）　447
　　——的活動（spontaneous activity）
　　142
　　——的精緻化（—— elaboration）　298
　　——的な考証（—— documentation）
　　437
自閉的な材料（autistic material）　439
自分の思考と他者の思考との関係づけ（relating
one's thinking to that of others）　418
社会劇（sociodrama）　479
社会経済的資産（socio-economic assets）
　　201
社会性の系（sociality corollary）　3, 94, 242,
442
社会的活動（social activities）　358
社会的資源（social resources）　212
社会的接触（social contacts）　52
収縮（constriction）　5, 233, 277, 279, 284
　　親による——（parental ——）　280
　　——と先取り（—— and preemption）
　　281
　　——を含む障害（disorders involving ——）
　　279
集団心理療法（group psychotherapy）　369,
515
柔軟性（flexibility）　448
主導権の配分（assigning the initiative）　520
受容（acceptance）　24, 25, 367
　　無批判的——（uncritical ——）　400
障害（disorders）：
　　依存を含む——（—— involving
　　undispersed dependency）　289, 293
　　収縮を含む——（—— involving
　　constriction）　279
　　衝動性を含む——（—— involving
　　impulsivity）　302
　　心身症的症状を含む——（—— involving
　　psychosomatic symptoms）　294
　　敵意を含む——（—— involving hostility）
　　261
　　膨張を含む——（—— involving dilation）

226

不安を含む―― (― involving anxiety) 273

器質的欠陥を含む―― (― involving organic deficit)　298

肖像 (portrayal)　469

象徴 (symbol)　4

象徴システム (symbolic system)　172

衝動 (性) (impulsivity)　6, 277

　　　――の欠如 (lack of ――)　450

　　　――の処理 (dealing with ――)　426

　　　――を含む障害 (disorders involving ――)　302

職業活動 (occupational activities)　357

職業的義務 (professional obligation)　45

人格目録 (personality inventory)　344

新奇な状況 (novel situation)　467

人生役割構造 (life-role structure)　354

信じる態度 (credulous attitude)　331

心身症的 (psychosomatic)　294, 297

浸透性 (permeability)　4

　　　――を犠牲にした緊縮 (tightness at the expense of ―)　425

　　　――を高める手続き (procedures for increasing ―) 433

浸透的コンストラクト (permeable construct) 155

心理劇 (psychodrama)　478, 479, 502

心理療法 (psychotherapy)：

　　　集団―― (group ―)　478, 489, 515

　　　――の目標 (goals of ―)　222

心理療法家または治療者 (psychotherapist or therapist)：

　　　安定装置としての―― (― as a stabilizer)　17

　　　一時的休息としての―― (― as a temporary respite) 18

　　　親としての―― (― as a parent)　15

　　　脅威としての―― (― as a threat) 18

　　　権威像としての―― (―as an authority figure)　16

　　　現実の代表者としての―― (― as a representative of reality)　19

　　　現象学的指向性をもつ―― (phenomenological orientation in ―) 100

高名な人物としての―― (― as a prestige figure)　17

罪悪感からの解放者としての―― (― as an absolver of guilt) 16

財産としての―― (― as a possession) 17

――についてのチェック (check on ―) 464

――の解釈 (construction of ―)　449

――の資格 (qualifications of ―)　507

――のなかの敵意 (hostility in the ―) 272

――の発見 (finding a ―)　515

――の描写 (portrayal of ―)　450

――の不安 (――'s anxiety)　521

――のマナー (manners of ―)　67

ボケ役あるいは引き立て役としての―― (― as a stooge or foil) 19

保護者としての―― (― as a protector) 16

理想的同伴者としての―― (― as an ideal companion)　18

心理療法的実験 (法) (psychotherapeutic experimentation) 462

　　　――の機能 (functions of ―)　463

す

ストレス (stress)　152, 190

ストレスフルなシーンの利用 (use of stressful scenes)　494

「スロット」運動 ("slot" movement)　308

せ

精査 (probe)　369

　　　遅延的―― (delayed ―)　370

成熟 (maturation)　158

精神運動失調症 (psychic ataxis)　260

精神分析 (psychoanalysis)：　51, 145, 176, 198, 267

　　　――における弛緩 (looseness in ―) 240

精緻化 (elaboration)：　367

　　　遊びと創造的産物を通じた―― (― through play and creative production) 358

　　　訴えの―― (― of complaints)　325

　　　解釈システムの―― (― of the construction system)　340

　　　後方への―― (backward ―)　319

細部の引用による――（― by citing detail）374

自己記述を通じた解釈システムの――（― through self-characterization）347

制御された――（controlled ―）355

――の使用（use of ―）436

――の選択（―ive choice）313

――への補助としての言語（language as an aid to ―）315

代替パターンの――（― of the alternative patterns）317

治療的な動きの――（― of therapeutic movement）378

内容の――（content ―）363

接近可能性（accessibility）198, 206

説明に役立つ技法（illustrative technique）316

世話（care）159

前解釈（preconstruction）8

前言語的（preverbal）：357, 358, 428

――下位構造（― substructure）509

――コンストラクト（― construct）5, 288, 361, 398, 428

――な依存的解釈（― dependency construction）231

――な夢（― dreams）397

――表現（preverbalism）399

先行要因（antecedents）375

選択の系（choice corollary）3, 144

選択肢（alternatives）：356

――に対する前進的な直面化（progressive confrontation with ―）354

――の選択（choice of ―）356

――の探索（exploration of ―）318

そ

相互的な一次的企画（mutual primary enterprise）493

創造（性）（creativity）35, 241

創造的（creative）；

――サイクル（― cycle）6, 401

組織化の系（organization corollary）3, 240

た

退行期鬱病（involutional melancholia）282

対照性（contrast）4

退職計画（retirement plan）113

対人関係（interpersonal relationship）160, 258, 521

代替解釈（constructive alternativism）1, 42, 175, 182, 222, 308, 367

代理経験（vicarious experience）315

多次元的アプローチ（multidimensional approach）235

他者がクライエントをどう見ているかの肖像（portrayal of how another person views the client）469

多重療法（multiple therapy）56

多様性（versatility）173

誕生（birth）158

断片化の系（fragmentation corollary）3, 222

弾力性（レジリエンス）（resilience）385

ち

チェック不安（check anxiety）441

知覚バイアス（perceptual bias）342

宙づり（suspension）5, 399

調節の系（modulation corollary）3, 7, 136, 156, 227, 304

直面化（confrontation）332, 354

移行を生じる――（― to produce transition）333

直列治療（tandem treatment）514

治療関係（psychotherapeutic relationship）：

――への脅威（threat to ―）344

沈潜（submergence）5, 211, 399

――した末端（submerged ends）211

て

TAT 主題統覚テスト（Thematic Apperception Test）336, 342

抵抗（resistance）78, 443

敵意（hostility）：2, 6, 257, 263, 281, 286, 501

攻撃と――（― and aggression）257, 263

収縮と――（― and constriction）281

――の解決（resolving ―）265

――の領域の封じ込め（encapsulation of the ― area）270

――を生み出す危険性（danger of producing ―）429

――を含む障害（disorders involving ―）

261
適応パターンの放棄（abandonment of adjustment patterns）　181
テーマの反射（thematic reflection）　336
テーマのレパートリー（thematic repertory）　172
転移（transference）　15, 86, 89, 443
　　一次的——（primary —）　51, 97
　　逆依存——（counter dependency —）　94
　　——サイクル（— cycle）　102, 445
　　——の解釈（interpretation of —）　444
　　——のコントロール（control of —）　100
　　——のタイプ（type of —）　207
　　二次的——（secondary —）　51, 96
転換（conversion）　254
伝記的仮説（biographical hypothesis）　470
伝記的転換点（biographical turning point）　173
電撃または電気ショック（electroshock）　282
テンポのコントロール（control of tempo）　460

と

同一化（identification）
　　外的に押し付けられた集団との——（externally imposed group —s）　170
　　文化的——（cultural —）　244
投影法テスト（projective test）　344
投影法タイプのテスト（projective type test）　345
統合失調症（schizophrenia）　249

な

内省（introspection）　458
泣き（weeping）：　276, 454
　　拡散した不明瞭な——（diffuse inarticulate —）　454
　　興奮した——（agitated —）　456
　　弛緩した——（loose —）　455
　　芝居がかった——（histrionic —）　455
　　収縮的な——（constrictive —）　456
　　状況的な——（situational—）　455
　　退行的な——（regressive —）　454

敵対的な——（hostile —）　455
　　——の受容（acceptance of —）　276
　　見せかけの——（facade —）　456
　　幼児のような——（infantile weeping）　454
斜めの関係の欠如（lack of obliqueness）　451

に

二元論的思考（dualistic thinking）　295
日記（diary）　368
二分法の系（dichotomy corollary）　3
認知的気づき（cognitive awareness）　5, 399

ね

粘土細工（clay modelling）　265

は

パーソナル（personal）：→「個人的」を参照
　　——コンストラクト（— construct）　1, 2
　　——の形式（form of personal constructs）　306
　　——同一化（— identification）　97
発明性（inventiveness）　241
ハードルの予期（anticipation of hurdles）　459
パニック（panic）　292
パラノイド（偏執病的）（paranoid）　234, 287
反射（reflection）　367
　　テーマの——（thematic —）　336
　　——の手続き（— procedure）　335
　　ふりかえりの——（review —）　337
判断（judging）　513
　　——機能（— functions）　416

ひ

引きこもり（withdrawal）　241, 250
非指示的（nondirective）　325
ヒステリー症者（hysterics）　253
非精緻化的選択（non-elaborative choice）　474
表出素材の選択（choosing a medium of expression）　359
　　標準的アプローチ（standard approach to —）　393
ビーリ・ランディ効果（Bieri-Lundy effect）　90

ふ

不安（anxiety）　2, 6, 208, 273, 408

――の利用（use of ―）　232
浮上または現出（emergency）　4
二人組精神病（folie a duex）　94
布置的解釈（constellatory construction）　490
布置的コンストラクト（constellatory construct）　5, 33
物理的資源（physical resources）　173
文化的コンテクスト（cultural context）　189
分化の手続き（differentiation procedure）　458
文章完成タイプのテスト（incomplete-sentence type of test）　344
文脈（context）　4, 406

ⓗ

平行性の発見（discovering parallels）　510
ベータ仮説（beta hypothesis）　356
部屋の準備（room arrangement）　58
変形（variant）　7
変動（variation）　7

ⓑ

防衛を脱落させる（dropping of defensiveness）　448
報酬（rewards）　266
法則定立的（nomothetic）　99
膨張（dilation）　226, 247, 263
　弛緩した解釈にともなう――（― with loose construction）　229
　――を含む障害（disorder s involving ―）　226

ⓜ

短い予期サイクル（short anticipation cycles）　277
民族および国家の血統（racial and national extraction）　113

ⓜ

無差別な洞察（indiscriminate insights）　231

ⓜ

明瞭化（clarification）　500
面接（interview）：
　――の計画（planning of ―）　60
　――の開始（initiating ―）　63
　――の構造化（structuration of the ―）　459
　――のコントロール（control of ―）　60
　――の終了（terminating the ―）　64

――のテンポ（tempo of ―）　65
――の長さ（length of ―）　436

ⓨ

役割（role）：　2
　二次的な――（secondary ―）　493, 503
　――演技（― playing）　297, 350
　――コンストラクト（― construct）　88
　――の代替バージョン（alternative versions of parts）　500
役割関係（role relationship）　449, 452, 498
　――の基盤（grounds for ―）　510
　一次的――の開始（initiation of primary ―）　498
　教師‐生徒の――（teacher-pupil ―）　125
役割の交換（exchange of parts）　494

ⓨ

遊具（play equipment）　59
遊戯療法（play therapy）　63
夢（dreams）　390-400, 447
　――における「抑圧された」材料（repressive materials in ―）　398
　――に表現される沈潜したコントラストの極（submerged contrast poles expressed in ―）　399
　――の解釈（interpretations of ―）　394
　――の内容の等価物（equivalence of ― content）　391
　――の内容を精緻化する際のテンポ（tempo in the elaboration of ― content）　392
　――の報告（reporting of ―）　390

ⓨ

養育記録（care record）　160
要素（elements）　4
要約（summarization）　417, 439
要約の手続き（recapitulation procedure）　367
要約の利用（use of summaries）　512
予測されるものの明確化（definition of what is predicted）　412
予期システムの分析（analysis of the expectancy system）　199
予期の枠組み（framework of anticipation）

463
抑圧（repression）　399
抑鬱のクライエント（depressed client）　234
抑制（suppression）　399

ら

楽観主義（optimism）　448
ラポート（rapport）　442

り

理解（understanding）　265
里程標の夢（mile-post dreams）　396
利便性（convenience）：
　　──の焦点（focus of ─）　3
　　──の範囲（range of ─）　3, 435, 436
料金（fees）　42
リラクゼーション（relaxation）　446
臨床家（clinician）：
　　──の助言スタッフ（─'s advisory
　　staff）　178
　　──の価値体系（─'s system of values）
　　39
　　──の行動規範（─'s behavior norms）
　　179
倫理的考察（ethical considerations）　334

る

類似と差異（likeness and difference）　2
類似していると解される材料（material which
　is construed to be similar）　375

れ

例示場面（illustrative scene）　495
歴史的（historical）：
　　──誤謬（─ fallacy）　516
　　──な説明（─ explanation）　418
レクリエーション（recreation）　358
　　──的活動（─al activities）　357
レプテスト（Rep Test, Role Construct
　Repertory Test）　108, 132, 161, 195, 343,
　365, 378, 445, 492
連続ショック療法（continual shock treatment）
　284

ろ

録音（recording）：　57
ロッター文章完成テスト（Rotter's Incomplete
　Sentences Test）　344
ロールシャッハ・テスト（Rorschach Test）
　342

訳者あとがき

　本書はジョージ A. ケリー著『パーソナル・コンストラクトの心理学』の第 2 巻『臨床診断と心理療法』(1955) の全訳である。2016 年 2 月にこの第 1 巻『理論とパーソナリティ』の翻訳を刊行して以来，約 2 年の歳月を経てようやく第 2 巻の翻訳の上梓にこぎつけた。第 2 巻の発刊を待たれた方々には，長くお待たせして申し訳ないことをしたが，浅学菲才の訳者には本書は非常に難かしく，翻訳にはどうしてもこれだけの時間が必要であった。ご容赦いただきたい。

　さて，本書の第 1 巻はパーソナリティを中心とした心理学全般にわたる理論体系の概説であり，この第 2 巻はその臨床への応用編として書かれている。この理論と臨床という 2 分割は理解できないわけではないが，これでは各巻がおよそ 600 ページにもなり，大部になり過ぎている。それではこれを，シリーズ本として 5～6 冊に分けて出版することもできたはずだが，そうしなかったのはなぜか。それは，ケリーがこれらをばらばらに提示するのを好まず，統合的な理解を追究していたからではなかろうか。

　臨床心理学のテキストは多数出版されているが，その基礎となる心理学の概説までを含めたものは，訳者の知る限りでは，このケリーのパーソナル・コンストラクト心理学をおいてほかには存在しない。残念ながら通常は，この基礎と臨床は分断されているのである。それでは本書には，他の臨床心理学のテキストや概説書とくらべて，どういう違いがあるのだろうか。本書の出版当時人気のあった精神分析や台頭著しいクライエント中心療法などの臨床心理学は，当時の科学的で基礎的といわれる心理学とはほとんど無関係に，臨床の中で成立したものであった。けっして基礎からその応用として生まれたものではなかったのである。このような状況では基礎は臨床を支える土台にはなりえず，臨床も基礎を豊かにするものにはなりえなかった。また，診断と治療との関係もそれほど重視されず，当時クレペリンによる精神医学的な診断分類が使われるようになってきていたが，これによって各診断に特化した治療法が考えられたわけではなく，各臨床家が自分の好みの治療技法を試みるだけであった。

　しかし，やや遅れて，基礎心理学を重視する行動療法が台頭し，これが認知を重視する認知療法と結びついて認知行動療法へと発展してきたことによって，事態はかなり変化してきた。ここでは不適応や症状は，これらの原因となりうるイベントと関係づけられて，このイベントが適応・不適応にどのように影響するのかを「認知」という媒介過程を考えることによって理解しようとするようになった。すなわちこのイベ

ントをどう解釈（認知）するのかによって不適応や症状は決せられると考えたのである。こうして，イベントと症状を媒介する変数として認知を捉え，この認知を不合理なものから合理的なものへと変容させることによって，治療すなわち症状の改善はできると考えられるようになった。ただしその後，認知は不合理であっても適応的な場合もあれば，逆に合理的であっても不適応な場合もありうる。また意識的な認知だけでなく，前意識的あるいは無意識的な認知の存在も認められるようになってきて，これほど単純には理解できないことが明らかにされた。すなわち近頃の認知療法では，イベント（A）→ 認知（B）→ 症状・問題行動（C）という ABC の連鎖に加えて，感情を重視し，社会的対人的な環境因や発達因なども十分に考慮するようになった。また，認知の修正だけでは治療ができないことも少なくないことがわかってきて，この場合には行動的アプローチが有用であることが明らかにされた。したがって認知療法は，このような認知の総合的な診断を行い，そのうえで認知の変容が試みられるのだと考えられるようになった。

　このような認知行動療法は，イベントはこれをどう解釈するかによって症状や問題行動を生じると考えるパーソナル・コンストラクトの分析と軌を一にしている。そして，このような認知あるいは解釈は，あくまでも個人によって問題によって異なる，個性記述的（idiographic）な理解である。臨床にとってはこれが重要なのだが，科学的普遍性を追求する基礎的な心理学にとっては，一般的普遍的な法則定立的（nomothetic）な理解を得ることが必要である。かくしてケリーは個性記述的な理解にとどまらず，このような多くの研究から共通の法則を導き出そうと試み，第1巻に見られる法則定立的な理解をも明示した。しかもこれが，現在も通用する，立派な体系を構成している。この点では認知行動療法をはるかに凌駕しているといえよう。ただし，彼の法則定立的な研究は絶対的真実の提示ではなく，すべてにおいて代替解釈が可能であると考えられている。また，彼の提示の仕方は，まず第1巻で法則定立的な研究を提示してから，第2巻ではその応用としての個性記述的研究を展開しており，実際の研究の発展過程とは逆になっている。

　ところで，パーソナル・コンストラクト心理学における診断といえば役割コンストラクト・レパートリー・テスト（Role Construct Repertory Test）がよく知られている。しかし第2巻を読めばわかるように，これは診断に使われる1テストにすぎない。コンストラクトや解釈の分析方法は多数存在し，考慮すべき関連要因の目録も提示されている。また治療についても，すぐに思い浮かぶのは修正役割療法（fixed role therapy）かもしれないが，これも彼が述べている治療技法の1つにすぎない。コンストラクトなどの問題を解決するためには，普通，面接法，役割演技療法，集団療法などが使われ，このほかにも思考実験や小実験もよく使われ，診断仮説の修正が不断に行なわれる。ここにケリーの臨床の特徴があるのであり，やはり1つのパーソナル・コンストラク

ト療法なるものがあるわけではないのである。大部なので本書を読み通すのは困難かもしれないが，興味のあるところから読めばよいので，ぜひとも全体を読み進めてほしい。

ところで，現在では心理士や心理療法家の大半が女性であるのに，本書ではほとんどすべてが男性として描かれていることには違和感を持たれる方がおいでだろう。しかしそれは，本書の出版された1955年当時の心理学徒の多くが男性であったからだと考えられる。また，現在では差別的な用語として，ほとんど使われることのない，めくら，びっこなどの用語も平気で使われている。これらを目にしたとき，訳者はいささかの戸惑いを感じたが，本書を通読するかぎり，ケリーに差別意識があったとは思えない。いやむしろ，彼は徹底した反差別主義者である。ケリー自身，クライエントを理解するためには，その歴史的背景を考慮しなければならないと述べているが，ここでも同様の考慮が必要なのであろう。また，これとは無関係であるが，この時代にはまだ録音の機器等がほとんどなかったので，現在の読者には実感しにくいところがあるかもしれない。しかし，内容そのものにはまったく古臭さはなく，むしろ新鮮な驚きを感じるところが少なくない。

最後に，本訳書は私のもろもろの健康状態の悪化に悩まされながら，何とか完成させたものである。このような状況で翻訳作業を続け，出版できたのは，ひとえに編集の労を取って下さった北大路書房の奥野浩之氏のお陰である。氏には，遅延しがちな翻訳作業を見守って，折々の叱咤激励をいただくとともに，訳文の疑問点までご指摘いただき，大いに助けていただいた。原稿の遅れをお詫びするとともに，ここに記して感謝を申し上げたい。また，日常的な介護が必要になった私に寄り添って，励ましてくれた妻と3人の子，そして笑顔で生きる力を与えてくれた5人の孫は，この翻訳完成の陰の功労者である。感謝を捧げたい。

訳者　辻　平治郎

●訳者紹介●

辻　平治郎（つじ　へいじろう）
　1941年　京都府に生まれる
　1967年　京都大学大学院文学研究科心理学専攻修士課程修了
　1967年〜1973年　京都市児童院（現京都市児童福祉センター）勤務
　1973年〜2012年　甲南女子大学勤務
　現在　甲南女子大学名誉教授

主著・論文　登校拒否児の自己意識と対人意識（単著）　児童精神医学とその近接領域　22
　　　　　　巻, 182-192　1981年
　　　　　　登校拒否児童・生徒の内的世界と行動（単著）　第一法規　1993年
　　　　　　自己意識と他者意識（単著）　北大路書房　1993年
　　　　　　パーソナリティの特性論と5因子モデル：特性の概念, 構造, および測定（共著）
　　　　　　心理学評論, 40巻, 239-259　1997年
　　　　　　5因子性格検査の理論と実際（編著）　北大路書房　1998年
　　　　　　心理学における基礎と臨床──分析的理解と物語的理解の観点から（単著）
　　　　　　現代のエスプリ　392号, 25-30　2000年
　　　　　　臨床認知心理学（共著）　東京大学出版会　2008年
　　　　　　森田理論の実証研究1（共著）　森田療法学会雑誌　20巻, 175-192　2009年
　　　　　　森田理論の実証研究2（共著）　森田療法学会雑誌　21巻, 141-155　2010年
訳書　　　　J．グレイ『意識：難問ににじり寄る』北大路書房　2014年
　　　　　　G．A．ケリー『パーソナルコンストラクトの心理学　第1巻：理論とパーソ
　　　　　　ナリティ』北大路書房　2016年

パーソナル・コンストラクトの心理学【第2巻】
臨床診断と心理療法

2018 年 8 月 10 日　初版第 1 刷印刷	定価はカバーに表示
2018 年 8 月 20 日　初版第 1 刷発行	してあります。

著　　者　　G.A. ケ リ ー
訳　　者　　辻　平治郎
発　行　所　　㈱ 北 大 路 書 房

〒 603-8303　京都市北区紫野十二坊町 12-8
電　話（075）431-0361 ㈹
Ｆ Ａ Ｘ（075）431-9393
振　替　01050-4-2083

Ⓒ 2018

印刷・製本／シナノ印刷㈱
検印省略　落丁・乱丁本はお取り替えいたします
ISBN 978-4-7628-3028-0　　Printed in Japan

・ JCOPY 〈㈳出版者著作権管理機構　委託出版物〉
本書の無断複写は著作権法上での例外を除き禁じられています。
複写される場合は，そのつど事前に，㈳出版者著作権管理機構
（電話 03-3513-6969, FAX03-3513-6979, e-mail：info@jcopy.or.jp）
の許諾を得てください。

パーソナル・コンストラクトの心理学【第1巻】

理論とパーソナリティ

G.A.ケリー 著　辻 平治郎 訳

A5判上製・500頁・本体6800円＋税
ISBN978-4-7628-2913-0

認知療法，論理療法，認知行動療法のほか，パーソナリティ心理学，アドラー派心理学，人間性心理学，ナラティヴ心理学などに強い影響を与えたケリー（1905-1967）。これほど広いパースペクティブをもち，哲学的・科学的に深遠な基盤をもつにもかかわらず，難解なゆえに日本では埋もれていた彼の理論を初邦訳。

認知臨床心理学の父 ジョージ・ケリーを読む

パーソナル・コンストラクト理論への招待

F.フランセラ 著　菅村玄二 監訳

四六判・360頁・本体3000円＋税
ISBN978-4-7628-2956-7

精神分析と行動主義が心理学で隆盛を極めた1950年代，G.A.ケリーは，認知・感情・行動を分割せずに統合的にとらえる枠組みを提唱した。認知に焦点を当てた各種の心理療法のほか，パーソナリティ心理学，ナラティヴ心理学などに強い影響を与えた彼の理論とは何か？　その誕生と展開を丹念に辿り，現代的な意義を示す。